国家重点图书出版规划项目

20世纪中国知名科学家学术成就概览

总 主 编 钱伟长

本卷主编 石元春

农 学 卷

第一分册

科学出版社

北 京

内 容 简 介

国家重点图书出版规划项目《20世纪中国知名科学家学术成就概览》,以纪传文体记述中国20世纪在各学术专业领域取得突出成就的数千位华人科学技术和人文社会科学专家学者,展示他们的求学经历、学术成就、治学方略和价值观念,彰显他们为促进中国和世界科技发展、经济和社会进步所做出的贡献。

《20世纪中国知名科学家学术成就概览·农学卷》按传主出生年月日先后结集卷册,卷首简要回顾20世纪的中国农学发展概况,卷尾附20世纪中国农学大事记。这与传文两相映照,力图反映出中国农学领域的百年发展脉络。

农学卷记述了200多位农学家的研究路径和学术生涯,全书以突出学术成就为重点,力求对学界同行的学术探索有所镜鉴,对青年学生的学术成长有所启迪。本卷分四册出版,第一分册收录了54位农学家。

图书在版编目(CIP)数据

20世纪中国知名科学家学术成就概览·农学卷·第一分册/钱伟长总主编;石元春本卷主编. —北京:科学出版社,2011

国家重点图书出版规划项目. 国家出版基金项目

ISBN 978-7-03-026164-9

Ⅰ.2… Ⅱ.①钱… ②石… Ⅲ.①农学家-列传-中国-20世纪 ②农学-技术发展-成就-中国-20世纪 Ⅳ.K826.1 N12

中国版本图书馆CIP数据核字(2009)第222766号

责任编辑:李 迪 盖 宇 李明楠/责任校对:张怡君
责任印制:钱玉芬/封面设计:黄华斌

科 学 出 版 社 出版
北京东黄城根北街16号
邮政编码:100717
http://www.sciencep.com

中国科学院印刷厂 印刷

科学出版社发行 各地新华书店经销

*

2011年10月第 一 版　　开本:889×1194 1/16
2011年10月第一次印刷　　印张:38 1/4
印数:1—2 000　　　　　　字数:700 000

定价:108.00元
(如有印装质量问题,我社负责调换)

《20世纪中国知名科学家学术成就概览》农学卷编辑委员会

主　　编： 石元春

副主编： 方智远　戴景瑞　范云六

编　　委：（按姓氏汉语拼音排序）

陈俊愉　陈宗懋　戴景瑞

范云六　方智远　郭予元

林浩然　卢永根　山　仑

石元春　唐启升　王　涛

吴常信　夏咸柱　向仲怀

分析并总结他们所以可能取得这些学术成就的情境和他们得以取得这些学术成就的路径，如实评介这些学术成就对学术发展的承前启后的贡献和影响，以及这些学术成就给人类社会所带来的改变。从知识发生、发展的脉络上揭示他们创新、创造的过程，从而给当前的教育界在培养创新型人才方面，以及给年轻科技工作者自我成长方面有诸多启示。同时，《概览》还力求剖析这些海内外知名华人科学技术和人文社会科学专家学者之所以成才成家的内外促因，提供他们对当前科技和学术后继人才培养的独到见解，试图得出在科学史和方法论方面具有普遍性意义的结论，进而对后学诸生的个人成长和科技人才培育体系的优化完善有所裨益。

在世纪转型的战略机遇期，编写出版《概览》图书，可以荟萃知名专家学者宝贵的治学思想、学术轨迹和具有整体性的科技史料，为科研、教学、生产建设、科研管理和人才培养等多方面的用途提供一个精要的蓝本。

他们的英名和成就将光耀中华，垂范青史。

钱伟长

2009年1月9日

《20世纪中国知名科学家学术成就概览》
总　序

记得早在21世纪的新世纪之初，中国科学院、中国工程院和中国社会科学院的一些老同志给我写信，邀我牵头来一起编一套书，书名就叫《20世纪中国知名科学家学术成就概览》（以下简称《概览》）。主要目的就是想以此来记录近代中国科技历史、铭记新中国科技成就，同时也使之成为科技创新的基础人文平台，将老一辈科技工作者爱国奉献、不断创新、追求卓越的精神传承并激励后人。我国是一个高速发展中的大国，世界上的影响力不断增强，编写出版这样一套史料性文献，还可以总结中华民族对人类科技、文化、经济与社会所做出的巨大成就与贡献，从而最广泛地凝聚民族精神与所有炎黄子孙的"中华魂"，让中国的科技工作者能团结奋进，为共建和谐的祖国多做贡献，更可以激发年轻一代奋发图强，积极投身祖国"科教兴国"战略的伟大实践中。

在党和政府的高度重视和长期大力支持下，酝酿已久的《概览》项目终于被列为国家重点图书出版规划项目，并由科学出版社承担实施。

《概览》总体工程包括纸书出版、资料数据库与光盘、网络传播三大部分。全套纸书计划由数学、力学、天文学、物理学、化学、地学、生物学、农学、医学，机械与运载工程学、信息与电子工程学、化工冶金与材料工程学、能源与矿业工程学、环境与轻纺工程学、土木水利与建筑工程学，以及哲学、法学、考古学、历史学、经济学、教育学、军事学、管理学和索引等卷组成。

《概览》纸书预计收录数千名海内外知名华人科学技术和人文社会科学专家学者，展示他们的求学经历、学术成就、治学方略、价值观念，彰显他们为促进中国和世界科技发展、经济和社会进步所做出的贡献，秉承他们在百年内忧外患中坚韧不拔、追求真理的科学精神和执著、赤诚的爱国传统，激励后人见贤思齐、知耻后勇，在新世纪的大繁荣大发展时期，为中华民族的伟大复兴和全人类的知识创新而奋发有为。

在搜集整理和研究利用已有各类学术人物传记资料的基础上，《概览》试图突出以对学术成就的归纳和总结为主要特色。在整理传主所取得的学术成就的基础上，

《20世纪中国知名科学家学术成就概览·农学卷》
前　言

　　16世纪以来，随着科技革命和工业革命在欧美的兴起，先进的中国逐渐地被抛在了世界后面，一直领先于世界的中国传统农业理论与技术也是望洋兴叹。19世纪中叶，达尔文进化论发生在英国；施莱登和施旺的细胞学说、维勒的人工尿素合成和李比希植物矿质营养学说发生在德国；孟德尔遗传学发生在奥地利，正是它们奠定了近代农业的生物学和农业化学的理论基础，掀起了19世纪末开始的，以育种、化肥、农药和拖拉机为代表的近代农业科技革命。而这时的中国，正经受着鸦片战争和列强瓜分的奇耻大辱，半封建半殖民地的痛苦熬煎，近代科学与技术在"西学东渐"中蹒跚起步。

　　中国近代农学启蒙于19世纪末，发祥于20世纪上半叶。这一时期创办了农作物、园艺、林科、蚕桑、茶叶、家畜等各类学科的学堂、试验场和学会组织，聘请外国专家，引进先进技术和优良品种。1905年兴办京师大学堂的农科大学，1906年农工商部设农事试验场，1932年成立中央农业实验所。这一时期主要是聘请美英和日本专家主持讲学与试验，也通过出国留学等形式培养了我国第一代的农科专家，逐步建立中国的农科教育和试验体系。

　　新中国成立使农科教育和研究进入到一个崭新的发展时期。新中国成立之初仅有高等农科院校43所，教师2140人，在校生1.3万人，在大学院系调整中，1949年成立了北京农业大学，并将原有43所农科院校和综合大学的农科院系调整为30所独立的高等农林院校，分布于全国各地。1957年成立了中国农业科学院以及各地的农科院。在国家大形势影响下，这一时期是农业科技和教育大发展，也是大动荡的年代。先是全盘学习苏联，以米丘林学说批判孟德尔遗传学，土壤、农经等其他学科也在不同程度上以苏联学派抑制西方农业科技在我国的影响。"大跃进"给农业科技和教育以巨大冲击；"文化大革命"使农业科教蒙受了一场灾难。

　　新中国成立后17年间的农业科技和教育仍然取得了显著的发展，特别是在组织体系、科技队伍以及农业科教人员深入农业第一线上。17年间累计毕业本专科生近18万人，研究生1004人，正是这个农业科教体系的建立和素质较高的农业科技队伍的形成，为改革开放后农业科技的大发展提供了人才与组织准备。新中国成立后的17年，是20世纪中国农业科技发展历程中的一个承上启下的重要时期。

改革开放迎来了农业科技发展的春天，一个生机勃勃、成果累累、人才辈出的大发展时期。这一时期的农业科技成果丰硕，如获1981年度国家发明奖特等奖的杂交水稻，获1993年度国家科学技术进步奖特等奖的黄淮海平原中低产地区综合治理等一大批国家和省部级科技奖励。农业科技对农业生产的贡献率由27%提升到45%。

新中国成立后17年培养成长的农业科技队伍成为改革开放后农业科技大发展中的骨干和主力，他们一面积极学习西方先进科技，弥补曾经失去的时间；一面大力培养改革开放后新一代的农业科技人才。改革开放后有80多位农科教授和研究人员进到中国科学院和中国工程院院士行列。恢复高考后全国农科高校在校生5万人，2007年发展到35万人；在校研究生由312人增加到4.3万人；1981~1988年，公派出国农科留学生1063人。

"十年树木，百年树人"，20世纪的一百年里，中国农业科技走过了由启蒙发祥到跟上世界发展步伐的百年路程。科技传承和创新的载体是人，是一支农业科技队伍。在这一百年里，有罗振玉、许璇等为代表的启蒙时代的第一代人；有丁颖、梁希、俞大绂等为代表的第二代人；有新中国成立后培养成长的袁隆平、李振声等为代表的第三代人，有改革开放后培养成长的张启发、武维华等为代表的第四代人。如果说第一代人和第二代人担负了学习引进西方农业科技的历史重任，第三代人承上启下的话，在改革开放大环境下成长的第四代人在20世纪后期开始的，以生物技术和信息技术为主导的新的农业科技革命中与西方发达国家水平间的差距已经大大缩小了。中国的杂交水稻和抗虫棉等已居世界前列。

《20世纪中国知名科学家学术成就概览·农学卷》包括总序、前言、20世纪的中国农学、传文、20世纪中国农学大事记等部分。农学卷的入选学者是本卷编委会经过充分讨论、严格把关、最终投票优选出来的。有部分入选学者，虽已列入名单，但在组稿过程中或本人婉拒，或过世已多年撰写者难以落实等原因，未能及时收入本卷，希望以后再版时加以补充。

《概览》农学卷将展示这一百年间中国现代农业科技从启蒙到逐渐跟上世界先进水平历程中成长和做出较大贡献的200多位代表人物。这是一幅历史长河中的百年画卷，这些代表人物是滚滚长江激流中的点点浪花。

《20世纪中国知名科学家学术成就概览·农学卷》编委会

2009年11月17日

目　录

《20世纪中国知名科学家学术成就概览》总序 ……………… 钱伟长（ i ）
《20世纪中国知名科学家学术成就概览·农学卷》前言 ………… 石元春（iii）
20世纪的中国农学 …………………………………………………………（ 1 ）
20世纪中国知名农学家 ……………………………………………………（ 69 ）
　郑辟疆（1880～1969） ………………………………………………（ 71 ）
　李仪祉（1882～1938） ………………………………………………（ 79 ）
　陈　嵘（1888～1971） ………………………………………………（ 88 ）
　邓植仪（1888～1957） ………………………………………………（ 98 ）
　丁　颖（1888～1964） ………………………………………………（109）
　杨邦杰（1891～1971） ………………………………………………（119）
　沈鹏飞（1893～1983） ………………………………………………（127）
　邹秉文（1893～1985） ………………………………………………（136）
　辛树帜（1894～1977） ………………………………………………（148）
　顾青虹（1894～1985） ………………………………………………（162）
　金善宝（1895～1997） ………………………………………………（170）
　朱凤美（1895～1970） ………………………………………………（183）
　吴耕民（1896～1991） ………………………………………………（193）
　陈凤桐（1897～1980） ………………………………………………（203）
　王　绶（1897～1972） ………………………………………………（213）
　吴觉农（1897～1989） ………………………………………………（222）
　胡竟良（1897～1971） ………………………………………………（236）
　彭家元（1897～1966） ………………………………………………（246）
　周拾禄（1897～1979） ………………………………………………（255）
　章守玉（1897～1985） ………………………………………………（261）
　邹钟琳（1897～1983） ………………………………………………（272）
　毛宗良（1897～1970） ………………………………………………（278）
　万国鼎（1897～1963） ………………………………………………（287）
　罗清生（1898～1974） ………………………………………………（297）

谢　申（1898～1990）	（305）
蒋　英（1898～1982）	（311）
冯泽芳（1899～1959）	（318）
陈　植（1899～1989）	（331）
曾　省（1899～1968）	（342）
叶培忠（1899～1978）	（348）
陈鸿逵（1900～2008）	（359）
熊大仕（1900～1987）	（368）
曾　勉（1901～1988）	（374）
程绍迥（1901～1993）	（385）
涂　治（1901～1976）	（393）
蒋芸生（1901～1971）	（402）
杨允奎（1902～1970）	（410）
蒋名川（1903～1996）	（417）
黄瑞纶（1903～1975）	（425）
干　铎（1903～1961）	（435）
郝景盛（1903～1955）	（442）
刘春安（1903～1977）	（453）
张乃凤（1904～2007）	（465）
郑万钧（1904～1983）	（471）
陆近仁（1904～1966）	（482）
章文才（1904～1998）	（490）
应廉耕（1904～1983）	（499）
唐　燿（1905～1998）	（507）
吴绍骙（1905～1998）	（514）
祖德明（1905～1984）	（525）
周承钥（1905～1996）	（535）
侯光炯（1905～1996）	（542）
彭克明（1905～1991）	（555）
陆星垣（1905～1991）	（565）
20 世纪中国农学大事记	（573）

20 世纪的中国农学

20 世纪中国农学是发展变化极其巨大、深刻的时期。1900 年前后，影响中国农业生产的是建立在经验基础上的中国传统农学。1905 年，清廷正式废除了实行一千三百余年的科举、八股取士的教育与人才选拔制度，兴办新式学校教育，各种类型、层级的农业学校、农业试验场（站）才得以发展。中国农学逐步向以采用实验科学方法、取得工业能源和产品支持，为以商品生产为目标的现代型农业生产服务的科学农学阶段推进。经百年的努力，农、林、渔、牧等各相关分支学科不断构建起来，农业科研、农业教育形成完整体系。各研究领域接连取得丰硕学术成果，涌现出成千上万的具有开拓精神、国内领先或跻身世界水平的研发人才。《20 世纪的中国农学》的"概论"部分，就中国传统农学与西方实验农学的交汇、中国近现代农业科技之发祥、抗日战争影响下的农业科技、迈向现代农业科技时代等不同发展时段阐述相关农学领域发展历程。"农学主要分支学科发展与成就"部分，简叙农学主要分支学科发展与成就。本文力求为 20 世纪中国农学发展勾勒出一个演进的轮廓。

第一部分 概 论

一、中国传统农学和西方实验农学的交汇

（一）近代中国传统农学未能向实验农学突破

中国古代有素称发达的农业和较为完善的传统农业科学技术体系。公元前 3 世纪《吕氏春秋》的《上农》、《任地》、《辩土》、《审时》等篇农学论著问世，标志着中国传统农学的奠基。公元 6 世纪贾思勰撰《齐民要术》一书，对当时中国北方旱地农耕技术的经验，作了系统的总结和概括，凝练出耕耙耱成套的墒情、地力调控技艺，建立起北方旱区精耕细作农学体系。公元 12 世纪的《陈旉农书》，归纳了水田耕耙耖系列作业的经验，在南方水田精耕细作农学体系的形成方面起着重大的作用。徐光启（1562～1633），农学家、历算学家、水利专家，深谙当时中国农业科学技术，并努力吸收西方科学技术成果。所撰《农政全书》，在中国古代农学体系的发展完善方面，起过重大的作用。该书收进了《泰西水法》，主要介绍西方取水、蓄水、用水方法和器械等，卷首题泰西熊三拔（Sabbathino de Ursis，1575～1620）

撰，吴淞徐光启笔记。《徐光启集》"书牍二"还载有徐光启采用西洋方法栽插、修剪葡萄，取得良好效果的内容。徐光启在《几何原本杂议》中，提到教授形式逻辑思维的《几何原本》，能令学理者祛其浮气，练其精心；学事者资其定法，发其巧思。认为它是举世无一人不当学的好书，并说能精此书者，无一事不可精；好学此书者，无一事不可学。从农业科学技术若干要素的构成来看，17～19世纪间，中国在不少方面已接近实验科学的门槛。明末宋应星（1587～?）撰《天工开物》书中载有"凡秧田一亩，所生秧，供移栽二十五亩"；"凡苗自函活以至颖粟，早者食水三斗，晚者食水五斗，失水即枯"，已注意到农业技术措施中的数量关系；品种培育上有将不同产地的黄茧种蚕蛾与白茧种蚕蛾交配，后代可以产生变异，将早雄蚕蛾配晚雌蚕蛾，"幻出嘉种"，已注意到不同品种杂交呈出优势的叙述。明末《沈氏农书》中有"人畜之粪与灶灰脚泥，无用也，一入田地，便将化为布帛菽粟"等这类朴素的物质循环转化思想的记载。清代王筠（1784～1854）《说文释例》中，提到根瘤不可食，其大小与年景丰凶有关，对豆类根瘤形态已有具体的观察描述。

（二）中国传统农学和西方实验农学对比是严峻的

从15世纪左右起，在一些国家，工场手工业发展，商业繁荣，城市人口骤增，使农业有利可图，农业被加速纳入资本主义经济发展的进程，农业科学技术接连发生重大变化。18～19世纪，西方在产业革命推动下，机器动力农具逐步推广应用，不断以工业产品来装备农业；向农业投入较多物质和能量并科学合理地加以应用，按动植物生长发育需要补给各种营养；对病虫害使用药剂防治；物理、化学、生物学科等领域的研究成果不断转引用于农业，实行技术转移。

美国科学史专家 G. G. 坎农（G. G. Cannon）《近代农业名人传》（赵伟钧译，农业出版社，1981）阐释近现代农业科学技术的发展。书中选取了 J. 特尔、C. 林奈、A. L. 拉瓦锡、J. V. 李比希、G. 孟德尔、L. 巴斯德、C. 达尔文等欧美19位科学技术专家为他们写传，将他们在农业科学进步方面做出的贡献昭示世人。这些专家学者从时间跨度上看，最早是英国的 J. 特尔（1674～1741），最晚为美国的 T. 琼斯（1890～1963）。从科技领域看，他们有的是农具改革家，有的是植物分类学家，有的是现代化学的奠基人，有的是植物生理实验家，有的是现代遗传学、进化学说或微生物学的开创者。他们以在农学发展方面给出的成果为世人景仰。在相近的时段内，以传统农学著称的中国并未涌现出深具世界影响的农学家和取得推进近现代世界农学发展的重要业绩。所以至此，除了社会政治、经济、技术的原因外，中国农学与当时世界主流农学相比发展滞后，近现代型农业教育、科学缺失是不可忽视的因素。

二、中国近现代农业科技之发祥

（一）欲挽利权　激励兴办新农学

1840年起，中英鸦片战争爆发中国失败后，以英国为代表的列强接连进犯中国，清廷被迫签订多项丧权辱国的条约。中国的农业生产，19世纪50年代以后，已直接受世界农产品市场价格的拉动。19世纪60年代，国外棉纺织业较快发展，棉花价格上提，棉花种植受其刺激。《申报》光绪二年（1876年）七月二十八日载，上海南汇以及浦东浦西，"均栽种棉花，禾稻仅十中之二"。《申报》光绪六年（1880年）六月二十一日称："江西、浙江、湖北等处，向只专事蚕桑者，今皆兼植棉花"。19世纪50年代前后，中国丝茶两项占出口总值可高达90%。而到1893年，则下降为45.82%。且当时中国的进出口贸易90%都操纵在外国洋行手里。中国茶的出口与外贸收益一落千丈。在农产品出口不振、农产质量对比失衡的严峻形势下，中国实业界、知识界日益感到引进、发展农业科学技术、推行新式农业教育的迫切。冯桂芬（1809～1874）于1860～1861年间撰成《校邠庐抗议》，其"筹国用议"中主张大力发展丝茶的生产和出口，提倡使用西方的火轮机来加速垦复土地。"采西学议"中，对农具、织具等，认为多用轮机可达"用力少而成功多"的功效。1876年，被派赴美国费城参加万国博览会的官员李圭（1842～1903）对博览会"机械院"、"耕作院"中中外展品作了比较，认为西人"不仅器具便巧，尤讲究种植之法。"清廷派出的首任驻英、法使臣郭嵩焘（1818～1891）1876～1879年在英、法期间，颇为留心农业，对当时英国"农田犁地、吸水、刈麦、刈草、出麦、锯木格式机器等"甚感兴趣。他见到英国种子公司已将"其蔬子及花草诸子种贩运各国"。郭嵩焘还曾到法国格立雍农业学馆（今巴黎格里农国立农学院）访问，参观其农田机器图式院、谷种院，了解课程设置和各种仪器设施，注意到有一馆"专讨论牛马诸兽骸骨及筋络血管及辨马齿年岁"。他参观格致院，"始知西洋园户种花变易颜色，一出于格致之功，即所谓化学也"。这表明郭嵩焘对外国农学的进展表现出惊异和兴趣。

当时清廷上下已注意到农业衰疲的窘况，认为工商已见发展，而农业显著落后。作为政府高级官员，张之洞（1837～1909）在奏折中就说："近年工商皆间有进益，唯农事最疲，有退无进。大凡农家率皆谨愿愚拙、不读书识字之人。其所种之物，种植之法，止系本乡所见，故老所传，断不能考究物产，别悟新理新法，惰陋自安，积成贫困"。地方学界也认识到农业生产技术落后的现象存在。1898年刊行的《浙江海宁绅士请创树艺会禀》中讲："乡民务农，而不知农之有学，其于辨土性、兴水利、除虫害、制肥料等事，懵然不知。古法相传，日就湮没。其四民之矫矫者，悉致力于时艺，以耕种为野老之事，鄙之而不屑言"，许多有志之士或奏议成立农工商部，职掌全国实业，筹办各类农业学校，建设农业研究实验机构，或着手引进优良作物畜禽品种和其他机具器物，翻译外国农书。

（二）中国采用外国科学新法谋改良农业者，初由学校教育入手

1. 原来中国那套培养、使用人才的制度弊害极大　清末御史杨深秀（1849～1898）在奏章中曾痛陈"八股取士"一套办法，说："今用此种庸滥文体，既使天下相率于不学，而人才之消磨也已十之八九矣"。他为力挺自己的主张，作为戊戌六君子之一而遭杀害。当时重要官员张之洞在《创设储才学堂折》中即提到："设立学堂，即今日亟应举办之一端。古者四民并重，各有相传学堂。晚近来唯士有学，若农、若工、若商，无专门之学，遂无专门人才，转不如西洋各国之事事设学，处处设学"。他主张农政之学分为种植、水利、畜牧、农器四个子目。

中国筹建京师大学堂，创立农科大学，受日本推行维新政策的一定影响。孙中山（1866～1925）《上李鸿章书》中回顾中国仿效西法30余年的得失，指出"试观日本一国，与西人通商后于我，仿效西方亦后于我，其维新之政为日几何，而今日成效已大有可观。"他认为推行人能尽其才、地能尽其力、物能尽其用、货能畅其流四项富强大经，治国大本，关键在于教育，"方今中国之不振，因患于能行之人少，而尤患于不知之人多"。中国农业教育兴办初期，较多采用1877年建立的日本驹场农校、1890年发展成东京帝国大学农科大学的办学章则。

2. 农业教育是从蚕桑、茶叶等专科和农务学堂办起的　1900年前后清政府在教育方面发布的章程、议案、例则中，学校分为普通教育和实业教育。普通教育分为：小学堂、中学堂、高等学堂（大学预科）、大学堂；大学堂已有格致、工程、农业等学科。实业教育分初、中、高三等；农业实业教育有初等农学堂、中等农学堂、高等农学堂；其他还有补习实业学堂、实业师范；实业学堂进行职业教育。1903年的《奏定实业学堂通则》称："实业学堂所以振兴农工商各项实业，为富国裕民之本计；其学专求实际，不尚空谈，行之最为无弊，而小试则有小效，大试则有大效，尤为确实可凭，近来各国提倡实业教育，汲汲不遑，独中国农工商故步自封，永无迁境，则以实业教育不讲故也"。

1896年江西高安筹办蚕桑学堂，1897年建起杭州蚕学馆，结合蚕桑、茶生产和维系出口贸易的实业学堂率先办起。1898年3月，张之洞在《设立农务工艺学堂暨

劝工劝商公所折》里提出"于湖北省设立农务学堂，研究种植、畜牧之学"。延聘美国康奈尔大学农学学士 C. 白雷耳（C. Brill）等为农学教习。1898 年《遵筹开办京师大学堂折》中列有"农学科，种植水利附焉"的项目。1901 年江苏开办江南蚕业学堂，山西在太原大东门内农工总局之西开办农林学堂，兼授农林两科，农林本科采用日本大学专门教本。1902 年，直隶高等农业学堂建于保定，占试验地约计 8 亩（1 亩＝666.6 米^2）余，教学中以农桑为正业，制造为副业，由洋教习授以农桑各学。山东、四川、福建等省较快办起农林或蚕务学堂。1902 年颁有《钦定高等学堂章程》和《钦定京师大学堂章程》，后者书有："农业科之目四，一曰农艺学，二曰农业化学，三曰林学，四曰兽医学的规定"。1903 年又订下来《奏定大学堂章程》，其中写有农科大学的款目。1904 年北洋马医学堂在保定成立。1905 年京师大学堂农科大学分建，为中国最早的农科大学。1906 年安东设奉天中等林学堂，为中国最早的林业学校。1911 年辛亥革命前的农业教育多为实业教育。1909 年全国有高、中、初农学堂 95 所，在校学生 6028 人。1911 年后，农科大学和农业专门学校有了迅速发展。中国农业院校早期的课程设置、周教学时数、实习安排等多采自日本学制，参及欧美。各科的教材有的是外文，有的是翻译的。后期间或有结合中国实际进行编写的材料。通过教材，直接地、分门别类地把外国先进的农业科学技术吸收过来，为中国农业生产技术革新、农业教育、科学研究、农业技术推广体系的形成奠定了人才培育的基础。

3. 京师大学堂农科大学筹议建设的艰难过程　1979 年，沈宗瀚（1895～1980）《中国近代农业学术发展概述》（《中华农业史论集》，中国台湾，商务印书馆，1979）一文中带有总括性地指明："我国农业科学实发轫于清末学校教育"，"中国采用外国科学新法谋改良农业者，初由学校教育入手。"创办农科大学从 1898 年进入筹议阶段到 1905 年批准了京师大学堂农科大学的具体兴建，走了八年的路程，却也给人们提供了较为完全的新教育，包括农业教育理念和规制，经过不断的删改、调整，铺下了中国新式农业教育的格局。

1900 年前后，在推动中国农学发展方面，罗振玉（1866～1940）的业绩是不可低估的。他曾认真地研习过《齐民要术》、《农政全书》、《授时通考》等书，又读欧洲农书的译本，知道农业新法可增收获，又感到其叙说不详，于是邀集专家学者创办《农学报》，从 1897 年 5 月创刊到 1906 年停刊，共出 315 期，曾起到"广开风气，维新耳目"的先导作用。罗振玉 1905 年主编《农学丛书》，收入 233 种农学著作、译作和调查报告，并为不少篇目写了按语。罗振玉撰有《农事私议》，提倡各地设立"售种所"，用进步方法检验种子，从外国引进佳种，"依植物学新理，施人工媒合（即杂交）之法，以人力改良植物之种类"。还主张办"虫学所"，研究益虫养殖和害虫防治。罗振玉经办农业教育之际，曾两次去日本考察，其一是光绪二十六年（1900年）应鄂督张之洞的聘请，任湖北农务局总理兼农务学堂监督，后奉刘坤一（1830～1902）、张之洞派遣，以江楚编译局襄办名义率团去日本考察教育事务两月余，写有《扶桑两月记》，对日本东京农科大学学制、课程等考察较详；其二是宣统元年（1909年）北京京师大学堂办分科大学，罗振玉担任农科监督，主持校政，在北京西郊罗道庄建新校舍，办试验场等工作，奉命去日本考察农学，曾写有《扶桑再游记》。罗振玉曾两次主持农业学堂。1907年在张之洞任体仁阁大学士、军机大臣，主管学部时，清政府考选留学生，曾奏派罗振玉担当同考官，阅农科试卷及各科国文卷。这表明罗振玉在当时农学界有着显赫地位。

农科大学初办时，主要教职员10人中有5名是日本人，讲授农业课程。1911年辛亥革命后，京师大学堂改称北京大学校，农科大学仍为其分科大学之一。1914年以后，北京大学校农科改称国立北京农业专门学校、北京农业大学，教授均为中国籍，他们多系日本留学生及京师大学农科毕业生。讲义多摘译自日本课本，动植物标本多购用日本成品，农场实习为播种、除草、施肥、收获等活动。各省设立的农业学校，如江苏南京省立第一农校、苏州第二农校及浙江杭州笕桥省立甲种农校，当时教员也多为日本留学生及京师大学堂农科毕业生，他们多以外国资料解释学理。

4. 农学领域留学回国的人士在学科建设方面开始发挥作用　许璇（1876～1934）1913年从日本留学回国，历任北京农业大学教授、校长，曾提倡"融学术教育与农村事业于一炉"，他兼任过学校农场场长，讲授过农政学、土壤学、畜产学等课程。所编农政学讲义，对于当时中国关税、土地、人口、粮食等问题，论述甚详，在农科创建上曾做出过贡献。陈嵘（1888～1971）1913年从日本留学回国任教，从教数年后赴美、德再攻林学。他最早撰出具有中国特色的《造林学》，曾被选为中华农学会会长。梁希（1883～1958）赴日本学林学，1916年毕业回国在北京农业大学讲授森林利用、林产制造、木材性质等课。1923～1927年又赴德国萨克森林学院研究林产化学，为中国森林利用、林产化学学科建设开辟了途径。丁颖（1888～1964）于1924年日本帝国大学农学院毕业归国后，曾在中山大学农学院任教。他于1926年在广州石牌中山大学农学院创办稻试验场。同年，在广州东郊犀牛尾沼泽地发现野生稻，用它与农家品种竹粘杂交，育成中山一号水稻品种。这是在世界上进行的将野生稻的种质成功地转移给栽培稻种的首例科学试验。

5. 农学提高需求基础学科研究的支撑　近现代农业科研发展初期，较为简单的经验式试验也可取得显著的成果。随着学术的广泛探索和技术手段的提高，一般应用研究和实验已不能适应需求，而要更多依靠基础科学研究的开展。中国农学基础学科的开拓，是从农科教学改革和专业学者研究深化入手的。邹秉文（1893～1985）在多所农学院教书当院长。他认为改进农业教育，在于要有学有专长的教师。他针对20世纪20年代当时的情形，指出问题是农业学校的课程太普通、太杂乱，不能造就专门人才。他说"盖农业范围极广，无论何种最聪明人物，亦只能精于其中之一二门，故世有作物专家、园艺专家、畜牧专家、植物专家等名目，而独不能有农业专家之名称"。他举出某畜牧专家，在国外留学时，每个暑期均在牧场实习。回国后，在某农校所任课程竟有八门之多，包括农具、作物、植病。畜牧课每周仅2小时，其专长不能发挥。而当时部定章程每一专任教员，必须每周任课18～24小时。邹秉文力主改革农科教学，在东南大学农科，每一教授基本上只担任他的专业课程，每周授课时数按实际需要安排，强调教学、科研、推广三结合的重要。东南大学农科参照美国康奈尔大学与金陵大学农学院的方式，教授除教书外须做研究或推广。该校教授与学生人数较多，功课较为完整，研究范围亦较广。农学基础学科研究富有成绩的有：秉志（1886～1965）等的动物学，钱崇澍（1883～1965）、胡先骕（1894～1968）、陈焕镛（1890～1971）等的植物分类，戴芳澜（1893～1973）等的作物病害研究，以及过探先（1886～1926）等的棉花育种与栽培方法，原颂周（1886～1975）等的改良水稻、小麦品种，葛敬中（1892～1980）等的蚕桑改良，罗清生（1898～1974）等的牛瘟、猪瘟研究，等等。农科院校曾是当时全国农业科学发展的重要策源地。

（三）农林试验场站的兴办与演进

1. 立足求解中国农业实际问题　张謇（1853～1926）在1897年所写《请兴农会奏》中，述及中日甲午海战中国失利后，朝野人士以练兵通商为急务的情形。在"呈翰林院掌院代奏劾大学士李鸿章书"中，张謇抨击李鸿章签《马关条约》丧权辱国的行径，也指出"我有自腐之机，敌乃有可乘之隙"。张謇认识到提高国力在于兴办新型农业。他说："上溯三代，旁考四国，凡有国家者，立国之本不在兵也，立国之本不在商也，在乎工与农，而农为尤要。盖农不生而工无所作，工不作则商无所鬻，相因之势，理有固然"。张謇主张讲求农学，行西国农学所得之法，强调发展农业实验，即便对外来技术也要核夺。他讲："不征实事，不特西人新法之与中土宜否，无从真知，即中国旧法之与今日宜否，亦无从真知。而且天度、温带、寒带、热带之不同，土地为埴为垆为壤之各异，非先以化学方法，分辨土宜物性，一一著明，无从消息"，对农业技术改进持积极态度。1914年张謇任农商总长时曾规划棉、糖、林试验场各三个，牧场两个，共 11 个试验场的筹建。

各地、各级农事试验场的产生，是近代农业科技兴起的标志。上海农学会 1898 年于上海桂墅里设试验场，于淮安设饲蚕试验所，进行育种和蚕病防治试验，目的是把蚕桑生产建立在科学试验基础之上。1902 年设直隶农事试验场，分蚕桑、森林、园艺、工艺四科，进行专项试验。1903 年，山东建农事试验场，希图以此开风气、启民智、考良法。一些省份创办试验场，广购各种植物，分别试种，以资实验。1906 年，直隶束鹿县于南关外设农事试验场，"仿东洋新法试种作物"。

2. 农工商部农事试验场的建立　　在寻求改革农业技术的气氛中，1906 年 3 月农工商部给清廷上了奏章，其中称"泰西各国，罔不以农事为重，美利坚以农立国，富甲全球，日本维新以来，农事改良，遂致物产繁兴，工艺发达"。奏章叙述日本为劝农在各地广设农事试验场的情形后，提到"京师为首善之区，树艺农桑又为臣部所职掌，自宜择地设立农事试验场一所，以示模范"。

农工商部农事试验场 1906 年获准成立，选址在北京西直门外乐善园等地（现北京动物园）开办。技术部门设农林、蚕桑、动物、博物、畜牧等科。试验分五大宗：谷麦试验、蚕桑试验、蔬菜试验、果树试验、花卉试验。试验场提出，"为振兴全国农业起见，与各省已设之农事试验场互相联络，以资取益"，为开通风气，改良农事起见，特于场内附设博览园，以便公众观览，"得考察试验之成绩，发起农事之观念"。为试验和博览需要，农工商部在农事试验场成立第二年就行文各省府和商会命令地方将本地的物产或酌收种子，或精选秧苗（幼仔），植物则并详加培植方法、动物则详述饲养方法，妥善包装，写清名单上送。接着又令各出洋大臣从外国选购一些种子带回。试验场均就各省直解到物品，以及外洋各国选购种子，"分别试验以相土宜，而兴地利"。农事试验场章程中，对所设各科工作都有规定，如树艺科（土壤肥料农器附）分为 30 项，其中包括：普通农作物、特别农作物选种试验，本、外种子比较试验，撒播、点播和条播各法试验，播种深浅试验，播种时令试验，播种交互试验，耕耘试验，肥料试验，收获期及收藏法试验，灌溉排泄试验，本、外国各种蔬菜试验，本、外国各种花果试验，本、外国接树方法试验，树枝成形试验，剪枝试验，果品蔬菜之采取收藏及制造试验，以及试验土壤及农作物之关系，试验肥料及农作物之关系，试验气候及农作物之关系，气候观测试验等，还有种子、种苗分配，肥料出纳，农工雇用及其他管理等事项。其中作物栽培试验占相当大的比重，试验注重事物的对比与量的权衡。农工商部农事试验场多方面作新技术引进、实验和推广工作，以期全国农业日有进步。

2007 年，北京大学就清末农工商部农事试验场这一近代中国第一个中央政府创办并掌控的集试验、研究、教育、生产、销售、推广与博览于一身的综合性农事专业机构，进行博士论文层次的研究。在解读第一历史档案馆所藏农工商部全宗档案中与农事试验场相关文献以及农事试验场试验报告等原始材料的基础上，考察农工商部农事试验场在物种、技术、农具等农事成果的引进、试验等活动，及其所体现的农业科技水平以及所选择的农业进步路线，等等。研究结果显示，"20世纪早期的清朝在运用中央政府权力资源发展农业方面，做得好于通常所认识到的程度"。论文在分析阐述农工商部农事试验场成就时，也摆脱了就技术而言技术、忽略技术与政治、经济及文化互动关系研究的倾向。

3. 棉粮迫切需求推动农业科学发展 由于工业原料和对外贸易的推动，棉花、蚕桑的品种选育、选育原理与方法得到较快发展，且能得到实业界的具体支持。1914年爆发第一次世界大战，欧洲作为主战场，纺织商品不能东来。中国民族棉纺工业得以发展，但所需纺织原料棉花，国内所产纤维粗短，数量不足，国外又难供应，为当时厂商最感困难的问题。1917年，穆藕初（1876~1943）等在上海组织植棉改良社，刊印《植棉浅说》，购备、推广美棉种子，优价采收各地改良新棉。1919年，上海组织纱厂联合会，其中设植棉改良会，穆藕初被举为委员长。同年，穆藕初代聘过探先主持植棉推广事业，在江苏、浙江、湖北、河南、湖南、河北设场16处。从1921~1924年，改由纱厂联合会每年捐洋2万银元资助东南大学农科，由农科主任邹秉文和过探先主持植棉推广项目。这是中国企业界资助农科大学从事棉业研究的开端。过探先曾采用系统选种法，由中棉育成江阴白籽棉优良品种。1919年上海纱厂联合会以经费补助金陵大学为试验改良中国棉花品质与产量的研究费用，该校从美国农部引进八个标准棉花品种，代表早熟、大铃、短绒与细长绒四个特性，在长江与黄河流域棉区试种。同年8月请美国农部植棉专家O. F. 柯克（O. F. Cook）等来华作技术指导进行考察，华商纱厂联合会派植棉专家叶元鼎同行，周历浙、鄂、豫、冀、鲁等省的棉区和棉业试验场。根据这次考察，认为脱字棉（Trice）最适于中国的栽培，其次为爱字棉（Acala）。柯克这个意见影响中国此后十几年的棉种方向。

从1919年起，中国开始采用科学方法进行水稻品种选育的试验。试验由南京高等师范农科农事试验场原颂周主持。由各省征集多个优良水稻品种，经过严格比较选育，选出江宁洋籼、东莞白两个纯系优良品种，并在生产上得到推广。那一时期，农商部中央农事试验场也先后自江苏、浙江、安徽、河南、河北、吉林、湖北、福建、广东等省和日本、意大利等国引进47个水稻品种进行品种比较试验，曾选出数个每公顷产量在3750千克以上的品种。

自 1922 年起，华北连年发生大旱，接着长江流域又患大水，在水旱灾害，粮食缺乏，大量输入洋米、洋面、洋棉的背景下，农业技术曾突出抓小麦、大麦、高粱、粟、大豆等的品种改良。1925 年金陵大学与美国康奈尔大学建立合作改良华北粮食作物，训练遗传育种人才的项目。金陵大学农学院及其他学校注重粮食增产，后金陵大学与纽约洛克菲勒基金世界教育会及康奈尔大学建立中国作物改良合作项目。每年由康奈尔大学派育种教授至金陵大学协助指导作物改良，金陵大学供给试验场与研究室设备，世界教育会则津贴康奈尔大学教授旅费。H. H. 洛夫（H. H. Love）、C. H. 迈尔（C. H. Myers）等教授相继来华指导作物育种。此一时期，中国育种、栽培、植物病理诸学科有着迅速的进展。1920 年，南京高等师范农科建立小麦试验站，在 900 个小麦品种比较中，确认武进无芒、南京赤壳、日本赤皮为最佳小麦品种。1925 年，沈宗瀚从南京通济门外农田中选出单穗，育成金大 2905 小麦品种，于 1933 年推广。该品种具有丰产、抗病、早熟等特点，甚受江苏、安徽等省农民欢迎。

4. 中央农业实验所等的成立和多种农学分支学科的构建 20 世纪 20 年代后期，中国学术界出现兴办科学研究机构的热潮。1928 年在南京成立的中央研究院和 1929 年成立的国立北平研究院，其体制较为完善，对全国科学研究起到一定的推动、联络和指导作用。那时组建的气象、地质、动物、植物等研究所（室）、中国科学社生物研究所、北平静生生物调查所、中央地质调查所等官办民办的研究机构，其课题研究许多涉及农学。动植物、微生物考察，已从个别专家学者的研究活动发展到建立机构、有计划地在更广泛范围有成效地进行。农业科学技术的发展与植物分类学、动物分类学及其中的昆虫分类学、真菌分类学等学科的发展关联越来越紧密。许多位研究植物病理、植物病害防治的学者，同时也是真菌分类专家；研究土壤利用改良的学者，同时也是土壤分类专家。这是学科开创初始较为常见的现象。这一时期，动植物标本的采集、整理分类，土壤调查及其分类，土地利用调查与分析等基础性的资源技术、经济调查分析或分类工作多方开展，有关谱、录、志专著大量涌现。其中突出的成果包括：中央地质调查所自 1930 年起调查全国土壤，于 1936 年由 J. 梭颇（J. Thorp）汇聚侯光炯（1905～1996）、李连捷（1908～1992）等多位学者的调查成果，用英文出版了《中国土壤地理》专著，1937 年以《中国之土壤》为书名的中译本问世，并制成中国土壤分类图。陈嵘将讲授树木学历年采集的标本，于 1934 年写成《中国树木分类学》专著。戴芳澜继续其真菌考察工作，写成了《中国真菌名录》。1942 年胡先骕在国立中正大学农学院以《经济植物与农业之关系》为题作学术演讲时，仍强调二三十年代植物分类、野生植物资源考察对发展农业的重要作用。

1937年行政院农村复兴委员会组织农学专家撰写的《中国农业之改进》一书中称："我国专门人才不多，大都集中在各大学农学院"，这是中国近现代农学发展、建设早期的活动特点。为推动全国农业的技术改进，筹组相应的指导性、协调性学术机构已属必要。1931年国民政府实业部设立中央农业研究所筹备委员会，派实业部副部长穆藕初为主任，中央研究院自然历史博物馆馆长钱天鹤（1893～1972）为副主任，邹秉文、沈宗瀚等16人为委员，拟设植物生产、动物生产及农业经济三科。该会选定南京孝陵卫为所址，草拟工作规程，确定中央农业研究所（为强调实验的重要，后改称中央农业实验所）主管全国农业技术改进。中央农业实验所占地面积2400余亩，规模宏大，主持者多方罗致专家，宽筹经费，实验设备完美，研究改良多收实效。那一时期，全国经济委员会设立中央棉产改进所，行政院设立全国稻麦改进所，实业部设立全国稻米检验监理处与全国小麦检验监理处，均在孝陵卫中央农业实验所内，人员互相兼职，工作密切配合，稻麦棉改良工作日臻完善。农业科学实验和技术推广逐渐由中央农业研究机构领导起来。

5. 在接近世界农学水平方面做出努力 中央农业实验所和大学农学院合作，聘请世界农学权威前来指导研究工作并培训各省农业技术人员。1931年，金陵大学农学院举办农作物讨论会，聘请中央农业实验所总技师、美国作物育种学博士H. H. 洛夫讲生物统计方法，将运用生物统计分析的田间试验新技术传播给中国作物育种界。1934年，中央农业实验所和金陵大学、中央大学农学院合办，各省农科人员参加的中国作物改良研究会议，邀请英国生物统计专家J. 韦适（J. Wishart）博士来华主讲田间技术及生物统计。1936年又请美国作物育种专家H. K. 海斯（H. K. Hayes）博士讲授作物育种方法。这些，对提高中国稻麦育种技术和方法，曾有很大的推动作用。经过聘请中外著名农业专家讲学，采用拉丁方式和随机区组方式设置对比试验，中国农学研究中采用的生物统计方法和田间试验技术已接近当时国外先进水平。

马保之（1907～2004）在1934年《中国作物改良会议演讲集》卷首语中称"近十年来，我国作物育种事业进步奇速，成绩斐然"。但他同时指出："夫育种为技术，不过为各种纯粹科学之应用，是以凡从事作物育种者，对于各种纯粹科学如植物学、生理学、细胞学、遗传学、病虫害学及统计学等均须有相当之基础，否则人云亦云，欲谋工作之进展，岂乎难哉"。20世纪30年代初，中国农学基础学科的研究有较快发展。中央农业实验所、全国稻麦改进所、中央棉产改进所等，广延中外专家，改良全国农业；同时各省力求设农事试验场，各大学多设农学院，对于稻、麦、杂粮、棉花、园艺、土壤、肥料、昆虫、病害、畜牧、兽医、蚕桑、森林树木、农情报告、土地利用、农场经营、仓储、农产运销、稻麦棉的分级检验等多方面研究改良，理论与应用并重。应用温室、细胞室等条件设备，进行诱致棉花突变与杂交小麦细胞遗传的研究，多种新研究方法得到应用。各大学农学院，多参照中央大学与金陵大学农学院的组织教课、研究及小规模推广结合的方式运作。作物育种、土壤、肥料、植物病虫害、园艺、畜牧、兽医、造林、农业经济等教课与研究工作，在此时期进展明显。

中国农学当时的这种发展势头，由于1937年7月7日日本军国主义者掀起全面侵华战争，中国被迫转入全面抗战而遭受重挫。

三、抗日战争影响下的农业科技

（一）艰难条件下的农学发展与技术转移

从农业科技发展来看，一个幅员辽阔的国家，科学发现、技术发明，多从先进地区向后进地区呈辐射状转移。中国农业在20世纪30年代中期，近现代农业科技体系形成，努力吸收国外先进经验，开展专业与基础研究，中央和地方结成层次，技术推广体制已具端倪。但这一前进历程突遭中断，出现了在非常条件下产生的农业科技措施与技术转移。

1937年，为抵抗日军侵略，中央农业实验所、主要的大学农学院、农业领导机关西迁。1938年1月，国民政府实业部改为经济部，农产调整委员会改组为农产调整处并隶属于经济部农本局。稻麦改进所、棉业统制委员会、蚕丝改良委员会归并入中央农业实验所。1940年又成立农林部，管理全国农林事业，分设农林渔牧和农村经济等司。各省的农业行政则集中于省政府建设厅，县农业则由建设科主管。中央农业实验所划归农林部，并进行扩充，作为全国农业技术运作的总枢纽，在后方各省设立工作站，协助各省农业改进工作。后方各省设立农业推广繁殖站，各省将农业实验机构集中于省农业改进所，各县设农业推广所，以实地指导扶助农民改善耕种技术和经营方法。1941年，中央农业实验所兽医系单建为中央畜牧兽医所。不久，林业系也分出，单建为中央林业实验所。1945年初，在农业促进委员会等单位的基础上，成立中央农业推广委员会。中央与省的农业技术研究推广机构增多，并从经济上补助各省的农业技术改进工作。

国民政府和后方各省地方农业机构的调整、建立、健全，对于原来农业科技工作薄弱的西南、西北地区有相当的组织、示范和督导作用。抗战前西南几省的粮、棉、布匹尚不能完全自给，其农业的发展起点是低的。就是这样一些区域，在东南沿海主要工农业生产区相继沦陷后，成了后方军民衣食所寄和易货偿债物资所出的根据地。国民政府颁布"九省荒地开垦计划"、"非常时期难民移垦规则"，国家组织大片可耕荒地垦殖，促进省营、县营及民营垦殖，鼓励回国华侨从事垦殖。还竭力提倡扩种冬作物和夏季杂粮，推倡双季稻、再生稻的种植，限种烟草等。国民政府把这些措施以战时法令的形式强制推行。

战时强制性技术措施对提高后方农村的土地利用率，改变沿袭已久的耕作习惯，增加粮食产量有直接的效益。吴伟荣（1964～）《论抗战期间后方农业的发展》文中叙说及引述的材料称：1942年，封昌远在《最近全国粮食增产工作概况》文中提到，1941年西南五省推广冬耕面积为847万余亩，利用荒隙地243万余亩，利用夏闲田315万亩，减糯改粳139万亩，推广再生稻306万亩，总计相当于扩大耕地面积1548万亩左右。据中央农业实验所的统计，战前全国人均拥有粮食为250.5千克，除去牲畜、种子和其他用途外，人年均食用粮食为193千克；而战时后方年人均拥有粮食322千克，人年均食用粮食236千克，均超过了战前。吴伟荣给出的综合评述是："战时后方农业的发展作用是巨大的，它基本保证了战时军民衣食供应的需要，换取了相当数额的外汇和物资，减少了财政赤字，缓和了财政危机，进而维系了战时经济免遭崩溃，为抗日战争的胜利提供了物质基础。"

抗日战争时期，陕甘宁边区及其他边区为打破封锁、支援前线，本着自己动手、自力更生精神，创办农业学校和试验农场，发展粮棉等生产。1940年2月，陕甘宁边区政府创立延安光华农场，该场在作物栽培、培育推广优良品种、防治病虫害方面做了显著的工作。同年9月，延安自然科学院成立，设生物系，1943年上半年改为农业系。光华农场和农业学校，就当地重要害虫粟灰螟进行细致观察研究，选育出抗螟品种狼尾谷加以推广。努力提倡种植棉花和栽桑养蚕，引进烤烟栽植和加工技术，进行区域森林资源调查。1943年秋成立延安中国农学会。各边区在农业技术引进、推广、提高方面，做出了可贵的努力。

（二）日军占领区的农业科学教育

1931年日军占领中国东北，1937年进而攻入华北、华南，给中国农业生产和农业技术造成难以估计的损失。在日军侵占并认作是"基地"的地方，建起或扩建了若干农事试验场，如吉林公主岭农事试验场，黑龙江克山农事试验场，辽宁熊岳农事试验场等。据1933年《克山农事试验场概要》载，其试验场设置目的是为具有特产意义的大豆的品种改良、小麦栽培育种、农业机械化等进行试验研究，着眼于开拓可耕未耕地。

日本人井口贞夫1937年《日本最近关于农林预算之变迁》文中称日本自1931年以来，因农业恐慌之深刻化，"农林预算额，屡见变迁"。"对总预算之千分比，逐年增高"，以实现"工业日本"、"农业中国"的计划，着重在华北数处成立农事试验场，重点试验日本最缺乏的棉花和羊毛。1936年7月，日本外务省文化事业部正式在青岛成立华北产业科学研究所，后迁北平，1938年4月在北平西郊白祥庵村建立中央农事试验场，1940年6月改名华北农事试验场，经过不断地接管和扩充，华北农事试验场逐步发展成为一个地跨中国河北、山东、河南、山西、北平、天津、江苏等7个省市，拥有5个支场，1个分厂，2个试验基地，13个原种圃，曾是20世纪40年代亚洲最大的一个综合农事试验场。该试验场主要从事华北农林畜产的改良。项目涉及小麦、水稻、玉米、粟、高粱、大豆、甘薯、棉花、烟草、麻类等农作物的育种和栽培法，蔬菜、果树试验，土壤研究，施肥，农作物病虫害防治，农田水利改良，育苗造林，家畜、家禽育种和繁育，家畜传染病调查，兽疫血清类的制造和应用等。

（三）抗日战争胜利后农业科教的恢复

1. 提出复原后要办什么样农学院的问题　抗日战争胜利后，农林部、教育部分别接收沦陷区的农学院和农事试验场。迁往西部的农学院校陆续复原返回南京、北平等地。在复原后要办什么样的农学院？1946年，汤佩松（1903~2001）提出：要把清华大学农学院办成一个学术水平很高的农业生物学教学和研究场所，学生头一年完全上理学院文理课，特别是生物学、化学、物理学和数学课；第二年到农学院本部上植物生理学、农业化学、生物化学、植物病理学、昆虫学、农业经济学等专业基础课。大学四年毕业后，最好能再进行一至三年研究生学习。将其或在某一专门学科如生物化学、微生物学等方面培养成专科研究人员，或在农业专门技术领域，如兽医、作物和园艺等学科中成为高级专家。为办成独具特色、有国际声望的农学院，汤佩松作为清华大学农学院院长，从国内外学府聘请颇有成就的学者到校（聘请的50余位教学、科研、实验人员中，后来有14位当选为中国科学院或中国工程院院士），添置图书仪器设备，制订课程安排和入学要求。1947年录取了新生。《资深院士回忆录》书中汤佩松在长文中叙及了当时为提高农学水平，发展农学教育研究曾提出的新思维与举措。

2. 农业科研项目不断整理、拓展　中央农业实验所等在南京陆续恢复。华北农事试验场由中央农业实验所、中央林业实验所、中央畜牧实验所接管，成立中央农业实验所北平农事试验场，中央林业实验所华北林业试验场，中央畜牧实验所华北工作站，以后又另外成立农林部华北兽医防治处。它们在原有的基础上，继续发展和进行农、林、牧、兽药各方面的科学试验。中央农业实验所北平农事试验场，在农业科学实验方面增加了"抗病育种"、"蔬菜品种整理"等项目。充分应用田间试验的新技术，重视生物统计原理，修改了日占时期那种试验项目过于复杂，而设计又过于简单，试验重复太少以及小区排列不合理的缺点。在小麦育种，小麦耐寒性、抗病性检定，大麦育种，棉花杂交育种，美棉栽培试验，美棉病虫害防治试验等方面取得了不少成绩。植物保护全国性机构和几所设有植保科系的大学迁回南京、北平，恢复了全国蝗患旬报制度，刊行全国蝗患调查报告。六六六粉剂与毒饵诱杀蝗虫在中国首次试验成功，DDT 的合成、鱼藤精乳剂研制完成。在农田施肥技术方面，张乃凤（1904～1998）、H. L. 利查逊（H. L. Richardson）、叶和才（1912～1992）等发表了 17 个省 171 个试验点的肥料田间试验报告，为确定这些地区主要作物需肥情形提供了重要数据。1947 年农林部在上海新设中央水产实验所，在南京设中央农业经济研究所、全国烟产改进处，并恢复中央棉产改进所。农学研究及国际合作有一定的开展。

1945 年以前，日本军国主义者侵占中国台湾达 51 年之久。第二次世界大战中，日本更加残酷掠取以支持侵华战争和太平洋战争，加之台湾水利设施破坏，化肥供应短缺，1939～1945 年，台湾农业生产递减率竟达 12.33％。靳晋（1929～）等《台湾农业发展及其科学技术》一书中称：1945 年"光复后，大陆派出众多农业科技人员，赴台取代日籍人员进行了艰苦的修复工作，主要是迅速增加生产，以求解决粮食不足，缓和恶性的通货膨胀，满足民众的基本需求，并为'农业培养工业'打下基础"。台湾农业科技机构和农学院得到积极的整理改进，以适合中国统一国家的农业教育与科学研究制度。在各方支持下，台湾组建农业试验所，台湾农产公司恢复了鱼藤粉等的生产。

1945～1946 年，联合国善后救济总署与行政院善后救济总署合作办理战区善后救济事宜。为发展华北乳业，联合国善后救济总署输进大批乳牛。适应黄泛区及盐垦区垦荒的需要，运来大批农业机械，并帮助培训技术骨干。美国韩丁（H. William）曾为中国农垦系统培养了第一批农用拖拉机驾驶人员。1945 年沈宗瀚与美国驻华大使馆农业参赞 O. L. 陶逊（O. L. Dawson）接洽中美农业技术合作，同年 10 月中国政府正式向美国政府提出农业技术合作的建议。1946 年 6 月，中、美政府合组中美农业技术合作团，中国方面由 13 位农业专家、学者组成代表团，团长为邹秉文，副团长为沈宗瀚。美国选派各方面农业专家 10 人，由 C. B. 赫济生（C. B. Hutchison）任团长，R. T. 穆易尔（R. T. Moyer）为副团长。他们研究农业状况，分组赴江苏、浙江、河北、辽宁、吉林、绥远、陕西、甘肃、宁夏、青海、四川、广东、广西、云南、台湾等地考察，拟订改良中国农业计划。1947年南京、华盛顿同时公布此计划，以《改进中国农业之途径》的书名出版。这一计划体现着中美农业科学技术工作者为改进中国农业科学技术做出的努力。由于那时政府的腐败，搜刮人民，通货膨胀，物价飞涨，农学缺失顺畅发展的条件。经过解放战争，1949年中华人民共和国成立，农学较快走向现代型发展的途程。

四、迈向现代农业科技时代

（一）制定农业发展纲要 推进粮棉增产

20世纪50年代起，中国农业经历着巨大变化。所取得的成就从以占全世界9％的耕地养活了占全世界22％人口的基本事实可以得到证明。尽管从农业生产技术装备、资金物料投入、经营管理、农产商品比率等方面看，中国不少地区农业尚处在铁犁畜耕、简单物质循环、劳动生产率较低的阶段，南北东西和城乡还有相当差距。但我们必须看到，中华人民共和国成立后，新的农业技术体系在向全国各地全面延伸，并向现代化方面不断发展完善。在这方面，中央人民政府1956年1月制定的《1956年到1967年全国农业发展纲要（草案）》具有重要意义。《纲要（草案）》列有：在12年内，不同地区粮食、棉花每亩平均年产量应达到的指标。此《纲要（草案）》和1957年10月的《修正草案》中，许多款目涉及农、畜牧、水利灌溉、农家肥料和化学肥料、农具、改良土壤、防治病虫害、发展林业、水产养殖、气象水文测报等广泛的技术内容。以农机具来说，既强调了农具改良运动的现实意义，也指明了由农业技术革命的这种萌芽逐步过渡到农业耕作的半机械化和机械化的道路。

（二）农业教育的调整与发展

1949年初，中国有公立农学院10所，综合大学设有农学院19所，私立大学农学院10所，私立农业专科学校4所，共43所。1949年9月，中央决定将北京大学农学院、清华大学农学院和华北大学农学院合并建立为北京农业大学。1949年12月17日，教育部负责人在北京农业大学讲话时称："今天全中国范围内，以这样大的力量办这样的学校是头一个。中央人民政府对这个学校方针与实施给以重大注意，我们建设这个学校，对中国农业及农业教育要树立新的榜样。"北京农业大学当时汇聚了较多知名农学及相关生物学科学者，专业设置包括农、林、牧、农机、植物病理、昆虫、动植物生理生化等较为配套，仪器图书较为齐全。承担发展农学和国家农学科学考察的较多任务。这所大学在中国农学发展中曾经历重大洗练，其学术业务运作多次牵系着20世纪50年代以后中国农学的兴衰促抑。

20世纪前半叶，农业院校虽有发展，但总体上说，农业教育基础仍较薄弱，办学规模、布局和学科门类设置等问题甚多。为适应全国经济均衡发展的需求，改变高等农林院校过分集中在沿海少数大城市和科系设置不合理的状况，1952～1954年，国家进行了农林院校的大规模调整。将原有43所农业院校和设在综合大学中的农林科系调整为30所独立的高等农林院校，原有的182个科系调整为124个专业点。调整后的高等农林院校布局基本趋于合理，那时除吉林、青海、西藏外，全国各省、直辖市、自治区都至少设有一所独立的农学院。其后，农林院校逐步发展，至1998年，全国各省、直辖市、自治区共有独立设置的农林院校62所，设有农学院的综合大学9所。1949年全国农科研究生招生数只有20人。到20世纪80年代，初步形成布局基本合理、学科专业基本齐全的博士、硕士研究生培养基地。全国多所高等农业院校和中国农科院有博士学位授予权，授予学科专业为36种、106个专业点。全国有31所高等农业院校和2所农业科研单位有硕士学位授予权，授权学科专业73种、439个专业点。到1997年，农林院校在校研究生为7597人。还增有博士后流动站21个。在学科建设方面，农林院校与国外农业学术单位联合培养研究生的工作也得到较快的发展。在农业教育体系中，晚近兴起的继续教育甚为引人注意，它在农业科学技术人员成长和知识更新、农业技术改造、农业技术革命的过程中，将发挥越来越大的作用。

（三）中国农业科学院的筹备和组建

在向现代型农业科学技术体系推进中，1952年，农业部拟以华北农业科学研究所为基础，加以扩充组建中国农业科学院，《邓植仪文选》中称：曾邀集专家学者参与筹备。1957年3月1日中国农业科学院在北京正式建立。中国农业科学院的建立，成为中国农业科学研究事业走上统一部署、全面发展的重要标志。中国农业科学院经过50多年的发展，现已成为39个研究所（室、中心）及1个研究生院，研究网点遍及许多省市的全国性综合农业科研机构。该院坚持科学研究与农业生产相结合、为生产服务的方向和认真贯彻执行"经济建设必须依靠科学技术，科学技术必须面向经济建设"的方针，承担多项国家重点科研任务。在组织全国重点项目的科研协作，开展国内外学术交流，编辑出版专业理论著作和为各地培养人才等方面，做了大量工作，在全国农业科学技术领域中，发挥了主力军的积极作用。20世纪50年代中期组建起来的中国农业科学院，以及相继成立的中国林业科学院、中国水产科学院等及其所、室形成核心，与省、直辖市、自治区农、林、畜牧及水产科研院所、地区以至县农科所构成的农、林、牧、渔科研体系，在推动农业技术改造，引进新研测手段，开辟新领域，如辐射、同位素示踪、电子显微镜观测、航空拍摄、航调等技术在农林各业上的应用等方面，有着重要的拓展，缩短了在同类项目上与当时国际先进水平的差距，填补了不少学术空白点。1964年启动的籼型水稻杂种优势利用课题等很快处于国际领先地位。

（四）农学发展中的若干波折

中国现代农学体系的发展，是曲折多态的。1900年前后，农业教育、农业研究的体制，受日本影响较大。20世纪20～40年代，美国及西欧的农业学术成果和农业教育、科研体系，在中国曾有过重要作用。50年代前期，当时苏联的农业教育、科研体制，曾被当成范本，在相当的范围得到推行。

20世纪50～70年代，中国农业向现代化推进中曾出现若干阻碍农学发展的事件。

1. 遗传学中所谓摩尔根学说和"米丘林学说"之争　所称"米丘林学说"、"米丘林生物学"、"米丘林新遗传学"等，实际是苏联T.D.李森科《论生物学现状》一书观点的传播与影响。1949年底1950年初，北京农业大学校务委员会主任同时是中国米丘林学会会长的一位领导人，力主该校取消摩尔根遗传学、田间设计和生物统计三门主要课程，而代之以"米丘林新遗传学"。1950年10月，该领导人被以粗暴方式进行改革、"作风不健全"的缘由经中央将其调离北京农业大学。但把"米丘林生物学"作为全国农学及相关生物学科指导方向的问题并未完全解决。1952年五六月间，政务院文教委和中国科学院召开生物科学座谈会，据会议讨论结果反映发表以《为坚持生物科学的米丘林方向而斗争》为题的文章。该文给摩尔根遗传学戴上"反动的"、"唯心的"、"为资产阶级服务"的帽子，强调"必须认真系统地学习米丘林生物科学，彻底批判摩尔根在生物学上的影响"，提出"发动一个广泛深入的学习运动，来学习米丘林生物科学，彻底改造生态学、细胞学、胚胎学、微生物学等生物科学的各部门"。接着，中央教育部召开全国农学院院长会议，决定在农业院校取缔遗传学和育种学两门课程，规定设立"达尔文主义"和"米丘林遗传育种与良种繁育学"，并作为重要课程加以安排。这对全国农学及相关生物学科的发展曾产生较大的负面影响。1956年8月在青岛召开遗传学座谈会，中央希望通过这次会议扭转1949年以来在遗传学界的不正常状况。同时，也以遗传学作为突破口，使整个自然科学界认真地贯彻百家争鸣的方针。中共中央宣传部科学处处长于光远（1915～）就遗传学中的百家争鸣问题作了指导性讲话。对遗传学不同派别争辩焦点之一的特殊遗传物质问题，明确

"特殊遗传物质"的争论只能由科学实验的事实做出结论，而不是由哲学来回答问题。会后中国科学院、高等教育部恢复了一度被取消的普通遗传学、细胞学、生物统计学等课程的教学和摩尔根遗传学方向的研究工作，开展对摩尔根遗传学说批判的错误决定得到了纠正，农学基础理论相关学科得到了顺畅发展。

2. 农学发展中科学态度和"浮夸风"的问题 1958年，在农业生产领域提出过高的产量指标，许多地方争放农业高产"卫星"。一时间，"人有多大胆，地有多大产"成了宣传口号，违反科学的"浮夸风"、"密植高产风"在全国范围内越刮越猛。1958年7月中共中央高层负责人康生专程到北京农业大学视察，学有成就的农学专家教授被当面质问"农业科学有什么用？""农业专家有什么用？"坚持科学态度的教授学者遭受责难和羞辱。1958年9月中央发出《关于改进农林大专学校教育的指示》，全国28所高等农林院校47 000名师生被"下放"到20个省市自治区的农村或农林牧场参加劳动、改造思想。没有多久，又在一些高产红旗点掀起"大办高等农林院校"的高潮。到1960年，全国高等农林院校曾达204所，为1957年的5.6倍。由于仓促命名的学校多无办学条件，接着又大幅度调整。农学的扎实发展、提高受到相当大的干扰。

3. 农业科研教学是发展还是停办、滞障 "文化大革命"期间，大学院校停课，停止招生。以至今仍查不清出处的"农业大学办在城里不是见鬼吗！"的最高指示为"依凭"，1969年开始将北京农业大学师生下放河北武邑就地分遣、解散，后改搬迁陕西甘泉一条狭窄的清泉沟。接着一半以上农林院校校舍被占，学校被解散或搬迁到边远地区。这种影响很快波及农林科学院所。1970年5月，原农林口各部所属62个科研机构和近14 000名职工被令下放合并、裁撤。另建中国农林科学院，暂定编制620人，组成35个科技服务组（队），奔赴一些革命圣地和"红旗点"接受"再教育"。这种拆散农业科学研究机构的做法曾形成强风。农林大学、农林科研院所被停办、裁撤、搬迁，人员流散，图书资料、仪器设备严重损失，课题进展遭受的挫折难以估计。在数年间，农业领域违反实事求是精神处置农业复杂多样性问题之事到处泛滥，"瞎指挥"、"一刀切"难于阻遏，等等，曾使农学发展陷于迟滞，从而拉大了中国农学同世界先进水平的差距。这种情况，到20世纪70年代后期才有了根本性的转变。农林学科史会有若干硕士、博士学位论文或专著深入探讨所以滞障农学前进的底里。

（五）博采众长、精心运作，全方位、深层次、高速度、重实效地发展、提高中国现代农学

中国农学在起起伏伏中，摆脱了因袭照搬的苦处。从20世纪70年代后期起，中国农学在立足于自己条件、巩固已有成绩的基础上，贯彻改革开放方针，从技术、教育、科学各领域，全方位地大力吸取各个国家有益的农业科学成就与技术成果，也将自己取得的成就介绍、输送到国外，进行富有成效的交流。政府推行改革开放政策，农村普遍实行家庭联产承包责任制，调动了农民的生产积极性。拆散搬迁的高等农林院校和农科院所得到恢复发展。延请外国农林专家来华，派遣本国专家出国进修考察，大量选送优秀青年出国留学，吸收国外先进理论和成果，引进新型设备，在实施社会主义市场经济体制、建设现代化农业中，中国农学遵循可持续发展的原则，迅速迈入全方位、深层次、高速度、重成效的演进阶段。对学者个人作用、学术团队力量的发挥给以充分关注。

分子遗传学、分子生理学、电子显微镜、电子计算机、卫星遥感遥控、光谱和色谱等高效自控分析仪器、系统科学等在农学领域的广泛渗透和应用，是此一时期农林渔牧各学科得以迅速发展的重要因素。在打破封闭的桎梏后，农林渔牧各分支学科许多科研课题在迅速恢复，并力求缩短与国外先进水平的差距，不少方面还取得了突破性进展。

1. 农学许多分支学科在恢复中发展

（1）育种科学技术在恢复中发展　农业生产的原材料是生物体自身，因而良种在农业生产中始终占有重要位置。具有承前启后意义的是：在1986年《高技术研究发展计划》中，研制高产优质抗逆的动植物新品种项目确定后，农作物、蔬菜、花卉、林果、家畜、家禽、鱼类品种培育迈上了新的阶段。杂种优势利用成果继续发展、提高。袁隆平（1930～）等研制的"三系"配套的籼型杂交水稻，在生产上广泛应用，是实现自花授粉作物利用杂种优势方面的重要突破，丰富、发展了遗传育种理论。胞质雄性不育类型的发现和系统研究应用等方面均取得世界瞩目的成果。

（2）在作物种质资源调查、征集和国外品种资源引进方面取得新的成绩　20世纪50年代，在全国范围内大规模地进行作物品种资源的征集活动，共得到40多种作物约20万份品种材料。1979年开展第二次全国性作物品种资源的补充征集，共得到各种作物品种资源15万份，其中有不少是稀有名贵品种。基本查清了中国普通野生稻、药用野生稻和疣粒野生稻的分布。全国野生大豆考察，共采集植株标本4000多份，发现了白花、细叶新类型，具有高蛋白（含量55.37%）、抗病性强、分枝多、结荚多等优良性状，丰富了大豆基因库，并为研究大豆起源、演化和分类提供了宝贵材料。西藏农作物品种资源考察，共收集到各种作物品种资源标本14 787份。国外作物品种资源引种工作得到加强，1979～1987年即引进各种作物品种资源92 781份。到1989年，共收集作物品种材料85万份。有关单位曾组织编写18种作物品种资源目录和 13 种作物品种志。

作物种质资源方面另一项重要进展是国家种质库的建立。1978 年以后，中国着手低温种质库的建设。1984 年和 1986 年在北京中国农业科学院内建成两座国家种质库；20 世纪 90 年代，在青海省农林科学院内建成国家种质复份库，形成了国家库中、长期配套和异地相结合的种质资源保存体系。中国国家种质库的保存体系、保存资源数量、品种资源的丰富程度、现代化管理和研究，在世界种质库范围达到较高水平。

（3）养殖动物品种资源收集、保存、开发利用方面研究迅速进展　随着畜禽工厂化养殖和野生动物人工养殖业的兴起，育种、繁殖、饲养标准、饲料配方、饲料投喂、防疫、卫生检验、加工储运、排泄物清除处理、装备设施、调控技术等在解决关键性问题中，发展起来多门新的学科领域。母畜同期发情、低温保存公畜精液、家畜人工授精和胚胎移植、转基因克隆牛、羊、猪培育等，已积有多项居世界水平的学术成果。

（4）土、肥、水等利用效益骤增　1978 年开展了全面、深入的第二次全国土壤普查，在多数县市初步查清了土壤资源现状，以及各类土壤中阻碍生产发展的因素，摸索出适合中国国情的生物措施和工程措施相结合、单项措施和综合措施相结合、利用与改良相结合的路径。石元春（1931～）等"黄淮海平原中低产地区旱涝盐碱综合治理和农业发展"项目取得的成果，为改良盐碱土、红壤、黄壤土、北方风沙土，治理低洼易涝地，不懈地提高地力，建设高产稳产农田提供了可贵支撑。20 世纪 80 年代后期起，配方施肥在中国各地区迅速发展。它根据各种农作物的需肥规律与不同作物需肥特点、土壤供肥性能与肥料效应，在以有机肥为基础的条件下，提出各种营养元素的用量与比例。配方施肥能节肥，增加作物产量，改善品质，可以显著提高经济效益、社会效益和生态效益。进入 20 世纪 90 年代，配方施肥技术由定性半定量阶段走向定量优化阶段。农田水利方面，体现节水、增收原则，渠道防渗漏、滴灌、喷灌、旱区集水灌溉理论与技术有较快发展。我国 1976 年进行地膜覆盖技术引进试验，1978 年起大规模推广，已成功地在玉米、棉花、西瓜、水稻、小麦、花生、烟草、蔬菜等 40 多种作物上应用。

（5）开创高产、优质、高效、抗逆生产途径　1978 年起，由于推行联产承包责任制，农民生产安排上有充分自主权；还由于实行改革开放政策，农业新技术的研究和引进转为活跃。作物栽培在良种选育、土壤肥料、水利灌溉、植物保护等单项研究深入的同时，发展了多项技术综合配套应用研究。作物高产栽培理论及配套技术研究在 20 世纪 80 年代以后进展迅速。它以一种或几种作物生长发育规律和诊断为基础，以研究水、肥、化学药剂控制等为手段，以充分利用自然资源和生产资料潜力达到最高产量和最大效益为目的。研究作物产量形成生理和作物高产、高效、抗逆的作物生产理论体系和提出大田生产指导原则，为较大幅度提高作物单产和品质服务的作物高产高效生理学已经出现。20世纪80年代以来，水稻、小麦、玉米、棉花等作物叶龄模式化高产栽培理论与技术措施，在全国大面积推开。适应市场需求，蔬果传统上市节令已经突破，运用多种调控抑促手段，构建了错开季节立体栽培体系。应用各种不同植物生长调节剂，调节、控制植物种子发芽、营养体生根、生长发育和产量形成，提高产量和品质，是农学进展较快的领域。化学药剂促长或抑制作用的利用，与常规栽培技术结合，能更有效地达到作物高产、稳产、优质、高效的生长发育条件需求。作物栽培学科经过几十年的发展，在传统技术和高新技术的交融中，创出了新的途径。

（6）作物产前、产后研究得到加强　为适应竞争，充分利用科学技术成果，实行科学管理，农业生产在可能的范围内出现"产前"、"产中"、"产后"的划分。中国农学从20世纪80年代起，加强了"产前"、"产后"的研究。特别是"产后"，包括农、园、林、牧、渔各业产品收获后的分级、保鲜、后熟、运输、贮藏、加工制作、包装、销售等环节的研究，已受到充分重视。"采后生理"、"气调"、"速冻"、"干制"、"榨汁"等多种保持天然成分、富含营养、具有保健作用、安全无毒的产后加工、制作原理与技术得到较快的发展。为民众提供多样、优质、健康的粮食、蔬果、乳肉，为保证农产品出口信誉，农学领域向产品分析和检测方面迅速延拓并取得很大成绩。

2. 开始与世界农学同步发展

由中国农、林、水产、农工等科学研究院及其所、室、中心，省市自治区农科、林科、畜牧及水产院所、地区以至县农科所构成的农、林、渔、牧科研体系；由全国各地农林院校和综合大学生物类院系构成的农业及有关生物学教学、科研体系。它们互相结合，发挥所长，在推动农林多项技术改造，引进新手段、开辟新领域、取得新成果方面起了重要的作用。在改革开放大环境下成长的新一代专家学者，在以生物技术和信息技术为主导的新的农业科技革命中，将农业各分支学科研究创新推进到开始与国际发展同步的阶段。

（1）生物技术的采用　中国生物技术的研究开发从20世纪70年代起步，经过80年代的努力，有些方面已达到了国际先进水平。生物技术在育种方面出现重大突破。常规育种基于对种内和种间杂交优势有限的利用，主要依赖育种家本身的经验在田间和畜舍牧场对动植物进行表型的选择。生物技术则能克服动物、植物与微生物间的界限作基因的转移，拓宽了种质资源和杂交优势的利用范围，而且可以直接进行基因型的早期选择和在实验室内的操作，有利于提高育种的目的性和效率，缩短育种周期。生物技术在品种培育方面已开辟多种途径。中国单倍体育种和花药培养成功的植物达 20 多种，其中小麦、玉米、苹果、柑橘等 19 种植物在中国首先培养成功，不少已获得了品种，并在生产中推广。牡丹、唐菖蒲、三倍体无籽西瓜、甘蔗、猕猴桃等重要花卉、瓜果的组织培养技术已在中国建立，有的已转入工业化生产。马铃薯茎尖培养生产无病毒植株、甘蔗组织培养均已在生产上应用。水稻、烟草、黄瓜、番茄、柑橘等原生质体细胞培养再生成株，接近或达到了国际先进水平。在转基因植物培育方面，已获得抗棉铃虫棉花、抗黄矮病小麦、抗青枯病马铃薯等多项成果。在动物育种方面，生物技术也开拓出广阔的发展途径。1998 年"第 6 届国际遗传学应用于畜牧生产学术会议"对猪分子育种指标曾作预测，显示中国猪日增重可由 800 克提高到 1200 克；瘦肉率可由 54％提高到 70％；料肉比可由 4.5：1 提高到 2.3：1，具有翻番的潜力。畜禽胚胎工程育种的超数排卵、体外受精、胚胎分割、性别控制、核移植、活体提取卵母细胞等技术已趋成熟。常规育种技术选育优种牛需要 10 年左右，应用胚胎工程可以一代成功。转基因的猪、牛、羊、兔等突破性案例在中国已不鲜见。

（2）电子计算机与信息技术的采用　20 世纪 70 年代中期，电子计算机与信息技术开始在中国农业上应用，并且取得了初步结果。农业是以土地为基本生产资料，利用植物的光合作用能力和当地的光热水资源，从事生物性生产的产业。因而呈现出生产的分散性，很强的地域性和时变性，很低的可控性和稳定性，以及经验性强而量化、规范、集成程度差的行业特点和弱势。而先进的信息收集、处理和传递技术将有效地减缓农业生产的分散性和小型化的行业弱势；强大的计算机运算能力、智能化和软件技术，使农业中极其复杂和多变的生产要素量化、规范和集成成为可能，改善了时空变化大和经验性强的弱点，中国已开发多个种植和养殖生产管理的农业专家系统，并在北京等地建立了国家级智能化农业信息应用示范区。中国接连建立了水稻、小麦、玉米和家蚕、畜禽品种资源数据库。为研究小麦、棉花、大豆等产量与气象条件的关系，建立起数学模式，进行了产量预测预报。开展了塑料大棚黄瓜产量形成和光温条件关系的研究，初步查明影响黄瓜产量的限制因子，提出了日积温管理和黄瓜高产栽培变温管理技术与措施。在小麦遗传距离研究上，选出表征各亲本总体遗传方差的主成分因素，用来描述品种的性状特点，为小麦的亲本选配和组合设置提供了理论依据。20 世纪 90 年代起，作物高产栽培的计算机模拟系统和农业气象专家系统都取得明显成效。在这方面，北京农业大学的"小麦作物生产系统"、江苏省农业科学院的"水稻栽培计算机控制系统"、中国农业科学院的"玉米低温冷害防御专家系统"以及多种作物高产栽培技术系统在生产实际应用方面均曾取得突破，推动这一领域迅速进展。

（3）遥感航天技术的引用　遥感技术方面，20世纪60年代初，中国曾进行了航空像片的土壤调查和制图的研究，其误差为8%；在边界轮廓信息评查的地区，误差只有1%，而完成的速度只有常规量的1/2。从80年代起，利用遥感技术，对农业气象测报和森林防火、水旱灾情的监测已得到较好的应用效果。遥感技术还广泛运用于北方草地进行资源调查，绘制出各种资源图；在华北平原盐碱土区，应用系统科学、地理信息系统、计算机和遥感等现代理论和技术，提出对区域综合治理和节水农业具有意义的"区域水盐运动监测预报体系"。应用遥感技术预报北方冬麦区小麦产量，其准确率达80%~90%。随着航天技术的开拓，由卫星导航飞机防治麦蚜虫等技术已取得生产验证试验的成功。1987年，中国利用返回式卫星的发射，首次将小麦、水稻、辣椒等种子搭载升空进行育种实验。至2008年，曾多次利用返回式卫星进行数十种植物数百个品种的太空培育试验，已获得小麦、水稻、大豆、番茄、辣椒等多个优良品种。太空培育品种试验为植物、微生物育种开辟了新途径，并逐步发展为引人关注的"太空育种"学科。

第二部分　农学主要分支学科发展与成就

一、农艺学

（一）学科的奠基

20世纪初是中国近现代农艺学的初创期。20世纪三四十年代，全国重要农业区初步形成了一些试验研究网点，集中于水稻、小麦、棉花等当时三大主要作物及大豆、高粱、玉米、粟、薯类等重要粮豆作物的引种、品种检定、品种比较、系统选育，以及相关的作物品种分类研究等方面。这一阶段原颂周著《中国作物论》（1923）、金善宝（1895~1997）著《实用小麦论》（1934）、王绶（1897~1972）著《中国作物育种学》（1936）、胡竟良（1897~1971）著《中国棉产改进史》（1945）等，都是代表学科初创期的重要著述。

（二）学科的持续提高及与国际农学同步发展

1. 作物良种培育　20世纪，特别是50年代以来，中国农艺学科通过大量引进、试验、示范和推广工作，成功地将近代与现代工业提供的机械化、化学化、工程化等物质技术手段应用于各类农田、作物及其主要生产过程，推动了农作物生产的现代化进程，使土地产出率和劳动生产率大幅度提高。在作物遗传育种研究方面，20世纪已先后推出适于不同地区和条件种植的各类农作物良种4000多个。从1950年至今，中国主要作物大都经历了5～6次品种更换，每次都使产量显著提高。

中国稻、麦、棉、玉米、油菜、大豆等新品种的培育，在解决抗病、抗倒伏、高产、早熟等重大生产问题上起了关键的作用。在作物育种研究中广泛采用了各种不同的育种途径和新技术，在杂交育种、杂种优势利用、诱变育种、单倍体育种等方面都取得了大量成果。中国杂交水稻的研究、开发、应用居世界领先地位；杂交玉米的普及推广对改变中国粗粮低产面貌和全国粮食供求平衡方面做出了重大贡献。

（1）水稻为中国的主要粮食作物　在品种培育方面，几代学者做出了重要贡献。

丁颖1926年开始进行有关野生稻农艺性状、生态生理特性及其地理分布等课题的研究，并肇始了野生稻与栽培稻杂交育种的试验，曾育成世界第一个具有导入野生稻血缘的栽培新品种。他还创立了"水稻品种多型性"理论，为品种选育、良种繁育、品种提纯复壮等工作奠定了理论基础。卢永根（1930～）继承、发展了丁颖的工作，主持和组织"中国水稻品种对光温条件反应特性的研究"试验。在水稻矮生性遗传，水稻诱导胞核雄性不育突变体的分类及其细胞学、组织学基础，水稻不同类型杂种的雄性不育性及其遗传组成等方面，获得了重要研究成果。黄耀祥（1916～2004）1959年育成中国第一个人工杂交矮秆良种广场矮，后又相继育成珍珠矮、广陆矮、二九矮等矮秆良种。这些良种的应用，解决了高秆品种易倒减产的问题，促进了南方稻区良种的矮秆化。袁隆平1964年首先提出利用不育系、保持系、恢复系三系配套方法来实现水稻杂种优势的利用，并开始从利用不育系进行探索。1970年，其助手李必湖（1945～）等在海南岛找到了雄花败育的普通野生稻"野败"，他们把"野败"材料分送中国南方10个省、市20多个单位进行协作攻关研究。1972年，袁隆平等与颜龙安（1937～）等率先育成水稻雄性不育系和保持系。1973年广西、湖南等地先后在东南亚水稻品种里找到一批强优势的恢复系，实现了籼型杂交水稻的三系配套，1976年开始推广应用于生产。"籼型水稻杂交优势利用"项目研究成果在作物遗传育种理论和实践上，攻破了"水稻等自花授粉作物没有杂种优势"的传统观念，使中国成为世界上第一个成功利用水稻杂种优势的国家。1997年袁隆平主持的"超级杂交稻育种计划"正式启动。项目研究在原有利用水稻杂种优势的基础上，往提高群体有效光合效率的超高产株型，成功利用水稻亚种间杂种优势的方向延拓。2000年以来，超级杂交稻连年取得高产效果。周开达（1933～）首创籼亚种内品种间杂交培育雄性不育系。20世纪80年代后期，他开始利用亚种间杂交提高杂种优势；利用重穗型结构提高单位面积的光能利用率，研究居国际领先水平。

（2）小麦是中国另一主要粮食作物　金善宝1939年从国内外征集和引进的几千份小麦品种资源中，应用系统选育法，成功地选育出中大2419（即南大2419）、矮立多等优良品种，是中国小麦育种史上的一个里程碑。蔡旭（1911~1985）1946年从美国引进小麦品种资源3000多份。20世纪50年代，鉴于小麦条锈病猖獗发生，他提出了以抗条锈病为主兼顾抗寒抗旱、适当考虑早熟、丰产性为育种目标，育出的农大36、农大139、农大183、农大311等抗锈良种，在北京和华北北部得到大面积推广。庄巧生（1916~）1952年在西藏高原第一次进行较大规模的作物引种试验，确定了拉萨河谷、年楚河畔海拔3700米上下可以种植冬小麦。曾先后主持育成五批冬小麦新良种共20多个，其中以北京8号、北京10号和"丰抗"系列品种，具有抗锈、抗旱、丰产、优质、早熟等特性。赵洪璋（1918~1994）20世纪40年代选育出具有耐肥抗倒、穗大粒大、抗条锈病强、早熟和品质好等优良性状的碧蚂1号小麦品种。60年代，推广种植他育成的碧蚂4号、西农6028，在当时对黄淮麦区的小麦增产起了重要作用。70年代以后，他又选育出矮丰3号，促进了中国小麦矮化良种的发展。卢良恕（1924~）曾主持中国南方稻麦两熟地区小麦新品种的选育。1954~1958年选育出华东1号、华东10号等10个品种（系）。李振声（1931~）1956年开始进行小麦与长穗偃麦草的远缘杂交及小麦染色体工程的研究。在他主持下的研究组采用染色体工程新技术，将野生偃麦草的两对染色体转入小麦细胞中，先后育成了八倍体小偃麦新种、小偃麦异附加系、异代换系和易位系，以及高产、抗病的小偃4号、小偃6号等小麦优良品种，开创了小麦远缘杂交新品种在生产上大面积推广应用的先例。

（3）玉米是中国种植面积发展迅速的粮食作物　玉米杂交种的培育推广影响着中国的粮食产量结构。1925年，赵连芳（1894~1968）最早开展杂交玉米育种的研究。吴绍骙（1905~1998）致力于利用品种间杂交、选育推广综合品种以利用杂种优势、异地培育以加速玉米自交系杂交种的选育过程等研究，先后育成豫农704、豫单5号等优良品种。李竞雄（1913~1991）1944年赴美留学，从事玉米染色体相互易位、X射线照射玉米花粉、分析杂种一代各种染色体畸变频率及其分布规律等项研究。1949年以后，在玉米育种领域开创中国玉米自交系间杂交种的正确利用途径，于1956年育成首批表现抗倒抗旱、增产显著的北农大1号玉米双交种，把中国玉米杂种优势利用推向新阶段。20世纪60年代中后期，针对玉米病害的流行，他及时提出抗病育种目标，于1973年组配了多抗性玉米杂交种中单2号，标志中国杂交玉米育种达到一个新高度,实现了丰产、多抗和适应性强三大目标的统一。1982年,他提出提高玉米籽粒营养水平,开展玉米品质育种的建议。在他主持下,育成了中国第一个通过品种审定的高赖氨酸玉米杂交种中单 206,又育成了甜玉米新品种甜玉 4 号。他较早开始玉米细胞质雄性不育的转育和利用研究,自己设计了易于操作的雄性不育基因 $ms1$ 与白胚乳基因 y 相连锁的材料,作为回交转育的基础,使玉米基因雄性不育研究取得突破性进展。戴景瑞(1934～)继承发展了李竞雄开拓的玉米杂交育种研究,40 余年育成玉米品种 19 个,发表《优良玉米杂交种农大3138 的选育与推广》、《玉米 RFLP 遗传图谱的构建及矮生基因定位》、《RAPD 分子标记与玉米杂种产量预测的研究》等多篇论文。在将中国玉米遗传育种学科从群体水平提高到细胞水平、分子水平方面做出贡献。山东莱州农业科学研究所李登海(1949～)首次培育出株型紧凑兼大穗型玉米杂交种掖单 2 号、掖单 13 号等品种,1991 年以后得到大面积推广,美国玉米育种专家来华看了玉米高产田,认为李登海培育的玉米品种,其耐密性超过了美国现有玉米品种。

(4) 棉花品种培育多有建树 中国农作物大规模引种和品种培育是从棉花开始的。中国原种中棉,产量低,棉绒短,不适宜机器纺纱织布。1892 年起,就大力引种美棉。1914 年,穆藕初在上海首创植棉试验场,研究棉花改良推广的方法。1935 年冯泽芳(1899～1959)在中央农业实验所主持全国中美棉区域试验,提出中国划分五大棉区的主张,至今仍为学术界采用。他致力于棉花遗传育种工作,对亚洲棉的形态、分类、遗传,亚洲棉与美洲棉杂种遗传学和细胞学有深入的研究。

1949 年以后,中国从美国引入岱字 15 号品种,曾大面积种植。1964 年起,通过以岱字 15 号复壮种进行更新,推出洞庭一号和光叶岱字棉等品种,使产量提高 20%。1974 年起,主要推广黄滋康(1927～)、蔡荣芳(1931～)等培育的中棉所 3 号、中棉所 7 号等品种。1980 年后,山东省培育鲁棉一号,中国农业科学院棉花研究所培育出中棉所 10 号、中棉所 12 号等推广开来,使棉花产量又有大幅度提高。1992 年郭三堆(1950～)等合成了 $CryIA$ 抗虫蛋白基因,培育出多个转 Bt 基因抗虫棉新品种(系),迈上了转基因抗虫棉品种培育和大面积种植的新阶段。

(5) 大豆优种选育任重道远 大豆原产地是中国,中国学者在大豆品种培育上倾注了巨大力量。王绶 20 世纪 20 年代初就致力于大豆的遗传育种研究,由他育成的金大 322 大豆品种,广种于长江流域,国外称为南京大豆。60 年代,他在山西选育出多种适合华北地区栽培的大豆优良品种,其中太谷早大豆含油量曾被评为全国大豆品种之冠。在王金陵(1917～)主持和指导下,育出东农 36 号大豆新品种,具有超早熟性,生育期 80～90 天,且有耐低温性,在中国最北部黑河高寒地区种植,平均亩产 100 千克左右，使中国大豆种植领域向北推移 100 多千米。马育华（1912～1996）长期从事大豆遗传育种、试验统计研究。70 年代育出秋大豆品种，亩产可达 100 千克以上；他在中国首先用数量遗传方法，从理论上论证大豆的主要经济性状及其间的遗传相关和选择指数，为改进育种技术提供了科学依据。

（6）其他作物品种培育都有重要发展　现今，中国多种作物建立了专项学科，出版单一作物如花生育种学、马铃薯育种学等专著。择举油菜杂交育种的案例可了解这方面的突出进展。傅廷栋（1938～）主要致力于探索油菜杂种优势利用的新途径。1972 年，他在国际上首次发现波里马油菜细胞质雄性不育，现已被国内外广泛应用。在国内已育成一些波里马雄性不育杂种；在国外，不少国家都已利用"傅氏波里马"实现三系配套，几十个波里马杂交种在各国试验、采用。

2. 主要农作物种质资源的研究　全国对主要农作物的种质资源进行了广泛的收集、整理和研究，保存作物种质 30 余万份，为中国作物育种以及作物起源、进化、分类、遗传等研究提供了丰富的基本材料。其中对中国野生稻、野生大豆、云南和西藏作物种质资源等的系统考察、收集与研究，其科学意义和深远影响远超出了中国之外。董玉琛（1926～2011）20 世纪 50 年代末首先提出"品种资源"的概念及其工作任务。80 年代，她在野外考察中查明了小麦野生近缘植物 10 个属 50 余个种在中国北方的主要分布区、生境和染色体数。她发现 2 个能使属间杂种染色体自然加倍的小麦种质，并利用其合成 22 个抗病的小麦-山羊草双二倍体。还应用现代生物技术将 6 个属与小麦杂交成功，其中 3 个属为世界首创。

3. 在作物栽培学和耕作学研究方面取得突出进展　主要在 20 世纪的后 50 年，广泛探索了主要大田作物在不同地区的高产规律、高产途径、配套农业技术和适宜耕作制度。小麦栽培即其一例。余松烈（1921～）作为作物栽培学家，长期从事作物栽培学的教学和研究工作。在小麦方面，探索出"精播高产栽培技术"，曾取得每亩增产 15% 以上的成果。于振文（1944～）继之发展小麦产量与品质生理和高产优质栽培技术研究，其成果 2006 年以《小麦产量与品质生理及栽培技术》专著面世。

在栽培、耕作学领域，学者们对作物的合理群体动态结构、形态建成、产量构成、作物诊断、作物生产力、理想株型、作物种间关系、用地养地关系、农田生态等理论与方法研究，为新技术体系的制定奠定了必要的基础。在此期间，中国农作物生产中行之有效的水旱作物育苗移栽技术、以叶龄指标为基础的肥水促控技术、不同地区的作物模式化栽培技术、周年作物一体化栽培技术即吨粮田技术，以及高效益多熟种植、立体农业、旱农及节水农业、垄作耕作制、大面积地膜覆盖、水旱田免耕、杂草综合防治、化学调控等生产技术创造，都是现代农学在中国条件下应用的突出技术成就，为世界农学的进展增添着重要内容。

二、园艺学

（一）20世纪前半叶的发展

1902年，直隶农事试验场园艺科进行的果树栽培试验是中国果树研究的开端。1906年设置的中央农事试验场在农事试验场章程中，列有本国、外国各种菜蔬、花果、接树法试验，树枝成形、剪枝试验，果品蔬菜之采取、收藏及加工制造试验等。1919年，吴耕民（1896～1991）从日本引入柑橘等果树良种及新型栽培技术和设施，1921年曾在南京东南大学主持兴建了中国最早的现代型蔬菜温室设施。他于1936年撰写出《蔬菜园艺学》，1937年创建了浙江园艺改良场，标志着蔬菜作物的研究进入了新的阶段。1934年章文才（1904～1998）研究并发表了乙烯对柑橘效应的成果；1937年他在博士论文中曾提出果树砧木亲和性的有关生理生化指标。1939～1945年在四川主持柑橘选种工作中选育出先锋橙、锦橙。其中锦橙后来发展成为中国主要外销品种。曾勉（1901～1988）曾对柑橘、杨梅、橄榄、猕猴桃等大量果树种质资源进行调查、研究和整理。沈隽（1913～1994）从1941年起，在中国最早开设果树生理学、果树解剖学、果树研究法等课程，开展、推进果树花芽分化、根系发育等领域的研究。

（二）园艺学科的持续发展

1949年后，园艺事业经历了恢复与发展时期。许多农业院校建立、发展了果树、蔬菜、花卉专业，农业科学院设置了果树、蔬菜花卉研究所。20世纪80年代后，随着人民生活的日益提高，园艺事业和园艺学科迈入快速的发展阶段。

1. 种质资源的搜集、保存与应用 中国自1950年以后曾多次进行园艺植物种质资源的调查。1986年起，国家科学技术委员会将农作物品种资源研究列为国家重点科学技术攻关项目。蔬菜部分由中国农业科学院蔬菜花卉研究所主持，并与各省、市、自治区蔬菜研究单位及部分院校协作进行。在20世纪五六十年代蔬菜种质资源调查、整理的基础上，80年代再次进行蔬菜品种资源调查、征集工作，并重点对云南、西藏、湖北神农架地区进行了种质资源考察搜集，发现了一批重要研究和利用价值的珍贵资源，如西双版纳黄瓜、黑籽南瓜及蔬菜植物的新变种、新类型及近缘野生种。到1995年底蔬菜种质资源入库数达3万份，分属21科67属103种，果树种质资源1.1万份。并在此时期对菜豆、黄瓜、大白菜、甜（辣）椒四种蔬菜种质资源进行了主要病害的抗病性鉴定和品质分析。1991年编写出中国第一本《中国蔬菜品种目录》，后又编辑出版《中国蔬菜品种志》，基本摸清了中国蔬菜种质资源的现状。全国约80％以上蔬菜地方品种已收入品种资源库长期保存。吴明珠（1930～）从20世纪50年代起，就开始对新疆甜瓜地方品种资源进行收集和整理。她在国内率先采用远生态、远地域、多亲复合杂交、回交及辐射育种等技术相结合，选育出优质抗病的甜、西瓜新品种，获得一批新的育种资源，并利用生态差异，长期在新疆和海南两地进行南北选育，创造了一年三季高速育种的成功经验。中国对国外引种工作日益加强。主要从美国、日本等13个国家及地区引入蔬菜品种约5000余份。这些材料经各地试种后直接或间接地纳入蔬菜生产事业中。

观赏园艺学的开拓成果显著。观赏植物的起源与分类研究、引种与育种研究以及栽培技术、采后处理研究得到繁荣发展。陈俊愉（1917～）创造了花卉"野化育种"新技术和进化兼顾实用的花卉品种二元分类法，育成具多种抗性的梅花、地被菊、刺玫月季和金花茶新品种80多个；率先开展花卉区域试验。1998年国际园艺学会命名与登录委员会及国际园艺学会执行委员会授权陈俊愉成为"梅"这一品类的国际植物登录权威。

2. 园艺植物育种 20世纪五六十年代许多科研单位及高等农业院校蔬菜专业开展了育种研究工作。侯锋（1928～）等培育的津研号、津杂号、津春号三代系列黄瓜品种，表现丰产，适应性强，抗霜霉病和白粉病，在全国推广，曾约占全国黄瓜栽培面积60％以上。20世纪八九十年代，抗病、优质、丰产品种选育列为国家重点攻关项目，由育种及植保科技单位协作，对白菜、黄瓜、番茄、甘蓝、甜（辣）椒五种蔬菜进行抗病育种研究。经数年努力，选育出抗TMV、抗TuMV等多种病害的新品种。20世纪80年代至20世纪末，培育出通过国家或省级农作物品种审定委员会审定的蔬菜新品种共2000余个，使中国主要蔬菜进行了2～3次品种更新。

在果树育种研究方面，20世纪50年代初，许多地区先后开展了柑橘、梨的地方品种选择，以及桃、葡萄芽变的研究应用，开创了国内果树杂交育种的新纪元。迄今，包括苹果、梨、桃、葡萄、柑橘、枇杷、菠萝等10多个树种，先后育成700多个新品种及苹果、梨的一些新砧木类型，一些单位还进行了辐射育种，选出苹果、梨、柑橘的优良突变体。所有这些经选育的新品种和砧木，对丰富和改善果树品种组成、发展果树生产起到了很大的推动作用。此外，对缩短果树童期、早期鉴定、预先选择的原理和技术方法进行了探索研究，特别是把生物技术应用于果树研究中，对苹果、柑橘原生质体培养和苹果、柑橘等的花药培养等，均获得了成功。

3. 栽培技术研究 园艺植物栽培专家在育苗、灌溉、施肥等方面进行了细致的研究。为探索果树营养元素需求的规律，沈隽于1982年在北京农业大学创建了中国高校中第一个果树矿质营养研究室，经多年研究，在中国首次研制出果树标准叶样，并被国家标准局所确认。束怀瑞（1929～）从20世纪80年代起，针对中国苹果栽培面积迅速扩大，但单位面积产量很低的现状，将现代肥水理论和农家经验有机结合，创造性地提出穴贮肥水技术，既控制和协调了苹果的营养生长和生殖生长的关系，又显著提高了苹果的产量。此外，中国园艺工作者还研发、引进吸收了整枝、摘心、授粉、疏花疏果、摘心摘叶、压蔓、抑蔓、支架等园艺植物栽培技术，从而在避免植株徒长，减少养分消耗，加强通风透光，提高光能利用率，增加单位面积内的株数，提高结果率，促进早熟和提供优质产品方面不断取得创新成果。

植物生长调节剂在园艺植物生产中应用很广。李曙轩（1917～1990）在蔬菜作物的生长发育、器官形成、植物激素应用技术及其机理以及蔬菜生物技术等研究方面，取得了突破性进展。

4. 保护地栽培技术研究 在以蔬菜作物为主的园艺作物上，保护地栽培是中国的特色，用途也愈来愈广泛，特别是用于育苗、春早熟栽培、秋延迟栽培、炎夏栽培、越冬栽培、软化栽培、假植贮藏等方面，在园艺产品的周年均衡供应中均发挥了重大的作用。20世纪80年代日光温室的成功研制与应用，给园艺作物的生产带来了革命性变化，可在严寒冬季不加温的条件下生产喜温蔬菜、果树和花卉，丰富了冬季园艺产品的市场，并给从事园艺作物生产的农民带来巨大的收益而得以迅速发展。

（三）园艺学开始与国际发展同步

1. 蔬菜作物的杂种优势利用 蔬菜作物杂种优势利用在中国起步较晚。20世纪60年代开始研究，70年代后蓬勃发展，到2000年，已有27种蔬菜应用杂种优势。方智远（1939～）在国内率先开展并长期主持甘蓝遗传育种研究。他和贾翠莹等在1973年育成中国第一个甘蓝杂种——京丰一号，后又先后育成不同类型甘蓝新品种20个。他和课题组在国内首先突破甘蓝自交不亲和系选育技术，首次发现甘蓝显性核基因雄性不育材料并用于育种，选育的甘蓝品种种植面积占全国甘蓝总栽培面积的50%以上。

2. 生物技术的应用 20世纪80年代以来，园艺学界重视将生物技术应用于园艺作物育种中。分子标记辅助选择花药与小孢子培养、原生质体融合已实际用于育种并培育出新品种。建立了多种蔬菜、花卉、果树作物的转基因技术体系，开展了抗虫、抗病、耐贮等性状的转基因研究，并取得良好的结果。邓秀新（1961～）致力于柑橘原生质体培养再生植株技术的研究，1987年首次在中国创建了从原生质培养到再生植株的全套体系，他还取得了将柑橘三倍体胚乳愈伤组织再生成植株并植入大田的国际领先水平的研究成果。

三、林学

(一) 学科的奠基

中国林学开创的过程中，陈嵘撰著出《造林学概论》、《造林学各论》及《造林学特论》。这些是集聚20世纪早期中外造林技术的精华，以中国主要造林树种为基础的林学典籍。20世纪40年代，干铎（1903～1961）、王战（1911～2000）于四川省万县谋道溪发现水杉。后经胡先骕、郑万钧（1904～1983）正式命名，系新生代第四纪孑遗树种，获中外植物学界和林学界的高度评价。森林经理学是一门交叉于生物学、工程技术学及经济学的综合学科，最早将其引入的是留学日本于1916年归国的侯过（1880～1973）和1917年归国的张福延（1891～1972），曾在高校率先开设测树学、森林数学（包括测树学、林价算法、森林较利学）、森林经理学、森林经济学等课程。这一代学者为林学的发展奠定了基础。

(二) 学科的持续发展

1949年中华人民共和国成立，中国的林学研究从此进入了一个全面发展的新时期。

1. 大面积的森林调查和宜林地调查研究 首先，森林调查方法的进步、航调及航摄像片的应用、森林数表的编制乃至森林施业案的编制等，促进了森林资源管理学科群的发展。其二，森林调查及定位试验研究的开展，推动了林业区划、林型学和森林立地学的前进，也为区域森林的描述提供了野外数据。在这些方面，老一代的林学家以学术成果，如吴中伦（1913～1995）的《中国林业区划》（1957），范济洲（1912～2001）的《森林经理学》（1962），黄中立（1918～1983）在测树数表编制方面的系列成果等，起着继续开拓领路的作用。

2. 大规模植树造林工作的开展对造林学科的发展起了巨大的推动作用 造林学科在这个时期的发展，既有以适地适树为首的造林技术体系的全面发展，又有对单项造林技术，如造林密度、混交林、造林整地等的试验研究成果；既有速生丰产林营造的综合探索，又有分地区、分树种的造林技术研究。1978年由郑万钧主持，俞新妥（1924～）、沈国舫（1933～）等一批学者协助编写出版的《中国主要树种造林技术》是这个时期造林学研究进展的集成。

3. 各类防护林的营造促成了水土保持和治沙学科的形成和发展 1949年以后从东、北、西部防护林开始，到冀西、豫东的固沙造林和平原绿化，从黄土高原的水土保持造林到西北地区的沙漠治理及绿洲防护林网的建设，促成了水土保持和治沙学科的形成，其标志是林业高等院校中水土保持专业的确立和第一本《水土保持学》教材的诞生。在这期间，老一代的水土保持学者如关君蔚（1917～2007）等做了大量的开拓性工作，一批当时的中青年学者如高志义（1929～）等在水土保持和治沙的教学和研究工作中，也做出了一定的贡献。

4. 林木遗传育种的研究在这个时期有了开拓性的进展 徐纬英（1916～2009）等的杨树良种选育，朱志淞（1910～1989）等的南方松引种，俞新妥的马尾松种源试验，叶培忠（1899～1978）、陈岳武（1935～1985）的杉木优树选择及种子园初步试验等都是这一时期的代表性工作，其成果为后来林木遗传育种研究的迅速发展打下了基础。

5. 森林病虫害防治研究起步较迟 1958年在林业高等院校内设立独立的森林保护专业以及随之而来的《森林昆虫学》（张执中等，1960）和《森林病理学》（周仲铭等，1961；李传道，1963）等教材的出版，对森林病虫害防治与研究工作的发展有重要推动作用。

（三）与国际林学发展同步

随着科学技术的迅速发展，林学领域出现了新交叉学科、边缘学科。它们逐步成为覆盖原有多种分支学科的新兴学科，诸如森林生态学、林业生态经济学、林业系统工程学、林业生物工程学、遥感与计算机在林业上的应用等。

1. 森林生态学 其蓬勃发展是这个时期的明显特点，已开始与世界林学和生态学发展同步。以阳含熙（1918～）和李文华（1932～）为首参与、由联合国教科文组织（UNESCO）相继实施的国际生物学计划（IBP）、人和生物圈计划（MAB）和国际地圈生物圈计划（IGBP）对中国森林生态学发展起了极大的推动作用，由引进、吸收到参加活动，并进而成为计划的核心成员，成为国际生态界的一支活跃力量。另一个侧面是学者们对中国自己的森林及其内在规律在微观及宏观（系统）的水平上进行了深入的探索。在这方面，20世纪70年代末80年代初李文华等对西藏森林的深入考察可作为一个良好的开端。以王业遽为首的东北林业大学森林生态学团队对东北阔叶林、红松林和次生林的深入研究可作为有代表性的进展。以王战为首一批学者对长白山森林生态系统的长期定位研究，堪称区域森林研究的典范。

2. 在林木育种和良种繁育方面成就比较突出 突出成就有：杉木的良种繁育（洪菊生等）、南方黑杨育种（王明麻等）、北方白杨（朱之悌等）和青杨×黑杨杂交育种（徐纬英等）、油松侧柏的良种繁育（沈熙环等）和落叶松的良种繁育（张颂云等）等。在杨树抗虫转基因植株的培育方面取得了重要成果（韩一凡等）。

3. 在森林培育学方面有新的推进　在造林研究方面比较突出的成果有南方杉木、马尾松等树种的定向培育技术（俞新妥等）、桉树的速生培育技术（祁述雄等）、泡桐栽培技术（蒋建平等）、北方干旱半干旱地区的造林技术（高志义等）、经济林树种的栽培技术（胡芳名等）。在森林培育生理基础及生长素应用技术方面也取得了很好成绩（王沙生等）。王涛（1936～）发明的新型绿色植物生长调节剂——ABT生根粉，突破了国内外植物生长调节剂单纯以植物激素为主的范畴，在植物生长发育调控方面开辟了一个新的领域，在同类产品中居国内外先进水平。由黄枢和沈国舫共同主编的《中国造林技术》（1994）是这一时期森林培育方面总结性的代表著作。

4. 在林业生态工程研究方面进展很快　从1978年开始实施三北防护林建设项目以来，中国进入了大规模林业生态工程建设的新阶段。20多年来，这个学科的研究成果收获颇丰，其中比较突出的有黄土高原沟壑区水土保持综合治理方面的系列成果（李玉山等），山区小流域综合治理及信息管理方面的系列成果（王礼先等），平原农牧区防护林建设方面的系列成果（宋兆民等），荒漠化防治（治沙）方面的系列成果（高尚武等）。在这个学科领域的研究进展综合反映在《水土保持原理》（关君蔚，1996）、《水土保持学》（王礼先等，1995）、《治沙工程学》（朱震达等，1997）和《林业生态工程学》（王礼先等，1988）等专著中。

5. 在森林保护学方面做了新的开拓　在森林病虫害方面，初步摸清了森林病虫害的种类（约4000余种）、分布、习性及为害情况。《中国森林昆虫》（肖刚柔主编，1992）和《中国乔灌木病害》（袁嗣令等主编，1997）等专著出版。森林病虫害防治工作由单一措施转向综合防治（管理），尤以生物防治措施发展迅速；在防治理论方面由简单的消灭发展为可持续控制的良性循环。自然保护区的发展、生物多样性和野生动物的保护工作在这个时期有了巨大的进步。自然保护区的设置和经营成了一种专门的学问（王献溥等），生物多样性研究揭开了序幕（陈昌笃等），对一系列自然保护区进行了深入的考察研究（周政贤等）。野生动物保护方面发展了从基础到保护和应用的研究，已建成了独立的学科。

6. 在森林资源管理方面有了新发展　新的发展包含了森林资源的清查（调查）、监控、调整和管理等多项研究内容。森林资源清查、森林经理（二类调查）和作业设计调查等三类调查体系的确立、抽样技术和遥感技术的广泛应用，使中国森林资源调查工作进入了世界的先进行列。

四、林业工程学科

（一）学科的奠基

从1916年起，梁希开始在北京农业专门学校森林系讲授林产化学和木材学课程，编写了《林产制造学讲义》，后在浙江大学和中央大学创建了森林化学实验室。朱惠芳（1902～1978）、唐燿（1905～2008）对中国主要树种的木材解剖学和物理力学性质进行了研究，1936年唐燿出版了中国第一部木材学著作《中国木材学》。梁希等为中国近现代林业工程学科奠定了基础。

（二）学科的持续发展和开始与国际发展同步

1952年，时任林业部长的梁希，在林业部第一次林业工作会议上提到：在国家需要木材的时候，我们不能不忍痛采伐。当时东北各省的林业局实行国家经营体制，都是单一的木材生产。这一时期森林采运逐步实现了机械化大生产，木材工业和林产化学工业蓬勃发展，逐步实现了机械化、连续化生产，林业与木工机械制造业已初具规模，林业工程学科人才培养和科学研究体系逐步形成，分支学科构建起来，学术成就不断涌现。

1. 在森林工程领域

（1）森林资源开发的理论和指导思想，由掠夺式开采逐步向可持续发展转变 长期以来，森林资源的开发就是获取木材的指导思想，一直在森工企业占主导地位。1956年，林业部制定并颁布了中国第一个《国有林主伐试行规程》，对采伐后的更新等作了规定，使中国的森林开发开始走上了采育结合的道路。1991年，陈陆圻（1918～）主编的学术专著《森林生态采运学》问世，书中首次提出了"生态型森林采运"的理论观点，探索了在森林采运全过程中使森林生态效益与经济效益密切结合的途径，以实现森林的永续利用。1995年，林业部组织专家编写《中国21世纪议程林业行动计划》，明确提出了中国林业必须走可持续发展道路的战略思想。

（2）在生产技术上实现由人畜力作业向机械化作业的转变 20世纪50年代以前，除东北部分林区使用简易森林铁路运材外，基本上全靠人力、畜力，使用简易的工具进行作业。50年代初期，中国开始从苏联和东欧引进木材生产机械，在部分林区试行机械化作业。60年代初开始生产集材拖拉机、运材汽车。至60年代中期基本上已形成了自己制造木材生产机械的体系。80年代，中国国有林区的木材生产机械化程度已达90%。进入90年代，在提高机械化水平上不断取得新进展。80～90年代，熊超主编的《中国林道网研究》，提出了中国林区的路网密度指标和计算方法，对林区道路的规划设计具有重要参考价值；单圣涤的《悬索曲线理论及其应用》为架空索道的设计提出了新思路；周新年的《架空索道理论与实践》在索道设计手段现代化上进行了新的探索。

2. 在木材科学与技术领域

（1）木材基础理论研究成果显著 中国木材基础理论研究始于20世纪30年代。

70年代后期开始，木材学的研究工作步入了快速发展阶段。1985年成俊卿（1915～1991）主编的《木材学》问世，此书是反映当时中国木材研究成果的权威性著作。1992年又出版了成俊卿主编的另一部专著《中国木材志》，该书对中国528个树种的木材特征、性质和用途进行了全面描述，包括了中国使用的大部商品材。1994年，周崟等在木材细胞壁超微结构的研究中做出了贡献，出版了《中国裸子植物木材解剖学及超微结构》专著。1995年鲍甫成等在中国木材渗透性及其可控制原理和途径的研究中取得了突破，为木材处理、改性等提供了科学依据。

（2）木材加工技术研究获得发展 20世纪80年代以来是中国木材工业发展最快的时期。中国林业科学研究院木材工业研究所、北京林业大学等研制的木材干燥自动控制系统能够精确调节干燥介质状态，保证干燥质量、缩短干燥周期、降低能源消耗，达到了较高水平。在人造板方面，中国已形成了大、中型刨花板、中密度纤维板、胶合板成套设备的制造能力。1981年张齐生（1939～）领导的课题组提出了竹材以高温软化—展平工艺为核心的竹材胶合板制造方法，经试验突破了高温软化—展平技术难关，使竹材胶合板制作技术从无到有并迅速发展。

3. 林产化学加工工程领域

林产化学加工工程领域在制浆造纸工程，树木提取物化学，植物纤维原料水解和热解，森林植物生物化学工程，木材改性，林产化工装备等方面都取得重要进展。北京林业大学等通过对糠醛生产设备改造，使得提取率有较大提高。南京林业大学在酶水解研究方面也做出了成绩。活性炭生产发展很快，已普遍使用回转式连续炭化活化炉取代传统平板炉，液态化活化炉、百叶式活化炉等新炉型不断出现。

4. 林业与木工机械领域

林业生产和木材加工中的专业机械设备在开发上实现了由引进、消化吸收到自主创新开发的转变。20世纪50年代中国的林业与木工机械以引进为主，60年代开始自主开发了少量新产品，70年代后期则逐步进入了以自主创新开发为主的新阶段。1980年以来开发了近2000种新产品，其中营林与园林机械近300种，木材生产机械300余种，木材加工和人造板机械1000多种，基本上满足了中国林业生产机械化和木材加工现代化的需要。在工作机理的研究上，卓凤英等开展的挖坑机挖穴机理的研究，揭示了挖坑机的升土理论，为这类机具的合理设计提供了科学依据。在人机工程研究方面，东北林业大学、北京林业大学等在制材厂噪声研究与分析，油锯、割灌机、集材拖拉机、运材汽车、木工刨床等设备的减振研究，以及便携式林业机械对操作者健康影响的研究等都取得了一定成果。在机械工作阻力的研究中，顾正平等在树木移植机的下铲阻力、草坪打洞通气机的打洞阻力、链锯切削阻力、木工机床切削阻力等方面,通过大量理论分析与测试,确定了影响阻力的因素及其影响程度,建立了这些阻力的计算公式或数学模型,有些属首创,有些对国外的传统公式提出了修正。

五、茶学

(一) 学科的奠基

中国是茶的起源地,茶学研究有悠久的历史。20世纪初,中国实业界一些有识之士,目睹华茶衰落,深感发展新茶学的重要。于是,一方面派遣留学生到国外学习,另一方面在湖北羊楼洞、四川灌县、湖南长沙、安徽屯溪、云南昆明等产茶地区先后创办了一批初、中等茶业学校,为开展现代茶学研究准备了初期的人才条件。1934年全国经济委员会、实业部和安徽省政府联合成立祁门茶业改良场。这是中国建立最早的茶叶试验机构。1936年2月,全国经济委员会召开首次茶叶技术会议,推选吴觉农等组成研究委员会,对当时存在的茶叶技术问题进行研究。同年中山大学农学院成立茶蔗部,分设茶作、蔗作两个学科。1940年春,在吴觉农(1897~1989)的倡导下,复旦大学创建茶叶系和茶叶专修科,开设的专业课程有:茶叶概论、茶树栽培、茶叶制造、茶叶化学、茶叶检验、茶树病虫害防治等。1941年10月,在福建崇安创建隶属于财政部贸易委员会的茶叶研究所。该所设有茶树栽培、茶叶制造、分析化验和技术推广四个研究小组。当时,正值抗日战争期间,条件极其艰苦,在吴觉农所长、蒋芸生副所长带领下,王泽农、胡浩川等一批茶叶科技工作者在茶树开花习性观察、茶树日照试验、茶蚕及茶毛虫生态观察、茶园土壤调查、有机肥比较试验、不同茶树品种制茶比较试验、红茶分级试验、制茶机械设计与试验、茶叶包装贮藏试验、茶叶咖啡因提取试验以及岩茶制造过程中水分变迁的研究等方面,进行了许多有一定深度和广度的试验。中国茶叶加工历史悠久,20世纪三四十年代,胡浩川对祁红、屯绿,方翰周对宁红、婺绿的初、精制进行了研究,冯绍裘赴云南创制滇红。50年代后,茶加工研究有了很大发展,基本探明红茶、绿茶和乌龙茶等主要茶类品质形成机理和合理的加工工艺;逐步实现了大宗茶初、精制全程机械化。王泽农(1907~1999)较早地从事茶叶化学成分研究。他们分别为相关茶学分支学科做了开拓性的工作。

(二) 茶学的持续发展阶段

1949年中华人民共和国成立后,茶叶生产获得迅速恢复与发展,茶学研究进入一个新的提高时期。20世纪50年代起开展茶树品种资源的调查与收集。1981~

1984 年，通过资源考察与收集，国家在云南勐海与浙江杭州分别建立两个茶树种质资源库。到 1997 年已收集保存国内 19 个省（区）和 6 个国家的茶树种质 3000 余份，发现了新种与变种。全国经审（认）定的茶树良种达 97 个，其中无性系良种有 80 个。虞富莲等（1992）、陈亮等（1996）对 400 多份种质资源进行了系统研究，首次采用 X 射线能谱分析，发现花粉的钙含量与茶树进化程度有关。董丽娟等（1988）进行了 385 个组合的杂交试验，研究了不同茶树亚种、变种的杂交亲和性；陈振光等（1983）利用茶树花药培养，在国内外首次获得单倍体茶树；刘祖生等（1992）研究指出，利用遗传基础不同的南方类型与北方类型杂交，通过基因互补，在 F_1 有较大希望育成高水平的新品种。周汉忠（1984）研究嫁接换种获得成功，为茶树良种繁育推广开辟了新途径。20 世纪 60 年代开始，庄雪岚重点研究了茶树光合作用和呼吸作用的基本规律。中国农业科学院茶叶研究所和湖南省茶叶研究所等单位对茶叶的水分、营养和抗性等生理机制，做了系统研究。潘根生等（1997）研究了茶树内源激素与新梢生育的关系及其调控机理，在国内外首次建立茶树内源激素定量分析方法。茶树保护学科发展迅速，陈宗懋（1933～）等，于 20 世纪 70 年代，曾对中国茶树病虫害的种类分布做了调查，1989 年报道称，中国已发现为害茶树的害虫 430 种、病原 133 种。初步探明中国茶树病虫害的种类与分布以及主要害虫和病害致病菌的生活史；基本掌握了茶树主要病虫害的预测预报技术。陈宗懋还提出茶的近 20 种农药的安全使用间隔期。20 世纪 80 年代以来，茶树病虫防治从化学防治逐步转向综合治理。为了解决农药残留和环境污染问题，胡萃等调查发现各地茶树害虫天敌资源丰富，为开展生物防治奠定了基础。茶尺蠖核型多角体病毒（ENPV）的研究已进入实用阶段。陈宗懋、许宁等（1997）以茶树、茶树害虫和天敌之间的化学通讯为基础的化学生态学研究已取得突破性进展。

（三）茶学与国际茶学同步发展

茶学发展与分子生物学技术的应用密切相关。奚彪等（1997）采用分子生物学技术在茶树遗传转化方面进行了开创性的研究。在茶的综合利用方面，20 世纪 80 年代以来，茶叶品质化学与理化检验有了突破性进展。骆少君等对茶叶香气进行了深入研究，取得突出成绩。气相色谱、液相色谱、原子吸收、核磁共振、薄层扫描等新技术的应用，大大提高了茶叶生化的研究水平。从 20 世纪 70 年代起，夏春华等对茶籽的综合利用进行了系统研究，并在国内首次建立茶籽油工业生产线；他们从茶籽饼粕中提炼出茶皂素并开发出石蜡乳化剂、加气混凝土稳泡剂和农药湿润剂等系列产品。杨贤强等（1990）研究出一种安全、简易、无毒、低成本生产脱咖啡因、茶多酚的新工艺；中国农业科学院茶叶研究所发明一次投料，同时提取茶多酚、色素、多糖、咖啡因等多种有效成分的系统工艺技术；浙江农业大学组织多学科协作，从分子—细胞—组织—整体水平研究了清除自由基的机理，为探明茶的药用价值提供了理论依据；同时研制出以茶多酚为原料的多种药品、保健品和天然抗氧化剂。

六、土壤学

（一）学科的奠基

中国近现代土壤学是于1931年中华教育文化基金会资助下，在前中央地质调查所成立的土壤研究室开创的。土壤研究室成立伊始，延聘了侯光炯（1905~1996）、李连捷（1908~1992）等10多位中国土壤学家和美国土壤学家R. L. 潘德顿（R. L. Pendleton）和J. 梭颇（J. Thorp），他们是中国现代土壤学的奠基者。当时在美国土壤学理论和方法影响下，主要工作是在中国20多个省市进行野外土壤调查制图和室内化学测定，编制了中国土壤概图，发表了多份土壤调查报告，出版了《中国之土壤》一书。

（二）承前启后、缩短差距时期及与国际同步发展时期

中华人民共和国成立初期，为国家大规模经济建设做准备，政府组织了一批科技专家在东北、西北、华北平原等地进行了大规模土壤调查和土地资源勘测；继而于1958年开展了以耕地和农民经验为主导的全国第一次土壤普查。在土壤物理学、土壤化学、土壤植物营养学和土壤微生物学、土壤改良学等分支学科上也都有显著发展。这个时期研究的重要特点是苏联土壤发生学和与农民认土、用土、改土经验对中国土壤学的深刻影响。1980年起，在改革开放的时代背景下，学术界有机会了解吸收美欧诸国现代土壤学的理论观点和最新成就，中国土壤学和各分支学科得到顺畅发展，其各主要分支学科的建设与学术成就已开始迈入与国际同步发展阶段。

1. 土壤物理学

20世纪三四十年代土壤物理学的工作内容，主要是在土壤调查中对土壤机械组成、容重、比重等物理性状的描述。1953年兰梦九撰出的中国第一部《土壤物理学》，对黑土、娄土、褐土、潮土、盐渍土等主要土类的土壤水分状况和周年动态进行研究，为土壤水分研究打下基础。70年代末，中国开始应用能量观点和土壤水动力学理论，在土壤水分和溶质运动的参数测定、动力学模型、均衡模型和统计模型、盐渍土的水盐运动、土壤空间变异等方面取得一批成果。以后，又在土壤水分和溶质运移模型、随机模型及其应用、土壤水分管理等方面的研究中取得进展。

1998年完成的"节水农业的基础研究"项目中，对以土壤水为中心的农田水均衡模型及软件开发、土壤—植物—大气连续体（SPAC）的多学科研究成果处于国际先进行列。

2. 土壤化学方面

1949年李庆逵（1912～2001）在美国 Soil Science（《土壤科学》）上发表了《中国主要土壤的化学特性》论文，使中国土壤化学研究成果进入国际土壤学术界。熊毅（1910～1985）等对中国主要土类的胶体组成和盐渍土代换性盐基方面做了专门研究。1956年，熊毅首先阐明中国土壤胶体的一般性质，编制了《土壤中黏土矿物分布图》，他率先用X射线分析中国黏土矿物。于天仁（1920～2004）等用独创的测定方法研究了氧化还原性质的数量因素特征及其与强度因素的关系，使此项研究进入定量化研究阶段；还区分了有机还原性物质的电化学特征和与无机氧化还原体系间的反应规律。中国土壤氧化还原过程的这些研究一直处于国际领先水平。

20世纪50年代初，朱祖祥（1916～1996）研究了各种黏粒矿物在多离子系统中的交换吸附平衡、盐基饱和度及陪伴离子对交换性阳离子有效度的关系，后来又进行了土壤磷的吸持、解吸、固定的化学过程和物理化学过程及养分位的研究，提出了绿肥耕埋后激起土壤微生物强烈活动而耗失土壤有机质的"起爆效应"论点。

3. 土壤微生物学领域

20世纪30年代起，张宪武（1905～2000）、陈华癸（1914～2002）和樊庆笙（1911～）等主要从事于豆科根瘤菌和生物固氮的研究，陈华癸首次分离获得紫云英根瘤菌，他们为中国土壤微生物学的发展奠定了基础。90年代陈文新（1926～）在新疆根瘤菌资源调查中发现并命名的有2个新属和6个新种。在根瘤菌的分子遗传学研究上，马庆生等在紫云英根瘤菌的质粒组成、结瘤基因及其遗传多样性方面都有出色的研究成果。

4. 土壤植物营养学方面

1935年出版了彭家元（1897～1966）编著的《肥料学》一书。中国曾三次组织了全国性的肥料试验研究。通过大规模的田间试验，得出在化肥施用量和作物产量迅速增长形势下，不同农业生态区的氮、磷、钾状况和肥效、适宜用量和合理配比、复合化肥肥效和施用方法的大量研究成果。20世纪80年代以来，土壤—植物根际营养成为研究的热点和前沿，中国在根土界面的显微特征、根表对离子的吸附、根际pH和Eh状况、根际养分浓度梯度变化等方面的研究取得重要进展。

5. 土壤地理学进展很快

中华人民共和国成立初期，政府组织大批科技人员在东北、青海、西藏、新疆、内蒙古、宁夏、华北平原、两广（为发展橡胶树种植）等地进行了历时十年的大规模土壤调查和土地资源勘查。马溶之（1908～1976）主持编制了1：1000万的《中国土壤图》（1965）。李锦主持编制了1：400万的《中华人民共和国土壤图》（1978），并出版了《中国土壤》一书。20世纪70年代末以来，美欧等国的现代土壤学思想和最新成就的传入，遥感、计算机和地理信息系统等现代技术的应用，将中国土壤地理学的研究推进到一个新的发展时期。

1950年，宋达泉（1912～1988）提出的"中国土壤分类"代表了中国早期应用美国土壤分类系统的成果。1958年全国土壤普查提出耕种土壤分类。1978年，陈恩凤（1910～2008）提出："将农业土壤和自然土壤纳入统一的分类系统之中"的论点。在全国土壤分类会议上，学者们取得将农业土壤与自然土壤纳入一体的全国土壤分类系统的共识。20世纪80年代初，在赵其国（1930～）等主持下，以诊断层和诊断特性为基础，结合中国实际，于1995年提出了《中国土壤系统分类》，国际土壤信息参比中心（1SRIC）已将此作为国家分类收入该系统，中国人为土壤分类已正式列入国际土壤学会的分类方案。

20世纪70年代末，遥感（RS）、地理信息系统（GIS）、全球定位系统（GPS）等现代技术相继用于土壤地理、制图、资源环境监测，成为新一代的强有力的宏观性研究手段。在中小比例尺遥感制图中，林培（1928～）应用同比例尺透明地形图与卫星影像叠加方法成功地解决了影像几何精度与土壤类型的地理分布相结合的问题。

6. 土壤改良学

20世纪50年代以来，中国进行了大规模的土壤改良和综合治理的研究和实践，沙漠化、盐渍化和水土流失的防治以及红壤改良等均取得重要进展。但是在整体上，中国土壤退化形势十分严峻，种植土壤中具有障碍因子的中低产土壤可占到60%。50年代起，中国科学院陆续在不同生物气候带建立了16个沙漠化治理试验站和示范区，研究提出了沙障阻沙、生物和化学固沙技术、草场改良和农业高产技术等。在包兰铁路宁夏沙坡头段、内蒙古巴丹吉林沙漠南沿以及国家三北防护林带等均取得良好治理效果。中国的沙漠化防治在国际上有着良好学术声誉。

中国是个盐渍土分布广、类型多、盐渍化危害严重的国家。中国土壤盐渍化的科学研究和治理实践十分丰富，在盐渍土的发生和过程、类型和分布、水盐运动的时空规律等方面的研究上均取得了许多成果。在大量的实践中，探求了不同条件下因地制宜的治理原则和措施。石元春等经过多年的探索，找到了以农田水盐管理为中心，以地下水位调控为杠杆，对旱、涝、盐和地下咸水实行综合治理的成功经验。

中国土壤盐渍化的理论研究和治理实践在国际上得到很高评价。

七、农田水利学

（一）学科的奠基

农田水利作为一项现代科学技术肇始于20世纪初，而学科的形成则在20世纪30年代。李仪祉（1882～1938）1915年由德国丹泽工业大学学习水利毕业回国后任南京河海工程专门学校教授及教务长，1922年任陕西省水利局局长兼渭北水利工程总局总工程师，开始兴办农田水利工程。他主持修建的泾惠渠、渭惠渠等灌溉工程，成为中国现代灌溉工程的开端。他首先提出研究"水土经济"问题，并以其作为农田水利学研究的重点。

在农田水利人才培养和学科体系形成的过程中，李仪祉和继他之后的沙玉清起了重要的奠基作用。李仪祉在20世纪30年代初所写的《农田水利之合作》论文和撰著的《农田水利讲义》，对农田水利的内容和范畴做了概括性的论说。1935年沙玉清编写和出版了中国第一部农田水利科学专著《农田水利学》（商务印书馆），对农田水利的基本内容和方法、灌溉、排水、放淤及洗碱、垦殖以及有关沟洫、整理土地和护田所必需的堤防等做了阐述。粟宗嵩（1910～2009）、郑肇经（1894～1989）在农田水利学科方面也做了开拓性的工作。1952年郑肇经出版了一本《农田水利学》，把农田水利学分为灌溉工程和排水工程两大部分，在内容上更多地反映了中国灌溉工程的成就。

（二）学科的持续发展及开始与国际发展同步

1949年以后，农田水利事业进入一个蓬勃发展的新时期。经过约半个世纪的努力，全国有效灌溉面积从20世纪50年代初期的1600万公顷，1998年发展到5100万公顷。除涝治碱面积达2400万公顷，水土流失治理面积达5600万公顷；2002年灌溉面积已达5500万公顷，除涝治碱面积超过2500万公顷，水土流失治理面积达8700万～9300万公顷。现今，灌区以约占全国耕地40%的面积，生产占全国总产量75%的粮食和90%以上的经济作物。

20世纪80年代以来，研究方向逐步转向对不同缺水状况下的作物需水量及其对产量影响的研究。这样，就为以后进行作物生产函数和灌溉优化配水研究提供了依据。同时对作物需水量的试验研究逐渐深入到植物水分生理和农田微气候领域。把作物需水量同植物冠层温度、大气CO_2浓度、植物叶水势、气孔阻力、根系吸水力等联系在一起，从而进一步揭示了作物需水量与农田水分环境及植物生理生态的关系，为节水灌溉提供了理论基础。《中国主要农作物需水量等值线图》的研制成功为各地进行节水灌溉计划用水提供了依据。而更多的研究则是关于节水灌溉的内涵、节水灌溉技术、灌溉效益及存在问题的研究。1981年，贾大林（1923~）提出节水农业概念，推动节水农业综合体系构建，在河南商丘作出样板，为节水农业研究开拓了道路。中国农业科学院农田灌溉研究所主持的以华北地区为对象的"农业节水研究"，对该地区农业节水潜力、节水灌溉制度、节水灌溉技术、土壤水调节和利用潜力等方面进行了较广泛的试验研究和调查总结。此外，全国各地，特别是一些先进灌区针对不同作物、不同地区开展了节水灌溉试验研究和经验总结，如：蔬菜、棉花及砂田喷灌研究，改进地面灌水技术，推行低压管灌技术，改进水稻灌溉技术，提高泵站和机井的效率，应用塑料薄膜、软管等的节水灌溉技术等，使节水灌溉效益进一步提高。

20世纪90年代以来，节水灌溉研究有了进一步的扩展和深入。节水灌溉在更大程度上已融入节水农业。节水灌溉研究已扩展到节水灌溉潜力研究、非充分灌溉、农田逆境条件下的水分调控以及水土环境研究等方面，并影响了整个灌溉水管理和灌区用水管理领域。中国自行研制的各种喷灌机具、微灌设备、滴灌材料等，已广泛应用于生产。

农业水资源的合理利用越来越受到人们的重视。20世纪80年代以来，山仑（1933~）在西部旱区农业发展研究中，提出："半干旱地区影响农作物生长的要害不在于降水量少，而在于降雨未充分利用"的理论。他据以在宁夏南部山区制定相应的技术措施，取得了很好效益。他在逆境成苗生理生态研究的基础上，研创出一种抗旱剂，属国内外同类研究中居领先水平的成果。对地面径流的利用研究，特别是同水土保持工程相结合的雨水集流工程的应用研究，对干旱缺水地区的农业发展和人畜用水保障起到重要作用。随着工业的发展，废水排放量不断增加，水资源污染日益严重，不仅使农田遭受破坏，且危及人畜用水，此领域研究在向精细和深化方向发展。

中国是一个水资源严重短缺的国家，维持、开拓农业必须走节水农业的道路。在农田水利学科，特别是学科基本理论和新技术应用方面，多年间投注巨大力量。在核技术应用于水土研究领域，特别是放射性示踪原子、中子和γ射线在研究土壤水分运动研究方面取得显著成果。应用红外测温技术研究植物冠层温度与水分消耗和应用电子技术开发研制的土壤湿度计对研究农田水分运动提供了有效的工具。现代分析计算方法等的应用，如模糊数学、系统分析、优化方法等的应用以及所提出的众多数学模型，能够有效地进行水资源的联合运用与评价，使在灌溉排水中对水的调度和运用更为合理。现代科学技术最新成就，特别是信息技术的应用，包括各种测量技术、数据处理技术、自动化技术等信息技术在农田水利学中得到广泛应用。在灌排工程规划和管理工作中应用这些技术和非线性规划、动态规划等技术，进一步提高了规划管理工作的效率和合理性。用现代信息技术开发出的灌溉用水信息管理系统，闸门和水位的遥测和遥控，土壤水分自动监测，灌溉用水数据处理，灌溉预报与水源预报，动态用水计划的制订与执行等，将灌溉用水管理研究提高到与国际相应学科同步的发展阶段。

八、植物保护学

（一）学科的奠基

1909～1911年，京师大学堂农科大学曾开设植物病理学课程。1906年，农工商部农事试验场建立，研究项目中设有：桑树之病虫害试验、害虫益虫之发生经过、预防害虫及驱除之法、益虫之保护繁殖方法、益虫和害虫及有害动物与气候之关系、各种害虫在本国地理上和农田上的分布、制作昆虫标本、调查虫害等。1911年，农商部农事试验场成立了病虫害科。1916年发表了章祖纯的《北京附近发生最盛之植物病害调查》，包括42种植物的29种病害，指明了部分植物病害的病原菌，叙述了植物受害后的病征和防治方法。1914～1917年，章祖纯曾在北京农业大学讲授植物病理学课程。戴芳澜早期从事水稻、麦类、果树等作物病害及其防治的研究，中后期从事真菌分类学、真菌形态学、真菌遗传学以及植物病理学等方面的研究，对中国真菌学和植物病理学的建立和发展，做出了开创性的贡献。俞大绂（1901～1993）在中国首先报道小麦秆黑粉病具有生理分化性。他对中国作物病毒病害和细菌病害做了先驱性的研究工作。1933年，中央农业实验所设有病虫害系，负责研究全国病虫害问题，与稻、麦、棉各改进所和大学的病虫害工作者展开合作，协助各省农事试验场的病虫研究和防治技术推广。虫害研究由吴福桢（1898～1995）主持，着重稻螟、飞蝗、棉虫、玉米螟、松毛虫、蔬果害虫、仓库害虫的研究与防治。病害研究由朱凤美（1895～1970）主持，着重稻瘟病、麦类黑穗病、小麦锈病、小麦线虫病、粟黑穗病、蔬菜菌核病等的研究和防治。1933年，邓叔群（1902～1970）主持真菌分类研究，从事棉病及其他植物病害的防治试验。1934年，中央棉产改进所设棉作病害研究室，沈其益（1909～2006）等主持棉作病害的调查和防治。黄瑞纶（1903～1975）1936年起分析出雷公藤碱，在植物性杀虫剂毒鱼藤和豆薯种子中杀虫有效成分的研究和创建农药学科方面做出了重要贡献。

(二) 学科持续发展及开始与国际发展同步

1. 完善植保技术体系 1949年，农业部建立时即设病虫防治局。1950年曾在全国建立了28个病虫害防治站，1952年发展到120个。1949年，北京农业大学设有植病系、昆虫系，南京、西北、华南、华中、西南等农学院均设植物保护系，开设多种植保方面的课程。1957年中国农业科学院植物保护研究所的成立，各大区农科院所、植保所系的组建，标志着植保技术体系已迈向一个新的发展阶段。

2. 发展主要病虫害的防治技术 在防治飞蝗方面，马世骏（1915～1991）、邱式邦（1911～2010）等经多年的调查研究，提出改造蝗虫发生基地来防治蝗害的建议，基本上控制了蝗灾。小麦锈病防治研究方面，1950年，小麦条锈病大流行。陈善铭（1909～1993）等和许多方面的专家对小麦锈病流行规律进行研究，取得了多项成果。李振岐（1922～2007）等揭示了中国陕、甘、青地区小麦条锈病的发生发展规律，提出了防治途径。曾士迈（1926～）率先提出小麦条锈病大区流行和流行区系的观点以及流行规律数理分析方法。20世纪70年代将系统分析和计算机模拟方法引入流行学研究；80年代初在国内开设植物病害流行学课程。在植物病毒病的防治领域，裘维蕃（1912～2000）50年代开展了植物病毒学和病毒生物诊断研究，写出了中国第一部《植物病毒学》。谢联辉（1935～）系统研究中国水稻病毒病的病源种类、分布、为害、传播、测报与治理。80年代初，他发现一种新的水稻病害——水稻簇矮病毒。他所报道的水稻齿矮病毒和水稻东格鲁病毒均系中国新记录。田波（1931～）1983年首次报道了应用病毒卫星RNA防治黄瓜花叶病毒获得成功。他所领导的实验室在生物工程方面开展了核酶工程、随机序列多肽库技术、抗体基因工程和植物基因工程等研究，获得高度抗病毒和类病毒的转基因作物，所设计的切割类病毒的核酶在转基因马铃薯中可抑制类病毒的复制。

棉铃虫在黄河流域棉区为害严重。中国在繁殖、利用赤眼蜂生活史中有一个阶段寄生于棉铃虫卵的天敌行为方面已取得技术上的成功；在利用蓖麻蚕卵和柞蚕卵大量繁殖赤眼蜂方面也有创新。中国农作物病虫害研究与防治曾以单一病虫害为对象，1986年以后发展为以作物及全生育期的多病虫为研究对象，从农业生产的全局和农业生态系统的整体观念出发，以保证高产、稳产与优质为中心，以获取理想的经济、社会、生态效益。郭予元（1933～）曾创造性地提出中国农作物病、虫、草、鼠害综合防治技术研究。在棉铃虫迁飞规律及其与寄主植物相互关系、阻击外来生物入侵等方面，做出成效的工作。

学者们研究提出一批具有多种效应和互补功能的关键防治技术，主要有发掘作物耐害补偿功能，制定和合理放宽一批主要病虫的防治指标；评价、筛选出一批兼抗或多抗病虫的优良新品种、新材料；筛选或研制出一批高效、低毒、低残留或选择性强的农药新品种、新剂型，开发出一批针对不同病虫对象的复配剂，提出了合理用药的配套使用技术，以及生物与化学农药结合缓解病虫产生抗药性的施药方法。新的理念和措施提高了病虫监测预测与化防、农防、生防等关键防治技术，制定科学防治指标，优化防治决策与综防配套技术，充分发挥有机协调的综合功效，构建了适合各主要生态区的农作物主要病、虫、草、鼠害综合防治技术体系。

3. 病虫害发生预测预报研究 多年来，植物保护工作者摸清了中国主要农作物病虫害的发生流行规律，制定了57种全国性病虫和100多种地区性病虫对象的预测预报措施，由农业部颁发各地应用。通过越冬调查，远距离标放回收，摸清了黏虫、稻飞虱、稻纵卷叶虫、地老虎等主要害虫的迁飞为害规律，可以及时地进行异地测报。掌握了小麦条锈病、叶锈病、白粉病、稻瘟病、稻白叶枯病、玉米大小斑病等重大病害病原菌生理小种及其分化变异规律，并明确了品种的抗病性丧失与病菌生理小种的变异有关，对及时指导抗性育种、更换品种、进行品种合理布局、控制病害的流行有重大意义。应用计算机技术建立病虫预测模型、管理模型和专家系统的研究，有较快的发展，曾创建了水稻三化螟、二化螟、褐稻虱、纵卷叶螟、小麦条锈病、叶锈病、白粉病、棉蚜、棉铃虫等的发生预测模型，中期预测准确率在80%以上；黏虫、稻纵卷叶螟的专家系统，经回检及试用，效果很好，为应用计算机技术进行病虫测报开拓了新途径。对水稻、小麦、棉花、玉米、蔬菜等作物的多种病虫，曾开展危害损失研究，发现作物本身存在着耐害补偿自我调节功能，病虫害发生在一定程度以内，损失在经济允许水平，不需要采用药剂防治，有利于天敌的繁殖。根据这一研究结果，在1990年修改了18种病虫的药剂防治指标，从而使农药使用量显著减少。上述研究成果，有多项处于国际领先水平。

4. 生物防治研究 保护利用自然天敌和开发生物制剂研究工作取得了重大进展。邱式邦等长期从事害虫综合防治和生物防治的研究工作，阐明了蝗虫、松毛虫、玉米螟、大豆害虫、甘蔗害虫等多种害虫的发生规律并提出了控制方法，对农业生产起了显著的保障作用。

农田杂草防治、农田兽害防治、植物检疫、农药、植保器械等方面均有重大进展。

九、畜牧学

（一）学科的奠基

1917年，虞振镛（1890~1962）自美留学归国，携带第一批安雪奶牛抵达北京，于北京西郊海淀创办北京模范牛奶场，是中国最早的民办奶牛场。1924年，陈宰均（1897～1934）留学美、德归国，任青岛农林局畜牧组主任技师，引入约克夏猪进行猪种改良工作，进行不同猪种的甘薯叶、富于蛋白质淀粉的谷豆、青粗饲料的饲喂试验。1926年，在他主持下北京农业大学兴建动物营养研究室，为中国农业院校最早建立的动物营养研究机构。1934年，国民政府军政部于江苏句容建立种马牧场，计划用阿拉伯种公马，采用人工授精结合辅助交配技术，同蒙古母马杂交，级进到第五代，再导入英国纯血种马血液育成类似法国盎格鲁阿拉伯马的中国新马种。1936年，许振英（1907～1993）在南京中央大学任教时，引入巴克夏、波中、杜洛克、大约克夏、切斯特白猪五个外来品种，进行饲养及改良品种的研究，为中国进行大规模养猪研究的先声。

（二）学科的持续发展及开始与国际发展同步

1. 动物遗传育种学 数量遗传学发展的早期著作是1948年李景均（1912～2003）出版的《群体遗传学导论》。吴仲贤（1911～2007）多年讲授统计遗传学，其专著《统计遗传学》于1977年出版，对数量遗传学的发展起了积极的引导作用；利用数量遗传的方法，较快地育成一些高产奶牛品种、早熟的瘦肉型猪、高产鸡和细毛羊品种。

中国在遗传参数、育种值、选择指数、线性模型与最佳线性无偏预测（BLUP）以及非线性模型的应用等方面已取得了重要研究成果，有的达到国际上同类研究的先进水平。吴常信（1935～）继承、发展了吴仲贤的动物遗传与育种学研究，他参加的北京白鸡育种工作，解决了从商品鸡中育成纯系和配套系的理论与方法。在数量遗传学研究中，提出了"混合家系"的概念，推导了计算混合家系亲缘相关的公式。他成功地主持了"合成系蛋鸡育种理论与实践的研究"与"节粮小型褐壳蛋鸡选育"研究项目。他的《数量性状隐性有利基因的选择》论文，首次对数量性状隐性有利基因的存在做了实验证明，提出了新的选择方法。刘守仁（1934～）突破了传统血亲近交育种禁区，首次提出建系新理论。采用血清转蛋白、基因定位和两月龄羔羊特殊培育等方法，育成五个各具特点的新品系，研创出品种品系齐育共进的育种配套技术，育成具有国际领先水平的中国美利奴羊（军垦型）新品种。

2. 繁殖学 家畜繁殖领域著作频出，主要有：郑丕留（1911～2004）编著的《绵羊人工授精》、《驴的生殖器官及生殖生理》、《繁殖驴骡》；王丕建（1915～2002）编著的《猪的人工授精》；安民（1922～）于20世纪60年代在中国首次研究了兔胚胎移植并获得成功，创新了生殖激素和繁殖免疫的某些研究内容；董伟（1923～

1995）主持的"奶牛胚胎移植黄牛"课题在中国首次成功。

3. 营养与饲料 中国对动物营养学的深入研究是在1949年以后，1959年王栋（1906～1957）编辑出版的《动物营养学》，论述了动物有机体在维持生命和生长发育过程中，对营养物质的需要和转化，对中国动物营养学研究和发展起到了先导作用；1979年出版了许振英主编的《家畜饲养学》，论述了"家畜营养原理"和"各种畜禽营养需要量"。1991年杨凤主编《动物营养学》，重点阐述不同种类、不同生产目的的动物在不同条件下的营养需要基础，估计和评定营养需要的基本原理、方法以及必需营养素的需要量。张子仪（1925～）主持的"中国饲料成分及营养价值表"研究项目，为研制猪、鸡、奶牛、羊等饲养标准提供了科学参数，为开发饲料资源、提高饲料利用率、优化饲料配方提供了重要科学依据。在反刍动物蛋白质营养研究中，1985年，冯仰廉（1931～）提出小肠可消化蛋白质体系，被列为世界反刍动物蛋白质营养新体系之一。

4. 动物生产学 在养马学、养牛学、养羊学、养猪学、养禽学等从生物学和经济学特性，以及遗传、育种、饲养、管理和产品处理、加工等理论和技术等方面都有重要推进。

5. 草业科学 新中国成立后，开始了有组织的草地资源研究，较早的如1952年王栋等随国家组织的内蒙古锡林郭勒盟牧区调查团考察了锡林郭勒草原；1955年由中国畜牧兽医学会、农业部、内蒙古农牧厅等组织了内蒙古伊克昭盟草原调查队，由贾慎修（1912～1988）负责并写出了《内蒙古伊克昭盟草原调查报告》。1955～1956年，李继侗（1897～1961）带领学生在黄土高原及呼伦贝尔草原首次开展了草原植被的详查与制图工作。任继周（1924～）1956年研究提出了草原的综合顺序分类法，1959年提出了划破草皮改良草原的理论，1973年研究提出了评定草原生产力的新指标——畜产品单位，结束了全国各地不同畜产品无法比较的历史。畜产品单位已被国家采用，并被 The World Resource Institute 和 The International Institute for Environment and Development 用来评价世界不同地区草原生产力。李博（1929～1998）20世纪50年代后期到60年代初，率先在中国开展草原与荒漠植被的定位观测及生理生态研究。90年代，把遥感（RS）与地理信息系统（GIS）结合起来用于草地植被生态研究，实现了大面积草地遥感估产，建立了中国草地资源数据库和草地动态监测技术系统，把中国草地植被生态研究推上一个新阶梯。

6. 家畜生态学和家畜环境卫生学研究 汤逸人（1910～1978）在20世纪60年代初提出，把家畜遗传内因与环境条件等外因两者统一起来，才能发挥遗传性能，顺利发展生产，将家畜生态学理论应用于畜牧业生产当中。1964年，汤逸人研究了滩羊产区的生态条件，为品种区域规划提出了理论依据；结合生态学研究，1965年建议在新疆建立百万只细毛羊基地，对中国家畜生态学的创立、发展做出了贡献。

1981年由东北农学院主编的《家畜环境卫生学》出版；1987年中国畜牧兽医学会家畜环境卫生研究会成立，多次召开全国家畜环境科学学术讲座会，曾出版《现代化畜牧生产和环境与环境管理》著作。有关家畜环境卫生学的专著，如黄昌澎著的《家畜气候学》(1989)、王新谋编的《家畜环境卫生学》(1989)、李震钟主编的《家畜环境卫生学附牧场设计》(1993)等得到出版。1998年8月召开了全国家畜环境卫生学教学改革及学科发展研讨会，标志着家畜环境卫生学科在中国已经形成并得到发展。

蜜蜂学科的发展与成就概略

1900年左右，中国采用传统技艺饲养中蜂。1913年，张品南(1879~1927)从日本引进意大利蜂4群和巢箱、巢础、摇蜜机、隔王板、喷烟器等新式蜂具，以及数部新法养蜂书籍。他还撰写《养蜂大意》等书，创办《中华养蜂专刊》，在福建高等农林学校讲授养蜂学。1926年，黄子固(1896~1958)主持试制成意蜂巢础机，后又制成中蜂巢础机，1933年创办并主编《中国养蜂杂志》。许多地方兴办了养蜂场。现代养蜂学科与技术在中国逐渐发展起来。

1949年以后，养蜂学科有着较快发展。由于蜜蜂能为大田作物、蔬菜、果树授粉，提高收获物的产量与品质，更能提供对人体有保健作用的蜂产品，蜜蜂学科的建设受到农学界与社会各界的重视。许多农林院校开设了蜜蜂学课程，不少地区建立了研究机构。1958年中国农业科学院蜜蜂研究所成立不久，就试验成功有王群生产王浆技术，解决了产浆与繁殖取蜜的矛盾，为中国跃居产王浆大国创造了条件。20世纪80年代，周崧(1926~)在蜜蜂遗传育种方面提出"蜜蜂育种数理工程技术"，撰出《蜜蜂工程育种》专著，在蜂王浆的作用机理、采收方法、加工技术以及蜂毒、蜂胶加工方面取得显著成果。陈盛禄(1938~)主编的《中国蜜蜂学》2001年出版。他主持培育的浙农大1号意蜂，其蜂王浆单产和群产与本地意蜂相比，提高一倍以上，蜂蜜可增产两成，曾向国外出口蜂王，标志着中国蜜蜂学科发展达到了世界先进水平。

十、水产学

(一) 学科的奠基

1905年，张謇建议沿海七省组织渔业公司，开发海洋渔业。1906年春，中国实业家开始购进、使用蒸汽机拖网渔轮，这是中国从传统渔业向近现代渔业转变的一个里程碑。1910 年在天津建立水产讲习所，开始了中国的水产教育。1917 年山东省在烟台创建水产试验场，下设渔捞、制造和养殖三个科。1946 年山东大学设立水产系，分渔捞、养殖、加工三个专业。1947 年在上海成立中央水产实验所，设渔业生物、水产养殖、水产制造和渔业经济四个系。朱元鼎（1896～1986）1931 年将中国鱼类文献整理成《中国鱼类索引》，为研究中国鱼类提供了基础资料。1935 年发表了《中国鲤科鱼类之鳞片、咽骨与其牙齿之比较研究》，论述了鲤科鱼类形态变化和生态及演化之间的关系。伍献文（1900～1985）20 世纪 30 年代曾对鱼类、河蟹等进行研究，撰出《中国河蟹志略》。费鸿年（1900～1993）肇始了中国水产资源科学研究领域。他的《鲇鱼呼吸生理之研究》（1934）、《海洋学纲要》（1935）、《鱼类学》（1935，合著）等，均为中国水产学科方面的奠基之作。朱树屏（1907～1976）1942～1945 年在英国主持水化学和浮游生物研究，他研制发表的"朱氏 10 号培养液"和"朱氏人工海水"是世界上使用最广泛的经典性浮游藻类培养液之一。曾呈奎（1909～2005）1933 年发表《厦门的海藻及其他经济海藻》一文以后，一直致力于海藻资源调查、分类、养殖和利用研究。

（二）学科的持续发展及与国际发展同步

1. 淡水增养殖研究 中国池塘养鱼历史悠久，技术体系完整而成熟，河道养鱼、湖泊水库养鱼、海水鱼类养殖等是采用池塘养鱼的基本原理与技术而发展起来的。长期以来，由于养殖鱼类的鱼苗均需从江河中采得，产量极不稳定。20 世纪 50 年代初期，草鱼、鲢鱼、鳙鱼、青鱼四大家鱼人工繁殖试验有了进展，曾孵出草鱼、鲢鱼苗 200 多万尾，但均系利用江河中成熟亲鱼获得，无法在内地推广。钟麟（1915～）于 1956 年在池塘中培育出性腺发育成熟的鲢、鳙亲鱼，并于 1958 年带领研究人员应用注射鲤脑垂体并模拟江河产卵场的生态条件，用催情方法成功地使鲢、鳙在池中产卵孵化，实现了鱼苗就地自繁自养，鱼类人工繁殖研究进入了新阶段。刘筠（1929～）系统地研究了中国四大家鱼生殖生理基础理论和人工繁殖应用技术，写成《中国养殖鱼类繁殖生理学》专著。他应用细胞工程和有性杂交相结合的综合技术培育成功四倍体鱼，利用四倍体鱼和二倍体鱼杂交，培育成功不育的三倍体鲫鱼——湘云鲫和三倍体鲤鱼——湘云鲤。林浩然（1934～）从 20 世纪 70 年代起致力于鱼类生理学、比较内分泌学和分子生物学研究，系统地研究调控鱼类繁殖和生长的理论和技术，与加拿大 R. E. Peter 教授合作，阐明鱼类促性腺激素的合成与分泌受神经内分泌双重调节的作用机理，并将其应用于鱼类人工繁殖，建立使用多巴胺受体拮抗剂和促性腺激素释放激素诱导鱼类产卵的新技术，国际上定名为"Linpe Method"（林波方法）。夏德全（1938～2005）1983年留美期间，自费从美国引进奥利亚罗非鱼，开创了中国奥利亚罗非鱼养殖研究。由于纯系尼罗罗非鱼和纯系奥利亚罗非鱼的杂交后代是全雄性的，突破了全雄罗非鱼大规模育种技术，显著提高了罗非鱼的产量和品质，使中国罗非鱼养殖业迈上了一个新阶梯。

2. 在海水增养殖方面取得多项成果 20世纪50年代以前，中国海水养殖业处于分散状态，主要养殖品种为蛏、蛤、蛎、蚶四大类，养殖地区局限于东南沿海。1965年赵法箴（1935～）发表了对虾幼体发育形态的研究，首次描述了中国对虾的幼体发生形态，奠定了对虾人工繁殖生物学中幼体发生的形态基础。张福绥（1927～）70年代首创贝类工厂化人工育苗技术，育苗单产达1000万粒/米^3，曾创世界最高纪录。雷霁霖（1935～）对22种中外海水经济鱼类的胚胎学、繁殖生物学、实验生态学和增养殖学等方面进行了系统的研究，为中国海水鱼类增养殖理论的建立和生产实践打下了坚实的基础。在大菱鲆引种和育苗、成功开发温室大棚、加深海水养殖模式等方面，为中国海洋科技工作者自主创新树立了范例。

3. 水产动物疫病防治和渔业环境保护改良研究 随着淡水、海水鱼类增养殖的发展，特别是水产养殖业出现了集约化和规模化饲养的条件，对于水产动物疾病的防治措施也要求经济、高效、安全、不污染环境以及朝着群防群治的方向发展，加上远洋渔业的迅速开拓，这都要求水产动物疫病防治有更快的提高。中国水产动物疫病防治专家学者致力于研究水产养殖动物重大疫病病原生物学及流行病学，确定疾病发生和流行的宿主基本指征性生理指标和相关性环境因子，建立监测预警系统；研究控制水产养殖生物病害大规模流行的生态环境调控技术，开发生物鱼药等无公害鱼药，提出鱼药安全使用及评价技术，实现对爆发性病害的基本有效控制；研究水产养殖动物免疫学及免疫防治技术，使免疫防治技术在水产养殖动物的病害预防中起到重要作用。徐洵（1934～）致力海洋生物基因工程的研究，研创了中国第一个具有知识产权的海洋基因工程菌，将先进的生物技术引入海洋环境污染检测，建立了中国第一个海洋基因工程实验室。在世界上率先破译了对虾病毒的遗传密码，中国对虾的"微卫星序列"也已在国际数据库进行注册登记。他们的工作将对虾遗传育种和疫病防治的研究提高到国际先进水平。

4. 远洋渔业科技的发展研究迅速推进 中国的渔业生产历来依赖近海，一些年来，近海资源明显衰退，要把渔业生产搞上去，必须充分利用海洋生物资源，发展远洋渔业，到外海去捕鱼。1985年，中国由12艘渔轮和一艘冷藏运输船组成的远洋渔业船队开赴西非，跨洋开展捕捞是一个重要起点。唐启升（1943～）20世纪80

年代以来，从整体系统的水平上研究黄海渔业生态系统的资源动态和管理，发展大海洋生态系概念，对海洋渔业生物学进行了深入研究，发展了在不同环境条件下的亲体与补充量关系理论模式，1991年出版了中国第一部《海洋渔业生物学》专著，建立了具有中国特色的新学科体系。1993年他率"北斗号"科学考察船赴北太平洋白令海考察，深入研究北太平洋狭鳕渔业资源，发现狭鳕当年生幼鱼分布情况，在公海幼鱼分布方面取得了国际公认的重要成果，为国家维护远洋渔业利益和公海捕鱼合法权益发挥了重要作用。

5. 发展水产品的加工制作及水产养殖机具等的研究 管华诗（1939～）于1967年参加完成"海带提碘新工艺规模生产"工程，为中国海带提碘工艺奠定了基础。90年代，发明研制了甘糖酯等海洋新药和藻维胶囊等保健品，创办了海洋药物化学专业。丁永良（1932～）从20世纪60年代中期致力于水产动物养殖机械的研制，先后研制成"叶轮增氧机"、"水力挖塘机组"、"硬颗粒饲料加工成套设备"、"清淤机"、"水净化机"等机械设备。石文雷是中国研制鱼用配合饲料的创始人之一，主持承担了多项有关鱼类营养与饲料科技攻关项目、国际合作项目，获得多项科技成果，有的成果达到国际领先水平。

十一、蚕桑学科

（一）学科的奠基

20世纪是中国栽桑养蚕传统科学技术与现代科学理论技术相结合，中国现代蚕桑学科形成与发展的时期。1840年鸦片战争后，列强胁迫清政府签订一系列不平等条约，把中国作为倾销过剩商品的市场和掠夺原料的基地，生丝外销出现了危机。更多有识之士认识到兴办蚕桑学校，研究新蚕学的重要。1897年杭州知府林迪臣获批在杭创办"蚕学馆"，这是中国第一所蚕桑学校。该校讲授理化学、动植物学、蚕体解剖学、生理学、病理学、气象学、土壤学、栽桑学、养蚕学、制丝学、显微镜检查法等课程，并进行实验、实习，开始了中国传统技术与近现代科学相结合，中国蚕桑学从此进入实验科学阶段。

1902年郑辟疆（1880～1969）从杭州蚕学馆养蚕及制丝学科毕业，致力于兴办蚕桑教育。1915～1918年曾编写出版了《制丝学》、《桑树栽培》、《蚕体解剖》、《养蚕法》、《蚕体生理》、《蚕体病理》等中国最早的蚕学教材。他应用新的科学方法改进蚕的品种，引进、推广和改良养蚕缫丝技术，革新装备，为中国蚕桑学科的发展奠定了基础。1906年清政府在北京兴办农工商部农事试验场，设有蚕桑科。1933年在南京创建中央农业实验所蚕桑系。在理论研究方面，1928年孙本忠（1897～

1968）应用组织化学方法，最早阐明桑蚕中肠上皮圆筒形细胞兼有分泌消化液和吸收营养的作用，杯形细胞只有分泌功能。同年，沈敦辉（1891～1936）提出丝量、纤度和丝长系由四对遗传基因所支配，三者之间呈高度正相关，其中包括一对性连锁基因共同起作用的结果。1935年，顾青虹（1894～1985）发表了《浙江省桑树品种之研究》和《桑的新品种》等论文；陆星垣（1905～1991）曾撰出《蚕体生理学》、《蚕种学》、《家蚕育种学》、《家蚕良种繁育与育种学》、《家蚕遗传育种学》等专著。蒋同庆（1908～1988）1948年著《蚕体遗传学》，是中国家蚕遗传育种学科的奠基之作。晚年，他创建中国第一个家蚕基因库。曹诒孙（1905～1993）等对蚕病防治有重大贡献。他们研究发现石灰浆对脓病多角体病毒有很强的杀灭作用，创制石灰浆消毒法，控制了病毒病的危害。进而研制了赛力散防僵粉等，有效地控制了各种僵病的发生。

（二）学科的持续发展

中华人民共和国成立后，蚕桑学科迅速发展。现今，中国蚕桑学科高等教育在国际上规模最大，且具相当高的水平。为了集中力量，加强科研工作，1951年数个研究单位和蚕丝试验场合并在镇江建成华东蚕业研究所，1957年改称中国农业科学院蚕业研究所。该所是中国目前规模最大、设备最好、学科配套齐全的蚕业科学研究中心。20世纪50年代开始，有蚕业的省（区）也先后成立蚕业研究所。全国已形成一个从中央到地方统一攻关、分工协作的蚕业科技研究组织体系，进行多种课题研究。

1. 栽桑学科　从20世纪50年代起，全国进行了桑品种资源的收集、整理。据调查，中国有16个桑种，其中3个是变种。收集整理了桑品种资源2542份，并选育出适应不同生态环境栽培条件的优良桑品种70多个，基本实现了桑品种的区域化和良种化。林寿康等用花药培养于1984年在世界上首次获得桑树单倍体植株，并移栽大田成活。50年代初，祝汝佐研究应用寄生蜂大面积防治桑螟，首创了国内桑树害虫的生物防治。1965年蒯元璋（1932～）等阐明中国桑树萎缩病有黄化、萎缩和花叶三种病型，并发现拟菱纹叶蝉是传播该病的媒介昆虫，首次成功地将桑黄化型萎缩病病原类菌原体纯化，并研制出其抗血清，后来又用于泡桐丛枝病、枣疯病等木本植物菌原体类病原上。他们这些研究均达国际先进水平。

2. 养蚕学科　20世纪50年代吴载德研究桑蚕幼虫生长发育规律，在国内首先提出显示桑蚕幼虫生长发育规律、幼虫生长速度的数学公式。吕鸿声（1926～）于60年代初研究桑蚕化性调节机理，首次发现并阐明脑有调节咽下神经节分泌滞育激素的功能,并查明滞育激素通过调节卵细胞DNA、RNA代谢控制胚胎滞育的途径,提出了桑蚕化性变化与激素调节机制的模式。70年代进行昆虫激素类似物调节生长发育增产茧丝的研究取得成果,保幼激素和蜕皮激素开始在蚕业上应用。80年代陆雪芳等在国内率先发现咪唑类药物能诱导四眠蚕三眠化,研发出"SM-I"等三眠蚕诱导剂。20世纪养蚕上最突出的进步,是盐酸人工孵化法和二化性一代杂种合理催青技术的应用,不仅可人工解除蚕卵滞育在一年内多次养蚕,而且通过催青高温感光引起化性变化,提高了蚕茧的产量和质量。

蚕病防治取得多项研究成果。20世纪60年代于溪滨查明柞蚕空胴病病原菌及发病规律,研究出应用卵面消毒法,有效地控制了此病的危害;50年代末期辽宁柞蚕饰腹寄蝇蔓延,柞蚕生产面临毁灭。农业部组织有关科研、教学单位合作研究,黄瑞纶主持发明了"灭蚕蝇"农药以及添食防治法。徐俊良(1933~)等1963年用 ^{32}P 标记"灭蚕蝇"进行口腔注射、体表涂布试验,发现均能高效杀死蚕体寄生蝇蛆。蚕业界还研制推广了防病1号、防僵灵、毒消散、蚕康宁、消特灵等蚕室蚕具与蚕座消毒剂;应用抗生素防治细菌病;应用杀螨灵防治蒲螨病等研究成果都已在生产上推广。蚕病发生率由50年代的30%左右下降到10%以下。

3. 蚕种学科 孙本忠20世纪50年代主持桑蚕品种、品系整理,选拔出华8、华9、华10、瀛瀚、瀛文等10个优良品系供蚕种场繁育,对改变当时品种、品系混乱局面起了关键作用。1955年中国制定桑蚕品种选育方案和蚕品种培育、鉴定工作细则,开展了蚕品种资源收集、整理、保存和利用研究。陆星垣为解决蚕种不足,保障蚕种供应,在中国首创了原蚕区。主持育成夏秋蚕品种浙2、603、浙农1号。其中603品种,20世纪60年代曾在浙江、江苏大面积推广。浙农1号在20世纪七八十年代是浙江夏秋蚕的当家品种。蚕的品种资源征集工作得到发展。1980年成立了全国蚕品种审定委员会。至2000年全国已收集、保存桑蚕品种资源777份,柞蚕品种资源150余份,蓖麻蚕品种资源48份。中国农业科学院蚕业研究所建立了种质资源保存中心。20世纪八九十年代,全国各地先后育成、审定、推广了100余个(对)蚕品种,实现了全国蚕品种的5次更新。

20世纪50年代以来中国加强了对柞蚕等蚕种的研究,1959年中国农业科学院曾在辽宁成立柞蚕研究所。沈阳农业大学重点培养柞蚕学高级人才,开展了柞蚕应用基础和应用技术研究。在柞树修剪、改良柞蚕品种、杂交育种、改革放养技术、柞蚕病虫害防治等方面均有很大成绩。

(三)开始与国际学科同步发展

1. 研究中广泛采用现代生物工程技术 随着分子生物学等基础学科的理论与现

代实验技术不断导入蚕桑学，使蚕桑学各分支学科的研究，逐渐由个体水平进入到细胞水平、亚细胞水平和分子水平，特别在20世纪后期，取得了较大的进展。向仲怀（1937~）等继承发展了蒋同庆开拓的家蚕遗传系统研究，发现家蚕遗传基因达60余个。1995年向仲怀、李振刚提出中国首个家蚕基因组计划，并于2003年完成了"家蚕基因组框架图"，是近百年来蚕业科学史上标志性的成就。

2. 开拓蚕桑副产物综合利用研究 20世纪50年代后期，随着蚕桑生产的大发展，逐渐形成了蚕桑副产物综合利用产业，主要用蚕蛹提取蛹油和蛹蛋白；用桑皮研制书画纸、人造棉及粘胶丝；用蚕粪提取叶绿素、叶蛋白、糠醛；废丝生产丝绵、丝氨酸等。华南农业大学（1959）、浙江农业大学（1960）先后自编教材，开设了蚕桑综合利用课程，建立了研究队伍。20世纪70年代起，浙江、广东、山东、江苏、四川等省先后开展工业化生产，产品有叶绿素、叶绿素铜（铁）钠盐、植物醇、三十烷醇、胡萝卜素、水解蛋白、复合氨基酸及各种氨基酸、油酸、亚油酸、亚麻酸等多种药物及用丝素粉开发出蚕丝食品、丝素系列化妆品、蚕丝保鲜材料等。

十二、兽医学

（一）兽医学的奠基

1904年在保定建立的北洋马医学堂，以西兽医学为教育内容的学校教育开始兴办，中国兽医学有了中、西兽医之分。兽医人员在家畜疾病防治和生物药品制造检疫方面，进行了开创性的工作。罗清生（1898~1974）主编的《家畜传染病学》在兽医学科发展中甚有影响。他在20世纪20年代后期曾与程绍迥（1901~1993）等合作，研究兽医生物药品的生产与应用，制成血清、疫苗，为家畜家禽传染病的防治做出贡献。熊大仕（1900~1987）于20世纪30年代在反刍动物与马属动物共生纤毛虫的研究中，进行过开拓性的工作。马闻天（1911~1997）曾着重牛瘟和鸡病的研究，研制简易干牛瘟疫苗，测验印度山羊适应牛瘟毒和兔化牛瘟毒苗的安全性和免疫力，明确后者可用于中国黄牛、水牛和奶牛的免疫。中国曾普遍流行的"鸡瘟"，他首次明确是新城疫。胡祥璧（1913~2001）1945年首次在中国发现马媾疫的病原体——马媾疫锥虫，确认马匹中有媾疫病的存在和流行。后曾致力于鸡马立克氏病研究协作，终于研制成功鸡马立克氏病冻干疫苗。盛彤笙（1911~1987）1945年发表《水牛脑脊髓炎之研究》，是国际上首次报道在中国证实的一种水牛病毒性传染病。

（二）兽医学科的持续发展

1949年以来，兽医科学在中国得到重视，逐步在全国建立、健全了兽医防治、教育和研究机构，又通过中西兽医相互学习、取长补短以及吸取其他国家的经验，不断提高了兽医的学术及防治水平。

1. 疫病防控和免疫学的发展 沈荣显（1923～）研究成功了兔化绵羊化等牛瘟弱毒疫苗，在全国应用后阻抑了中国牛瘟的流行；主持研究成功的马传贫驴白细胞弱毒疫苗在中国全面推广应用后，使马传贫病得到完全控制。在理论上，突破了慢病毒的免疫理论，为人畜慢病毒病的免疫研制疫苗提供了新途径。殷震（1926～2000）曾取得包括"十三种动物病毒的分离鉴定"、"不同属小RNA病毒基因的细胞内重组研究"、"干扰素转基因小鼠构建"和"无病原性腺病毒载体构建"等多项成果。夏咸柱（1939～）研制成犬五联弱毒疫苗。他参与多种动物病毒的分离鉴定研究，在中国首次分离了10余种动物的多种病毒，其中虎源流感病毒、熊猫犬温热病毒与冠状病毒均为国内外首次发现。

2. 兽医临床各学科的发展 兽医临床诊断学在应用现代科学技术不断提高诊断水平的情况下，正向病原学及特异性诊断和群体诊断以及预防性监测的方向发展。家畜传染病学研究动物传染病发生、发展的规律，并研究提出有效的防治措施，为防治、消灭危害严重的动物传染病和人畜共患病提供有效的防治手段和理论根据。兽医寄生虫病今后仍以研究人类饲养或与人类有密切关系的动物的寄生虫及寄生虫病为中心，进一步阐明危害严重的有关寄生虫的发育史和流行病学，为有效地防治动物寄生虫病提供科学依据。兽医内科学发扬原有成绩，进一步研究完善基本理论及内容，向群体医学倾斜，尤其要围绕生产性疾病建立更加完善的预防监测系统。兽医外科学仍以研究动物外科病的机理、临床特征，进一步提高诊断率和实现外科病的早期诊断，从而提高防治效果。在外科手术方面，在现已取得进展的基础上，要进一步发展动物经济外科，开展组织和器官移植的实验研究。兽医产科学重点研究将新诊断技术用于不育和产科病的临床实践，同时把新的繁殖技术用于提高动物的繁殖率，并且继续进行有关机理的研究。在中兽医学方面，要进一步运用现代科学知识和技术对兽医学遗产进行发掘、整理、研究、提高，使之能更好地得到继承与发扬。

（三）开始与国际兽医学同步前进

20世纪80年代以来，中国在兽医基础学科及高新科学技术在兽医学领域的发展和应用颇为迅速，主要表现在抗原、抗体的快速检测、免疫荧光技术、免疫酶技术、电镜负染、对流免疫电泳检测技术以及病原体的单克隆抗体的研制等技术的采用，大大提高了兽医鉴别诊断的水平。如立项研制的仔猪白痢基因工程疫苗以及应用于狂犬病痘苗重组疫苗等均获成功；同时，应用无病原性或弱毒疫苗株病毒（细菌）作为载体，插入外源保护性基因研究多价疫苗以及基因工程疫苗的研究等均取得了新的进展。在畜禽致病性微生物及免疫学的研究方面，先后分离鉴定了马、牛、羊、猪以及家畜 30 多种新的病毒和致病性细菌，其中兔出血症病毒、猪流行性腹泻病毒、貂冠状病毒以及小鹅瘟病毒等为世界上首次分离成功。

在兽医公共卫生方面，中国曾在 20 世纪 50 年代开拓了兽医卫生检验工作，80 年代以来在人畜共患病防治、动物性食品卫生以及环境卫生保护方面均取得了新的进展。实验动物学是一门新兴的学科，是研究实验动物产量和质量以及定向培育疾病模型或检测手段的一门学科，中国现已成立了专门研究机构，除从国外引进和保种的一些实验动物外，已新培育成功了一些实验动物种类、品种等。

兽医药理学方面，也取得了很大进展。如近些年来对于药物在健康或患病动物所做的药物代谢动力学研究，揭示了动物种属差异和有病机体的异常机能对药物在体内代谢有很大影响。从兽医药理学发展起来的家畜毒理学，在中国虽然起步很晚，已在兽药及药物添加剂安全性毒理学评价和兽药在乳、肉、蛋等中的残留开展了研究，并已发挥了作用。

随着人类社会和科学技术的进步，兽医学的范围也日益扩大。其研究的对象除家畜家禽等动物的疾病外，还包括有：其他伴侣和观赏动物、实验动物以及人类所保护的野生动物等疾病的预防与诊治。由于现代各学科之间的相互渗透与促进，兽医学在不断地突破原有的范围，而向生物学、医药学、环境保护、疾病的动物模型、空间医学以及生态学领域延伸，出现了一些边缘学科。兽医学研究是动物养殖业发展的保障，对于保护人类健康和促进人类经济生活的提高起着越来越大的作用。

十三、农业工程学

（一）学科的奠基

1914 年，北京农业专科学校有农具学课程的设置，1915 年该校引进了农产品加工机具。1920 年邹秉文主持南京高等师范农科（后改称东南大学农科）工作时，重视农机具的教学研究与改良创制，并筹建农具院。20 世纪 20 年代，辽宁双辽人张鸿钧赴美留学回国后，购置美国农具，自设农场，逐一试验，结合东北垄作种植实际情况创制出经辽宁农矿厅认可"既属便捷，又省人工"、"为东省特殊之农作物制定，因地制宜，确属优品"的新式农机具。1932 年南京金陵大学农学院开设农具与农艺、机器与动力必修课。1938~1945 年，刘仙洲（1890~1975）在云南昆明西南联合大学工学院任机械系教授，曾从事犁、水车、排水机的改良研究，并发表了题为《中国农具改进问题》的论文。1946年他专程赴美，对10多个州的农学院、农业实验站、农业机械厂以及大型灌溉工程进行农业机械考察与研究。曾提出：农业机械必须适合中国国情，与其模仿外国大型机械，不如先对中国原有的畜力机械加以改良，即机械部分改进设计，动力部分仍用畜力，然后求其发展的主张。他写出《农业机械》教材，在清华大学机械系讲授。1945年由美国万国农具公司向中国教育部提供奖学金，招收20名研究生赴美攻读农业工程硕士学位，还有10多位通过其他途径先后到美国、法国、比利时等国家学习农业工程。这些人学成归国，后来不少人成为新中国农业工程高等教育和科学研究的奠基人。

（二）学科的持续发展

中国农业工程学科与农学的农作物等其他分支相比起步较晚。20世纪50年代初，中国进行第一次高等学校专业调整，全盘学习苏联。专业设置、课程安排、教学大纲均参照其经验，采用翻译其教材，聘请其专家教课和派遣留学生去苏联进修农业机械化、农业电气化、水利和土壤改良专业或攻读研究生学位。20世纪五六十年代，政府把实现农业的"四化"（农业机械化、电气化、水利化、化学化）放在突出的位置，大量需要专业人才，研究院所和高等学校农业工程院系得到较快发展。

由于中国人口及工、农业迅速发展，水土资源的消耗和破坏日趋严重，水土资源的短缺问题不仅制约了农业的持续发展，并直接威胁着人类生存。因而节约与保护农业水土资源已成了最迫切的问题。曾德超（1919～）致力于机器—土壤—植物基础关系研究，在国内外率先建立动剪强方程、动摩阻方程、切土动力模型和提出一个机械土壤动力学体系；将传统的土—机力能关系研究扩展到耕作的水、热、肥、气效应模拟预测与工程调控技术研究；开发中国调控植株亏水度的节水灌溉适用技术；提出一种中国适用型集雨补灌精密农耕技术体系。余友泰（1917～1999）主持研究东北垄作和耕作机具，提出了平翻、垄作、深耕三结合的土壤耕作体系和垄作耕作机械系统和部件的设计方法。他重视农业机械化发展规律的探索，倡导将系统科学思想与方法应用于农业机械化研究中，提出用农业生物科学、工程技术和经济管理科学三者组装强化农业生产的技术含量，建立高产、高效、持续的机械化农业生产模式。为解决适应国情机械装置运作的问题，陈秉聪（1921～）开创了地面—机器系统学术领域的研究。他根据中国实际，开拓出松软地面行走机械新技术领域，对中国水田机械化和农业机械化做出了贡献；在国际上最先提出了畸变模型、半步行、仿生步行和仿生脱附理论，奠定了该领域的理论基础。在收获机械方面，蒋亦元（1928～）主持的水稻割前脱粒收获新工艺及其机器系统的研究成果被鉴定为

"国内首创、国际先进水平"。他还研究了在割前脱粒的同时能够收割稻草的联合收割机，并且落粒损失明显降低。他在相似理论研究中提出国际上已运用数十年的 G. Murphy 理论的重大缺点，经其修正后国内专家们评论为：对相似准则即 π 试验设计的推广具有重要意义，是对相似原理精确实用的有力推动。

（三）开始与国际农业工程学科同步发展

20 世纪中叶以来，一些发达国家对农业工程学科的应用基础理论进行了大量研究，例如，农业物料的工程性质、农业生物环境物理、机器土壤动力学、作物与水土关系等，使农业工程学的学科特色更加突出。农业工程措施往往涉及传统工程科学技术的许多分支（机械、土木、电工、化工等）及管理科学，以至现代生物技术、信息技术、遥感技术等，使农业工程学具有很大开放性和综合性。农业的发展受自然资源条件及社会经济因素制约，这使农业工程学在不同国家或地区的发展具有不同的特点。

农业自动化是在农业机械化与电气化的基础上进一步研究利用电子技术、传感器及监测技术、计算机及自动控制技术、现代信息技术（GPS、GIS、RS 等）以至机器人技术，使农业生产过程或其个别环节实现自动化、农业智能化。汪懋华（1932～）自 20 世纪 80 年代以来，为农业自动化学科新体系的建立和推进教育改革做出了贡献，他在中国农业大学领导筹建农业电气化、自动化、应用电子技术新专业。他致力于开拓农用智能化仪器、农业设施与人工生物环境自动控制、机器视觉与图像识别等电子信息技术在农业中的应用研究，发展精准农业技术等新领域。

现今，中国所处的时代与那些工业化先行国家当时的情况有根本差别，中国人口众多，随着经济发展，一方面人民物质文化的需求日益增加，而中国人均耕地资源、水资源、能源资源相对贫乏，要求通过扩大耕地面积及大量增加外部投入来提高农业的产量，已很困难。现有的耕地中有 2/3 是低产田和中低产田，尤其严重的是中国的水土流失和生态环境破坏对中国农业和经济的持续发展已经构成了严重威胁。农业工程科技工作者吸取发达国家的经验、教训，应用世界上一切科学技术的先进成果，坚决走农业持续发展的道路，重视保护耕地、保护生态环境、节约自然资源，在不断丰富对人民农产品供应的同时，需要把提高劳动生产率及土地生产力、改造低产田及中低产田和节约水资源、节约能源紧密结合起来。从事有针对性的研究，发展相关的技术，中国农业工程学科在与国际同步发展方面取得许多成果。

十四、农业基础学科

(一) 农学基础学科受到重视

20世纪二三十年代在中国学术界呈现出基础学科活跃的趋势。中央研究院,国立北平研究院组建的气象、地质、动物、植物研究所室,中国科学社生物研究所,北平静生生物研究所,中央地质调查所等官办、民办科研机构,所从事的动植物志、真菌志、土壤志基础性研究课题,许多涉及农学领域。1928年,中山大学创办农林植物研究室,第二年扩充为农林植物研究所,不仅做纯粹科学的植物分布调查,而且于实用科学方面进行经济植物的研究。30年代,试验用温室、细胞室、稻麦品质检验室接连建立,作物生态、生理、细胞、遗传、土壤肥力测定、作物抗病能力、病菌生理小种研究等试验均有开展。40年代罗宗洛(1898～1978)等用微量元素、生长素、秋水仙碱对根的生长及种子发芽影响进行研究;汤佩松等对云南丰富的植物油进行过调查及试验工作,以期提供工业上的应用。他们从事过利用生长素诱导油桐等经济植物生根的试验,还在高等植物荸荠中找到有杀菌效能的抗生素物质"荸荠素"。汤佩松等进行过光合作用机制的实验,首次证明当时被认为只有动物血液中才存在的碳酸酐酶,在绿色植物叶绿体中也存在。崔澂(1911～1997)等利用生长素和腺嘌呤处理烟草切段和愈伤组织以控制生长和芽的形成的试验,导致了激动素的发现和利用激动素和生长素控制器官分化研究的开展。

(二) 农业基础学科较快发展

1. 农学提高要求基础学科发展同步　20世纪五六十年代,国家对高等学校及科研机构进行了调整,强调理论联系实际,科学研究必须密切结合国家建设,基础性学科尽力寻找解决实际问题的途径。动物学工作者走出实验室,参加扑灭牛瘟、蝗虫、蚜虫,进行鱼类的养殖试验等;植物学工作者寻找生产急需的橡胶树,帮助解决农牧、森林及土地利用、水土保持等课题;藻类学者着手解决淡水湖沼发生"湖靛"引起鱼瘟的难题。从研究者角度看,1949年以前,研究者选题主要依据个人受教育背景、客观条件与兴趣而定;1949年以后,由于教学、科研机构实行了专业化,选题主要依据实际需要及个人特长来确定。农业生物学、农业气象学、动植物生理与生物化学、动植物遗传学、农业生态学、农业物理学、农业数学等农业基础学科的教学与研究有着迅速的发展。土壤学、农业化学、植物保护、农业机械、农田水利以及其他基础性的学科已成为专业学科。栽培植物、家养动物及相关的作物品种改良、农业病虫草鼠害防治、水产养殖、林业资源持续利用、畜禽舍饲和草场畜牧业、外域或野生动植物引入栽培、养殖等领域，开展了广泛的农业生物学研究，取得了显著学术成就。

20世纪50年代，娄成后（1911～2009）揭示，植物成熟和衰老时期，细胞内含物的彻底转移是靠局部解体的原生质自身通过胞间连丝的胞间运动进行的。他还在国际上最早发现与论证了植物细胞间的电偶联现象，得出胞间连丝是细胞间电波传递与电解质转移的有效通道。武维华（1956～）在植物响应低钾胁迫的细胞信号转导及植物钾营养高效的分子调控机理、植物气孔运动调节信号转导等基础理论研究方面取得了有重要创新意义的成果。寿振黄（1899～1964）推动了中国兽类分类学与兽类生态学的建立，1954～1956年，他通过动物生态学的研究，弄清了害鼠数量变化的规律，为控制小兴安岭直播红松的鼠害创造了条件。

从20世纪50年代起，在世界范围，分子生物学、分子遗传学肇兴，并得到迅速发展，遗传工程、细胞工程技术不断有新的突破。中国在一些领域开展跟踪研究，并在作物雄性不育、核质杂种优势、单倍体育种、远缘杂交理论与技术等方面的整体研究水平上取得世界领先的成就。

农业的基础学科范围广阔，其早期发展的特点是数学、物理、化学，特别是生物学与农业的结合，出现农业数学、农业物理学、农业化学、农业生物学等。1980年以后，用以表述、分析和解决农业科学问题的数学内容大量增加，农业应用数学在中国有较快发展。农业应用数学一般包括基础数学与现代数学两方面，包括线性代数、概率论、数理统计、多元统计分析、运筹学、计算数学、回归设计等。许多学科发展要靠农业物理学新成果来支撑。20世纪50年代发展起来的原子核科学技术，很快与农业科学之间相互渗透与结合，形成了一门新兴的交叉学科——核农学，它研究核素和核辐射在农业科学研究与农业生产中的应用理论及其技术。徐冠仁（1914～2004）、陈子元（1924～）等在开拓中国核农学方面做出过重要贡献。

2. 不少基础学科发展为独立的专业学科，农业气象学是其中一例 中国现代农业气象学的研究工作开始于20世纪初。1916年竺可桢指出：中国多熟制农业的形成，是各地温度、雨量不同的结果。1922年他发表了《气象与农业的关系》一文，揭开了中国农业气象科学的新篇章。后涂长望（1906～1962）等先后做出结合农业的中国气候区划，现代农业气象学研究在中国逐步丰富起来。1945年涂长望所撰论文《农业气象之内容及其研究途径述要》提出了农业气象研究的作用与任务，指出农业气象研究应着重于农业物候、气候适应性等内容。

自20世纪50年代起，全国各地农业科研和气象系统陆续设立农业气象研究和教学机构。在竺可桢、涂长望等倡议下，北京农业大学于1956年创办了中国第一个农业气象学专业。学术单位主要进行了一些农业气象学的基础研究，如作物生育对温度、光照、水分的要求；农业气象观测和研究方法的探讨；农业措施的农田小气候效应；土壤水分，土壤蒸发；农业气候资源的分析、农业气象灾害和森林防火气象等方面的研究。70年代以后随着学科间相互渗透，出现了多种农业气象数学模式，并在农业气象预报、气候生产力鉴定等方面加以应用。开始注意用生态学的观点研究天气、气候与农业的相互关系。农业气象预报内容不断扩充，形成各种专业天气预报，如森林火险预报；直至发展到既估测生产对象的生育状况，又预测气象条件演变趋势的农业气象灾害预报、农业气象产量预报。

3. 农业基础学科不断向微观与宏观两极延拓　农学及有关生物学的实验研究一方面从个体、组织向细胞、分子水平的微观领域延拓，出现了遗传工程等多种学科；另一方面又向卫星遥感、应激与调控等宏观领域延伸，卫星定位调控耕耘，气象、产量、病虫害测报和太空作物的培育不断取得新的成果。中国计算机技术和信息科学等高新科技的开拓，对农学与国际农学同步发展起到了重要的推动作用。

十五、农业高新科技

农业高新技术是一个综合和动态的概念，包括生物技术、新能源技术、信息技术等科技成果在农业方面的移引和应用。农业高新技术领域不断有优异的成果纳入或开拓出分支学科，更新的高新技术探索又涌现出来。

（一）生物技术对农业发展的影响

生物技术是以生命科学的最新成就为基础的综合技术，它包括基因工程、细胞工程、酶工程、发酵工程。就现今的状况来看，能够使农业发生革命性变革的生物技术，主要是基因工程和细胞工程。

1. 植物基因工程、细胞工程等方面的研究

（1）采用基因工程的方法，培育抗性强的优良植物品种　中国植物基因工程起步较晚，但发展迅速，在转基因作物的大田试验和商品化生产的一些领域则处于领先地位。范云六（1930～）在中国农业科学院建立了农口第一个分子生物学研究机构，率先将分子生物学技术应用于农作物遗传改良。在国内最早获得转抗虫基因的水稻及棉花。成功地人工设计、克隆和改造了 Bt 基因，在籼稻明恢63以及多种植物中表现出高效杀虫效果。率先获得拥有全部自主知识产权的高效表达植酸酶活性并能稳定遗传的转基因玉米，可替代工业微生物发酵方式，是"零耗能"的植酸酶工厂，可减少饲料中磷酸氢钙添加量，延长我国磷矿资源使用年限，可减少动物粪、尿中磷的排泄，大规模降低水体污染。于 2009 年获得农业部批准的生产应用安全证书，这是全球首例获准商业化的转植酸酶基因玉米，也是中国首个获得生产应用安全证书的转基因玉米，是我国继抗虫棉后生物育种发展的第二个标志性成果。首次揭示出水稻种子醇溶蛋白启动子区域 ATGAGTCAT 序列，通过导入 *Jun* 和 *Fos* 基因（哺乳动物基因）至含有水稻醇溶蛋白基因 *4a* 启动子的细胞中，发现有增强基因转录表达的作用。此外，还开发了一种具优越酶学性质的乳糖酶及其高效生产新途径，可解决乳糖酶生产中单位产量低、胞内酶提取困难的问题。中国水稻研究所 1986 年开始将抗细菌病基因 *cecropinB* 和 *cecropinD* 及 *Xa21* 基因转入水稻，获得了抗水稻白叶枯病的转基因植株。1997 年，在构建抗除草剂高效转化表达载体的基础上，研制出转基因杂交稻技术。1998 年研制出转基因直播稻技术。中国科学院遗传研究所联合扬州大学、浙江大学等单位，将白叶枯病广谱抗性基因 *Xa21* 转入水稻，获得抗病植株。2001 年，薛庆中采用转化技术将抗虫基因和抗除草剂基因导入水稻，不仅育成了抗虫型、抗除草剂型，同时获得了兼抗型种质。2001 年朱宝成等联合攻关的"转基因抗旱耐盐碱水稻"通过专家鉴定。

（2）细胞工程育种技术的发展　最早用花培技术培育出通过品种委员会审定品种的，是 20 世纪 80 年代初胡道芬等培育的小麦花培品种京花 1 号和李梅芳（1939～）等培育的水稻花培品种中花 8 号、中花 9 号。

（3）遗传工程和研究生物固氮　李季伦（1925～）1973 年开展生物固氮研究，先后进行了根瘤菌的自生固氮、固氮酶催化机制和巴西固氮螺菌遗传的研究。1975 年发现豇豆族根瘤菌不仅能自生固氮，也能固定二氧化碳。1980～1982 年，阐明了催化 HD 是固氮酶的通性。同时，还发现在无氮的情况下，很少甚至没有 HD 的形成。他还得出固氮酶反应的化学计量公式，计算出的放氢量与试验所得的数据吻合。从而改变了当时流行的固氮反应化学计量式及由此得出的 H_2 和 N_2 的比值。他在植物基因工程研究中，筛选出高赖氨酸蛋白，并克隆了相应的基因。由他主持的"玉米赤霉烯酮研究"、"快生型大豆根瘤菌分类地位的确定及其 DNA 转化"研究项目获得了成功。

2. 动物转基因、克隆技术　20 世纪 80 年代后期，中国学者就已经开展了动物转基因和克隆的研究。

（1）转基因鱼　转基因鱼的研究，中国起步较早。1973 年起，童第周（1902～1979）等与美籍学者牛满江合作进行核酸诱导鲤鱼遗传变异的研究，成功地将鲤鱼的信使 RNA 注入金鱼的受精卵中，受精卵长大后，一部分成了单尾的鳍金鱼，证明注入外源 RNA 的受精卵可引起动物形态变化。1984 年，朱作言研究组在世界上又首先获得鱼类基因转移的成功。

（2）家畜体细胞克隆　2000年6月，世界首例体细胞克隆山羊在西北农林科技大学降生；2001年8月，世界首例由成年体细胞克隆山羊与胚胎克隆山羊通过自然交配产生的后代在西北农林科技大学获得成功；2001年12月，莱阳农学院胚胎工程中心与日本山口大学协作攻关，在国内首次成功地利用牛胎儿皮肤上皮细胞克隆出两头健康成活的牛犊；2003年3月，李宁（1962～）等在中国农业大学成功获得中国第一头体细胞转基因克隆牛。同年10月，又获得世界上第一头转入岩藻糖转移酶基因的体细胞克隆牛，并开创了用冷冻卵母细胞克隆成功的先例；2005年8月，中国第一只克隆猪诞生，这是中国独立自主完成的首例体细胞克隆猪。2008年成功培育出一批人乳铁蛋白转基因牛。在 *PloS ONE* 杂志上发表《一种新的转基因技术高效表达人乳铁蛋白》论文，将中国转基因奶牛新品种培育和生物反应器技术推到了国际先进水平。

（3）动物胚胎工程技术　旭日干（1940～）20世纪80年代初，在日本留学期间，率先攻克了家畜体外受精过程中最关键的环节——射出的精子的体外药物诱导获能，并培育出了世界第一例"试管山羊"。1987年在绵羊和牛卵巢卵母细胞体外培养、体外受精方面获得成功。1988年，绵羊和牛卵母细胞的体外成熟率、受精率及发育率均达到或超过了当时国际上同类研究的最好水平。1991年他又取得了世界首例冷冻的绵羊试管胚胎移植产羔成功。

卢克焕（1945～）致力于牛体外受精胚胎移植研究，于1985年开始用5000个卵细胞，历时10个月，终于探索出关键技术，曾于1986年7月获得卵母细胞体外受精成功，产下16头试管犊牛。2006年，卢克焕主持的"分离水牛XY精子控制性别"研究项目取得了成功。表明水牛的性别已达到可以人为控制水平。

熊远著（1930～）主持育成中国瘦肉率高、产仔数多的瘦肉型母本新品种湖北白猪及其品系。主持培育出杂优杜湖猪。80年代在国内提出瘦肉猪专门化品系选育技术路线与方法，主持育成七个专门化父母本品系，形成了具有中国特点的优质瘦肉猪多元配套系。建立了PCR、RFLP等快速准确检测氟烷基因型的分子生物学技术，提出 *RYRI* 基因多重效应的利用原理与方法，培育了中国瘦肉猪抗应激品系，开辟了猪品质育种新领域。

（二）新能源技术对农学发展的影响

农业本身是个能量转化过程，开辟新的能源会对农业发生重大的影响。太阳能可以说是一种取之不尽的能源，现在只利用了很小很小的一部分，开发研究工作的任务还很艰巨。生物质能、风能等也都是太阳能的转化形态,也是可再生无污染的能源。太阳能、生物质能、风能,地域性强,能流度低,适合于农业和农村使用。开发这些新能源的技术,将对农业发展产生重要影响。

(三) 信息技术开始与国际发展同步

随着计算机技术的迅速发展,20世纪70年代初开始,逐步开展了计算机在农业方面的应用研究。80年代,计算机在农业上的应用日趋广泛,已从一般的计算扩大到农业信息处理、农业生产管理、科研教育、农业生产控制等方面。此后发展迅速,并取得了明显的进展。2001年,孙九林(1937~)撰著的《信息化农业总论》出版,书中提出了"农业信息科学"的理论、方法、技术、工程和应用的科学体系。

在21世纪农业科学的进步中,除了生物技术带来的进步外,最大的进步将来自于信息技术。以计算机技术为核心的农业信息技术是推动农业新技术革命的主要动力之一。农业信息技术包含的内容很多,主要有农业遥感(RS)技术、农业地理信息系统(GIS)技术、农业网络技术(Internet、WWW、LAN等)、农业数据库技术、农业全球定位系统(GPS)技术、农业智能化技术、农业多媒体技术、农业信息自动采集和控制技术等。信息农业将成为合理利用农业资源、提高作物产量、降低农业成本、减少环境污染、提高农产品国际市场竞争力的前沿研究领域。

第三部分 结 语

中国农学从1900年前后由原来的"学者不农,农者不学",开始提倡"行西国农学所得之新法",通过①倡导、启蒙新农学,②为农学若干分支学科奠定基础,③承上启下缩短与世界先进农学差距,④开始与世界农学发展同步的几代学人不断求新的努力,到2000年前后,建立起较系统的现代型农业教育体系、农业科研体系,为推进全国农业生产从传统农业全面向现代型农业转变,做出了坚韧的努力,取得了重大的成绩。人们认识到:农学是研究农林渔牧生产中植物、动物、微生物的形态、性状、生长、发育、遗传、繁衍过程和规律,探讨生物体与环境间、生物体之间各种关系、通过调控手段和管理方式的变化,不断取得高额、优质、低耗产品,为民众提供主要衣食来源和宜居环境的多层次、多门类的综合性应用科学。

农、林、渔、牧各业受气候、土壤、动植物资源、政治、经济、科学技术等多方面的制约,其涵盖的范围和主要内容呈现明显的时代属性和地域特征,农学发展显示出历史的继承性和表现的地区性。20世纪30年代中国农学家钱天鹤曾称:"农业系有地域性的科学，与其他科学，如物理、化学等之有世界共性者不同；我国地大物博（当时全国人口4亿多），随时随地有亟待解决之农业问题存在，无异铺金满地，待人拾取；如肯努力精进，其前途自无限量。"指明了农学应用学科与数理化基础学科的歧异，农学发展与农业生产问题阐释、解决的互动关系。农学及各分支学科从动植物微生物个体研究、从微观向细胞学研究水平、分子生物学研究水平不断推进，从宏观向系统、遥感方向延拓，借助不断添新的观测、运算、模拟、调控、分析等技术手段，中国农学研究已大大缩短了与世界先进水平的差距，在不少方面已跻身于世界领先位置。

在发展农学方面，国际学术交流越来越显得重要。20世纪初，开始以遗传育种、农业化学、农业机械等技术为主导的一次农业技术革命，使20世纪下半叶世界和中国粮食平均单产成倍地增长。20世纪50年代起，在世界范围拉开了以生物工程、信息技术、航天技术等为主导的新的农业技术革命的序幕。中国农学发展中甚为重视把握机遇，把农业高新技术的研究开发提到战略高度；强化人力、物力、财力的投入和国际交流；坚持农业高技术与常规技术的结合，并重而不偏颇；将现代农学成果，特别是创新科技成果，迅速以物化和产品形式体现和按市场机制运作；大力发展农业高新技术产业或联合体，提高农学成果的转化功效；中国农学跻身于国际农学水平的人才和研究成果一批批涌现出来。

20世纪中国农学发展的历史，变化巨大，成就颇丰，令人振奋。中国人口众多，人均自然资源占有率不高，发展农学需体现可持续原则，在发展中认真保护环境，求取各类农产品达到足量、优质、低耗、安全、动态平衡的要求。深入实际，勇于开拓，认真研究，汲取国外农业科研教学优异成果，中国农学会有更快、更好的发展。农学发展中不能忽视存在的弱项。面对中国农业劳动生产率尚低，光、热、水、土、肥、生物等自然资源的利用率不高，地区、学科领域发展不平衡，与发达国家农业现代化标准还有一定差距，农学工作者继往开来，提振信心，奋力攻克一个一个难题，以扎实、出色的成绩回应百姓的期待。农学的构建和演进是吸纳多种学科成就的结果。农学的综合性和不断添新的特点，推动农学工作者积极开拓、钻研。早在1989年，农学和植物生理学重要奠基人汤佩松在《〈石声汉纪念集〉读后》一文中称："我相信，祖国的农业在不久的将来不仅能得到复兴和继承，而且将在本质上起一个历史性和世界性的科学技术革命性发源地的光辉灿烂的作用。"中国农学今天和未来的发展将不负老一辈科学家的厚望。

主要参考文献

杨直民. 1984. 中国传统农学与实验农学的重要交汇. 农业考古，(1)：19-29.

杨直民. 1995. 近代农业科技的奠基 // 董光璧主编. 中国近现代科学技术史. 长沙：湖南教育出版社：1006-1059.

吴熙敬主编. 2000. 中国近现代技术史. 北京：科学出版社：761-822，823-855，856-877，878-901.

刘江主编. 2000. 21世纪初中国农业发展战略. 北京：中国农业出版社.

邓楠，万宝瑞主编. 2001. 21世纪中国农业科技发展战略. 北京：中国农业出版社.

石元春主编. 2002. 20世纪中国学术大典·农业科学. 福州：福建教育出版社.

胡跃高，孔祥智. 2004. 中国农业现代化发展历程 // 胡跃高主编. 20世纪中国农业科学进展. 济南：山东教育出版社：3-11.

张宝文主编. 2004. 中国农业科技发展战略研究. 北京：中国农业出版社.

信乃诠. 2005. 科学技术与现代农业. 北京：中国农业出版社.

杨直民. 2006. 农学思想史. 长沙：湖南教育出版社.

撰写者

杨直民（1931～），中国农业大学农业科技史研究员，原北京农业大学图书馆馆长，农业史研究室主任。

　　本文在撰写中曾得到主编、副主编、编委及多位专家、学者的帮助，在此深表感谢！由于农学历史内容涉及面甚广，撰述不当、错漏之处，责在撰者，特此说明。

20世纪
中国知名农学家

郑辟疆

郑辟疆（1880～1969），江苏吴江人。蚕丝教育家、改革家。1902年杭州蚕学馆毕业。主要从事教育事业，曾担任江苏女子蚕业学校、江苏蚕丝专科学校、苏州丝绸工学院校（院）长，为蚕丝业培养了大批人才。在20世纪20年代初，他担任江苏女子蚕业学校校长时，坚持教学、科研与社会生产实践相结合的办学思想，在苏南地区推行蚕丝改进事业。在农村提出"土种革命"，推广改良蚕种，推广消毒防病的科学养蚕方法，使蚕茧产量显著增长。在此基础上，又引进和改进制丝机具，革新制丝技术。江苏女子蚕业学校推广部经营的几个丝厂技术先进，科学管理，为江浙地区制丝业改革起到了示范作用。抗日战争时期，又把江南地区较先进的蚕丝技术，传播到川南地区。他为中国蚕丝业的现代化做出了重大贡献。他早年编著了《桑树栽培》、《蚕体解剖》、《养蚕法》、《制丝学》等教科书，为蚕丝教育提供了系统教材。晚年研究中国蚕丝古籍，校释出版了《蚕桑辑要》等书。

一、生平经历

郑辟疆，字紫卿，1880年11月21日出生于江苏省吴江县盛泽镇，1969年11月29日在江苏省吴县浒墅关镇病逝。享年90岁。

郑辟疆的家乡吴江县地处太湖东南，与浙江省交界，是有名的蚕丝之乡，而盛泽镇以织绸为主，有"日出万匹，衣被天下"之称，经济十分繁荣，但郑辟疆家却比较清贫。父亲名雍，是个屡试不第，以诗酒自娱，经常泛舟乡间为农民看病的儒医。母亲张仪贞常年织绸，以收入补贴家用。郑辟疆18岁时，曾到杭州去应考举人，落第，回家后便到附近的乡村当塾师。

1900年夏，郑辟疆考入浙江杭州蚕学馆。这是在学习西方维新浪潮中开办的全国第一所蚕桑学校，几名主要教师都是从日本请来的蚕丝专家。郑辟疆在两年的学习期间刻苦用功，毕业考试名列第一。1902年8月毕业后留馆工作，任助教。次年他东渡日本，考察了爱知、群马、长野等主要蚕区，看到日本明治维新后，应用先进科学技术，蚕丝业迅猛发展，而发明养蚕缫丝的我国却因循守旧，日益衰落，更激发他立下以新的科学技术来振兴我国蚕丝业的宏愿。

1903年8月，郑辟疆到山东青州蚕桑学堂任教员。1905年8月，到上海史量才（郑辟疆在杭州蚕学馆的同学）创办的女子蚕业学校当教员。1906年8月至1917年7月，在山东高等农业学堂任教授。在此期间，他编著了《桑树栽培》、《蚕体生理》、《养蚕法》、《蚕体解剖》、《蚕体病理》、《制丝学》、《蚕丝概论》和《土壤肥料论》等教科书，经大学院审定，由商务印书馆出版，全国发行。这是中国蚕丝教育最早的一套系统教材，受到各地蚕校、农校的欢迎。至1928年，有的再版达十余次。

1917年8月，郑辟疆到浙江原蚕种制造场任主任技术员。1918年1月，应黄炎培、史量才之邀，来江苏女子蚕业学校（简称女蚕校）任校长。这个学校原由史先生创办于上海，1911年改为江苏省公立学校，搬迁至苏州西面的浒墅关。从此郑辟疆以江苏女子蚕业学校为阵地，开始推进蚕丝改进工作。在1929年12月至1931年7月，还兼任江苏省立蚕丝试验场技正兼场长。根据蚕丝业发展的需要，1935年7月，成立江苏省蚕丝专科学校，亦由他兼校长。

1937年7月，抗日战争爆发，11月，在日寇逼近苏州时，郑辟疆和部分教工带着教学仪器和蚕种逃到太湖中马迹山避难。随后，到上海法租界租借校舍复课，使高年级学生完成学业，输送到后方，为抗战服务。1939年他辗转到达重庆，被妇女运动委员会生产事业组聘请为顾问。女蚕校推广部主任费达生被任命为乐山蚕丝实验区主任。他们带领一批蚕丝技术人员到乐山，在川南七县开展养蚕制丝改革。蚕校亦在乐山复课，为四川培训蚕丝技术人才。

1945年抗战胜利。郑辟疆回到浒墅关，看见校舍被炸，实习丝厂被烧毁，极为痛心。他克服种种困难，建校复课，并帮助中蚕公司接收日商的瑞丰丝厂，改为苏州第一丝厂。

1949年4月，苏州解放。学校改为苏南蚕丝专科学校，他任校长。他还被任命为苏南行署委员，后为江苏省人民政府委员，积极对蚕丝工作提出意见和建议。

郑辟疆多年来忙于事业，一直独身。1951年3月12日，在校庆纪念会上，他宣布与费达生结为夫妻。这时他年过70，费达生近50。费朴安先生在一首诗里写道："合龄百廿相差廿，同德同心老更新。"《大公报》报道了两位老蚕丝专家的喜事，一时传为美谈。

郑辟疆在1957年2月加入九三学社。1954年当选为第一届全国人大代表。他是第三、四届全国政协委员。

1963年3月，中国蚕桑学会在无锡成立，他当选为名誉理事长。后又当选江苏省蚕桑学会理事长。

由于实行蚕丝分家，1956年10月，蚕校分为江苏省蚕桑学校和江苏省丝绸工业学校，1958年均升为专科，1961年丝绸工业专科学校又升为苏州丝绸工学院，他一直担任两校校（院）长。

他在晚年致力于蚕桑古籍的研究，校释出版的有《蚕桑辑要》、《豳风广义》、《广蚕桑辑补》、《野蚕录》，已校释尚未出版的有《养蚕成法》、《秦观蚕书》等数种。

"文化大革命"开始，已是耄耋之年的郑辟疆也受到伤害，不久病逝。党的十一届三中全会后，1979年6月2日召开了隆重的追悼会，对他的一生给予公正的评价。

二、成绩斐然的蚕丝改进事业

蚕丝教育在我国兴起多年，但新的科学技术并未传入生产领域。尤其是农村养蚕还是土种土法，不知消毒，蚕病多，死亡率高，茧质很差。郑辟疆在山东高等农业学堂任教时，曾拟就《提倡蚕桑十二条陈》，送呈山东省政府后，如同石沉大海，杳无音讯。在他到女蚕校前，第一、二届毕业生中有两人在江苏常熟等地试制蚕种，因得不到各方面的支持，很快便销声匿迹。他回到江南来就有向社会生产领域推进的想法。他就任校长时，主张"教育救国"、"职业教育"的好友黄炎培、史量才也嘱告他："希望女蚕学生能在蚕丝界服务。"为此，他到校后立即做出四条决定：①启发学生的事业思想；②树立技术革新的风尚；③以自力更生和节约的办法，尽量充实实习实验设备，以提高教学质量；④坚决向蚕丝业改进途径进军，使学生有用武之地。他认为："学生投入蚕丝业战线愈众，蚕丝业必然更易改进。"

在抓教育质量的同时，他在女蚕校成立了试验部，加紧原蚕种的培养。1921年春，学生实习饲养的春蚕大批死亡。郑辟疆十分着急，把教员召集起来分析原因。他决定把试验部和原蚕种部分开，加强原蚕种的检验，继续试养。次年，他把自己的住房腾出两间，亲自试养。经过再次试养，证明原种品质是好的，问题出在防病消毒技术上。在纪念校庆10周年时，他写了一份检讨书，张贴在会场里，引咎自责，希望大家从中吸取教训。

新蚕种试养成绩稳定后，1923年秋，女蚕校成立了推广部。入冬后，雇了两条大船，由郑辟疆带领，到吴江县震泽镇周围各乡进行宣传。每到一地，郑辟疆亲自向农民宣讲，组织参观展览，用改良丝车作缫丝表演，受到农民的欢迎。历时两周。结束时与震泽各方人士议定，开春后到开弦弓进行蚕种改良的试验，经费1200元，由震泽镇和女蚕校各半分担。

1924年春，女蚕校推广部四人来到开弦弓指导养蚕。组织了有21户蚕农参加的共育组，大多是过去养的蚕死亡多、比较贫苦的人家。由女蚕校供给改良蚕种，实行共同消毒，稚蚕共育，三龄后再分户饲养。各家都获得了丰收。当年郑辟疆还送给浒墅关周围农民200张新蚕种，试养成绩也很好。据费孝通的《江村经济》所载，女蚕校在开弦弓推广新蚕种，指导养蚕，使农民的收入增加一倍。

改良蚕种受到蚕农的欢迎。女蚕校推广指导的范围迅速扩大。每到养蚕季节，女蚕校学生都停课，带上行李到农村去，组织蚕业改进社、建立合作社，指导农民养蚕。郑辟疆还组织编写了《识字课本》、《养蚕大要》、《上蔟须知》、《消毒法》等小册子，让学生带下乡，利用工余时间，组织学习，提高蚕农的文化知识和技术水平。

农村对新蚕种的需求量越来越大，郑辟疆支持鼓励教师、毕业生办蚕种场。他自己家办了壬戌馆蚕种场（取名"壬戌"是纪念当年试养蚕之事）。他支持蚕业经营课教师邵申培开办的大有蚕种场，起初资金由学生入股筹集，后来发展很快，到1936年在江浙皖共建立11个分场，年产蚕种量达64万余张，成为我国规模最大设备完善的一个蚕种场。1925年郑辟疆聘请日本专家白泽干来华，帮助在女蚕校建立冰库，实行蚕种冷藏和人工孵化。接着进行了一代杂交春种和秋种的试验。至1927年正式制成交杂春种3547张，秋蚕种5023张，受到蚕农的欢迎。我国原来只养一季春蚕。秋蚕的推广，使夏秋的桑叶得到利用，蚕农的收入大增。

浒墅关成了新蚕种业的基地，蚕纸蚕具的制造销售也发展起来，带动小镇经济更繁荣了。有的投机商人见有利可图，跟着办蚕种场，但所制蚕种质量差，有的还带有病毒。郑辟疆和推广部研究，利用他们要依靠女蚕校供原种和检验、介绍销售等关系，对蚕种场技术人员的配备和设备提出要求，并明确推广部可随时派人视察检查。推广部曾把没收的不合格的蚕种集中焚烧。1929年省农矿厅指示各县办蚕桑场，女蚕校在各地的养蚕指导所，除为学生实习和应地方要求留一部分外，均移交各县。郑辟疆考虑到蚕种的检查取缔亦应由政府在法治下进行，遂向农矿厅提出建议。1930年省农矿厅制定了《江苏省蚕业取缔法规》。女蚕校对部分种场的市场检查方才终止。

1930年江苏全省生产新蚕种140万张，至1936年达285万张。新蚕种已在蚕丝业中占据了主要位置。

制丝改革最初是试行土丝改良。震泽镇周围蚕农有缫土丝的习惯。所产的土丝卖给丝行，以"辑里干经"之名行销国外。在机械制丝兴起前，"辑里干经"在国际市场很有名。1925年女蚕推广部在开弦弓教农民用改良丝车，参加者10人，成丝276两（1两＝50克）。1928年，推广部在震泽塔寺办土丝改良传习所，参加者89户，使用丝车92部，成丝27 360两。土丝改良后质量虽有提高，但仍无法与机械制丝相比。

开弦弓农民改革热情很高，提出要办机械丝厂。女蚕推广部帮助他们成立了生丝精制运销合作社，向农民银行贷款。女蚕校有广东商人赠送的一套小丝厂设备，原准备建实习工厂，因省教育厅不给经费而未用。郑辟疆决定给开弦弓使用。1929年夏初，开弦弓丝厂建成投产。这是我国第一个由农民自办的合作丝厂。费孝通在《江村经济》中对合作丝厂的情况有详细记述，并对这种"乡村工业"的试验给予很高的评价。

1930年郑辟疆向无锡四家丝厂贷款，建成女蚕校实习丝厂。所制第一批生丝运沪销售时，因留校展览，耽误了几天，而几天内丝价暴跌，由原来每关担1000多元，跌至250元，一时经济出现很大困难。这是世界经济危机的影响。

世界性经济危机使我国制丝业面临生存困境，技术革新迫在眉睫。我国丝厂大多是多年前从欧洲引进的缫丝机械，而日本对缫丝车已作了两次重大改进。日本的立缫车对外保密，禁止出口。女蚕实习丝厂各项设备虽然较新，但亦无立缫车。于是，郑辟疆自己拿出500元，支持制丝教员张复升和费达生研制立缫车。经过几个月的努力，终于完成设计，由无锡合众铁工厂和上海寰球铁工厂制成两台，命名为"女蚕式"立缫车。推广部邀请无锡瑞纶丝厂厂主吴申伯来校参观，极被称许。随即表示向校方捐建立缫车间一座，装车32台，计640绪，于1933年8月开车。并同意把瑞纶丝厂租给女蚕推广部经营，进行技术改造。

瑞纶丝厂设在无锡玉祁镇。1934年女蚕校经营后改为玉祁制丝所。这时已可以买到日本的立缫车。第一年引进日本半田式立缫车180台，由上海寰球铁工厂参加安装。第二年再装的80台，即由上海寰球铁工厂制造。厂房进行了扩建和改建。同时，实行文明管理，把女工的上班时间由原来"六进六出"的12小时，改为包括学习在内10小时；适当提高工资，建立奖励制度；建立学习制度；建立女工宿舍、食堂、浴室、医务室、托儿所、俱乐部等，提高工人的劳动积极性。因而劳动效率、产品质量大为提高，所出的金锚牌生丝在出口贸易中大获好评。玉祁制丝所成为国内制丝工业的示范基地。江浙的许多丝厂前来参观，要求女蚕校派人帮助革新技术。

为使吴江养蚕缫丝协调发展，1936年女蚕校推广部租借改造了震泽震丰丝厂，又在平望镇建了平望制丝所。这两个厂都和周围养蚕合作社建立代烘、代缫的关系，这样丝厂的原料有保证，合作社的蚕茧能优质优价，有利于经济发展。1937年抗日战争爆发，平望制丝所遭到日机轰炸而停工。震丰丝厂在日军占领的当天被烧毁。

郑辟疆到四川后，看见四川的蚕丝业比江浙落后。农村养蚕还是土种土法。乐山蚕丝实验区包括青神、眉山、犍为、井研、峨眉、夹江和乐山七县。实验区成立后，在各县设立了养蚕指导所，在乐山、青神、夹江设大小桑苗圃7所，在乐山设嘉阳、苏嵇蚕种制造场两所。把从江南带来的蚕种作适应性试养后在农村推广。在峨眉山修建了冰库，培育秋蚕种，推广饲养秋蚕。随着养蚕业的发展，又派出技术人员，对乐山华新、凤翔两丝厂进行了技术改造。

1945年底，郑辟疆回到浒墅关，在建校复课的同时，想方设法，建起了实验丝厂。应地方的要求，在吴江震泽、吴县光福、藏书乡等地仍开展了养蚕指导工作。1949年春解放，校外的养蚕指导所，在春蚕结束后停办，由蚕业管理局统一管理。他在回忆中写道："过去改进蚕丝的自由行动，至此结束。"

郑辟疆发起的蚕丝改革事业，从准备阶段算起，历时20年，取得卓越成绩，促进了我国传统蚕丝业的现代化。他之所以能够取得如此大的成就，以下方面值得人们注意和记取。

1. 坚持教学、科研与社会生产相结合的教育方针

郑辟疆一生除很短一段时间外，没有离开过教育战线。但他重视理论结合实际，关注蚕丝生产领域，认为教育要为生产服务，推动生产发展。到女蚕校后，成立了推广部，扩大和各方面的联系。帮助毕业生投入蚕丝战线，以推动技术进步，生产发展。在"土种革命"时，主要是帮助毕业生办新蚕种场。毕业生写信到学校要求帮助，他都认真负责给予答复。还常和推广部一起到毕业生所在的蚕种场去指导工作。对于毕业生提出一时难以解决的问题，带回学校，交试验部研究。每年校庆日，毕业生回校相互交流经验，成为一种制度。另一方面，根据生产实践中遇到的问题，改进教学，开展科学研究。1930年女蚕校设制丝科，1935年开办蚕丝专科学校，也都是根据蚕丝生产发展对人才的需求而做出的。

2. 关心、维护广大农民和工人的利益

蚕丝业本是利国利民的事。郑辟疆在养蚕改革中，从实际出发，千方百计帮助农民解决困难，增加收入。如，贫苦农民用新蚕种蚕养好了，而桑叶又不够了，要借高利贷，推广部就帮助向银行贷款；组织鲜茧共售，设评茧台，以防商人压级压价；实行共同干茧，干茧共售，把烘茧收益留给农民，以及合作社与丝厂建立代烘、代缫关系，等等。缫丝女工过去被称为"湖丝阿姐"，被人看不起。推广部在玉祁制

丝所对女工均称工作员，改善福利待遇，提高地位。1938年春，在日寇已经占领、苏南农村社会秩序混乱的情况下，他不避艰险，组织把各地向推广部预订的蚕种分送出去；把吴县旺米山养蚕合作社储藏于学校的干茧，设法绕道长江，运到上海售出，把茧款秘密带回，交给合作社，按户发清。正因为如此，他们得到农民工人的信任，事业获得群众的支持。

3. 注意争取社会各方面的支持

推广部最早到震泽宣传，是曾担任过吴江县议长的费朴安先生帮助安排的。郑辟疆对推广部下乡指导养蚕，曾提出要求，不涉及地方纠纷，不令农民增加负担，尊重农民原有技术上的优点等。他没有门户之见，注意团结一切力量。上海合众蚕桑改良会是上海中外丝商共同发起组成的，经费充足。但该会聘请一法国人为总技师，副技师和监理葛敬中是留法归国的青年。他们使用从欧洲引进的蚕种，所制的蚕种未得农民的信仰，成效不大。郑辟疆亲自去联系，并请他们到学校来谈，帮助改用日本式技术。1924年无锡开展养蚕指导，便商请合众蚕桑改良会出经费，由推广部代为办理。葛敬中后来到镇江设蚕种场，成为苏南最大的蚕种场之一，为普及新蚕种发挥了作用。

4. 高尚的人格，团结了一批蚕丝专业人才

郑辟疆像许多爱国的老知识分子一样，忧国忧民，大公无私，严以律己，宽以待人。他一心为了蚕丝事业，多年坚持独身。日本专家白泽干称他为"中国蚕丝界的圣人"，在回忆中说他"无欲恬淡，独自过着极为简朴的生活，只是一心为学生、为学校和蚕丝上的事操劳着。"他自己生活很节俭，却常拿出积蓄用于事业，或补助生活困难的教职工。1936年女蚕校需垫支养蚕实习费用，经费不敷应用，他以自己家财产壬戌馆作抵押，向吴县田业银行贷款。1957年他写信给省农林厅，把公私合营后壬戌馆郑氏名下的股份捐献国家。该场所有房屋及资产，充实了学校实验蚕桑场。他重视技术人才的培养使用。在他周围吸引了一批各有专长的人才，共同为蚕丝事业而奋斗。

三、郑辟疆主要论著

郑辟疆. 1915. 制丝学. 上海：商务印书馆.

郑辟疆. 1917. 桑树栽培. 上海：商务印书馆.

郑辟疆. 1917. 蚕体解剖. 上海：商务印书馆.

郑辟疆. 1918. 养蚕法. 上海：商务印书馆.

郑辟疆. 1918. 蚕体生理. 上海：商务印书馆.

郑辟疆. 蚕体病理. 上海：商务印书馆（出版年份待查）.

郑辟疆. 蚕丝概论. 上海：商务印书馆（出版年份待查）.

郑辟疆. 土壤肥料论. 上海：商务印书馆（出版年份待查）.

郑辟疆. 1954-10-11. 生产更多更好的丝绸. 人民日报.

郑辟疆. 1957-7-12. 采取适当措施发展蚕丝生产. 人民日报.

郑辟疆. 1958-2-7. 大力发展蚕丝业满足内用外销. 人民日报.

郑辟疆. 1960-4-10. 苏州丝绸工业专科学校在前进. 人民日报.

郑辟疆校释. 1960. 蚕桑辑要. 沈秉成著. 北京：农业出版社.

郑辟疆，郑宗元校释. 1960. 广蚕桑说辑补. 沈练著. 仲昂庭辑补. 北京：农业出版社.

郑辟疆，郑宗元校勘. 1962. 豳风广义. 杨屾著. 北京：农业出版社.

郑辟疆校释. 1962. 野蚕录. 王元綖辑. 北京：农业出版社.

郑辟疆. 1963. 浒墅关蚕校对蚕丝改进的经过. 苏州文史资料（第4辑）.

主要参考文献

高景岳，严学熙. 1983. 蚕丝教育家和革新家郑辟疆//政协江苏省委员会文史资料研究委员会编. 江苏文史资料选辑（第13辑）. 南京：江苏人民出版社：54-67.

余广彤. 1990. 蚕丝春秋. 南京：南京出版社.

江苏蚕桑专科学校编印. 1993. 近代中国蚕丝业的先驱郑辟疆（画传）.

费达生，曹鄂. 1993. 郑辟疆//中国科学技术协会编. 中国科学技术专家传略·农学编·养殖卷1. 北京：中国科学技术出版社：1-16.

撰写者

余广彤（1934～），原在苏州丝绸工学院从事党政工作，郑辟疆成就的研究者。

李仪祉

李仪祉（1882～1938），陕西蒲城人。水利学家、教育家、中国现代水利事业的先驱。1909年毕业于京师大学堂，后留学德国皇家工程大学，1911年辛亥革命爆发后毅然回国。1913年再次赴德丹泽大学专攻水利。1915年回国后，历任河海工程专门学校教授、教务长，西北大学代理校长，北京大学、南京第四中山大学、同济大学和交通大学教授，西北农林专科学校教授兼水利组主任，陕西水利工程局总工程师，陕西省教育厅长、建设厅长，上海港务局局长，华北水利委员会主席兼北方大港筹备处主任，导淮委员会总工程师兼工务处长，黄河水利委员会委员长兼总工程师，扬子江水利委员会顾问，全国经济委员会常务委员兼总工程师，全国救济水灾委员会委员兼总工程师，中国水利学会会长等职。他创办了我国第一所水利工程高等学府——南京河海工程专门学校和多所院校，为我国培养了大批水利建设人才；亲自主持建设陕西泾、渭、洛、梅四大惠渠，树立起我国现代河（灌）溉工程样板，对中国水利事业做出重大贡献，陕西人民受益尤大。他把西方近代水利科学技术同中国的治水设想结合起来，为形成中国现代农田水利科学奠定了基础。他一生著作丰厚，还首先提出"水土经济"的概念，并主张作为农田水利学的基础，迄今仍有积极意义。

一、负笈西学　精研水利

李仪祉，原名协，字宜之，1882年2月20日出生在一个进步的家庭。父亲李桐轩，关中名儒，同盟会会员，辛亥革命后曾先后任陕西省咨议局副局长、省修史局总编纂、西安易俗社首任社长、剧作家；伯父李仲特，数学家，曾任川汉铁路工程师、同盟会陕西分会会长。李仲特和李桐轩，都是清末关中地区有影响的学者。李仲特"耽历算之学，搜求中西天文数学之书，孜孜研习，著述不休"；李桐轩"好为古文辞，尤究心于社会风气之纠正，民间教育之普及"，对李仪祉的影响颇深。李仪祉幼年，除攻读了四书五经以外，还从其父及伯父处学习了代数、几何等科学，接触了所谓"西学"。

1898年，李仪祉17岁时以精于数学考中同州府第一名秀才，深受陕西提学使叶伯皋的赏识，第二年被推荐进入专门学习西学的泾阳崇实书院读书，学习了严复翻译的《天演论》等著作，开始接触西方资产阶级民主革命思想，曾写下《权论》、《神道设教辟》、《新闺怨》、《女子不缠足歌》等反封建的作品。1900年入三原宏道学堂求学，与于右任结为学友，志同道合，开始走上民主革命道路。1901年，至西安省城入了关中学堂。1904年，考取北京京师大学堂预科德文班。1906年李仪祉和其兄李约祉同在北京京师大学堂读书，由井勿幕介绍同入同盟会。1909年毕业后，由西潼铁路局派赴德国柏林皇家工程大学土木工程科留学。1911年辛亥革命爆发后，身在德国学习的李仪祉心急如焚，毅然辍学，辞去柏林东方学院讲授中文的邀请，投笔从戎，参加辛亥革命，后因南北议和，民国成立，转而致力于水利教育和水利工程技术。1913年李仪祉返德国继续求学，并和陕西水利局局长郭希仁一道遍游了俄、德、法、荷、比、英、瑞等欧洲诸国，考察河流闸堰堤防，立下了专攻水利科学技术，振兴祖国水利事业之鸿志，为发展我国近代水利事业奋斗终生。

二、创办学校　培育英才

李仪祉毕生致力于教育事业，1903年于右任出任陕南商州中学堂堂长，李仪祉被聘为数学教习，成为他从事教育的发端。1912年在西安与友人创办私立三秦公学，广聘社会名流和学者任教，设数、理、农各门主课及英、德、日外文课，学习西方科技。招收学生200余名，培养出魏野畴（中共陕西军委书记）、刘天章（中共山西省委书记）、杨钟健（地质学家、古生物学家）等革命家和科学家，对政界、思想界、教育界曾产生过巨大的影响。

1915年再次留德回国，应清末状元、实业家、全国水利局总裁张謇（字季直）的聘请，参与创办我国第一所高等水利学府南京河海工程专门学校（现河海大学），由留学回国有志于我国电力事业的许肇南任校长，李仪祉任教务长。办学初期教材十分困难，许肇南主张直接使用外国教材，用外语教学。他则主张编写中国教材，为此，他夜以继日，对一切课程的编制多亲自执笔，编写了《水工学》（即水工建筑学）、《水力学》、《水工试验》、《潮汐论》、《中国水利史》、《实用微积分》等教科书。把各地水利工程做成模型，进行直观教学。亲自带领学生在海河流域考察，联系实际，示范引导。李仪祉在河海工专执教7年，培养了200多名我国现代水利事业骨干科技专家，其中包括宋希尚、沙玉清、汪胡桢等。

1922年李仪祉离南京回陕，任省水利局局长。1923年兼任教育厅厅长。亲自筹建陕西水利道路传习所，后改为陕西水利道路工程学校。由于当时人们对水利和交通事业的重要性认识不足，开始招生时仅有七八人报名。李仪祉"不以投考者寥寥而懈其志，常围坐庭院，讲述泾渠计划，农事改良，及吾国农田水利之切要"（《悼仪师》）。1924年学校改隶国立西北大学工科，李仪祉兼任西北大学校长，扩充设备，延聘人才，卓有建树。同时，他还受聘在北京大学、同济大学、南京河海工专、南京第四中山大学担任教授，为培养人才，不遗余力。

　　1932年，为适应关中水利建设需要，借用省立西安高中部分校舍，创办了陕西水利专修班，他亲自授课。1935年，在于右任、邵力子、辛树帜的支持下，将水利专修班迁往武功，改为西北农林专科学校水利组，水利组后来发展为水利系。1994年改名为西北农业大学水利与建筑工程学院，1999年，西北农业大学同西北林学院等7所教学科研机构合并组建为西北农林科技大学，水利与建筑工程学院也与原水利部西北水利科学研究所合并组建了新的西北农林科技大学水利与建筑工程学院，为我国培养了一大批高层次水利技术人才。办学期间，李仪祉还留下了大量著作，如《黄河之根本治法商榷》、《潮汐论》、《实用水力学》、《森林与水功之关系》、《黄运交会》、《五十年来中国之水利》、《工程学之面面观》、《北五省旱灾之主因暨其根本救治之法》等。

　　李仪祉治学严谨。其治学宗旨和思想概括起来有以下几点：一是治水兴农，济民利物。他认为："水利实为利农要图。西北地势高亢，旱灾时见，不有水利，农事何赖？本水利组以培养水利工程技术之高级人才为宗旨。"（《西北农校水利组规划》）"学工程的青年，于求学时代，便应存一济民利物的志愿，日展其所学，便时时想到如何始可供一般人民受到我的益处。"（《工程上的社会问题》）二是借鉴中外，重视实践。李仪祉虽然留学德国，攻习水利，但不生搬硬套。对外国的经验、中国古代治水经验，他去伪存真，洋为中用，古为今用，结合中国实际，亲自编写具有中国特色的教材和专著。注重理论联系实际，参加考察和施工，使学生由"通、广、博"向"专、深、约"发展。三是育才重德，爱国为民。他教育学生以爱国主义为宗旨，提出"要做大事，不要做大官，一切事情要讲求实际，不要争虚名"，"思想要高超，胸怀要廓大，要有坚韧不拔之精神"，号召同学们"将来学成到民间，改良农作物，指导农民复兴农业，挽救我们岌岌可危的国家，这么大的责任都要放在诸位的肩膀上，是多么大的使命！"（《忆李先生训词》）四是名师高徒，从严治学。李仪祉深知教师水平的高低，是保证教学质量的关键。他在河海工专时，聘请茅以升担任教授，请竺可桢讲学。陕西水利专修班，师资力量雄厚，16名教员中，除李仪祉外，有教授7名，副教授1名，讲师2名，助教和助理5名。7名教授都是毕业于国内名牌大学，并赴德、美、法留学取得学位的学者。教学计划十分严密，西北农专水利组每门课程都有《学程一览》，基础课与专业课兼顾，3年共设47门课。他要求教师不单纯只是知识传授，还要培养学生的想象力、判断力、操作设计技能。并努力改善办学条件，扩充设备，进口测量仪器，购置图书，开展实验，提高学生素质。

三、兴修水利　造福一方

李仪祉一生致力于祖国水利事业，心系民生，兴修水利，祖国各地都留下了他的足迹，他主持修建的水利工程遍布全国各地，主要有以下几方面。

1. 兴建关中八惠，造福三秦人民

出生在渭北高原的李仪祉，终生夙愿就是效法郑国、白公，振兴关中水利。1922年李仪祉离开南京，回陕西任省水利局局长兼渭北水利局总工程师，在艰难曲折的道路上，真正开始了他兴修水利的生涯。他回陕后积极网罗人才，取得陕西陆军测量局的支持，组织引泾灌溉工程勘测设计，他亲自到各地进行了广泛的调查研究，参加实测地形，观测水文，筹划引泾灌溉等关中水利工程并赴京、津、沪、宁等地筹措工款，到1924年完成两种设计方案。由于当时国内动乱不已，陕西又灾荒严重，引泾工程不能进行，直到1927年仍无法开工。他痛斥当局，愤然辞职，拂袖东去。

1929年关中大旱，1930年，杨虎城督陕，任省主席，召回李仪祉任省政府委员兼建设厅厅长，才使他的引泾计划得以实施。泾惠渠的建成受益，成为中国当时现代化水利工程之典范，在我国水利史上写下光辉的一页。李仪祉特别注重工程管理，引泾第一期工程建成后，他立即提出《泾惠渠管理管见》，亲自制定《泾惠渠管理章程拟议》，共16章65条，为此后灌区管理立下了优良传统，泾惠灌区至今仍然是我国灌区管理的一面先进旗帜。泾惠渠竣工后，李仪祉辞去建设厅厅长，任省水利局局长，集中精力继续实施他兴建"关中八惠"（泾惠、渭惠、洛惠、梅惠、黑惠、涝惠、沣惠和泔惠）的宏伟规划。

1938年初，李仪祉赴郿县参加渭惠渠拦河大坝南土坝合龙工程。当年李仪祉精心筹划的"关中八惠"，如今已基本变为现实，陕西关中地区在全国率先实现了水利化，成为我国高产稳产的现代化农业基地。这个时期李仪祉还留下了很多的著作。如《引泾论》、《测勘黄渭航道报告》、《陕西渭北水利工程局引泾第一期报告书》、《勘察泾谷报告书》、《引泾第二期报告书》、《渭河通航事宜》、《泾惠渠工程报告》、《泾惠渠管理管见》、《推广凿井灌溉之计划》、《导渭之真谛》、《陕西引洛工程计划书

序》、《陕西省水利工程十年计划纲要》、《第二渭惠渠》等。

2. 对黄河、淮河、海河等的治理研究

李仪祉终生以治水为志，求郑白之愿，效大禹之业，凿泾引渭，治黄导淮，整治运河长江数十年，足迹遍布祖国江河湖海，卓有贡献，独有建树。

1933年，李仪祉奉命筹设黄河水利委员会，并出任第一任委员长。8月，黄河决口泛滥，国民政府在南京成立了黄河水灾救济会，李仪祉积极组织防洪抢险，救济灾民。1934年，他长途跋涉，到黄河上游考察。同年，黄河在贯台决口，他组织抢险。1935年，黄河又在重庆决口，他奉命加修金堤。这两年他还巡查黄河、沁河、不牢河、微山湖、运河，研究验收贯台堵口工程，督筑金堤，并回陕视察指导水利工程，疲惫不堪。在黄委会工作期间，孔祥熙同族孔祥榕任副委员长，主持堵口之事，乘机搜刮民财，凡大事裁决取于占卜，迷信"金龙四大王"。李气愤地说："以孔理财，以孔治水，水和财都要从那个孔里流出去。"因此，辞职回陕。

李仪祉在黄河水利委员会工作虽只有两年多的时间，但却做了大量工作。其治黄思想，概括起来有以下几点。

一是科学治河，兴利除害。他在《黄河治本计划概要叙目》论文中，提出灌溉，放淤，垦荒，航运，水电，五大水利综合开发计划。他认为以科学治河要从几个方面着手：①通过精确的测验，来了解河流流域中丘壑形势，气候变迁，流量增减，沙淤推徙等状况，及床址长削的原因；②详细审核计划，即利用自然条件，减少人力物力的投资达到治河目的，有利人民。因此，他主张要有严密的水文测验暨水工试验，用以研究泥沙沿河沉淀的情况及洪水冲刷后不能较长时间维持河身深广的原因。提倡测量全河，研究土壤泥沙，建议于黄河流域设立一等测候所等。他还认为，下游的防洪应尽量为洪水"筹划出路，务使平流顺轨，安全泄泻入海"。

以上种种以及他所提出的以防洪为主，兼顾航运、灌溉、发电等治河目的，至今还使人至感亲切。李仪祉所主张的对黄河上、中、下游的综合治理，无论在理论上还是措施上，都把我国的治河方略向前推进了一大步。

二是泥沙淤积，为害之本。黄河为害的根本原因是泥沙淤积，而泥沙的主要来源是上中游地区，如何减少上中游来沙，减除下游的淤积，这个黄河的严重问题早被古人所注意。李仪祉总结汉代张戎、明代的周田、徐光启治河的经验，加以科学发展，对泥沙来源及形成有精辟的阐述，并根据实际情况提出，在上中游地区培植森林、平治阶田、开抉沟洫、立谷坊、设水库等主张，把中上游的治理方法向前推进了一步。李仪祉还建议在中游恰当之处修建水库，切制洪水，避免沙淤。

三是兴建水库，蓄洪减沙。李仪祉认为，在黄河中上游开展防止土壤侵蚀，减少冲刷的同时，要在黄河支流和干流上兴建水库，可以"最经济、最有效，兼能减轻下游之河患与上游之河患"。

李仪祉在治黄方面潜心研究，为后人留下了许多治河文献。如《黄河治本之探讨》、《导治黄河宜注意上游请早期派人测量研究案》、《关于治导黄河之意见》、《请由黄河水利委员会积极提倡西北畜牧以为治理黄河之助敬请公决案》、《请测量黄河全河案》、《黄河应兴应革事》、《治黄关键》、《治理黄河工作纲要》、《治黄意见》、《黄河上游视察报告》、《研究黄河流域泥沙工作计划》、《黄河流域土壤研究计划》、《黄河水文之研究》、《豫省河堤远距原因之推测》、《鲁省河堤近距原因之推测》、《宋以前河堤之概况》、《宋以后河防沿革摘录》、《巩固堤防策》等。李仪祉对黄河研究精深。他善于把国外的科学技术、我国古代的治水经验与当时水利的具体情况相结合，科学地提出一套治水理论，给我们留下了一笔宝贵的遗产，做出了不可磨灭的贡献。正如全国政协副主席、原水电部部长钱正英同志所说："李仪祉把我国治黄理论和方略向前推进了一大步，直到今天仍然具有现实意义"（《李仪祉传》序言）。

李仪祉在江、淮、海治理研究方面也颇有建树。1927年，李仪祉离陕任上海港务局工程师、局长，兼任南京第四中山大学教授。又去四川任重庆市政府工程师，设计了成渝公路重庆市郊老鹰岩盘道工程，为当时公路设计之杰作。1928～1930年，李仪祉先后担任华北水利委员会委员长、兼北方大港筹备处主任、导淮委员会委员兼总工程师、浙江省建设厅顾问。在此期间他筹划了白河水利，倡办了华北灌溉讲学班，设置了黄河水文站，亲自勘察了运河和淮河，拟定了导淮计划。"乃择其对防洪、灌溉、交通三事最有利益，工程最经济者定为计划"，这个计划是"凭以往之经验，知利用洪泽湖为拦洪水库，以尽量消纳尾闾一时所不能排泄之洪水，乃治举证中最经济之方策也。"具体的特点是：①既规划了上、中、下游的全面治理，又有防洪、灌溉、航运、发电综合效益的工程规划的安排。②近代水利技术得到较广泛应用。如测量技术，水文观测计划技术、水工试验、钢筋混凝土水工建筑、船闸技术、讯息工期招标等，在治淮史上是首次出现。治理扬子江，李仪祉认为主要在于坚堤、护岸，消除洪水的暴涨，确保航道畅通，李仪祉在他的《对于治理扬子江之意见》等著作中都有较详尽的论述。对于海河，当时重点在于对永定河的治理。《永定河治本计划》主要项目有：拦洪工程、分洪工程、减沙工程、河道整治。并且重视勘测研究，提倡模型试验，由华北水利委员会等7个流域机构和高等学校，在天津联合组建了中国第一水工试验所。

李仪祉在治江、淮、海工作中也写出了不少的论著，如《导淮委员会工务处勘查日记》、《导淮委员会工务处查勘队日记》、《太湖东洞庭山调查记》、《对于改良杭海段塘工之意见》、《开展杭垣附郭及城内航道之研究》、《汉江上游之概况及希望》、《对于上车湾裁弯取直工程之意见》、《关于废田还湖及导淮先从入海着手之意见》、《对于华阳河流域整理工程计划之意见》、《整理洞庭湖之意见》、《永定河改道之商榷》、《华北水道之交通》、《说明华北灌溉讲习班之旨趣》、《指导永定河上游民众兴办灌溉工程办法》等。

3. 水土治理研究

李仪祉在他的著作中虽然没有水土流失和水土保持名词的出现，而用"土壤侵蚀"、"土随水去"，"防止冲刷、平缓径流"相通其意。以根治泥沙为治黄之本，提出了精辟的水土保持观点、措施和方法。主要有四点：①他认识了土壤侵蚀的三种主要方式，即风力、水力、重力侵蚀，因害设防；②从土地利用上，提出治理坡耕地、培植森林、广种苜蓿、改良盐碱荒沟荒滩；③在治理方式上，层层设防，从坡、沟、川、滩分层治理；④在泥沙利用上，提出了保（就地蓄水保土）、拦（坎库拦淤）、排（排洪排沙）、淤（引洪淤灌）。奠定了我国水土保持理论基础，成为我国近代水土保持工作的先驱。

李仪祉在《西北畜牧意见书》、《西北各省初励行沟洫之制》、《导渭之真谛》、《黄河上游视察报告》、《森与水功之关系》、《巩固西北之策》、《西北水利问题》等专著中处处体现着注重农业生态环境的保护，反对急功近利，顾此失彼，竭泽而渔的掠夺开发等只顾眼前利益的做法。这些观点在当时是难能可贵的。综观李仪祉治水治黄观点和措施，论断英明，科学求实，至今不失工作指南。

四、鞠 躬 尽 瘁

1937年7月7日发生卢沟桥事变。李仪祉抱病积极投入抗日运动，加入陕西各界抗敌后援会，在报纸和电台发表文章和讲话，宣传抗日，组织募捐。同时组织渭惠渠、织女渠的施工，以富国强兵的实际行动，支援抗日，表现了他中华儿女坚毅刚强，不屈不挠的赤子之心。终因积劳成疾，1938年3月3日病逝于西安市，终年57岁。

李仪祉毕生致力于水利事业。他不仅精通水利工程技术，而且博学多才，对天文、地理、文史、宗教都有研究，著述丰厚，多达200余册（篇），尤长诗歌、戏剧，是一位很有造诣的剧作家。他德高望重，功垂千秋，深受人民敬仰。1938年逝世后，在西安参加追悼会的达万人之多，当灵柩运到泾阳陵园时，当地群众有五千人挥泪送葬。国民政府发了特令褒扬，称他"德器深纯，精研水利，早岁倡办河海工程学校，成材甚众。近来开渠、浚河、导运等工事，尤瘁心力，绩效懋著。"《大公报》发表短评，称："李先生不但是水利专家，而且是人格高洁的模范学者，一生勤学治事，燃烧着爱国爱民的热情，有公无私，有人无我。"于右任为陵园作挽联称："殊功早入河渠志，遗宅仍规水竹居。"表达了社会对这位水利大师一代贤哲的缅怀之情。

新中国成立以后我国水利和治黄事业举世瞩目，实现了李仪祉生前遗愿。并且由水利电力出版社出版了《李仪祉水利论著选集》，陕西省扩建了仪祉农校、陕西机械学院树立了李仪祉像、径惠管理局扩建了李仪祉陵园、陕西省水利水土保持厅与陕西电视台，联合拍摄播放了反映李仪祉生平的八集电视连续剧《江河赤子》等。又经陕西省政府批准，在1992年隆重举行李仪祉诞生110周年和泾惠渠通水60周年大型纪念活动中，原全国政协副主席钱正英同志参加会议，高度评价了李仪祉先生对祖国水利事业的卓越贡献，号召人们学习、发扬李仪祉爱国忧民、鞠躬尽瘁的可贵精神，振兴祖国的水利事业。

五、李仪祉主要论著

李仪祉. 1923. 黄河根本治法商榷. 华北水利月刊，(2).

李仪祉. 1928. 永定河改道之商榷. 华北水利月刊，(1).

李仪祉. 1929. 森林与水工之关系. 扬子江水道月刊，(4).

李仪祉. 1930. 陕西水利工程之急要. 华北水利月刊，(12).

李仪祉. 1931. 沟洫. 华北水利月刊，(5).

李仪祉. 1932. 陕西泾惠渠工程报告. 华北水利月刊，(7).

李仪祉. 1933. 陕西水利工程十年计划纲要. 陕西水利月刊，(1).

李仪祉. 1934. 黄河治本的探讨. 黄河水利月刊，(7).

李仪祉. 1934. 蓄水. 黄河水利月刊，(8).

李仪祉. 1935. 后汉王景理水之探讨. 华北水利月刊，(6).

李仪祉. 1935. 论德国堵塞决口法. 黄河水利月刊，(6).

李仪祉. 1935. 固定黄河河床水位应以何水位为标准. 黄河水利月刊，(8).

李仪祉. 1935. 纵论河患. 陕西水利月刊，(9).

李仪祉. 1936. 整治洞庭湖之意见. 陕西水利季报，(1).

李仪祉. 1938. 水功学. 上海：商务印书馆.

李仪祉. 1938. 论引泾. 李仪祉先生遗著（第四册）. 西安：陕西省水利局.

李仪祉. 1938. 再论引泾. 李仪祉先生遗著（第四册）. 西安：陕西省水利局.

李仪祉. 1938. 黄河治本计划概要叙目. 李仪祉先生遗著（第六册）. 西安：陕西省水利局.
李仪祉. 1938. 淮河流域之水道交通. 李仪祉先生遗著（第七册）. 西安：陕西省水利局.
李仪祉. 1940. 对于治理扬子江之意见. 陕西水利季报，(1).

主要参考文献

李仪祉. 1935. 巩固堤防策. 黄河水利月刊，(6).
李仪祉. 1938. 淮河流域之水道交通. 李仪祉先生遗著（第七册）. 西安：陕西省水利局.
张骅. 1996. 李仪祉 // 中国科学技术协会编. 中国科学技术专家传略·农学编·综合卷 1. 北京：中国农业科技出版社：35.

撰写者

马孝义（1965~），教授、工学博士、博士生导师，现任西北农林科技大学水利与建筑工程学院院长。
张成凤（1978~），工学硕士，现任西北农林科技大学水利与建筑工程学院办公室主任。
王育英（1981~），法学硕士，现任西北农林科技大学水利与建筑工程学院办公室职员。

陈 嵘

陈嵘（1888~1971），浙江安吉人。林学家、林业教育家、树木分类学家，中国近代林业的开拓者之一。1906年东渡日本求学，1909年考入北海道帝国大学森林科学习，1913年毕业后回国，受聘于浙江省立甲种农业学校担任校长。1923年到美国哈佛大学专攻树木学，1924年获得科学硕士学位，接着又赴德国德累斯顿的撒克逊林学院进修一年，1925年回国，受聘担任金陵大学森林系教授，以后兼系主任。1952年任南京林学院筹委会主任，同年被任命为林业部林业科学研究所所长。毕生从事林业教学、林业科学研究和营林实践工作，培养了大批林业专门人才。陈嵘创办林场，首创国内根据施业案经营林场的先例，至今仍有重要的示范意义。编制了中国第一部《中国树木分类学》著作，（1937年出版，1953年、1957年两次再版），所记载的中国树木有2550种，分列为111科550属。创立具有中国特色的造林学，先后编写出版了《造林学概论》、《造林学各论》和《造林学特论》，为中国造林学奠定了基础，对推进中国植树造林做出了重要贡献。

一、生平概要

陈嵘，字宗一，1888年3月2日出生于浙江安吉县晓墅镇三社村，祖籍为福建漳州。1971年1月10日在北京溘然长逝，终年83岁。

陈嵘1894年进入私塾读书，1904年进入平阳县学堂学习，一年后转到平阳县立高等学堂继续学习。1906年赴日本留学，先进入预备学校学习日语，后来考入东京弘文书院预科。1909年考入北海道帝国大学森林科学习。陈嵘目睹内忧外患，有强烈的科学救国的愿望。辛亥革命前夕，他受同盟会派遣与黄炎培等5人潜赴天津从事革命活动。辛亥革命时期一度回国，参加了孙中山临时大总统就职典礼。1913年毕业后回国，受聘于浙江省立甲种农业学校担任校长。1915年应江苏省立第一农校之聘，任林科主任。陈嵘为继续深造，于1923年初远赴重洋去美国留学，在哈佛大学得到树木分类学家沙坚德、杰克、雷德和威尔逊诸教授的悉心指导，在安德诺树木园专攻树木学，1924年获科学硕士学位。接着又到德国德累斯顿的撒克逊林学院进修一年，同时在欧洲其他国家进行了相关的考察。1925年回国后受聘担任金陵大学森林系教授，以后兼系主任。为筹备建立树木标本室，曾到不少林区，如湖北兴山、四川峨眉山和云贵边境采集各种树木标本，在四川曾采集到罕见的珙桐花和种子，被国内外园艺家采用作为珍贵观赏树木。

陈嵘十分热心农林学会工作，早在1916年他与农林界著名人士发起成立中华农学会，1917年1月当选中华农学会第一届会长至1922年。1917年林学家凌道扬倡议另组中华森林会，得到时任江苏省第一农校校长陈嵘等的支持而宣告成立，这是中国传统林学向近代林学的重要转折。1928年8月召开中华林学会成立大会，姚传法、陈嵘为大会主席，后选为该会理事。1951年2月，陈嵘、沈鹏飞等倡议，成立中国林学会，得到大家的赞同，后随即召开成立大会，陈嵘选为常务理事。1953年陈嵘当选为中国林学会副理事长，连任第二、三届副理事长和第三届代理事长职务。1979年5月，中国林学会根据陈嵘的遗嘱将其全部藏书2万余册和稿费积蓄7.8万元人民币捐献给国家，决定将其捐款设立中国林学会奖励基金。陈嵘对学会办的刊物十分重视，经常写稿和为其筹集资金。新中国成立后一直担任中国林学会学术刊物《林业科学》的主编。

中华人民共和国成立后，陈嵘继续主持金陵大学森林系。1952年全国高等学校进行院系调整，金陵大学森林系与南京大学（原中央大学）森林系筹备合并建立南京林学院，陈嵘任筹委会主任。同年秋，陈嵘任命为林业部林业科学研究所所长，从此一直在该所工作。1953年参加了九三学社，并被选为九三学社中央科技文教委员。

二、学 术 生 涯

陈嵘出身贫寒，6岁时在亲友的接济下进了私塾，自幼学习勤奋、刻苦，成绩优异。16岁进入附近的致用学堂，一年后转到平阳县立高等学堂继续学习。庚子年八国联军侵华，攻城杀掠，生灵涂炭，清朝政府反而赔款求和，陈嵘十分气愤，不再满意读四书五经，而渴望学习富国强民的新知识。18岁的青年陈嵘，风华正茂，毅然东渡日本，在北海道帝国大学森林科学习。当时因只身在外，其困难可想而知。据陈嵘回忆，开始到日本的头两年是他毕生中最艰苦的时期：首先是身在异国，举目无亲，学习生活费用没有来源，其次是在半年多时间内要学好日文和日本中学课程，才能在1907年暑期考大学预科。他在饥寒交迫的困境下，克服重重困难，不顾一切拼命学习，终于考取预科。至于为何考森林科，也主要是考取森林科后可申请补助。陈嵘在日本北海道帝国大学预科学习时，他跟同班同学李四光最接近，经常一同去听章太炎先生讲《说文解字》，由此认识了鲁迅，并在一起照过相。在预科学习时，由于生活极端困难，经常吃不饱饭，一次去学校的途中，由于衣薄腹饥，竟昏倒在雪地上，幸被日本同学发现救活。此事曾在日本报纸上登载，并介绍陈嵘苦学的事迹。素不相识的浙江安吉县梅溪镇莫永贞老先生，看到上海报纸上的译文，非常同情，曾汇大洋200元予以接济，当时对陈嵘是最大的帮助。因此，他一生的求学，主要靠亲友帮助，陈嵘对此印象很深，因此才有以后尽力帮助别人的种种事迹，他不仅在家乡创办了三社小学，而且接济过很多学生上学，特别是在新中国成立前，每年都有一些学生得到他的资助，还积极鼓励和帮助他们出国留学。

1913年，陈嵘在日本留学回国后，受聘担任浙江省立甲种农业学校（浙江大学前身）校长，这是他从事教育工作的开始。这些学校以前并没有设林科，陈嵘接办以后开始增设林业课程，自编讲义，亲自讲授。陈嵘为使学生对林业有所认识，增长更多的实际知识，他在学校周围建立苗圃和示范林场，供学生们使用，收到较好的效果。陈嵘当时才25岁，很想有番作为。他毅然选择了兴办学校、培养林业人才；筹建示范林场、推广植树造林技术；采集树木标本，从事科研和编撰学术著作。这一选择竟成了他一生的发展方向，他坚定不移地坚持这一方向，成就了一代伟业。在以后的时间里，不管他担任何种职务，不管他在什么单位工作，也不管到国外继续深造，目的都是为了坚持发展方向不断提高科学素养和业务能力，总之坚持他的既定方向不变，走着一条"学习—提高—实践—再学习—再提高—再实践"的路子。他1906年开始在日本留学，1913年回国，七年寒窗，学完本科；1923年赴美留学，1924年获科学硕士学位，接着又赴德国进修一年，前后在国外学习长达10年的时间，付出了艰辛的劳动。1925年回国，受聘担任金陵大学森林系教授，后兼任系主任，时年37岁。这时更加坚定了他的发展方向，他对中国树木资源的研究从未中断，并不断提高水平，不断创造业绩，形成良性循环，这是他60多年学术生涯的经验总结。

1. 中国近代林业教育的开拓者

陈嵘早年是创办中国中等林业教育的一位拓荒者，1913年在杭州筹办浙江省立甲种农业学校，就任校长，该校1924年改为公立农业专门学校，1927年改为国立浙江大学农学院，追本穷源，陈嵘有开拓之功。1915～1922年在南京主持江苏省立第一农业学校的林科，有一大批老一辈的科学家包括秦仁昌、林刚、黄希周、邓宗文、谢先进、陈植、蒋英、郑万钧、马大浦、叶培忠、周国华、邵均、黄瑞采、刘成训、何敬真、郑止善、周蓄源、邓励等，曾先后受过陈嵘的熏陶。他在校期间，为学校的成长与发展做了大量工作。他除了自己积极讲课以外，还煞费苦心地聘请了当时林学界知名人士如姚传法、傅焕光、曾济宽、黄希周等到校授课，邀请当时在南京高等师范学校农业专修科担任教师的邹秉文、钱崇澍、胡先骕、竺可桢等来校讲学，使学生大受教益。当时教材内容偏重理论知识，为使理论联系实际，陈嵘不辞辛苦与校长一起积极创办供教学用的林场。陈嵘治学严谨，作风踏实，身体力行。被誉为教书育人的好教师，深受同学们的尊敬和爱戴。陈嵘在金陵大学任森林系教授（后来兼系主任）期间，增设了许多林学课程，标本设备日趋充实。据1929年《金陵大学农林科课题概要》刊载，森林系分设森林植物学、造林学、森林保护学、森林利用学、森林工学、理水防砂工学、森林经理学、林政学等九个学门，各个学门又为各年级开设不同课程，一共设30种课程。这在当时国内农林院校中是罕有的。其中森林植物学门开设的中国树木分类学、中国树木概论、中国森林植物三门课程，以及造林学门开设的造林学原论、造林学本论、造林学各论、造林学特论，几乎都由陈嵘主讲，教材也都是他亲自编写。国内农林学校也普遍采用他编写的教材，从而结束了用外国教材的历史。

陈嵘教学思想的核心是理论联系实际，教学与生产相结合。他对我国先秦文化推崇景仰，而对当时许多学者逐步脱离实际，深感惋惜，因而一再强调重视实际。他说，"在理论上要精通，在技术上要熟练。"具体做法是既重视课堂讲授，又注意现场实习，使课堂上学到的知识，在现场实习中加深理解，这样既掌握了理论，又懂得了操作，做到学以致用。他在课堂上讲课，总是择其精华，稍加阐释，使内容突出重点，使学生印象深刻，在此基础上到野外进行复习，进一步理解课堂上讲的内容，便觉触类旁通，使学生豁然开朗，学的知识扎实。他在树木学教学中，除课堂讲授尽量利用实物（包括标本、果实、种子）外，还经常让学生自己采集树木标本，自己解剖标本，自己鉴定标本。这使学生既练习了采集技术，又熟悉了树木的各种特性，还提高了识别和鉴定能力。在造林课教学中，他还有计划地带领学生到教育林场实习。一到现场他就自己带头操作，有时还请现场技术工人表演，然后再让学生自己做。他这种以身作则，言传身教的作风，培养了学生热爱劳动的思想和实际操作的技能。他在教学中理论联系实际的另一个特点是，抓好标本室的建设，把标本室作为课堂教学与生产实习之间的桥梁。他每到一地教学，都为建立标本室而操劳，并办得卓有成效。

江苏省立第一农业学校是一所中专性质的学校，但几乎与其他农林专科学校水平不相上下，在建校十四五年中，培养了一批著名的专业人才，为农林建设做出了积极的贡献。后来江苏第一农校升格为国立中央大学农学院，其林科成为中央大学农学院森林系，可以说江苏省立第一农业学校林科是今日南京林业大学的萌芽时期，陈嵘也起到开拓的作用。

2. 创办中国第一个教育团公有林，推动造林事业发展

早在1916年任江苏省立第一农业学校林科主任期间，为创办林场供学生实习之用，就不辞辛苦寻找适宜山地作为该校林场场址，在此过程中，陈嵘亲自详细的现场查勘和访问。当时那里还是一片荒野，交通不便，治安不宁，更无住宿条件，陈嵘只身携带干粮，徒步于崇山峻岭，夜则求宿于农家，经几个月的调查，完成了勘查任务，最后确定江浦县境老山范围内约20万亩荒山为场址（今江苏省老山林场）。陈嵘提出一个建场的施业案，首创在国内根据施业案来经营林场的先例，确实是一次创举。由于林场规模较大，学校经费有限，没有力量投资经营，经过研究，他提出了创办教育团公有林的建议，拟请省属各教育团体按月各拨教育经费2%，作为经营林场的费用。由参加拨款的教育团体，组成教育林董事会，以后将教育林的各项收入，用于补充省教育经费。此外，教育林还可以划出一定范围的林场，作为附近省立学校的实习基地。这项建议得到上级赞赏和批准。教育林成立以后，陈嵘任技务主任。在此期间，造林成绩显著，原来的一片荒山秃岭，几年以后已被绿荫覆盖。根据1932年统计，历年总计造林18.25万亩，植树6948万株，另外还留养野生树574万株，估计总值220多万元（当时币值），获得了明显的社会效益和经济效益。江苏省教育林不但为第一农业学校林科提供了全面的实习基地，以后又成为金陵大学、中央大学两校森林系学生的实习场所，对培养造就林业新生力量发挥了重大作用。以后安徽、福建两省也相继创办了省教育公有林。新中国成立后江苏教育林改为老山林场，现已发展成江苏省著名的林工商综合经营企业。陈嵘在这以后创办的公有林还有南京九华山林场、青龙山林场和江苏省句容的下蜀林场、安徽省建平林场。在陈嵘的教导和影响下，他的学生们也创办了许多林场，有力地推动造林绿化事业的开展。

陈嵘除重视公有林外，在当时的条件下，还提倡国家辅导各地群众造林。他在《中华农学会报》第四十九期（1926年1月）上发表的《推广江苏金陵道林业的我见》一文中作了详细的论述。与此同时，在陈嵘的建议下，1916年还成立了浙江省云野林业有限公司，承领安吉和长兴县境的天目山余脉（叫浮云山）的荒山三处，合计面积5000亩，并且筹集股金8万元，准备分年进行造林。为实行这个计划，陈

嵘提出了详尽的施业方案，从而使该公司的荒山造林业务取得很大成绩。但因以后连年战乱，无人经营管理，树木被盗伐损失很大。中华人民共和国成立后改为国营龙山林场，又开始了新的发展阶段。此外，陈嵘在家乡安吉县曾经创办三社小学一所，让农民子女免费入校学习。由于教育经费没有固定来源，他又在1915年承领附近荒山205亩，经营学校林。经过几年的抚育管理，插杉栽竹，荒山变成了郁郁葱葱的森林。成林后的收入用做学校基金，在以后的几十年中，修建校舍大多从学校林取材，每年经费也用林场收入作为补充，大大改善了办学条件。

3. 编制中国第一部《中国树木分类学》著作

陈嵘的这部《中国树木分类学》著作内容极为丰富，是长期实践经验的总结，大量引用并参考了中、日、英、德、法等有关文献资料，仅文献目录即达20页。每个种的中名附有详尽的别名，有的种所列别名达10个之多，每一别名之后注明出处（包括别名出处的文献或地方名称），是参考了大量文献和访问才取得的成果，对阅读者十分便于查用。树木分类学是林业科学的重要组成部分，也是重要的基础学科。20世纪30年代以前，尚无适合中国情况的树木分类学，以致无法解决树种混乱问题，大大影响造林等学科的发展。陈嵘从1913年起即着手采集树木标本，专心研究，并将研究成果陆续在《中华农学会报》上发表。他从1917年开始，在《中华农学会报》上连载发表《中国树木志略》，连载长达7年，记载我国主要树种484种。1923年，他还将重要标本携往欧美有关研究所进行鉴定。陈嵘对树木分类进行了多年的研究，参考中文书籍161种，日、英、德、法文书籍110种，终于编写成具有权威性的著作《中国树木分类学》，于1937年9月出版，1953年增补再版，1957年12月又再版。

这本著作分前编、正编、附录及补编等部分。所记载的中国树木有2550种（包括亚种14种，变种591种，其中不少是中国的特有种，有的就是陈嵘所发现的），分列为111科550属。为便于查阅，对每一树种，除列举学名外，还列有汉名、别名、梵名、英文名等。对树种的形态生态如根、茎、枝、树皮、芽、叶、花序、花、果实、种子等都详加描述，并介绍其产地、地理分布及用途，便于林业工作者应用，书内还附有插图1165幅。这本巨著在20世纪30年代是全国大学林学系主要教材，林业科研生产中重要参考文献，直到20世纪80年代仍发挥着重要作用，国内外林业名著，都争相参考引用。

陈嵘当年为了编写好《中国树木分类学》一书，付出了极大的辛劳，当时陈嵘已是有名的大教授了，但对著书一丝不苟，哪怕是一个微不足道的树名，他也不辞劳苦，忍饥挨饿地到祖国地处偏僻、人烟稀少、交通不便的深山老林中去采集标本。在当时的旧中国，经费匮乏，盗匪遍地，军阀割据，交通阻塞，为采集树木标本，一次在途中遇到强盗将其身边盘缠连身上穿的毛衣都洗劫一空，他坚持克服重重困难，继续向前进发，直到将所要的标本采到才运回。有一次在翻山越岭中，见到数丈高的悬崖之上有树木标本，他冒着危险攀着藤本植物登壁，不料藤条折断，将他从数丈高的峭壁摔下，跌得皮破血流，连牙齿也碰掉，而他坚韧不拔强忍疼痛，终于登上峭壁把标本采到手，充分表现了他在探索科学的征途中的大无畏精神。

4. 编著《造林学概要》、《造林学各论》、《造林学特论》，为中国造林学奠定了基础

20世纪二三十年代，国内造林学课程都采用外国教材，不切合中国的实际。陈嵘从国内林业实际出发，并以中国造林树种为基础，吸收并发展了国外造林营林学的理论，创立了具有中国特色的造林学。他先后编写、出版了以本国情况为背景的《造林学概要》、《造林学各论》和《造林学特论》，为中国造林学奠定了基础。

《造林学概要》（1933年2月初版，1951年增订6版）一书是以中国的森林地理条件和造林树种为基础编写的。欧美各国当时的造林学仅涉及播种和植苗造林，而中国的造林树种繁多，立地条件复杂，须采取有效的多种造林方法。陈嵘在此书中提出了植树造林法、分生造林法、鹿角桩更新法等。其中特别值得提到的是"分生造林法"（包括插木造林法、分根造林法、地下茎造林法等）。这是在总结中国重要造林树种（杉木、杨、柳、泡桐、竹类等）的民间造林经验的基础上，提出的适合中国实际情况的造林方法。这部分内容体现了中国的特色，是对当时造林学教科书的重要改进。

在造林树种的种子和育苗方面，陈嵘在书中附有"中国林木重要性质一览表"和"普通林木播种简要表"，将中国主要造林树种的开花期、采种期、种子的性质特征及有关播种、育苗的要求都作了说明。这是过去无从查找的。20世纪30年代，我国森林资源极度贫乏，荒山秃岭，满目皆是，而人工造林，又不被重视，在这种情况下，陈嵘在该书中提出"天然保育法"来恢复森林植被。这不仅是最省力而有效的方法，而且也有充足的理论依据。中华人民共和国成立以后，我国广泛开展"封山育林"来消灭荒山、恢复森林资源，应该说是"天然保育法"的具体运用，是适合国情的必然选择。直到我国目前进行的"天然林保护工程"，不少内容是"天然保育法"的延续，被认为是中国式的造林方法。

《造林学各论》（1933年9月初版，1953年3月增订5版）一书，广泛搜集了分

布于我国的主要造林树种共 320 种，包括针叶树、阔叶树、竹类和椰子类，并详尽地阐述了各树种形态特征、生态习性、造林方法以及群众造林经验，20 世纪三四十年代，这部书是中国各大学林学系重要教材和开展造林绿化事业的主要参考文献，也为造林学科的发展做出了贡献。

在《造林学特论》（1952）一书中，陈嵘精辟地论述了保安林（包括水源涵养林、保土防洪林、防风林、防沙林、海防林、护牧林等）的作用及其营造方法，至今对植树造林和生态环境建设仍有重要参考价值。

中华人民共和国成立以来，尽管造林事业蓬勃发展，对主要树种造林技术都有了很大改进和提高，然而，陈嵘在 20 世纪 30 年代编写的《造林学概要》、《造林学各论》和 20 世纪 50 年代初编写的《造林学特论》仍不失为造林工作者的重要参考著作。

陈嵘发表著作还有《历代森林史略及民国民政史料》于 1934 年出版，1951 年及 1952 年曾两次再版，后改为《中国森林史料》于 1983 年出版；《中国森林地理学》于 1958 年出版；另外，还有遗著《中国树木分类学》续篇，《中国树木分类学》正编修订本及《竹的种类和栽培利用》三部，共约 400 万字。这些著作内容极为丰富，是长期实践经验的总结，为林业生产提供了有益的技术指导。

5. 领导林业研究工作，明确林业科研的方向和重点

陈嵘 1952 年任第一任林业部林业科学研究所所长时，处在百废待兴的重要时刻。他除了主持日常工作外，特别抓住研究所的方向和任务。提出把提高造林成活率，保护森林资源，合理经营作为营林科研工作的方向，同时提出了 6 个方面的研究工作的重点。这对初创时期的科研机构的健康发展做出了重要贡献。

陈嵘担任林业部林业科学研究所所长近 20 年。任职期间，他非常强调营林科学研究工作的重要性，强调科研工作必须结合生产，为林业建设服务，理论与实际紧密结合。根据这一指导思想，他与所内其他领导同志、研究人员一起规划研究机构的设置，重点课题的安排，使林业科学研究所逐步形成一个比较完善的能适应现代林业科学发展的科研体系，科学研究工作蓬勃发展，呈现一派生机。1953 年 2 月 15 日，朱德副主席（在林业部长梁希陪同下）来所视察，指示尽快绿化西山，而小西山一带尤应先行一步。陈嵘为贯彻这一指示，增设了"西山山丘地区造林方法的研究"课题，以便更快地把首都西郊绿化起来；以后又召开了山地造林技术座谈会，交流造林绿化经验，并在此基础上，制定了《华北地区油松、落叶松造林技术试行方案》。这一方案，不仅有助于西山绿化工作，而且对整个华北地区造林技术都有指导作用。

为有利于营林科研工作的开展，1953 年，陈嵘创建了林业研究所植物标本室，

在这里，有陈嵘采集和鉴定的一批标本，对营林科学的研究有很大参考价值。后由于"文化大革命"破坏均被损坏，甚至连标本室也不覆存在了，实为惋惜。他特别注重自然灾害对树木生长影响的调查研究。1932年在《农林新报》发表《大水后树木被害状况之调查》；1935年在《中华农学会报》上发表《树木对于风旱抵抗力的调查》；1954年，长江流域发生洪水灾害，他立即组织林研所科研人员奔赴灾区，深入调查树木受淹后的生长情况，写出了《1954年长江流域洪水后树木耐水力强弱的调查报告》，这对洪涝地区造林树种的选择，有着重要的指导作用。1955年，陈嵘随林业部梁希部长赴西南各省林区进行实地考察，对云南西双版纳自治州营造橡胶林试点提出了许多有益的建设性意见。1956年党中央提出了"向科学进军"的号召，当时在"全面规划、加强领导"方针的指导下，我国编制了第一个《1956～1967年科学技术发展远景规划》（即十二年规划）。陈嵘积极参与了林业规划的制定工作，经过多次、反复讨论，确定《扩大森林资源、森林的合理经营和合理利用》，是林业科学的长远规划内容。规划明确指出："12年内林业科学技术的发展目标是解决扩大林业资源，森林合理经营和合理利用等方面的科技问题"。体现了我国社会主义建设对林业科学的要求，十分明确了林业科学研究的中心任务和奋斗目标。在制定规划时，陈嵘多次强调把营林科研工作放到首要位置，并把提高造林成活率、保护和扩大森林资源、合理经营作为营林科研工作的方向，还把森林植物、各林种的造林技术、森林病虫害火害的防治、森林经营等、采伐更新技术作为营林科研工作的重点。此外，在内部机构设置上与确定的方向和重点相适应，陈嵘将原来的森林植物、造林、森林经营、森林保护四个研究室调整扩充为森林植物分类、形态解剖及生理、森林地理、林木生态、森林土壤、林木遗传育种、种苗、造林、保护、森林经理、森林经营11个研究室。明确这一战略思想和方向重点，对中国林业建设以营林为基础的方针产生了重大影响。

三、陈嵘主要论著

陈嵘. 1926. 中国主要树木造林法. 金陵大学森林系.

陈嵘. 1927. 世界林业之沿革及其趋势. 中华农学会丛刊，(59)：1-5.

陈嵘. 1929. 南京森林植物带之变迁（英文）. 中华农学会丛刊，(64/65).

陈嵘. 1930. 世界林业问题及其趋势. 区政导报，(8)：7-11.

陈嵘. 1932. 大水灾后树木被害状况之调查. 农林新报，9（2）：30-33.

陈嵘. 1932. 大水灾后树木被害状况之调查（续）. 农林新报，9（3）：50-60.

陈嵘. 1932. 中华农学会成立十五周年之经过. 中华农学报，(101/102).

陈嵘. 1933. 造林学概要. 中华农学会发行.

陈嵘. 1933. 造林学各论. 中华农学会发行.

陈嵘. 1934. 森林与造纸事业. 农林新报, 11 (25): 507-509.

陈嵘. 1934. 历代森林史略及民国林政史料. 中华农学会发行.

陈嵘. 1935. 记日本林业专家之谈话. 农林新报, 12 (32): 787-788.

陈嵘. 1935. 树木对水旱抵抗力之调查. (142/143).

陈嵘. 1936. 造林上引用外来树种之问题. 中华农学会报, (153): 1-12.

陈嵘. 1936. 中国造林事业之商榷. 中华农学会报, (155): 67-72.

陈嵘. 1937. 中国树木分类学. 中华农学会发行.

陈嵘. 1951. 中国森林史料. 北京: 中国林业出版社.

陈嵘. 1952. 造林学特论. 中国图书发行公司南京分公司发行.

陈嵘. 1961. 中国森林植物地理学. 北京: 人民教育出版社.

陈嵘 (石全太整理, 梁泰然校阅). 1984. 竹的种类及栽培利用. 北京: 中国林业出版社.

主要参考文献

中国林学会编. 1988. 陈嵘纪念集. 北京: 中国林业出版社.

政协浙江省安吉县委员会编. 1988. 纪念陈嵘先生专辑.

陈振树. 1991. 陈嵘 // 中国科学技术协会编. 中国科学技术专家传略·农学篇·林业卷1. 北京: 中国科学技术出版社: 50-69.

撰写者

林泽攀 (1966~), 中国林业科学研究院办公室副主任, 高级工程师。

黄鹤羽 (1936~), 中国林业科学研究院研究员, 博士生导师。

邓植仪

邓植仪（1888～1957），广东东莞人。农业教育家、土壤学家。1909年，自费赴美，在威斯康星大学攻读土壤学，1914年获硕士学位，同年返回祖国。先后担任过广东农林试验场场长，广东公立农业专门学校校长，国立广东大学、中山大学筹备委员，广东大学农科学院、中山大学农学院教授、院长，广东土壤调查所所长，中山大学教务长和农林部技术总监，中央农业总顾问，华北农业科学研究所、中国农业科学院和华南农业科学研究所研究员。1930年创建广东土壤调查所，率先在广东开展分县土壤调查，这是我国最早建立并且业绩卓著的土壤调查研究机构。1934年撰写出版了长达6万字的《广东土壤提要初集》，这一论著对广东土壤水土流失、养分流失的记载，对其成因分析和对策，在后来很长的一段历史时期中都有重要的科学价值，是广东水土保持、环境治理决策的重要依据，为后来制定珠江流域的治理政策提供了依据，是广东环境史研究的重要文献。1935年创建中山大学研究院土壤学部，为当时国内唯一培养土壤学科硕士研究生的机构。同年与彭家元合著《土壤学》。他为广东现代高等农业教育的开创、巩固、发展做出了重要贡献。

一、个人简历

邓植仪，字槐庭，广东省东莞县（现东莞市）人。1888年6月11日出生于广东省顺德县大良镇。

邓植仪青少年时期，中国正处于历史更替，社会变革的大动荡年代，民族灾难深重。他目睹广大农民在封建统治阶级和帝国主义双重压迫下，自耕不能自食，自织不能自衣，缺乏科学文化知识，贫穷饥饿，苦不堪言。对此他感到万分忧虑，从而萌生了"教育救国"、"振兴农业"的思想，坚定地选择了爱农、学农、振兴中华农业的道路，并为之奉献终生。

1909年，邓植仪冲破轻视学农的世俗观念，自费赴美学习农业科学。在威斯康星大学攻读土壤学，1914年获硕士学位。在威斯康星州农事试验场从事短期土壤研究工作后，同年返回祖国。自此，他一直工作在教育和农业部门，为发展中国农业教育和土壤科研事业辛勤奋斗了40多个春秋，做出了卓越贡献。中华人民共和国成立前，他先后担任过广东农林试验场场长，广东公立农业专门学校校长，国立广东大学、中山大学筹备委员，广东大学农科学院、中山大学农学院教授、院长，广东土壤调查所所长，中山大学教务长和农林部技术总监等职。中华人民共和国成立后，先后受聘为中央农业部顾问，华北农业科学研究所、中国农业科学院和华南农业科学研究所研究员。1957年10月18日，年近古稀的邓植仪正在华南农业科学研究所研究室召集有关科研人员聚精会神地规划广东红壤研究工作时，由于过度劳累，突患脑出血，经抢救无效而辞世。

二、为振兴农业开展调查研究

邓植仪深知，"中国以农立国，农业之盛衰，关系于国计民生至重且大。"他认为农业的改进必须从调查研究入手，以改变过去"缺乏详细之调查，无精确之统计，茫然无可考，无可凭借的状况"，应"以调查所得资料，作为改良农业之根据"。

1. 组织领导广东分县农业概况调查

1920年，他出任广东农林试验场场长、广东公立农业专门学校校长伊始，立即在试验场增设调查科，积极组织领导广东分县农业概况的调查，派出科技人员分赴各地对各县地理位置、地势、气候、耕作状况、农民经济状况、作物、果树、畜牧、森林、荒地、特产及输出品、农村教育状况等进行逐项调查并提出改进意见，历时12年，于1932年完成了广东全省94个县的调查任务。先后编撰出版了《广东农业概况调查报告书》（1925）、《广东农业概况调查报告书续编上卷》（1929）、《广东农业概况调查报告书续编下卷》（1933），至此，广东全省农林业之梗概始获得较全面的了解。这项工作在广东农业史上是空前的，也是发展广东农林业不可缺少的一项基础工作。

2. 组织广东蚕丝、蔗糖和化肥的专题调查

邓植仪对中国20世纪20年代蚕丝业、蔗糖业的日渐衰落，特别是对原以产蔗糖闻名于世的广东不但不能输出蔗糖，反而要输入大量外糖深感忧虑。1921年，他开始组织科技人员对广东蚕丝、蔗糖主产区进行专题调查，编撰出版了《广东蚕丝调查报告书》和《番禺增城东莞中山糖业调查报告书》。他分析了广东蔗糖业的盛衰

史，呼吁当局立即切实改良甘蔗种植方法、蔗糖榨制法，充分发挥广东"土地之腴，气候之适，消费之多，人工之贱"的优势，以振兴广东蔗糖业。可惜由于当时政局动荡，政府忽视农业，邓植仪所作努力，未能收到预期效果。

邓植仪对20世纪30年代外国化学肥料的大量输入十分关注，因其不仅造成大量金钱外溢，而且由于长期施用化肥不当，使土壤性质和农作物品质变劣。1932年，他派科研人员赴广东各肥料入口港埠，调查其营业状况，赴使用化肥最广的地区，调查其施用法。1933年，编撰出版了《广东化学肥料营业施用概况调查报告书》，为研究改良施用化学肥料的方法提供了依据，又提醒人们必须重视振兴土肥，堵塞漏卮。

3. 为发展西北农业献计献策

1934年夏，邓植仪到西北地区进行土壤调查和农业考察。这次考察使他深深感到，开发西北农业与我国国计民生关系重大。他对西北农业的未来满怀信心，认为"苟得人而治，假以岁月，孰敢谓干燥之西北高原，将来不可以媲美于东南耶。"他撰写了《发展我国西北农业之管见》一文，提出了充分体现以科技振兴农业和综合治理观点的七项颇具远见的建议，如设置西北科研总机构；设置气候观测台以观察气候变迁情况；进行土壤调查，掌握土壤情况；在黄土高原应先种牧草，然后造林以防治水土流失；采取水利与防治碱盐并举措施，以改良碱性土壤；整治交通水利，增加农业投资，以改善农民经济和农业发展条件；对农产品加工工业的建设必须预为筹谋，羊毛、乳品、棉花、肉品、果品等应就近设厂加工精制，而后运销，以降低成本，减轻运输压力，加强抵制舶来品的能力。

4. 出国考察农业与农业教育

邓植仪不仅重视对我国农业和土壤的调查，而且注意借鉴国外经验。1935年，他乘赴英出席第三次国际土壤学大会和世界教育大会之便，带着多年感受到的农业和农业教育问题，考察了英、比、荷、德、丹麦、瑞士、意、法、美等国和南洋各地的农业教育与农业概况，以寻求解决我国农业发展之良方，历时165天，对各国的农业设施、政策、科学试验、经营管理、农产品贸易、土壤、肥料等进行了认真的调查研究。这次考察给邓植仪留下最深刻的印象是："农业之在欧美，无论其为农业国抑系工业国，均重视之，而尽量谋其发展。"

在进行农业教育考察时，不仅访问了剑桥大学农学院、威斯康星大学农学院等著名大学，还对一些农业专门学校、中等农校、乡村农校和专为冬季农闲时培训农民及其子弟的冬闲学校进行了考察。他对各国农业教育的特点，边考察边比较。对英国农业部与教育部能共同制订整体的农业教育计划，注意与地方教育当局暨各大学通力合作，重收实效，非常赞赏。回国后，他发表了《出席第三次国际土壤学大会暨沿途考察农业与农业教育概况报告书》，详尽地记述了考察情况及改进我国农业和农业教育的意见，呼吁当局要重视发展农业生产和农业教育，复兴农村。

三、广东现代高等农业教育的开拓者

邓植仪是一位有远见卓识和领导才华的农业教育家。他的办学指导思想非常明确，一向认为，农业院校和农业科研机构的设置，是为了"挽救我国农业之衰颓而发展之"，建设一所高水平的大学农科，就是要使它真正负起解决农业生产重大问题之责。在办学过程中，他一直重视教学、科研、推广（生产）相结合，坚持农业教育为农业建设服务。

1. 艰苦创业，勇于开拓

广东现代高等农业教育，特别是中山大学农学院的发展历程是和邓植仪的名字紧紧相连的。1917～1949年，经历了广东公立农业专门学校，国立广东大学农科学院和中山大学农学院三个发展阶段，历时共33年，邓植仪曾先后多次出任校、院长达21年，两次出任中山大学教务长，长达11年，这在1950年以前的中山大学校史上是少见的。他为广东现代高等教育的开创、巩固，从低层次向高层次、多层次发展，呕心沥血，做出了卓越贡献。

广东公立农业专门学校创建于1917年，邓植仪从1920年开始主持该校工作，当时国内军阀混战，政局不稳，农专办学是极其艰苦的，历程是坎坷的。学校不仅缺乏开办费、经常费，还曾因生源缺乏，校舍被军队征用，实验场地被变卖，学校被逼迁，在临时棚厂内办学两年多。邓植仪带领全校师生克服重重困难，采取了向社会募捐增建校舍，改进招生办法增加考生来源，增聘知名教授壮大师资队伍，改革教学体制等措施，使农专转危为安，打下了进一步发展的基础。

1922年，为了推动农专向高层次发展，农专师生发动了改大运动。邓植仪明确提出"本校欲图提高，不能不急于改为农业大学"。经一年的争取，广东省教育厅终于同意农专筹备改办大学，并任命邓植仪为广东农科大学筹备会会长；1924年孙中山创办了广东大学，将筹建改大中的农专改组为广东大学农科学院。邓植仪受聘为首任院长。1932～1940年，邓植仪担任中山大学农学院院长期间，在任的前6年是农学院蓬勃发展并走向更高办学层次的时期。1935年，中山大学建立了研究院，下设有土壤学部和农林植物学部，邓植仪兼任土壤学部主任，开始招收土壤学科的硕士研究生。这是中华人民共和国成立前国内唯一的培养土壤学科硕士研究生的机构，为我国培养了一批知名的土壤学专家。

邓植仪在推动学校向高层次发展的同时，开拓了多种办学形式，如为扶助贫困地区发展蚕桑业，成立了由他兼任所长的巡回蚕业讲习所，派出教师下乡巡回讲授蚕桑应用技术，学制一般为半年。这种送科学技术下乡的办学形式，深受当地政府和农民的欢迎。

2. 颠沛流离，坚持办学

抗日战争期间，中山大学是在颠沛流离、鼙鼓频惊中度过的。1938年10月，广州告急，中山大学奉命西迁。当时校长邹鲁远在重庆，乃由邓植仪带领全校师生，辗转搬迁，初迁罗定，旋又改迁龙州，最后定址云南澄江县。西迁途中他风尘仆仆，备尝艰辛，定址澄江后又四处奔忙，积极筹划，于1939年3月1日正式复课。至此，一个拥有7个学院，2000余名师生的中山大学经过4个多月数千里的辗转搬迁后，终于安顿下来，得以弦歌再续。

在澄江期间，邓植仪除了主持全校教务工作外，作为农学院院长，他亲自和丁颖、侯过教授到昆明大普吉农事试验场洽商学生实习问题，并与澄江县合作建设试验场，保证了一年级新生农场工作和四年级毕业论文得以按教学计划进行。在他亲自带动下，全院的科研、推广工作也能结合当地农业生产逐步开展。除土壤调查外，还与云南省合作规划研究稻、麦、茶、果树、林业生产的改进与发展。

1940年秋，邓植仪奉调农林部任技术总监。中山大学从云南迁回粤北，农学院则迁到湖南宜章栗源堡。1942年6月，邓植仪从农林部返回中山大学任教务长，1943年8月，重新担任农学院院长。1944年底，日本侵略军进犯粤北，1945年1月16日，栗源堡沦陷。邓植仪率领农学院和其他学院部分师生，历尽艰险，从栗源堡突围到达连县，成立了中山大学连县分教处（当时中山大学校本部迁往梅县），邓植仪兼任主任。他临危受命，竭尽全力，坚持办学，使学生不致中断学业，直至抗日战争胜利，才带领师生迁回广州石牌。此后直至1949年，中山大学曾数度易长，但邓植仪一直担任教务长兼农学院院长，为医治战争创伤恢复教学、科研秩序而辛勤工作。

3. 明确的办学观点

在数十年办学实践中，邓植仪坚持以振兴中国农业为办学宗旨，一直强调农业教育应与农业建设密切结合，应面向农村，面向农民，为农业生产服务。他发表的教育方面的讲演和论著不少，如《论吾粤实业与实业教育》、《论农学院之过去与将来》、《三十年来之广东农业》、《改进我国农业教育刍议》和《农业改进与乡村教育》等，均体现了他的农业教育思想。他对举办农业教育的主要观点是：

①热心农民教育。他认为农民是整个农业的主体，居于直接生产地位，能否接受农业科学知识的教育对农业生产至为重要。早在1921年，他就曾向广东第五次教育大会提出设立乡农学校议案，他严肃批评当局不重视农民教育，"吾国四民农为最众……独于此最占多数之辈不为设想，宁非憾事。"他倡议设立乡农学校，以图补救，并就其办学方针提出具体建议。1938年，他又指出，为改变"业农者不可得学"的状况，既要积极推进农村义务教育，又要改革农业教育制度，大力开展形式灵活多样的辅助农民教育，以利农民教育之推行。

②倡导"教建合一"。邓植仪认为"农业教育与农业建设当谋其沟通"。农业教育要以整个农业为对象，应依据整个农业政策而规划。为此，他建议由农业部、教育部与实业部共同组织一个委员会，主持整个农业教育，以消除农业教育与农业建设之隔阂，使其相辅并进。

③建议建立适合国情的农业教育体系。他的构想是：以高等农业学府为中枢，其设立与布点"不贵乎多而贵乎健全"。主张适当调并一些高等农业院校以充实师资和合理使用有限的经费。而发展中初等两级农业学校则应面向广大农民，以提高农民文化技术素质，适应农民子弟易于就学和利于农业技术推广为主旨。

④重视理论联系实际。邓植仪一向认为农业教育应注重结合国情，教学必须联系实际，反映中国特色。他对当时农业教育"多犯空泛之病"，对教材内容不切实际，或不加选择照抄外国教材，深感遗憾。他批评这种脱离中国农业生产实际的"讲堂式之教材"和"黑板上之教育"，是难以培养出实用人才的。他在和彭家元一起编写《土壤学》教材时，就非常注意利用广东土壤调查中掌握的第一手资料，并翻阅我国古籍中有关土壤鉴别和土地利用法则等史料，使该书紧密联系我国实际，具有中国特色。

⑤重视与兄弟院校、科研机构的协作。邓植仪认为要改变中国农业落后面貌，全国农业界必须团结合作始能收到良好的效果。1923年他在担任广东农专校长时，就与东南大学农科、北京农业大学商定，建立交换教授及学生可相互转学等合作协议，进行了教授交换，促进了三校良好协作关系。

4. 丰富的办学经验

邓植仪从教数十年，继承发展了祖国优秀的传统文化，借鉴了国外先进办学经验，不断探索办中国式农业教育的道路，为我国农业教育积累了丰富的、可贵的经验，有些对当前深化农业教育改革仍具有一定的参考价值。

①重视建立教学、科研、推广（生产）三结合的学校管理体制。积极推动系、科与研究推广机构同步发展，从组织管理上促进了学校面向农村，为农业生产服务。邓植仪常说："须知高等农校所负之使命，不仅造就人才而已，尤负有改进地方农业之责。"他认为地方农业问题至为复杂，如不组织教师分头开展研究，是不易奏效的；而向农民传播农业科技知识，及时把科研成果推广于农村，则是振兴农业至关重要的一环。因而在他担任广东农专校长时，就设立了推广部，建立了一整套农事咨询、编印并赠阅《农业浅说》，与农民合作试验推广优良品种和新技术的措施，并派教师下乡，为农民举办农业技术夜校、讲习班等。这些推广工作，即使在抗战期间，也没有中断。这不仅使农民得到实惠，同时也培养了教师深入农村理论联系实际的良好作风。

邓植仪极力主张每个系都应附设相应的试验研究机构，教师不仅要承担教学任务，而且应该积极开展科研工作。早在1930年前后，中山大学农学院农学、林学、农林化学三系，就先后创建了稻作试验场、农林植物研究所、土壤调查所、白云山模范林场、蚕种改良所和气候观测所等。抗战胜利后，农学院又与善后救济总署广东分署联合创办了广东柑橘繁殖场，增设了病虫害药剂研究室。这些试验机构和农林业生产紧密结合，有的还直接建在农村，它们的建立、发展，直接带动了稻作学、植物分类学、土壤学、昆虫学的发展，使之在国内处于先进行列，促进了农学院学术水平和教学质量的不断提高。

中山大学农学院在创建初期只有三个系，经过邓植仪多年努力，至1949年，已发展成有农学、林学、农业化学、蚕桑、农经、畜牧兽医、园艺和病虫害等八个系和科研试验机构较完善的农学院，为以后的进一步发展奠定了一定基础。

②着力建设一支有学科带头人的高素质、稳定的师资队伍。新中国成立前的许多大学，由于种种原因，人事变动频繁，教师队伍极不稳定，邓植仪深知这对办学非常不利。当时农学院师资来源是多渠道的，但由于他知人善任，真诚待人，扶掖新秀，善于团结教师，因而能使一批学术造诣专深，有振兴中华农业抱负的知名教授如丁颖、陈焕镛、张巨伯、侯过、温文光、利寅、杨邦杰、蒋英、王仲彦等，长期稳定地在农学院执教。这就使农学院成为当时中山大学七个学院中教师队伍最稳定的一个学院。

对师资素质的提高，邓植仪是极其重视的。他一方面认真执行中山大学关于长期教授连续服务满五年以上者，得出外考察研究一年照支全薪的规定，以提高教授学术水平和稳定知名教授在院执教；另一方面为使教师队伍不断充实提高，后继有人，他很重视新秀的培养。早在1935年，他与丁颖、侯过、利寅等就联名向中山大学校长建议，制定并公布了《选派农学院助教及技术人员留学外国暂行规定》，明确规定要选派一些品行端正，成绩优异，对于农业科学确能专心研究的年轻教师出国深造。同年，他们即联名推荐了谢申、林亮东、罗彤鉴等赴美、日两国留学。他们学成后，在抗日战争爆发前后都返回学院任教。他还竭力争取留学归国校友，如赵善欢、蒲蛰龙、黄昌贤等返院执教，壮大了教师队伍。

在师资队伍建设中，邓植仪严于律己，以身作则，他身兼中山大学教务长、农学院院长两要职，但从没有忘记自己是一位教师，一直坚持讲授土壤学、地质学、土壤分类学和指导研究生，还常利用寒暑假带领科研人员到农村进行土壤调查，开展科学研究。

③寓学农、爱农、务农教育于实践教学环节之中。邓植仪常教育学生农业科学是应用科学，农业工作又较艰苦，农科学生求学意志不可不坚，学成之后从事农业工作，尤须刻苦勤劳。为此，他对学生的专业劳动和专业技能的锻炼，要求非常严格，新生入学伊始，就先从事一段时间的农场工作，"以锻炼其精神体魄，以免将来易为不良环境所变迁。"其后通过组织学生到校内外农林场进行暑假实习和科学试验，正确引导学生理论联系实际，培养其解决生产问题的能力和坚定热爱农业、献身农业的意志。早年中山大学农科大多数毕业生都能长期坚持在农业部门工作，并保持艰苦朴素的作风，这与邓植仪的谆谆教导和严格要求是分不开的。

四、中国土壤学科的先驱

邓植仪是一位学术造诣专深，具有组织领导才华的土壤学家。他深知土壤问题乃农业生产的根本问题，要发展农业生产，必须重视发展土壤科学。因此，他数十年如一日，把汗水洒在祖国大地上，不间断地从事土壤调查和土壤科学研究工作。

1. 创建广东土壤调查所

"欲科学化其农业，必首先建设有系统而充实之农业科学机关以为中枢。"这是邓植仪建立农业科研机构的基本观点。1930年，南京中央地质调查所成立土壤调查室，同年10月1日，广东正式成立了广东土壤调查所，这是我国建立土壤研究机构的开端。广东土壤调查所是由邓植仪建议，由广东建设厅农林局、农矿部广州农产物检查所及中山大学农学院3个单位联合筹建，负责广东土壤的系统调查研究，隶属于农林局,挂靠于中山大学农学院。邓植仪受聘为首任所长。该所在邓植仪亲自领导下,不仅摸清了广东土壤概况,而且培养了一批土壤学专家。

2. 锲而不舍进行土壤调查研究

土壤调查所成立后,邓植仪亲自规划了广东全省土壤调查研究工作:一为各县的详细调查;二为各县之简单调查;三为全省重要土壤系区的调查。1930年11月,他即带领全所科技人员到番禺县进行了为时3个月的土壤野外调查,为我国分县土壤详细调查工作拉开了帷幕。经过8年艰苦努力,至1938年广州沦陷前,先后完成了番禺、南海、东莞等34个县的土壤详细调查工作,其中已出版了28个县的土壤调查报告书及土壤分布图。

1931年夏季开始,邓植仪一连利用3个暑期,亲自主持广东全省重要土壤系统性质及其分布的概略调查,足迹遍及全省各地,于1934年撰写出版了《广东土壤提要初集》。这一论著不仅可供行政、研究与经营三方面参考,还可用作农业学校教材。

不管是在和平时期还是在战火纷飞的抗日战争的艰苦岁月里,邓植仪从未中断过土壤调查工作,中山大学农学院迁到哪里,土壤调查工作就开展到哪里。1939年春,中山大学刚迁到云南澄江,邓植仪就与丁颖、侯过乘坐西南运输处货车沿滇缅公路考察昆明至大理间农林及土壤概况,全程400多千米,多属崇山峻岭,沿途采集了不少土壤标本。考察后,他亲自撰写了《沿滇缅公路考察昆明至大理间农林及土壤概况报告》。土壤调查所则就地组织进行了澄江县土壤详细调查,编印出版了《澄江县土壤调查报告书》。抗日战争胜利后,又派遣科技人员赴粤北继续进行土壤调查,并进行全省土壤理化性质研究。

广东土壤调查所在邓植仪直接参与和领导下进行的全省分县土壤调查,不仅在全国开展得最早,而且能面向农林业生产,从1930~1949年坚持了20年。通过调查发现,广东农业土壤普遍呈酸性,而且沿海一带还有咸性水田(俗称沙田)。这些调查研究的成果,为研究广东土壤改良和合理施肥奠定了基础。

3. 重视学术交流

为了促进全国土壤肥料科技工作者的学术交流,推动土壤肥料科学事业的发展,1934年,邓植仪与彭家元、陈方济等倡议,组建了中华土壤肥料学会。该会发行了会刊《土壤与肥料》(季刊)。该会和会刊编辑处均设在中山大学农学院,邓植仪、彭家元等主持学会和会刊编辑工作。

邓植仪是一位民族自尊心很强的科学家。早年，他对第一、二次国际土壤学大会没有中国科学家参加深感遗憾。他下定决心要改变这种落后状况，积极进行了多年准备，使广东土壤调查研究工作取得了可喜的进展，积累了不少宝贵资料，为出席大会创造了条件。

1935年7~8月，邓植仪应邀出席了在英国牛津大学举行的第三次国际土壤学大会，实现了他多年的夙愿。邓植仪向大会提交的论文，主要论述广东省土壤调查工作和成就，在引言中还介绍了我国古代夏禹治平水土后，曾辨别九州的土壤，并比较其肥力而制定赋贡之法，弘扬了我国古代农业科学文化。我国代表还主动邀请与会代表座谈，向他们介绍了我国土壤科学的发展情况，促进了相互了解与合作。邓植仪还与亚洲代表一起商议了有关准备绘制亚洲土壤草图等问题。这些学术交流活动，提高了我国在国际土壤学界的学术地位。

与此同时，他还代表中山大学出席了牛津大学举行的世界教育大会，提交了《中山大学近年来之发展》一文，交流了办学经验。回国后，他撰写了《出席世界教育大会报告书》，并建议组织全国教育联合会，以提高我国在世界教育大会上的地位。

4. 年近古稀，壮心不已

1950年4月，农业部在北京召开我国有史以来第一次全国土壤肥料会议，年过花甲的邓植仪应邀从香港到北京出席了大会，并为大会撰写了《广州三角洲土地的利用和沙田部分的生产改进意见》一文，提出了机耕、设置排水装备、改良稻种和改个体经营为合作经营等改进意见。

大会后，邓植仪先后受聘为农业部顾问，华北农业科学研究所、中国农业科学院研究员。他满怀激情和强烈的历史责任感，多次深入基层开展工作。在华北农科所工作期间，与中青年科研人员一起，翻山越岭全力协助新建的国营农场和农业生产合作社进行土壤调查、勘测、科学鉴定，了解其土壤的类型和特征，以制订生产计划。在土壤调查工作中，他不忘向农民群众学习我国传统的生产方法和辨认古称"垆土"的各种形态。他积极响应人民政府提倡整理祖国农业遗产的号召，整理古籍中有关土壤学的文献资料，探讨前人对土壤分类与土地利用方面所作的研究，撰写了《有关中国上古时代（唐、虞、夏、商、周五朝代）农业生产的土壤鉴别和土地利用法则的探讨》一文。

1957年5月，邓植仪南返广州任职于华南农业科学研究所，这时他已年近古稀，但仍着手研究反酸田改良问题和规划红壤研究工作，可惜任务未完成而辞世。

邓植仪从事教育、科研工作 40 余年，深受师生、同事们尊敬和爱戴。他学识渊博，造诣专深，著述丰富。他的土壤调查成果，至今仍对农业建设发挥一定作用。他的农业教育思想和办学经验则是我国现代农业教育史上的宝贵财富。1992 年，华南农业大学专门出版了《丁颖邓植仪农业教育论文选集》，以表达对邓植仪教授的缅怀之情。他求是务实的科学态度，艰苦创业、勇于开拓的献身精神，将永远激励着后人为祖国农业科学和农业教育事业的发展不断开拓前进。

五、邓植仪主要论著

邓植仪. 1924. 论吾粤实业与实业教育. 广东省教育会杂志，2（4）：1-5.

邓植仪. 1930. 研究土壤分类的新趋势. 农声月刊，133：5-9.

邓植仪. 1931. 土壤调查与农业发展之关系. 农事双月刊，8（2）：7-12.

邓植仪. 1931. 广东土壤之概况与农林利用之区分. 农声月刊，(149)：1-7.

邓植仪. 1932. 番禺县土壤调查报告书. 广州：广东土壤调查所.

邓植仪. 1933. 论农学院之过去与将来. 农声月刊，(171)：1-5.

邓植仪，陆启先. 1934. 东莞县土壤调查报告书. 广州：广东土壤调查所.

邓植仪. 1934. 广东土壤提要初集. 广州：广东土壤调查所.

邓植仪，彭家元. 1935. 土壤学. 广州：中山大学出版组.

邓植仪. 1935. 发展我国西北农业之管见. 农声月刊，(184/185)：1-7.

邓植仪. 1935. 三十年来之广东农业. 农声月刊，(186)：1-17.

邓植仪. 1935. 出席第三次国际土壤学大会暨沿途考察农业与农业教育概况报告书. 农声月刊，(191)：1-35.

邓植仪. 1937. 广东粮食问题. 农声月刊，(210/211)：1-4.

邓植仪. 1938. 改进我国农业教育刍议. 农声月刊，(218/219)：95-107.

邓植仪. 1947. 农业改进与乡村教育. 广东教育，2（5）：30-31.

邓植仪. 1947. 科学与教育——大学应负之科学使命. 国立中山大学校刊，2：1-2.

邓植仪. 1950. 广州三角洲土地的利用和沙田部分的生产改进意见. 全国土壤肥料会议汇刊（农业部）：40-41.

邓植仪. 1957. 有关中国上古时代（唐、虞、夏、商、周五朝代）农业生产的土壤鉴别和土地利用法则的探讨. 土壤学报，5（4）：271-284.

主要参考文献

何贻赞，李心光，谢贤章主编. 1992. 丁颖邓植仪农业教育论文选集. 广州：华南农业大学.

华南农业大学校史编委会. 1999. 华南农业大学校史. 广州：广东科技出版社.

撰写者

何贻赞（1922～），曾任原华南农学院教务处长和农业教育研究室主任，1986 年离休。长期从事高等农业教育管理和农业教育史研究，是《华南农业大学校史》副主编和主要执笔人之一。

丁 颖

丁颖（1888～1964），广东高州人。教育家、水稻专家，中国现代稻作科学主要奠基人。1955年当选为中国科学院学部委员（院士）。1924年日本东京帝国大学农学部毕业。历任广东大学（后改为中山大学）农学院院长、华南农学院院长、中国农业科学院院长。曾任中国科学技术协会副主席，第一、二、三届全国人民代表大会代表。同时还是全苏列宁农业科学院、民主德国农业科学院、捷克斯洛伐克农业科学院的通讯院士、荣誉院士。丁颖毕生致力于水稻杂交育种工作，在我国率先开展水稻杂交育种研究。他长期运用生态学观点对稻种起源演变、稻种分类、稻作区域划分、农家品种系统选育以及栽培技术等方面进行系统研究，取得了极其重要的科研成果，在世界稻作界产生了深远的影响。撰写了140多篇有关水稻育种研究的论文，其中《中国稻作起源与演变》、《中国水稻品种对光温反应特性的研究》、《水稻分蘖、幼穗发育的研究》获1978年全国科学大会奖。这些论文已经由中国农业出版社整理并出版《丁颖稻作论文选集》。由他领衔主持编写的《中国水稻栽培学》（1961），更是一部真实反映中国当代水稻栽培科学水平的巨著。

一、出身乡土僻壤　胸怀富民大志

丁颖，字君颖，号竹铭，这优雅的称呼很容易让人以为他出身于书香门第。然而他却真正来自于农村，1888年11月25日于贫苦农民家庭呱呱坠地。他从小耳濡目染了近代中国农村生活的酸甜苦辣。童年的贫困生活，幼年的辗转求学，磨炼了他的意志，促成了他"要使吃不尽苦头的农民与现代科学发生联系"的愿望，更促成了他从小立志为振兴国家的农业，为广大农民谋福祉而奋斗终生的人生目标。他曾经喊出："诸君！当今之血性青年，当为农夫温饱尽责尽力，我决意报考农科！"的豪言。在他的青年时期，面对"上粪种地，愚不可及，何须留洋？"的偏见，在数度辍学的情况下，依然顽强地三渡扶桑，在异邦刻苦学习先进的农业科学技术达9年之久。1924年，他终于成为东京帝国大学农学部第一个攻读稻作学科的中国留学生而载誉归来。那时，丁颖36岁，风华正茂，踌躇满志。

丁颖在早年忙碌的科学研究中，依然时刻不忘自己如此执著动力来源，那就是"科学救国"。丁颖早年在广东大学农科学院（中山大学农学院前身）任教的同时，还深入实地考察研究，对广东的粮食生产问题做了大量的调研工作，获得了大量真实的一手资料。他在科研工作的同时利用这些资料写出了《改良广东稻作计划书》和《救荒方法计划书》，以科学的角度呼吁当时的政府每年拨出1‰的洋米进口税作为稻作科研经费，以便他将这些计划早日付诸实施，早日造福农民。但由于时局动荡，民国政府自顾不暇，因此丁颖的这些爱国的举动没有得到积极的回应，最终经过他的不懈努力，仅仅获得了260元经费。为尽快开展相关科研工作，1927年，他通过变卖祖产并加上自己的工资积蓄，在茂名县公馆圩筹建了我国第一个稻作专业研究机构——南路稻作育种场。建场伊始，育种场仅有两间简陋的泥坯房和60亩常年干旱的坡地，尽管如此，丁颖带着两名技术员和几名民工毅然在这里展开了愚公移山式的壮举。在这里，丁颖成了地地道道的"泥腿子"、"谷种佬"。经过一段苦行僧似的拓荒生活，他们先后增设了石牌稻作试验总场和虎门（沙田）、东江（梅县）、北江（曲江）等试验分场，不断选育优良稻种，改进栽培技术，小小的试验场名气越来越大，实验工作越做越多，成果也不断显现，这在当时对发展华南粮食生产做出不小的贡献。然而，正当丁颖将满腔热情在这片泥土上尽情挥洒之时，1938年日军侵占广州，他们的科研基地除南路场外，均遭日军洗劫，部分同事更是惨遭日寇屠戮。为此，中山大学被迫西迁云南，但是丁颖首先想到的并不是收拾金银细软上车赶路，而是冒着日寇的炮火拼命抢运多年积累下来的珍贵稻种和甘薯苗。抗战胜利后，丁颖随校迁回广州立即着手科研的恢复工作。新中国成立前夕，面对迁校至海南岛的压力，丁颖在维护教育事业和国家财产的紧要关头，毅然加入了地下党领导的护校行列，为反对迁校和保护师生站在了斗争的最前列。

丁颖的身上有一种本色，这就是农民的本色，劳动者本色。做一个真诚的劳动者，就是对他的最贴切的形容。丁颖喜欢走进农村，喜欢别人叫他"丁师傅"；喜欢走进田间，喜欢农民们都叫他"谷种佬"，喜欢和农民一起摸爬滚打。他认为，这样搞出来的科研成果，一定是农民最能接受的，一定是农业最需要的。"学农、爱农、务农"，这是成为知名教授后的丁颖依然时常挂在嘴边的名言。特别是在1963年他已是75岁高龄的老人，在考察西北稻区时，仍不顾年迈体衰，坚持赤足下田，亲身感觉雪水灌溉对稻根生育的影响。

丁颖作为一名科学工作者，他的真诚更体现在对科学研究的诚实和严谨。在他眼里，科研成果必须要以准确、翔实可靠的数据为基础，在他的字典里没有"差不多"、"大约"、"大概"等敷衍的文字。他在论文的发表方面更是达到了一种苛求的程度，始终坚持科研论文必须对科学和生产负责。他对于把论文作为追求名利的现象嗤之以鼻。他不管是在成名前还是在获得了巨大的荣誉之后都能够以一位普通的农业科研工作者的心态认真地对待每一篇自己写的或是经他手审阅的文章。常年的科研与实践使他养成了凡事都要都要经过深思熟虑，反复推敲的作风。这一点，他周围的同事与学生都钦佩不已，他就是这样一个从不说大话、从不讲口号的邻家老先生，以自己的真诚、以自己的亲切、以自己的执著感染着周围的每一个人，他的为人，就是一部最好的人生教科书。据了解，丁颖在早年撰写"中国栽培稻种的起源与演变"一文的时候，为了获得最为准确的证据，他往往要对一个论点进行反复、多学科的交叉论证。他认为，只有这样的论据，才是最有力的证据，才是对科学和自己的最大负责。早在1926年广州发现野生稻之后，他就开始构思破解中国栽培稻种的起源之谜，他在研究过程中意识到仅仅从农学的角度去论证还远远不够，为此他广泛寻访了历史学、文字学、人类学、分类学等领域的知名专家，查阅了无数各类学科的文献资料，一个小小数据的确定，可以贯穿整个论文的撰写过程。据有资料显示，丁颖的这篇论文直到1957年才最后定稿，前后花了整整31年！而对于非研究性质的论文，他一样是认真对待，丝毫没有大意。据说，"农业科学为农业生产服务"一文竟然也经过了多达10次的修改后才交稿，甚至连校对他都亲自完成。

即使是在"大跃进"时期浮夸成风的年代里，面对"人有多大胆，地有多高产"的"舆论"压力，他表现出了一位正直的科学工作者的骨气；面对扑面而来的浮躁与狂热，他表现出了一位科学决策者的镇定与警惕。在这场史无前例的风波中，他坚持科学的观点，发展的理念，坚持不随波逐流，对受到无数人盲目追捧，并被奉为能解决几亿农民吃饭问题灵丹妙药的"高度密植高产"的提法深表疑虑。面对质疑，他非常诚恳的表示，"搞一亩、几分地的探索是允许的，大面积搞得慎重考虑。"在他看来，不管周围的环境如何变化，世道如何变迁，农民的地皮永远是和肚皮紧密相连的，这是亘古不变的真理。

二、光辉成就 源于"蚁行者"精神

丁颖治学严谨，一丝不苟，一生都在努力践行着蚂蚁式实干的科研精神，虽然在科研实践上严谨慎重，但是在创新上依然保持着青年时代的血性和热情，这就是大师的精神，大师的风范。

丁颖对我国近现代水稻科学的发展主要有五大贡献：①最早论证中国栽培稻种

起源于中国；②提出独创性栽培稻种分类体系；③极具眼光的提出划分我国稻作区域的设想；④开创性地提倡区制选种法；⑤首创我国野生稻利用研究。

中国稻作文化历史悠久，已众所周知，但稻作起源于何时？发祥于何地？在丁颖以前则众说纷纭。1884年瑞士康多勒认为，普通栽培稻起源于中国至孟加拉一带；苏联 H. И. 瓦维洛夫主张印度起源说；1944年宇野园空在《马来稻作之仪记》中认为，中国稻种起源于印度。丁颖根据古籍记载和出土遗踪，从历史学、语言学、古生物学、人类学、植物学以及籼粳稻种的地理分布等方面进行了系统的考察研究，论证了中国水稻起源于公元前3000多年前的神农时代，扩展于公元前26～前22世纪的黄帝与禹稷的时代，稻作栽培奠定于公元前1122～前274年的周代。丁颖还根据古人类的迁徙和水稻一词在不同语系中的表达方式，提出栽培稻种的传播途径。他认为，中国稻种不仅起源于中国的野生稻，而且是世界稻种传播中心之一。

丁颖对我国栽培稻种的演变与分类有精湛的研究和独创性的见解。丁颖把籼稻定名为籼亚种（*O. Sativa* L. subsp. *hsien* Ting），粳稻定名为粳亚种（*O. Sativa* L. subsp. *keng* Ting）。表面看来只是一字之差，但其科学内涵则有很大不同，因而引起了国内外学者的极大注意。对于水稻分类方法，丁颖强调必须符合生产实际，有利于育种与栽培的应用。例如，反映气候生态型的耐光、耐阴、耐寒、耐热等特性；反映生物间生态平衡的抗病、抗虫等特性；反映生理生态特点的苗、株、穗、粒等形态特征与品种选育和栽培措施关系密切，应列为分类标准。因此，他提出了以我国栽培稻种系统发育过程为基础的五级分类法：第一级为籼粳亚种，籼亚种为基本型，粳亚种为变异型；第二级为晚季稻与早、中季稻的气候生态型，晚季稻为基本型，早、中季稻为变异型；第三级为水、陆稻地土生态型，水稻为基本型，陆稻为变异型；第四级为黏、糯稻的淀粉性质变异性，黏为基本型，糯为变异型；第五级为品种的栽培特性与形态特征。丁颖对收集到的6000多份栽培品种进行了分类研究，并把它们保存下来，为以后良种选育工作提供了丰富的原始材料。我国第一个矮秆良种广场矮的育成就是利用了保存下来的农家品种矮仔粘的矮秆基因。

丁颖还极具眼光的提出划分我国稻作区域的设想。由于前人对我国稻作区域划分的依据不一，又偏于长江以南稻区，未能反映全国稻作区域的全貌。有鉴于此，丁颖从植物地理分布与环境条件相统一的生态学观点出发，以光、温、雨、湿等气候因子为基础，以品种类型为标志，结合土壤因子、病虫等生物因子以及种植制度、耕作方法等人为因素进行综合研究，把全国划分为六大稻作带：华南双季稻作带；华中单双季稻作带；华北单季稻作带；东北早熟稻作带；西北干燥稻作带；西南高原稻作带。这种划分比较切合实际，对发展我国水稻生产和组织全国科学研究有指导作用。丁颖特别把当时稻谷产量仅占全国总产0.3%的西北干燥地区划为一个稻作带，并指出该带具有雨量少、光照足、昼夜温差大、病虫害较少、水稻容易高产稳产的特点，随着灌溉条件的改善，增产潜力甚大。现在新疆垦区的水稻单产水平已超过华中、华南稻区。

丁颖是我国最早从事水稻育种的先驱者之一。早在1926年，丁颖就在广州郊区发现了野生稻株，1933年发表的《广东野生稻及由野生稻育成的新种》有力地证明了我国是栽培稻种的原产地，彻底否定了"中国栽培稻起源于印度"。丁颖为稻种分类奠定了理论基础，为我国稻作区域划分提供了科学依据；他独创了"区制选种法"，提出了"水稻品种多型性"理论，共育成水稻良种60多个并在生产中大力加以推广应用，产量和品质方面均获得了良好的表现。特别是在1933年期间培育的良种中山一号，在世界上首次成功地把野生稻抵抗恶劣环境的种质转移到栽培稻上，并且在生产中大面积推广超过半个世纪之久；1936年通过野生稻与栽培稻杂交，培育出世界上首个"千粒穗"品系，在东亚稻作学界引起轰动；晚年主持中国水稻品种光温生态研究，其成果为我国水稻品种的气候生态型、品种熟期性分类、地区间引种及选种育种、栽培生态学等，提供了宝贵的理论依据。早在20世纪30年代，我国稻作学界便已流传着"南丁（颖）北赵（连芳）"的美誉，1989年日本渡部武主编的《中国的稻作起源》一书更是尊称丁颖为"中国稻作学之父"。

丁颖十分重视地方品种的利用，认为我国农民在长期生产实践中培育出来的地方品种是祖国的宝贵财富；对它们的某些性状加以改造利用，是改良现有品种或选育新品种最现实有效的途径。他在《水稻纯系育种之理论与实施》(1936)，《水稻纯系育种法之研讨》(1944)等文章中提出水稻品种多型性理论，即凡是在一个地区长期栽培的地方品种，其群体必然存在占半数以上、能代表该品种的产量、品质和其他特性水平的个体——基本型，以保证品种群体的种性。基于这种观点，他在从事地方品种的系统选育时，创造性地提出自己的"区制选种"法，即在选育过程中采取农家惯用的栽培管理方法，以该地方品种的原种为对照，采用小区种植法进行产量鉴定；选育出来的良种，最后送回原产地或类似地区进行试种示范。他与他的同事们运用此法先后育出许多优良品种在原产地区推广。其中种植范围较广的有白谷糯16、黑督4号、东莞白18、南特16、齐眉6号、竹粘1号等68个。

丁颖还开创了野生稻与栽培稻远缘杂交育种的先河。1933年他从多年生普通野生稻与竹粘天然杂交后代中选育出中山1号新品种。中山1号抗逆性强、适应性广，曾在华南地区种植了半个世纪。丁颖还用印度野生稻（wild kargea）与栽培稻品种杂交育成了银印20、东印1号、暹黑7号等品种。他在1931～1933年间对野生的研究中，就发现有花药不开裂与花粉发育不完全的雄性不育现象，是我国水稻雄性不育研究的最早报道。

三、教育事业的"愚公" 优秀人才的"伯乐"

丁颖不仅是一位令人尊敬的科学家，更是一位令人敬佩的人民教育家。他在学术上不仅以身作则，严谨治学，他在生活中更加关心青年科学家的成长，更加关心中国的农业科研事业是否后继有人，中国的稻作学是否能够在他们手中茁壮成长，并一代代发扬光大。实际上在早年四处颠沛流离的求学生涯中，有着一腔救国壮志的血性青年丁颖就已经将"教育救国"、"科学救国"的思想深深烙印在了他的心中。在学成归国后，他毅然担负起现代高等农业教育和农业科学事业拓荒者的重任，由此开始了他的终生奋斗。

丁颖不仅在水稻杂交育种研究中有着惊人敏锐的观察力，在教育方面仍然具有令人赞叹的远见卓识。这一点，与他在常年的科研实践中形成了根深蒂固的责任心和职业精神不无关系。早在20世纪30年代初，他就极富前瞻性地提出了中国的三农问题，这与今天的"三农"问题有着惊人的相似。在那次没有多少人关注的题为《农业教育与农政》的讲演中，丁颖简明扼要地阐述了他对举办农业教育的几个基本观点：一是为了振兴农业，复兴农村，安定农民生活；二是为了解决农业技术推广问题；三是为了提高民族文化素质。这些都抓住了中国农业农村与农民千年艰辛发展历程的症结与命脉，与今天我国农业发展的指导思想是多么的相似！

丁颖不仅在学术思想中充满了对农业科研人才的关注与渴望，他在担任了领导职务后更加注重对农业高级人才的培养。作为华南农学院首任院长的丁颖对学生在今后职业生涯的规划与选择上曾明确指出，"一定要热爱农业，热爱农民，热爱农村，热爱农业生产，牺牲目前的个人利益，献身于长远的农民群众的利益，以求达到为农业生产服务的目的"。华南农学院的校友在提到丁颖校长的这番话，都会感到十分的熟悉与亲切。丁颖任校长12年，同样在教育改革上也忙碌了12年。在他的大力推动下，学院的教育不断发展，教学质量和学术水平都发生了巨大的变化。华南农学院最终跨入了全国知名大学的行列，并成为广东高等农业教育的一面旗帜。不仅如此，他还亲自编写农业教材，他长期的科研实践经验结合理论成为了他的教材最大的优势，当然，也受到了学生们的广泛欢迎。作为一名校领导，他不仅注重学风建设，同样也十分强调师资队伍的建设，在他看来，一支理论结合实践的教师队伍是学校最宝贵的资源。优秀的教师应该是理论联系实际和教学科研生产三结合。

在这个标准下和他的严格要求下，华南农学院为国家培养了大量的优秀教师和科研专家。华南农学院是由中山大学农学院、岭南大学农学院与广西大学农学院（部分）共同组成的。在他的领导和精神感召下，三地院校被紧密联结在了一起，师生亲如一家，教师队伍稳定，教学质量逐年提高。经他多方呼吁与协调，1963年，一个由中国农业科学院、广东省农业科学院和华南农学院联合组成的中国水稻生态研究室诞生了，这是中国水稻研究领域的一件大事。它标志着中国水稻科学研究从此走上了横向联合、协同发展的道路，为今后国家农业科技创新和区域创新中心的形成埋下了伏笔，而且促进了农学院由原来单一教育中心向教育、科研中心两个职能兼备发展。

四、洁身自好　淡泊名利　热爱祖国　矢志为民

丁颖的一生不仅是后人科研工作的楷模，更是现代人勤俭互助的榜样。在战争期间丁颖就时常以自己的言传身教引导、鼓励他的孩子们不以清茶淡饭的生活为耻，不以洁身自好的生活为悲。他对粮食的珍惜，对公物的爱惜达到了很多现代人难以理解的地步：他吃饭从不浪费一粒米，同样也不浪费哪怕是一点点的公物。据说在他做实验和下田地的地方，一把镰刀或是一根麻绳都要全部捡起来放到仓库，甚至连一些旧纸、信封也必须重新利用。他这种苦行僧式的生活在物质生活极为丰富的今天看来，似乎有些不可思议，但是，如果我们想一想同时代的老革命家和其他思想家、教育家等等，我们会发现，他们在这方面有着惊人的一致。因此也就不难理解，他们做的事情虽然不一样，但是他们的信仰是一样的，都是为了劳苦大众的翻身解放，都是为了国家的繁荣强盛，有这样的信仰，那些所谓的艰苦生活又怎能被轻易击倒呢？

丁颖的艰苦朴素是源于对国家的爱，那是一种大爱，这种大爱会自觉地化为自己的实际行动。丁颖虽然以优异的成绩考取了获得公费留学日本的机会。但是在时局动荡的年代，远在异国他乡的丁颖依然时时关注着国家的命运。他曾数次参加救国运动，为声援祖国的学生运动上街游行示威受到日本军警的血腥镇压，对此愤慨不已，决定辍学回国。先后在高州中学、高州农校任教，后来改任广东省教育厅督学。在外人看来，这是一条通往官场并且能够平步青云的捷径，但耿直的丁颖却对教育界尤其是官场政客的贪污腐败深恶痛绝，遂下定决心"不再涉足官场"。但是勤奋好学的丁颖却总是感到不继续深造恐怕难以实现"科学救国"的夙愿，于是1921年第三次赴日，考进东京帝国大学农学部攻读农艺，成为该校第一位研修稻作学的

中国留学生。为了出国深造，他前后共为之奋斗了11个春秋与寒暑。

这就是"丁颖精神"，是以丁老为代表的华农老一辈科学家所体现出来的高尚精神品德的概括，这同样也是中国学术界宝贵的精神财富。他的这种"热爱祖国，矢志为民"精神已经深深融入这片热土，并在这里生根发芽，茁壮成长。

新中国成立以后，丁颖受到党和政府的高度信任、关怀和重视，他的科研事业也迎来了最好的发展时期。建国伊始，百废待兴，国家的各方面建设都急需大量的资金，然而就是在这样的情况下，中共中央华南分局硬是拨出专款支持丁颖的稻作试验场的重建。不仅如此，中央还任命丁颖为中山大学校务委员会委员、农学院院长，并当选为广东省政治协商会议副主席，这对于他的今后的科研工作来说，更是上升到了一个更新、更高的层次，他将更多地站在国家的层面上考量中国的农业，策划中国人自己的农业事业。如虎添翼的丁颖此时更加踌躇满志，随即投入到忘我的夜以继日地工作去。由于丁颖早年求学过程中深受爱国主义教育影响，在学生时代就在头脑中牢固地树立起了"科学救国"的理念，这为他在今后特别是新中国成立后从事更高层次的农业科学研究和管理工作中形成的克己奉公、无私奉献的作风打下了坚实的基础。在华南农学院工作期间，中国共产党广东省委书记陶铸常到他家去拜访，征询发展广东农业生产的意见，见他生活简陋，提出要为他另建新居，以改善工作和生活条件，他坚决谢绝。新中国成立前他的女儿希望考上公立中学以减轻家庭负担，该校校长是他的学生，但他就是不答应写介绍信。新中国成立后另一个女儿报考华南农学院，差2分未上录取分数线，他坚持一视同仁，不予特殊照顾。抗美援朝战争爆发后，他毅然送两个女儿参军。

丁颖的这些举动源于他早年作为积极分子参与中共地下党的护校运动中建立起来的对祖国、对党的深厚感情，正是这样的感情，一直激励着他勤勤恳恳地在我们党领导的国家建设和科研建设中努力工作。经过多年的不懈努力，丁颖在1956年终于如愿地加入了中国共产党，实现了多年的夙愿。1957年，在党和政府的高度关注和大力支持下，中国农业科学院正式组建，丁颖以其出色的科研成就和崇高的学术威望出任中国农业科学院首任院长，并且兼华南农学院院长。六年后，他以75岁的高龄，亲自带队考察我国西北稻区，考察路线从张家口到山西、内蒙古、宁夏、甘肃、新疆、陕西等地。由于长期在外奔波，生活作息没有规律，加之又年事已高，考察归来后身体状况越来越差。组织上建议他休养，但是他仍旧坚持高强度的科研工作。虽然最后在组织的强行安排下，他勉强接受了休养，但随身还是带满了图书资料。此后，又带病到南京、山东考察水稻高产试验田和稻作，在考察期间甚至连近在咫尺的女儿也没有见上一面。但在此时，他的身体健康急转直下，肝部疼痛难忍，他就用枕头压住肝痛部位，坚持在济南完成考察报告。等回到北京后发现已经是肝癌晚期，住院仅20天就与世长辞了。

丁颖就是这样一个忘我的人，一个把事业凌驾在自我一切之上的人，他曾被周恩来总理亲切誉为"中国人民优秀的农业科学家"。他热爱农业胜过爱他自己，他关心他人胜过关心自己。他从不把自己的病痛放在心上，但是每当同事生病或遇到困难，他都亲自探望问候，并尽己所能去帮助他们；他虽是学术权威，但是没有任何架子，对周围的所有人都一视同仁，热情有加。尽管他们的地位有时差距很大，这使得许多来访的客人都大受感动；对于晚辈和年轻人，他都非常关心，他经常教育后辈，要取得科学成就，必须实事求是，深入实际，掌握第一手材料。他对待学生就像对待他自己的孩子一样，关怀备至，教育有方。这使得很多他的学生在毕业之后对丁颖一直都念念不忘。1948年，学生们送给了丁颖一只怀表和一支自来水笔庆祝他的60岁生日，他将这两件礼物视作珍宝，一直使用到1964年去世。一位久居台湾年逾古稀的学生，因错过了参加丁颖诞辰一百周年纪念大会，事后甚至特地偕老少三代，专程回母校向丁颖塑像献上一束鲜花，并三鞠躬致敬。

丁颖的高尚人格使得他痛恨一切学术活动中不诚实和自私的行为，他特别看不起科研人员搞小团体的自私、短视行为，鼓励科研人员互相交流、合作，共同分享科研成果，共同推进科研进程。他对人才外流现象非常痛心，曾经多次力劝外流港澳的科技人员和学生回来投身祖国的社会主义建设事业。为了更多地了解和学习掌握苏联的农业科学技术，高龄的他甚至还和青年教师一道参加俄语学习班，并潜心钻研马列主义理论著作和毛泽东的《实践论》、《矛盾论》，以不断提高自己的政治思想水平。

丁颖有句名言："真诚的科学工作者，就是真诚的劳动者。"这是他一生真实而生动的写照。在华南农业大学这片安静祥和的土地上，矗立着华南农学院首任院长——丁颖的雕像。塑像不大，甚至显得有些瘦削，然而质朴的外表却处处流露着一种朴实无华和儒雅的风度。

纵观古往今来，大凡有成就的科学家大致可以有两种类别，一类是"两耳不闻窗外事，一心只读圣贤书"类型，即在象牙塔中醉心于自己的研究，能够在理论上产生伟大的变革，把学科发展推向一个更高的层次，这些人是值得尊重的天才；还有一类人就是不仅具备科研领域的学术水平外，还心系民生，关注于科研成果的转化和推广，他们的科研成果不是自己皇冠上的宝石，而是苍生的衣食住行，但是这类人往往注定了要过苦行僧式的生活。不过，百姓最能记住的就是这样的人。丁颖就是后一类型的杰出科学家。在21世纪物质文明高度发达的今天，再次重温丁颖为代表的老一代科学家的懿行风德，以前人为鉴，不仅对科技工作者，其实对我们每一个人，都不失为一种鞭策。

五、丁颖主要论著

丁颖. 1933. 广东稻作改良及将来米食自给之可能性. 中华农学会报, 113: 1-4.

丁颖. 1933. 广东野生稻及由野生稻育成之新种. 中华农学会报, 114: 204-217.

丁颖. 1949. 中国古来粳籼稻种栽培及分布之探讨与栽培稻种分类法预报. 中山大学农学院农林研究委员会丛刊, 6.

丁颖. 1957. 中国栽培稻种的起源及其演变. 农业学报, 8 (3): 243-260.

丁颖. 1961. 中国水稻栽培学. 北京: 农业出版社.

丁颖. 1964. 关于西北干燥地区的水稻品种和栽培技术问题. 中国农业科学, (1): 1-11.

丁颖. 1964. 中国水稻品种的生态类型及其与生产发展的关系. 作物学报, 3 (4): 357-364.

丁颖稻作论文选集编辑组. 1983. 丁颖稻作论文选集. 北京: 农业出版社.

丁颖. 1983. 我国稻作区域的划分 // 丁颖稻作论文选集编辑组. 丁颖稻作论文选集. 北京: 农业出版社: 94-107.

丁颖. 1983. 水稻纯系育种法研讨 // 丁颖稻作论文选集编辑组. 丁颖稻作论文选集. 北京: 农业出版社: 452-478.

主要参考文献

刘瑞龙. 1984. 学习丁颖同志的高尚品德和治学精神 // 华南农业大学. 纪念丁颖教授逝世二十周年学术论文专辑: 1-5.

卢永根. 1989. 毕生献身农业的优秀人民科学家. 中国科学技术协会纪念丁颖教授诞辰一百周年.

王连铮. 1989. 在纪念著名农业科学家丁颖诞生一百周年大会上的讲话.

吴灼年. 2005-6-9. 中国现代稻作科学主要奠基人——丁颖. 光明日报.

撰写者

丁麟（1975～），农业信息管理博士，现任中国农业科学院办公室宣传处副处长。

杨邦杰

杨邦杰（1891～1971），湖南洞口人。蚕业教育家、蚕业科学家，华南地区蚕桑教育及蚕桑事业的奠基人和开拓者。1928年毕业于日本九州帝国大学农学部，获农学学士。曾任广东仲恺农工学校蚕桑部主任，中山大学农学院教授、蚕桑系主任，华南农学院教授、蚕桑系主任；兼任中国合众蚕桑改良委员会委员，湖南农业专科学校校长，湖南蚕丝改良场场长。杨邦杰一生致力于中国蚕桑教育事业和家蚕遗传育种研究，培养了一大批蚕桑事业优秀人才。在日本期间，他与田中义磨教授发表《冬季莴苣养蚕》论文，打开了探索家蚕代用饲料的先河。杨邦杰1928年冬回国，到广东仲恺农工学校和中山大学农学院任教，把仲恺农工学校蚕桑部办成全校最好的一个部；把当时中山大学农学院仅设一门的蚕桑课程，扩大发展成为一个系，为蚕桑系教学科研做出了巨大贡献。他应用杂交育种法，在中国最早利用引进的日本蚕品种和广东地方黄茧种杂交，最先为广东培育出优良白茧种；他应用纯系分离育种法从广东地方蚕品种中选育出十多个优良品种，在生产上应用；他提出在广东蚕业生产上饲养一代杂交种，使蚕茧产量和质量大大提高。他为中山大学农学院蚕桑系500多个蚕品种资源保存做出了卓越贡献，为广东蚕种温汤浸种的创造性研究成果的应用起了重大作用。他为振兴粤桂湘蚕业生产做出重要贡献。

一、东渡求学　归国效力

杨邦杰1891年6月18日生于湖南省武冈县（今洞口县）。1915年毕业于湖南省立甲种商业学校，随即东渡日本求学。在日本学习期间，经常受到日本学生的歧视和侮辱，这增强了他振兴中华的决心，并经常与在日本学习的中国同学共勉要为祖国多做贡献。但终于忍无可忍，毅然于1918年尚未毕业即愤而回国，在家乡中学教书。然而当时他内心十分惶惑，认为身无专长对国家无益，遂于1920年考取官费，再次东渡日本。当时日本文部省规定，凡未有取得日本中学毕业文凭的不能投考日本大学。因此，他先投考日本东京帝国大学附属实验学校，毕业后再考入日本九州帝国大学农学部，着重学习有关蚕桑的课程。在日本蚕遗传育种家田中义磨教授指导下进行学习和研究，1928年春毕业，获农学学士。毕业后，又在该校遗传实验室继续实习。在日本期间，他与导师田中义磨共同研究，并发表了《冬季莴苣养蚕》的论文，在日本蚕业界产生很大的影响，从而开创了探索家蚕代用饲料研究的先河。

杨邦杰在日本学习期间，结识了中国留日同学何品良。何品良先毕业并先回国，回国后任广东仲恺农工学校校长。何品良对杨邦杰的满腔爱国热情和认真学习刻苦钻研的精神极为敬佩，多次电催他回国去该校任教。1928年冬，杨邦杰拒绝了日本的高薪聘请，回到祖国，为国效力。

二、蚕业教育　贡献一生

杨邦杰回国后，历任仲恺农工学校蚕桑部主任、中山大学农学院教授、蚕桑系主任。1952年全国高等学校院系调整后，历任华南农学院教授、蚕桑系主任。1952年中央给他定为二级教授、蚕学专家。

杨邦杰回国之初，仲恺农工学校设有蚕桑部，而中山大学农学部仅开设一门蚕桑课程。他到任后，立即计划谋求扩充、改进和发展的办法。先后将仲恺农工学校蚕桑部的小桑园扩充为400多亩的实验桑园，新建实验蚕房两座，并附设小型蚕种冷库一间。将中山大学农学院的一门蚕桑课程扩大为蚕桑系，增设了蚕学、养蚕、制种、栽桑、蚕生理解剖、蚕丝泛论和制丝等课程，并扩大了招生规模。与此同时，他还努力加强师资队伍建设，多方物色知名的专家、教授来校任教或兼课讲学。例如，聘请桂应祥（朝鲜籍留日蚕学家）、沈敦辉（中国籍留日留德蚕学家和生物学家）来仲恺农工学校、中山大学农学院蚕桑系任教。

杨邦杰一方面锐意规划和处理学校的各项工作，另一方面对教学等工作也亲力亲为。对蚕业课程的安排、教材讲义的编写、桑园蚕室的建设、试验研究工作的开展、各造试验蚕的饲养计划、技术人员和工人的聘请与培训，都逐项亲手经办、过目或审理。同时，亲自讲授有关课程，并编写了蚕学、养蚕学和蚕种学等教材。这些教材，既参考了日本的有关资料，又吸收了国内和本地区的生产经验，再加上他自己的实验观察及研究成果。教材编成后，很受其他蚕桑学校的欢迎，并被拿去应用参考。

1936~1937年，杨邦杰经四处奔走呼吁，中山大学农学院蚕桑系获得有关方面的资助，开辟了400多亩的教学试验用桑园和品种桑园，保存有115个桑品种，修建大型蚕种冷库一座，增添多种教学科研应用的仪器设备。同时，在广州石牌设立了华南蚕业试验场，使蚕桑系的各项教学及试验研究工作得以顺利进行。

1938年日本军队南侵，10月，中山大学农学院蚕桑系随校本部迁往云南澄江。这时，办学经费十分短缺，教学和研究工作陷于停顿。蚕桑系保存的家蚕品种，包括许多珍贵稀有的原始材料、基因材料、地方品种和生产品种共有500多个，饲养保存十分困难，如果一旦丢失或死亡，不但影响蚕桑系的教学和研究试验，而且将使国家蚕品种资源造成巨大损失。因此，在迁校途经广西时，杨邦杰发表了《抗战与蚕桑》等文章，申述蚕桑对抗战建国的重要意义。并率领蚕桑系教师陈鼎新、蒋同庆、张其俊、唐维六等人求见广西建设厅农林水处负责人，在那里整整等待了三天，才被接见并获得一笔经费。当时，有人劝他何必如此低声下气呢？他说："我为蚕桑事业宁愿牺牲一切，等两三天算得什么！"闻者无不深受感动。由于争取到了经费，蚕桑系在越南河内（当时是法国殖民地）设驻河内工作站，在广西龙州设立万亩综合蚕桑场，在广西平南设立平南蚕种场，在广西桂林设立家蚕育种工作站。后来，蚕桑系随中山大学由云南迁回广东坪石和湖南宜漳，他又再三向湖南省建设厅呼吁并得到支持，在湖南耒阳设立湖南蚕丝改良场，在澧县、长沙分别设立蚕桑工作站。由于他坚持不懈，蚕桑事业在广西、湖南逐步得到发展，蚕桑系500多个蚕品种也全部得到妥善保存，直到新中国成立。

抗日战争后期，杨邦杰与部分中山大学农学院蚕桑系教职员工和湖南蚕丝改良场全体职工为躲避日军南侵，迁居在湖南宜章薛家水平游山顶上为时一年多。1945年8月25日才获悉日军投降消息，在高兴欢乐之余，他忖度时势认为必须尽早复员，恢复生产。1945年9月4日，他率领员工数人起程奔赴长沙。当时，由于公路和铁路均遭到日军破坏，他们水陆兼程赶抵长沙，向湖南省建设厅报到，申请在澧县设蚕丝改良场，耒阳设工作站，长沙设办事处。获得批准后立即开展复员工作，使湖南蚕丝改良场得以迅速恢复试验和生产。

1952年全国高等学校院系调整后，他任华南农学院教授、蚕桑系主任。在他的努力带领下，蚕桑系得到进一步的发展与壮大，仅1958年蚕桑系一届就招收本科生200人，并于1957年和1961年招收越南留学生。杨邦杰1962年8月首次招收培养研究生，1962～1965年共招收四名研究生，他们毕业后都成为学科带头人，在各自的工作上做出显著成绩。

1963～1971年，杨邦杰当选为中国蚕学会第一、二届理事会副理事长，广东省蚕学会第一、二届理事会理事长；1963年当选为广东省人民代表大会代表。杨邦杰1928年冬回国后，四十多年如一日，在华南创建和发展蚕桑教育事业，为国家培养了大批人才，为发展广东、广西、湖南等地区的蚕桑生产呕心沥血贡献一生。

三、蚕业科研　成果卓著

杨邦杰不仅重视蚕桑教育事业，而且也很重视蚕业科学的研究试验。在繁忙的教学和行政工作之余，亲自进行蚕业科学研究试验，在家蚕优良品种育成、蚕遗传研究、蚕种繁育等方面，都取得了许多卓著的研究成果。

杨邦杰在教学和研究工作上，提倡教学和研究要为生产服务的观点，主张理论结合实际，应用研究与基础研究并重，在一定条件下首先研究生产上亟待解决的问题。

他利用杂交育种法育成优良蚕品种。他回国后的头三年，应用引进的日本蚕品种和广东本地黄茧种杂交，培育出学14号、学16号，这是中国最早应用杂交育种法育成的优良白茧种。该品种各项经济性状比当时的生产品种都大有提高，其茧和生丝样品于1933年送往巴黎博览会展出，获得国际蚕业界的好评。此外，利用杂交育种法还培育出生命力较强和茧丝质较优的杂交固定种1053A2等在广东西江流域一带生产上推广多年。

他应用纯系分离育种法选育出优良蚕品种。广东地处热带亚热带，全年可采桑养蚕8~9次，但因为高温多湿，给养蚕带来许多不良影响。华南广东等地区，历史上都是饲养多化性有色茧蚕品种的纯种，这些蚕品种大体可分为两大系统：一种叫"轮月"的多化性品种，另一种叫"大造"的偏二化性的多化性蚕品种。轮月品种可以全年饲养，但茧小、茧丝量低；大造品种茧比轮月茧大，茧丝量也重，农民愿意在第一、七造饲养，如果在第二、三造继续饲养，则因不适应高温多湿而减产。为了改良蚕品种，他对广东地方蚕品种进行纯系分离，选育出"轮月"系统的仲恺258、560、369、4000和"大造"系统的56号、土大等十多个优良蚕品种，在生产上得到广泛应用。他与桂应祥合作，对仲恺258号进一步改良，使其生命力增强，达到茧形大小均匀、茧绵较少、解舒好、类节少、出丝率高等优点。这个品种在广东、广西等地生产应用直至20世纪50年代初，长达20多年之久。新中国成立后，他又与广东省农科所蚕业系等单位合作，对广东地方蚕品种进行整理评比，从中选出42、14和51三个最好的品种。其中42更为突出，表现更加优良，其茧产量和茧质量大有提高，生产上推广应用占发种量的大部分，直到南农七号育成推广应用。例如，1957年广东全省生产上几乎全部推广42品种。

杨邦杰1930年发表的《关于广东蚕种之改良——应用遗传的法则而得之二三结

果》，总结了他在这一时期的工作成果。

①应用纯系分离育种法改良广东地方蚕品种。即将广东本地蚕品种用纯系分离，得到大造形蚕和大造姬蚕，轮月白茧形蚕和姬蚕，轮月黄茧形蚕和姬蚕等优良品种。

这些经过选纯后的蚕品种，其蚕体斑纹、茧形状及大小、茧色、缩皱等都一致，茧层量也大有提高。

②提出生产上应用一代杂交种。在此以前，广东生产上自来都是采用饲养纯种的。杨邦杰应用上述六个已改良的广东优良本地种，彼此相互杂交制成一代杂交种进行饲养。结果表明，一代杂交种蚕的生命力、产茧量、茧层量和产丝量都比饲养的本地种大有提高。以缫制 1 斤生丝所需蚕茧粒数计，顺德容奇和南海官山的本地轮月种，分别需要 8142 粒和 9374 粒；而仲恺农工学校选出的改良品种的一代杂交种，只需要 3968～5200 粒，其中以 4330 粒左右为最多。

③利用已改良的广东优良本地种与已改良的外来的一、二化性品种交配制得一代杂交种进行饲养。结果亦表明，一代杂交种的茧产量和质量及丝质均比未改良的本地种显著提高。同时，这些杂交种抗性强，在广东气候条件下，每年最少可养 3 次，即春蚕 1 次、秋蚕 2 次。

杨邦杰取得的这些研究成果，当时在我国蚕业界处于领先地位，其研究成果发表后，全国各地纷纷向仲恺农工学校索要资料，以学习应用。

杨邦杰在家蚕遗传研究方面，也做了很多工作。他从 1931～1936 年先后发表了《广东蚕之二三特殊系统》、《广东特异蚕卵之形态与遗传学的研究》、《二三特殊系统蚕之卵黄色、血色、茧色等三形质之相互关系》和《仲 18、48 号黑色蚕之黑色性是否属于附加体色》四篇论文，详细介绍了在试验中获得的许多有价值的特殊品种，以及各项性状相互杂交的遗传规律，充实和丰富了家蚕遗传学理论和实验材料。

杨邦杰 1933 年发表的《家蚕之品种、性及体量与成熟速度之关系》一文，从遗传学角度探讨本地种与外来种，以及它们的杂交种之雌雄蚕体重、茧层量与成熟迟早的规律，从而对当时本地品种的改良，对一代杂交种及多元杂交种的推广应用均具有重要的指导意义。该论文还提出了一个重要设想，即从遗传的形质推想，至少存在两种 q 因子。

杨邦杰在广东蚕种温汤浸种的研究方面取得了创造性成果，对发展蚕业生产起了重要作用。广东以前饲养多化性蚕种，一年孵化多次，生产上习惯采用温汤浸种（浴种）促使孵化。这种方法，对蚕种可以起到去弱留强、预防蚕病和促使孵化齐一的作用。然而，这种方法的实施，历来都是凭靠浸汤师傅的经验来掌握汤温和浸渍时间。因为没有一定的规范和标准，蚕种往往出现一些问题，如果汤温太热或浸汤时间太长，蚕种就会死亡；如果汤温不够热或浸汤时间太短，蚕种就不孵化或孵化不齐一。这样，造成生产损失。杨邦杰在1933年发表了《蚕卵浸温水试验》论文，使温汤浸种方法有了一定标准，达到规范化和科学化。这一研究成果很快在生产上得到应用。当时，广东每年每造生产蚕种百万张之多在生产上发放，其蚕种孵化问题得到较好解决，对蚕业生产起了重要作用。杨邦杰1959年发表了《二化白茧浸温水孵化试验（预报）》，首次提出二化性蚕种可进行温汤浸种的研究成果。

杨邦杰在蚕业上的科学研究成果，主要发表在当时在蚕桑界学术研究具有权威性的刊物《仲恺农工学校研究报告》。

四、忠诚厚道　克己奉公

杨邦杰的一生是为中国蚕桑教育和蚕桑事业研究奋斗的一生。他一生忠诚厚道，克己奉公。他对人谦让，对事认真，大公无私。他所做的一切都是以蚕桑事业为中心，他业绩卓著，成果累累，在中国蚕业界具有崇高威望，对中国蚕桑界具有深远的影响。

他兢兢业业，勤奋工作，深入实际，亲力亲为，不分寒暑与假日，常常工作至深夜。他长期患有严重的哮喘病，曾多次在工作中和隆冬之夜的回家途中昏倒。

他公而忘私。1933年在他夫人临产时，他突然接到中国合众蚕丝改良委员会电报邀他去南京开会。他上午接电报，下午即起程，毫不犹豫。20世纪60年代，他的女儿女婿在吉林省工作，儿子儿媳在甘肃省工作。当时，他夫妻两人已将近80岁高龄，身边无人照顾。他的儿女也多次要求调回广州，但他坚持不允许，并一再勉励其子女安心在原地搞好工作。长者道义，实堪表率。

他克己厚人，热情好客。他在留学日本期间，经常慷慨解囊资助旅日同学。杨邦杰在九州帝国大学时的同学朝鲜人桂应祥，勤学有才，杨邦杰对他十分器重，遇其困难屡予资助。1930年杨邦杰聘请桂应祥来仲恺农工学校任教，直至抗日战争开始。在八年时间里，两人肝胆相处，交往亲密，共同研究，切磋学术。杨邦杰尽力支持桂应祥的教学和科研工作，使其取得重大成果。朝鲜民主主义人民共和国成立后，桂应祥任朝鲜农业科学院委员长，曾三次率团访问中国，每次来访必来拜访杨邦杰。两人友谊之深，由此可见。

他忠诚谦让，用人为贤。1928年，沈敦辉由日本回国。杨邦杰深悉沈敦辉学识深厚，即商请中山大学聘沈敦辉为教授，并让出自己担任的蚕桑系主任职务，请沈敦辉担任。翌年，沈敦辉去德国学习，杨邦杰复担任系主任。1935年，沈敦辉回国，杨邦杰又请学校延聘沈敦辉为教授兼蚕桑系主任，直至1936年4月沈敦辉因实验发生事故被烧伤逝世。七年之中两次让位，在当时乃至当今社会，都令人十分敬佩。

杨邦杰办事公正无私。广州解放前夕，中山大学因学校经费关系而需要裁减工作人员，他首先将其妻弟媳裁减。当时，有人劝他说："可裁者多，何必此人？"他回答说："进人，先疏而后亲；退人，先亲而后疏，才是公道。"1961年，中国农业科学院蚕业研究所需要一名蚕桑系毕业生。当时，杨邦杰所在的华南农学院有一名毕业生学习成绩很好，各方面表现都很优秀。蚕桑系有一领导想将他留系任用，但杨邦杰坚持不可，并且说："全国一盘棋，应看全局，不能顾私。"极力支持该生分去蚕业研究所，后来该生在单位表现很好，成为主要的骨干，在科研等方面做出显著成绩。

1971年1月5日，杨邦杰在广州逝世，享年80岁。

五、杨邦杰主要论著

杨邦杰. 1930. 蚕学讲义. 广州：中山大学出版部.

杨邦杰. 1930. 养蚕学讲义. 广州：中山大学出版部.

杨邦杰. 1930. 蚕种学讲义. 广州：中山大学出版部.

杨邦杰. 1930. 关于广东蚕种之改良——应用遗传的法则而得之二三结果. 仲恺农工学校研究报告（内部资料）.

杨邦杰. 1930. 关于蚕种改良之几个急切问题之商榷. 广州：中山大学农学院（内部资料）.

杨邦杰. 1933. 蚕丝复兴运动声中从我国蚕丝业目前之危机说到今后应付之方策. 蚕丝复兴运动专刊（广东省建设厅）.

桂应祥，杨邦杰. 1933. 蚕卵浸温水试验. 仲恺农工学校研究报告，1（1）：1-82.

桂应祥，杨邦杰. 1933. 家蚕之品种、性及体量与成熟速度之关系. 仲恺农工学校研究报告，1（2）：1-24.

桂应祥，杨邦杰. 1933. 广东蚕之二三特殊系统. 仲恺农工学校研究报告，1（2）：25-40.

杨邦杰. 1933. 广东蚕之研究与附录改良蚕丝之意见. 仲恺农工学校研究报告，1（3）.

桂应祥，杨邦杰，杨星岳. 1936. 二三特关系（第二报）. 仲恺农工学校研究报告，2（1）：1-32.

桂应祥，杨邦杰，杨星岳. 1936. 仲18、48号黑色蚕之黑色性是否属于附加体色. 仲恺农工学校研究报告，2（2）：1-36.

桂应祥，杨邦杰，1938. 广东蚕改良之基本的调查研究（第一篇：气候、桑、饲养和化性）. 仲恺农工学校研究报告，4（1）.

桂应祥，杨邦杰. 1938. 广东蚕改良之基本的调查研究（第二篇：与饲育室之光线、温度、湿度的逆变所左右）. 仲恺农工学校研究报告，4（2）.

杨邦杰. 1957. 广东桑蚕地方品种的整理与选拔（内部资料）.

杨邦杰，郑庭杏，邹良华. 1958~1959. 二化白茧浸温水孵化试验（预报）（内部资料）.

杨邦杰. 1959. 十年来高级蚕桑人才的培养. 广东蚕丝通讯, 5: 3-7.

杨邦杰. 1961. 关于本省蚕种复壮问题的讨论. 广东蚕丝通讯, 2 (3/4): 15-24.

杨邦杰. 1962. 新蚕品种 14、28、48、56、78、79 等的培育. 1962 年华南农学院科学讨论会资料.

杨邦杰. 1964. 发展我省蚕业的几点建议. 广东蚕业通讯, 5 (5/6): 1-2.

主要参考文献

唐维六, 卢铿明. 2004. 华南地区蚕桑教育事业的奠基人和开拓者 // 卢新勤, 姜美珍编. 天道酬勤. 华南农业大学（内部资料）: 60-64.

撰写者

钟生泉（1938～），华南农业大学蚕桑系教授，杨邦杰先生的研究生。

唐维六（1912～2010），华南农业大学蚕桑系教授，杨邦杰先生的学生和长期合作者。

沈鹏飞

沈鹏飞（1893～1983），广东番禺人。林业教育家、林业科学家，中国现代高等林业教育、林业科学的先驱。1917年北京清华学堂毕业后被选送到美国俄勒冈州农业大学学习森林工业，随后在耶鲁大学继续深造，1921年，获林学硕士学位。同年归国，先后在广东公立农业专门学校、国立广东大学、国立中山大学农学院任教授、系主任、院长，暨南大学教授、校长，还担任过国民政府教育部高教司司长和总理陵园园林处处长。新中国成立后，先后在多所高等农林院校任职，并兼任多个社会与学术职务。1921年回国后，他在《广东省教育会杂志》上发表题为《对于办理农业专门教育之管见》一文，系统地阐明了他对发展高等农业教育的基本观点。他对当年广东公立农业专门学校拟扩建为广东农业大学的改大运动深为关注，积极支持。他还组织考察过西沙群岛、海南、广东等地森林；参与创办中山大学农林植物研究室、稻作试验场、白云山第一模范林场，南京总理陵园纪念植物园及华南农学院森林经理研究室等；还参加了中国橡胶事业的开拓工作。60年来，沈鹏飞为开拓和发展中国现代高等农林教育和林业科学，献出毕生精力，做出了重要贡献。

一、生平概要

沈鹏飞，原名家球，字云程，生于1893年7月5日（清光绪十九年五月二十二日）。父传禄，番禺县秀才，执教私塾。沈鹏飞幼年随父在私塾读书，1907～1910年，在两广方言学堂肄业，聪明好学，酷爱诗词，被誉为"番禺才子"。同学中有革命党人廖毅，经常传播革命思想，沈鹏飞受其熏陶，逐渐树立了先进的革命思想，对孙中山先生十分崇敬。沈鹏飞在方言学堂毕业后被遴选到清华学堂留美预备班就读。1911年辛亥革命胜利后，沈鹏飞抱着满腔爱国热情，回粤参加了北伐学生军，并被派为见习官。学生军复员后，于1912年夏，返回清华学堂学习。1917年他以优异成绩毕业，被选送到美国俄勒冈州农业大学学习森林工业，随后在耶鲁大学继续深造，1921年，获林学硕士学位。同年归国，先后在广东公立农业专门学校、国立广东大学、国立中山大学农学院任教授、系主任、院长，暨南大学教授、校长，还担任过国民政府教育部高教司司长和总理陵园园林处处长。新中国成立后，任中山大学农学院、华南农学院、广东林学院、中南林学院教授、系主任、林学院代院长、华南农学院副院长等职。1955年初开始，沈鹏飞连续担任广东省第一、二、三、四届政协委员，1978年，当选为广东省人民代表大会代表，翌年12月又被选为省人大常务委员会委员。1956年，他参加了中国农工民主党，任该党广东省委员会委员、常委、副主委和第八届中央委员。他积极认真地工作，显现了高度的政治热情和参政议政的意识。他还是中国林学会第四届和中国环境遥感学会名誉理事长，广东省林学会、广东省遥感研究会理事长，中国林业教育研究会顾问。60年来，沈鹏飞为开拓和发展我国现代高等农林教育和林业科学，献出毕生精力，做出了重要贡献。

二、高等农林教育的先驱

沈鹏飞1921年自美国回国后，在广东公立农业专门学校担任林科主任，主讲森林经理学和制材学课程，从此开始了半个多世纪的农林教育生涯。他对当年广东农业教育的落后状况深感忧虑，1921年在《广东省教育会杂志》（第一卷五号）发表了《对于办理农业专门教育之管见》一文，系统地阐述了对发展高等农业教育的基本观点：一是"亟宜采高等教育集中主义，注全副精神财力以办一完善之大学或专门学校"；二是国家经费支绌，专门人才奇缺，科研机构不宜与高等院校过为泾渭之分，二者应互相依赖，加强协作，相辅相成，以促发展；三是设立高等学校的宗旨，应是研究学术，造就高素质专家，以适应社会需求；四是高等教育"当取公立而不尚私立"。

1923年，广东公立农业专门学校与南京东南大学农科、北京农业大学拟订了交换教授和学生可相互转学等合作协议，沈鹏飞作为交换教授奉派到北京农业大学任教，校长章士钊聘请他为森林系主任，在职时间虽然不长即南返广州，但他对北京农业大学森林系的建设，促进两校办学经验和学术思想的交流，起了积极的作用。

沈鹏飞对当年广东公立农业专门学校拟扩建为广东农业大学的改大运动深为关注，积极支持。他在《为提倡农专改办大学者进一解》一文中，对广东当局不重视高等教育提出尖锐批评："兴学以来，历今不下二三十年，而无一正式省立大学之建设，以致莘莘学子不远千里负笈外省异邦者络绎于道，是诚我粤人民之羞，而粤省教育行政一大憾事。"他认为，"吾粤一日无农业大学之设，则农业一日无发展之希望，此农科大学之设，当较各科大学尤为先着也。"而农科大学能否建立，他一针见血地指出，关键在于"政府有无兴学之决心，与夫整顿实业教育之诚意耳"。为加快农科大学和试验场所的发展，他还建议广东省农林试验场归并于广东公立农业专门学校，庶可"藉农场之旧基础，因农校之新精神，研究应用，尽冶于一炉"。经过农专师生共同努力，1923年11月，广东省教育厅准予农专筹备改办大学，同年12月5日，广东农科大学筹备会正式成立，沈鹏飞被推选为筹备员。1924年，孙中山先生创立了广东大学，农专成为广东大学的农科学院。

1926年7月，广东大学改名为中山大学。沈鹏飞被聘请为农科主任兼林学系主任。他深感责任重大，上任伊始，即兢兢业业从事擘画钻研。他在《中山大学农林科之使命及其概况》一文中，强调中山大学负有两种特殊使命，"即造就革命人才，与研究建设方术是也。"而"在大学各科中尤当以农林科为主体"。他认为，我国农民最众，所受压迫最甚，最需要革命运动为之解放。农民革命又占革命进程中一最重要之位置。农林科要造就农民运动适当人才，以供给革命进程的需要。就建设方面而言，"研究农林产品之增加及其用途，改善之方法，实为提高农民生活之根本要图，则此项建设方术之研究，又为本大学农科所当负特殊之使命。"

为使农科加快发展，更好完成其特殊使命，沈鹏飞首先充实师资队伍。如在国内延聘陈焕镛教授，从德国聘请G.芬次尔、H.阿善罗等教授来院任教，同时积极支持创建科研试验机构，推动教学与科学研究的紧密结合。如1927～1930年，在他的大力支持下，丁颖创立了中山大学南路稻作育种场；陈焕镛组建了农林植物研究所；邓植仪建立了广东土壤调查所。从而大大改善了中山大学农学院的教学科研条件，提高了学校的教学质量和学术水平。

沈鹏飞对林场建设也极为关注。早在20世纪20年代初，他就任广东农专林科主任时，目睹白云山一片荒山，水土流失严重，不禁为之叹息，常思发起营造森林，使之绿化，以保护环境卫生、涵养水源，增加风致，但因当时国内政治混乱，当局未遑顾及，故他的愿望未能实现。1928年，适逢广东省政府主席李济深兼任中山大学政训部主任，他才有机会向中山大学建议，并得到广东省政府同意，在白云山创办中山大学农科第一模范林场，以供教学科研之用。为加快白云山林场建设，他和G.芬次尔等在白云山进行了森林经理调查，编制了白云山模范林场森林施业案，这是我国最早的森林施业案之一。他还先后邀请侯过、G.芬次尔、H.阿善罗等教授，具体负责林场的规划和实施。根据他们的建议，在黄婆洞建林场办事处——松涛别院，开辟了苗圃，设置造林试验区，并拦溪筑水库，在其间建有明珠楼、水月阁、松风亭、仙露台等，同时进行建桥和开辟林道，营造森林，至1937年，白云山林场造林约 2.1 万余亩，群山尽绿，碧水长流，松涛似海，名山生色成为广州著名风景游览区。

1928 年，沈鹏飞还为组织领导西沙群岛的调查工作做出了贡献。西沙群岛磷矿资源丰富，在国防上占有重要地位，但过去一直不受国人重视，而为外人所垂涎。1928 年，国民党政治会议广州分会决定组织一次对西沙群岛的调查，并成立一委员会主持调查工作，沈鹏飞被任命为委员会主席。他深知此次调查工作意义重大，事关"谋国权之巩固，与图地利及实业之发展"。他积极组织了包括民政厅、实业厅、建设厅、海军司令部、陆军测量局、两广地质调查所和中山大学等单位共 15 人参加的调查队，前往该岛进行调查。基本弄清了该岛地理气候、物产资源、交通等情况，揭露了日、英、法等国侵犯我国领土主权，掠夺该岛磷矿资源的行径。调查后，沈鹏飞编撰出版了《调查西沙群岛报告书》，以引起国人对该岛丰富资源的重视，促进对该岛开发利用的研究。这是我国早期研究西沙群岛的重要文献。

同年，南京国民政府成立，戴传贤任考试院院长，朱家骅任浙江省民政厅厅长，但仍挂中山大学正副校长名义，中山大学校务交由沈鹏飞代拆代行，直至 1931 年。沈鹏飞于 1932 年离开中山大学，担任国民政府教育部高教司司长。期间参与筹建西北农林专科学校。

三、为发展林业教育竭尽心智

1949 年初，沈鹏飞辞去南京总理陵园园林处长职务，返回中山大学农学院任教。自此他一直为新中国高等林业教育的开拓发展竭尽心智。新中国的成立，为沈鹏飞施展教育家、科学家的才华，实现他为林业教育献身的夙愿，提供了更加良好的条件。

沈鹏飞一贯坚持林业教育必须与林业生产实践和科学研究相结合的办学指导思想。他深刻地认识到，"教育和生产的关系是对立统一的辩证关系，两者相辅相成，相互促进，林业生产的高速发展是林业教育发展的基础，林业教育的高速发展又反过来促进林业生产的更快发展。"1950 年，中山大学农学院受中央林垦部委托，开办林业专修科，沈鹏飞任主任。他亲自率领师生到海南岛进行了该岛历史上首次森林调查，摸清了基本情况，为开发该岛热带森林提供了宝贵资料。1951，他为了配合广东橡胶事业的开拓工作，开设了橡胶经理课程，编写了我国第一本橡胶经理学讲义。1952 年，沈鹏飞担任华南农学院林业系主任后，为使林业系的教学、科研能更好地结合华南地区的林业生产实际，他于 1956 年向林业部建议，设立了华南林业科学研究室，由中央林业科学研究所和华南农学院共同领导，沈鹏飞亲自兼任主任，他常带头深入林区，研究森林经理、木材山价、油茶经营及其技术经济等问题。他是我国早期把技术经济引入林学领域的研究者之一。

1958～1966年，沈鹏飞为创办广东林学院和中南林学院，备极辛劳。1958年秋，林学系从华南农学院划分出来成立广东林学院，沈鹏飞任代院长。此后四年，林学院是在"大跃进"和国民经济非常困难的情况下度过的，并且经过多次搬迁，至1960年秋，经中共广东省委批准，才决定在广州北郊白云山林场附近黄婆洞建校。同年第四季度开始破土动工兴建新校舍，沈鹏飞亲自参加建校劳动，以身作则，号召全院师生用自己双手加快校舍建设，为国家节约资金。至1962年，先后建成一幢9600米^{2}的六层教学大楼、两幢学生宿舍和一些基础设施，改善了教学和生活条件。此时，办学规模得到了发展，共设四个系六种专业，1961年末，在校学生人数已逾千人，师资队伍加强了，图书仪器设备得到了充实，对提高教学质量也采取了一系列有效措施，积极恢复被多次迁校打乱了的教学秩序。在短短的几年时间里，经过沈鹏飞和全院师生团结互助，艰苦奋斗，把林学系建设成为一间初具规模的广东林学院，的确是难能可贵的。

在此期间，1959年沈鹏飞受林业部委托担任华南、西南地区高等林业院校教材编写委员会主任委员，他除积极组织教材编写工作外，还亲自主编了《森林经理学》。

1962年夏，因贯彻执行党的"调整、巩固、充实、提高"八字方针，广东林学院重新并回华南农学院为林学系。1963年5月，为加强中南地区高等林业教育，经国务院批准，又将华南农学院林学系与湖南林学院合并，成立中南林学院，直属林业部管理，沈鹏飞任代院长，院址仍在广州市郊黄婆洞。这一决定，给予沈鹏飞很大鼓舞。他认识到，中南林学院的建立，是党和政府加强林业科教事业的一项重要举措，意义重大，有广阔的发展前途，它不仅面向中南地区热带、亚热带林业，而且负有培养外国留学生的国际义务。他深感自己受党和政府重托，必须兢兢业业，加倍努力，才能完成这一光荣任务。在三年时间内，他为学院的创建、开拓、发展，尽心尽责，使校区建设，办学规模，师资队伍都得到迅速发展，教学质量也得到进一步提高。但正当中南林学院加快发展时，"文化大革命"开始了，沈鹏飞受冲击，靠边站，建校工作中断了，其后中南林学院被拆散。沈鹏飞对此感到极为愤慨和惋惜，但又无能为力。

"文化大革命"结束后，林学系再次成为华南农学院的一个大系。沈鹏飞恢复工作，担任华南农学院学术委员会副主任委员。他搜集了大量史料，于1980年发表了

《近百年广东林业教育史略》一文。总结了近百年来广东林业教育的发展历程和经验教训。他在该文"回顾与前瞻"一节中，对比新中国成立前后我国林业教育发展情况，感慨万千，他深有体会地说，"先进的社会主义制度给我们提供了高度发展林业教育的可能性，但如果我们不按客观规律办事，林业教育仍有遭到破坏的可能。"

为加快森林经理学的学科建设和培养这门学科的高层次专门人才，1980年，他乘在北京参加林业教育座谈会的机会，直接向林业部雍文涛部长和农业部何康副部长建议，组建华南农学院森林经理研究室。他的建议得到农、林两部的重视支持，于同年冬森林经理研究室正式成立。这是我国高等农林院校最早建立的这一学科研究室。对此，沈鹏飞深受鼓舞，他抱着满腔热情，亲自主持研究室工作，并开始招收研究生和专业进修生，为研究生开设森林经理专题，编写了14万多字的讲稿。这部专题讲稿，内容丰富充实，紧密结合我国森林经理的实际问题，对森林经理与林业经营现代化等，提出了一系列积极建议和设想，是沈鹏飞晚年的一部重要著作。

沈鹏飞从教60年，树木树人，诲人不倦，桃李满天下，培育了几代林业科学技术人才。

沈鹏飞学识渊博，不仅有深厚的林学造诣，而且对多学科都有研究，并将辩证唯物主义观点和现代科学融进林业科学中，撰写了不少论著，早在20世纪20～30年代就发表过《农业与林业之关系》、《广东造林运动与森林教育之进程》，新中国成立后，先后发表过《近百年广东林业教育史略》、《重视森林经理、发展森林经理——我国森林经理实践意见和问题》和《南方遥感试验场建设的探讨与工作报告》等。此外，他还编写过多门课程的讲义。至于他的诗词也是非常丰富多彩的。

沈鹏飞治学严谨，教学认真，重视理论联系实际，善于博采众长，对不同的学术观点能虚心听取又不囿于成说；他思想活跃，同时又实事求是，严肃对待科学数据；对学生既和蔼可亲，又敢于严格要求。沈鹏飞这些严谨的科学态度和教学风格，深受师生们的崇敬。

四、年登耄耋　再攀高峰

在"文化大革命"期间，沈鹏飞经受了不少折磨，但他性情豁达，有一颗为人民服务的赤诚之心，因此，在拨乱反正后，80多岁高龄的沈鹏飞勉励自己，应珍惜余年，加倍努力工作，不断奋进，以求能失之东隅，收之桑榆，以补偿"文化大革命"期间的损失。他曾吟诗明志："卅年历尽风云变，耄岁欣沾雨露青，赶欧追美犹健步，高峰攀上又长征。"1977年，方毅同志在中国科学院会议上肯定了科协和各专门学会过去起的积极作用，但"文化大革命"期间几乎全被"四人帮"所扼杀，要求科协和各专门学会要逐步恢复活动并积极开展工作。这次讲话使沈鹏飞受到很大鼓舞，决心响应党的号召。同年秋，他为恢复中国林学会和广东省林学会做了大量工作，并帮助广东省九个地区成立了分会。沈鹏飞对这段历史，有过这样的回忆："学会活动的恢复使我在林业科技战线上有所奔投，在思想上获得解放，这是从1977年以来，我努力恢复工作的起点，也是我与林学界同志们重新协作，为社会主义四化建设服务的一个好机会。"沈鹏飞不顾年迈体弱，积极参加学会学术活动，即使在1980年患病住院期间也还为中国林学会年会撰写论文"重视森林经理，发展森林经理"，委托助手到会代为宣读，得到与会同行的高度评价，认为是森林经理学发展的方向。沈鹏飞后来还亲自在广东龙门县地派公社合子林场建立了南方集体永续经营利用试验点，展开了多项试验研究。

党的十一届三中全会号召全国人民向四个现代化进军。沈鹏飞虽年登耄耋，但他"自顾老马识途，尚能健步"，除充分利用林学会的阵地积极组织和参加各种学术活动外，一如既往奔走四方，带领科技人员跋山涉水考察森林，以期对林业现代化建设多做贡献。1979年，他鉴于广东森林资源遭到严重破坏，珠江有可能重蹈黄河覆辙，便组织了林业、水电等有关单位42人的科学考察团，跋涉于阳江、电白、郁南、德庆等县进行水土保持的科学考察。考察后对广东水土保持工作提出了系统建议。同年9月，惠阳地区发生特大水灾。12月，沈鹏飞又组织科学考察小组会同地方有关部门，对西江上游水源林进行调查研究。经过分析，他明确指出，特大水灾与乱砍滥伐森林、破坏生态平衡有密切关系，并提出治理意见。紧接着，1980年春，他又再次与有关专家学者考察流溪河、增江上游的水源林，并向有关部门提出划定水源林的原则和经营水源林的方针等方面的建设性意见。多年来，沈鹏飞对广东林业资源受到严重破坏，致使不少地区水源减少，气候变坏，水土流失，河床升高，内涝渍水，灾害增加，给自然生态环境和农业生产带来了极大危害，严重地破坏了农林牧依赖关系，深感不安。他认为，必须加强森林资源的保护和山区建设。他大力呼吁政府要"治水必须治山，要将农业搞上去，非大力建设山区，发展林业不可"。

沈鹏飞虽年事已高，但对新鲜事物反应灵敏，而且有一股"做到老，学到老"的劲头。1978年，他在天津参加中国林学会学术活动期间，接触到遥感在林业规划中的应用问题，返回广东后曾以林学会名义向省科协建议，组织了多科性协作的广东遥感研究会，这是全国遥感学术研究组织的先导。由于他的积极争取，参加了多次全国性的遥感学术会议，并获得林业部的支持，在广东省龙门县南昆山林场首先建立起我国南方遥感试验研究基地——林业部南方遥感试验场，为这一门综合性新技术的发展打下了一定基础。

1982年，沈鹏飞已年届九十，仍南北奔波，马不停蹄，战斗在教学科研第一线。

他曾赋诗《九十自咏》两首，表达他虽已年登耄耋，但壮志不减当年：

（一）

古稀已过廿周年，历尽风霜迈向前。
幸喜顽躯强且健，欣逢国祚盛昌连。
半生付与烽烟火，余步犹留夕照天。
植树营林酬志愿，畅观遥感学尖端。

（二）

瞻前顾后悟玄机，八十九年事觉非。
浩劫多回殊少乐，乱离历尽亦堪悲。
老逢盛世难虚度，不忍旁观看弈棋。
四化征途同策励，高峰攀上勇驰驱。

这两首诗言志言情，抒写性灵，洋溢着沈鹏飞对祖国的热爱，对四化的豪情壮志，对事业的执著追求，充分显现了他高尚的精神风貌。

1982年春天，沈鹏飞参加了在南京召开的全国环境遥感学术年会；6月赴北京开会；7月又到东北考察林业资源和北方林业遥感试验场，研究东北林业建设现状，在取道北京南返时，利用在北京逗留一天的时间，不顾长途跋涉的劳累，伏案疾书了一份长达数千字的关于林业建设的书面建议，送交林业部长；8月农学院安排他在中山县度假期间，仍念念不忘工作，亲自攀登五桂山，检查一个遥感科研课题的进展情况。就在这次活动中患上感冒转为肺炎，住院治疗期间，他不顾病体虚弱，在病床上拟订了下一年度的工作计划，并为开展华南林业建设新局面的研究做准备。12月中旬，沈鹏飞病情恶化，适逢中国林学会第五次全国会员代表大会召开，他对助手口授了给大会的贺电："热切期望更多的中青年进入理事会"，"愿青山绿涛把红色中华衬托得无比壮丽！"字里行间充满了这位老林业教育家、科学家对绿化祖国的强烈愿望和壮大林业科技队伍的殷切祈望。

1983年1月6日，沈鹏飞终于离开了他终生为之奋斗的事业，但他那为振兴中华林业的无私奉献精神，"老骥伏枥，志在千里"的高尚风格，胸怀豁达，严于律己的美德，永远值得后人学习和缅怀。

五、沈鹏飞主要论著

沈鹏飞. 1921. 美国全国森林教育会议记. 森林，1（1）.

沈鹏飞. 1921. 世界森林损耗与水灾之关系. 森林，1（4）.

沈鹏飞. 1922. 农业与林业之关系. 森林，2（2）.

沈鹏飞. 1922. 世界松柏科木材之缺乏与俄国之供给. 森林，2（3）.

沈鹏飞. 1928. 调查西沙群岛报告书. 广州：中山大学出版.

沈鹏飞，梁标. 1957. 广东杉木地方材积表编制的初步报告. 林业科学，3（3）：101-115.

沈鹏飞. 1957. 关于打枝和密植问题. 中国林业，（7）：9-10.

沈鹏飞. 1980. 广东林业教育发展史略//华南农学院农业历史研究室编. 农史研究（第一辑）. 北京：农业出版社.

沈鹏飞. 1982. 积极推进我国森林经理事业. 林业调查规划，（4）：11-13.

沈鹏飞. 1982. 重视森林经理，发展森林经理——我国森林经理实践意见和问题. 森林合理经营永续利用. 北京：中国林业出版社.

沈鹏飞. 1983. 中山大学校史（1924～1949）序//梁山，李坚，张克谟编著. 中山大学校史（1924～1949）. 上海：上海教育出版社.

沈鹏飞. 1985. 南方遥感试验场建设的探讨与工作报告//中国林学会，森林经理文集编辑委员会主编. 森林经理文集. 北京：中国林业出版社.

主要参考文献

华南农业大学校史编委会. 1999. 华南农业大学校史. 广州：广东科技出版社.

撰写者

何贻赞（1922～），曾任原华南农学院教务处长和农业教育研究室主任，1986年离休。长期从事高等农业教育管理和农业教育史研究，是《华南农业大学校史》副主编和主要执笔人之一。

邹秉文

邹秉文（1893～1985），江苏苏州人。农学家，农业教育家，中国现代农业的先驱者和奠基人。1915年从美国康奈尔大学农科毕业，继而又在该校攻读植物病理学，1916年回国。1917～1927年，担任南京高等师范学校农科和后改名为东南大学农科的教授兼主任。他大胆进行改革，极力倡导和推行农业教育必须实行教学、研究和推广三结合的方针。创立了中国第一个防治虫害的机构——江苏省昆虫局。1928年筹办中国第一个不受外国人干预，由中国人自主应用科学方法对进出口商品进行检验的上海商品检验局，并担任局长。1932年开创中国商业银行办农业贷款的先河，在上海商业储蓄银行成立农业贷款部，并任总行襄理（后晋升为副总经理）兼农贷部经理。倡议并筹款建立中央农业实验所。协助筹款建立中国第一座硫酸亚厂，生产第一批中国自产的化肥。1933年担任棉业统制委员会代主任委员，成立了中央棉产改进所，并在产棉各省成立省棉产改进所，同时成立了中央棉花掺水掺杂取缔所，并与产棉各省合作成立省取缔所。在中国首创棉花科学分级和严格检验制度。1943年代表中国参加筹建联合国粮食及农业组织（FAO），并担任筹备委员会副主席。该组织成立后被选为执行委员。1943～1945年在美期间，为培养中国农业人才，筹得各种奖学金，先后招考送出200余人去美国留学或进修。新中国成立之初，冲破美国禁运，为新中国购运急需的496吨岱字棉种。1956年在周恩来总理安排下回到祖国。担任农业和高教两部顾问，并被选为全国政协历届委员。

一、求 学 经 历

邹秉文，名应菘，字秉文，出身于苏州一大户人家。父亲邹嘉立，字建东，一直在广东为官，因此邹秉文于1893年12月3日出生于广州。幼年由家庭教师教读，稍长后入随宦学校读中学。他虽天资聪慧，但往来多纨绔子弟，贪玩而不好学。一天，他的三哥告诫他说，父母亲为他的嬉戏废学而忧心焦虑、寝食难安。邹秉文事父母最孝，听了他三哥的告诫，很受震动，感到愧恨，幡然悔悟，立志要读书上进。

他毅然决定离开广州去北京求学。1908年他15岁时到了北京，住在他伯父家。他在家塾中和堂兄弟们一起学习中文，同时还在汇文书院攻读英文、数学。此时他的伯父邹嘉来已由外务部左侍郎晋升为外务部尚书（相当于外交部长）。按例，可派一子弟赴国外留学。当时他伯父的孩子都安于少爷生活，不愿离乡背井，远赴异国。邹秉文求知心切，得此良机，遂向他伯父毛遂自荐，愿去留学。伯父欣然允诺。邹秉文遂于1910年17岁时，以驻美使馆学习生名义，赴美留学。

邹秉文到达美国，初在纽约柯克中学，次年转入威里斯顿中学就读。由于仅在北京汇文书院读过两年英语，听、说、读、写均有很大困难。经过两年的刻苦学习，终于在1912年以优异成绩毕业。是年秋被补录为清华学校留美官费生。

邹秉文青少年时期，正值列强入侵，国弱民穷。中国号称以农立国，但是农业生产极其落后。出国后，接触到西方的科学教育，深感欲振兴中华，必须应用科学种田，提高农业生产，唯此才能救中国。因此决心考入以农科见长的康奈尔大学。1915年从农科毕业，又在该校研究院攻读植物病理学。在学时期与同学任鸿隽、杨杏佛、茅以升等组织中国科学社，编印《科学》月刊，宣传先进科学。1916年学成回国，时年23岁。1946年美国密歇根大学因邹秉文在农业方面所取得的成就及国内外享有的盛誉，授予他荣誉博士学位。

二、高等教育十年

1916年邹秉文回国后被聘为南京金陵大学农林科教授。1917年南京高等师范学校成立三年制的农业专修科（以下简称南高农科），聘请邹秉文担任教授兼农科主任。邹秉文认为农业教育不能脱离实际，教学必须与研究、推广相结合，只有将研究和试验的成果，推广到实际农业生产中去，才能达到科学种田，提高农业生产的目的。他大胆打破了当时教师每周必须授课24学时的规定，改变为授课时数按实际需要安排，不做硬性规定。但每位教师必须从事其专业的研究工作，并参与其研究成果的推广。学生则除课堂教学和实验外，必须以两个暑假做田间实习。第一个暑假做一般的农作物实习，第二个暑假做其所学专业的实习，使其所学理论知识进而得到实践的验证。毕业后即能以其所学付诸实际应用。1917年9月南高农科刚成立时，仅有邹秉文和原颂周两名教授和两名职员，经费也极有限。为了贯彻教学、研究、推广三结合的方针，要把一个专修科办成一个具有一定规模的农业大学，必须有雄厚的师资力量和一定面积的试验农场，而学校所提供的经费远不能满足上述要求。为此，邹秉文费尽心思筹募资金，用他自己的话说，就是"千方游说，四处化缘"。他以惊人的活动能力和魄力，抓住一切机会，向实业界、金融界、政界、文化界等各界人士寻求资助。

仅举数例：1919年，上海华商纱厂联合会委托南高农科进行棉花改良和推广，同意每年资助2万元，为期3年；1920年，上海面粉公会同意每年资助6000元，为期3年，为研究试验改良小麦品种之用；1920年，美国万国农具公司捐赠3000元，为选购及改进农具之用；1921年，通泰盐垦公司及债券银团资助1万元委托南高农科代办棉作试验场；1921年，合众蚕桑改良会为蚕桑试验及建筑房舍，捐助1.8万元，1922年又为改进蚕桑事业，补助研究试验费每年5000元，为期3年；1921年为创设江苏省昆虫局，以防治病虫害，江苏省政府补助3万元。1922年江苏省昆虫局成立后，省政府又同意每年划拨经费3万元，为期5年；1923年，向中华文化基金会募得改良棉花、水稻、小麦经费，每年3.5万元，为期3年；1924年，向北洋政府募得1万元，作为研究海关检验国外植物病虫害入境之用。

在南高农科创设之初，只有面积40亩的一个小农场。邹秉文认为没有足够大面积的农事试验场，不要说学生实习作业无法进行，更重要的是没有农场供研究试验之用，则推广工作就无从做起。因此必须想尽办法扩充农场。

仍仅举数例：1920年，上海面粉公会委托南高农科改良小麦品种，由该会资助在南京明故宫遗址辟地106亩，专供小麦试验之用；1920年，向华侨所办福群公司租赁该公司之南京大胜关垦地1800亩，租期16年，开辟为供水稻、小麦研究试验之用；1921年，上海合众蚕桑改良会委托南高农科在南京太平门外购地150亩，辟为蚕桑试验场，作为栽桑育种试验之用；1921年，上海华商纱厂联合会决定将该会自办的植棉事业，委托南高农科办理，并将该会原设在江苏、河南、湖北、河北四省各地的棉场合共1500余亩，统拨归南高农科作棉花研究试验之用。

邹秉文在南高农科（1922年改名为东南大学农科，为四年制本科）的十年间，建立了九个农事试验场，面积从40余亩增至4000亩，增加了近百倍。不仅在南京，而且在苏、豫、鄂、冀等省也有了棉作试验场。这对研究试验和教学都具有深远而巨大的裨益。

在这十年间，农科也从一个三年制的专修科，发展成为一个有农艺、园艺、畜牧、蚕桑、生物、病虫害六个系的具有一定规模的本科农业大学。师资力量从初办时两名教授，增加到27名教授，连同助教、讲师为数逾百。还成立了棉作改良推广委员会和江苏省昆虫局，均直属东南大学农科领导。江苏省昆虫局是中国成立的第一个防治虫害的机构。在这十年中也培养出了一大批中国农业建设中的栋梁之材，如小麦专家金善宝、棉花专家冯泽芳、植物保护专家吴福祯等。

邹秉文知人善用。对所聘任的教授、助教都给予最大的信任，使每个人都能充分发挥其所长。除了有各种试验农场外，还为他们发表科研论文提供多种场所。农科本身就办了好几种刊物：《农学》、《农科通讯》、《农村年报》、英文版的《农业汇刊》等。这些刊物对于社会均有很大的实际影响。1927年还与商务印书馆商定出版了《东南大学农科丛书》，为全国大学农科提供了高质量的教学参考用书。

在百忙之中，邹秉文还与钱崇澍、胡先骕共同编写了中国第一部大学植物学教科书《高等植物学》。1923年他又根据其多年来主持农业教育的经验，写成《中国农业教育问题》一书。这是中国近代论述农业教育的第一本专著。

邹秉文善于运用各种手段来做推广工作。1926年，他亲赴上海明星影片公司，说服经理、导演等，由明星公司免费提供软片，并协助拍摄改良农业的科教影片。这些影片都由东南大学农科推广部派员到各地轮流放映，开启了在国内制作与放映农业科教影片的先河。

1927年，东南大学改组为中央大学，邹秉文辞去东南大学农科主任职务。

三、筹备并成立上海商品检验局

1928年前，中国的进出口商品检验工作完全操控在外国人手中。1928年当时的国民政府工商部决定筹设上海商品检验局，由我国自主办理进出口商品的检验工作，遂聘请邹秉文进行筹备工作。1929年上海商品检验局正式成立，任命邹秉文为局长。这是中国第一个不受外国人干预，而由中国人自主地应用科学方法对进出口商品进行检验的机构。商品检验工作，邹秉文过去从未接触过，但是他考虑到中国的出口绝大部分是农产品，商品检验可以促进农产品质量的提高，也有助于农业的改进。因此，他便毅然承担起来。

在上海商品检验局建立之始，邹秉文经过仔细思考，认为成立此局应该有两个目的：一个是用科学方法对进出口商品进行检验。检验务求准确，使所出具的证书在国内外享有最高信用，并应力求迅速，以免影响商品的出口。但是还应有一个目的，那就是要进行积极的研究指导，以期商品得到改进，借以发展对外贸易，从而发展我国的农业。其中，研究工作自比检验工作更为重要。因此，他在各检验处下均设研究股，所有各处技术人员必须参加研究工作。研究范围以检验的有关商品如棉花、生丝、畜产品等为主。各级技术人员自行认定题目，分别进行。每项研究取得结果后，即报请局长考核。至1931年，根据各项研究结果来看，研究工作确属重要，遂在局内成立一技术委员会。局长、副局长以下所有技术骨干均为委员。该局的研究工作更得到了相应的指导和鼓励。

在各研究项目中，以抗牛瘟血清的研制成果最为突出。1929年12月，上海江湾地区发生牛瘟，很快蔓延波及浦东各地。该局当即派进行此项研究的技术人员前往实地调查，并普遍为之注射抗牛瘟血清。1930年1月，疫情即完全被遏止。从此次疫情中可以看到抗牛瘟血清之重要。但当时抗牛瘟血清全部仰赖进口，价格高、数量少。这件事深深触动了邹秉文，他下定决心，一定要在短时间内制造出中国自己的抗牛瘟血清。他一方面鼓励和促进技术人员加速研究试验，一方面在江湾修建了牛瘟血清制造所。结果在1930年4月，即制造出中国自己生产的第一批抗牛瘟血清。他随即为上海各奶牛场和郊区农民的耕牛免费注射抗牛瘟血清。不久，应江苏、安徽两省建设厅之请，为该两地的耕牛注射抗牛瘟血清，救活了大量的耕牛。由此，为耕牛、奶牛注射抗牛瘟血清以防治牛瘟，为不少农民和奶牛场所接受，也为日后在中国制造大量抗牛瘟血清事业铺平了前进的道路。

上海商品检验局建立后，先后成立了棉花检验处和牲畜正副产品检验处。鉴于生丝也是当时比较大宗的出口产品，应成立生丝检验处。但当时中国的生丝全靠人工缫制，质量参差不齐。对于这种丝条细微、性质柔软的生丝要知其质量如何，必须使用精密的仪器。购买各种仪器至少需要3万元，但在呈工商部审批核拨经费时，该部领导却以无此笔费用为由，不予核办。邹秉文感到很无奈，在与他留学时的朋友，上海商业储蓄银行总经理陈光甫谈及此事时，得到陈的支持。并允诺以最低利息贷给上海商品检验局3万元，同时同意从检验费收入中逐步归还。因此，才得以建立起一个设备较完善的生丝检验处。

商品检验局的业务也逐渐扩大，出口商品又增加了蛋类、桐油等的检验，进口商品主要是对蜂蜜、肥料和蚕种等的检验。

1932年春，上海商业储蓄银行拟成立农业贷款部。陈光甫邀邹秉文到该行担任总行襄理（后晋升为副总经理）兼农贷部经理。邹秉文认为，上海商品检验局的工作，虽然间接地有助于我国农业的发展，但农业贷款可能更为直接有益。因而，毅然辞去上海商品检验局局长职务。

四、创办上海商业储蓄银行农业贷款部

上海商业储蓄银行是一个以营利为目的的私营商业银行。在私营商业银行中开办农业贷款，在中国确实是个创举。在邹秉文说服其总经理陈光甫时，陈光甫很犹

豫。因为这项业务，一有风险，二盈利不可能大。但是如邹秉文所说，以上海商业储蓄银行首创农业贷款为典范，鼓励大量的商业银行积极投资农业，以改进中国的农业。这可以为上海商业储蓄银行赢得更大的声誉。这些话陈光甫还是接受了。而且陈光甫对邹秉文的魄力是佩服的，工作能力是信任的。因此同意成立农贷部，并聘请邹秉文负责此项工作。

农贷部的贷款对象主要是在农村成立的各种经济作物的运销合作社和信用合作社。对运销合作社的贷款方法是，上海商业储蓄银行先发放青苗贷款，在农作物收获时，由运销合作社将作物集中，通过银行押汇，归还青苗贷款。信用合作社贷款则由合作社负责将所收社员股金逐笔存入上海商业储蓄银行，社员如有临时短期急需，可通过信用合作社向上海商业储蓄银行贷款，尔后由信用合作社负责偿还。当时，凡是上海商业储蓄银行在各省市设有分支机构的，如山东、安徽、湖北、广东、浙江、河南、湖南、西安和南京等各省市的支行都设有农贷股，办理此项农贷业务。

农贷部于1933年初正式成立，至1937年抗日战争爆发前后，由于国内局势混乱，交通阻断，农贷业务不得不停办。历时四年多的农业贷款，在当时的形势下，不可能取得很大的成效。但在少数局部地区还是使农村得到了所需资金，不违农时，在一定程度上促进了农业生产。少数农民由于小额贷款，也免于受到高利贷的盘剥。上海商业储蓄银行最主要的成果在于开创了商业银行开办农业贷款的先河，为商业银行起了示范作用。

五、倡议建立中央农业实验所

1930年当时的国民政府将原工商、农矿两部合并为实业部，部长仍由原工商部部长孔祥熙担任。此时，邹秉文虽担任上海商品检验局局长，但始终在思考应如何改进中国农业的问题。他认为应在中央设立一个全国性的中央农业试验所，在各省各设一农业改进所，以与各农科大学的研究、试验、推广工作相辅而行，以求尽快改进中国农业。他曾多次向实业部提出此建议，但均以无经费为由，未予采纳。

此时，上海丝业公司创议发行短期丝业公债600万元。邹秉文力请各丝商放远眼光，从短期公债中拨出部分款项建立中央农业试验所，以改进中国农业（包括丝业）。几经磋商，丝业公司同意提出50万元作为中央农业试验所开办经费。既有了开办经费，实业部只得下令组织中央农业改进所（后改名为中央农业实验所）。1931年4月成立了筹备委员会，1932年1月正式成立，派谭熙鸿为所长。抗战时期，该所虽几经搬迁，由南京迁至长沙、柳州，最后到重庆，但研究工作始终未中断。在新中国成立前的十几年中,在小麦、水稻、病虫害、蚕桑、畜牧等方面的研究改进工作,均取得了一定的成果,做出了应有的贡献。

六、帮助建立中国第一座硫酸亚厂

1937年前,中国农田所使用的化肥,完全仰赖于进口。1930年底,当时国民政府实业部提出在中国建立硫酸亚厂的计划,并指派包括邹秉文在内的3人小组和英商卜内门公司和德商蔼奇颜料工业公司商谈在中国合作办厂事宜。上述两公司是向中国销售化肥最多的外商。在谈判开始时,它们力主中国不必办厂,因为英、德公司的技术高、制造成本低,不如购买英、德的化肥,更为合算。此主张遭到中方驳斥后,他们又提出各种苛刻的合作条件。邹秉文心里明白,要办硫酸亚厂,只能由中国人自己来办,不能依赖外国人。因此,他亲赴天津找到永利制碱公司总经理范旭东商谈此事。范旭东亦已有要办硫酸亚厂的想法。邹秉文建议范先参加谈判,和英、德公司一起去进行调查等,同时作自己办厂的准备。范参加谈判事得到了实业部的同意。至1933年春、夏间,和英、德谈判合作建厂已显然没有希望。邹秉文遂与范旭东具体商议自主办厂事。范旭东认为,他在技术方面,有相当的把握,但对资金来源缺乏信心。范说,永利如果能有1200万银元,就能办一个年产5万吨的硫酸亚厂。邹秉文认为,这1200万元如由上海商业储蓄银行、浙江兴业银行、金城银行、中国银行各认300万元作为贷款,并非不可能之事。计议既定,邹秉文先同上海银行总经理陈光甫谈,得到了他的同意。浙江兴业银行和金城银行也比较顺利,中国银行较费周折,但至是年9月,即取得了全部四个银行的首肯。1933年10月和英、德两公司的谈判正式破裂。永利公司遂于1933年11月22日正式呈请实业部备案进行建厂工作。建厂工作历时3年零3个月。至1937年2月5日在南京建成了中国第一个硫酸亚厂,并生产了第一批中国自产的化肥。

七、棉业统制委员会的三年

进入20世纪后,中国棉纺织业逐渐发展起来。但是国内生产的棉花,无论数量还是质量都远远不能满足棉纺织业的要求。必须大量依赖价格昂贵的进口原棉。当时,全国各棉纺厂几乎无一不困于财力匮乏,重息债务之下。当时的国民政府不得不应各界之请,于1933年10月,在全国经济委员会之下,设立棉业统制委员会(简称棉统会),以整顿全国棉业。任命陈光甫为主任委员,邹秉文为常委代行主任委员职务。

邹秉文接任后，即着手进行了以下几项工作。

①在南京成立了中央棉产改进所，并在陕西、河南、河北、湖北、山西、山东等省成立了省棉产改进所。其任务为改良棉花种植方法、防治病虫害、选育优良品种，以增加棉花产量，改进棉花品质。

②在上海成立中央棉花掺水掺杂取缔所，并在河南、陕西、山东、湖北、江西、山西、安徽等省与各省合作成立了省棉花掺水掺杂取缔所。并于1934年拟订了取缔棉花掺水掺杂条例和实施细则，以解决当时各产棉区严重存在的掺水掺杂现象，提高棉花质量。

③提倡和指导在江苏、河南、陕西、山西、河北、湖北等省产棉区成立生产、运销、信用等合作社。除了上海银行原来就有的农贷部外，还动员交通银行、中国农民银行、金城银行联合组成了中华农业合作贷款银团向各合作社进行贷款。在棉统会的提倡和支持下，在上述各省共成立了各种合作社1200多个，社员达7万余人，棉田种植面积近100万亩。

④培养人才。邹秉文一贯认为要改进中国农业必须有专门人才。因此，他无论做什么工作，只要条件允许，就把培养人才作为重点之一。1934年他分别与中央大学农学院合办植棉训练班，与金陵大学农学院合办棉业合作训练班，学习期限为一年。两个训练班共培养了100多人，毕业后分别分配到各省棉产改进所、掺水掺杂取缔所工作，并对各省的合作社进行指导。除此之外，他还派了胡竟良、赵伯基、王桂五等九名资深的棉业技术人员赴美深造。所进修的课程均为当时所需的育种、植棉分级、棉业经济及轧花设备等课题。他们回国后，不仅对当时的棉业改进工作，做出了良好的成绩，而且也是后来在上述领域的领军人才。

在棉统会成立之后，引进了美国良种斯字棉。不仅纤维长，而且产量也高。经过试验和大力推广，成绩斐然。由此改变了我国只能生产短绒粗纱原棉的落后面貌，减少了依赖美国、印度等国进口原棉数量。由于在原棉产地取缔当时盛行的掺水掺杂现象，在中国首创棉花科学分级和严格检验制度，改进轧花和打包设施。使棉农获得优质优价、合作运销、减少中间剥削等实惠。棉纺厂也能够使用科学分级的原棉，减少损失，提高质量，社会效益大大增加。

八、参加筹建联合国粮食农业组织

1943年2月，美国总统罗斯福致函当时的国民政府，倡议召开联合国粮食会议，并在会后成立一个永久性的联合国粮食农业组织。国民政府当即决定参加，并由农业部、粮食部、经济部、财政部、卫生部各派两人为代表，组成代表团前往。邹秉文是由粮食部提名的。

大会于 1943 年 5 月 18 日在美国召开。参加会议的共有 43 个国家，代表共 138 人。会议决定成立一个永久性的联合国粮食农业组织，并由参加国各派一名代表参加筹备委员会。国民政府指派邹秉文为中国代表。7 月 15 日筹备委员会在华盛顿成立。会议上，公推加拿大代表皮尔逊为主席，邹秉文和另一名苏联代表为副主席。由于联合国本身迟至 1945 年始告成立，联合国粮食农业组织也至 1945 年 10 月 16 日才在加拿大召开成立大会。会前各国都指派了代表正式在各国都同意的宪章上签字。邹秉文被指派代表中国正式在宪章上签了字。当时签字国共 42 个，这些国家即为联合国粮食农业组织的创建国。

联合国粮食农业组织成立后第一次大会的任务为推选总干事。英国人欧耳爵士当选。邹秉文被推选为执行委员（执行委员共 15 人）。大会每年举行一次，执行委员会每年召开四次。1947 年邹秉文辞去国民政府一切职务时，亦辞去了联合国粮食农业组织执行委员的职务。

九、培养大批留学人员

1943～1945 年，邹秉文在美国，他感到第二次世界大战离结束不会太久了。战争结束后，应该如何来加速进行中国的农业建设呢？他认为：一是学习世界先进经验，进行很好的规划；二是大量培养各方面的农业人才。于是，他利用在美国工作的机会，去美国农业行政机构、科研教育部门和农机农药公司等进行参观、调研，并商谈为中国培养人才的问题。

1943 年冬邹秉文去美国农业部推广局参观并与其局长详谈。该局长说如果美国的农业推广对中国有参考价值的话，可以派 10 人来美学习一年，由美农业部负责生活费用。因当时战事仍在进行，邹秉文商得美农业部同意，从在美学习农业的自费留学生中选定了 10 人。他们学习回国后都在中国各有关部门从事农业推广工作。

在这期间邹秉文参观了不少美国的农业大学。所到之处除了了解他们的教学、科研工作外，都和他们谈及为中国培养农业人才的问题，并取得好几所大学如密歇根大学、艾奥瓦大学、宾夕法尼亚大学等同意赠送奖学金给中国留学生，共 10 数人。邹秉文均委托中华农学会（1942 年邹秉文被选为中华农学会理事长）公开登报召考这些留学生。

邹秉文感到农业机械化是中国的空白。他于1944年夏多次去美国万国农具公司参观和商谈为中国培养农业机械化人才的问题。最后，他们同意中国派遣20人来美国学习农业工程，费用由该公司负担。另外同意派遣4名专家去中国帮助进行科研和教学。邹秉文仍然委托中华农学会在重庆登报招考农科大学和工科大学毕业生各10名。这些学生必须在农场和工厂工作过，有一定的实践经验。这些学生经录取后，于1945年夏来到美国。学习三年后，除一人外，均于1948年回国。他们分别在农机科研、教育和农机制造等单位工作，新中国成立后都成为这方面的专家和教授，如陶鼎来、李克佐、曾德超等。

万国农具公司所同意派遣的四名专家，也于1947年2月，携带一定数量的农机样机、图书、仪器等到南京中央农业实验所工作。同时也在中央大学农学院和金陵大学农学院担任教学工作。

1945年夏，中美商定由当时的国民政府农林部选派168名农业大学毕业生赴美进修一年。去什么学校？如何安排？均委托邹秉文全权办理。邹秉文按他们所学专长，分别安排了最适合的大学或研究机构，并亲自或派人去码头迎接，使这批人1945年夏到达美国后即能顺利地进入各校或研究单位，并立即投入了学习和科研工作。

1945年抗战胜利后，邹秉文抱着复兴中国农业的强烈愿望，写了一本《中国农业建设方案》，准备再为中国农业发展贡献所长。但是，抗战胜利不久，国内又进行了内战。他遂于1947年末，辞去了国民政府一切职务，包括联合国粮食农业组织的执委，参加了由华侨经营的以农产品国际贸易为主的和昌公司，担任董事长，并定居美国。

十、冲破禁运为新中国购买棉种

新中国成立之初，1949年底，邹秉文在美突然收到上海棉纺界老友吴味经和顾毓琼的电报，要求他所经营的和昌公司尽快选购几百吨美国最新的优良棉种岱字棉种，供国内播种之用。邹秉文深知这一任务的重要意义，便立即向美国各棉种公司洽购。不料答复都是岱字棉种已颗粒无存。事关新中国的经济建设，他立即抱病乘飞机前往美国南部密西西比州产棉区。动员当地华侨，一同驾车到各私人农场，不论多少，不分昼夜，尽量收购。三日内购得棉种496吨。为了能够集中一起打包，当地华侨即时腾空一个仓库，并主动协助将棉种装车运至新奥尔良港，装船运出。

当时美国已开始对中国实施禁运，这批棉种幸未被美国政府察觉。但轮船已无法直接驶往中国港口，只得绕道南美洲阿根廷，再运往青岛。于次年清明节前运到，未误农时。这批棉种及时被推广到5000多万亩棉田种植。当年棉花产量即比前一年增长55.8%。1951年又继续增长48.8%。

1953年美国情报部门得知中国棉花产量大增，是由于推广使用了美国的岱字棉。而该棉种是由邹秉文从美国购运的。是年11月，美国纽约移民局传邹秉文夫妇去问话。话题主要是"你为什么要为中国共产党运去大批棉种？"邹秉文回答说"我是中国人，我是学农的，为了发展中国农业，购运棉种是我应做的事情。况且和昌公司经营中美贸易已有多年，购运棉种也是我们的业务范围。如果说棉种不能运往中国，那么，你们美国轮船公司为什么接受这笔生意。"反复纠缠了一天，移民局最终只得把他们放回去。但他们的护照被扣留了，直到1956年才发还。

1956年美国移民局归还护照后，邹秉文立即以赴欧洲旅游为由，离开美国。经周总理安排，从欧洲绕道苏联回到祖国。回国后担任农业和高教两部顾问，全国政协历届委员。

邹秉文回国时虽已年逾花甲，而所担任的顾问工作弹性较大，但他仍坚持每日上班，并经常下到基层或科研、教育单位进行参观调研。每次回来都写报告，提出自己的建议。他多次在中央广播电台作对外广播，宣传中国的建设成就。

邹秉文为振兴中国农业，其贡献所涉及的范围极其广泛。从农业教育、农业规划、农产品进出口检验、农业信贷到农业外贸；从粮作、棉作到其他经济作物；从种植业生产资料的种子、农药、化肥到农业机械等等，他都参加了改进提高的筹划和实施。在所有这些工作中，他都极其重视培养人才。这些人才都成了中国农业教育界、科技界和行政领导方面的栋梁之材。他既有远见卓识，又脚踏实地，实抓实干。邹秉文所以取得以上的成就，如果没有他大胆改革创新的精神，对振兴中国农业的执著，坚定的毅力和魄力，是不可能的。

十一、邹秉文主要论著

邹秉文. 1916. 植物病理学概要. 科学，(2)：5.

邹秉文. 1921. 改进吾国农业教育之办法. 新教育，(2)：5.

邹秉文. 1922. 今后的农业教育. 农声，(5).

邹秉文. 1923. 吾国新学制与此后之农业教育. 新教育，(4)：3.

邹秉文，胡先骕，钱崇澍. 1923. 高等植物学. 上海：商务印书馆.

邹秉文. 1923. 中国农业教育问题. 上海：商务印书馆.

邹秉文. 1926. 中国农业教育最近情况. 农学杂志.

邹秉文，章之汶. 1944. 论我国之农业教育. 中华农学会报，(4).

邹秉文. 1945. 中国农业建设方案. 中华农学会刊.

邹秉文. 1947. 改进中国农业之途径. 中美农业技术合作团报告书. 上海：商务印书馆.

主要参考文献

华恕主编. 1993. 邹秉文纪念集. 北京：农业出版社.

撰写者

邹德慈（1932～），邹秉文先生之女。

辛树帜

辛树帜（1894~1977），湖南临澧人。教育家、生物学家和农业历史学家。1916年毕业于武汉大学生物系（时称武昌高等师范学校博物系），1924年入英国伦敦大学生物系，1925年转入德国柏林大学生物系攻读，获博士学位后于1928回国，任国立中山大学生物系主任。多次组织进行大、小瑶山科学考察，开中国生物科学考察之先河，后受命创立国立编译馆（现国家编译局前身）并出任馆长，之后先后筹建国立西北农林专科学校并出任第二任校长（后更名国立西北农学院、现西北农林科技大学前身）和国立兰州大学并出任首任校长，1949年后重长西北农学院，兼任全国政协委员、中国动物学会副理事长、中国植物学会理事、中国科学院西北分院筹委会第一副主任、西北教育工会第一副主席、九三学社西安分社副社长、陕西省科联副主席等职。毕生致力于科学、教育事业，延揽人才，奖掖后进，甘为人梯，为中国尤其是大西北的教育和科学事业奉献了大半生心血和汗水。直至晚年，他仍坚持从事农业科学、古农学研究，为中国古代农业史研究的全面发展奠定了基础。

一、出身贫寒家　发愤苦读书

辛树帜，字先济，1894年8月8日出生在湖南省临澧县东乡（今烽火乡）辛家嘴一个贫苦农民家庭。9岁丧父，家里只有3亩田，另佃地20多亩，自家耕种。他5岁起即给财主放牛。每天出村放牛，他必经过本村辛家私塾。每次路过私塾门口，他都要借牛群过小桥时速度缓慢之机，留心倾听私塾先生为同龄的富家子弟教授课程。由于他酷爱读书，又有天赋，能过耳不忘。放牛期间，即口中念念有词地背诵课程，久而久之，被塾师发现。那时他祖父和兄长都是给财主家扛长活的。

1903年过春节，族人联欢，请塾师上座，逐一考问各家子弟功课。他祖父小心翼翼地问塾师："你看我们家哪一个后生将来有出息？"塾师当即把辛树帜叫到身边，高声对众人说："先济将来准有出息！"并一一起头让辛树帜当众背诵、讲解课文。辛树帜虽未进过一天私塾的门，但塾师起头让他背诵、讲解的课文无一不滚瓜烂熟，且抑扬顿挫，字正腔圆，字句解读，条分缕析，族人大为惊异，遂准许他入私塾读书。从此，他自13岁起一边在私塾读书，一边放牛。他父亲去世后，他由兄长抚养长大。三年后于1906年秋入高小四年级，四年后于1910年进常德西路师范学校（五年制），是年他只有16岁。常德西路师范学校起初称幼级师范学校，在当时当地颇有名气，辛亥革命后更名为第二师范。他在这所学校读书期间，就颇有盛名，但他毕业后却无法获得一个小学教员的职位，后经乡中一位有名的中医徐澄侯帮助，才在一个唐姓财主家谋得一个教私塾职位。

三个月后，辛树帜得知武昌高等师范（武汉大学前身）招考历史和博物两科学生，遂辞去塾师职位，与族兄辛先齐等结伴到武昌应考，考取博物科。

由于童年艰苦生活的磨炼使他逐渐形成了坚强的性格。他立志刻苦学习，成为有学问、在科学教育方面有所造就的人。加之受辛亥革命和五四新文化运动的影响，"教育救国"、"科学救国"的思想，在他心里深深扎下了根。

在武昌高等师范学校，由于业师是科学家竺可桢，加之受康有为、梁启超等改良主义思想影响，他不仅刻苦攻读，而且决心振兴祖国，用教育和科学昌明政治。出于幼年生活的影响，大学的前两年，他利用课余时间，采集了大量蝶类标本，然后定名、检查并收集相关资料，在薛良叔老师指导下，写成《中国产蝶类报告》论文，发表于当时的博物学会会刊。此文由同学崔堂绘图，老师薛良叔帮助写了日文记载。之后，他又开始采集植物标本，尤其是在张镜澄老师带领下赴庐山的那次考察采集，对他确定一生志向影响甚大。

大学毕业那年因毕业实习，他得到原籍临澧县政府补助的100元津贴，由竺可桢领队随同学到日本考察了一个月，看到了国外先进的科学、繁荣的经济，从而滋生了出国留学的念头。

1919年从武昌高等师范学校毕业后，为了筹措留学资金，他先后到长沙明德中学、湖南长沙第一师范、长郡中学等校担任生物教员。他每天坚持讲七八个小时的课，星期天也不休息。教学中，他注重引导学生从实际和实践中学习科学知识，常带领学生到野外去采集标本，在学校和学生中产生了深刻影响，一时蔚为风气，使不少学生由此走上了科学的道路。如后来成为知名专家、教授的植物物理学家、农史学家石声汉，植物学家吴印禅，都是他当时的学生。

经过四年艰苦努力，他于1924年赴欧留学。他原打算以勤工俭学方式到美国留学，但当时美国实行新移民政策，限制入境，他便入英国伦敦大学学习生物学，在英国留学一年，又于1925年转入德国柏林大学攻读。留学期间，他还曾经到过比利时、法国等国，1928年返回祖国。

二、赴欧留学后　献身兴国途

1927年冬，正在德国柏林大学刻苦攻读的辛树帜，突然接到广州中山大学校长戴传贤、副校长朱家骅发来的电报，催他回国。他当时一心想的是如何发展祖国的科学教育事业，并有他自己的一套打算。因为在柏林大学攻读时，导师笛尔斯曾告诉他，中国的广西瑶山地区，在动植物分类学上，是一块未开垦的处女地。老师的话，激发了他对广西瑶山进行考察的兴趣。他决心要到那里认真地考察，填补世界动植物分类学上的空白点。

回国任中山大学教授兼生物系主任后，他再三向戴传贤、朱家骅说明自己的想法："中国地大物博，素为世界重视。而我们的科学落后，尚未有中国自作之精密调查，历来所见关于中国生物之记载，多出自外国人之手。其中虽不乏治学之士，但也有居心叵测、为其本国搜集资料存心侵略之悲，听任其深入各地从事采集，丧失国家主权，实是我们莫大耻辱！今日为求中国学术之发达，查明各地物产实际情况，以供祖国开发之参考，自行着手调查，实属刻不容缓。桂省交通不便，外人尚未调查，尤为待考察之区。俟桂省调查完毕，然后再推广于黔、滇、蜀、湘、赣诸省……"（参见《国立中山大学广西瑶山采集队集日程》，1928年中山大学出版）经他一再争取，终于在1928～1931年，由他组织领导了一个规模较大的科学考察与动植物标本采集队，先后深入广东北江瑶山、广西大瑶山、贵州梵净山、海南岛及湘西等地，采集几万个植物标本和上万个鸟类、兽类及爬虫、两栖动物的标本，由此为中山大学建起了比较完整、系统的动、植物标本室，培养和吸引了一批又一批从事动植物研究的专门人才，扩大了中国学术界在国际生物学界的影响。

广东北江瑶山、广西大瑶山是中国甚至世界动植物资源宝库之一，不仅有天然的原始森林和丰富的生物研究资源，又是少数民族聚居区，而且在生物分类和生态上也很利于观察，是生物学工作者理想的天然学校和天然生物实验室，也是当时中国西南部的一个神奥领域和科学考察与科学研究的"处女地"。外间人自不必说，就连当地人，也很少有人敢冒险涉足。为了采集到尽可能多的动植物标本，他们攀险岩、穿蓬蒿、钻竹林、斗恶蜂、避山蛭、躲毒蛇，战胜各种难以想象的艰难困苦，苦苦跋涉了3个月。白天，他们在山上兴致勃勃地采集动植物标本，每一个发现，都给他们带来无比的欢欣和鼓舞，使他们忘却了疲劳、困苦和危险；晚上，他们回到山村，在昏暗的油灯下，整理标本，采集民歌民谣，标注少数民族语言，访问民风民俗。瑶山人的语言、习惯、风俗、民情，都未曾有过专门考察。虽然地方志上有一些零星资料，但往往与实际情况出入较大，也很不完善。辛树帜所率领的考察团，除对瑶山的动植物资源进行了深入细致的考察外，还对这一带的历史、语言、民俗进行了考察。

同年11月，辛树帜又组队进入大瑶山进行第二次科学考察，其规模比前一次更大，考察的区域范围，比第一次增加了一倍，直到第二年2月才返回学校。

几次瑶山考察，开中国国内大规模科学考察和生物采集之先河，其考察和采集范围已远远超出瑶山地区，涉及贵州苗岭山脉的云雾山、斗逢山和东部的梵净山，湖南南部的金童山，广东的北江、永昌及海南岛等地，共采集标本6万余个。其中植物近千种3万余个，哺乳类10余种百余个，鸟类210种4千余个，爬虫类40余种60余个，两栖类20余种300余个，昆虫类600余种2千余个，鸟类中有60多种是首次发现，揭示了中国南部的动植物宝藏。其中最突出的是经国内外学者鉴定以辛氏命名的瑶山动植物新属新种就有20多种。如辛氏瑶山鳄蜥（雷火蛇）、鳄蜥亚种、辛氏寄生百合、辛氏木、辛氏铠兰、辛氏美丽鸟等。他在这个时期的著述有《广西植物采集纪略》、《广西瑶山动植物采集纪略》等。此外，他们还收集瑶族服饰物品数十件，对当地风俗习惯做了大量笔录，先后整理出《瑶山两月视察记》、《正瑶舞歌》、《甲子歌》、《瑶山采集日程》等大量民族民俗资料，并在1928年《语言历史研究所周刊》出版发行"广西瑶山调查专号"。

在此期间，他善于发现和培养人才，知人善任，深得老中青学者的拥戴。植物生理学家古农史学家石声汉、华南植物分类专家吴印禅、鸟类学家任国荣等，都曾担任过他的助教，参与了瑶山科学考察，并由他先后送往国外深造。

1932年春，辛树帜由广州北上南京，担任国民政府教育部编审处处长。次年，该处扩充为国立编译馆，辛树帜任首任馆长，主管全国图书编译出版工作，重点是科学名词规范化和编译出版各种名著，审查发行大、中、小学教材，先后出版《化学命名原则》、《天文学名词》、《物理学名词》等书，奠定了科学译名的基础，使许多从外国音译过来的同物异名科学名词，第一次有了中国统一的名称，极大地方便了教学、科研和中外交流。此间他还主持编纂出版了中国第一本《教育年鉴》，主编《黄河志》、《图书评论》等，并大力赞助中华自然科学社，组织青年学者撰文介绍国外科学成果，普及科学知识，为中国科教文化事业做出了积极贡献。

三、心牵大西北　创办两大学

1932年，陕西等省大旱，赤地千里，饿殍载道，令人触目惊心。辛树帜乘到洛阳开会的机会来到陕西西安,游览考察了西安、华山、周陵、草滩等地。放眼大西北这片广袤而又贫瘠的土地以及落后的农业生产现状,他被黄土地那沉重而又深厚的历史文化积淀和广阔的开发前景深深地吸引住了,似乎是本能地一下子迷恋上了这片黄土地,从而萌发了"开发大西北"的一整套宏伟构想。

民以食为天。他首先想到的是农业、林业、牧业和水利。他在为国立西北农林专科学校校刊创刊时的题词中写道:"管子曰:'积于不涸之仓,藏于不竭之府。积于不涸之仓者,务五谷也;藏于不竭之府者,养桑麻育六畜也。务五谷则食足,养桑麻育六畜则民富。'开发西北,道在其中矣。"要发展农林牧业,就必须依靠科学技术,而科学技术的关键又在于教育是否发达。由此,他联想到偌大一片黄土地,纵横五省区,占祖国大半壁河山,竟没有一所高等农林院校的现状,遂萌发了创办一所西北农林高等院校的设想。这个想法一经提出,便得到许多有识之士的赞同与附和。是年秋,于右任、戴季陶等联名向国民党政治会议提交的筹建西北专门教育初期计划议案获得通过。于右任、戴季陶、朱家骅、焦易堂、邵力子、杨虎城、辛树帜等15人组成筹委会,集资营建国立西北农林专科学校。

1936年7月,国民党南京政府教育部任命辛树帜继于右任之后担任国立西北农林专科学校校长。于是,他毅然辞去南京国立编译馆馆长职务,一头扎向西北小镇——陕西杨凌。

当时该校设有农艺、园艺、森林、畜牧、水利、农业经济六个组(后改称系、现改称学院)。校址在陕西武功张家岗(今陕西杨凌区)。因当时陇海铁路尚未全面通车,又很少有汽车等交通工具,加上西北的贫穷与落后,要在大西北办高等农林教育,谈何容易。生源尚且不谈,仅师资力量这个问题,就足以让人头疼。尤其是在当时的社会条件下,一个大学校长能否把学校办好,很大程度上取决于他能否聘到一批著名教授。国立西北农林专科学校地处陕西关中偏僻农村,又是初建学校,条件很差。与风景优美、气候宜人、交通便利、待遇优厚的沿海大城市的高等院校相比,实有天壤之别。但辛树帜求才若渴,凭借他的热情、诚恳、用才有道、无官僚作风、无市侩习气、和蔼可亲及一颗炽热的事业心,吸引了一大批著名学者、专家来到这片黄土地上,与他合作共事。其中有农业经济学家杨亦周(新中国成立后曾任河北省副省长)、张德粹,水利学家李仪祉、沙玉清、余立基,物理学家祁开智,园艺学家谌克终、章君瑜、涂治(中国科学院院士、后任新疆八一农学院院长),地质学家王恭睦,农学家沈学年(后任浙江农业大学教授),土壤学家周昌芸,化学家薛愚,植物学家孔宪武,昆虫学家黄其林,林学家齐敬鑫,兽医学家盛彤笙(中国科学院院士)等。随后,一批又一批专家教授及国外留学归国的年轻学者,也受他人品、学品、才识吸引,来该校从教。

在办学思想与理念上,他认为农业是一门地域性和应用性都很强的科学,一要结合实际,学以致用。学校地处陕西关中农村,就应该开展西北特别是陕西关中农业调查研究。如农学专业的学生应当熟悉麦、棉等西北主要农作物的育种和栽培;林学专业的学生应当以附近的秦岭、太白山为实习区,入山实习和采集标本等。二要热爱农业,刻苦学习。他认为首先应当关心、关怀农民,以发展农业为自己终生的事业,要亲民、新民,并先"化为农民",然后才能成为农业科学家。因此,他自己率先垂范,经常与学生一起到农村调查访问,并带领学生到农民家中帮助收麦。

1938年,北平大学农学院由陕西汉中迁至陕西武功、河南大学农学院畜物系由河南郑州迁至陕西与国立西北农林专科学校合并,学校改称国立西北农学院,辛树帜改任院长。此时,辛树帜满怀信心,精神焕发,决心按照德国"洪堡模式",把这所农业大学建设成中国农业高等教育和人才培养、农业科学研究的最重要基地。

办学中,他十分注重学生的全面发展。他明确提出"所谓人才者,一曰性行忠实;二曰勤俭;三曰身心强健;四曰学识经验,基础正确;五曰年富力强,兴趣浓厚,愿以本校之校业为其学业。"为此,在他主持制定的《训育大纲》中明确提出:"打破一切陈腐思想与恶劣习惯及个人主义,应极力培养成为社会谋福利之公德心","应养成勤俭朴实的美德,平等互助的精神,入孝出悌的修养及尊师敬友的习惯,以转移习俗,树立新社会之根基","学生应切实从事于农场、林场等实际工作,与周围农民发生密切联系,以期求得丰富的经验与能力,树立模范农村的基础","学生须养成艰苦耐劳之精神,以期担负发展西北经济事业之重大任务"。为了切实贯彻落实上述要求,学校还规定,学生除受严格军事训练外,还应从事于各种健身运动,以养成健全之体格。"体育课是训练学生整体机体生活的重要科目",包括正课、早操、课外活动和各种竞赛。体育课不及格者,不得升学或毕业。他还以身作则,坚持和学生一起参加早操,冬夏无间断,还尽量参加师生员工的各项文娱、体育活动。

辛树帜在办学中不仅十分注意延揽人才,而且重视奖掖后进。只要是师生有兴趣学习和钻研的课题,他都千方百计为他们当参谋,出主意想办法搞出眉目来。他办学作风民主,善于接近群众、深入群众。虽然主持校务占用了他很多时间,但他仍坚持经常深入各系、科、教研室,和师生员工座谈、讨论,听取意见,了解师生员工思想状况和工作情况,帮助解决工作、学习和生活中的问题。因而,他不仅对学校教学、科研工作了如指掌,而且和师生员工关系融洽。因此,凡是与他合作共事的教职员工,受他教诲的学生,无不对他有口皆碑,称道不已。办学中,他还非常重视图书资料和仪器设备的建设。他从小就养成了读书的良好习惯,嗜书如命。

一次去上海，他看中了一家古旧书铺，几乎一下子把书铺的书全买了下来。这些书籍，后来在他主持开创的古农学研究中，发挥了重要作用。

1939年，辛树帜受国民党顽固派排挤，被迫离开了他心爱的国立西北农学院，先后任国民党经济部农本局顾问、中央大学生物系教授兼主任导师、川西考察团团长、湖南省参议员、湘鄂赣三省特派员等职，仍致力于发展科技教育事业，并立下夙愿研究整理"湘学"著作，后因日寇攻陷长沙，成了他终生未竟之业。期间他曾回乡为多病的老母侍奉汤药。即使在乡居期间，他也不忘大力兴办湖南家乡教育，曾为湖南省立第十四中、翊武中学、九澧中学和津市农业学校的筹建做出过贡献。

抗战胜利不久，他受命重返大西北，着手筹建兰州大学。他说："西北诸省，为中国古代文化发祥之地，亦今后新国运发扬之所，承先启后，继往开来，国防价值，于今尤重，复兴文物，开发资源，实目前数年最重要之工作"，"今后国家问题，完全在西北与东北，尤以西北范围较大，空虚尤甚。吾人不早为准备，他年必贻国家于无穷也。""余来兰后，即与各方联络，使阻力不生，互信互助，务必使大学之基础早日奠定，以慰西北人士所望，所以报效国家者也。"（参见1947年《兰州大学校讯》第一卷第一期《辛校长树帜上教育部签》）

首先，他着手进行兰州大学机构的调整与建设，将原甘肃学院改为法学院，将原西北医学院分院改为医学院，并按照综合大学模式增设了文学院、理学院。此外，他认为发展畜牧业和防治牲畜疾病、改良畜禽品种，对于发展西北经济、促进民族团结大有裨益，便上书当时的教育部和甘肃省政府，特设了兽医学院，从而使当时的兰州大学建立起文、理、法、医、兽医五大学院，由中国文学、英语、俄语、历史、数学、物理、化学、植物、动物、地理、政治、经济、银行会计、法律、医学、解剖、生化、生理、药理、细菌、病理、寄生虫、内科、外科、产科、卫生学、畜牧学27个系科组成的很有特色的综合大学。

此外，他认为西北地域辽阔，少数民族众多，如不尽快尽早开发建设，必受外人觊觎，不利于祖国统一和民族团结。而要开发建设，必须"通语文、娴风俗"，造就一批批适应边疆和少数民族地区工作的人才。"且西北边疆各宗族，各有其悠久历史文化，今欲冶国内各族于一炉，使之团结一体，融和无间，则历史之研究与文化之沟通，亦属当前切要之图"。因此，他上书教育部，于1947年9月在兰州大学文学院增设了边疆语文系，设蒙文、藏文、维文三组。

为了给兰州大学延聘尽可能高水平的教师，他未到兰州就先到京、沪、穗等地延揽人才。由于当时兰州尚未通火车，生活条件较之陕西杨凌更差，延揽人才难度更大。他就采取聘请短期讲学、客座讲授等办法，先后延请顾颉刚、石声汉以及中央大学、上海第一医学院等院校的知名教授到兰州大学讲学。同时，利用兰州夏季不太炎热，是一个天然的避暑胜地的有利条件，在暑假期间礼聘全国各地的名师到兰州大学集中讲学。先后应聘的有方欣安、郑集、朱炳海、裴文中、黄文弼、方壮猷、李尚举、张汝骞、康士莹、姚寻源等。他还利用他交游广、名望高等优势，尽最大努力坚请许多名教授到兰州大学任教。从1947年7月到1949年下半年不到三年时间，在兰州大学任教的专家教授就有董爽秋、程宇启、陈时伟、段子美、乔树民、盛彤笙、水天同、顾颉刚、沐允中、左宗杞、杨浪明、周中规、王德基、张德粹、张怀朴、闻人乾、张舜徽、史念海、杨英福、唐家琛、李德麟、李镜明、陈慨勤、马馥庭、王文义、戴重光、李武功等。当时兰州大学流传着这样的歌谣："辛校长办学有三宝，图书、仪器、顾颉老"（指以顾颉刚为首的一批知名教授）。

在图书资料建设方面，起初，兰州大学只有接收到的甘肃学院、西北医学院图书杂志总共不到3万册，远不能满足文、理、法、医、兽医诸学院的需求。他就不遗余力，不惜重资，到京沪等地大量采购图书。顾颉刚在《积石堂记》一文中对此有特别记述，称辛树帜"高瞻远瞩，知树人大计，必以师资及图书仪器为先，既慎选师资，广罗仪器，更竭其全力于购置图书，京沪陇海道上，轮毂奔驰捆载西来者，大椟数百事。未几战祸突兴，陆行阻绝，又以飞机运之。两年之间，积书15万册，轶出他人数十年之功，卓然成西北巨藏矣"。

未到兰州大学之前，他还在上海等地购置教学仪器和设备、药品。如今，兰州大学医学院已独立为兰州医学院，成为甘、青、宁、新四省（区）医学院校之冠。其兽医学院则是白手起家，逐步成为西北驰名的兽医中心，1947年独立成校，1958年扩展为甘肃农业大学。

兰州解放前夕，国民党政府教育部曾多次电催辛树帜从兰州前往南京。辛树帜不为所动，坚持留在兰州，临危不惧，不屈服于当局的威胁和利诱，毅然和全体师生一起参加护校，并领导兰州大学等四院校全体教职员工迎接解放，从而使兰州大学等4院校回到了人民的怀抱，其间无一人离去。

如今兰州大学、西北农林科技大学均为教育部直属全国重点大学中的"985工程"和"211工程"大学。西北农业大学所在地杨凌，由西北农学院起根发苗，逐步形成驰名中外的农业科学城和西北农林水牧教育科研人才的摇篮，为西北科教事业做出了巨大贡献。

四、重掌农学院　舍身效中华

1949年8月26日，兰州解放，标志着辛树帜新生的开始。是年10月，辛树帜到北京学习，读了许多马列主义著作和革命书籍，特别是读了毛泽东同志的著作，清楚地认识到毛泽东思想的伟大，中国共产党的伟大，坚信有毛泽东等老一辈无产阶级革命家率领的中国共产党人的领导，新中国的前途将无限光明。这一切，使他充满信心和力量，欣然接受了中华人民共和国国务院总理周恩来的重托和任命，重长西北农学院。

西北农学院，是辛树帜主持创办的两所大学中的第一所，而辛树帜又是该校改为学院后的第一任院长。当初西北农学院面临的最大困难是师资不足，许多从全国各地来到该校任教的名教授纷纷他去，许多重要课程无法开出。辛树帜的到来，对该校师资队伍的充实和加强，起到了重要作用。他充分发挥熟人多、名望高、影响大、桃李门生遍天下的优势，竭尽全力罗致人才，先后吸引了一批批知名专家教授来该校任教任职。其中如数学专家管竹，电工学家康清，水利学家蒋咏秋，牧医专家粟显卓，土壤肥料专家赵云梦，化学专家俞劲、吴中禄，木材加工专家汪秉全等。他的学生和战友、留学英国的植物生理学家石声汉，也应他的特邀，从武汉大学重返该校。

西北农学院行政、后勤等工作迅速走上正轨。从新中国成立到"文化大革命"的17年，辛树帜和西北农学院全体教职工一起，改革教育制度，实施和发扬"洪堡教育"理念，十分重视科学研究在高等院校中的作用，努力开展科学研究，抓教职工队伍、教材、图书、仪器设备建设，抓教育质量的提高，取得突出成绩，成为西北农学院历史上第二个群星灿烂、人才辈出、名传海内外的"黄金时期"。通过这17年的艰苦努力，西北农学院逐步形成了"实事求是，艰苦奋斗，开拓进取"的优良学风，学校"诚朴勇毅"的校风、学风和学术空气，都达到空前未有的崭新程度。其间培养的大批农业科技人员，分布于祖国各地，成为当地农业科研、教育、生产、推广及建设事业的骨干。同时，也为后来的杨凌农科城的形成和发展，奠定了雄厚的基础。

17年间，辛树帜还积极参加各项社会活动，不仅担任第二、三、四届全国政协委员，参政议政，共商国是，而且积极投身祖国科技事业的振兴等工作，兼任全国动物学会副理事长、全国植物学会理事等多种职务，为科技兴国贡献力量。1954年，中国科学院在西安成立西北分院，陕西省委第一书记张德生兼任筹委会主任委员，辛树帜兼任第一副主任委员，为发展大西北的科研机构，付出了心血和汗水。

五、潜心研农史　开拓新领域

由于大半生从事农业教育，辛树帜深感整理祖国农业科学遗产的重要意义，因而他早就想集中全国研究农史之人才，用10年以上的时间，整理古代农书及古籍中的农事部分，整理栽培技术和农谚、时令等。他认为在此基础上建立的中国古代农业科学，其地位决不在中国医学之下。加之他国学功底深厚，又兼广涉群籍，勤于探索，因而对研究整理中国丰富的古代农业科学技术遗产和农业史，有许多深刻而独到的见解。同时，在这一领域他亲自从事卓有成效的探索性研究，对农史学科的发展，起了重要的奠基与指导作用。

早在1952年，他就倡议并组织有经验有基础的本校教授如石声汉、夏纬瑛、周尧、酆裕垣、翟允禔等，在西北农学院成立"农史研究小组"，积极开展古代农业科技文献的整理与研究工作，为中国古代农业科学技术研究开拓了一个崭新的领域。

1955年，他参加了国家农业部召开的"整理农业遗产座谈会"。会后，在原有的农史研究小组的基础上，正式成立西北农学院"古农学院研究室"，他亲自主持并参与研究整理工作。在他的领导下，在各级领导的关怀与支持下，前后仅20年，西北农学院古农学研究室就先后研究整理出版了20多种古农学研究专著和论文，共约500多万字。其中《〈齐民要术〉今释》、《〈农政全书〉校注》等，在国内外产生了极大影响，受到国内外许多著名科学家的赞扬。英国的中国科学技术史专家李约瑟博士，为写《中国科学技术史》中的"农业卷"，曾派助手来中国与他们座谈，并在后来的一封信中说："中国科学史农业卷的工作，极大地得益于（石声汉）先生的帮助。"日本的天野元之助和西山武一两位教授，都以研究中国古代农业科学而著称。1958年当西山武一第一次看到《〈齐民要术〉今释》时，高兴地说："这不仅是贾学（贾指《齐民要术》作者贾思勰）之幸，对于中日两国文化交流，也起到一定积极推动作用。"

在此期间，他撰写、整理、出版的研究著作有《禹贡新解》、《易传分析》、《中国果树历史的研究》、《中国水土保持历史的研究》、《〈农政全书〉159种栽培植物的初步探讨》等。参与研究整理出版的有《〈农政全书〉校注》等。《尚书·禹贡》是中国先秦典籍中一篇记述古代地理的著作，全文不过千把字，文义事理却深奥难解。历代治《禹贡》者辈出，而辛树帜则站在现代科学高度，在深入考证《禹贡》原文献的基础上，从水土和贡物入手，从现代农业科学的立场对《禹贡》进行新的发掘和系统研究，提出土壤、田赋、农业地理等方面的历史问题，高度评价古人"平治水土"的历史功绩，独出新解。关于《禹贡》成作年代，他提出15条论据，考评为西周作品，并对盛行的"战国说"详加驳论，并与现代水土保持结合而研究，也为后来从事中国水土保持历史研究奠定了基础。顾颉刚评之为"体大思深"，竺可桢、史念海等亦均给予高度评价。中国树木分类专家陈嵘称赞辛树帜"是学自然科学专业的，而研究中国最早的《易经》、《禹贡》两部古书，在国内还是第一人"。他撰写出版的《中国果树历史的研究》根据从西周到唐朝末期的多种书籍中有关果树的记载，系统地分析比较了中国最早期果树栽培的成就，认真考评了这一时期果树的种类和名实关系，论述了这一时期中国的果树栽培技术，以充分的论据说明中国原产果树栽培历史悠久、种类繁多、贡献卓著，在世界果树栽培史上占有极重要的地位。这部著作成功考释了中国早期古籍中所记载的基本的果树资料，为后来人从果树史的研究理出了头绪，也为研究各类专业农史提供了宝贵经验，极富创见，得到国内和日本学者的一致赞誉。

1957年2月27日，辛树帜应邀出席中共中央召开的第十一次最高国务（扩大）会议，听取毛泽东所作的《关于正确处理人民内部矛盾问题》的讲话。会议期间辛树帜受到毛泽东亲切接见，这是辛树帜1922～1924年在长沙湖南第一师范任教期间与毛泽东同事之后、时隔30多年两人的第一次相见。辛树帜作了关于发展全国农业生产和中国古代农业科学研究计划的汇报发言。毛泽东听了非常高兴，热情地握着他的手，回忆地叫着他的名字，笑着说："讲得很好。你的名字也起得好。辛辛苦苦，在学术上独树一帜"，表示对研究整理中国古代农业文化遗产工作的支持和鼓励。

1958年，由于极左路线的影响，古农学研究室一度受到冲击。1961年，石声汉去北京治病，原中央统战部部长李维汉接见了石声汉，认为西北农学院古农学研究室过去工作成效显著，在国内外有相当影响，符合党和人民的利益，应当继续下去。1962年3月初，原高教部黄松龄副部长到西北农学院视察时也一再强调："我们整理祖国农业遗产的态度，是厚今薄古，古为今用，而不是厚今无古，割断历史。古农学研究室应当恢复。"并提出许多具体要求。

中国水土流失问题严重，直接影响农业和生态环境，威胁农业和粮食安全，从历史角度研究中国古代水土保持的经验和教训，进一步建立具有中国特色的水土保持学，是辛树帜多年的夙愿。早在1956年，他就发起组织了"陕北农业生产和水土保持工作考察团"，对陕北地区18个县尤其是丘陵沟壑区进行了综合考察。考察期间，他始终与陕北各地市、县党政领导、技术人员和农民群众座谈，整理出考察报告，在次年举行的全国政协二届三次会议上作了专题发言，阐述了新中国成立后祖国水土保持事业的发展和根治黄河工作中存在的问题。周恩来听完他的发言，亲切地鼓励说："讲得不错呀！我希望在今后50年里，依靠中国水利和水土保持科学技术的发展，解决水土保持问题。"这为他致力于中国水土保持研究，增添了极大的动力。经多方搜集资料，艰苦探索，辛勤钻研，1958年国庆节前夕，他写成了《中国水土保持的历史研究》，发表于《科学史集刊》第2集。辛树帜并不因此而满足，他又向前迈出一大步，开拓了新的研究领域——研究"中国水土保持学"。1971年底，他刚一走出"牛棚"，得知多年精心经营的古农学研究室被解散，多年一起工作的战友、学生石声汉病故，妻子康成懿也故去。一连串沉重的打击，对于备受折磨的他来说，的确是一个十分严峻的考验。有人劝他就此退休，颐养天年。但他不仅未被这些沉重的打击击倒，更不想退休，而是出人意料地要求上班、工作，做人生旅程中的"最后冲刺"。

1974年，辛树帜倡议组织编写《中国水土保持学》的意愿得到陕西省水土保持局的支持，一整套编写构想也已由他酝酿成形。1976年，已届82岁高龄的辛树帜，不顾同事、亲朋再三劝阻，亲自带队前往四川、云南、广西、湖南、江西、湖北等地，考察南方水土流失问题，收集植被破坏和水土流失的第一手材料。这次考察使他和同行的人们再吃一惊：不仅北方黄土高原地区植被破坏和水土流失严重，南方红壤地区及其他丘陵山区植被破坏和水土流失也相当严重。保护植被和生态环境，防止和治理修复水土流失，是一个全国性的巨大系统工程。这一思想，不久给全国人尤其是中国的农业、环境科学家敲响了警钟，而且成为他即将主持完成的《中国水土保持学》的主体思想。1976年，《中国水土保持学》初稿写成，可他因视力衰退，无法执笔校阅，只好让编写组的同志逐章读给他听，他边听边提修改意见。后该书由农业出版社出版，易书名为《中国水土保持概论》。

辛树帜对中国古代农业科学和农业史研究的贡献远不止此。《辑校徐衷南方草木状》、《中国农业遗产要略》、《中国古代农书评介》这三部石声汉的遗稿的整理和出版，即含着他的辛苦劳动。另外，《〈农政全书〉校注》是石声汉生前主笔完成的，为使之早日出版，辛树帜不顾高龄，多方联系出版事宜。1973年盛夏，他利用整整一个酷热的暑假，对石声汉先生所著的约70万字的《〈农政全书〉校注》原稿作逐字逐句的认真复审，因此时石声汉先生已经作古。根据出版社的建议，他把原书校、注、案3种体例的50万字，合并成注解一种形式（删减到30万字）。此书由辛树帜等改定后由上海古籍出版社出版，在海内外学术界影响巨大而深远。改革开放前中国台湾学术界出版的大陆学者的学术专著，此书是两部之一，而且是由台湾多家出版社多次再版（台湾累计出版达8版之多）。

六、情依黄土地　心念国统一

1949年后，辛树帜积极参加九三学社西安分社的筹建工作，兼任九三学社西安分社副主委兼宣传部长。他善于团结人、关心人，为九三学社的宣传工作和组织发展，做了大量有益的工作。

1971年，他尚在"牛棚"之中，当得知刚刚恢复工作的陕西省对台宣传办公室约他给在中国台湾的科技、文化、教育界友人写公开信时，不顾自己尚在"难"中，以自己解放的切身体会，写信向在台友人致意，期望共同致力于祖国的统一和国家民族的繁荣昌盛。直到晚年甚至生命垂危之际，他仍念念不忘在台友人，希望他们回来看看，为祖国统一尽心尽力，并多次草拟对台宣传广播稿件。

辛树帜虽然于1977年10月24日与世长辞，但他的"旗帜"、他的精神、他的风范、他的贡献……却受到越来越多的后来人的缅怀和赞颂，学习和效法。

七、辛树帜主要论著

辛树帜. 1918. 中国蝶类报告. 博物学会杂志，(1)：2-4.

辛树帜. 1920. 中国蝶类报告. 博物学会杂志，(3)：1-3.

辛树帜. 1928. 广西植物采集纪略. 自然科学，(1)：1-6.

辛树帜. 1929. 广西瑶山动植物采集纪略. 自然科学，(1)：4-9.

辛树帜. 1947. 辛校长树帜上教育部签. 兰州大学校讯，(1)：1.

辛树帜. 1957. 怎样改进陕北水土保持工作（1957年3月5～20日在北京召开的第二届第三次全国政治协商会议上的发言）. 人民日报，第3版.

辛树帜. 1957. 禹贡制作时代的推测. 西北农学院学报，(3)：1-40.

辛树帜. 1958. 易传的分析. 西北农学院学报，(2)：89-90.

辛树帜. 1958. 易传的分析. 西北农学院学报，(3)：83-112.

辛树帜. 1958. 易传的分析. 西北农学院学报，(4)：83-100.

辛树帜. 1962. 中国水土保持的历史研究. 历史研究（科学史集刊），(2)：1-18.

辛树帜. 1962. 纪念徐光启（1962年3月23日～4月8日在北京召开的第三届全国政治协商会议第三次会议上的发言）. 光明日报，第3版.

辛树帜. 1962. 中国果树历史的研究. 北京：农业出版社.

辛树帜. 1964. 禹贡新解. 北京：农业出版社.

辛树帜. 1977. 永远不辜负周总理的殷切期望. 陕西日报，第1版.

辛树帜. 1982. 中国水土保持概论. 北京：农业出版社.

辛树帜. 1983. 中国果树历史的研究（伊钦恒增订再版）. 北京：农业出版社.

主要参考文献

辞海编辑委员会. 1979. 辞海"辛树帜"条. 上海：上海辞书出版社.

姜义安. 1980. 毕生致力于科学教育事业的辛树帜 // 中国人民政治协商会议甘肃省委员会文史资料委员会编. 甘肃文史资料选辑（第23辑）：129-141.

刘宗鹤. 1989. 辛树帜先生传记 // 史念海主编. 辛树帜先生诞辰九十周年纪念文集. 北京：农业出版社：1-17.

牛宏泰. 1994. 神农之光·辛辛苦苦，独树一帜. 北京：中国农业出版社：42-57.

牛宏泰. 1996. 辛树帜 // 中国科学技术协会编. 中国科学技术专家传略·农学编·综合卷1. 北京：中国农业出版社：109-126.

撰写者

牛宏泰（1956～），教授，西北农林科技大学高等教育研究所所长，辛树帜教育思想研究者。

顾青虹

顾青虹（1894～1985），江苏无锡人。农学家、教育家。1916年毕业于上海大同大学。1921年毕业于日本国东京农业大学园艺系蚕业专业。曾任南京金陵大学农学院副教授、浙江大学农学院蚕桑系教授兼主任、贵州大学农学院教授、院长和贵州大学校长，新中国成立后任江苏省蚕丝专科学校教授、江苏省无锡蚕丝试验场场长兼总技师、中国农业科学院蚕业研究所研究员、桑柞系主任，中国蚕学会副理事长。他重视教育，培养出许多优秀的蚕业人才；他致力于蚕业资源的开发和利用，通过研究和考察，对各地开发蚕业资源提供了许多有创造性的、有价值的研究成果与建议。他为开拓蚕业资源，提出南方采用枫叶饲养柞蚕的创见和利用光照条件控制柞蚕化性变化的新理论。他主持完成的湖桑苗插条研究项目，获得中国农业科学院农业科学技术改进奖二等奖。他选出的湖桑优良品种以及提出的扦插培苗法和"插条、密植、速成"和"良种良法"的技术体系以及专为新疆蚕业编写的《栽桑学》，丰富和发展了养蚕学的理论和技术，为中国蚕业的发展做出了重要贡献。

一、生 平 概 要

顾青虹，原名顾滢，又名顾召荫。1894年12月17日生于江苏省无锡县胶山（今东北塘乡顾家村）。1985年8月18日，因久病医治无效，与世长辞，享年91岁。

顾青虹1911年毕业于长泾中学。1916年毕业于上海大同大学。1921年毕业于日本国东京农业大学园艺系蚕业专业。回国后，投身蚕桑教育与科学研究工作。1921～1931年在南京金陵大学农学院任副教授。1932～1939年，受聘于浙江大学农学院，任蚕桑系教授兼主任。抗日战争爆发后，顾青虹随学校内迁，辗转江西、广西，继续从事教育和科研工作，并主编了浙江蚕业科技刊物——《蚕声》，此刊促进了蚕业科技的交流，反映了蚕业界的意见。1939～1941年，顾青虹受聘于贵州省遵义中国蚕桑研究所任研究员。1941～1944年，他重返教育工作岗位，任贵州农工学院教授。1942～1947年，任贵州大学农学院教授、院长和贵州大学校长。1947～1948年，应江苏省蚕丝专科学校校长郑辟疆先生的邀请，辞去贵州大学校长职务，返回江南，为抗日战争遭受日本人破坏的江苏省蚕丝专科学校的重建，做出了重要贡献。1947年顾青虹发表的《中国蚕丝教育之检讨》一文，指出：人才是发展产业之要素，教育是启发智慧的源泉，中国产业之没落，并非没有人才，是没有健全的教育，尤其没有健全的专门教育去培育可造就的人才。蚕丝业的落伍，就是受蚕丝教育不健全的影响。他认为发展中国蚕丝业要以培育人才为急务，发展蚕丝教育为基础；还提出了改造蚕丝教育体系等意见。这就是顾青虹从事长达30年之久的蚕桑教育事业崇高的抱负。

中华人民共和国成立后，1949～1950年顾青虹任江苏省无锡蚕丝试验场场长兼总技师。1950年调任华东蚕业研究所（后改为中国农业科学院蚕业研究所）桑柞系主任、研究员。由于他一贯重视蚕业资源的开拓，自1957～1965年先后在江苏、浙江、安徽、江西、湖南、山西、贵州、陕西、四川、重庆、河北、广东、广西、海南岛、新疆、黑龙江、辽宁等地考察，足迹几乎遍及全国各蚕区。他以渊博的学识，对各地蚕业的发展方向和生产中的关键问题，都提出了大量有益的意见。顾青虹1963～1965年曾先后三次随同农垦部王震部长赴新疆维吾尔自治区进行蚕业资源考察。在新疆建设兵团农二师对大陆性荒漠地带进行栽桑培苗研究，还为新疆蚕业的发展专门编写出版了一部《栽桑学》。顾青虹在全国各地具有前瞻性的调查研究，为我国蚕业快速发展无论在学术上还是在经济上都有重要的价值。1964年顾青虹重点研究湖桑插条育苗的机理及其技术体系。1979年他的下肢血管开始硬化，行动不便，在1981年退居二线，任中国农业科学院蚕业研究所顾问，但他仍让老伴或子女搀扶着去试验地指点助手搞试验。实在病倒了，就写字条让家属送到试验地去，研究沟通从不间断。直到病魔缠身卧床不起时，还不断关心询问试验研究工作情况。1985年8月18日，因久病医治无效，顾青虹与世长辞，但他的"春蚕精神"却永远铭刻在人们的缅怀之中。

顾青虹工作一贯勤奋，以身作则。1950年任苏南行政公署蚕业管理局技师兼无锡蚕丝试验场场长时，被评为苏南行政公署一等劳动模范。1956年当选为中国蚕学会第一届副理事长。第二、三届名誉理事长。1957年和1963年分别担任《蚕业科学通讯》和《蚕业科学》常务编委。1963年和1979年两度被聘为农业部科学技术委员会委员。1952年当选为第一届镇江市人大代表；1962年当选为第二届江苏省政协委员；1964年当选为第三届全国人大代表；1978年当选为第五届全国政协委员。

二、学 术 成 就

顾青虹出生在蚕乡，从小就跟大人学习养蚕、栽桑，在蚕乡风情中度过了他的童年。当时无锡桑园面积已达25万亩，年产茧11万公担（1公担＝100千克），有丝厂53家。无锡生产的"金双鹿"牌白厂生丝曾在纽约万国博览会上获"金像奖"。生丝每公担价格高达1300银元。蚕丝业的发展给无锡带来经济上的繁荣。在20世纪初，中日丝绸争霸世界市场。日本为适应欧美纺织业以蚕丝作纺织原料的大量需要，大力扩展桑园，更新桑、蚕品种，推广养蚕新技术，改进缫丝机，提高蚕丝产量和品位，大量生产的外销生丝，跃居世界生丝输出国之首，蚕桑科学技术也居世界前列，这对他日后致力于蚕业产生了重要影响。顾青虹在此背景下，于1916～1921年东渡日本学习蚕业。

顾青虹回国后，他认为：日本国达到国力强盛的经历是走首先发展蚕丝业，经丝绸出口，换取外汇，继而发展轻工业，积累资金和技术，进而发展重工业，达到国力强盛的路子。同时他认为蚕业是我国传统优势产业，气候适宜，土地、劳力充沛。要发展蚕丝业，必须培养蚕业人才。因此，他选择从事蚕桑教育事业。从1921年起的教育工作长达30年之久，培育了好几代蚕业科技人才。他坚持教育与科研、生产相结合的办学原则，并能以身作则，参加劳动，备受学校师生和教育界的好评。

20世纪20年代，顾青虹在南京金陵大学农学院任副教授。执教期间，为了给学生创造生产实习条件，创办了民丰蚕种场，兼任经理，指导栽桑、养蚕和蚕种制造业务。蚕种场所获赢利用来补充当时学校经费之不足。这一创举，巩固了学生的理论知识，同时提高了学生的动手能力。

1. 育成家蚕酱油蚕

顾青虹发现一种与家蚕普通白皮蚕不同的酱油皮色土种，1941年育成家蚕酱油蚕品种。该成果还获得200银元奖金。

2. 发现家蚕和野外昆虫的病原微粒子交叉感染

1932～1939年，顾青虹受聘于浙江大学农学院，任蚕桑系教授兼主任。在坚持教学工作的同时，他经常深入蚕乡、蚕种制造场和缫丝厂实地考察，总结群众经验。对蚕业生产中出现的技术问题，开展科学研究。当时浙江省蚕种生产中出现家蚕微粒子病毒率升高的问题［注：微粒子病是一种古老的蚕病，世界各养蚕根据地都有发生，对养蚕业危害最大，被称为疫病。法国科学家、微生物学家巴斯德（Louis Pasteur，1822~1895）在1865~1870年研究发现并查明了微粒子病原病因及其预防方法］。顾青虹经过研究，发现桑园内害虫——桑螟（*Rondotia menciana* Moore）与家蚕微粒子病原——家蚕微孢子虫（*Nosema bombycis* Nägeli）可以交叉感染。在1935年发表了题为《桑螟蛾之微粒子病调查》的论文，首次报道了家蚕的微粒子病原与桑螟交叉感染的问题，提出了防治桑螟，以杜绝病原传染的意见。

3. 全力开拓蚕业资源

抗日战争期间，1938年初顾青虹随浙江大学迁至江西省泰和县。在教学和生活条件十分艰苦的情况下，仍坚持结合教学和生产需要，开展科学研究。为了开拓我国蚕业资源，更为了开发南方蚕业，开展了对乌桕蚕（*Attacus atlas* Linnaeus）和樟蚕（*Eriogyna pyretorum* Westwood）等两种绢丝昆虫资源的生活史和生态学研究。乌桕蚕蛾是蛾类中最大型的，有"蛾王"之称。蚕茧脱胶后可以纺丝，丝质优良，强伸力好，织成绢绸称为"水绸"，非常耐用。他的研究成果为我国华南山区开发乌桕蚕生产打下了基础。而樟蚕，当时世界上只有中国生产樟蚕丝，丝质坚韧耐水，可制成外科缝合伤口用的丝线，还可制成最佳的钓鱼丝线。他研究发现，雄性樟蚕中，早下树的成熟幼虫以六眠蚕居多，体小，丝腺也短；而迟下树的成熟幼蚕多为七眠蚕，体大，丝腺也多。这一发现，为雌、雄蚕分开饲养，以提高蚕丝的质量，提出了方向性的研究课题。

4. 发现柞蚕化性调控机理

1938年秋，顾青虹随浙江大学继续内迁至广西宜山，研究另一种重要的绢丝昆虫——柞蚕（*Antheraea pernyi* Guérin-Méneville）。柞蚕又称山蚕，原产中国，是由古代栖息在山坡柞树上的一种野蚕，经过长期驯化饲养而成。柞蚕以壳斗科栎属（*Quercus* sp.）植物的叶片为饲料。柞蚕茧织缫的丝绸是一种中高档商品，制成衣饰华丽，在军工、化工、交电等方面有着广泛的用途，是我国传统的重要出口物资之一。柞蚕业又是我国东北三省和山东、河南、贵州、四川等省的特有产业。抗日战争期间，东北、华北相继沦陷，全国柞蚕丝产量急剧下降。他为了在广西开辟柞蚕丝生产新基地，开始研究寻找新的柞蚕饲料资源。鉴于广西各地盛产枫树，试用三角枫（*Acer buergerianum* Miq.）叶饲养柞蚕，竟一举成功，而且枫叶饲育柞蚕，其减蚕率和出丝量都优于日本学者北泽氏1932年在东北用麻栎（*Q. acutissima* carr.）叶饲养柞蚕的试验成绩。1939年顾青虹发表了著名论文《枫的柞蚕饲料价值》。可惜因抗日战争失利，学校被迫又向西迁，枫叶饲养柞蚕这一科研成果没有推广。

1939年，顾青虹受聘于贵州省遵义中国蚕桑研究所任研究员，悉心研究柞蚕的化性问题。柞蚕有1化（即1年完成1个世代）和2化（1年完成2个世代）的区别。东北地区和山东一带的柞蚕都属2化性，山东以南包括贵州等地则为1化性。1化性蚕区每年只放养1次春柞蚕，放养期间常受风、霜、低温、干旱等自然灾害影响，产量不稳，茧质也差。因此，历史上每年需要从东北向南方调运大批柞蚕种茧，有达数列车厢之多，然后制种放养2代柞蚕。但是当时东北沦陷，贵州等南方地区不可能从沦陷区调入2化性柞蚕种茧放养。因此，控制柞蚕化性的研究成为发展南方柞蚕业的关键问题。顾青虹经过两年辛勤研究，终于发现柞蚕的化性变化受光照周期的长短所制约。贵州省五六月间日照时间短，柞蚕变为1化；东北、山东一带五六月间日照时间长，柞蚕变为2化。他所发现的光周期与柞蚕滞育机理的理论，是在国际上首先提出利用光照条件调控柞蚕化性变化的新论点。在实践上他成功地解决了为南方放养2代柞蚕的制种问题；冲破了日本人的封锁柞蚕种茧的调运问题。

5. 选育出高产抗病优质的湖桑32号、湖桑35号等品种

1947～1948年顾青虹应江苏省蚕丝专科学校校长郑辟疆先生的邀请，为该学校被日本侵华时遭受破坏而重建（注：抗日战争时期，日本阴谋破坏中国的蚕业经济，轰炸了1911年成立的苏州浒墅关省立女子蚕桑学校，该校培养的人才，以积极从事生产和推广改良蚕种，即以一代杂交蚕种替代土蚕种为中心的蚕丝改良运动而著称。学校被破坏被迫停办后，改良蚕种的生产、推广基本上已被扼杀，蚕种经营转而被日本人所操纵、利用）。顾青虹为学校重建，利用过去的办学成功经验，从理论到实践，协助学校生产改良蚕种（方印牌），由于蚕种品质上乘，蚕农抢先购买饲养，蚕丝产量和质量大幅度地提高，后来"方印牌"蚕种成为江苏省的著名品牌，称为"铁种"，名扬全国。虽然顾青虹在校时间较短，但是确实做出了重要的贡献。重建后，校名为苏南蚕丝专科学校，后成立学院，现并入苏州大学。

1949～1950年顾青虹任无锡蚕丝试验场场长兼总技师，尽责尽力，得到领导和职工一致好评，并被评为苏南行政公署一等劳动模范。

1950年顾青虹调任华东军政委员会蚕业研究所（后改名为中国农业科学院蚕业研究所）任桑柞系主任、研究员。从此他有了安定和优越的工作环境，更加奋发励志于蚕桑事业研究。工作期间，他对全国蚕区考察作过多次考察，提出了许多具有建设性的意见和建议。其中重要的：在江苏省蚕区考察时，他提出要建立桑苗培育

基地，以改变栽桑靠买苗的传统习惯；要培育优良品种苗木，推荐他过去研究选出的湖桑 32 号、湖桑 35 号等优良桑树品种；用良种改变各地桑园品种混杂的状况；在吴江县震泽农村调查到圩埂上田栽桑树 2500 株，产春叶 250 千克的事实后，经过理论研究和桑树栽植密度试验，提出适度密植的意见。江苏蚕业主管部门采纳了他的意见，经过多年发展，桑苗自给有余，每年可大量支援外省发展蚕桑的需要，不仅湖桑 32 号的高产、优质、抗性强的特性已成为江苏省当家品种。良种和良法的全面推广，桑园单位面积产量和产值得以大幅度地提高，推进了全国蚕业迅猛地发展。到 20 世纪 70 年代，我国蚕丝产量跃居世界第一位。

6. 革新栽桑技术体系

顾青虹对广东省亚热带资源的考察时，他总结肯定了珠江三角洲蚕区"桑基鱼塘"复合经营的生产模式。这一生产模式向国外介绍后，已被联合国收入国际蚕业培训人员的教材。

顾青虹对海南岛勘察时，他从全局出发，提出我国热带地区土地资源很少，尽管当地桑树生长很好，但应该让路，多发展热带作物的意见。

顾青虹对广西壮族自治区考察时，他发现当地引进的荆桑中，有广东桑（*Morus atropurpurea* Roxb.）、蒙古桑（*M. mongolica* Schneid）和山明桑［疑属唐鬼桑种（*M. nigritormis* Koidz）——作者］等桑种。他总结群众经验，提出根据叶质优劣，将广东桑作为稚蚕用桑，将山明桑作为壮蚕用桑的意见。在桑属中作为养蚕饲料的种，一向是选用鲁桑（*M. multicaulis* Koidz.）、白桑（*M. alba* Linn.）、山桑（*M. bobycis* Koidz.）和广东桑等四个桑种。采用山明桑新种养蚕的发现，有利于家蚕业资源的开发利用。

顾青虹对黑龙江省考察时，他认为该省无霜期短，日照长，尤其在 6～8 月，日照时间特长，平均气温在 19～23℃，适于桑树生长，可以饲养 1～2 批秋蚕。为此还总结出一套桑苗安全越冬的经验，这对东北发展家蚕生产很有价值。他的研究，还突破了所谓"湖桑不能越过北纬 40°栽植"的桎梏。

顾青虹对四川省考察时，他认为该省蚕桑生产潜力甚大。在调查报告中指出："将桑树分散栽植在田边、河边、土坎、隙地、路地、宅旁，并用中、高干养成……可以使栽桑成本少，叶质佳。"十边栽桑"土地资源丰富"。现在四川蚕茧产量已从考察当时（1963 年）的 9.25 万公担，增加到 130 万公担（1989 年）。四川省的十边栽桑科技成果，获得农业部科学技术进步奖一等奖。

顾青虹对河北省考察时，他在太行山区元氏县发现一种桑树资源——山毛桑及其特殊栽桑方法。这种桑树一经夏伐就会死亡。他总结群众经验,提出桑林带与花生混栽的生产模式,桑树成带状栽植并间种花生。桑树可防风保护花生,桑枝条春伐用来编筐,桑叶养蚕;花生收获后,茎叶作绿肥用来肥桑。达到花生、蚕茧双丰收。

顾青虹对山西省考察时,他总结了重点蚕茧产地沁水县的梯坎栽桑和收获法。桑树在收获时采用出扦法,可使湖桑适应当地环境条件,保持丰产,长年不衰。

顾青虹对湖南省考察时,他总结了洞庭湖湖区蚕桑生产经验,指出湖区冲积土的土壤肥沃,适宜栽桑。洞庭湖涨水期间,滩地受短期水淹并不影响桑树生命,退水后留下的淤泥有利于肥桑,利用湖区滩地栽桑,土地资源潜力很大。洞庭湖区很快成为该省蚕茧主产区。

顾青虹曾先后三次随同农垦部部长王震赴新疆维吾尔自治区进行蚕业资源考察和开发工作。在研究大陆性荒漠地带栽桑培苗和桑树品种选育方面,做过大量的工作。尤其在新疆建设兵团农二师阿克苏地区研究盐碱地栽桑培苗时,经过多次挫折和失败以后,终于研究出修建渠道、灌水压盐、桑籽催芽等一套方法,培育桑苗获得成功。他还为新疆蚕业的发展专门编写出版了一部《栽桑学》。

顾青虹还对湖北、安徽、江西、陕西、辽宁等省蚕业资源作过考察,都有详细的记录和报告。上述对各地的考察报告,有的已经发表,但有不少手稿在"文化大革命"期间受到冲击中散佚湮灭,十分可惜。

顾青虹重视生产,关心群众,经常深入农村实地考察,他认为发展栽桑养蚕,首先要使群众掌握培苗技术,减轻蚕农投资买苗的负担。因此,在他晚年决心开展研究桑苗的培育技术。在1964年发现湖桑插条和桑树插条的发根机制,查明了桑枝根源体和愈伤根的发生条件,为桑树插条育苗建立了理论基础。同时,建立了湖桑插条育苗的技术体系,使湖桑插条苗的成苗率由15%左右提高到90%,而且比传统的嫁接苗法省工、省时。在栽桑技术方面,配合全国蚕业生产的恢复和发展,在顾青虹的主持下,建立了新建桑园快速丰产和改造老桑园的技术体系。他的一系列研究成果,革新了"二年培苗,五年成林"这种漫长的生产周期,并把插条、密植、速成的技术思想,构成了现在生产上正在发展的"一步成园"的雏形,也就是当年培苗,当年栽桑,当年成林,当年养蚕的技术体系,丰富和发展了桑树栽培学科。

顾青虹以严谨、勤奋、重视实践,启发教人著称。他常以在新疆培苗试验屡遭失败的事例告诫科室人员:对试验成果的推广要严谨小心。他主持的湖桑插条育苗科研成果,在经历三年,取得四次重复试验成功的结果时,有人建议可以推广应用于生产了。顾青虹却说:"应再搞两年,科研必须严格按客观规律办事。农业受气候条件制约程度很大。气候一年一个样。我们的试验要经得起不同气候条件的反复验证。不然的话，拿出去推广，农民要吃苦头的。"

三、顾青虹主要论著

顾青虹. 1926. 制种法之研究. 中华农学会报.
顾青虹. 1933. 浙江之桑苗业. 蚕声, 2 (3).
顾青虹. 1935. 桑蟥蛾之微粒子病调查. 中华农学会报, (142/143): 214-215.
顾青虹. 1935. 浙江省桑树品种之初步研究. 中国蚕丝, 1 (2): 6-23.
顾青虹. 1939. 泰和樟蚕. 蚕声, 5 (2): 1-5.
顾青虹. 1939. 宜山乌桕蚕的生活史. 蚕声, 5 (2): 9-11.
顾青虹. 1939. 枫的柞蚕饲料价值. 蚕声, 5 (3): 1-2.
顾青虹. 柞蚕化性的研究（未公开发表，其内容为农业出版社 1961 年出版的中等专业学校教科书《柞蚕》所引用）.
顾青虹. 1956. 桑区肥培管理. 蚕业科学通讯, (2): 4-17.
顾青虹, 许心义. 1957. 广东亚热带地区蚕业情况介绍. 蚕业科学通讯, 2 (1): 39-48.
顾青虹. 1957. 桑树剪定问题（上）. 蚕业科学通讯, 2 (2): 6-14.
顾青虹. 1957. 桑树剪定问题（下）. 蚕业科学通讯, 2 (3): 9-17.
顾青虹. 1957. 桑树嫁接的基础理论. 蚕业科学通讯, 2 (4): 1-8.
顾青虹. 1958. 桑树插条生根的基础理论. 蚕业科学通讯, 3 (1): 3-8.
中国农业科学院蚕业研究所栽桑系. 1959. 桑树新品种中桑 5801 号的育成. 蚕业科学通讯, 4 (4): 185-188.
顾青虹, 孙晓霞, 刘之元. 1963. 四川省栽桑方面几个问题的调查研究. 蚕业科学, 1 (3): 137-140.
顾青虹. 1964. 栽桑学. 乌鲁木齐: 乌鲁木齐出版社.
顾青虹. 1964. 新疆桑树栽培上的特点. 蚕业科学, 2 (1): 1-8.
顾青虹, 倪国孚, 陈爱玉. 1980. 关于湖桑扦插繁殖的研究 I. 蚕业科学, 6 (1): 28-35.
顾青虹, 倪国孚, 陈爱玉. 1983. 关于湖桑扦插繁殖的研究 II. 蚕业科学, 9 (2): 71-73.

主要参考文献

史礼泉, 于美贤. 1981-8-2. 正是蚕熟时——访著名栽桑专家顾青虹. 新华日报, 第 2 版.
费旭主编. 1988. 金陵大学农学院院史（征求意见稿）. 南京农业大学学报, (133): 155-160.
蒯元璋. 1993. 顾青虹 // 中国科学技术学会编. 中国科技专家传略·农学编·养殖卷 1. 北京: 中国科学技术出版社: 83-95.

撰写者

蒯元璋（1932~），中国农业科学院蚕业研究所研究员，自 1953 年与顾青虹先生在同一个研究系（室）工作。

金善宝

金善宝（1895～1997），浙江诸暨人。农业教育家、小麦专家，中国现代小麦科学的奠基人。1955年当选为中国科学院学部委员（院士）。1926年毕业于东南大学农艺系。1932年毕业于美国康奈尔大学研究生院。曾任南京农学院院长、中国农业科学院院长、名誉院长等职。20世纪30年代，选育出南大2419小麦良种，50年代在长江流域大面积推广，以后又扩展到陕甘、两广、云贵等地，最大种植面积7000多万亩，使用年限长达40余年，衍生品种多达110多个，开创了中国小麦育种和生产的新局面。他发现的云南小麦是中国独有的小麦新亚种。他对中国小麦种类及其分布的研究，为中国小麦分类研究奠定了理论基础。60年代，率先利用纬度和海拔的不同，开展小麦育种南繁北育、异地加代研究，使小麦新品种的育成时间，由10年左右缩短为3～4年，大大推进了小麦育种进程和农作物良种繁育的试验研究。1934年出版的《实用小麦论》，是中国第一本小麦专著。1983年主编的《中国小麦品种及其系谱》，填补了中国在作物育种方面全面系谱分析的空白。他的研究成果和学术、教育思想，对中国小麦科学和农业教育的发展具有重要的指导意义。

一、立 志 务 农

——从山村农娃到大学教授

金善宝1895年7月2日生于浙江诸暨石峡口山村。父亲金安浦是晚清一名秀才，为人正直、善良，深得邻里的敬重。母亲何金莲是一位勤劳、朴实的山村妇女，方圆几十里的养蚕能手。金善宝从6岁开始在父亲的私塾里读书，13岁父亲病故，临终前给他留下两句话：做人最重要的，一是要有气节，二是要有本事。这两句话深深刻印在金善宝幼小的心灵里，伴随着他一起成长，祖国多灾多难的岁月，使他逐步理解了父亲这两句话的哲理，从而奉之为终身恪守的座右铭。父亲去世后，家境日趋贫困，母亲依靠养蚕的微薄收入贴补家用，支持儿子继续上学。金善宝也经常帮助母亲采桑叶、缫蚕丝、上山砍柴、挖竹笋。朴实的山村生活，培育了他对这一方故土的深情；山村人民的疾苦，激发了他献身农业、改变农村落后面貌的志愿。

1911年，辛亥革命推翻了清王朝。在这场革命风暴激励下，金善宝毅然考入了由革命同盟会创办的陆军中学，开始接触民主革命思想。仅仅半年，大革命失败，陆军中学被迫解散。1913年又考入浙江省立第五中学学习，教育家蔡元培、文学家鲁迅都曾在这所学校当过校长、任过教，因而这所学校的民主气氛、学习风气十分浓厚。四年科学文化的学习，民主思想的熏陶，使金善宝萌发了科学救国、教育救国朴实的爱国主义思想。

1917年中学毕业，因家境贫困使他不敢奢望升入大学。幸运的是，南京高等师范农业专修科在报上发表了不收学费及膳费的招生简章，正好符合他的志愿，向他敞开了升学大门。录取后，母亲卖掉了两年来积攒的蚕丝，又向亲戚借了29块大洋，为他凑足了旅费和必要的生活费用去南京就学。

当时，南京高等师范农业专修科刚刚成立，从美国回来的邹秉文任农科主任，他十分注重教学、研究和农业成果推广密切结合。这种理论与实际、科研与教学相结合的方针，对金善宝影响很深，并深受其益，因而成为他一生从事农业教育、科学研究的指导准则。经过三年刻苦学习，1920年毕业前夕，上海面粉大王荣宗敬委托南京高等师范农业专修科改良小麦品种，筹建小麦试验场，金善宝经邹先生举荐到试验场从事小麦育种研究。

1921年，南京高等师范改名东南大学，农业专修科改为大学本科。1925年，金善宝回东南大学补修了一年学分，1926年完成大学本科全部学业。1927年到浙江第四中学教课，1928年又到浙江大学农学院任教。

1930年，浙江省教育厅在全省招考公费留美学生。条件是，在浙江服务满三年，服务成绩好，由服务机关推荐，英语考试及格。金善宝积极报名应试，考入美国康奈尔大学研究生院学习。

在康奈尔大学，金善宝攻读作物遗传育种，除上课外，还要参加各种学术讨论、田间操作，做小麦、玉米、大豆等育种试验，并经常陪同教授外出考察品种改良情况。1932年毕业后，转至明尼苏达大学农学院从事小麦育种研究。在美国三年，时间虽短，但美国科学家研究科学之精神，给金善宝的印象很深，康奈尔大学作物育种系主任兼研究院院长Emerson研究玉蜀黍科之色性遗传经12年之久，终于发现了籽粒颜色A、B、PI遗传因子定律的事迹，使金善宝体会到在科学的道路上没有平坦的大道，只有不畏艰险、不怕失败、勇于探索、有恒心、有毅力的人才能达到光辉的顶点。然而祖国的贫穷落后，使出国留学的海外游子处处受到歧视，让他痛切地感受到一个炎黄子孙肩负的使命；屈辱，鞭策他奋进，更加坚定了振兴祖国农业、复兴中华的决心。1933年春，他义无反顾地回到祖国怀抱，先任浙江大学农学院副教授，半年后应聘中央大学农学院教授。

二、献身小麦

——从试验场技士到"小麦之父"、"农业泰斗"

1920年，金善宝从南京高等师范农业专修科毕业后，走上农业科学研究的第一站是南京皇城小麦试验场。当时，小麦试验场刚刚成立，条件十分简陋，一切工作从零开始。金善宝在试验场任技士，小麦从播种到收获，从短工安排到经费预算，样样都要亲自动手，从早忙到晚，可是他的心里却充满了喜悦。从那时起，他就将自己的一生献给了中国小麦科学事业，虽历经坎坷，仍矢志不移。

（一）小麦育种研究

1. 整理、挖掘农家品种资源，育成第一批小麦良种

金善宝认为，中国是一个农业大国，几千年来蕴藏在广大农户中的小麦品种，是育种工作的宝贵财富。他从1920年开始就广泛搜集小麦地方品种，通过对小麦品种的搜集、整理和筛选，严格的品种试验，1924年在南京大胜关农场育成产量颇高的'南京赤壳'，在南京附近及京沪铁路一带种植，1928年引进浙江省，同时育成的还有'武进无芒'，1927年又育成'姜堰黄皮'等。并将早熟品种'江东门'，经过多年精心种植、去劣选优，培育成以成熟期特早著称，麦粒质地坚硬，出粉率高的优良早熟品种，在长江流域中下游各省种植推广。因其综合性状好，早熟性突出，比当地品种显著增产，又较抗赤霉病，直至20世纪80年代，仍广泛作为小麦育种的重要早熟种质资源，其衍生的优良品种达50多个。

2. 注重品种资源的引进利用，育成矮立多、南大2419小麦良种

金善宝不仅重视挖掘、整理农家品种资源，也十分注重国外品种资源的引进利用。在品种选育过程中，十分注意抗病性、丰产性和适应性的选育，1929年，他得到一位意大利新回国留学生引来的Ardito小麦，在杭州浙江大学农场种植数年，1934年加入南京劝业农场试验，选育成抗病力强、成熟期较早、产量高的小麦良种，按Ardito译音，并因其植株矮、穗粒多，音、意兼顾，命名矮立多。在南京劝业农场，他还种植了国内搜集的小麦品种2100余种，国外小麦品种及潘希维尔（Percival）世界小麦品种1000余种，从这一大批原始材料中择优进行了混合选择，从原始小麦品种Mentana中选育成中大2419（新中国成立后改名南大2419），该品

种表现抗病、早熟、抗倒。1937年，他和蔡旭将中大2419和矮立多带到四川等地去种植，通过广泛的区域试验，1942年，这两个品种首先在四川省推广。

20世纪五六十年代，当我国长江流域小麦生产受到条锈病危害严重减产时，南大2419却表现出较强的抗病性和丰产性，因而在长江流域迅速推广，以后又扩展到陕甘、两广、云贵等地，最大种植面积达7000多万亩，约占全国小麦种植面积的1/5，直到80年代，在新疆、青海以及长江流域仍有百万亩以上，使用寿命长达40余年。因其早熟、适应性好、丰产、抗条锈病，各地用作杂交亲本所得的优良衍生品种有110多个。南大2419的育成和推广，开创了中国小麦育种和生产的新局面，成为中国小麦育种史上的里程碑，获1978年全国科学大会奖。

3. 根据农业生产需要，注重小麦品种质量，育成中字号系列优质小麦新品种

黄淮平原是中国冬小麦的主要产区，20世纪60年代以来，作物复种指数不断提高，旱、涝灾害频繁，影响了小麦及时播种。据河南省统计，1983年全区晚播小麦面积约占20%～60%，小麦播种期推迟，导致小麦生长发育不良，产量下降，严重影响了这个地区的农业生产。

针对这一问题，金善宝课题组的育种目标是，要求新品种小麦高抗三种锈病、白粉病，提高产量，提高蛋白质、赖氨酸含量之外，还特别强调品种对光照反应不敏感，耐迟播等特性。经过几年努力，他们选育出一批耐迟播、抗病性强的小麦新品系中7606、中7902、中791等，一般比当地推广品种增产20%左右。由于中字号系列小麦对光照反应不敏感，春、夏、秋、冬四季都能播种，并能正常抽穗、开花、灌浆和成熟，适合黄淮麦区作晚播麦栽培，为解决这一地区因小麦晚播造成低产的问题，闯出了一条新路。

在育种研究中，金善宝不仅重视产量，也十分重视品质，一再要求课题组"把品质放在重要地位"。因此，在小麦新品种的选育过程中，课题组特别关注了品质问题。据测试，他们育成的中字麦蛋白质含量比当地一般品种高20%左右，赖氨酸含量高16%以上。1987年3月，国内首次召开了"优质小麦品种加工品质鉴评会"，鉴评了中7606、中791两个品种，鉴评的主要结论是："提供鉴评的两个小麦品种所烤制的面包，其综合指标已接近或达到了用进口小麦所烤制的优质面包水平。"《文汇报》、《中国日报》（外文版）都作了报道。这是中国小麦品质研究工作中具有重要历史意义的一页，它带动和推进了中国小麦加工品质的研究和应用。

4. 倡导小麦育种南繁北育、异地加代，缩短小麦育种年限

长期以来，小麦一年只播种一次，收获一次，育成一个小麦新品种，需要 7～8 年，甚至 10 年之久。"小麦育种周期太长了，一个人的生命有几个 10 年？"金善宝常常这样感叹。为了在有限的生命里培育出更多的小麦良种，金善宝率先利用我国幅员辽阔，纬度和海拔等不同条件，倡导小麦育种南繁北育、异地加代，缩短小麦育种年限。"文化大革命"期间，他已年逾古稀，坚决抵制了极左的干扰，克服了人力、物力的困难，冲破重重阻力，跋山涉水，先后到五指山、黄山、庐山等地考察，寻找小麦的夏繁基地。通过北京春播-高山夏播-南方秋播，一年繁殖三代小麦终于获得成功，使小麦新品种的育成时间，由 10 年左右缩短为 3～4 年，大大加快了小麦育种进程，随之也推动了我国科技人员在玉米、高粱、水稻、谷子等作物和蔬菜上的良种繁育工作，取得了显著成绩。在他主持下，先后育成一批京红号系列春小麦新品种，其中，京红 7、8、9 号三个小麦品种平均单产分别比当时风靡世界的墨西哥小麦品种增产 10%～20%，获 1978 年全国科学大会奖。

（二）云南小麦的发现和研究

1937 年，金善宝在云南征集的小麦品种中，发现有一类小麦品种性状特殊，穗形细长，小穗稀疏，无芒，白壳或红壳，穗轴坚硬而易折断，小穗紧靠穗轴，角度很小，小穗易从穗节下部折断，籽粒与颖壳难于分离，颖壳脊上有锯齿和侧脉，种子横切面呈三角形等。从植物学分类上看，它与一般普通小麦的穗轴坚韧不易折断有较大差异，也不同于斯卑尔脱小麦（$T.\ spelta$ L.），其染色体数目为 $2n=42$，能与一般普通小麦和硬粒小麦杂交结实。金善宝从其他各省搜集的小麦品种中，从没有发现过这种类型，他查阅了世界小麦分类学文献，也不能确定其适当的植物学分类地位。这种小麦究竟属哪一种分类？它的发源地在哪里？分布地区的生态有什么特点等一系列问号，一直在金善宝心中悬挂着。1942 年，他带着病弱之身，去云南实地考察，走遍了澜沧江流域，登上海拔 1700 米的高原，发现该品种的主要产区分布在云南省西部澜沧江西南，包括镇康、双江、云县、缅宁、腾冲等县，海拔均在 1000～1700 米之间。通过考察，他一共搜集到这种小麦 15 个品种，后经多方研究，他统称其为云南小麦，把它定为普通小麦的一个亚种（$T.\ aestivum$, subsp. $yunnanese$, King）。

1956 年，他再次去云南考察，在云南双江地区又采到一种有芒的品种，芒长达 7 厘米，镇康产的一种是白皮，其余都是红皮。检定结果，依据壳色、种皮色、颖

毛和芒的性状变异，构成比较完整的分类系统。他将这几个变种分别命名为：

1. var. 'ankoncum' King.
2. var. 'fenkwantacum' King.
3. var. 'chenkangense' King.
4. var. 'lanchankiangense' King.
5. var. 'mieningense' King.
6. var. 'shuangkiangense' King.

1959年，金善宝第三次去云南，他从昆明坐汽车经过楚雄、大理、保山、潞西、镇康、云县等地，跑遍了整个澜沧江流域，寻找云南小麦新亚种的发源地，终于发现澜沧江流域是云南小麦新亚种分布的中心，这个地区从海拔300~3000多米都有小麦种植，高原地形复杂，"立体农业"的气候、生态特点是形成变异的重要因素，从而确定了云南是中国小麦种类最丰富的地区，也是中国小麦变异的中心。这个研究结果得到国内外小麦科学家的一致肯定。

金善宝对云南小麦的发现和研究，对中国小麦分类研究是一个重要贡献，对世界小麦分类研究、小麦品种资源的保护和利用也有重要价值。

（三）中国小麦的种类及其分布的研究

中国小麦栽培面积有四亿多亩，广泛分布在北纬19°~52°之间的各种生态区内。数千年来，由于气候、土壤、耕作栽培制度和人民生活需求的影响、选择形成的小麦品种数以万计，这些丰富的品种资源是遗传种质的珍贵财富。但其在分类上究竟属于哪些种，哪些变种，在中国广大麦区分布规律如何，都是与小麦种质研究利用、小麦生产直接有关的重要理论问题和实际问题。前人很少研究，结论也欠全面。

1. 中国小麦的种类

金善宝从20世纪20年代起，就开始中国小麦地方品种的搜集和鉴定研究。1928年发表了中国第一部小麦分类文献《中国小麦分类之初步》，他根据当时从790个县搜集到900个小麦品种，采用前人的经典方法，研究确定这些品种分属于普通小麦、密穗小麦、硬粒小麦和圆锥小麦4个种，共26个变种，其中普通小麦占87%，其余3个种占13%，较之前人更准确地揭示了当时中国小麦种类的概况。

1954年，他开始主持中国小麦的种类及其分布的研究，从全国2000个县征集到各地农家小麦品种5545个，在南京农学院种植，系统观察2~3年后，精心选出460个代表性品种，于1957~1958年分别在北京、徐州、乌鲁木齐、成都、广州等

12 个地点种植。经过多点比较观察和鉴定，金善宝确定，中国栽培小麦品种分属于普通小麦、密穗小麦、圆锥小麦、硬粒小麦和波兰小麦等 5 个种及 1 个普通小麦亚种——云南小麦，比之过去研究，增加了 1 个种及 1 个亚种。各个种及亚种所属的变种，按品种的芒和颖毛的有无，壳色和种皮色的红白，再行分类，划归为 101 个变种，其中 25 个变种，包括云南小麦亚种的 6 个变种是金善宝新发现和定名的，变种数比之过去的研究更为丰富。全部变种所属品种以普通小麦的品种为最多，达 96.5%，其余圆锥小麦占 2.2%，密穗小麦占 0.7%，硬粒小麦占 0.6%。

2. 中国小麦的分布

金善宝对中国小麦分布的研究，是和小麦种类的研究紧接着进行的。1929 年，他从全国 650 个市、县征集到 1300 个品种样本；1937 年又从 723 个市、县征集到 1534 个品种样本，合计 2834 份小麦品种，作为研究品种分布区域的材料。他缜密地分析了每个品种的冬、春生长习性，籽粒皮色的红、白和籽粒质地的软、硬等三种重要分类性状，依据品种原产地的自然地理位置，作图标出全部品种的自然分布，将中国小麦品种划分为三个主要分布区域：(1) 硬质红皮春麦区，分布于北纬 27°～52°之间和海拔 1500 米以上的西部高原山地；(2) 软质红皮冬麦区，主要分布于中国中部和东南各省；(3) 硬质冬、春麦混合区，介于春麦区南界和冬麦区北界之间。1943 年发表了《中国小麦区域》一文，是中国小麦分布研究的一篇重要文献。

金善宝认为，小麦品种的冬、春生长习性，籽粒质地的软、硬和种皮色的红、白，是与气候条件密切相关的。冬、春麦的分布决定于各地纬度和地势导致的温度变化；高纬度、高海拔的地区多为春麦，反之，多为冬麦。所以春麦分布的南界为 1 月份平均温度 $-2℃$ 等温线，其以南栽培的春麦，他认为并非真正的春麦品种。硬质与软质小麦的分布与雨量湿度有关，以年均雨量 600 毫米的等雨线为界，其北为硬质小麦，其南为软质小麦，这是因为，小麦生长期间的雨量和湿度与籽粒淀粉结构的发育有密切关系。中国小麦地方品种多为红皮，全国各地均有栽培，而白皮小麦分布的南界与年均雨量 900～1100 毫米等雨线相符，再往南白皮小麦几乎绝迹了，可见其分布也与雨量多少有关。

20 世纪 50 年代，金善宝进一步从小麦品种总体生态、农艺性状和原产地的自然与耕作栽培条件的关系出发，按自然地理区划，将中国普通小麦品种细分为：华南地区、江南山地、云贵高原、四川盆地、长江中下游平原、秦巴山地、华北平原、黄土高原、东北平原、内蒙古高原、甘肃青海高原、准噶尔盆地、塔里木盆地、青藏高原 14 个生态类型分布区。

3. 小麦变种的分布和地区的关系

在研究中金善宝发现，中国西部广大地区，主要是云南、新疆和西藏，分布着中国最丰富的栽培类型，虽然这些地区小麦栽培面积不大，却包括了中国全部 5 个小麦的种和 70% 以上的变种，高原地势复杂是形成品种变异的重要因素。例如，云南是低纬度的高原地区，境内有炎热的河谷，温暖的平坝和高寒的山区，温度、雨量、日照强度都相差很大。新疆是高纬度的高盆地，自然条件也很复杂。从历史上看，自汉唐以来，新疆和云南都曾经是中外交通的要道，品种交流的机会比较多。此外，西北、西南各省又是多民族的地区，不同民族对农业生产方式的差异，也会造成小麦种类的多样性。华北四省虽是平原，小麦栽培面积占全国总面积 48.7% 以上，因而品种变异也多，且河南又是历代经济文化的集中地，交通频繁，在小麦分布趋势上，兼具西南、西北的一些类型。东北平原自然条件比较单纯，品种也比较单纯。长江以南多半是稻麦两熟区，小麦生长环境比较单纯，品种的差异也不大。因此，他认为世界小麦起源的一个次生多样化中心，很可能位于中国西部这一广大地带，中国各地栽培的小麦，是由这个中心逐渐扩展而分化形成的。1959 年，发表了《中国小麦的种类及其分布》的重要论文。

金善宝对中国小麦的种类及其分布的研究，对进一步研究中国小麦的起源、进化和分布，以及小麦分类学和区划研究的深入开展，提供了重要的科学依据，为进一步探明中国西部很可能是世界小麦次生多样化中心奠定了研究基础。此项研究成果获 1982 年国家自然科学奖三等奖。

几十年来，金善宝对中国小麦育种和农业科学事业做出的杰出贡献，被人们誉为"小麦之父"、"农业泰斗"。

三、辛 勤 耕 耘

——桃李满天下

1. 教书育人、理论联系实际

金善宝从 1928 年任职于浙江大学农学院起，开始了农业教育生涯。新中国成立前，在中央大学、云南大学、江南大学等几所著名大学的农学院任教。1934 年出版的中国第一部小麦专著《实用小麦论》，被列为大学丛书之一，出版后，很快被全国各高、中等农业院校用作教材，或学生的重点参考书，直至今日，仍具有重要的参考价值。

抗战时期在重庆，他于贫病交困中给学生讲授作物学、麦作学等课程，任劳任怨，备尝艰辛，有一次竟然昏倒在讲台上。他言传身教，常以"行万里路，胜读万卷书"来勉励自己，教育学生，启发学生广开思路，钻研科学，讲究实效。他教书育人，教育学生爱祖国、爱人民，热爱所学的农科专业，并经常将《新华日报》报道的抗日前方消息，讲给同学们听，激起广大青年抗日救国的热情。

2. 农业教育和农业生产紧密结合，主张农业院校搬到城外去

新中国成立后，他担任南京农学院首任院长，办学方针主要有二：

一是，坚持理论与实践相结合。他认为，在农业院校内部必须设有各种农作物的农场和牧场，以供各专业学生随时就近试验、学习，巩固所学的知识。为此，他极力主张把农业院校搬到城外去，因为只有在城外，才能为农业院校的发展提供足够的空间。通过亲自选点，多方案论证比较，力排众议，上书聂荣臻副总理，争取到中央大力支持，很快批准南京农学院迁往南京城外的卫岗。半个多世纪以来，南京农业大学的发展、壮大，充分证明了当年选定这一校址的正确性。

二是，主张农业院校的师生除加强课堂教学外，应该经常到农村去，对农业生产进行技术指导，师生们也可在实践中学到许多书本上没有的知识。他积极鼓励南京农学院的师生和南京郊区的几个农业社建立了固定联系，并亲自带头到农业社进行技术指导。技术小组的活动直接援助了农业社，增加了产量和社员收入，同时也丰富了教学和科学研究的内容，获得广泛好评。

3. 重视农业史的研究，成立中国第一个农业历史研究机构

金善宝十分重视农业史的研究。为了继承、发扬祖国数千年来的农业文化和科学知识，1954年，他设法把中断了多年农史研究的农史专家万国鼎从河南调到南京农学院，成立了中国第一个专门的农业历史研究机构——中国农业遗产研究室。在金善宝的关心支持下，万国鼎教授和研究室人员经过几年努力，搜集、整理了大量农史资料，出版了《〈氾胜之书〉辑释》、《〈齐民要术〉校释》、《〈农政全书〉校刊》等一批重要的古农书，以及《中国农学史》、《中国农学遗产选集》等，为进一步开展农业史研究奠定了基础。

4. 农业教育与科学研究相结合，创立小麦品种研究室

金善宝调任中国农业科学院以后，仍然十分关心南京农学院的教学、研究。1964年创立中国农科院南京农学院小麦品种研究室，他亲任研究室主任，吴兆苏、

沈丽娟任副主任。研究室广泛开展了品种资源、杂交育种和推广南农大黑芒等品种的工作；同时还合作开展了南繁北育、异地加代研究。在科研实践中，培养了一批小麦研究骨干。

5. 关心人才培养，辛勤耕耘一生

金善宝认为，加速农业科学技术现代化，必须有一支数量足够、专业配套、拥有世界一流水平的科学家队伍，人才培养刻不容缓。为此，他特别重视农业教育。"文化大革命"中，南京农学院被迫撤消，他痛心疾首，多方奔走，上书中央，积极呼吁"南农"复校；1978年在全国科学大会上，他提出"迅速培养建设一支宏大的农业科技队伍"的建议，认为"由于农业的地域性强，全国重点农业院校不应是一所、两所，应当每个大区都有"。在他任中国农业科学院院长期间，亲自兼任研究生院院长，关心青年成长，主张不拘一格选拔人才。该院职工赵广才，1983年报考研究生，以总分324分的成绩名列第三，但因没有大学文凭而落榜了。金善宝知道后，在他的材料上批了半句话："自学还能成才，何况成绩……"供决策者参考。后来，研究生院不拘一格录取了他。中国科学院院士、小麦遗传育种学家、2006年国家最高科学技术奖获得者李振声说："在我从事小麦远缘杂交刚刚取得一些成绩的时候，在'文化大革命'中受到批判的时候，在工作走向深入、开始小麦染色体工程研究的时候，都得到过金老亲切的指导、鼓励和教育。我虽然不是金老的正统学生，也没有跟随金老从事过研究工作，但在我心目中，金老是我最尊敬的恩师，学习的楷模"。

1983年金善宝退居二线，仍然一如既往关心农业教育。九旬高龄之后，还先后去浙江农业大学、河北农业大学等校，期望年轻的教育工作者"春华秋实、桃李芬芳、一代更比一代强"。1994年，他已是百岁老人，不远千里亲临南京农业大学参加80周年校庆，祝愿母校"八十年育英才，跨世纪展宏图"。鼓励青年学子"青出于蓝而胜于蓝，为发展祖国农业做出新的贡献"。

他辛勤耕耘一生，桃李满天下，培养的学生不负他的厚望，许多人成了中国农业教育、科研和生产战线上的中坚骨干、国内外知名的专家、学者，如中国科学院院士、八倍体小黑麦创造者鲍文奎、小麦遗传育种学家吴兆苏、兽医专家蒋次升、稻种资源专家余履圻、大豆专家徐豹、黄麻育种学家卢浩然、植保专家曹诚一、作物遗传育种学家朱立宏、水稻专家杨守仁、茶学家庄晚芳、饲料学家王启柱等，为中国农业教育事业做出了卓越贡献。

四、百年沧桑

——一个世纪的追求

有人说：金善宝把自己的一生献给了中国的农业科学、教育事业，他的一生胸怀祖国、心系农业。此话一点不假。

他从小生长在山村，山村人民的疾苦、世世代代遭受的灾难，使他刻骨铭心，从童年时代开始，就立下了振兴祖国农业、改变农村落后面貌的志愿。

20世纪30年代留学美国，面对西方发达的科学文化，优厚的物质生活，他心里牵挂的只有灾难深重的祖国，牢记着一个炎黄子孙振兴祖国农业的职责。

抗战时期在重庆，他和梁希、潘菽等爱国教授关心祖国的危亡，通过潘菽长兄潘梓年和中共在重庆出版的新华日报馆取得联系，周恩来同志经常和他们一起座谈国际形势和共产党的抗日主张。从此，他就把抗日救国的希望寄托在共产党身上。他生活艰难，节衣缩食，倾其所有，两次向八路军办事处捐资，支援前方抗日战士，并将自己精心培育的小麦良种，托人转送到延安。1945年抗战胜利，毛泽东同志赴重庆谈判期间，金善宝作为爱国的进步教授受到毛泽东的接见。

新中国成立后，金善宝以极大的热情投入新中国建设。1950年，长江下游洪水泛滥，上亿亩良田遭受水灾；第二年，苏北小麦又遭到历史上罕见的冻害，他多次亲临灾区，废寝忘食调查灾情，提出一系列防灾、救灾措施，大大减少了农民损失。

1958年，农业生产上刮起了一股浮夸风，他忧心忡忡、坚持真理，深入农村调查，将浮夸风对农村经济的影响，通过王震同志，向毛主席作了如实汇报。

1966～1975年，中国农业科学院受极左思潮的严重摧残，他不畏权势，坚决反对把"七千五"（当时农科院科技人员）和"七亿五"（全国农民）对立起来、企图取消农业科学的做法，冲破重重阻力，带领课题组成员坚持小麦科学试验。

1977年在全国科教座谈会上，他根据当时农业科技界某些是非不清的情况，提出一个问题："农业科技人员从事农业科学试验的过程算不算劳动？"他认为是一种劳动，而且是一种能够促进农业生产的劳动！得到了邓小平同志的充分肯定，在全国农业科技界引起很大反响。会后，他积极上书中央，为中国农业科学院收回各下放研究所、恢复南京农学院做出了不懈努力。

1978年在全国科学大会上，金善宝以其优异的科学成就受到大会表彰，荣获先进科学工作者奖和两项重大科技成果奖。他满怀激情地说："在实现四个现代化的长征路上，我要把82岁当做28岁来过，把自己的余年贡献给中国的小麦科学事业。"

并在会上提出"迅速发展农业科学技术的六点建议"。

1979年改革开放的春风吹遍了祖国大地，耄耋之年的金善宝一个世纪的追求、一个世纪的梦想就要实现了！他无比振奋、无比欣喜，更加激情满怀地投入小麦育种的研究中。为了培育小麦良种，了解全国农业生产情况，他老骥伏枥，踏遍了祖国的山山水水，不断向中央献计献策。主编小麦理论著作，其中《中国小麦品种及其系谱》获1983年全国优秀科技图书奖一等奖，《中国小麦品种志》获1987年科学技术进步奖一等奖。

1955年，他被选聘为中国科学院生物学部委员（院士），1957年被授予全苏列宁农业科学院通讯院士，1991年被聘为俄罗斯农业科学院外籍院士。曾任中国科协副主席、农业部科学技术委员会主任、中国农学会名誉会长、中国作物学会理事长、国务院学位委员会委员，华东军政委员会农林部副部长，南京市副市长，第一届至第六届全国人大代表，九三学社中央副主席、名誉主席。

1997年6月26日金善宝于北京逝世，享年102岁。

金善宝教授一个世纪的拼搏，在中国农业小麦科学发展史上树立了一座永远的丰碑。

五、金善宝主要论著

金善宝. 1928. 中国小麦分类之初步. 国立中山大学研究报告.

金善宝. 1929. 有芒小麦与无芒小麦之研究. 中华农学会报，(68).

金善宝. 1934. 近代玉米育种法. 中华农学会报，(125).

金善宝. 1934. 实用小麦论. 上海：商务印书馆.

金善宝. 1935. 用统计方法研究籼粳糯米之胀性. 中央大学农学丛刊，2.

金善宝. 1935. 大豆几种性状与油分蛋白质之关系. 中华农学会报，(142/143).

金善宝. 1939. 精米胀性试验方法之研究. 中华农学会报，(164).

金善宝，吴董成. 1943. 中国小麦区域. 中华农学会报，(170).

金善宝，蔡旭. 1943. 中国近三十年来小麦改进史（1915～1943）.

金善宝. 1950. 马铃薯栽培法. 北京：商务印书馆.

金善宝，蔡旭，吴董成，等. 1957. 我国当前种植面积最广的小麦良种中大2419小麦. 南京农学院科学研究专刊，第1号.

金善宝，吴兆苏，沈丽娟，等. 1959. 中国小麦的种类及其分布. 南京农学院科学研究专刊，第2号.

金善宝主编. 1961. 中国小麦栽培学. 北京：农业出版社.

金善宝. 1962. 淮北平原的新石器时代小麦. 作物学报，1（1）.

金善宝主编. 1964，1986，1997. 中国小麦品种志（1，2，3册）. 北京：农业出版社.

金善宝主编. 1983. 中国小麦品种及其系谱. 北京：农业出版社.

金善宝主编，1990. 小麦生态研究. 杭州：浙江科学技术出版社.

金善宝主编. 1991. 中国农业百科全书·农作物卷（上，下册）. 北京：中国农业出版社.

金善宝主编. 1994. 夏播小麦理论与实践. 北京：气象出版社.

金善宝主编. 1997. 中国小麦学. 北京：中国农业出版社.

主要参考文献

金善宝编委会编. 1994. 金善宝文选. 北京：中国农业出版社.

沈丽娟，朱立宏，杜振华. 1998. 金善宝教授的农业教育思想和学术观点及其在小麦研究上的贡献. 作物学报，4.

孟美怡. 2008. 金善宝. 北京：金城出版社.

撰写者

金作怡（1934～），高工，金善宝之女，《金善宝》一书作者之一。

杜振华（1935～），研究员，曾任中国农业科学院作物栽培育种研究所副所长。金善宝的科研助手，长期从事小麦遗传育种研究。

朱凤美

朱凤美（1895~1970），江苏宜兴人。植物病理学家，中国植物病理学奠基人之一。1917年毕业于南京第一农业专科学校，后于1918年和1927年两次东渡日本留学深造，专攻植物病理学。1933年后在农业部中央农业实验所任技正、病虫害系主任；1950年后在华东农业科学研究所、中国农业科学院江苏分院任植保系主任。研究领域包括由真菌、细菌、线虫等病原物引起的稻、麦粮食作物病害及其防治技术体系。设计研制首台小麦线虫选除机，有效地控制小麦线虫病的蔓延危害；首先试验研究"石灰水浸种法"，能消灭稻、麦种子多种深层病原菌，有效地控制麦类黑穗病的病菌传播危害；首先研究油粕肥料（饼肥）防治小麦腥黑穗病的危害，开创了生物防治病害的新途径；首先研发利用国产化学农药甲基硫化砷（苏化911）防治水稻纹枯病，获得显著防治效果，这是化学防治控制水稻顽劣病害的成功实例；首先发现病区稻草带菌是水稻白叶枯病的主要传播途径，研究提出的"杜绝菌源，秧田防治为重点"的综合防治技术措施，有效地控制水稻白叶枯病的传播为害；结合陈永康肥水调控水稻生长的丰产栽培技术经验，有效地控制减轻水稻稻瘟病的危害等。通过对于病区水稻白叶枯病的传播途径的研究，提出杜绝病稻草菌源，科学地控制水系串通，确定秧田期为防治重点，可有效地控制水稻的白叶枯病的流行发生，此项科研成果获1978年全国科学大会奖。自编教材《真菌分类学提纲》、《真菌分类图册》、《植物诊断》等。还采集植物标本3000余份，发表研究论文50余篇。

一、名门书香　海外求学

朱凤美祖籍江苏宜兴，1895年11月29日出生于上海。祖父生长在宜兴，工作于教育界。父亲朱香晚因祖父去世较早，长期与祖母沈菊生生活在一处，虽然生活不宽裕，但从未放弃学业，依靠自己的努力，于清光绪年间被选为贡生，清朝末年任教于北京清华学校，1910年与清华学校同仁成立立达学社，以研究学术、翻译书籍及兴办学校为职志。1911年到上海，创办大同学院，1922年由北京政府立案改名为大同大学。父亲朱香晚除在大同大学教书外,还在上海兼职几处大学教书,讲授中国文学。朱香晚专长诗文,尤其精通音韵学,当时在教育界已有一定名望。母亲周萍出身于清末民国初期的官宦之家,婚后主要协助丈夫操劳家务,业余亦写诗作文。生有三男三女,朱凤美排行老二,仅靠朱香晚一人的教书薪金维持家庭,生活并不富裕,但一贯支持子女读书。朱凤美在父亲的教育和支持下,坚持读书学习。少年时就表现出酷爱读书的习惯,亦爱好植物,常常搜集野草标本。1913年考入南京第一农业专科学校,勤奋好学,常常在夜深人静时,还借走廊灯光读书,深得师辈与同学的赞佩。

朱凤美求知若渴,为继续深造,1918年第一次去日本鹿儿岛高等农业学校求学。1921年回国后对河北、山东、江西、安徽、河南、浙江、江苏等地植物病害进行调查,包括农作物水稻、麦类、油菜、棉花、大豆、蚕豆、高粱以及葱、梨、李、桑等植物上的病害。概述了当时中国产真菌245余种,其中重要病害有小麦锈病、油菜菌核病、棉花黑斑病、大豆粉霉病等。以论文"中国植物病菌所见"发表于1927年《中华农学会报》。1927年再次东渡日本,就读于东京帝国大学农学部专攻植物病理学。在日本农学会上曾介绍《中国植物病菌》。在日本东京帝国大学受到严格训练,造就了朱凤美后来科研工作上的优良素质。朱凤美给好友王鸣岐的信中,介绍他当时的导师草野俊助时说:"那里(指东京帝国大学)的师道尊严远远超过想象,提起时立即肃然起敬,无论是授业、解惑、教书、教人无不严肃。"朱凤美对学术研究一贯严肃认真,如曾经认为仅仅发生在日本的花生菌核病,当1929年获得山西太原农业专科学校李秉权寄送的若干花生种实后,开始与日本的花生菌核病进行比较研究。结果发现中国花生实际上早已有菌核病的发生,但当时不能完全确定与日本菌核病的病原是否相同。1930年回国后,在浙江杭州工作期间继续研究,结果得出国产花生所见菌核病,不论形态、构造、培养性状,以及致病作用均与日本菌核病的病原 *Sclerotinia miyabeana* 种吻合,故暂断定我国花生菌核病的种亦为 *S. miyabeana*,明确了中国花生菌核病的病原所属。

朱凤美从日本东京帝国大学学成回国后,先后执教在南京第一农业专科学校、安徽省立第二农业学校、河北大学农专部、国立武昌高等师范学校、国立北平农学院、国立浙江大学农学院等。朱凤美在大学任教时,备课很认真,上课时不带讲稿,不带提纲,每次高声讲课三四个小时,亦无倦容,讲课的内容充实、条理清楚、层次分明,表达语言精练,学生的疑难问题也能得到及时解答,深受学生们的好评。做实验时也常亲自检查,星期六晚上、星期天上午照常在植病实验室工作;期中考试时收集学生的笔记,仔细评阅,对学生严格要求。这是曾经在杭州听他讲课的,后来在安徽农学院任教的杨寅的回忆。在教学之余还采集植物标本3000余份，这是他幼年时对植物兴趣爱好的继续。

朱凤美20世纪30年代初在杭州浙江大学农学院任教的同时，还主持浙江植物病虫害防治所植物病害研究室工作，继续对植物菌核病作系统研究。这一时期曾发表过《中国的植物寄生菌》、《中国的菌核病及其防治》等论文。

朱凤美于1933年到农业部中央农业实验所任技正、病虫害系主任；1950年后改称华东农业科学研究所，1959年改称中国农业科学院江苏分院，任一级研究员，植物保护系主任。先后主持研究过小麦线虫病、麦类黑穗病、水稻稻瘟病、水稻纹枯病、水稻白叶枯病等影响粮食产量的重要病害，也领导和指导棉花病害、小麦赤霉病害、作物病毒病害、果树病害等领域的研究工作。

朱凤美是中国植物病理学科的主要创始人之一，其研究内容和风格更注重生产实际，坚持理论联系实际，坚持应用研究，从而丰富和发展了中国植物病理学的研究内容。

朱凤美曾被推选为中国植物病理学会副理事长，中国植物保护学会副理事长，江苏省植物病理学会理事长；当选为农业部学术委员会委员。朱凤美对全国和江苏植物病理学科和植物保护科学的发展做了卓越贡献。

二、立足科研　坚持实验

朱凤美从1933年初，离开浙江大学农学院后，到农业部中央农业实验所任技正，病虫害系副主任、主任，负责主持农作物病虫害防治研究工作。根据当时粮食生产上实际发生的重大病害，通过调查对危害小麦生产引起产量损失的有小麦腥黑穗病、小麦散黑穗病、丸腥黑穗病、杆黑穗病、坚黑穗病、网腥黑穗病和小麦线虫病等，并开展了重点性研究。起始阶段，仅停留在感病小麦麦型特征认识上，如根据数理统计，发现凡罹黑穗病为害的小麦株杆均明显低于健麦之株高，这样就能很直接地目测到麦田内有无病株的出现，尽管品种之间存有差异，但放眼总观，可测知麦田内的病麦存在，在当时这对病株调查帮助很大。在对小麦黑穗病病原菌研究的基础上，又对病害的传播途径进行研究，发现病害种类不同，传播途径亦存在不同，如小麦散黑穗病为花器传染，小麦杆黑穗病和丸腥、网腥黑穗病为种苗传染，小麦线虫病的传染途径与此相同。种苗传染的病害兼有种传、土传之性质。究明病害的传播途径对确定防治技术路线起着关键性的作用。

抗日战争期间，20世纪40年代前，中央农业实验所从南京辗转迁移到大西南后方，病虫害系病害室迁移到贵州贵阳。这期间，朱凤美通过对近70个县的调查，发现小麦线虫病严重危害当时的小麦生产，农民群众束手无策，深受其害，毅然对小麦线虫病继续开始防治研究。

对小麦线虫病的认识研究，实际开始于1933年，直到1945年仍在继续进行，比较系统地调查了该病的广泛分布范围，对小麦生产危害的严重性做了详尽性考察调研，如群众对小麦线虫病的称谓就有明确的调查记载，如称"翘子"、"死麦"、"鬼麦"、"变麦"、"坏麦"、"乌籽"、"胡种子"、"淌汗漂"、"铁灰色"、"捞晚"等，有10余种之多，不同地区，有其不同的形容称谓，都不是赞美之名，是讨厌、无奈之称，可见考察调查之详细。对小麦线虫病本身也进行了观察，从幼虫侵染健苗，到罹病症状显现的过程，亦有详细的描述记载。小麦线虫病约可造成10%的产量损失，这在当年产量不高的年代，确实是损失惨重。在对小麦线虫病的防治技术研究中，朱凤美曾进行过品种间的抗性差异比较，栽培技术上进行轮作栽培、病田卫生、播种期改变、土壤处理性试验，但防病成效甚微，在诸多防治技术试验中，唯有汰除混在麦种中的麦瘿籽，可明显提高防病效果。如何汰除？利用麦瘿籽间大小差异的筛别法，利用麦瘿籽间轻重各殊的风扬法，利用麦瘿籽间比重不同的盐水漂选法，利用麦瘿籽间活力差别的药剂消毒法，以及温水浸种消毒法，利用麦瘿籽间形态各异的凹刻圆孔汰除法等，虽然在诸多防除技术设计试验中，防除效果间也存在着程度差异，但以凹刻圆孔汰除法防除效果为最佳。

朱凤美于1939年会同贵州省农业改进所农业工程主任技正塞先达，根据圆形凹孔分离椭圆形与球形物体的原理，共同设计出中国第一台特效的小麦线虫选除机械。其原理是根据健麦粒是长椭性，虫瘿麦粒为近球形，形状不同的麦粒通过分离机械，可有效地汰除99.29%～99.85%发虫瘿麦粒。其田间防效达到预想，而且操作便捷，费用便宜，便于推广，深受当时农户的欢迎。这种机械不仅能汰除线虫病瘿粒，同时还可以达到选留大麦种、充分发挥小麦品种生产潜力的目的，论文发表在《农报》上和美国的 *Phytopathology*（《植物病理学报》）上。这项研究成果可算是将物理学原理应用到植物病害防治上的成功典范。

小麦线虫病选除机，使用方便，防效理想，这是在抗日期间受命当时的农业促进委员会、粮食增产委员会、贵州农业改进所、中央农业实验所等领导单位而研究完成的。在贵阳完成，本准备抗战胜利后，在苏、鲁、皖等地大范围推广，可事实上1940～1942年就已经在贵州省大范围推广应用。从这一实例可以看出，朱凤美的科研工作均是从农业生产、病区的实情出发，发挥科研创造性，设计出一个又一个的试验程序，成功地完成一次又一次试验任务，最终顺利完成既定的科研任务，达到预期的目的。那时科研工作者在抗日战争期间逃难,在比较贫穷的贵州地区,还坚持不懈开展科研工作,并取得效果显著的科研成果,其付出的巨大艰辛和顽强毅力是不难想象的。

朱凤美无论在何时、何地工作,所主持和拟订的科研项目都是从中国国情出发,根据当年、当地的农业生产上存在的重大病情实际为研究课题的切入点,为保障粮食作物的产量免受病害为害,开展各项科研活动,因此都能获得比较满意的结果,而且其研究成果也都能在农业生产上推广应用。

三、勇于探索 成果丰硕

朱凤美在抗日战争胜利后,随中央农业实验所返回南京,坚持一贯工作作风,根据生产实情需要,拟订研究课题,先后研究麦类黑穗病、水稻稻瘟病、水稻纹枯病、水稻白叶枯病等严重影响粮食生产危害较重的病害,其宗旨是防治病害,保障粮食增产。在对病害防治研究的策略思路上,克服单纯着眼于消灭病原的片面观点上,而是重视栽培技术和环境因子对于病害发生发展的协调作用。因此,在制订技术措施防治研究上,不仅重视化学防治,也重视物理防治,栽培防治和生物防治的应用研究。如在种子处理的研究上,就可以充分地体现出这些战略思考的实用价值。

朱凤美在应用植物病理学上,是国内开创者,所研究的成果在当时也是处于学科的前沿。在前文所介绍的,抗日战争期间在贵州研发制造的防治小麦线虫病的"选除机",确属中国首创。20世纪50年代初,在山东农村调查考察时,他发现小麦腥黑穗病的发生流行较重,与当时农村粪土使用有着密切关系,通过多次试验,明确小麦腥黑穗病菌可以通过牛、马等牲畜肠胃而继续存活,否定了长期以来国外学者一般认为腥黑穗病的病原菌厚垣孢子经牛、马消化道排出粪便,不能继续发芽的错误论点。由此认为,种子、土壤、肥料同是小麦腥黑穗病的传播途径,在明确病害传播途径的基础上,经过多次试验,发现小麦腥黑穗病直接接触油粕、大豆、棉籽饼以及清洁无病厩肥(牛马粪肥)均能显著减少病害的发生。尤以油粕及大豆粉的防病效果为最佳。油粕乃大豆渣油后的饼渣物,施放土壤后可促进诸多拮抗微生物的孳生和繁殖,抑制病原菌的繁殖侵染,提高控制腥黑穗病的发生作用,从而可获得具有实用价值的防病技术效果,这是生物防治技术应用于植物病害防治上的早期成功实例。论文发表在《华东农业科学通报》上,1954年获农业部爱国丰产奖。

朱凤美在麦类作物病害防治技术研究上,成绩显赫,成果丰硕。如麦类散黑穗病，经他潜心系统研究，发现病原物是经花蕊侵染的，并由麦粒传播。根据这一发现，提示了用温汤浸种消毒的方法，可有效控制病害的传播流行。继后，又进行了药液浸种，先后选用硫磺、红砒等不同配方药液浸种，虽都有详细的试验结果和防治效果，却都很难普及适用。后来在水浸无氧气消毒种子的试验基础上，改良研究出用石灰水浸泡麦种的消毒技术，结果对由种子传播麦类病害，都具有完美的消毒效果，操作得好，还可以起到增产作用。于是，经多次试验，不断地修正、改进、完善，终于提出浸种的最佳季节，不同季节时的最适浓度和浸种时间，农户操作使用时简单方便。石灰水浸麦种，不仅可有效地控制小麦散黑穗病的传播危害，还可兼除麦腥黑穗病、坚黑穗病、秆黑穗病、麦条纹和麦线虫病等多种病菌的传播危害，极大地保障了麦种的安全生产。此项技术成果成本低，方法简单，便于推广，深受农户的欢迎，因此能长期沿用。该技术由于在麦类作物病害防治研究方面取得了很有影响的成果，1964年被北京科教制片厂拍摄成《麦类黑穗病》的科教片，在农村放映，广泛推广指导应用。

朱凤美在水稻作物病害防治研究上，所获得的成果也是非常令人鼓舞的。在主持开展水稻病害的研究中，按水稻三大病害的不同发生特点，设计出不同的研究方案，对稻瘟病的防治研究，主张应用品种抗性差异结合栽培技术控制进行攻克。在品种抗性研究上，试验明确抗病性可因稻种类型不同、生育龄期不同、生态环境的不同而有差异，但真正属于高抗性的确实很少。1960~1961年结合陈永康水稻丰产技术研究，运用水稻高产肥水管理技术防治稻瘟病，正说明陈永康的水稻"三黄三黑"（中稻为"二黑二黄"）丰产栽培技术经验的确可减轻病害发生。陈永康的丰产栽培技术之所以能减轻病害的发生，明显的有内外两种因素，外因在于巧妙地在水稻容易感病时期，即病菌极度活跃季节控制肥水，使水稻落"黄"，增强了水稻的抗病力，当水稻较能抗病的时期，即不适病菌活动的情况下，施足肥料，灌足水层，以满足水稻生理上需要。内因在于能调节水稻的生理生化机制形成，可显著减少适合于病菌繁殖的谷氨酸等可溶性氨基酸的含量。试验表明栽培技术的科学使用，可以调控稻瘟病的发生轻重。论文《运用水稻高产肥水管理技术防治稻瘟病的实效观察》发表在《江苏农学报》上。

朱凤美对水稻纹枯病的研究，根据纹枯病的发生特点，当时确定以化学防治技术路线为主。经过多种药剂的比较试验，由江苏化工研究所研发的甲基硫化砷（苏化911），通过室内测定，以及大田示范试验，表明苏化911对水稻纹枯病具有更好的防治效果，能杀灭水稻组织内的病原菌丝，并具有一定显著的治疗作用。而且农药化学结构简单，是当年对水稻纹枯病最有效的可用药剂，用药量很小，施用技术简便，在当时水稻纹枯病的防治研究上产生重大影响，并已经应用于水稻生产大面积的示范上，这是利用国产农药新品种，应用在防治水稻重要病害研究上的成功典例，其意义超于实际的应用。论文《苏化911防治稻纹枯病的研究》发表在《植物保护学报》上。

朱凤美对影响水稻生产上的另一重大病害，细菌性水稻白叶枯病研究，虽然国内已有处理稻种可以控制减轻病害的研究结果。然而，朱凤美组织协作组，亲领组队成员深入病区实地考察，探索分析，既尊重别人的研究结果，又注重事实存在，大胆提出水稻白叶纹枯病在病区的传播途径，种子传播不是唯一途径，且处理种子后也不能彻底杜绝病原扩散，控制病害的流行。于是，在调研的基础上，潜心分析每一个细节，开展大量的试验，终于发现病区内存在的病稻草，是传播水稻白叶枯病的重要菌源，为了取得实证，经若干次的试验，发现在低温条件下，将病稻叶剪插在沙盘上，在病叶的剪口处有菌脓外溢，若将菌脓直接移植于室内平板培养基上培养，结果并不能获得有效的菌落；如果将病叶剪切口处的外溢菌脓先直接接种于水稻秧苗上，待显病症后，再将显症病叶分离，接种于平板培养基上，则可获得典型的所期望有致病力的白叶枯病菌落。这一研究结果，充分证明病稻草是白叶枯病传播流行危害的重要菌源。病稻叶可以在秧田期借水系流串而扩散释放传播。在此基础上，研究提出杜绝病稻草菌源，科学地控制水系串通，确定秧田期为防治重点，可有效地控制水稻的白叶枯病的流行发生，这是在水稻抗性品种问世之前，当时水稻生产上控制水稻白叶枯病危害具有重大创新性的科研成果。在稻区推广后，获得了巨大的经济效益和社会效益，此项科研成果曾获1978年全国科学大会成果奖励。论文《防治稻瘟、白叶枯和纹枯病三种重要稻病的关键性措施》发表在《中国农业科学》上。

朱凤美毕生精力用于植物病理学的发展上，而又将大半精力放在粮食作物主要病害的防治研究上。20世纪30～40年代，主要研究小麦线虫病；40～50年代主要研究麦类黑穗病；50～60年代，又重点研究水稻生产上的三大重要病害。所有研究均有论文发表，获得的科研成果，也都能成功地应用于当时的农业生产上。

朱凤美的工作，不只停留在他所主持的研究的稻、麦主要病害的防治研究上，对其他领域的生产上所出现的问题也给予高度关注。例如：1963年在浙江省有些地区，水稻上突然爆发一种新的病害，上海市郊县也相继告急，朱凤美在当时中共华东局科委的领导下，立即会同浙江农学院陈鸿逵，上海复旦大学王鸣岐等专家学者深入病害现场调查，经对病株病情、病症分析确诊与日本当时报道的病毒性水稻黑条矮缩病相似，及时提请了中共华东局科委组织力量协作攻关研究，由于建议及时有据，未经太长时间，从病症上首次在国内证实，当时在水稻上发生的新病害，正是由灰稻虱作为介体传播的水稻黑条矮缩病。接着，山东、福建、安徽、江西等省地，水稻上都先后出现类似的病毒病发生，同时也迅速得到确证。中共华东局科委为了有效地控制这一新病害的扩展蔓延，及时在浙江义乌召开水稻黑条矮缩病现场防治研讨会，随后又开办病毒病防治讲习班，这批讲习班的学员，自后都成为从事稻麦病毒病防治研究的骨干。朱凤美是这些活动的安排者。

朱凤美1956年出席全国农业劳动模范代表大会，被授予全国农业劳动模范称号。先后当选为江苏省第二届，全国第三届人民代表大会代表，列席全国第二届人民代表大会，第三届全国政治协商会议。朱凤美曾经深情感言，"三十年获得的成绩，值得记录的都是和同志的共同努力的业绩，绝不是个人独立完成的"。朱凤美在1963年出席全国农业科学技术会议期间，受到国家领导人毛泽东主席亲切握手接见，会后的感想誓言是"从现在起，我得认真改造自己，而把我的一切献给人民的事业"。朱凤美的一生，已经用他的实际行动业绩和丰硕贡献实践了自己的诺言。

四、学伴终身　德业双馨

朱凤美学伴终身。他的读书习惯，从小即养成，学习时如饥似渴，每天读书能坚持到深夜，数十年如一日，从不懈怠，因公外出途中，也手不离卷。有一次，他对复旦大学王鸣岐表露心声时说，"读书和为国、为民开展科学研究，犹如每天吃饭喝茶一样需要，如果几个钟头不读书、不研究，就会感到饥渴那样难受。"他曾作诗自勉："当年学嫁自凌霄，万里扬鞭岂云遥，七十昭毕虚度过，长青树种在今朝。"1969年初，古稀之年，已经是伤足致残劣境中，步履艰难，书籍堆满病榻周围，但仍以惊人的毅力，勤奋读书。1970年6月12日，在南京家中逝世前的30分钟，书桌上还展开尚未读完的一页，钢笔尖还留着书写未尽的墨滴。

朱凤美对待青年科技人员，要求非常严格。他提倡科研工作的"三老四严"，一丝不苟。"三老四严"，即当老实人、说老实话、做老实事，在工作上严肃、严格、严密、严谨。同时，辅导青年人如何查阅文献资料，如何设计实验程序，如何开展试验工作，他强调年轻人更应注重实验功底的训练，善于从实践中不断提高和培养分析能力。凡是跟在朱凤美一同工作的同志，虽然感到工作压力大，精神紧张，可是最终他们的业务能力和专业水平都得到了迅速提高。

朱凤美关心同志。他对同志的关心，不仅表现在工作上热诚，传、帮、带严格要求，在生活上也是非常关照。比如当女同志怀孕分娩时，会买营养品赠送；有的同志结婚时，在国家经济困难的年代，也会送上当年"高知"才能享受到的营养票券；得知有的青年同志由于工资低，家庭生活困难时，也能给予经济补助；当青年科技人员驻点在江苏练湖农场，为了试验调查记录方便，自掏工资购买当年尚属紧俏的自行车，以解决农村交通的方便之用等。朱凤美虽然崇尚俭朴，可是对待同志却很关怀备至。这些朴实的高尚品质，是在平常生活中点滴体现出来的。

朱凤美敬老爱幼。父亲逝世后，他对母亲孝顺倍加，在西湖边购房供父母养老，在不妨碍公务之隙总找机会回家探亲，再忙也维持每周来往家书问候请安。每年螃蟹上市，总是剥蟹肉熬在油中带回家中孝敬母亲。朱凤美的贤妻徐先志曾就读于上海英文专科学校，在20世纪20～50年代一直在重庆、南京等地任中学英文老师或小学校长，对外文熟悉，因此工作之余协助朱凤美收集资料，如30～40年代，朱凤美从图书馆等处借来英文、德文参考书，徐先志就逐字抄写整本书，手抄本就有好几斤重，后装订成册，供朱凤美工作时参考，是名副其实的贤内助。朱凤美尽管自己在南京工作，还是请妻子常往杭州照顾长辈。对待晚辈，无论是学习上、工作上、生活上、政治上都是无微不至的关怀。

朱凤美热爱工作，也热爱生活。他很注意仪表，讲究风度，工作之余唱京戏，跳交谊舞，生活很有情趣。朱凤美还有一个嗜好就是饮酒，但从不过量。每每读书到深夜，常常伴酒不眠，饮酒解困。

朱凤美是位德业双馨的学者，他的一生，几乎是为了繁荣祖国的农业科技事业，为了发展植物病理学而奉献的一生。他的工作作风，是求真求实，一丝不苟；他的工作态度，是自强不息、追根究底；他的工作目标，是讲究实效，节本方便，农户实用。朱凤美这种对工作热情，对科学态度的严肃，对待任务完成的信心，勇于探索、不怕困难、不思疲劳的工作精神保持在科研工作的始终。

朱凤美于1970年6月11日在南京逝世。他在学习上的刻苦攻读、博览群书、学伴终身，奋斗不息的勤学劲头，在科研工作上的高瞻远瞩、严谨求实、勤于探索、孜孜以求的坚强毅力，在人格上的襟怀坦荡、宽厚待人、诲人不倦、艰苦朴素、虚心研讨所倡导的科研协作风范等优良品质，将永远激励后辈人自强不息、奋进创新。

五、朱凤美主要论著

朱凤美. 1927. 中国植物病菌所见. 中华农学会报，(54)：23-43.
朱凤美. 1937. 麦类病害识别及其防治. 中华农学会报，(156)：1-46.
朱凤美，蹇先达，庄敬，等. 1940. 防治小麦线虫病之最理想的方法及其所需之器械——线虫病麦选除机. 农报，5（7～9）：104-112.

Zhu F M. 1945. The prevalence of the wheat nematode in China and its control. Phytopathology, 35：288-295.

朱凤美，杜秀葟，刘贤承. 1954. 油粕对于小麦腥黑穗病的防治效力（预报）. 华东农业科学通报，(1)：11-13.

朱凤美，杜秀葟，严锦澜，等. 1955. 红砒处理麦种防治黑穗的试验. 植物病理学报，1(1)：45-60.

朱凤美，杜秀葟，奚文英，等. 1956. 油粕对于小麦腥黑穗病及其类似病害的防治效力（第二报）. 华东农业科学通报，(5)：272-277.

朱凤美，杜秀葟，王琳. 1957. 砒剂处理麦种的有效而安全的关键. 植物病理学报，3(2)：178-182.

朱凤美，王法明，陈毓苓，等. 1958. 稻热病病污种子应用水浸无气处理的疗效. 华东农业科学通报，(4)：177-185.

朱凤美，杜秀葟，陈文俊，等. 1958. 消灭麦类黑穗病的种子处理法. 华东农业科学通报，(9)：473-476.

朱凤美，杜秀葟，陈文俊，等. 1958. 麦种用石灰水处理的防治效果. 农业科学通讯，(9)：480-481.

朱凤美. 1959. 水稻纹枯病防治上有关的几个问题. 农业科学通讯，(9)：301-302.

朱凤美，杜秀葟，奚文英，等. 1962. 关于麦种水浸消毒处理的几个补充实验报告. 植物保护学报，1(4)：409-416.

朱凤美，王法明，陈毓苓，等. 1963. 运用水稻高产肥水管理技术防治稻瘟的实效观察. 江苏农学报，2(2)：132-133.

朱凤美，陈毓苓，王法明. 1963. 防治稻瘟、白叶枯和纹枯病三种重要稻病的关键性措施. 中国农业科学，(6)：13-19.

朱凤美，陈毓苓. 1964. "苏化911"防治稻纹枯病的研究. 植物保护学报，3(1)：1-14.

朱凤美，陈毓苓，王法明. 1964. 稻纹枯病特效药"苏化911"的使用法. 江苏农学报，3(1)：1-11.

朱凤美，肖庆璞，王法明，等. 1964. 江南稻区新发生的几种稻病. 植物保护，2(3)：100-102.

朱凤美，李经仪. 1965. 麦类大粒种子精选及病污种子治疗问题的探讨. 中国农业科学，(9)：7-11.

朱凤美，陈毓苓，朱宗武，等. 1965. 大面积使用"苏化911"和甲基砷酸钙防治水稻纹枯病的示范试验结果. 江苏农学报，4(3)：48-54.

主要参考文献

江苏省农业科学院植物保护研究所，江苏植物病理学会等编. 1985. 朱凤美先生论文集（诞辰90周年纪念性文集）. 交流材料.

江苏科学技术志编纂委员会编. 1995. 江苏科技群英志. 南京：江苏科学技术出版社.

中国农业百科全书总编辑委员会植物病理学卷编辑委员会编. 1996. 中国农业百科全书·植物病理学卷. 北京：农业出版社.

江苏省农业科学院主编. 2006. 缅怀农学前辈——怀念江苏省农业科学院老领导与老专家文集. 南京：江苏科学技术出版社：64-71.

撰写者

顾本康（1936～），江苏省农业科学院植物保护研究所前所长，研究员。曾在朱凤美领导下从事棉花病害防治研究工作。

感谢朱凤美之女朱圣禾女士提供家庭背景资料、陈毓苓先生审查文稿、王跃女士校正全文。

吴耕民

吴耕民（1896～1991），浙江慈溪人。园艺学家、园艺教育家，中国近代园艺事业的开创者和奠基人之一。1917年毕业于北京农业专门学校（中国农业大学前身）。1917～1920年在日本国立兴津园艺试验场做研究生。曾任浙江大学园艺系主任、山东大学园艺系主任、西北农林专科学校园艺系主任、中华民国教育部部聘教授和农业部顾问。他毕生致力于中国园艺教育和科研，参加创建了我国首批高等院校园艺系，培养了我国几代园艺教育和科技人才。他运用近代园艺科学知识，调查整理了我国大量果树、蔬菜的生产经验，传播了许多国内外园艺优良品种和先进栽培技术。他对中国温带及亚热带果树的栽培造诣深厚，果树修剪的理论与技术尤为突出。他一生勤奋写作，著作等身，主要著作有《果树园艺通论》、《中国蔬菜栽培学》、《果树修剪学》、《果树栽培学》（上、下册）、《中国温带果树分类学》、《中国温带落叶果树栽培学》等。他创办了中国最早的园艺种植试验场和改良场，是中国园艺学会成立发起人之一。

一、求 学 之 路

吴耕民，原名仁昌，字润苍。1896年3月17日生于浙江省余姚县孝义乡（今慈溪市周巷镇东溜场村）一个种棉兼制酒的农家。该地历来为浙江重要产棉区，他5岁开始参加摘棉劳动，对田间劳动的兴趣和热爱由此而生。6岁时就读当地私塾，从《三字经》、《四书》等开始启蒙，但尚幼小的他对旧式教学的内容和方法相当反感，8岁那年与老师的冲突已发展到忍无可忍而投河自尽，幸被哥哥救起。后几经转校，受教于不同老师，接触到新式课本，对读书的兴趣和热爱渐渐萌生。这段童年的经历对他日后在学科上不断追求最新知识、注重教材编写和改进、注重教学方法、注重理论联系实际产生了深远的影响。

1910年他考入绍兴府中学堂，师从鲁迅学习博物、生理卫生等课程。鲁迅与众不同的深入浅出、幽默风趣的教学方式给他留下了深刻印象，并对动植物学知识产生了浓厚的兴趣和爱好。特别是鲁迅别开生面不辞辛苦地亲自带领全校200多师生水陆兼程（仅单程即需两天两夜）北上南京参观"南洋劝业会"（当年的全国博览会），使这些"从未见过电灯、电筒、煤气灯、电车、火车、汽车、大轮船、铁路、公路甚至黄包车"的孩子们一日胜读十年书，大开眼界，有如"井底之蛙游过了汪洋大海"。鲁迅的教学方式是他日后主张"现场教学"的最初缘起。

在绍兴府学堂求学时期，也是旧中国朝代更替、岁月动荡的年代，学校内外各种风潮云集。1913年冬正当他即将毕业之时，因为一场不满英文老师随意取消原先考试范围而引起的罢考风潮，他和另外四名学生谈判代表成了替罪羊，被学校开除。这在他成长道路上是一次巨大打击。同时，这次人生意外的挫折和锻炼，也促成了他日后愈挫愈勇的坚韧性格。

1914年他在上海重整旗鼓，刻苦自学，以同等学力投考国立北京农业专门学校（中国农业大学前身），考试成绩名冠榜首而被录取。入学后为示立志学农决心，遂改名耕民。在当时废科举、创新学之变革时期，知识分子多重政法、经济、理工而轻视农业，而他根据国情，立志学农报国，实属难能可贵。他在北京农业专门学校共学习三年，每次考试均列全班第一，因此每年都获全额奖学金。1917年6月毕业时由母校推荐，经教育部考试合格，被选派去日本留学。

在教育部考试的卷面上，吴耕民挥笔作下《民富则国安，民贫则国危论》一文，阐明了他立志学农，以图富民安国的远大志向。文章写道：

"有巨室焉，华彩夺目，轮焉奂焉，然其建筑之初，基础不周，垣墙不坚，风雨一至，叹飘摇矣。有一国焉，幅员广大，资源丰富，但其组成之民，室如悬罄，家无担石，饥馑来临，国本危矣。古人云：民富则国安，民贫则国危，诚哉其言乎。夫国以民为本，民以食为天，治国之本在于治民，治民之道在于使民脱贫致富，力求人人食饱衣暖，家家安居乐业，则生财有道，五谷满仓，六畜盈栏，即使偶遇饥馑，亦可截长补短，安渡难关，如是人心大定，国泰平安，确属长治久安之大道。善治国者必须以使民致富为唯一目标，努力求其实现而后已。

若夫治国者目光短浅，不为群众谋利益，专事横征暴敛，残酷剥削，聚财于一己权力之下，则必致人民一贫如洗，生活维艰，平年虽尚能勉强过活，偶遇凶灾，必致流离失所，弃家逃荒，老弱葬于沟壑，壮者散至四方，饥寒交迫，铤而走险，为非作恶，到处扰攘，国亡无日，岂能望其长治久安乎。

孟子所谓'五亩之宅，树之以桑，五十者可以衣帛矣，鸡豚狗彘之畜，无失其时，七十者可以食肉矣。百亩之田，勿夺其时，八口之家，可以无饥矣。谨庠序之教，申之以孝悌之义，颁白者不负戴于道路矣。老者衣帛食肉，黎民不饥不寒，然而不王者，未之有也。'管子所谓'仓廪实而知礼节，衣食足而知荣辱。'此类古训箴言，均属治国大道，其要旨在使民安居乐业，富而教之，则人民对统治者感恩知遇，心悦诚服，而国安如磐石矣。"

1917年9月吴耕民赴日留学。在国内只学过英语的他，仅用3个月时间刻苦攻读，就初步攻克日语关。当时留洋学生多选择攻读学位，以图来日能谋个好职位。而他考虑因学时较短（仅三年），且学农当注重田间实践，不能光靠纸上谈兵。于是在当年12月独自来到日本静冈县兴津园艺试验场当研究生（当时该场的外国留学生通称研究生，相当于国内的进修生，不授予学位）。学习果树、蔬菜栽培，并兼修果蔬加工和贮藏。该场教学注重实践，每天授课2小时，其余6小时为实地操作。这段学习生活为他掌握近代园艺学知识、养成理论联系实际的良好教学、科研风格奠定了基础。

二、主要成就

1. 中国高等园艺教育的开拓者

我国近代最早的园艺教育机构是1912年成立的江苏省立苏州农校园艺科。直至1921年以前成立的三所园艺学校均属于中等学校。1921年，吴耕民来到南京东南大学，在他的参与下我国最早的高等院校园艺系在该校成立。吴耕民成为该系的主要骨干教师，任职五年中，他先后承担了园艺系五门专业主课——果树园艺、蔬菜园艺、花卉园艺、蔬菜促成栽培、普通园艺学的讲授、实习和教材编写任务。

在此之前吴耕民并未学过花卉，但为了讲授此课，他于1921年向法国费赫莫汉（Vilm orin）种苗公司购进该公司全套草本和木本花卉种子，按种子袋上说明，播种栽培，亲自管理，经详细观察总结后，于1923年编写出讲义，并开设了花卉园艺课。此外，对造园学也提供了翻译的日文资料。

吴耕民在三年时间里编写的这五本讲义，为我国高等园艺学教材建设奠定了最初的基础。他用自己编著的蔬菜园艺教材替换了美国学者汉考克（Hancock）在金陵大学农科兼课时所讲授的蔬菜园艺讲义。1921年暑期，全国中等园艺学校教师和园艺研究人员集中在东南大学进行了为期一个月的业务培训，所用果树园艺、蔬菜园艺、花卉园艺和观赏树木的教材均由吴耕民编写。他为创建我国第一个高等院校园艺系做出了巨大贡献。

1927～1933年，吴耕民在浙江大学农学院任教六年，参与创办了该校园艺系，并任系主任兼教授。在此期间他开辟了大面积校办果园，作为实习、良种引选和推广基地。

1934年他协助筹建了山东大学农学院园艺系。

1935年受南京国民党政府监察院院长于右任邀请，他参与筹建了国立西北农林专科学校（今西北农林科技大学）园艺系，并任系主任兼教授，同时兼任园艺场场长及附设高等职业学校校长。他到任后即开辟果园200亩、菜圃100亩、苗圃400余亩作为教学实习之用，同时从山东、浙江等省择优聘请教师、技术人员和技工参加教学、管理、种植等技术传播工作。使学校教学条件和面貌焕然一新，也为西北地区的绿化和园艺事业打下了良好的基础。

在创办中国最早园艺系的同时，为加强各园艺系之间和当时国内有限园艺人才之间的交流和沟通，互相取长补短共同发展。1929年春，由吴耕民、林汝瑶、胡昌炽、章文才等发起，成立了中国园艺学会。吴耕民任出版委员。同年10月，吴耕民又与浙江大学农学院的教授们一起在杭州创建了浙大园艺学会。从此举办学术演讲、编写园艺丛书、调查总结园艺生产经验和技术等活动在各园艺学会全面展开。

吴耕民对农学有广泛的涉猎，他博闻强记、触类旁通，通晓日、英、法三国文字，深厚的学术功底使他在园艺理论方面造诣广博而精深。他注重实地调查，长于积累，终身勤奋写作。他根据自己多年的教学实践和田野调查，参考中、日、欧美等国的学术资料，联系我国实际撰写了大量专著和论文。据不完全统计，吴耕民已出版著作25本，译著4本，学术论文和调查报告38篇，以及许多科普文章，约1000余万字。其中重要的有《中国蔬菜栽培学》、《果树修剪学》、《果树园艺通论》、《果树栽培学》（上，下册）、《中国温带果树分类学》、《木本食用油料作物栽培》、《中国温带落叶果树栽培学》、《日英汉农林园艺词汇》等。鉴于他在园艺专著方面的重大成就，书法大家于右任曾为其《蔬菜园艺学》和《果树修剪整枝法》两书亲自作序并题写书名。

他的《柑橘修剪的理论和技术》获1983年全国优秀科技图书奖，《中国蔬菜栽培学》已成为美国和日本等国主要图书馆的藏书。他的许多著作先后成为我国各农业院校园艺学科的主要教材和重要参考书，为传播园艺知识、总结祖国园艺技术经验发挥了重大作用。

他还编写了许多科普文章，如《祖国的蔬菜》、《我国的果树》、《果树栽培讲话》、《萝卜的种法》、《蔬菜留种手册》、《瓜茄类育苗法》等，文字简洁生动，实用性强，直接面对广大农村读者，造福民众。

吴耕民在教学实践中特别强调理论联系实际，他要求"学习除口到、眼到、心到外，还要手到、足到。所谓手到是练习实践，足到是多作实地考察"。他十分重视"现场教学"，常常亲自带领学生实习。他尤其擅长于果树修剪，对桃、梨、葡萄等的短截和疏枝两种修剪方法操作熟练，得心应手。

吴耕民从教近70年，桃李满天下。但他明白"青出于蓝而胜于蓝"的道理，深知生命有限而知识无涯，他常谦逊地说："我只做了一些农业园艺科学的开端工作。"他寄厚望于青年，从而培养了大批高级园艺人才，在他们中有的已成为中外著名的园艺学家、教授和科研领军人物。吴耕民为中国近代高等园艺的教育和科研竭尽了毕生精力。

2. 中国果蔬生产经验的早期调研、总结、实践和传播者

吴耕民对自己"五到"的学习精神身体力行，一生重视实地调查和生产实践。他善于运用近代园艺科学知识去分析总结我国果蔬生产经验，足迹遍及辽、冀、鲁、豫、陕、苏、浙、皖、赣、云、贵、川、粤、桂、京、沪等21个省（直辖市或自治区）。

1934～1956年，他对山东青岛果树、德州西瓜、益都甜瓜、肥城桃、莱阳梨，陕西邠县（现名彬县）梨，河南灵宝枣，云、贵两省梨，贵州湄潭核桃、李，尤其对我国特产蔬菜如大白菜、榨菜、芥菜、苋菜、萝卜、凉薯、莲藕、茭白、竹笋、蒲菜、荸荠、菱、大葱等做了大量开创性的调查研究。如山东肥城佛桃，云南呈贡宝珠梨，贵州湄潭金盖梨、青脆李、大柿花、薄核桃、绵核桃，河南灵宝铃枣、长枣、圆枣，浙江杭州早竹笋、尖兴青笋、迟花萝卜、浙大长萝卜、杼子蚕茭、象芽茭、杼子茭等果、蔬品种及其生产经验都是由吴耕民首先进行详细观察、记载和报道的。

吴耕民对某些果品的生产技术还提出了独特的见解。例如，1934年他评议肥城桃异地栽培变质的观点时认为，在附近和条件相似地区也可以栽培。到1990年，这一论断已被山东农业大学园艺系罗新书的"肥城桃异地栽培"科研成果所证实。1987年，吴耕民首先根据浙江省玉环、温岭一带所产高橙（又名玉橙）的性状极似葡萄柚，认定其栽培历史要比巴巴多斯岛的葡萄柚早183年以上，且葡萄柚为柚和橙的杂种。因为巴巴多斯岛于1707年才开始引种柚子，该地所产葡萄柚最早也不会早于1707年。据此，他认为浙江南部是葡萄柚的原产地之一，以后才传播到世界各地。

在战火纷飞的抗战时期，他随浙江大学几经迁校颠沛流离，但仍在贵州湄潭进行了许多生产试验，如甘薯丰产栽培试验、洋葱栽培法之研究、凉薯留种试验、豌豆周年供应栽培试验、多种根菜产量比较试验等。如甘薯原在湄潭亩产仅约500千克，吴耕民通过调查研究，抓住施肥和扦插两个环节，采取扦插前施草木灰和菜饼，

进行温床育苗,改斜插为水平插,使亩产量增至 2232 千克。又如,洋葱采用合理密植,每亩栽苗由 1.2 万株提高到 2 万株,产量提高了 33%,亩产达 2672 千克,使洋葱在当地首获试种成功,并很快被推广种植。这些试验结果对提高当地蔬菜栽培技术和改善蔬菜供应起到了积极有效的促进作用。

3. 中国引进、推广国内外园艺良种和先进栽培技术的先驱者

吴耕民非常重视选引和推广适合我国不同地区生长的国内外园艺植物良种和先进栽培技术。1919 年冬,吴耕民在日本兴津园艺试验场学习期满,即将该场赠送的果树优良品种各 5 株(其中包括柑橘、柿、桃、葡萄、枇杷),由他的同学葛敬应托运至杭州市五云农场(后改名杭州市钱江果园)试种,栽培技术全部采用兴津园艺场的方法,从而使日本果树优良品种和技术传播到杭州一带。

如今远销海外的浙江名牌果品——杭州蜜梨,即为当初吴耕民引入的日本菊水梨。浙江农业大学 20 世纪 70 年代选出的著名新品种梨——黄花,其母本即为吴耕民当时引进的今村夏梨(该品种后改名黄蜜)。我国梨树疏删修剪技术也源自五云农场'明月'和'青久'两品种所应用的日本梨修剪技术。

1921 年南京东南大学成贤街农场的蔬菜温床,是他根据日本兴津园艺试验场的木框温床仿制而成的。这是我国最早的蔬菜温床。

同年,他向法国费赫莫汉公司购买花卉种子,亲自在东南大学园艺场栽种后,采种推广,使许多欧洲花卉首次在中国传播。其中许多花名如矮牵牛(Petunia)、福禄考(Phlox)、仙客来(Cyclamen)、撒本乃利(Saponaria)、古代稀(Godetia)、大丽花(Dahlia)、毛地黄(Digitalis)、荷包花(Calceolaria)等都是由他翻译定名,并一直沿用至今。

1924 年 7 月,吴耕民和王舜成、葛敬中、胡昌炽、陆费执等人主持"改良推广江苏省园艺计划"。当时在东南大学园艺场设立总场,并在苏州农校内设分场。改良计划有三点:①征集江苏省优良品种,择优繁殖,以事推广;②征集国内优良品种,择其风土适宜者加以推广;③罗致海外种苗,择其优良丰产品种,验其是否适合本省风土,然后繁殖推广。由此,当时东南大学农科收集了果树 400 余种,蔬菜 200 余种及许多花卉品种。金陵大学农科也收集了果树 140 余种。这些科研工作对丰富江苏省和我国园艺品种资源起到了重要作用。

1935 年吴耕民在西北农林专科学校任教时,看到当地经济和农业生产落后,果树、蔬菜、花木极少,人民常无菜可食,仅以辣椒、盐、酱油、醋佐餐,他千方百计地自日本和山东各处购来果苗(苹果、梨、桃、柿、葡萄)1.3 万株,以及山东

大白菜、番茄等多种蔬菜和观赏树木、花卉的优良品种，并请山东园艺技工栽培示范，在三道原建菜圃约100亩，二道原建果园约200亩，法熹寺建园艺苗圃400亩，并在校园内布置花卉，多余果苗栽于陕西省三原县斗口农场。这些国内外引来的园艺植物良种在当地试种成功。如今已在西北各省推广，其中苹果已在陕、甘、宁、晋等高原地带"落户"。这些地区至今已成为我国优质苹果生产基地，产品远销国内外。

现在浙江省栽培的番茄、洋葱、甘蓝、花椰菜、山东大白菜、榨菜等均由他从国内外引进并试种成功，现已成为当地各蔬菜产区的大宗蔬菜。其中，榨菜就是他在抗战胜利后，从湄潭带来榨菜的原种——菱角菜的种子，在杭州试种并制成榨菜，以后利用冬季水田栽种。当地将这种榨菜率先采用精制小包装，深受消费者欢迎。全国闻名的'浙大长'萝卜，是吴耕民于1949年从杭州市郊区古荡农家选取的萝卜，经系统选育而成为大而长的丰产品种，从1954年起已推广到全国各省及朝鲜等邻国。

1937年他在黄岩创立浙江省园艺改良场（今浙江柑橘研究所）并任场长。这是我国最早的柑橘研究单位之一。他从日本引进了不少柑橘的品系，后来中国东南沿海地区的柑橘品种，均由此改良发展而来。

此外，他还提出过许多生产建议，如《广西省果树栽培发展刍议》、《山东省园艺改进刍议》、《中国主要果树之经济栽培区域》、《扩建杭州风景区的几点建议》等，这些建议对各地的生产建设和发展都具有实际指导意义。

吴耕民一生足迹遍布多个国家和我国大江南北，为选引园艺植物良种和先进栽培技术，增进和改善我国果蔬生产和供应做出了重要贡献。

4. 中国倡导环境保护的先驱者

1929年吴耕民赴欧洲考察，那里保护良好的植被和绿化给他留下了深刻的印象。归来后不管到哪里工作，他都大力倡导植树造林、种花养草、绿化环境。1935～1936年，他在西北农林专科学校开辟了果园、菜园、苗圃和布置绿化校园约一千余亩，为"西北地区发展园艺和绿化奠定了初步基础"。在青岛农林事务所任特约研究员、在浙江省任农业推广委员会主任、在广西建设厅任技正期间，吴耕民对各地铁路沿线的植树绿化、城市和校园的绿化保护等方面均做了大量工作。1980年后，他在全国政协会议上多次提出"种树种草开展绿化"的提案。1987年91岁高龄时还写出"目前我国应大搞人工种草运动"一文，刊登在《科技通报》上。随着时间的流逝，面对环境恶化的现状，老学者意识超前的环保理念、身体力行的绿化成就和忧国忧民的真知灼见都让我们肃然起敬！

三、躬耕惠民

吴耕民从18岁起立志学农报国，遂改名"耕民"，以"润苍"为号。"润苍"即"润泽苍生"，以躬耕惠民来滋润苍生是他的理想，也是他一生追求的概括和写照。他为中国园艺事业留下了大量学术遗产的同时，也为后辈留下了丰厚的精神遗产。

1. 追求真才实学

吴耕民重实学轻虚名。他勉励后代要有"人一能之，己百之，人十能之，己千之"的刻苦学习精神，同时反对从书本到书本，大力倡导"田间备课"，"现场教学"，"实地调查"，"与果蔬对话"等理论联系实际的教学和科研方法；他在学业挑选、攻读方向等人生重大抉择面前，都明确实践了不图虚名、追求真才实学的人生理念。实践证明，虽然他最终只有一张大专毕业文凭（北京农业专科学校），但在旧中国被各大院校教授推选为部聘教授（每学科仅一人），在新中国被评为一级教授，从而在有限的生命中为国家做出了卓越贡献。

2. 强调中文基础

吴耕民精通日、英、法文，对德、俄、意大利文也有涉猎。他曾寄语青年一代要"学好国文和外文"。但他强调：外文是工具，中文是根本。他对许多留洋学生外文"呱呱叫"，中文"拆烂污"的现象深感痛心；对许多大学教师不能写、不能译、不能编（教材）的状况深感遗憾和忧虑。为此他告诫一切有志报国的青年：要想报效祖国，就要学好中文。他曾说"我是靠笔吃饭的"，有着深刻的寓意。

3. 重视强身保健

吴耕民长寿，几乎走过了一个世纪。他认为"身体康健是求学和将来工作之本"；还说："皮之不存，毛将焉附。……延年益寿，则一人工作可抵二人，生命增值对人生意义极大。"他的强身方法其实很简单，一是散步，每日2～3次；二是洗澡，年轻时坚持长年洗冷水澡，晚年仍每天洗温水澡；贵在持之以恒！他从20岁开始，风雨无阻坚持了75年。在保健方面他主张"天人合一，顺应自然"。从而不熬夜，不赖床，不抽烟，不饮酒，少零食，八分饱，荤素搭配，常食水果等。正是健康的体魄，豁达的心态，使他挺过了"文化大革命"的非人磨难，在80岁后仍能保持旺盛的创作激情。

4. 清廉律己，宽厚待人

吴耕民治学严谨，严于律己，从不摆部聘教授或一级教授的架子；他待人诚恳，平易近人，在学生和同道中颇具口碑；他心胸开阔，宽厚待人，廉洁奉公，顾全大局。他曾告诫后人："做人不可贪，我当年办学办农场，在我手中流动的资金不计其数，但不管到哪里，不管在怎样的境遇中我都没有经济问题。'文化大革命'如飞来横祸，套在我头上的帽子无数，但除了'学术权威'这一顶，其他全是虚的，假大空有名无实。"

1991年11月吴耕民病逝于浙江杭州，享年95岁。回顾他将近一个世纪的生命旅程，可谓勤奋一生，清廉一世，无愧于后人的评价："躬耕不息，惠民育才"；"讲坛师范，园艺泰斗"。

四、吴耕民主要论著

吴耕民. 1936. 蔬菜园艺学. 南京：中华农业图书社.

吴耕民. 1937. 果树修剪整枝法. 南京：中华农业图书社.

吴耕民. 1948. 果树园艺学通论. 杭州：西湖农园出版社.

吴耕民. 1948. 果树园艺学各论（柑橘、葡萄、醋、穗状醋栗、石榴）. 杭州：西湖农园出版社.

吴耕民. 1957. 中国蔬菜栽培学. 北京：科学出版社.

吴耕民. 1961. 果树栽培学. 杭州：浙江人民出版社.

吴耕民. 1964. 栗、枣、柿栽培. 北京：农业出版社.

［日］植向义一. 1965. 夏橙落果的防止. 吴耕民译. 北京：中国农业科学院农业情报所.

［日］久保祐饭，小中原. 1965. 关于柑橘的寒风危害（落叶现象的分析）. 吴耕民译. 北京：中国农业科学院农业情报所.

［日］熊代克己. 1978. 苹果（果树栽培生理新书）. 吴耕民译. 济南：济阳县林牧局.

吴耕民. 1979. 果树修剪学. 上海：上海科学技术出版社.

［日］林真二. 1981. 梨（果树栽培生理新书）. 吴耕民译. 北京：农业出版社.

吴耕民. 1982. 木本食用油料作物栽培. 上海：上海科学技术出版社.

吴耕民. 1983. 柑橘修剪的理论与技术. 杭州：浙江科学技术出版社.

吴耕民. 1984. 中国温带果树分类学. 北京：农业出版社.

吴耕民. 1986. 日英汉农林园艺词汇. 杭州：浙江科学技术出版社.

吴耕民. 1993. 中国温带落叶果树栽培学. 杭州：浙江科学技术出版社.

主要参考文献

吴耕民. 1978. 鲁迅先生率领绍兴府中学生参观南洋劝业会记略. 吴耕民言论选集. 杭州：家藏自印.

吴耕民. 1990. 吴耕民一生自述. 杭州：家藏（吴耕民亲笔书写）.

吴光林. 1991. 吴耕民 // 中国科学技术协会编. 中国科学技术专家传略·农学编·园艺卷1. 北京：中国科学技术出版社：1-12.

孙群豪. 2009. 园艺大师吴耕民. 宁波：宁波出版社.

撰写者

吴江新（1957~），浙江中医药大学附属一院骨伤科副主任医生、副教授，吴耕民先生的孙子。

吴江印（1955~），现居瑞士，中医德文翻译、自由撰稿人、作家，吴耕民先生的孙女。

陈凤桐

陈凤桐（1897～1980），河南内乡人。农学家、农业科技管理专家，新中国农业科学技术事业的主要开拓者和领导者。1955年当选为中国科学院学部委员（院士）。1921年毕业于河北省保定甲种农校。1929～1931年赴日本留学，入日本东京农业大学专门部研究农业经济。历任华北农业科学研究所所长，中国农业科学院分党组书记、副院长（1957～1959）、顾问（1977～1980）。20世纪40年代在抗日民主根据地组织领导农业生产和农业科技工作，包括小麦、水稻、玉米、小米良种选育和改进，家畜良种繁育，护林和造林以及研究蓄水灌溉等；创立"晋察冀边区自然科学界协会"、创办《自然科学界》刊物。中华人民共和国成立后，他将全部精力和智慧投入到开创和发展中国农业科学技术事业上，创造性地组织农业科研机构的学科设置，对中国农业科学各有关学科的发展奠定了组织基础；在业务思想和研究路线上，倡导"没调查就没有试验权"，强调所内试验与所外农村基点相结合，建立了一套符合中国国情的农业科研路线和工作方法；在领导科研工作上，尊重知识、尊重知识分子，依靠科技人员搞科研。陈凤桐为新中国农业科研事业的创建和发展做出了重要贡献。

一、家庭影响与成长之路

陈凤桐于1897年2月25日出生于河南省内乡县赤眉镇东陈营村。他父亲是清末秀才，封建家长制作风严重。他大哥为人正直、疾恶如仇，提倡妇女放足、举办新学，对他的影响很深。20岁时，陈凤桐追求思想解放，不满父亲包办婚姻，在他大哥帮助下离家出走，奔赴北京寻找求学之路。

1919年，陈凤桐考入河北省保定甲种农业学校，以家中的有限资助和前三名的学习成绩获得奖学金而学至毕业，从此与农业结下不解之缘。1921年，陈凤桐在农校毕业后，曾与学友商量去法国勤工俭学，因路费筹措无着，未能成行。随后，他先后到河南开封农场、察哈尔农事试验场任技术员，到张家口实业学校任教员。

1924年大革命爆发后，陈凤桐曾到国民革命军察热招讨使署当秘书，跟随张励生在晋察绥一带进行反对军阀的活动。大革命的经历，当时中国社会的政治弊端和政府的腐败无能，使他郁闷、彷徨，但是"方寸一点清明之气，尚未受到污染"。1927年大革命失败，陈凤桐以准备去日本留学为由，离开了张励生部。

1929年秋，陈凤桐在友人陈子毅帮助下，赴日并考入东京青山农业大学专门部，学习农业经济。他很有兴趣地投入到农业经济学的研究之中，农业基础得以丰富和提高。陈凤桐在日本结识阮慕韩后，接触到进步思想和进步书籍，为后来走上革命道路打下了思想基础。1931年九一八事变发生，他同一批留日学生毅然罢学回国。回国后转入北平大学农学院农业经济系学习，他经阮慕韩介绍认识了中共北方局南汉宸和杨秀峰、黄松龄、张友渔等进步教授，在他们的影响下投入到抗日救亡斗争。1932年12月，他被选为农学院三代表之一，带领同学参加"平津学生南下示威团"，要求政府发动抗日战争。

1933年5月间，陈凤桐到张家口参加冯玉祥、吉鸿昌、方振武等领导的察哈尔抗日同盟军，他在同盟军所属的察哈尔人民自卫军政治处工作，与日伪军作战。同年9月，察哈尔抗日同盟军失败，陈凤桐为躲避搜捕辗转到达天津。次年，在阮慕韩、南汉宸帮助下，应江西农业院院长董时进邀请，到江西农业院担任农业技师。

1936年5月，陈凤桐在北平加入了中国共产党，随即被派往张家口，到察哈尔省政府建设厅以农林科员身份为掩护，进行抗日民族统一战线等地下工作。

二、献身根据地的农业科学事业

1937年七七事变后，日本侵略军由察哈尔北部进逼张家口，陈凤桐转到太原，在党组织和战地总动员委员会领导下，组织平津察绥流亡学生，创建察绥抗日游击军（后改为察绥支队），阮慕韩任政治部主任，陈凤桐任副主任，在晋西北一带打击日伪军。1940年二三月间，察绥支队与八路军一二〇师三五九旅雁北支队合编，由刘苏任司令员，陈凤桐任政委，在山西应县、繁峙、灵邱一带作战，并率部参加了著名的百团大战，创建和扩大了敌后抗日根据地。

1941年，晋察冀边区行政委员会聂荣臻司令员将陈凤桐由军队调到地方工作，任晋察冀边区行政委员会农林牧殖局局长，进行边区的农业建设工作。陈凤桐根据党中央关于开展大生产运动的号召，在艰苦的战争环境中，团结边区并吸收敌占区农学家到边区来工作，一面进行调查，一面建立农林牧实验研究工作。他组织科技工作者总结和推广群众生产经验，在五个分区创建农场、林场、牧场，进行农作物的育种和栽培试验，指导护林和造林工作，兴修水利、研究蓄水灌溉、领导修建灌渠。他还响应延安自然科学界组织起来的号召，参与发起成立晋察冀边区自然科学界协会，被选为理事长，积极开展活动，创办学术刊物《自然科学界》，宣传普及农林牧科学知识。

1944年12月2日，陈凤桐在《解放日报》发表《北岳的农业推广》长篇文章。他从实验研究工作、农田水利、培养干部、示范推广、农业行政等方面，系统总结了1941年春到1944年春在晋察冀边区农林牧殖局工作期间的经验教训。在实验研究工作方面，他认为技术干部和推广干部同样重要，强调"先进国家用全力培养推广人才，这是我们不能不特别注意的一点，所以，我们也应加紧培养农业技术推广人才。"在敌后农场建设中，他采取工作项目少而精的原则，"同一工作分由两场同时进行，以防敌寇破坏，同时还可多得到比较的机会"，使研究工作得以持续进行并取得成果，如研究确定了燕京粟的地方适应性和进行大量繁殖推广，确定玉蜀黍的两个推广品种，以及割草积肥、温汤浸种、来航鸡、美利奴羊的推广等。在护林造林工作中，他认为"公共造林要有切实的保护办法，不应只重栽植的数目字，应注意成活——尤其是3年后的成活数目字。"强调"护林不是禁止伐林，而是如何使伐木得法，不致洗林。"在农田水利方面，以旱田变水田为目标，及时总结开大渠容易遭到敌人破坏，而转为开小渠运动，在两年之内布满全北岳区，达到开大渠的效果，成为"北岳区农业建设上最成功的一件大事"。陈凤桐还提出领导者"不只是农业生产的组织者，同时也应当是技术（比较科学的技术）的指导者……农业行政上第一是'组织起来'，紧跟着就要注意解决技术问题"。

陈凤桐非常重视科学地组织农业生产。1944年初，他亲自组织编写并由晋察冀边区行政委员会印发的《农业生产月历》中，提出了边区主要农作物播种期和冀西地区农作物栽培一览表，并要求各县、区工作人员，在工作中随时随地搜集材料，做出各县各区自己的生产月历，为明年工作做准备。

1944年春，党组织安排陈凤桐前往延安中央党校学习。他到了延安后，一面学习，一面关注解放区农业生产和农业科技工作，在《解放日报》上发表文章，应农学会邀请参加座谈会，介绍在敌后的农业经验，对陕甘宁边区农林建设提出一些建议和指导。

陈凤桐从田间选种、准备仓库、工具准备、准备小型展览室和秋收前割除田间病株，以及秋收后整训余暇，进行造林培林工作做了详细指导。在10~11月间，陈凤桐撰文在《解放日报》上指导陕甘宁边区推广秋耕技术，改良农作法来提高粮食产量。

陈凤桐一贯重视造林护林，战争年代如此，新中国成立以后仍然如此。在延安时期，他多次就造林护林发表文章和提出建议。1945年8月20日，他向边区政府建议"造林护林是防止水旱灾害的百年大计",他指出:边区农业上的最大灾害(华北地区都是如此)是水、旱、风砂、冰雹、霜害(冻害)和病虫害,这几样大害,没一样不和森林有直接关系。任凭科学怎样发达,根本防止办法,都须从护林、造林开始。

陈凤桐重视从实践中来到实践中去的科学研究方法,以此来推动农业经济发展。1945年1月27日在《解放日报》编辑部召集的延安县区经济建设干部会上,他对边区经济建设部门的干部,作了《怎样研究农业生产技术》的讲话。他指出:农业生产技术可分为两方面研究,一方面是存在于广大农村群众中的技术经验,这是农民几千年积累下来的,但这种技术的缺点是缺乏科学的研究,并且还夹杂着反科学的迷信成分在内。另一方面是科学的生产技术,它的特点是重在用自然科学的方法实验研究,是进步的,是创造的。我们的迫切任务是要努力,使边区农学者,县区财政干部和劳动英雄三位一体共同地来研究生产技术,把我们的经验技术(迷信部分除外)与研究成功的科学技术密切地结合起来,在旧基础上逐渐提高发展。否则,离开实践的教条式的研究,离开科学方法的老一套的经验主义和空洞浮泛的领导方式,都会阻碍我们农业经济的向上发展。他希望通过进行精细的研究,以增进我们的科学知识和科学能力。

1945年9月14日,他还发表了《介绍晋察冀边区自然科学界协会》的长篇文章,在结语中指出:"近代战争是科学的战争,今后世界和平同样需要科学的支援和保证,这就需要各部门科学家的密切团结和合作。""和平时期的经济建设,更需要科学力量的集中和科学研究的提高"。建议:"解放区及时建立起科学工作的首脑组织,成立中心的领导研究机关,加强解放区科学工作者和研究人员的团结,提高研究力量,扩大研究范围,把解放区建设成为全国建设的一面旗帜,这在新中国建设的策划上是异常重要的课题,需要全体科学界同仁的共同努力。"反映出陈凤桐对建设新中国科技事业的远见卓识。

抗日战争胜利后,陈凤桐结束延安中央党校学习,回到晋察冀边区,担任新成立的察哈尔省人民政府农业厅厅长。1946年末,国民党对解放区发动全面进攻,我军主动撤出张家口,他回到冀西阜平任晋察冀边区行政委员会农林处技术室主任。1948年秋,他受党组织委派带领一批农林干部参加接管太原的准备工作,随后调任北平市军事管制委员会农林水利处处长,组织领导北平农林水利系统的接管工作。

三、开创新中国的农业科技事业

1949年4月,陈凤桐奉华北人民政府主席董必武之命,在原中央农业实验所北平农事试验场、中央林业实验所华北林业试验场、中央畜牧实验所北平工作站、农林部兽医防治处北平分处以及河北省农业改进所等机构的基础上组建新中国建立的第一所综合性的农业科研机构——华北农业科学研究所，并于当年5月1日宣告成立。陈凤桐根据农业生产和农业科技发展的需要，不仅提议设置农作物系、园艺系、病虫害系（后改为植物保护系）、理化系（包括土壤、肥料、微生物和农药研制等）、畜牧系、家畜防疫系、森林系，还增设了开展遗传、生理、生化等基础研究的应用植物学系（后改为发育生物系）和开展农业小气候、气象灾害和物候学等方面研究的农业气象室。他十分重视农业科技情报和普及推广工作，专门设置了"编译委员会"和"农业推广委员会"。上述机构的增设，是陈凤桐具有战略意义的创举，对我国农业科学有关学科发展奠定了组织基础。

陈凤桐非常重视组织专家下乡，并以此来推动科研与生产实际的结合，取得了积极效果。1954年1月《光明日报》发表方悴农先生的《显著的变化——记华北农业科学研究所科研人员在农村蹲点前后的思想变化》文章，方悴农在文中说，"通过参加群众的生产实践过程，我们这批农业科学工作者的思想与自己所从事的工作发生了显著的变化。首先，和农民接上头以后，不再脱离群众、脱离实践了……其次，进一步改造了自己的思想，端正了对农业科学工作的态度，从而对农民群众，对农业生产活动产生了彼此不可分离的深厚感情……第三，是改变了农业科学工作者之间的相互关系，大家互相帮助、互相尊重。"

陈凤桐还强调建立正常的科学工作制度。指出：检查制度是工作的推进机，要认真把它建立和健全起来，使我们的工作在不断地检查中提高，走向科学化。

陈凤桐在领导工作中，要求科研人员年年要有新的成果拿出来。例如，在陈凤桐的组织倡导下，1951年初，华北农业科学研究所理化系的科研人员研制成功"666"，接着又研制出"1605"等我国自己的有机合成农药的生产工艺和装置，交给工业部门进行大批量生产，对当时消灭蝗虫、棉铃虫、地下害虫等主要虫害，保证农作物增产，起到巨大作用。花生根瘤菌的研制生产始于1950年，当花生根瘤菌剂在推广中出现问题时，陈凤桐立即组织有关科研人员，到现场研究解决，因而花生根瘤菌剂拌种技术很快大面积推广应用。

小麦锈病是当时威胁小麦生产的重要病害，陈凤桐针对1950年小麦锈病在全国范围大发生造成数百亿斤损失的惨重教训，提出"全国小麦锈病研究急需统一起来"的建议，并在周恩来总理的关怀和农业部的主持下，于当年8月召开有30多位小麦锈病专家和育种专家参加的全国小麦锈病会议，成立了全国小麦锈病研究委员会并制定出统一的研究计划，在全国小麦锈病和育种研究工作者合作下，各地相继育成一批批抗锈高产品种,从1965年以来在全国范围内控制了小麦条锈病的危害。这项研究成果先后获得我国自然科学奖和国家科技进步奖。蝗虫特别是中华飞蝗是我国历史上的第一大害虫,每次蝗灾给人民带来极大的灾难。陈凤桐亲自组织科研人员深入蝗区进行调查研究,摸清了蝗虫的种类和发生规律,总结提出查卵、查蛹、查成虫的"三查"测报和"666"粉剂与麦麸毒饵治蝗技术,为20世纪50年代中期消灭蝗害做出了贡献。

牛瘟、猪瘟等家畜传染疫病,是历史上长期未能解决的问题,严重阻碍着我国畜牧业的发展。牛瘟大流行时一次死牛几十万头、上百万头。陈凤桐在建所初期就把抓家畜防疫系作为工作重点,并将牛瘟、猪瘟弱毒疫苗研制列入重点研究计划,从人员组成和经费开支方面给予保证,还专门举办兽医专修科,培训了43名学员去支援内蒙古。在党和政府的大力支持下,我国流行几千年的牛瘟,仅用六年时间就加以消灭。猪瘟弱毒疫苗的研制成功,对控制和消灭猪瘟流行也起了决定性的作用。

1953年,我国进入国民经济建设第一个五年计划时期。陈凤桐在组织全所科研人员学习《实践论》、主持制定《华北农业科学研究所1953～1957年试验研究工作计划大纲》的同时,提出与河北、山西两省农业厅合作,使用双方技术力量,在两省内选择若干有代表性的农业生产合作社建立农村基点,开展麦、棉区域增产技术为主的调查研究,要求在摸清生产情况的基础上,找出综合性的增产方案和技术规程。1955年,中央决定扩大华北农业科学研究所的工作范围,除河北、山西外还增加了河南、山东两省的合作。陈凤桐立即召开四省农业科学工作会议,共同制订研究计划,在有代表性的地区选建农村基点,研究大面积增产方案。他继续深入河北、河南等省的一些基点进行调查和指导工作,还发表文章,进一步阐明自己的观点,大力推进农业区域化调查研究和增产示范工作。

华北农业科学研究所在三年的农村科研工作中,系统地提出了河北、山西两省农业增产的一些关键措施。如:开辟肥源、培养地力及增加土壤有机质、旱地耕作保墒等技术措施;防治地下害虫、棉蚜、棉红铃虫、小麦线虫、吸浆虫、甘薯黑斑病等防治技术;评选出一批麦、棉等主要作物的优良品种和快速繁育技术;合理密植、保证全苗、间作套种、轮作倒茬等措施。这些技术成果被当地政府纳入增产方案,有计划地组织推广。事实表明,华北农业科学研究所的农村科研工作方向是正确的,不仅受到广大农民的欢迎和科技人员的赞同,也得到各级党政领导机关的重视和支持。

1955年6月陈凤桐在《农业科学通讯》上发表《两个值得大家讨论的问题》,文中指出:一是调查研究、试验研究、增产示范的关系;二是学术讨论会。陈凤桐这篇文章，从认识论和方法论的高度，总结了他领导农业科技工作的经验和体会，有重要的理论指导意义。

1957年3月1日，经中共中央、国务院批准，在华北农业科学研究所的基础上成立中国农业科学院，陈凤桐被任命为院分党组书记兼副院长。

四、矢志不渝地为农业科技事业奋斗

1959年夏，陈凤桐被下放到江西省农业科学研究所，任副所长。

1960年7月，陈凤桐参加了南方7省、区热带作物栽培试种协作会议后，向省领导的报告中提出：江西"应积极参加南方各省热作大协作的活动，除应首先以赣南为重点，在赣南区党委领导下，组织综合考察队，省级有关机关派人支援，把赣南按纬度、地貌，分为若干区，进行调查研究，提出具体种植试种方案，同时成立热带、亚热带作物研究所，专门负责研究工作"。随后陈凤桐亲自到赣南蹲点，进行调查研究，掌握第一手材料。1961年1月15日省政府主管部门在赣南召开亚热带植物试验站及试验研究工作会议后，决定在寻乌县建立"江西省亚热带植物实验站"，加强三叶橡胶越冬、印度榕露天栽培和杜仲育苗造林研究，并作为发展赣南和全省亚热带植物科学试验基地。会后，陈凤桐组织赣南科委和农、林、水、垦等单位有关人员，并在省农业厅负责同志参加下，前往寻乌县实地勘察，提出"关于勘察设计江西省亚热带植物试验站站址及工作计划和经费预算"的书面报告。陈凤桐认为利用江西赣南地区的自然条件，发展亚热带作物研究，是"对国家担负着重要的责任"。

陈凤桐在赣南蹲点期间对红壤利用问题作了专门考察，指出："红壤丘陵在江西分布极广，蕴藏着无穷的生产潜力。但红壤的共同缺点是缺乏有机质、缺乏氮素，群众对利用此等土壤有丰富的经验和知识，几年来大规模的垦殖工作又充实了利用红壤的科学资料，这对科学研究和生产实践都是很宝贵的，亟待总结出来，进一步进行研究。"1962年12月，他在江西省农业科学技术会议上提出："确定江西为华东红壤丘陵研究的中心，从各方面装备它、支持它，使它逐渐形成强有力的红壤丘陵研究基地，把专家、学者稳定在这个基地上，使他们安心地、最有效地进行继承性、稳定性和长期性的科学研究工作。"这个建议后来为中央有关领导所重视，1963年3月，中共中央、国务院召开的全国农业科学技术工作会议，把"南方红壤山丘利用及水土保持"作为国家重点科研项目，列入全国科学技术发展十年规划。1963年正式在江西进贤县设立江西省红壤试验站（后改为研究所）。

陈凤桐早在20世纪50年代初在河北、山西开展农村基点工作时，就重视进行农业区划研究，到江西之后，即着手开展全省农业经济区划研究工作。1961年在江西省政协的会议上，明确提出：掌握农业生产在不同地区内的自然规律和生产规律，必须把全省的农业区域科学地划分出来。这当然是一种复杂的综合性很强的工作，它包括土壤、雨量、光热、地下水，以及作物品种、耕作栽培制度、畜牧、森林、植被等全部生物学、气象学、物候学等。因此，这项工作必须由省科委掌握，组织科技力量，分区、分类、有步骤、有计划，要求数年之内做好这一工作，哪怕先做出一个粗线条的轮廓也是必要的。这项工作要尽量吸收先进国家的经验，划分出各地区——如赣南区、赣东区、赣北区、滨湖区等——不同耕作区划图、作物种类和品种分布图、森林分布图、畜牧分布图。随后，他又在1962年12月召开的江西省农业科学技术会议上，建议将农业经济区划工作列为全省重点课题。

陈凤桐在江西工作期间，再三强调"水土保持是山区、丘陵地区农业生产的大事"。1962年8月12日，在江西省根治水旱规划会议上，他再次强调必须加强土壤工作，把水土保持好。

陈凤桐早在延安时期就非常关注林业建设。他曾发文明确提出："旱、涝、霜冻是影响我国农业生产的三大灾害，护田林是克服这三种灾害的最有效办法。森林、农业、水利、气象、地理、农业经济和一切有关科学的专家、学者，共同来综合规划设计我国不同地区、不同地形所适用的护田林营造示范方案。在全国不同地区进行典型试验示范。"他还建议："研究农林牧相结合的耕作制，农林牧三种经济应当是因地制宜地结合，而不是各自分离。三者结合起来，就形成农业经济多种经营的基础，成为控制自然、改造自然的有利条件。"

陈凤桐在江西工作期间，在发展亚热带作物、红壤改良、农业区划、水土保持等方面，做出了重要贡献。

五、鞠躬尽瘁　死而后已

1965年冬，68岁的陈凤桐退休离开江西回到北京。经与北京市委和市政府领导联系，陈凤桐接受了北京农业劳动大学顾问任职，积极参加农业教育改革工作。他认为农业院校采取"社来社去"的方法，为农村基层培养技术干部的方法是正确的。他常常给青年学生讲课或作辅导报告。但是，不久，"文化大革命"开始，他与其他许多老同志一样，经历了严峻考验。

1976年，党的十一届三中全会以后，陈凤桐回到中国农业科学院担任顾问，并恢复中国科学院学部委员身份。他说过："农业科学工作是我的终生事业。""我准备给党给人民再作十五年的工作，我以我能参加祖国的社会主义建设感到无限的光荣。"

陈凤桐曾向党中央提出《对我国农业科学工作的十一项建议》以及《关于中国农林科学院专业研究所体制的建议》。

1978年3月，陈凤桐以中国科学院学部委员身份应邀参加了全国科学大会。他在会上书面发言提出《对我国农业科学工作的十项建议》，内容包括：①当前农业科学的重大任务——将科研成果应用于生产、总结群众经验、引进外国新技术；②农业科学应首先为全国重点建设县服务；③农艺如何和机械化结合；④土壤肥力标准问题；⑤关于农业经济的研究工作；⑥农林牧三结合；⑦农业科学的协作问题；⑧关于培养人才问题；⑨建立农业科学学术报告会制度；⑩加强农业科技的宣传推广。

陈凤桐虽已高龄，仍满腔热情，不断研究新问题，积极提出建设性意见。他还亲自整理了过去发表或未发表的约21万多字的4集《文稿》。

1980年初，陈凤桐在患病中，仍思考着中国式农业现代化的设想。病危期间，他仍一次又一次地向前往探望他的同志们询问中国农业科学院和全国农业科技事业的情况，并提出自己的看法。1980年10月4日，陈凤桐在北京逝世。

六、陈凤桐主要论著

陈凤桐. 1942. 农业推广和普及科学思想. 晋察冀边区自然科学界，创刊号.

陈凤桐. 1944-9-25. 边区冬季护林工作. 解放日报.

陈凤桐. 1944-12-2. 北岳的农业推广. 解放日报.

陈凤桐. 1945-8-20. 造林护林是防止水旱灾害的百年大计. 解放日报.

陈凤桐. 1950-8-17. 全国小麦锈病会议的成就. 光明日报.

陈凤桐. 1951. 向农业科学的新方向努力. 农业科学通讯，(1)：1.

陈凤桐. 1951. 新中国农业科学工作概况. 农业科学通讯，(10)：23.

陈凤桐. 1953. 农业科学工作在大规模经济建设开始的时期必须走向新方向. 农业科学通讯，(1)：4.

陈凤桐. 1953. 农业科学工作如何结合实际. 农业科学通讯，(9)：366-367.

陈凤桐. 1954. 深入农村，为生产服务，是农业科学工作的正确道路. 农业科学通讯，(1)：4-5.

陈凤桐. 1954. 让我们的工作向前跨进一步. 农业科学通讯，(9)：459-460.

陈凤桐. 1955. 两个值得大家讨论的问题. 农业科学通讯，(6)：312-313.

陈凤桐. 1961-9-23. 巨大的自然资源——红壤. 江西日报.

陈凤桐. 1963-3-14. 大力营造防护林. 人民日报.

主要参考文献

中国科学家辞典编委会. 1982. 中国科学家传略辞典(现代第四辑). 北京:中国科学家辞典编委会.

中国人民政治协商会议河南省委员会文史资料委员会. 1991. 河南文史资料·第37辑. 郑州:中国人民政治协商会议河南省委员会文史资料委员会.

黄佩民. 1996. 陈凤桐 // 中国科学技术协会编. 中国科学技术专家传略·农学篇·综合卷1. 北京:中国农业科技出版社:174-194.

《陈凤桐文选》编委会. 1997. 陈凤桐文选. 北京:中国农业科技出版社.

方粹农. 2006. 情系三农七十年. 北京:人民日报出版社.

撰写者

陈新华(1952~),中国农业科学院作物科学研究所副研究员,陈凤桐先生之子。

王 绶

王绶（1897～1972），山西沁县人。作物育种家、生物统计学家和农业教育家，是中国作物育种学和生物统计学的主要奠基人之一。1932年，由金陵大学派送到美国康奈尔大学作物育种学系深造。次年，以《大麦遗传之研究》的毕业论文获农学硕士学位。曾任农业部粮食生产司司长、粮食生产总局副局长、中国农业科学院作物栽培研究所所长、山西农学院院长等职；兼任中国农学会副理事长、《农业学报》主编。他长期致力于大豆、大麦的研究。曾在河南、山东、河北、山西、江苏等地采集大豆单株，多次进行单株选择试验，培育出了闻名中外的金大322大豆新品种，比标准品种显著增产，一度在长江两岸推广种植。他主持的"黄河流域大豆新品种选育"研究课题培育的晋豆1号、晋豆2号获1978年全国科学大会奖。他早期培育的抗冻、抗锈大麦品种，曾在美国纽约地区推广种植，被定名为"Wang's Barley"（王氏大麦）。他首次将"方差分析"、"随机区组和拉丁方排列"等方法介绍到国内。他最早撰写出版了《中国作物育种学》和《实用生物统计学》，这两部专著对这两个学科在中国的形成和发展产生了较大影响。王绶为中国农业科技事业的发展做出了重要贡献。

一、生平简介

王绶，字佩卿，1897年4月1日出生于山西省沁县。其曾祖父王省山，字松坪，为清代南京名官。祖父王巘，清朝举人。其父王之鉴，清末秀才，为乡村私塾教师。出身书香门第，对王绶影响很大，他勤奋刻苦，颇爱读书。在其父辈时，家景日益衰落，经济拮据，他常跟其父下地种田。为了供他外出求学，他父亲变卖了祖传的几十亩地，并停止了弟弟的学业，这在王绶的内心深处打下了深深的烙印。他深知祖辈对自己寄予厚望，因此更加刻苦学习，认真钻研。每逢学校放假，王绶都要徒步百余里，披星戴月地赶回家，帮助家里干些农活。在地里干活与土地的接触过程中，他深感农民种粮之苦，百姓生活不易。

1912年，王绶考入了省城太原省立第一中学，毕业后于1916年又考入山西大学特别预备班。三年后，由山西省用贷金保送到南京金陵大学农艺专业学习。1924年，王绶在金陵大学毕业后留校任教。此时，国内军阀混战，国家和人民均遭受深重灾难。欲求国家之富强，民族之独立，非走"教育救国"和"科学救国"之路不可。这更加坚定了他从事农业教育和科学研究的信心，从此便开始了其执著一生的研究。1932年，王绶由金陵大学派送到美国康奈尔大学作物育种学系深造。次年，他以《大麦遗传之研究》的毕业论文获农学硕士学位，并被选为美国农艺学会会员。1933~1940年，王绶回国先后任金陵大学农学院教授、农学系主任、农艺研究部主任。1941年初，担任西北农学院农艺系教授，兼农场技正。1942年又兼教务长职务，并出任中央农业实验所技正和农林部西北农业推广繁殖站主任，直到抗日战争胜利。1946年，他返回南京任农林部农业推广委员会粮食生产组主任、农林部粮食生产委员会专门委员会联席主席，兼金陵大学农学院教授。中华人民共和国成立后不久，王绶被调往北京，由中央人民政府政务院任命为农业部粮食生产司司长，授予一级农业总技师，并光荣地出席了全国首届农业劳动模范代表大会。

1957年，中国农业科学院作物育种栽培研究所成立，王绶转任该所所长。这时他还被选为中国农学会副理事长。1958年4月29日，国务院任命他为山西农学院院长，一级教授，直到1972年2月逝世。他任山西农学院院长14年，为山西农学院以及山西省高等农业教育事业的发展建设做出了不可磨灭的贡献。

二、致力于农业教育和学术研究

王绶青年时代，是时局动荡，政治黑暗的年代。当时中国农业生产条件十分落后，但是王绶克服种种困难，坚持搞农业教育和学术研究，矢志不渝。

王绶毕业后在金陵大学任教时，他就一面授课，一面深入农村，坚持研究，调查农民保存与繁育优良品种的方法，开始系统育种。在金陵大学主持系务工作期间，王绶为全院讲授作物育种、生物统计、田间技术等课程，他主持的大豆、大麦育种研究课题，培育出了几个新品种，并在生产上示范推广。特别是在大豆育种方面，由他带头引路，培养造就了一批学者，使得这一原产中国的主要作物，无论是生产还是科研都能在新中国成立之后的较短时间内，取得蓬勃进展。

七七事变后，王绶送家眷回山西老家避难，自己随校西迁。在成都，他一面授课，一面收集新材料，继续进行大豆、大麦育种和栽培的试验研究。

在担任中央农业实验所技正和农林部西北农业推广繁殖站主任期间，王绶一直居住在西北农学院库房院内两间矮小的土坯房内，经常奔波于学校和繁殖站之间，除完成教学和推广繁殖站工作任务外，仍继续编写教材和教科书，主持大豆、大麦、马铃薯的育种栽培课题。在物质条件十分困难的情况下坚持研究工作，并取得新的进展。同时对学校的办学方针、教学管理和课程设计等提出许多合理化建议，促进了教学质量的提高。

1946年，抗日战争胜利，他返回南京，任国民政府农业部农业推广委员会粮食增产组主任及农林部粮食增产委员会技术委员会联席会议主席，并在金陵大学农学院兼授生物统计与田间技术课程。南京解放前夕，国民党达官要人纷纷撤退，一位立法委员两次劝他去美国，同乡好友也劝他跟国民党一起到台湾，他都一一谢绝。并将早期培育的大豆和大麦良种的标本挂在家里，对家人说："我是搞科学的，只要共产党认为我能工作就行了。"

"得天下之英才而教育之，其乐一也；著书立说流芳百世，其乐二也；仰不愧于天俯不愧于人，其乐三也。"王绶渴望国家富强，人民幸福，希望以发展科学、振兴农业来拯救中国。即使在新中国成立前，国民党腐朽统治与国弱民穷，他始终脚踏实地，埋头于教学和研究工作。1960年，他在山西省委统战部召开的各界人士座谈会上发言时说："我们这类人在旧社会是个好人，对军阀黑暗统治不满，也想把国家搞好，但只能做到不同流合污。想要给国家做点好事，却找不到门路。"

新中国成立后，党和国家尊重科学，尊重知识分子，对他委以重任。1950年，王绶调往北京，被中央人民政府政务院正式任命为农业部粮食生产司司长，给以一级农业总技师名义。他看到国家的进步与光明，感慨万分，决心把余生献给社会主义的建设事业。他参加制订农业发展规划和粮食生产计划，经常到各地进行调查研究，总结地方发展农业和提高粮食产量的经验，并加以推广，为发展中国粮食生产做出了重大贡献。在赴京就任前，有学生劝他勿入政界，还是留在金陵大学为好。他坚决表示："解放了，时代不同了，我要为新中国大大出一把力，把农业搞上去。"于是欣然受命。

1952年，王绶加入了民革组织，直到调离农业部，一直担任民革农业部支部召集人。在团结各界人士，贯彻党的统战政策，进行社会主义建设方面做出了积极的贡献。1957年他光荣地出席了全国首届农业劳动模范代表大会。同年，他兼任了中国农业科学院作物育种栽培研究所所长。

1958年，王绶在担任山西农学院院长期间，亲自讲授作物育种栽培和生物统计课程，深受学生的喜爱。他经常查阅大量科研资料，结合山西省农业实际情况编写教材，把自己丰富的教学、科研和行政管理经验毫无保留地贡献给了学校的建设与发展。针对当时山西水土流失严重的情况，他提出了要搞水土保持的研究课题；根据山西气候、土壤的特点和人民生活的需要，他主张在山西开展小杂粮作物的研究。在 1960~1963 年经济困难时期，他建议政府和农民要见缝插针多种大豆，指出大豆营养价值很高，特别是大豆芽含有一定量的烟酸，可以防止水肿病，应利用房前屋后，田埂地边等空地种植大豆，在高粱、玉米行间混种大豆，棉花缺苗断垅地方补种大豆，适当多播麦茬豆。后来的实践证明了他的这些观点是正确的。晚年时期，王绶笔耕不辍，积极编写了《生物统计》专著，已定稿，但由于"文化大革命"的原因，稿件遗失而未能出版。

三、大豆、大麦两大作物育种和学科的主要创始人之一

"世界上没有生而知之者，只有学而知之者。只有理论知识与实践经验相结合，才能更多地获得科学知识。"王绶是一位注重理论知识与生产实际相结合的农业专家、大豆大麦育种专家。

早在金陵大学读书时，王绶就开始进行大豆遗传育种的初步研究。毕业任教后不久，研究工作就有了很大进展。为了搞科研，搜集第一手资料。他经常深入到田间地头，先后到河南、山东、河北、山西、江苏等地进行单株采集，并多次选择试验，培育出了金大 332 大豆新品种，其产量比标准品种产量提高 45%，广泛种植于长江流域。在此基础上，他又进一步开展杂交育种，获得一些产量和含油量均高的杂交品系，并在四川温江等地试种。他曾多次下乡进行金大 332 的调查与推广工作，很受农民欢迎。在南方大豆区新品种未出现前，金大 332 一直是种植的主要品种。

王绶还较早进行了大豆品种区域适应性以及不同地区品种的花期、株形、株高、籽粒大小与产量相关性等研究，取得了一些基础性科学资料。至 1930 年，他先后在《农林新报》、《农业丛刊》、《中国农学会报》及《农民》等学术刊物上发表了研究论文六篇。之后他又考入美国康奈尔大学留学，此间，他撰写了《大麦遗传之研究》的学术论文，被收入该校 1933 年毕业论文集。1933 年，王绶于美国康奈尔大学作物育种系获农学硕士学位，回国两年，又在《农业周报》、《农林新报》、《金大农林汇刊》、《中华农学会报》等刊物上发表学术论文四篇。1936 年，他著写的《中国作物育种学》一书由商务印书馆出版，成为中国最早出版的该领域的学术专著。

1941 年以后，王绶又培育出了西农 506 大豆新品种和西农 509 黑豆新品种。晚年时期，王绶在山西选育的太谷早大豆，含油量高达 24.5%，为全国大豆品种含油之冠。他主持的"黄淮流域大豆新品种选育"的研究课题，在大豆研究室全体同志

的共同努力下，研究培育出了适合于黄淮流域种植的多个新品种。其中晋豆1号和晋豆2号在1978年获全国科学大会奖。

王绶在大麦遗传育种方面的研究成果也十分显著。他早期培育的"Wang's Barley"（王氏大麦），具有抗冻、抗锈力强的特点，被广泛种植于美国纽约州地区。目前，王氏大麦是美国一些大面积推广品种的种质资源。此外，他还培育了金大99号青稞、金大1号、西农3102、西农3120等大麦品种。这些品种有的在当时大量推广，作物产量大幅度提高，为农业生产做出了积极贡献。

四、对生物统计学和田间试验技术造诣颇深

1923年，王绶将现代科学技术运用到大豆的遗传育种研究。他首次将"方差分析"等新的统计方法介绍到育种试验里来；他首次将"随机区组和拉丁方排列"等新的田间技术介绍到国内来；在中国，他最早编辑出版了《中国作物育种学》（1936，商务印书馆）和《实用生物统计法》（1937，商务印书馆）专著，是这两门学科在中国的奠基之作，对这两门学科在中国的形成和发展产生了深远的影响。这两本书有较大的实用价值，深为广大专业学习研究者的重视与喜爱。尤其是《实用生物统计学》，新中国成立前曾作为大学教学用书一直被沿用，新中国成立后又再版至1960年。

他撰写的《大麦性状遗传》、《关于大豆田间试验的技术》、《变量分析法之农艺应用实例》等学术论文在当时都产生了深刻的影响。几十年间，他先后共发表了近40篇（部）具有科学价值的学术论文和专著。除上述两部专著外，还有国立西北农学院农艺学会出版的《田间试验之理论与实施》（1944）和《生物统计学》（1948），山西人民出版社出版的《大豆栽培与良种选育》（1962）和《大豆》（1984）。此外他还撰写了《大豆试验田间技术之研究》、《大豆栽培之研究》、《变量分析法之农艺应用实例》、《作物产量之研究》、《大豆第一代杂交优势之研究》、《大豆植株形状与产量的相互关系》等多篇学术论文，在当时学术界都产生了深远的影响。

五、促进了高等农业教育的发展

王绶作为农业教育家，始终不忘中国农业教育的发展。他不断进行教育教学改革，狠抓教学质量，改善办学条件，促进了农业教育事业的发展。

1958年，王绶担任山西农学院院长，时值中国教育"大跃进"热潮，他力尽其

能、因势利导，迅速扩大山西农学院办学规模，增设了若干新系和新专业。如园艺系、土壤农化专业、植物保护专业、果树蔬菜专业、兽医专业等。使农学院由原来的两个系两个专业扩大为三个系六个专业，招生人数也大为增加。同时，他还在山西省高校中第一次招收了研究生，提高了办学层次。为以后农学院的长足发展打下了坚实的基础。

1959年，为了加强行政业务工作的集体领导，王绶认真贯彻"高教六十条"，积极推行党委领导下的院务委员会负责制。王绶积极贯彻有关教学工作的会议精神，坚持"少而精、学到手"，"因材施教"的办学原则。在教学改革实践中，注重理论与实践相结合，课堂教学与现场教学相结合，教师的主导作用与有计划地请专家讲授相结合，最终形成了适合农业院校特点的教学机制。1965年，根据农业部的指示，学院试行了半农半读教育制度。把学校办到农村去，直接地促进了山西高等和中等农业教育发展，同时通过举办各种函授和训练班等业余教育，为培养农业科技人才发挥了重要作用。

王绶特别重视对学生的启发式教育。他强调在教学工作中，教师要对学生、讲授内容、教师自身三者作合理安排，才能有好的教学效果。并特别指出，教师是学生的指路人，其主要任务是"温故而知新"，承前启后，即继承前人经验，启发后人探索学习。应把开启知识大门的钥匙交给学生，启发学生独立思考的能力。在讲授生物统计课时，他强调"我们要做统计的主人，不做统计的奴隶。我们要支配统计，不要让统计支配我们"。他的经验对教师们很有启发，对今天的大学生实施素质教育，也颇有重要的借鉴作用。

建立一支高质量的师资队伍是提高教学质量的关键。王绶提出，当个好教师，首先要观点明确；第二，课程内容要丰富；第三，要有独到的见解。教师队伍需要"三定一稳"，即固定专业、定人指导、规定学习时间和稳定队伍。他办学从不好高骛远、急功近利，强调依照计划，切实执行。主张把学校办成"宝塔式"的"小巧玲珑"的学校，基础扎实，培养具有真才实学的农业科技人才。他从山西农学院的实际出发，提出要建立生统、大豆、遗传、生理研究室，发挥优势，办出特色。在他的主持下，学院办学秩序稳定，教学质量不断攀升，当时的山西农学院出现了办学以来的最好水平。

六、刚直不阿　坚持真理

王绶对待事业总是专心致志，坚韧不拔，从不朝三暮四，见异思迁。他搞理论而不忘实际，做工作实实在在，从不夸张，哗众取宠。也从不隐瞒自己的学术观点，一旦有新的发现，就敢于和同行交流看法，发表意见。他对一些不良倾向直接批评，对夸夸其谈者极其反感。尤其在科学问题上，他刚直不阿，坚持真理，从不随波逐流，即使是对上级领导也敢于力争。

"大跃进"期间，王绶曾参加农业部组织的"东德、捷克农业技术考察团"出访。在考察团将要离开捷克回国的前两天，考察团团长、农业部的一位副部长起草了一份"关于中国农业跃进的情况"的报告，交团员们讨论。他看到报告中列举了不少惊人的所谓"卫星"产量，很有意见。他当即指出，应该突出发动群众，鼓足干劲兴修水利，以科学态度精耕细作，使产量大幅度增长的事实，而不要谈什么"卫星"产量数字。这位团长以威胁的口吻说："这是《人民日报》上发表的，党报你也怀疑？！"但他仍坚定地说："我们应从实际出发，实事求是，报上也可能夸张。"1958年，王绶在山西任职期间，当时，山西也放了红薯亩产60万千克的"卫星"。他不相信有这样的事，便进行实地考察，提供科学依据。在山西省委召开的专家会上，他毫不犹豫地指出这种浮夸风的危害性，并针对这种现象进行了严厉的批评。

七、重视对青年农业科技人才的培养

王绶为培养祖国农业科技人才，倾注了大量心血。他认为"科学文化大厦是由低到高逐渐建筑起来的，青年人才是建造科学文化大厦的奠基石"。因此，他特别重视对青年农业科技人才的培养。为了培养青年同志，他经常把自己积累的材料、文献、试验结果、讲稿等毫不吝惜地拿出来，交给青年同志们交流和学习。他经常指出，"一个人一辈子能否做出点成绩，关键在于持之以恒。"强调搞工作"要只顾耕耘，不顾收获（指名利）"。鼓励青年亲自动手搞科研，要踏实苦干，精益求精。他爱护青年人才胜似子女，是严师，也是益友；既传授知识，又晓以做人的道理。

王绶认为，无论做什么事情，脱离实际就等于无根之木，无源之水。经不起风雨，耐不得干旱，努力结果终究也会落空或者成就不大。培养青年人才需要从农业生产实际出发，进行科学研究；需要从青年人才的实际条件出发，进行教育和安置，使达到因材施教，因人而用的目的。对青年人才严格要求是应该的，但不能离开实际基础，做过高或过低的要求。如果对青年人要求过高，不仅收效不大，反会使他们失去学习的信心，知难而退。

培养青年对老教师来说是一项光荣而艰巨的任务。作为一名老教师应该勇敢地、毫不犹豫地、责无旁贷地把任务承担起来，千方百计地、不厌其烦地钻研业务，传授科学技术，把开科学文化宝库的钥匙传授给青年一代，使他们能够独立思考，进行钻研，迅速地、健康地成长起来，为祖国的农业科学服务。同时还要尊重青年的自尊心和自信心，因势利导放手启发他们的才能和智慧，不要用自己的学术水平和思想框框硬施硬套他们。要在不违背科学原则的前提下，尽可能多的采纳他们的合理意见。这样才能培养青年独立思考能力和独创能力，才能培养青年产生对科学研究的浓厚兴趣。

王绶指出，培养青年要始终贯彻以"勤、俭、谦、诚"四字为主干的教育。勤是勤勤恳恳的意思，"业精于勤荒于怠"，"勤能补拙"，这是做好一切事业的根本；俭是精简节约，即以较少的人力、物力，做更多的事情，同时俭可以养成廉洁奉公的习惯。谦是谦虚的意思，不谦虚而骄傲自满的人，不能有所成就；诚是一心一意地为党、为人民、为事业贡献出自己的力量。

王绶治学谨严，作风正派，深受学术界和后辈敬仰。几十年来，为祖国培养了大批的农业科技人才，活跃在祖国农业战线上，国内外农业界知名学者，如南京农学院的马育华、东北农学院王金陵、西北农学院宋尉迟、沈阳农学院赵仁镕、山西农业大学吕世霖、李焕章等。王绶晚年在山西农学院培养的学生，现在也大都是中国农业生产、教学、科研中的骨干力量，他们为中国农业教育和科学研究做出了重大贡献。

王绶毕生致力于中国农业教育和科技事业，注重结合生产实践，开展科学研究。他既重视理论上的不断创新和突破，又重视实际运用；他追求进步、献身科学，和蔼可亲、艰苦朴素，既有学者的风范，又是为人师表的楷模。他为中国农业科学事业的人才培养和科技发展做出了显著成就和杰出贡献。

八、王绶主要论著

王绶. 1927. 农民自行育种的方法. 农林新报, (109).

王绶. 1927. 中华作物改良史. 农林新报, (120).

王绶. 1928. 作物产量之研究. 中国农学会报, (64/65).

王绶. 1928. 改良大豆的方法. 农民, (11).

王绶. 1933. 大豆田间试验技术之研究. 农林, (4).

王绶, 李传珪. 1934. 大麦杂交之研究. 农村新报, (347).

王绶. 1936. 大豆育种法. 上海: 商务印书馆.

王绶. 1936. 中国作物育种学. 上海: 商务印书馆.

王绶. 1937. 实用生物统计法. 上海: 商务印书馆.

王绶. 1938. 中国作物育种学. 上海: 商务印书馆.

王绶，马育华. 1943. 大豆栽培之研究. 中华农学会报，(175).

王绶，时揩宜. 1947. 大豆第一代杂交优势之研究. 中华农学会报，(148).

王绶. 1948. 生物统计学. 国立西北农学院农艺学会.

王绶. 1962. 大豆栽培与良种选育. 太原：山西人民出版社.

王绶. 1963. 大豆的植株形状与产量的相互关系. 山西省作物学会论文选集.

王绶，吕世霖. 1984. 大豆. 太原：山西人民出版社.

主要参考文献

王绶. 1963. 5月1日国际劳动节讲话. 山西农业大学档案馆.

金善宝主编. 1985. 中国现代农学家传·第一卷. 长沙：湖南科学技术出版社：90-96.

校史编审委员会. 1997. 山西农业大学校史. 北京：中国农业出版社.

燕虹. 2008. 现代农学的宗师山西民革的骄傲——怀念我的外祖父王绶. http://www.minge.gov.cn/txt/2008-10/30/content_2548362.htm.

撰写者

信德俭（1954~），副教授，山西农业大学校长办公室。

温永峰（1980~），讲师，山西农业大学校长办公室。

吴觉农

吴觉农（1897~1989），浙江上虞人。茶学家、社会活动家，中国当代茶业和茶学的开拓者与奠基人。1916年毕业于浙江省立甲种农业学校（浙江大学农学院前身）。1919年公费赴日本留学，专修茶叶科目，1922年学成回国。他最早论证中国西南地区是世界茶树的原产地，批驳了各种错误观点；与他人合著《中国茶业复兴计划》和《中国茶业问题》，首次从宏观上全面剖析当时中国茶业衰落的症结，并提出对策；创建中国高等学校中第一个茶学系，培养了一大批茶业人才；首创全国性的茶叶研究所，开启科技兴茶之路；制定出中国首部《出口茶叶检验标准》，增强了华茶在国际市场的竞争力；抗日战争时期，负责茶叶出口贸易特别是对苏易货使茶叶跃居出口商品首位，有力地支持了战时经济；负责组建新中国第一家国营专业公司——中国茶业公司，为建国初期茶叶生产的恢复与发展产生了重大作用；主编《茶经述评》，被誉为20世纪的新《茶经》。90岁高龄时，还带头倡导建立中国第一个茶叶博物馆。吴觉农是早期中华农学会的主要骨干。1956年后，曾任中国农学会第一届副理事长、名誉理事长；1978年起历任中国茶叶学会名誉理事长。1989年10月28日，吴觉农与世长辞。吴觉农为祖国茶业的振兴奋斗了70多个春秋，做出了卓越贡献。

一、少年立志，以振兴华茶为己任

吴觉农，1897年4月14日出生于浙江省上虞县丰惠镇西大街一户吴姓人家。吴家临街背河有几间平房，两亩菜地，平日靠经营小生意为生。家中只有一个女儿，名吴阿凤，聪慧活泼，热心助人，家人视为掌上珠。到了婚嫁之年，招了一位入赘女婿，名郑忠孝，是一个忠厚朴实的农民。婚后生有两子，长子随父姓郑，次子随母姓吴，小名龙山，学名荣堂，后更名觉农。

吴觉农的家离县衙不远，衙前有两排站笼，许多缴不起租税的农民被囚在笼内受折磨。夜深人静，哀号悲泣之声惨不忍闻，使他对官吏欺凌穷苦百姓有着真切的感受。那时，上虞农民与地主阶级矛盾日益尖锐，多次发生农民请愿与暴动事件。社会的不公与残酷在吴觉农幼小的心灵里留下了深深的烙印。

吴觉农的家乡上虞，位于长江三角洲南翼的虞山舜水，自古产茶，宋代便有后山名茶问世。他从小就接触茶事，受到茶区生活的熏陶，对茶产生了浓厚的兴趣。

1904年，7岁的吴觉农进入丰惠镇的私塾承泽书院接受启蒙教育。1905年，进巽水小学读书。1906年吴觉农转到条件较好的县立小学求学。他勤奋好学，聪明过人，成绩优秀，兴趣广泛，音乐、体育、文学，样样喜爱。1911年他参加全县会考，名列第一，是年14岁。

在县立小学，吴觉农结识了一生中的挚友胡愈之。当时，在年长一岁的胡愈之的提议下，他们合作办起一份手抄小报，摘录上海《申报》、《新闻报》上的一些消息，冠以标题，用工整的小楷抄写于大张毛边纸上，并亲自分送给一些关心时局的同学和亲友传阅。办报这件事，对吴觉农来说，不仅增加了知识，开阔了视野，而且对他一生的成长也有重要影响。

1907年，离上虞不远的绍兴城发生一件举世震惊的反对清封建王朝的革命大事——女革命党人秋瑾举义事败被捕，并英勇就义。这在少年吴觉农的心里产生了极大的震动。由于当时社会环境和时代背景，吴觉农深受民主主义思潮的影响，并初具以天下为己任的家国情怀。

1913年2月，16岁的吴觉农怀着学习科学技术、立志改变农村落后面貌的决心，考入浙江省立甲种农业专科学校（浙江大学农学院前身），就读农学，主攻茶学。四年学习期间，吴觉农一方面受到五四运动前夕新文化先进思潮的影响，积极参与风起云涌的学生运动，结识了一批进步青年和地下党员，如夏衍、蔡淑厚、俞秀松等；同时他又如饥似渴地学习农业科学知识，使他了解到祖国茶叶的悠久历史，知道茶叶曾为我国饮誉世界的大宗出口商品，但由于晚清民初政治腐败，技术落后和帝国主义侵略，使我国茶业日渐落后，逐步失去国际市场。想起家乡茶农的贫困生活和落后的生产技术，他便立志从事茶叶事业，并将自己的名字"荣堂"改为"觉农"，勉励自己成为一个有觉悟的农业科技工作者，并企盼广大农民的觉醒。

1916年，吴觉农以第一名的成绩毕业于浙江省甲种农业专科学校，并留校任教。1919年，吴觉农以优异成绩公费留学日本，在静冈县国立茶叶试验场专修茶叶科目。在日本留学三年，他目睹整齐的茶园、清洁的茶厂、先进的制茶技术，对照当时国内茶叶生产的落后面貌，更激励自己发奋学习科学技术，为振兴华茶掌握坚实的本领。

二、百折不挠，开创科技兴茶之路

1922年，吴觉农学成回国，原想大展宏图，可是当时军阀混战，时局混乱，无法找到理想的工作。只得先到安徽芜湖省立第二农校任教员,接着又回家乡上虞试办农场,还在上海筹建振华茶栈,均因资金、经验不足,皆以失败告终。最后被迫暂居上海,以卖文为生。1925年12月,吴觉农与潜心于蚕桑事业的陈宣昭女士结成连理,两人一起切磋一些社会问题和专业问题,从此一起相濡以沫度过半个多世纪甘苦与共的风雨生涯。1928~1930年,应上海市政府的邀请筹备上海市园林试验场,建成后就任场长。同时兼职浙江省建设厅合作事业管理室主任。在这期间,他与陈宣昭同时应聘上海国立劳动大学,任兼职教师。

1931年9月任上海商品检验局局长、农学家邹秉文先生因器重吴觉农的才华而邀请他筹办茶叶出口检验事宜,并委任他为技正兼茶叶处处长。因此,上海商品检验局成为吴觉农实现科技兴茶夙愿的第一个平台。

他在商检局的七年内,首先编制了中国第一部出口茶检验法典。他认为完全靠出口检验是消极的,应提倡产地检验,才能达到指导生产与提高产品质量的目的。为此,他积极推行产地检验制度,把出口检验与产地检验联成一个系统。他的这一明智之举,果然收到了提高产品质量的效果。

此后,吴觉农积极争取当时行政院农村复兴委员会的支持,组织和参加了主要产茶区的茶业调查,并撰写了《祁红茶复兴计划》、《华茶对外贸易之瞻望》等重要论著。为办好茶叶出口检验工作,吴觉农多方奔走,协调中央机构和各地方政府间的合作关系,先后在安徽祁门(1932)、江西修水(1934)和浙江嵊县(1937)三地建立专门研究茶叶产、供、销的茶叶改良场。在开创初期他亲自兼任场长,采取科学办法从栽培、采摘、制造、贮藏等方面入手,改变因循守旧的手工生产方式。在吴觉农的推动下,湘、鄂、闽、滇、川、黔、粤等省也先后成立了茶叶改良试验场,这为全国科技兴茶事业奠定了基础。

1934~1935年,吴觉农争取到实业部的资助,先后到印度、锡兰(今斯里兰卡)、印度尼西亚、日本、英国和苏联考察,还到了当时被日本侵占的中国台湾省,撰写了《日本和台湾茶业》、《印度锡兰之茶业》、《荷印之茶业》三篇考察报告,大力提倡吸取国外的先进技术和经验,对我国茶业复兴起了很大影响。在研究各国茶业后,1937年,他撰写了《世界主要产茶国之茶业》,建议"取他国之长,补我之短","积极推进,锐意改革,则我华茶命运自必有复兴之一日"。

1940年,吴觉农在重庆出任财政部贸易委员会茶叶处处长,中国茶业公司协理、总技师及技术处处长。1941年珍珠港事件后,中国茶业公司的业务处于停滞状态。但吴觉农对抗日胜利充满信心,时刻不忘为战后的茶叶恢复和发展作准备,他提出了在大后方主要茶区开展茶树更新的建议。经批准后,他亲自带领一批有茶叶技术专长的青年人离开重庆，前往浙江衢州万川，建立东南茶业改良总场，全面推广茶树更新工作。同年10月，东南茶业改良总场改为茶叶研究所，吴觉农任所长。后因日寇侵犯，所址由浙江万川迁至福建武夷山。这是中国有史以来第一座全国性的茶叶研究机构——中央财政部贸易委员会茶叶研究所。在研究条件极其困难的情况下，他组织一批知名专家蒋芸生、叶元鼎、王泽农、朱刚夫、庄晚芳、向耿酉、庄任、许裕圻、钱梁、汤成以及青年科技人员陈观沧、陈舜年、吕增耕、尹在继等，成立茶树栽培、茶叶制造、茶叶检验和技术推广四个组，开展对茶树品种、茶园土壤、茶树栽培、茶叶制造、茶叶化学等多方面研究；同时编辑出版《武夷通讯》半月刊和《茶叶研究》学术月刊等。在艰苦的抗战岁月里，武夷山下显现出一派科技兴茶的可喜景象。

1945年抗战胜利后，吴觉农满以为可以大干一番事业，可是事与愿违，初具规模的茶叶研究所被当局下令撤销，刚组建起来的茶叶科技队伍，顷刻瓦解，他的科技兴茶计划全成泡影。

1946年，吴觉农回到上海，参加并组织创办了上海兴华制茶公司，出任总经理。不到两年，公司费尽心血产制出来的箱茶全部被官僚资本集团掠吞。公司无法生存，但吴觉农并不灰心，从台湾购得茶机，以小型机制茶厂作为试验，1947年在杭州创办之江机械制茶厂，任董事长，在经营和技术上都取得了不少经验。

在半封建、半殖民地的旧中国，他振兴华茶、科技兴茶的宏大理想是根本无法实现的。1949年，中国人民解放战争的全面胜利，为中国茶业的全面复兴带来曙光。新中国的诞生，使吴觉农无比兴奋，认为大展宏图的日子到了。当他被任命为中央人民政府政务院农业部副部长，并兼任中国茶业公司总经理后，迅速组织力量，大刀阔斧地开展工作，很快在全国范围内建立了较完整的茶叶产销体系，成功签订了与苏联的茶叶贸易合同，积极组织茶叶收购，推销积存陈茶，在中央"恢复经济，扶持大城市工业生产"的方针政策指导下，大力订购茶叶机械，为适应对苏贸易，推行茶叶改制（绿茶改红茶）；同时，联络有关部门，组织、建立和扩大茶叶科研与教育机构，开展科学试验和人才培养工作，大大促进了新中国成立初期茶叶事业的恢复发展。

1956年，吴觉农卸任农业部副部长后，从未放弃过对茶叶生产和科研的关心。同年春节晚会上，周恩来对他说：想安排他在政协做统战工作并可关心各地的农业和茶叶。1956年至20世纪60年代任全国政协副秘书长，主管政协会刊，并兼任科技组副组长，联系政协科技工作者。从此他的工作重点放在政协。50年代后期，他主动要求参与中国农业科学院茶叶研究所的筹建工作。虽未能如愿，但足以体现他对茶叶的一片热忱。

在祸国殃民的"文化大革命"中，吴觉农和广大知识分子一样，受到严重冲击，但他对茶学及茶业的热爱始终不渝。1976年，中共中央粉碎"四人帮"后，他再三表示，要在有生之年为振兴华茶贡献余热。1978年，迎来了"科学的春天"，吴觉农以中国农学会名誉理事长的身份，热情满怀地回到久违的茶业战线。他不顾年迈体弱，亲赴四川、浙江、云南、广西和海南等地茶区考察，三年（1978～1980）内撰写了17篇论文与报告。有些重要建议转呈国务院，其中不少都被采纳并付诸实施，有效地推动了我国茶产业的发展。自全国政协恢复，他一直担任政协常委，又有机会去茶区考查，常提出一些建议和意见，如提出在海南岛建立红细茶基地等。在此期间，他还亲自托人收集茶叶历史资料，准备写《茶经述评》和《中国地方志茶叶历史资料选集》。

三、创建中国第一个茶学系，大力培养专业人才

吴觉农深知，科技兴茶主要依靠科技人才。他一贯重视科技人才的培养。早在1922年，他在《中国茶业改革方准》一文中一针见血地指出："中国茶业失败的最大的原因，在无茶业的人才；无论为商、为工、为农，都是靠着数千年来相沿的一点经验，那么改革发展当然绝望。以目下最迫切的问题，就是茶业人才的养成。"同时，他将"茶业人才的养成"列为他拟订的《振兴华茶的根本方策》中的首项内容。

早在1938年，吴觉农在浙江嵊县办茶业改良场期间，便举办了"茶叶技术人员训练班"。吴觉农亲自讲课，先后培养出茶叶专业人才100多名，分配到茶区担任检验、推广和生产工作，成为当时中国茶业的一批骨干。

为了从根本上解决振兴华茶的人才培养问题，1931年他曾提出"在各地农校及大学农学院设立茶科"的方案。1935年，他在《中国茶业复兴计划》一书中，再次提出"由省、区农学院设立茶业系"的建议。直到1939年，在吴觉农的倡议和积极推动下，在重庆复旦大学教务长兼法学院院长孙寒冰教授和吴南轩代校长大力支持下，并在当时教育部部长陈立夫主持下，复旦大学与中国茶业公司签订联合办学协议，同意在该校农学院成立茶叶系（科）。吴觉农任第一任系主任。这是中国乃至世界高等教育史上最早设置的茶学专业系科。吴觉农一方面网罗人才，聘请一批专家、学者如毕相辉、王兆澄、范和钧、王泽农、张志澄、许裕圻、张堂恒等作为专业教师，组成一支较强的师资队伍；另一方面，制订明确的培养目标和教学计划，实施理论联系实际的教学方法，共培养了近200名毕业生。吴觉农在复旦大学兴办的茶

学教育，既为新中国成立初期茶业的恢复与发展准备了一大批专业技术与管理人才，更为新中国高等茶学教育体系的建立奠定了坚实的基础。

1949年10月，中华人民共和国成立后，吴觉农出任农业部副部长兼中国茶业公司总经理，虽公务繁忙，仍亲自关注高等茶学教育事业。1949年复旦大学茶业专修科的恢复招生，1950年武汉大学茶叶专修科和1952年浙江农学院茶叶专修科的创办，都得到他的关怀与支持。

吴觉农高瞻远瞩，站在时代前沿，提出科教兴茶培育茶学高级人才的真知灼见，经受了历史的检验，得到全国茶界的广泛赞同与支持。至今，全国已经有20所大专院校设置有茶学（茶文化）专业，其招生层次有专科生、本科生、硕士生、博士生和博士后等，少数高校还招收外国留学生。经过70多年的实践，目前我国高等茶学教育进入全面、健康发展期，成为全世界唯一的、完整的高等茶学教育体系。据初步统计，全国已培养茶学专业各类毕业生6万多人，分布在茶叶生产、加工、贸易、检验、教学、科研、文化等不同行业工作，为振兴华茶做出了重大贡献。我国茶学教育和科研事业的蓬勃发展，与吴觉农的努力和关心是分不开的。

吴觉农高度重视弘扬茶文化。1983年10月，他已是86岁高龄老人，仍风尘仆仆到杭州出席浙江省茶叶学会与中华医学会浙江分会联合召开的"茶叶与健康文化学术研讨会"，高度称赞"这样的学术研讨会是个创举"。中国唯一一座以茶和茶文化为专题的国家级博物馆的建立，也与吴觉农紧密相连。1987年4月14日，为了系统介绍有关茶叶的历史、科技、文化，提高我国茶叶在世界的地位和声誉，促进茶叶生产和外贸经营，以吴觉农为首的当时国内茶界28位知名专家、学者在《关于建设中国茶叶博物馆征求意见书》上欣然签名，坚决支持，要求加快中国茶叶博物馆的建设。1991年4月，国家级茶专题博物馆——中国茶叶博物馆在杭州诞生并正式开馆。这不仅是20世纪八九十年代中国茶业蓬勃发展的产物，也是茶业界踏上有效保存茶文物，推广茶文化，实现茶经济、茶科技、茶教育、茶文化共同繁荣进步的新起点。在近20年的发展过程中，中国茶叶博物馆已成为茶文物收藏最系统、茶文化展览最丰富、茶事活动最广泛、茶文化研究教育最独具特色的一家博物馆。

四、首次论证中国是茶树原产地

茶树原产中国，中国是世界上最早发现、利用和栽培茶树的国家，遍布50多个国家的茶种，直接或间接地都是由中国传播出去的。这一事实一向为世人公认。然而自1824年英国勃鲁士（R. Bruce）在印度北部阿萨姆省萨地亚（Sadiya）发现类似野生茶树后，便对茶起源于中国提出质疑，其弟勃鲁士（C. A. Bruce）并于1826年提出"茶树原产于印度"的观点，随后附和此观点的有贝尔登（S. Baidond）、勃莱克（J. H. Blake）、勃朗（E. A. Brown）、易培逊（A. Ibbetson）和加藤繁等。科恩·斯徒（Cohen Stuart）则提出"二元论"，认为"大叶种和小叶种分属于两个不同的原产地"。从此，在国际学术界开展了一场持续上百年的茶树原产地之争，但是当时中国国内无一人出来提出有力驳证。青年吴觉农在留日期间看到这些史料文献后，一股莫名之火不由得在胸中燃起。他顿足疾呼："一个衰败了的国家，什么都会被人掠夺！而掠夺之甚，无过于生乎吾国长乎吾地的植物也会被无端地改变国籍！……在学术上最黑暗、最痛苦的事，实在无过于此了！"

1923年，吴觉农在《中华农学会报》第37期发表《茶树原产地考》，引用《神农本草经》、陆羽《茶经》等经典论著及有关古籍，论证茶树原产于中国，用无可辩驳的事实说明，中国茶树的发现和利用要比印度早几千年。他的这篇洋洋万余字的学术论文是我国学者首篇系统驳斥外国有意歪曲茶树原产地的专论，也是一篇声讨殖民主义者对中国进行经济文化掠夺的檄文，引起中外学者的重视和关注。

55年后，经过对历史和现状的调查研究并吸取相关学科的研究成果，吴觉农等于1979年在《茶叶》期刊又发表了《中国西南地区是世界茶树的原产地》一文，再次论证中国西南地区是茶树原产地中心的学说。

该论文首先有力批驳了贝尔登等的"原产印度论"，科恩·斯徒的"二元论"，威廉·乌克斯（William Ukers）的"多元论"，以及艾登（T. Eden）的"源出无名高地"的"折中论"等错误观点。同时，着重提出了两个具有重要学术意义的新论点：其一，从茶树的种外亲缘论证中国西南地区是茶树原产地。他应用古地理学、古气候学和古生物学的观点进行综合研究后指出，大约二亿五千万年以前，地球上分为劳亚古北大陆和冈瓦纳古南大陆。中国西南地区处于劳亚古北大陆南缘，面临泰提斯海。在地质史上的喜马拉雅造山运动之前，这里地势平坦，气候温和，雨量充沛，是热带植物区系的大温床，也是高等植物的发源地。茶树属于被子植物门（Angiospermae）、双子叶植物纲（Dicotyledoneae）、山茶科（Theaceae）、山茶属（*Camellia*）、茶种（*C. sinensis*）。山茶科植物23属380余种，10属产于美洲，其他均产于亚洲。中国西南地区有260余种，其中山茶属超100种，中国西南地区分布60余种。根据"植物起源中心"学说，"山茶科植物在中国西南地区大量集中，是茶树原产该地的有力佐证之一。"其二，从茶树的种内变异论证中国西南地区是茶树原产地。吴觉农等认为，从喜马拉雅运动开始，中国西南地区发生了重大变化，形成川滇纵谷和云贵高原，分割成许多小地貌区和小气候区，原来生长在这里的茶树植物，分别被安置在不同的气候带中，并各自向着与环境相适应的方向发展，逐步演化成形态特征迥然不同的掸部种、云南-川黔大叶种以及耐寒耐旱耐阴的小叶种。在东南亚，只有中国西南地区具备引起茶树种内变异的地质与气候等外部条件。

吴觉农等关于茶树种外亲缘和种内变异论证中国西南地区是世界茶树原产地的学说，受到国内外茶学界的高度关注。嗣后，茶学家陈椽、庄晚芳、陈兴琰以及日本志村乔等发表的有关专著，均持相同或类似的观点。1993年4月，中国茶叶学会和中华茶人联谊会在云南思茅召开了中外专家、学者150人出席的"中国茶树遗产保护研讨会"。大会倡议："中国是茶树的原产地……目前，云南、贵州、四川、广西等省（自治区）生长着数百年至千年的古茶树……它们是茶树原产地的活见证，是茶文化的宝贵遗产，是茶叶科学研究的重要资源。"这份倡议书的发布，也标志着从19世纪初由英人勃鲁士最先挑起，其后美国人威廉·乌克斯推波助澜，中国吴觉农第一个勇敢应战，持续长达160年之久的世界茶树原产地之争，基本上画上了圆满的句号。

五、开创中国茶业经济与出口贸易研究

茶叶是中国最早的出口商品之一，直到1865年前，中国都是世界上唯一出口茶叶的国家。19世纪中后期，西方殖民者在南亚大规模开辟茶叶种植园，生产和出口适宜西方口味的红茶，逐渐取代了我国在海外的市场。中国茶叶出口贸易开始下降，1889年，印度对英国的茶叶出口首次超过中国。进入20世纪，中国茶叶出口步入衰退期。20世纪初，印度、斯里兰卡茶叶出口量先后赶上并超过我国。

吴觉农的青年时代正值中国茶叶出口由盛而衰之时，他对出口衰退而引起茶区农村经济的凋零，茶农生活更为艰苦，深感痛心。早在1919年，吴觉农留学日本期间，便开始关注到茶叶的对外贸易问题。

吴觉农在1922年发表的《中国茶业改革方准》中，就有减税免税、奖励出口、开拓茶叶外销的观点。1931～1934年，撰写了《华茶贸易的现况与其将来》、《华茶销美的新展望》、《中俄复交后茶叶贸易之展望》、《华茶在国际商战中的出路》、《华茶对外贸易之瞻望》等一系列重要文章。1935年4月，吴觉农和胡浩川合著《中国茶业复兴计划》，与范和钧合著《中国茶业问题》，两书全面、深刻地揭露了中国茶业存在的问题，并系统、科学地提出了复兴中国茶业的战略性计划，认为只有改变"华茶对外贸易操纵在外商、洋行手中"现状，实现对外贸易自主，华茶才有复兴的希望。

1937 年 6 月，由国民政府实业部发起，联合皖、浙、赣、闽、湘、鄂六个主要产茶省的中国茶业公司成立。在筹组过程中，国民政府实业部长吴鼎昌决定委托吴觉农办理，却遭到洋行、茶栈的坚决反对。因吴氏是我国茶叶出口检验创始人，由他起草建立的一套茶叶出口检验标准和规章制度，如禁止茶叶着用有毒色料、禁止茶叶掺假作伪，限制低劣茶叶出口等规定，对他们十分不利。吴氏还常在报刊上揭露这些人的剥削行为，更深遭嫉恨。吴鼎昌为了缓解矛盾，作出了让步，改任吴觉农为中国茶业公司总技师。

1937 年我国最大的茶叶口岸上海沦陷，茶叶生产、收购、销售体系被打乱，分散在各省农村的数万吨零星茶叶无法加工成成箱茶集中交货。迫于战争形势，吴觉农建议实行"统购统销"。1938 年 6 月，财政部贸易委员会颁布了《管理全国出口茶叶办法大纲》，为推进《大纲》的实施，他不顾敌机轰炸的危险，代表贸易委员会赴产茶省，督促成立茶叶管理机构，组织茶叶的生产、收购、加工和运输。吴觉农以自己的实际行动，又一次与垄断中国茶叶出口的洋行、买办进行了针锋相对的斗争。在此期间，吴觉农分别出任了实业部国产检验委员会茶叶产地监理处副处长、财政部贸易委员会专员兼香港富华贸易公司副总经理，亲自与苏联商务代表谈判，顺利签订了第一个易货协定，并组织全国茶叶运集香港，履行对苏易货和对外推销。在吴觉农等一批有识之士的努力下，1938～1939 年的茶叶出口量已跃升到出口农产品的第一位，而且红茶平均价格也比前两年有大幅度的提高，为换取外汇支援抗战做出了很大的贡献。

新中国成立后，吴觉农任农业部副部长，他会同贸易部副部长姚依林等讨论成立了新中国第一个对外贸易公司——中国茶业公司，并兼任总经理。在他领导下，迅速签订了对苏联茶叶易货合同，积极开展对苏茶叶贸易，重新打开茶叶外销市场。党的十一届三中全会后，已逾古稀的吴觉农去云南、广西、海南考察，向有关部门提出发展茶叶生产、提高茶叶品质和扩大茶叶出口的建议；20 世纪 70 年代后期，提出外销红茶、绿茶免税，以提高出口竞争能力；20 世纪 80 年代对国际茶叶市场主要消费红细茶的特点，提出在云南、广东、广西、四川和贵州等省、自治区大力发展优质红细茶，增加出口货源，扩大茶叶出口创汇。茶叶的出口，不仅带动了国民经济和农民收入的增长，同时也为中国换回了大量外汇，极大地帮助了我国的经济建设。

六、致力茶史研究，著成权威著作《茶经述评》

吴觉农十分注重茶叶史料的搜集和研究。20 世纪 40 年代他组织中国茶叶研究社集体翻译出版了美国威廉·乌克斯的《茶叶全书》，20 世纪 60 年代起相继发表了《湖南茶业史话》、《四川茶业史话》。1979 年起，他主持编写《茶经述评》，历时五年完成。1990 年 12 月，出版了他的遗著《中国地方志茶叶历史资料选辑》。这部遗著是他数十年心血的结晶。从 20 世纪 50 年代后期起，吴觉农离开了他心爱的茶叶岗位，他是个闲不住的人，决心研究茶史。于是，亲自上北京图书馆，或托人到一些省市图书馆抄资料，然后分类、整理。这项工作十分繁重，所录地方志范围广达 16 个省，近 700 个县市，时间跨度达 700 余年（1201～1984）。这些珍贵资料为后世研究中国茶史和茶文化创造了有利条件。

本着"回顾历史经验，便于古为今用"的初衷，82 岁高龄的吴觉农主持了《茶经述评》的编写工作。但是整个编撰过程远比想象的艰难曲折，期间三易其稿。最初因为《茶经》原文较为古涩，于是用了较多时间来对照、校勘它的版本，研究它的文字，撰写中比较侧重于《茶经》的注释，后来添入一些新的评述内容，写成了第一稿。仔细研究后，吴觉农对第一稿认为有的内容已超越了评述的范围。于是，又对第一稿加以精简，突出评述，写成了第二稿。但是为了反映最新的学术发现和观点，吴觉农再次加以修改补充，这便是后来出版的第三稿。

值得敬佩的是，吴觉农编撰此书并非闭门造车，为了争取到令人信服的第一手资料，他不顾八十高龄，远行千里，跋山涉水，如为了对茶树原产地和我国生产红细茶的问题进行研究，他曾先后前往四川、云南、广西和广东等省（自治区）进行调查研究，并写成论文，提出建议。经过五年紧张、艰辛的工作，在吴觉农精益求精、孜孜不倦的努力下；在编撰成员的通力协作下，《茶经述评》终于在 1984 年完稿。

《茶经述评》全书共 30 余万字，按照《茶经》体例分为十章，每章先为《茶经》原文，后为译文、注释，最后结合其他古代茶著以及现代、当代茶学研究新成果、新发现，进行翔实研究和深入述评。这部著作以厚重的内容、深刻的见解为学术界所推崇和赞誉。它广征博引，校注周详，其富有新意的评论更是对现实茶事有重要的指导和参考作用。

《茶经述评》不仅涵盖了茶的形态学、生物学、生态学、栽培学、加工学和生物化学等自然科学的丰富内容；同时，广泛涉及茶的历史、考古、经济、文化与艺术等人文科学领域，充分体现茶学文理结合的学科特色，也多层次、多角度地体现了吴觉农茶学思想的博大精深。

这部包含了吴觉农深厚的茶叶实践经验和理论沉淀的巨著一经问世，就得到了多方好评。时任中共中央宣传部部长的陆定一在《茶经述评》的"序"中给予了高度评价："吴觉农先生的《茶经述评》，就是二十世纪的新茶经"，"吴觉农是当代中国的茶圣，我认为他是当之无愧的"。

七、爱党爱国，心系"三农"

吴觉农从青少年时代起，他就追求真理，倾向进步。他同胡愈之、沈端先（夏衍）等情同手足。在杭州求学时，即同共产党的早期先驱人物宣中华、杨贤江等交往密切。20世纪20年代，他就发表了不少关于农民问题和妇女问题的文章，其中《中国的农民问题》一文被收入毛泽东主持的广州农民运动讲习所教材。1927年"四一二"事件时，他同胡愈之、郑振铎等七人在报上发表了抗议国民党反动派血腥屠杀革命群众的公开信，被周恩来称之为"中国正直知识分子大无畏的壮举"。这份珍贵史料被收藏在上海中国共产党第一次全国代表大会会址纪念馆。20年代末，他和周建人、叶圣陶、章锡琛等进步文化人，还共同创办了在知识分子和进步青年中有很大影响的"开明书店"。20世纪30年代，他与陈翰笙、薛暮桥、孙冶方、钱俊瑞等组成了中国共产党所领导的进步团体"中国农村经济研究会"，宣传党的主张，他担任该会代理事长。同时，他还担任中国农学界的学术组织"中华农学会"的总干事，在农学界前辈梁希、邹秉文的支持下，广泛联系农学界人士，负责组织和出版会刊等工作。在民族危亡的关键时刻，他加入了"中国人民救国会"，积极参加营救"七君子"及其他被捕同志的工作。20世纪40年代初，他加入了周恩来直接领导的秘密组织"中国民主革命同盟"，并在上海担任负责工作。在抗日战争和解放战争时期，他不顾个人安危，受党的委托做出了他力所能及的贡献，如在上海解放前夕，营救被捕同志；联络马寅初、吴有训、竺可桢、茅以升等知名人士，以防被国民党劫持等。

新中国成立前，他同中国共产党人风雨同舟、肝胆相照。新中国成立后，他刚正不阿、是非分明的性格始终不变。他对党很有感情，但他以自己理性的眼光审视问题。他反对"个人崇拜"、"个人迷信"；反对盲目制订生产高指标；他对"四人帮"的专制暴戾，深恶痛绝；对邓小平倡导的改革开放竭诚拥护。中国社会科学院院长胡绳同志就曾这样评价他："吴觉农先生出生于苦难的旧中国，具有高度的爱国主义精神，不断求进步的革命知识分子，他的身上表现着富贵不能淫、威武不能屈、贫贱不能移的高贵品质。"

吴觉农出生农村，从小就对农民怀有深厚的感情。他一生中始终把振兴华茶与造福农民紧密地联系在一起。早在抗日战争时期，由于日寇封锁，茶叶出口停顿，茶叶生产无法开展，茶农生活难以维持，他到处奔走呼吁，争取农业贷款，解决茶农生计。同时，为了抵制洋行、买办、奸商的剥削，他在浙江平水、遂淳等茶区组织成立了400多个合作社，既维护了茶农利益，又提高了茶叶品质。新中国成立初期，他在担任农业部副部长期间，更是时时、处处关心和维护茶农的利益。他常说：中国茶业发展离不开广大茶农的共同努力，如果茶农种茶、制茶得不到经济回报，遇到困难得不到解决，他们的生产积极性必然受到影响。他从工作岗位上退下来后，仍经常就茶业、茶区、茶农问题向中央有关部门反映情况，提出建议。

吴觉农在逝世前的一个月，在家人的陪同下，亲自去北京民族文化宫观看首届"茶与中国文化展示周"的展览，发表了他生前最后一次关于"三农"的谈话："我一生当中，最关心的是农民的生活和他们的生产。现在农村里，茶农还有许多困难，希望你们到农村里去看看，去帮助他们解决困难"。充分体现了老一辈茶人对茶区群众的一片真情。

八、中国茶业复兴和发展的领军人物

纵观吴觉农一生，人们能清晰地发现，他既是一个学识渊博、治学严谨、勇于创新的茶学家，又是一名旗帜鲜明、锐意改革、满怀激情的社会活动家，更是一位高瞻远瞩、心胸宽广，并具有很强号召力、凝聚力和影响力的中国茶业复兴的领军人物。学者与茶人高尚的人格力量成就了他的学术，他的学术又同中华民族的解放事业和茶业的复兴事业完全一致。

1922年，年方25岁的吴觉农在洋洋两万余言的《中国茶业改革方准》一文中，深情地说："中国茶业如睡狮一般，一朝醒来，绝不至于长落人后，愿大家努力罢！"这是吴觉农为振兴华茶发出的第一声呐喊。

吴觉农在70余年的事茶生涯中，为中国茶业的复兴和发展做出了历史性的巨大贡献。他在茶树原产地问题上，带头据理力争，批驳了各种学术偏见与荒谬论点，勇敢地捍卫了学术尊严。他对陆羽《茶经》进行全面、深刻、创造性的述评，显著提高了茶学水平。他率先对中国茶业经济与贸易进行宏观研究，为茶产业发展指明正确的方向。他深刻剖析了旧中国茶业衰败的根本原因，首次提出中国茶业复兴计划。他团结一批志同道合的茶人，创立中国第一个国家级的茶叶科研机构，开辟全国科技兴茶之路。他主持制定出中国首部出口茶检验标准，创建新中国第一家茶叶专业公司，为华茶在国际市场上重振雄风创造了有利条件。他创办了中国历史上第一个茶学系，为今日中国建成的高等茶学教育体系积累了宝贵经验。他早在抗日战争期间，在浙江茶区组织了数以百计的茶农合作社，为解决茶产业小生产与大市场的矛盾进行了最早的尝试。他一贯主张"以销定产"，指出"一种没有市场的农产品是没有前途的"，为正确制订茶叶产销方针指明了方向。他九十高龄时仍十分关心中国茶文化的发展，带头在《关于建设中国茶叶博物馆征求意见书》上签名，有力地促进了中国第一个茶叶专题博物馆的诞生。

值得特别指出的是，吴觉农毕生倡导并身体力行的"茶人精神"教育培养了几代茶人。他说："我从事茶叶工作一辈子，许多茶叶工作者，我的同事和我的学生，为茶共同奋斗。他们不求功名利禄，升官发财；不慕高堂华屋，锦衣美食；没有沉溺于声色犬马，灯红酒绿。大多数人一生勤勤恳恳，埋头苦干，清廉自守，无私奉献，具有君子的操守，这就是茶人风格。"吴觉农就是中国茶人的杰出代表和领军人物，他一生刚直不阿、廉洁奉公、严以律己，宽以待人，无私奉献，以身许茶，是全国茶人学习的楷模。

1989年10月28日，被誉为当代茶圣的吴觉农与世长辞。

九、吴觉农主要论著

吴觉农. 1922. 中国的农民问题. 东方杂志，19（16）：2-20.

吴觉农. 1923. 茶树原产地考. 中华农学会报，(37).

吴觉农. 1923. 中国茶叶改革方准. 中华农学会报，(37).

吴觉农. 1930. 华茶贸易的现状与其将来. 工商部国货展览会纪念特刊.

吴觉农. 1931. 华茶俄销问题. 国际贸易导报，2（10）：1-12.

吴觉农，侯厚培. 1931. 日本帝国主义对华经济侵略. 上海：黎明书局.

吴觉农. 1932. 华茶销美新展望. 国际贸易导报，4（3）：27-38.

吴觉农. 1933. 中俄复交后茶叶贸易之展望. 国际贸易导报，5（1）：75-83.

吴觉农. 1933. 华茶在国际战争中的出路. 国际贸易导报，5（5）：45-49.

吴觉农. 1933. 祁红茶复兴计划. 上海商品检验局农作物检验组.

吴觉农. 1934. 华茶对外贸易之展望. 上海商品检验局（单行本）.

吴觉农，胡浩川. 1935. 中国茶业复兴计划. 上海：商务印书馆.

吴觉农，范和钧. 1937. 中国茶业问题. 上海：商务印书馆.

吴觉农等译. 1949. 茶叶全书. 上海：中国茶叶研究社.

吴觉农. 1964. 湖南茶叶史话. 茶叶通讯，(1/2)：1-8.

吴觉农. 1978. 四川茶叶史话. 西南科技，(2).

吴觉农. 1978. 跟上农业现代化大力发展红碎茶. 科学工作者建议（中国科协研究室），(2).

吴觉农，吕允福，张承春. 1979. 我国西南地区是茶树的原产地. 茶叶，(1)：5-11.

吴觉农. 1980-3-24. 茶叶产销亟待解决的几个问题. 人民日报.

吴觉农主编. 1987. 茶经述评. 北京：农业出版社.

主要参考文献

中国茶叶学会. 1987. 吴觉农选集. 上海：上海科学技术出版社.
陈翰笙，夏衍，等. 1997. 吴觉农纪念文集. 北京：奥林匹克出版社.
王旭烽. 2003. 茶者圣——吴觉农传. 杭州：浙江人民出版社.

撰写者

刘祖生（1931～），浙江大学茶学系教授、博士生导师，吴觉农茶学思想研究会副会长。
王建荣（1972～），中国茶叶博物馆研究员、馆长，吴觉农茶学思想研究会杭州联络处主任。
吴宁（1957～），美籍华人、吴觉农孙女。吴觉农茶学思想研究会外籍会员。
赵燕燕（1981～），中国茶叶博物馆文博馆员。

  本文在撰写过程中，得到吴甲选先生（吴觉农次子、吴觉农茶学思想研究会常务副会长）的大力支持与帮助，特此感谢！

胡竟良

胡竟良（1897~1971），安徽滁县人。棉花学家，中国棉产改进事业的开拓者之一。1921年毕业于南京高等师范农科。1934年，公费赴美国得克萨斯州农工大学学习，获硕士学位。回国后，主持河南省棉产改进工作。1957年中国农业科学院棉花研究所成立，由冯泽芳任所长，胡竟良任副所长兼耕作栽培研究室主任。他长期致力于中国棉产改进事业，原创性工作颇多。早期倡用劝导和合作方式推动棉花生产发展，取得成效，其间一些经验与教训至今仍有借鉴意义；抗日战争时期，他在筹划棉种建立后方棉产基地方面做出贡献；新中国成立之初，他作为主要承办人之一，从美国引入岱字棉15种子480吨及其他棉花良种，在长江和黄河流域棉区广为推广，对促进当时棉花增产发挥重大作用；对其后的陆地棉品种改良起到了重要作用——携带有岱字棉15血缘的品种近400个。他还曾赴美国考察棉花育种、推广、加工、营销和棉籽工艺，并引进新型轧花、脱绒、榨油机各20套，这是中国引入现代棉花加工设备的开始。胡竟良对棉花科学的造诣既有广度又有深度，他对棉纤维的研究也很专长，首创测定纤维实效长度的简单方法。组建中国农业科学院棉花研究所的纤维检验实验室，并对检验技术提出改进意见，从而对提高中国棉花品质发挥积极作用。胡竟良著文颇多，就有关棉产发展、推广、种植及科研、技术等方面著作7种，论文等百余篇。其中，《中国棉产改进史》是胡竟良在棉业历史研究上的代表作，对20世纪前中期中国棉业发展有卓越贡献，至今仍有指导意义和参考价值。

一、出身清贫　求学救国　毕生奋力棉产事业

胡竟良，字天游，1897年5月1日生于安徽省滁县（今滁州市）。1971年12月28日在上海病逝。早年家境清寒，他自幼刻苦读书，成绩优良。18岁时父亲去世，由亲友资助方得继续学习。在读书救国思潮影响下，1918年考入南京高等师范农科。1921年毕业后，在安徽省第一农业学校任教员。后因华商纱厂联合会在各省设立的棉场经营不善，委托东南大学农科管理，胡竟良出任其中郑州棉场主任技术员。

1926年调任东南大学棉作推广委员会推广专员。1929年先后任广西农务局技师，江苏棉场南汇（今属上海市）分场主任技师，湖南棉业试验场推广部主任，并参加中华农学会。

1934年，胡竟良由全国经济委员会棉产统制委员会公费派送去美国，在得克萨斯州农工大学学习，获硕士学位。回国后，主持河南省棉产改进工作。

1936年，河南省植棉指导所扩编为河南省棉产改进所（下辖10个植棉指导所和6个棉场），胡竟良任所长。1938年，胡竟良任中央农业实验所技正兼棉作系主任，发表《四川推广美棉释疑》等论文，为四川推广德字棉付出了心血。

1944年，胡竟良参加联合国善后救济总署农业考察团，赴美国考察棉花育种、推广、加工、运销和棉籽工艺，访问63个单位，并与142位棉作专家商讨适合中国农业环境的棉花发展途径。1946年，他代表中国向联合国善后救济总署接洽供应棉花良种共计3000吨，新型轧花、脱绒、榨油机各20套，这是我国最大量从国外引进棉花良种，同时也是我国引入现代棉花加工装备的开始。1944年，他加入美国农学会。

1946年，农林部成立棉产改进处，他任副处长兼上海分处主任。当时上海还成立了主要由纺织界人士参加的棉产改进咨询委员会，他担任秘书，与纺织实业界进行了广泛的接触，并筹集资金17亿元，开展棉产统计调查，出版《中国棉讯》等八种专业书刊，为促进棉花生产和棉业发展做了大量工作。

中华人民共和国成立后，胡竟良任华东人民政府农林部特产处处长。为尽早恢复棉花生产，决定从美国引入480吨岱字棉15，胡竟良为主办人之一。这批棉种集中在三省六县繁殖，为我国发展岱字棉奠定了基础。1952年，他被调任中央人民政府农业部经作局高级农艺师。为了加强我国棉花科学研究工作，1957年中国农业科学院成立了棉花研究所，由冯泽芳任所长，胡竟良任副所长兼耕作栽培研究室主任，所址设在河南安阳。胡竟良在该所连续工作14年，为新中国棉花科技事业献出了几乎后半生。

二、爱国敬业　果敢有为　棉界建树良多

胡竟良爱国敬业。抗日战争年代，在日军炮火下克服重重困难，从前线河南调运棉种到后方四川，并逐步创建了四川棉产基地，从而补给了后方军需民用对棉花的需要；抗战胜利后，他参加联合国善后救济总署农业考察团，在美国选择并调运大量棉花良种以恢复中国棉花生产。

新中国成立后，胡竟良立即参加了政府部门的棉花生产领导管理，致力促进中国棉产的恢复和发展。1957年秋，中国农业科学院棉花研究所在北京成立。鉴于科研要密切结合生产，科研单位应深入产区，农业部决定将该所迁至黄河流域棉区中心的河南安阳，所址定在远离市区的白璧乡。那里生活艰苦，工作艰难。胡竟良作为首任副所长，全然不顾自己年逾花甲，毅然举家随所到安阳上任。尔后他对棉花研究所创建和中国棉花科技工作做出重要贡献。

胡竟良富有创新精神，在美国学习时，提出改变克莱格（Clegg）的纤维分析器测定长度，创用分组称重法求棉纤维实效长度，省工省时，便于应用；洛夫（H. H. Love）在《中国棉花改良法》中，不主张在育种开始就应采取籽棉分梳法考查其绒长。而胡竟良提出单株考绒长的方法一直沿用至今；胡竟良对中国特早熟棉区区划命名及育种特点提出新见解，颇有指导与参考意义。在他从事的多项棉产工作中不乏创新的见解和做法。

胡竟良办事果断，勇于负责。20世纪30年代中期，他任职湖南省棉场，忽遇暴雨，堤围危急，已不及请示，他当机立断，拨巨款赶修堤围，终于保全了棉场与棉农，胡竟良得到广泛称道；后来，胡竟良主持河南省棉产改进所，考虑植棉急需，冒风险贷款打井数百口，棉农受益，交口称好。

胡竟良治学严谨，处事认真。他在工作中十分强调"及时"，他说打仗讲求抓住战机及时行动，搞科学研究和技术推广也必须及时。否则功亏一篑，效果全无。尽管他平时不多言笑，但指导年轻人做实验写报告时则是循循善诱，滔滔不绝。特别在指出其中差误时更是严格要求，不惜言词。他和年轻人共同撰写著作与文章，严格、认真、耐心的风尚给年轻人留下深刻印象。平时上班，他往往最早来到，最后离去。即使在"文化大革命"初期，他被打成"反动学术权威"靠边站了，他仍每天准时上办公室，按时下班，从不懈怠，成了当时全所唯一坚守岗位的人员。

胡竟良获得成就与其夫人吴萃国密不可分。夫人是普通家庭妇女，文化程度并不高，是一位传统的贤内助。与胡竟良不拘谈笑相反，她却快言多语。她常常对旁人说："胡先生自进了城，上了学，还出国留了洋，对我从无二心，真是个好人。"因而，她对胡竟良关爱备至，体贴入微，竭尽相夫教子之道。由此，胡竟良无后顾之忧，得以全身心投入棉花事业。

三、倡导多途径多方式推广植棉　取得应有良效

1922年，胡竟良在河南郑州棉场工作时，对棉产改进创用一套办法。首先进行

品种试验，从中选出一个理想品种，并研究出和它相适应的栽培技术，然后大力宣传推广种植。理想品种在推广时采用多种方式：①文字宣传，包括浅说、成果介绍、说唱、连环画等形式；②办展览，有实物、照片、幻灯等；③办培训班和现场指导，对农村青年讲课并在田间进行实地技术指导；④免费散发棉种以供试种。这种以农场为中心向四周农村扩散的做法在当时虽然收到成效，但农民收获良种籽棉后即被商贩收购，不能回收种子，因而影响了良种的继续推广。

1932年他在湖南棉业试验场工作时，吸取这个教训提出划定四个县作为合作推广区，每区内，2000~5000亩面积称为一个合作场，由棉业试验场向合作社贷借棉种，并派专人驻场指导植棉。一共办了40个合作场，面积9.5万亩，并在各合作场为农户组织生产合作社，由银行贷款20万元，设立一所轧花厂，轧花后的棉籽留作次年播种用，同时组织棉花运销，直接将皮棉卖给纱厂。这样，除开支外每个合作场大约可净余2.8万元分配给社员。

他认为"以生产合作改进棉农生产，以信用合作活跃棉农经济，以运销合作增加棉农收效"不失为一个好方式。但由于当时社会经济状况等原因成绩仍不够理想。胡竟良曾不胜慨叹地说："无论劝导式的推广或合作式的推广，都不是棉业自身能解决的问题，而重要的是政府的合作，没有政府的支持，植棉事业难有大成就。"他从实践中取得的经验教训，为新中国成立后发展棉产提供借鉴，并在人民政府大力支持下取得了巨大成效。

四、推行棉种管理区制度　保证纯种供应

20世纪30年代，人们已清楚发展棉花生产必须采用地方纯种。但是没有法令规定，单纯由棉农自由领（买）种，籽棉自行出售，优劣混杂，加上商贩掺杂作伪，即使是很纯的良种，不到几年，也就退化变劣。鉴于上述情况，胡竟良在1936年出任河南省棉产改进所所长时，首先提出棉种管理16条，经省政府批准后公布施行，收到较好效果。其主要内容是：棉种管理区内的棉种需按规定要求种植，加强植棉技术的指导。籽棉收后统一轧花，不能外运，农民自留种籽棉时可以自行轧花。区外籽棉和种子不能运入区内，以减少混杂机会。棉商在区内只能收购皮棉，不得收购籽棉，以防棉种流失。这一办法，后来由国民政府商业部转发各省参照执行。

1937年在河南就设有安阳棉种管理区斯字棉4号1.2万亩，在洛阳棉种管理区设有斯字棉3号0.2万亩；在陕县设有棉种管理区德字棉531 1.1万亩等。可惜因抗日战争爆发，而未能全部坚持下去。但此后至1946年日本投降后一段时间内，当

长江、黄河两流域棉区急需棉种时，河南、陕西、四川的一些棉种管理区仍能供给相当批量的优质棉种，较好地解决了战后恢复棉花生产所缺少棉花良种问题。胡竟良倡导推行的棉种管理区制度是我国近代棉产工作中早期的、初级的也是有效的良种管理办法，其基本原则与做法一直沿用至今。

五、火线调棉种　建立后方棉产基地

抗日战争爆发后，中国重要棉区纷纷沦入敌手，国民政府偏安西南一隅。而西南诸省均缺棉花。于是衣被供给顿成问题。胡竟良提出"战时棉业"，认为"欲长期抗战，以取得最后胜利，务须增加后方各省棉花生产"。

1938年胡竟良在河南工作时，河南陕县正是当时我国唯一的德字棉生产基地。那时抗日战争烽火正烈，四川急需扩大棉田面积，以应军需。上级要求他尽快收购德字棉种25吨火速运川。当时陕县已在日军炮火攻击之下，陇海铁路中断，修复无期，棉种款迟迟未到，而农民贮存的又都是未轧的籽棉等。这一任务时间紧，困难重重。他多方奔走，历尽艰辛，最后经协商由西安盐务部门协助逐一克服借款、拨款、收购麻袋、轧花收籽、交通运输等难题，终于在次年2月底以前使全部棉籽安然入川。

德字棉在四川推广5.6万亩，平均亩产籽棉88千克，比原种脱字棉增产30%，衣分、绒长也比脱字棉质量高，1941年发展到15万亩，累计增产皮棉6500吨。尔后胡竟良调任中央农业实验所技正兼四川农业改进所副所长主持四川棉业，再加上其他棉花良种的推广，四川棉花生产迅速发展，后方棉花生产基地逐渐建成，从而对支持抗战胜利起到应有的积极作用。其中，胡竟良付出了重要努力，他撰写的《战时的四川棉业问题》、《四川植棉的新希望》及《四川推广美棉释疑》等文可以充分证明。

六、提出中国棉业宏观发展策略　促进棉产发展

胡竟良参照古今棉业历史，借鉴国内外棉业现状，对中国棉业发展有着卓越而深刻的认识。胡竟良对发展中国棉业的见解精辟，不但是棉花技术专家，还是一位出色的棉业政论家。尤其对抗日战争胜利后如何恢复和发展中国棉产提出了一些重大的具有战略意义的见解。由此，胡竟良成为当时主持全国棉产改进大计的重要中心人物之一。他撰写的《中国棉产之前途》、《复兴棉产问题》和《中国棉业复兴纲

领》等著作中主张：尽快复兴棉花生产，逐步做到原棉自给；要开拓新棉区，扩大植棉面积；努力提高棉花单位面积产量。主要在于改良棉种，改进种植技术，增施肥料，防治病虫害等；要兴修水利，实施棉田灌溉；发展棉籽加工工业，实施棉籽综合利用；还要严格取缔棉花掺水掺杂，制定棉花分级标准，促进棉花贸易标准化。他强调棉产发展必须政府支持，有关农、工、商部门统筹协调。

尽管胡竟良的见解是积极的有益的，但在当时的政治环境和社会经济状况下，难以实施，有些作用但成效不大。然而，新中国成立后棉业的发展表明了胡竟良的观点与建议的正确可行，其中有的至今仍有良好的指导意义。

七、引进岱字棉良种　　促进棉花大幅增产

新中国成立之初，百废待兴，物资匮乏。全国几亿人的温饱问题亟待解决。要发展棉花生产迅速提高棉花产量首先要解决优良棉种问题。时任华东人民政府农林部特产处处长的胡竟良建议从美国引入岱字棉 15（Deltapine15）良种。经华东农林部向中央人民政府请示，并经周恩来总理核准和授意，决定拨款 13 万美元，由胡竟良与在美国纽约任中国驻联合国粮农组织首席代表的邹秉文联络，在美国棉区选购 480 吨岱字棉 15 良种。为避开美方阻挠，辗转托运，绕道南美洲，于 1950 年 4 月运到中国。

在胡竟良等的安排下，先在江苏南通、南汇（今属上海市），浙江海盐、平湖和江西鄱阳等地建立棉花良种管理区，专人管理，集中繁殖，严格去杂去劣。结果岱字棉 15 表现优良，增产达 15%～20%，次年即扩大种植至 116.2 万亩，1955 年迅速发展到 1312.5 万亩。在长江流域棉区替换了退化陆地棉及中棉品种；尔后又向黄河流域棉区扩展替换了斯字棉品种。到 1958 年，岱字棉 15 种植面积达 5248 万亩，占全国棉田面积的 61.7%，对当时中国棉花增产发挥了十分重要的作用。胡竟良于 1959 年撰写《岱字棉 15 号》专著，对该品种作了介绍。

岱字棉 15 引种难度大，推广速度快，种植面积广，利用时间长，增产实效巨大。实为中外棉业史上所罕见。它是我国棉花引种乃至农作物引种中获得成功的良好范例。胡竟良和邹秉文两位功不可没。

八、重视纤维研究　　提高棉花品质

胡竟良对棉花科学的造诣既深且广，除致力于棉花种植栽培等外，对棉纤维的

改良研究也很专长而且卓有成效。

1936年,他在美国学习期间写了题为《用纤维排列法对籽棉纤维的研究》的硕士论文,提出测定实效长度的简单方法。那时原发明人克莱格采用纤维分析器求实效长度,比较费工费时,而胡竟良改用分组称重法求实效长度,省工省时,便于应用。洛夫在《中国棉花改良法》中主张,在育种初期选单株时,因对其生产力一无所知,可以不必考查纤维长度,胡竟良则认为我国棉花品种的品质很差,为了迎头赶上,从育种一开始就应对纤维品质进行考查,并提出籽棉分梳法测出的长度与实效长度相近,值得推行。如《棉纤维簇之成因》、《未熟棉籽之研究》、《棉纤维品质的遗传及不同环境影响纤维品质研究》等,都是从农业和纺织业角度,针对我国棉纤维改良进行的早期探讨,有较好的参考意义。

1953年,他在全国棉花检验会议上提出外棉进口要按照中国标准进行检验,并对纤维、原棉检验技术提出许多修正的建议,得到大会的采纳和表扬。此后,胡竟良在中国农业科学院棉花研究所任职时,更是加强了对棉花纤维品质的研究工作。

九、编撰棉业文著 激扬科学技术

棉花在中国近代农业、商业和工业上占有重要地位。研究总结国内外棉花科学技术发展情况,对指导我国今后棉业发展具有十分重要的理论和实际意义。

1935年,胡竟良撰写《关于棉业的史料》一文详细介绍了世界各国的棉花发展史。《新输入我国三种美棉考略》是他在美国学习期间代我国经济委员会批量购买德字棉531,斯字棉4号、美本胜利棉三个棉花品种时,根据多方收集到的资料(包括内部资料)写成的。内容涉及育成途径,命名由来,特征特性,衍生系等,为当时国内试种推广工作提供了重要资料。

1941年著的《我国古代植棉考略》,介绍了古代植棉技术和选种方法,阐明了植棉始自宋元,到明代已有较大发展的史实。1947年著的《棉桃小史》是对棉籽工业、短绒和籽壳利用的介绍,篇末附有棉籽工业制品用途表,以加深国人对发展棉业和开展棉花综合利用的认识。

《中国棉产改进史》是胡竟良在棉业史上研究的代表作,1945年由商务印书馆出版。全书共7章10万字,对我国棉产改进的阶段进程,试验研究成果及其推广,分级检验,棉产统计等均做了论述,并引用了83篇文献。这在当时是一部系统记述我国棉业发展历程的重要著作与历史文献。尤其在棉产统计方面,搜集了不少难得的资料,实属难能可贵。

此外，他还发表一系列有关棉业政论文章，如《原棉改良与棉纺业》、《农业推广的基本问题——整个的管理》、《论战后复兴中国棉业》、《中国棉产复兴纲领》等。尤其是后者，提出了战后复兴棉业12个方面的一揽子计划，内容丰富，对抗战胜利以后的植棉政策和技术要略均有精辟见解。

《中国棉花栽培学》(1959)是一部向新中国成立十周年献礼的总结了我国棉花生产和科技重大成就的巨著。胡竞良参与了策划、组织和编写，对此书的出版成书发挥了重要作用。

胡竞良不仅棉业科技造诣深，知识面广，而且文笔好，下笔快。所以他撰写的文著多，除了七种涉棉专著外，还有学术论文、科技文章和报刊短文、讲演报告等共约200余篇。胡竞良是中国棉界少有的著文众多的学者，他为中国棉业发展留下一笔宝贵的科技知识遗产。

十、主管全所科研　为棉花研究所发展奠定基础

1957年，中国农业科学院棉花研究所成立，胡竞良被任命为首任副所长兼耕作栽培研究室主任，主管科研。尤其在1959年所长冯泽芳逝世后胡竞良成为全所最高学术统领，主持全所科研业务。在他领导下做了许多开创性的基础工作，不仅使棉花研究所在建所初期获得多项科技成绩与成果，更为后来的发展打下坚实基础。

在他带领下，该所育成了中棉所2号、中棉所3号和中棉所4号等优良新品种，产量均超过当时推广良种岱字棉15和徐州209号。其中中棉所3号曾于1978年获全国科学大会奖。后来，该所棉花育种工作蓬勃发展，至今育成棉花新品种70余个。期间"中"字号棉花品种推广面积曾一度占全国棉田面积50%。

为解决北方棉区粮棉争地矛盾，在胡竞良主持下，开展棉区作物布局、黄河流域棉区棉粮两熟套种技术和华北平原灌区成套植棉技术研究。他重视调查研究，广泛收集资料，甚至亲自到农村基点进行调查，掌握第一手资料，在此基础上再综合分析，得出结论。该项研究取得初步成效，而后逐步发展。至今黄河流域棉区已有2/3棉田实行棉粮两熟。而华北平原灌溉棉田扩大，灌水技术与效率亦大大提高。

在胡竞良创导和主持下，组建了棉花纤维检验实验室，购置仪器，培训人员，开展测试和研究。经过逐步发展，至今已成为农业部棉花品质监督检验测试中心的重要组成部分，为中国棉花纤维品质改进做出贡献。

胡竞良在棉花研究所工作的14年中，尽管时处经济困难时期，并有极左思潮干

扰，而他始终不渝地勤勤恳恳、默默奉献，对国家对事业充满信心，也坚信自己的工作。当"文化大革命"初期被打成"反动学术权威"时，他表示愤慨，坚定地说"我做棉花科研工作，没有什么错。"

棉花研究所的今日辉煌与胡竟良的昔日工作密切相关，而胡竟良求实求真，朴实无华的作风仍在影响着研究所的后来人。

十一、结　　语

胡竟良一辈子从事中国棉产工作，他业务面广，工作面宽，涉及棉花产业的多个领域，在棉花生产种植方式，棉花良种管理制度，品种引进与推广，棉花纤维品质研究及中国棉业宏观发展研究等方面均有所建树。其中多为开创性、先导性和基础性工作。为20世纪前期和中期中国棉花生产发展起了积极作用，亦为后来的中国棉业发展打下了基础。胡竟良是一位棉花科学家，他贴近实践，注重实干，并且干出实效，是中国近代棉业改进事业的开拓者之一。

十二、胡竟良主要论著

胡竟良. 1926. 东南大学农科之棉作推广. 农学，(3)：4.

胡竟良. 1933. 农业改良推广的基本问题——整个的管理. 棉业，(1)：3.

胡竟良. 1935. 棉花轧花打包问题. 中华棉产改进会刊，(2)：10-11.

Hu J L. 1936. A study of seed cotton by means of fiber arrays. Cent Cotton Inst T B, (2): 1-88.

胡竟良. 1937. 世界棉产与中国棉产. 棉业月刊，(1)：7.

胡竟良. 1939. 战时四川植棉问题. 新经济，(1)：12.

胡竟良. 1944. 德字棉试验结果及其推广成绩. 农报，(9)：7-12.

胡竟良. 1945. 中国棉产改进史. 重庆：商务印书馆.

胡竟良. 1946. 中国棉业复兴纲领. 棉产改进咨询委员会.

胡竟良. 1947. 原棉改良与棉纺织业. 中国棉讯，(1)：11-12.

胡竟良等. 1959. 中国棉花栽培学. 上海：上海科学技术出版社.

胡竟良. 1959. 岱字棉15号. 北京：农业出版社.

胡竟良. 1959. 10年来棉花生产战线上的辉煌成就. 棉花，(10)：3-6.

胡竟良. 1960. 棉花丰产施肥技术. 中国农业科学，(5)：15-18.

胡竟良. 1961. 论特早熟棉区区划命名及育种特点. 中国农业科学，(2)：9-11.

胡竟良，孙善康. 1962. 棉花育种方向目标和途径商榷. 中国农业科学，(8)：27-29.

胡竟良，刘昌新. 1962. 棉麦两熟棉区的栽培经验. 中国农报，(6)：6-9.

胡竟良. 1963. 棉花生理研究综论. 北京：农业出版社.

胡竟良，张四端，邢以华，等. 1966. 棉花纤维品质的遗传及不同环境影响纤维品质研究. 作物学报，5（1）：8-12.

主要参考文献

农林部棉产改进处. 1948. 胡竟良先生棉业论文选集. 南京：中国棉业出版社.

中国农业科学院棉花研究所. 1985. 中国农业科学院棉花研究所所志（内部资料）.

孙善康. 1993. 胡竟良 // 中国科学技术协会编. 中国科学技术专家传略·农学编·作物卷1. 北京：中国科学技术出版社：55-62.

撰写者

汪若海（1936～），中国农业科学院棉花研究所研究员，胡竟良先生的同事。

彭家元

彭家元（1897~1966），四川金堂人。土壤肥料学家，农业教育家，中国土壤肥料科学的奠基人和开拓者之一。1924年在美国留学获农学硕士学位后回国，先后在四川农学院（现四川农业大学）、中山大学、四川大学等多所大专院校任教授、系主任、院长等职，是中华土壤肥料学会和中国土壤学会的创始人之一。他编著的《肥料学》、与邓植仪合编的《土壤学》，是中国学者自编的大学教材。他还先后编著了《土壤肥料学》、《中国肥料学概论》、《土壤微生物学》，与孙羲合编《农业化学》等大学教材，为中国农业教育和人才培养做出了巨大贡献。他与邓植仪创建广东土壤调查所，率先在广东开展县级土壤调查。彭家元等一改国外沿用的"土壤侵蚀防治"一说，创用"水土保持"术语，丰富了学术和技术内涵。他创建内江土壤研究室，对四川盆地紫色土丘陵区不同条件下的水土流失做了大量试验研究，开启和促进了四川水土保持事业的发展。他同陈禹平一道，探索土壤肥力与土壤微生物及植物营养相互影响的"三边"关系，分离研究土壤固氮菌、高温纤维分解菌等土壤微生物生理类群，创立"元平式高温速成堆肥法"，在四川多个县市进行连续多年的推广应用，取得了良好的环境和经济效益，被评为20世纪40年代中国农业推广应用的新技术，也是中国土壤微生物研究与应用的早期杰出成果，为尔后微生物肥料的研制和应用奠定了基础。

一、家庭和学历

彭家元，四川省金堂县人，生于1897年8月13日（农历七月十六日）。父彭士勋，清末秀才，曾留学日本宏文书院，回国后热衷于兴办厂矿，欲走实业救国发家之路，不成后，继以教书为生。兄彭家珍早年考入成都武备学堂，1906年参加同盟会，1912年1月27日只身前往刺杀清宗室顽固派宗社党魁首良弼致其毙命，彭家珍当场壮烈牺牲。由于此举对促使清帝退位，结束封建帝制建立共和有功，由孙中山追赠为陆军大将军，其父由北洋政府聘为总统府顾问。1953年，中央人民政府追赠彭家珍为革命牺牲军人。

彭家元在这既有封建文化深刻影响，又受资产阶级民主思想熏沐的家庭中成长，加之家庭生活素来简朴，养成了勤劳刻苦、奋进向上、生活严谨、善于独立思考的品格。他幼时从父习读，1907年入私塾，1912年入成都高等农业学堂预科，1913年随父入京，1914年考入北京农业专门学堂（中国农业大学前身），1918年毕业。在校期间，曾先后参加反对洪宪帝制、反对二十一条等爱国学生运动。1919年，以先烈彭家珍胞弟的关系，获四川公费留美名额。因公费被挪用，至1920年才筹集经费成行。他先入威斯康星大学，1921年转入伊利诺伊大学攻读土壤肥料学，1922年获农学学士学位。之后，又入爱阿华州立大学学习，1923年获农学硕士学位。学习期间在农场、工厂、餐馆、私人家庭打工，半工半读，艰辛备尝。毕业后在俄勒冈州立大学从事研究工作。

彭家元的夫人王菊逸，女子师范学校肄业，婚后全身心操持家务和扶养子女，使彭家元能够集中精力于教学和科学研究。彭家元夫妇养育了五个儿子，领养了一个女儿。彭家元对子女要求严格，期盼殷殷。他的五个儿子分别取名为彭传栋、梁、正、直、诚，寄希望于他们成为国家栋梁、正直诚信。子女中除老大早逝、老二去台湾外，其余都按彭家元的要求到艰苦的地方去建设，三个儿子大学毕业后，分别去西藏、甘肃、四川甘孜州九龙县工作，小女儿中专毕业后去了四川雅安地区边远山区石棉县工作。彭家元身边没留一个子女，他的子女都不负其父所望成为所在的教学、科研、医院卫生单位的优秀骨干人才。

二、中国土壤肥料科学的奠基人和开拓者

彭家元1924年回国，在北平农业大学任教授。时值北洋军阀政局动荡，工资不能按期下发，遂应陈嘉庚之邀，于1926年南下福建，入厦门集美农林学校任教员兼教务主任。1928年彭家元应广东中山大学农学院之聘，赴任该院教授兼农林化学系主任。他知识渊博，治学严谨，工作认真负责，曾先后主讲土壤学、肥料学、土壤微生物学、土壤改良学及土壤管理学等多门课程，所编《肥料学》一书于1935年由上海商务印书馆出版，这是中国最早出版的一本大学肥料学教科书。1935年他还与邓植仪合编《土壤学》。该书为中山大学农学院教材，这也是中国早期编写和出版的大学土壤学教科书。他从而被誉为中国土壤科学教学开先河者之一。1930年他与邓植仪共创广东土壤调查所，兼任技正。该所是中国国内从事土壤调查较早的专业研究单位之一，先后在广东中山、南海、三水等20多个县进行了县级土壤调查，出版土壤报告十余册，其内容广泛，涉及土壤的类型、利用改良、土壤肥力状况及其培肥途径等，对该地区农业生产起了重要促进作用。

1934年，彭家元与邓植仪、陈方济等倡议并成立了中华土壤肥料学会，与邓植仪共同主编《土壤与肥料》（季刊）杂志。

三、中国土壤微生物研究与应用的早期成果

1929～1937年，彭家元在中山大学创办的《农声》杂志及《土壤与肥料》杂志上发表了多篇有关土壤微生物的研究论文，如《土壤细菌对于矿物成分之变化》，在国内率先研究了细菌对土壤形成的作用，从而为土壤形成因素中的生物因素提供了重要的证据。继之探讨了土壤微生物在生物小循环中的作用，以及土壤微生物活动与土壤环境间的关系，发表了题为《石灰需要量与土壤细菌功用的关系》论文。1936年，他在《土壤与肥料》杂志上报道了黑油菌、白霉菌对广东土壤有效磷的转化结果。其后他同助手陈禹平一起发表了《广东土壤中氮素固氮菌之分离研究》，这是我国研究固氮微生物最早的论文之一，对后来的研究者颇有启迪。他应用土壤微生物的分离和接种技术，测定广东土壤中微生物的数量和类群，及其在土壤物质转化和再合成中的作用，探讨了土壤微生物与土壤肥力及植物营养的"三边"关系。他的这些研究对我国尔后细菌肥料的研制和应用奠定了基础，对固氮菌生态条件的研究和固氮菌分类也很有参考价值。与此同时，彭家元与陈禹平还根据好热性纤维分解菌的功能，研究了我国农村有机肥的堆制发酵方法，成功地分离培养了高温纤维分解菌，定名为"元平菌"，发表了《元平式速成堆肥法》一文，该方法在四川省多个县连续进行了多年应用推广，取得了很好效果，成为我国农村积肥造肥、开辟肥源行之有效的措施，是我国20世纪40年代农业推广的新技术之一。直至50年代中期，他还陆续发表了《关于高温堆肥讨论的我见》等论文。

彭家元在广东中山大学工作期间，担任土壤、肥料等课程的教学任务，同时主持中山大学农学院农林化学系系务，并领导该系的科学研究工作，担任土壤肥料第二研究室及土壤微生物研究室负责人，承担了18个研究项目，均有论文发表，在教学、科学研究、著述及培养人才方面均做出了开拓性的贡献。

四、参与"水土保持"一词的创定，开启四川近代水土保持新阶段

1940年8月1日，彭家元在成都四川大学化学馆参与了中国的"水土保持"一词的创定。这一术语把国外沿用的"土壤侵蚀防治"中国化而且内涵更丰富。同年，在内江县城西郊圣水寺建立了内江土壤研究室，隶属四川省农业改进所农事试验总

场。该室针对四川盆地紫色土区侵蚀严重的特点，对不同坡度、坡长、坡形以及不同作物种植覆盖下的水土流失做了大量试验研究，并相应提出优化的水土保持方法。这些工作对四川近代水土保持事业起了奠基和开拓作用。1952年秋，他参加茂汶苹果基地考查后，路过威州（今汶川），顺道参观了省水电厅设在威州的岷江上游水土保持实验站。听取了该站同志的详细介绍，参观了该站的实验项目。他热情地肯定了在岷江上游建立水土保持实验站的必要性和工作项目的可行性，同时还对如何开展水土保持提出了具体建议，热情指导该站的工作。

五、深恶旧政弊，毅然留居大陆

1937年，彭家元离开中山大学，应武汉大学之聘，任该校农学院教授。不久，日本侵略军西侵，武汉形势告急，乃于1938年初偕眷回川，被当时四川省稻麦改进所（后并入四川省农业改进所）所长杨允奎劝留成都，任该所技正兼农林化学系主任、农事试验总场场长。1939年兼任四川大学农学院教授，1941年任教授兼农艺系主任，1942年任教授兼农学院院长。

1946年秋，作为四川大学农学院院长的彭家元，在祝贺程复新、杨开渠、李超然三位教授从事高等农业教育十周年的纪念专刊上以《农业、农学、农业教育》为题撰文，对国民政府的农业方针、政策、措施进行了抨击，他写道："（政府的）重视农业只是表面文章，并未把农民的利益或生死存亡的事情放在心上"，一针见血地指出农业存在的四大问题："①农村凋敝，农民被剥削压榨，谁真的为农民解除痛苦？②无论平时或战时，出钱出力，直接或间接，几乎完全取之于农，政府拿出什么有力措施去改进农民生活和农业技术？③在抗日战争胜利以后，劳苦功高的农民不但没有稍微得到生活的改善，反而加上一些更重的痛苦，虽然政府举办有农贷，得到实惠的也许是有，恐怕不过万分之一，有些地方根本未听见过。④水旱灾、饥荒、兽疫、虫害，收成减少，靠天吃饭，谁替他们想办法？"他为当时中国农业与美国农业之间存在巨大差距，当局仍不予重视而大声疾呼，指出："中国提倡农学已有近40年历史，至今仍不被重视，以为简单不足道，并且不相信科学……例如天旱不求预防或根本解决之途，而一般却相信打醮、禁屠，甚至执政者亦附会其说。老百姓对于猪瘟、牛瘟、虫害等只好听天安命，认求神拜佛为不二法门，从未想到所谓农学。"他还就当时我国高等农业教育的经费支绌、设备简陋、缺乏实习场地、毕业生数量既少就业又困难等问题发表了意见和建议。这里，不仅反映了20世纪40年代的中国农村、农业、农民和农业教育的实况，也反映了彭家元的忧国忧民之心及作为农业教育工作者对"三农"问题的高度责任感。

1948年，彭家元因故辞去四川省农业改进所的一切职务，集中精力于农业教育。

四川解放前夕，彭家元的儿子、时任国民党空军中校且早已去台湾的彭传梁，曾恳求彭家元夫妇偕幼子彭传诚去台湾，一切手续和准备均已就绪，只需彭家元表态即可成行。但彭家元坚决拒绝，他说："我一生从事的事业在大陆，舍不得……"，他毅然留在成都。

六、热爱祖国，积极投身新中国的教育和建设事业

中华人民共和国成立后，彭家元以饱满的热情、充沛的精力投入农业教育和国家建设事业中。20世纪50年代初期，川西区举办在职土壤肥料干部短期培训班，彭家元担任主要的教学工作。在传授土壤肥料知识和技术的同时，还勉励学员要"全心全意为人民服务，（为国家建设）做出优异成绩"。

1950年2月，彭家元、侯光炯作为西南区的代表，出席中央人民政府在北京召开的全国第一届土壤肥料工作会议。

彭家元十分重视教学与生产实践结合。1952年秋，为了发展苹果生产，建立商品苹果基地，川西区农林厅组织四川大学农学院园艺系三年级师生对阿坝藏族自治州的宜苹基地进行实地考察，特邀彭家元、何敬真两位经验丰富的老教授参加。彭家元抱着创建四川苹果基地的厚望，殚精竭虑，就苹果的土宜、气候和发展前景，与何敬真教授多次磋商，又经师生们全面讨论，一致认定茂汶苹果色鲜、香浓、味美且耐贮藏，具有广阔的发展前景，是一个理想的商品苹果品种，值得筹建基地。川西区人民政府领导采纳了他们的意见，建立了茂汶苹果基地。迄今，经过50多年的发展，茂汶苹果早已畅销中国香港和国际市场，饮誉中外。

1953~1955年，他多次带领年轻教师与学生在成都龙泉驿、眉山等地实习，住的地方简陋，甚至与猪圈、牛棚一板之隔，彼此鼾声呼应。但他毫不介意，反而认为别有情趣。实习中，遇大雨天气，路滑难行，为了免于摔跤，实习队专门为他准备了滑竿，但他坚决不坐，坚持与学生一道跋山涉水，还说为了锻炼的需要，即使摔上几跤，也是值得的。

1956年，四川大学农学院由成都迁往雅安独立筹建四川农学院。学校建立了山地农业研究机构，并号召广大教师要面向山区，面向农业生产，为农业做贡献。彭家元不顾年老，亲自率领原土壤农化教研组部分教师徒步翻越二郎山，考察自然土

壤和农业土壤。一路上，他带领大家看土壤，打土钻，访农民，分析测试，饥食干粮，夜宿道班，歌声笑语，兴味盎然。在翻越过程中，由于山陡路滑，彭家元摔了一跤，头部和肘部多处擦伤，渗血不止，经简单敷药包扎后仍坚持工作，直至完成二郎山系土壤考察任务。

1956～1957年，他带领土壤农化教研组的青年教师多次考察学校新建农场的土壤，对大片深脚烂泥田提出改良意见。1958～1959年学校批准实施。经过改造，过去难以利用的土地，当年就种上旱作物和水稻，从此成为学校农场自改自用的基本农田和学生实习场所，为教学、科研提供了可靠的基地。

关心青年教师，传带帮扶，提携后学。彭家元一贯关心青年教师，热情帮助他们健康成长。1952年暑假，全国高等学校进行了院系调整，四川大学农学院的农业化学系调入西南农学院（重庆），四川大学仅保留土壤耕作教研组，教师仅有彭家元一人，急需土壤学和肥料学的专业基础课师资，为此，学校临时抽调担任化学课的年轻教师刘守恒支援，并立即走马上任担任土壤学、肥料学两门课程的实验指导。临时上马，刘感到业务不熟，难于胜任。彭家元发觉后，与刘亲切交谈，多方鼓励，并对实验要求、内容和操作技术等详加讲解和示范。学生实验时，彭家元亲自到实验室解答疑难问题，没有一点教授架子。不久，教研组新调来三位助教担任土壤学、肥料学、土壤微生物学的实验指导工作。当时实验资料缺乏，彭家元拿出自己带回的国外资料供实验参考，并耐心辅导。不仅完成了教学任务，还培养了业务骨干。年轻教师感到他毫无架子，平易近人，愿意接近他，有问题就向他请教，他总是有问必答。遇到一时弄不清的问题，他决不随意解释，而是立即查阅资料，直至搞清楚以后才予以解答。彭家元对青年教师的培养无微不至，毫无保留，有求必应。

彭家元毕生致力于教育事业，为国家培养了大批科技人才，是当代颇有声望的农业教育家。受彭家元教育恩泽的弟子或助手中，有侯光炯、孙曦、陈禹平、何兴皤、罗日东、李仲明、张先婉、张仁绥、黄怀琼、刘守恒、朱钟麟、周俊初等一大批知名专家学者。

从1950～1966年逝世前，彭家元除了搞好教学和科学研究外，还担任四川省科学技术协会副主席、四川省政协第一、二届委员会委员等社会兼职，积极为中央和地方政府建言献策，为国家经济建设和社会建设做出了积极贡献。

七、坚持实事求是的科学精神

彭家元作为一个科学工作者，勇于坚持实事求是的科学精神，不随波逐流、人云亦云。在对待李比希（Justus von Liebig，1803~1873，德国化学家，现代农业化学的奠基人之一）的问题上，坚持实事求是。他在1963年四川农学院学术讨论会上，作了《关于李比希功过评价》的发言，充分肯定李比希学说正确的一面和他所起的巨大作用，并指出李比希的不足是由于当时历史条件和科学水平的局限。这个观点为人们所普遍接受。

彭家元对不符合科学的提法和做法，敢于坦率地提出不同意见。他常在课堂上讲，深耕要适度，不是越深越好，决不能搞什么"深耕深耕，茅厕坑坑"（指深耕的深度达到农民茅厕那样的深度）。对于不注意人畜粪尿管理，任意将其排入江河的现象也很不满意，批评说，这样就成了"溃江者，大粪之江也"（溃江是彭家元任教的四川农学院附近的一条小河）。对农民"砍火地"（即原始的刀耕火种农业）也很不赞成，不但在课堂上向学生阐述其危害性，还在省政协会议上作了专题发言，呼吁大家都来制止这种杀鸡取卵、竭泽而渔的破坏自然的行为，告诫人们要警惕大自然对人类的报复。1958年"大跃进"期间，一些报刊违背自然规律，肆意宣扬什么"人有多大胆，地有多高产"，"要给山剃头，要给地刮脸"等破坏生态平衡的口号。彭家元清醒地认识到这样必将造成水土流失，从而导致他所大声疾呼的"山上开荒，平地遭殃"，"山上矮一寸，平地高一尺"等生态灾难。他以省政协委员的身份，多次向中共雅安地委、雅安专员公署的领导反映他的不同看法，殷切地希望雅安不要这样学，才能保持雅安青山绿水的优良环境。对全民大办钢铁、公共食堂、人民公社等，他也坦诚自己的看法。这些，都反映了彭家元作为一个科学家从实际出发、实事求是的优秀品质。

彭家元为之倾注了大半生心血的原四川农学院及其下的农业化学系，如今已取得长足的发展。1956年四川大学农学院从成都迁雅安建立四川农学院，1985年成为四川农业大学建制至今。1996年，四川农业大学"211工程"申报通过教育部专家组部门预审。1999年正式成为国家面向21世纪重点建设的100所高校之一。自四川农业大学的前身——创办于1906年的四川通省农业学堂至今，四川农业大学已走过105年的发展历程，如今，四川农业大学已发展成一所特色优势鲜明，农、理、工、经、管、医、文、教、法多学科协调发展的国家"211工程"重点建设高校，建成了一校三区（雅安校本部、成都校区、都江堰校区）格局，下设17个学院、6个研究所和多个研究中心，有博士后科研流动站、博士点、硕士点、本科专业等多教学层次，教学、科研成果丰硕。

四川农业大学资源环境学院的前身，是原四川农学院农业化学系，1993年，原农业化学系与农学系合并组建四川农业大学农学院。2003年，农业化学系从农学院分出建立资源环境学院，现有土壤与植物营养、环境科学与工程、土地资源管理与信息技术、应用微生物和气象与生态学系等五个系，有国家和省级重点实验室四个，国家大气环境自动监测站一个，有本科专业七个，教师和在校本科生、研究生逾3000人。彭家元开创的事业不仅后继有人，而且发扬光大。

"文化大革命"初期，彭家元被诬陷为"反动学术权威"，并强加许多莫须有的罪名，遭到长时间的批判斗争，身心受到极度摧残。1966年9月3日，彭家元含冤逝世，终年69岁。

1978年6月14日，中共四川农学院委员会为彭家元平反昭雪，恢复名誉。同年12月16日，四川农学院为彭家元举行隆重的骨灰安放仪式，以悼念彭家元英灵。新近开馆的四川省科学技术馆设立了四川省古代和近现代28位著名科学家的展厅，每位科学家设一展台，其中近现代科学家14位，彭家元是其中之一。人们永远纪念和缅怀这位毕生在教学和科学研究园地耕耘不辍、为中国土壤肥料科学和农业教育做出巨大贡献的土壤肥料学家、农业教育家、中国土壤肥料科学的奠基人和开拓者。

八、彭家元主要论著

彭家元. 1923. 研究北京近郊碱土之概要. 科学，8（7）.

彭家元. 1928. 调查中国土壤之刍议. 农声，（113）.

彭家元. 1929. 土壤细菌对于矿物成分之变化. 农声，（127）.

彭家元. 1930. 土壤分类及中国土壤调查问题. 中华农学会报.

彭家元. 1933. 中山县土壤调查报告书. 中山大学专刊，（116）.

彭家元. 1933. 碱性土之改良. 农声，（163）.

彭家元. 1933. 广东土壤肥沃度指数. 中华农学会报，（116）.

彭家元，钟福奇. 1935. 石灰需要量与土壤细菌功用的关系. 农声.

邓植仪，彭家元. 1935. 土壤学. 广州：中山大学出版组.

彭家元. 1935. 肥料学. 上海：商务印书馆.

彭家元，苏旭光，陈禹平. 1936. 用黑曲菌测验广东土壤有效磷钾之结果. 中山大学农学院研究专刊.

彭家元，陈禹平. 1937. 元平式速成堆肥法. 农声，（205/206）.

彭家元，陈禹平. 1937. 广东土壤中氮素固氮菌之分离研究. 土壤肥料，1（3）.

彭家元，陈禹平. 1937. 广东土壤中微生物数量的测定. 中山大学农学院研究专刊.

彭家元. 1947. 四川土壤肥料概述. 科学，（9）.

彭家元. 1956. 关于高温堆肥讨论的我见. 农业学报，（4）.

彭家元，李仲明，张仁绥，等. 1958. 二郎山土壤分布及山地农业土壤调查. 山地农业科学.

彭家元. 1960. 土壤与肥料. 四川农业，（4）.

彭家元（参编）. 1962. 中国肥料学概论. 上海：上海科学技术出版社.

孙羲，彭家元主编. 1963. 农业化学. 北京：农业出版社.

主要参考文献

曾绍敏. 1986. 辛亥革命四川三大将军传——彭家珍大将军传. 成都：四川省社会科学院出版社.

余伯奎. 1987. 彭家元. 成都志通讯，(2).

阎文光，赵平. 1989. "水土保持"这个名词诞生在成都. 成都水利，2（总18）.

周建民，张玉龙，何国珠，等. 2005. 中国土壤学会60年（1945～2005年）. 南京：河海大学出版社.

撰写者

曾繁辉（1928～），四川农业大学资源环境学院副教授，彭家元教授的学生。

李登煜（1938～），四川农业大学资源环境学院教授，彭家元教授的学生。

周拾禄

周拾禄（1897～1979），浙江义乌人。稻作科学家和农业教育家。1921年毕业于南京高等师范学校（东南大学前身）。1931年赴日本东京帝国大学农学部研修，1934年回国。先后被聘为中央大学、中正大学教授，全国稻麦改进所技正，江苏省农业科学院研究员。历任中正大学教务长兼农学院院长、华东农业科学研究所副所长、江苏省农林厅厅长。毕生从事水稻遗传、育种、起源研究。著有《稻作科学技术》，编译了《稻作研究》和《稻作集论》两书。1948年在《中国稻作》上发表题为《中国是稻之原产地》一文，从稻作历史、地理分布、野生近缘种等方面，提出粳稻起源于中国、籼稻引自于南亚的独特见解。确立了稻作多元起源的基础论点。该论点在发表之初，因研究的深度、广度及论据的不足，并未能得到学术界的认同，此后40年间，稻作一元起源论成为稻作起源的主导观点。直到20世纪80年代末，随着考古学、分子生物学、民族学等学科的发展，籼、粳亚种分别起源的论点重新引发国内外学者们的关注。在各国学者跨学科的协作研究下，现在粳稻起源于长江流域，发展在中国，传播至全世界的观点已经成为共识。

一、聪睿、刻苦、自立、自强的成长经历

周拾禄，字在中，1897年8月15日出生于浙江省义乌县的一户平民百姓家庭，祖辈世代务农。兄弟姐妹六人，周拾禄行二。周拾禄聪慧好学，父亲立志倾全家之所有供他上学。周拾禄5岁时入私塾就读，12岁考入金华省立第七中学，两年后因家境窘迫，辍学回家务农。然而周拾禄求学之心不渝，15岁考入公费的杭州初级师范，18岁毕业后，到东阳一山区小学教书。积攒了少许积蓄后，投考南京高等师范学校（东南大学前身）被录取。1921年毕业，留在学校大胜关农业试验场，与同为浙江同乡的金善宝（中国农业科学院原院长）、冯泽芳（中国农业科学院棉花研究所原所长）三人分别负责稻、麦、棉三大作物的试验和研究。他们相互切磋，相互学习，增长专业技能。

1927年任中央大学助教，翌年兼任江苏省农矿厅技士。时值日本经济崛起，尤以稻作发展较快，单产居世界之冠。周拾禄再次激起学习的欲望，于1931年到日本东京帝国大学深造。经过三年的刻苦学习，奠定了较好的研究基础。回国后被聘为中央大学农学院教授。多年后，江苏省农业科学院的年轻学者与日本的遗传育种学家酒井宽一谈到周拾禄时，酒井宽一记忆犹新地说周拾禄能听懂日本传统的语言类艺术"落语"，这需要深厚的语言修养和丰富的社会生活经验；同时，对他在学术上的追求精神和他的聪睿、刻苦、自立、自强精神更是赞不绝口。

周拾禄在为自己立字号时，取字在中，这与当时的文人墨客的字号以优雅为主有明显的不同之处。周拾禄的字号意在明志，日本留学3年期间是有机会留在日本的，但他决定回国，报效"在中"国。另外，在日本留学时，看到日本学者加藤茂苞在1928年发表的论文，该论文将籼稻定为印度型（$Oryza\ sativa$ L. India），将粳稻定为日本型（$Oryza\ sativa$ L. Japonica），这篇论文对水稻的分类和类型的命名在世界范围产生决定性的影响，得到各国学者的承认并沿用至今。对此周拾禄意犹不服，坚信稻作起源一定发祥"在中国"。

二、审时、度势、务实、创新的工作作风

周拾禄出生在农村，对农民的疾苦深有体会。这促使他发奋读书，掌握知识，希望能为农民多做点事。在科技发展的不同阶段，周拾禄总是根据科研水平和社会发展的具体情况，提出切实可行且行之有效的新思路、新方法。

早在1936年他任全国稻麦改进所技正时，他看到广东市场上大米不足，多数依赖洋米进口，而湖南大米则因品质良莠不齐，销不出去。周拾禄建议当时的实业部在湖南设立稻米检验所，鉴定优质米销粤。实业部根据他的建议，成立了全国稻米检验监理处，任命赵连芳为处长，周拾禄为副处长，下设湘、赣、皖三省稻米检验所，将优质稻米销往广东。抵制了洋米进口，同时也解决了湘、赣、皖等省因谷价低廉伤及农户的问题，为稻农带来了实实在在的好处。

当时，迅速改良水稻品种的种性，提高稻米的品质和产量被稻麦改进所列为重大课题。可是，利用杂交进行性状重组，选育新品种的方法刚刚起步，一时难以育出新的品种。周拾禄提出对水稻地方品种进行鉴定评价，把混杂退化的农家品种加以提纯复壮。在短时间内选育出帽子头、中农4号等优良品种，对当时的粮食增产起到了很大作用。

新中国成立后，周拾禄在任江苏省农林厅厅长期间对农村的生产状况做了细致

的分析。发现里下河地区有大面积的一熟沤田，徐淮地区有易受涝灾的旱地，改变这些低产田块的耕作制度就可以大幅度提高粮食生产量。于是，他提出对这些落后生产地区进行生产改制，要求将里下河地区的一熟沤田改造为稻麦两熟田，将徐淮地区的易涝旱地改造为水稻田，减少低产的籼稻种植面积，扩大粳稻的种植面积等。要改变传承多年的生产制度必须改变农民的固有思维和习惯，当时里下河地区的农民说"沤改旱，必讨饭"。认为沤改旱不仅旱粮种不好，水稻也种不好。于是，周拾禄派科研人员下乡进行沤改旱试验的调研，经过研究、实践提出改制的要点是栽培措施得当，主要是耕翻土地需掌握土壤干湿适度、增施磷肥、降低地下水位等，沤改旱终于成功了。20世纪60年代里下河地区50多万公顷沤田，在水利改善的条件下就全部改为稻麦两熟田了。苏北沤改旱的成功，为苏南阳澄湖地区沤田的改制和四川省川东一熟冬水田的改制提供了成功经验。

同样旱田改水田也有新型栽培技术和传统种植习惯的碰撞。旱改水试验的结果，当年水稻产量很好，普遍受到欢迎，但以后逐年产量下降。由周拾禄指导，科研人员调研，提出施用磷肥、种植绿肥、扩种水稻，使得近67万公顷的旱田改为水稻田。旱改水的成功，也引起邻省山东省委的关注，并要求派技术人员到山东省进行旱改水的指导。

20世纪50年代苏北较为贫困，种植的都是籼稻，粮食产量比较低。苏南生产水平较高，种植的是粳稻，粮食产量高，生活富裕。周拾禄提出改种粳稻的目的是改善商品米的品质，带动农民生活水平的提高。籼改粳开始时粳稻产量也不高，产量比籼稻还低，主要是肥力水平不高。提高施肥水平后，粳稻面积也就迅速扩大了。这些改制的成功与周拾禄对农民状况的关心、对农村生产的了解、对农业科学的博学是分不开的。他在工作中审时、度势、务实、创新的作风，让他在不同的工作岗位上都能大展宏图、游刃有余。

三、严谨、宽厚、清廉、明理的处世理念

周拾禄一生待己严谨，待人宽厚，工作清廉，处事明理。

周拾禄无论是在工作，还是在生活上，各方面都显现出他的严谨。在工作场所，他的办公室总是保持着简洁和干净，办公桌上放置的是需要处理的公文、稿件和正在阅读的书籍等，书架上的书分门别类摆放得整整齐齐，任何一本书都可以在短时间内找出来。他认为在井井有条的思维和整齐清洁的环境下可以排除干扰，思想集中，提高效率。他在家中犹如在办公室一样，对自己的衣服放在哪个衣箱内一清二

楚，随时可以拿到。即使在 80 岁高龄之际，洗涤干净的衣物也是自己折叠平整、亲自摆放在固定的位置。

周拾禄批改文件、写作论文的字体横平竖直、一丝不苟，工作再忙也绝无潦草苟且的时候。他的三本著作的初稿，每次修改都是亲自一笔一画用很工整的字体抄写出来。1978 年 12 月汤玉庚（江苏省农业科学院粮食作物研究所水稻室主任）去医院探视病危的周拾禄时，他仍念念不忘未完成的书稿，用微弱的声音再三叮嘱："书中的图还没有完成。"汤玉庚答应帮他完成所有图表后，他才释然。周拾禄于 1979 年 2 月 2 日于南京安然辞世。后来在江苏省农业科学院粮食作物研究所的同仁共同努力下完成了书中的图表，《稻作科学技术》一书作为他的遗著得以出版问世。

1937 年抗日战争时期，周拾禄被任命为中央农业实验所驻云南工作站站长。在抗日战争艰难的岁月里，他跑遍了云南境内各稻区，调查、收集云南的水稻品种资源，特别是野生稻资源及其分布，事必躬亲，积累了大量的科学资料。为抗日战争结束后，在南京重建中央农业实验所提供了丰富的种质资源和研究资料，也为江苏省农业科学院现今的水稻种质资源奠定了深厚的基础。

周拾禄在担任华东农业科学研究所副所长和兼任江苏省农林厅厅长时期，特别注重农业科研与行政和院校的结合。他多次强调要加强农科所、农林厅、农学院的三结合。一方面以华东农业科学研究所为主与地区农业科学研究所联合派出专业的或地区性的调查组，走出科研大院到农村基点蹲点，采取边调查边试验的途径，总结群众生产经验，推广科研成果。派科研人员到安徽的芜湖、宣城、无为和江苏的无锡、江阴、高邮、兴化等市县的农村蹲点。春去冬来，要求连续调查一个生产季节的过程和结果。周拾禄还亲自带了秘书下乡到各基点调查研究，对蹲点同志的工作进行具体指导。另一方面，周拾禄经常邀请农学院的教授、专家下乡指导。同时也派蹲点人员到学校作专题讲座，提高学生们的实际生产经验。另外还邀请农业厅的专家到农科所与科研人员座谈，让生产管理人员了解科研，促进科研成果在农业生产中的应用推广，让科研人员了解生产中亟待解决的问题，及时调整科研方向。

1957 年周拾禄在担任华东农业科学研究所（现江苏省农业科学院）副所长期间，提出成立学术委员会的建议，希望提高科研质量和进行成果的鉴定。但这一建议被错判为走白专路线、有反党夺权的意图，而被划为右派。在此后 20 多年的时间里，周拾禄一直戴着右派帽子，连子孙前程也受到牵累，但他从不气馁。他说："个人得失事小，主要是把事业发展起来，把稻作科学技术搞上去。"当时，周拾禄白天静坐在大树下聆听高音喇叭中播送批判文章的情景给朦胧了事的笔者以深刻的记忆。数年后，他的《稻作研究》、《稻作集论》两本译著出版，更让笔者对他博大的胸怀留下刻骨铭心的感受。

周拾禄要求工作人员和家人像自己一样对工作认真负责，出现失误必须追究，以防微杜渐。即使是水稻发芽这样的小实验，也要对可能发生的种种情况作充分的预见推演，避免发生不可逆转的科研失误。周拾禄对于子女更是公私分明。他任农林厅厅长期间，每天有专用车接送，但他从来不让在市区读书的小儿子搭乘他的专车。至多将孩子的行李带回家，防止孩子产生懒惰性情和特权意识。

四、引领"中国是稻作起源地"的新假说

周拾禄与丁颖是同时代的水稻科学家。他们先后留学日本学习，回国后在水稻起源问题上，都提出了稻作起源于中国的论点。不同的是丁颖认为籼粳同源，籼稻的进化在先，粳稻的分化在后，在进化过程中由于所处的环境条件不同而分化成的籼、粳两个类型。周拾禄认为中国是粳稻的起源地，籼稻的起源有待研究。

周拾禄在1948年发表的论文中，从稻作的历史、稻种分布和栽培稻的野生近缘种三方面，阐述了粳稻起源于中国的理由。提出五个观点：

① 在宋史上有记载，中国种植的籼稻最初由越南传入，栽培历史不到1000年。

② 中国古代种植的全是粳稻。中国和印度的稻作皆始于史前，孰先孰后，无法确定，但据文字记载中国早于印度。

③ 主产稻米之东南亚各国，分籼、粳两大区域，中国、日本和朝鲜为粳稻区域，印度、缅甸、暹罗和越南一带为籼稻区。

④ 中国有如安徽巢湖的浮稻和江苏连云港的穞稻等粳型野生稻。日本和朝鲜的粳稻是由中国传去。

⑤ 现在栽培的粳稻，是我们列祖列宗驯化改良本土原产野生稻之遗产。

论文发表之初，并没有能引起学术界的重视，直至40年后的1989年北京大学考古系教授严文明分析了中国出土炭化米遗址的分布后，稻作起源于中国的论点才逐渐被认识。近年来，由于田野考古学对农业考古证据的关注，加之生物考古学的介入，炭化植物遗体的DNA分析和植物蛋白石分析法的开发与应用，周拾禄的论点不断被证实。现在，长江中下游是粳稻起源地的观点已经得到世界各国学者的认同。

五、周拾禄主要论著

周拾禄. 1948. 中国是稻之原产地. 中国稻作，7（5）：53-54.

周拾禄. 1963. 稻作研究. 上海：上海科学技术出版社.

周拾禄. 1963. 稻作集论. 上海：上海科学技术出版社.

周拾禄. 1981. 稻作科学技术. 北京：农业出版社.

主要参考文献

汤玉庚. 1995. 周拾禄//姚应才主编. 江苏科技群英志. 南京：江苏科学技术出版社：436.

汤玉庚. 2006. 怀念著名水稻科学家周拾禄教授//江苏省农业科学院主编. 缅怀农学前辈. 南京：江苏科学技术出版社：72-77.

王才林. 2008. 纪念周拾禄先生诞辰110周年暨稻作起源国际学术研讨会论文集. 北京：中国农业科学技术出版社：3-10.

撰写者

汤陵华（1947～），江苏省农业科学院粮食作物研究所研究员。周拾禄先生在中央农业实验所时期的同事汤玉庚之子，自幼与周拾禄先生家为邻，与周拾禄外孙、奚元龄之子为挚友。参加工作后一直以周拾禄先生的稻作起源理论为研究主轴。

陈静（1964～），江苏省农业科学院粮食作物研究所副研究员。

章守玉

　　章守玉（1897～1985），江苏苏州人。园艺学家、造园学家、园艺教育家，中国高等学校园林专业创建者之一，近代花卉园艺学的奠基人。1922年毕业于日本千叶高等园艺学校。1928年任南京中山陵园园艺股技师、后又任园艺股主任。历任西北农学院、南京临时大学、复旦大学教授和中央大学、迁至苏州的河南大学、沈阳农学院教授、园艺系主任。曾任中国园艺学会理事、理事长，中国建筑学会理事，中国园林学会顾问，辽宁省和沈阳市园艺学会理事长。担任中山陵园各风景点如明孝陵、灵谷寺、紫霞洞，新建的水榭、音乐台、体育场、植物园、花圃等绿化设计与施工；在南京、镇江、西安和沈阳等地进行了大量公园、陵园、机关、大厦、使馆、街道广场和私家园林的规划设计与改建工作，对我国园林绿化事业的发展做出了巨大的贡献。在南京中山陵园花圃建设过程中，广泛收集国内外的菊花、月季、牡丹、兰花和荷兰球根花卉以及一些野生花卉2000多种进行分类、栽培繁殖、驯化和选种育种工作，使南京中山陵园成为当时全国最大的花卉生产和研究基地。20世纪50年代，他在沈阳系统栽培观察了几百种花卉，发现唐菖蒲最适合沈阳的环境条件，开展了其选种和育种工作，培育出5000余个杂交后代，选育出数百个优良单株，为东北地区发展唐菖蒲生产打下了重要基础。

一、立志园林奋成材

　　章守玉，字君瑜，1897年8月16日出生于江苏苏州的一个书香门第家庭。祖父章志坚是前清的翰林，父亲章世辅18岁中秀才，后来自学古医药书，懂得医道，行医治病。继又自学数理化等自然科学，后东渡日本，在东京高等物理学校攻读物理专业，学成归国任中学数理化教师。母亲孙芹芝知书达理，喜欢音乐，经常与子女同乐，弹丝竹、扬琴，拉二胡，奏笛、笙，满堂乐声，其乐融融！

　　章世辅生有子女五人，他希望子女各掌握一门专门技术，工、农、医各行都有人学习。五个子女在成长中都不忘父志。

章守玉为长子，自幼就受到浓厚的文化艺术氛围的熏陶，自觉刻苦读书。初中毕业后，恰逢江苏省第二农业学校在苏州成立，他秉承父志入校学农。1915年他成为该校首届毕业生。毕业后继续留校在实验场实习，加强实践技能的培训。1916～1917年冬先后在江阴县立乙种农业学校任教和在吴县任农业技术员。二弟章守仁于上海同德医学院毕业，任苏州市立医院院长，成为一名名医。三弟章守昌大学法科毕业，任律师和中学教师。妹章守壁，乐益女中毕业，任小学教师。小弟章守恭于中央大学土木科毕业，后公派赴美留学，回国后任大连工学院教授。

1918年春，章守玉东渡日本学习日语，当年5月，北洋政府与日本政府签订了《中日共同防敌军事协议》的卖国条约，激起全国人民极大的愤慨和反对，留日学生也群情激愤。章守玉与许多留日学生义愤填膺，纷纷离日回国，以示抗议。7月间事态平静，他重返日本继续学习。

苏州是中国古典私人园林集中分布之地，其中有许多造园艺术高超而驰名中外的精品，例如掘政园、狮子林、留园等。章守玉自幼就经常游览于富丽堂皇的亭台楼阁之中，穿梭于秀丽的青山绿水之间，漫步于曲径通幽的路桥之上，他为这些变幻无穷的景色所吸引和感动，慢慢地在幼小的心灵中对园林艺术产生了浓厚的兴趣。1919年春，他毅然决然投考日本千叶高等园艺学校，专攻造园和花卉园艺，兼学果树、蔬菜。学习期间，他刻苦钻研日本和其他国家的园林和园艺科学，经常考察日本的各种园林和花卉、果树及蔬菜的生产，打下坚实的理论基础，掌握了丰富的实践知识。1922年学成回国后，他成为介绍国外园林、园艺科学技术的先驱者之一。

二、装点江山美如画

1925年，孙中山先生在北京逝世，南京国民政府依照孙先生的遗愿，决定在南京市东郊风景秀丽的钟山修建陵墓和陵园，以资纪念。1926年1月开始建陵。陵园的总体规划设计要求是，既要建设成为宏伟、庄严、肃穆的纪念性园林，又能反映出兼有文化娱乐、体育活动、科学研究、旅游休息的大型综合性森林公园。为孙中山建造陵园是一件举国瞩目的大事。陵墓的建筑设计，经过国内外公开悬奖，评出曾留学美国，对东西方建筑艺术都有相当精深研究的当时中国建筑界杰出建筑师吕彦直来担任。吕彦直的陵园设计图案，得到专家和评委们的好评，图案"简朴浑厚，最适合于陵墓之性质及地势之情形，且全部平面作钟形，尤有木铎警世之想"。中山陵园园林绿化规划设计的重任，由陵园筹备委员会公开招聘园林专家来承担。1928年经由南京东南大学、金陵大学任教的王太乙、胡昌炽两位教授推荐，章守玉到陵园来担任造园技术工作。章守玉在日本留学时专攻造园和花卉园艺，回国后在苏州的江苏省第二农业学校和福建厦门集美农校开设了造园等相关课程，多年来刻苦努力，在造园和花卉园艺等方面，在理论和实践的结合上都有较深的造诣，尤其具有很强的设计能力。于是，中山陵园管理筹备处去电福建厦门集美农校，邀请章守玉担任园艺股技师。4月，章守玉到南京陵园任园艺股技师，后升任园艺股主任。从此他以全部精力和其他专家一起投入到中山陵园的园林绿化规划设计和施工建设工作，历时将近十年。

在全园绿化总体规划时，他既考察了历代帝王陵墓布景和园林绿化设计的传统风格，又参考了不少国外资料，吸收了当时国外园林建设的理念，把中国自然风景区建设与国外森林公园建设的特点结合起来，使整个钟山的自然风景、名胜古迹与宏伟的中山陵以及文化科学、体育娱乐设施融为一体，既体现了中国古典园林的艺术技巧与手法，又吸取了日本和欧洲园林艺术精华。因此，中山陵陵园成了国内外人士瞻仰孙中山先生陵墓和开展文化娱乐、体育活动、科学研究、饱览自然风光的著名综合性风景区。

在陵墓绿化布置上，更有独到之处。陵墓是按照中国传统陵墓建筑的艺术特点而设计的，它是木铎式、傍山而筑，由南往北逐级升高，依次为牌坊、墓道、陵门、碑亭、平台，最后是祭堂和墓室。墓道长700多米，共有392个台阶。陵墓的建筑设计，一方面要体现出孙中山他那伟大恢弘的政治家风采；一方面又要衬托出孙中山那和蔼可亲、平易近人与人民群众休戚相关的气质和风范。章守玉认为，陵墓的绿化布置应该有利于创造这种艺术意境，因而突出了一片碧绿所产生的伟大肃穆的效果。在墓道绿化设计上采用了新从印度引进的树冠整齐呈高大塔形，树姿优美的常绿树种——雪松，当人们沿墓道拾级而上时，成排的高大雪松使人们产生肃然起敬之心情。当抬头仰望高崇的中山陵堂之际，更使人感觉到孙中山的伟大和可敬。

章守玉在墓道的尽头，陵堂平台之下，设计了一圈花灌木带。花灌木在不同时节鲜花盛开之时，犹如在中山陵堂之前敬上一个繁花似锦的硕大花环，以表示对中山先生的崇敬与缅怀之情，并创造出一种祥和的气氛。陵堂平台之下种植的低矮花木，使人们的视线突然开阔，与墓道狭长的空间形成强烈的对比，令人顿时有一种心旷神怡之感。

在陵堂两侧种植的青翠龙柏，它那飘逸的树姿，会使人们感到一种风起云涌的动势，它似乎使你看到了民主革命的洪流。当站在陵堂之前举目远望，远方那高低错落的山峦景观与陵堂两侧流云般的龙柏互相呼应，令人心潮澎湃，启迪着人们遵循孙中山先生的遗嘱"革命尚未成功，同志仍需努力"而继往开来，把民主革命的洪潮继续向前推进，争取更辉煌的未来。

中山陵的建筑和园林绿化建设的成功，受到国民政府及中外人士的赞誉。春秋佳日前往中山陵谒陵与游览的人们络绎不绝，无不对陵园的规划建设成就叹为观止！尤其对园林绿化设计既撷天然之美，更擅人为之巧和手法而津津乐道。

随后，章守玉等又主持了中山陵园各风景点的绿化设计与施工，如名胜古迹明孝陵、灵谷寺、紫霞洞，新建的水榭、音乐台、体育场、植物园、花圃等。中山植物园是中国第一个国家植物园，植物园筹备开始于1929年初，勘定明孝陵全部，东至吴王坟，西迄前湖一带。植物园由陈嵘、傅焕光、秦仁昌、钱崇澍、章君瑜、叶培忠参与设计，章君瑜以1∶2500的比例绘制成"总理陵园　纪念植物园设计图"。此图以后收入《总理陵园管理委员报告》和陈嵘所著的《造林学特论》两书中。植物园分为植物分类区、应用树木区、松柏区、果木区、枫树区、蔷薇区、蔷薇科花木区、牡丹芍药区、灌木区、水生植物区、天生植物区等11个区以及热带植物温室、应用树木温室、花草温室、标本室等。各区的布置均利用地形、道路、建筑、池塘、树木、竹林等来区划。中山植物园的建设对中国以后的植物园建设有着重要影响。章守玉在中山门外四方城，设计和建设了占地80余亩的花圃，成为当时全国最大的花卉生产和科研基地，供应了南京市各机关、各国使馆以及私人家庭对盆花、鲜切花的需要。

几十年来，章守玉都以满腔的热情投入到各地的园林绿化建设事业当中，所到之处都留下许多精美的作品。20世纪30年代在南京中山陵园任职期间，还为南京国民政府一些机关、外国使馆、廖仲恺陵园、街道广场、玄武湖公园和私家庭院以及镇江赵琛公园进行了大量的园林绿化设计和改建设计工作。40年代在西安改建了革命公园和莲湖公园。新中国成立之后，年过半百的他展望未来，激情满怀，在1950年所写的《新中国的观赏园艺事业计划》一文，描绘了新中国绚丽多彩的园林绿化事业。50年代初期除在南京、上海从事了大量的园林工作外，还为蚌埠的几座公园做改建和规划设计。50年代在东北沈阳农学院工作时，主持了全校的园林绿化规划和施工，为学校的教学、学习和科研、休息创造了一个优美的环境。与此同时还进行了沈阳北陵公园和中山公园的改建及中共中央东北局大院，辽宁大厦等绿化设计。

纵观章守玉的全部造园实践，体现了一个"宜"字，贯彻了一个"俭"字，符合一个"美"字。

所谓"宜"，就是要在园林绿化的规划设计中贯彻"因地制宜"的原则。建造园林，无论大小都要有明确的主题、拥有丰富的思想内涵；要体现特色，要符合当地的生态条件，反映出当地的民族风情和历史文化传统；要充分应用原有的地理、植物资源以及运用不同的造园艺术、风格和技巧，才能创造出不同用途，不同风格和特色的园林和景观。因此中山陵园的绿化是庄严肃穆，令人油然起敬；公园的多姿多态，内容的丰富多彩，创造出热烈欢乐、激情满怀的气氛；校园的宁静安详，充满学术的氛围。章守玉建造的园林无不为人们所称赞，成为人们学习园林技术的典范。

所谓"俭"，就是造园必须节约，最大限度地充分利用原有的地形、地貌和植被，一切从实际出发，不牵强附会，不矫揉造作，反对大规模地挖湖堆山，大动土方工程。因此，章守玉所做的设计往往是朴实无华，优美自然，工程量小、投资少、施工易、成效快。他提倡花木造园，近年来大力提倡的植物造景，正是这一思想的发展。

三、万紫千红遍地花

繁荣中国的花卉园艺事业系章守玉为之魂牵梦萦执著一生的追求。尽管在这条道路上他经历几多坎坷和挫折，但他却百折不回！

早在抗战前在南京中山陵园任园艺股技师、主任期间，章守玉就设计和建设了中山陵植物园和花圃，建筑了大规模的温室，为开展花卉生产和科学研究打下重要基础。章守玉认为花卉除草本观花植物外，还应包括草本观叶植物、木本观花、观叶和观果植物，此外还有仙人掌等肉质茎植物。中国地大物博，拥有热带、亚热带、温带、亚寒带等不同气候的地域和垂直几千公尺高原，分布着极为丰富的奇花异草。开展花卉生产和科学研究必须广泛收集花卉。收集国内外花卉的工作便由中山陵园植物园和花圃来承担。抗战前，植物园和花圃中有从国内外收集的各种花卉将近2000品种类型，其中菊花600余种，月季500余种，牡丹200余种，芍药120余种，花菖蒲200余种，大理菊110余种，温室植物110余种，花梅51种，其他花木百余种。真是名花荟萃，蔚为大观。

章守玉对国内外引进收集的大量花卉资源进行了系统地观察、驯化、栽培繁殖和选种育种工作。引种驯化主要针对国内牡丹、兰花和荷兰的球根花卉，整理出数十份优良的株系，培育许多优良母株，为扩大繁殖打下基础。育种主要以菊花和月季为主，与引进日本的菊花、英国的月季作亲本开始了杂交育种，初步培育出许多优良单株。可惜的是，1937年日本占领了南京，章守玉不得不离开南京，这一切均成为泡影。

新中国成立后，在上海复旦大学任教的章守玉，满怀激情地写下了《新中国的观赏园艺事业计划》一文，胸中装满了繁荣祖国园艺事业的宏伟蓝图，重新收集国内外的奇花异草，开展花卉栽培繁殖、引种驯化和育种工作。

1952年全国高等学校开展院系调整，原上海复旦大学农学院调整到东北成立沈阳农学院后，章守玉对花卉栽培与育种的研究开始进入蓬勃发展的新时期。最初他把从上海带来的各种花卉进行栽培观察，了解各种花卉在东北的气候环境下的适应性。在以后的10多年中，章守玉先后指导和组织了多项花卉方面的科学研究。经过一段时间的观察发现，沈阳地区的夏季气候很适合唐菖蒲的生长发育，因此他决定集中精力，突出重点，大力开展唐菖蒲的栽培和育种研究。

唐菖蒲，又名菖兰、剑兰，属多年生球根花卉，是切花生产的一种重要花卉。章守玉在栽培唐菖蒲的过程中，注意不断改进栽培技术和方法。他将江南一带沿用的高畦栽培改为垄作沟种。这样做，有利于利用春天地温的升高促进球茎的发芽和幼苗的生长发育；待气温逐渐上升和植株不断增高时，再分次培土起垄，这样既可使植株不易倒伏，又可使新球茎形成时处在较深的土层中，避免土温过高和剧烈变化，有利于新球茎的发育。

为了延长切花的供应期，他采取早花早种，阳畦催芽，晚花晚种，排开播种等方法，使花期从6月末直到10月上旬，比一般生产延长供应期一个多月。

章守玉从20世纪50年代起就更加注意广泛收集唐菖蒲的品种资源，丰富杂交亲本类型，扩大育种的方向，为培育出更多奇、特、优的新品种而奠定物质基础。经过多年的努力，通过田间选择自然变异（芽变）、人工杂交等方法，培育出5000余个杂交后代，选育出数百个优良类型，其中曾获得花朵数多达20~30朵的珍稀多花类型。

章守玉在选育新品种的同时，还注意改进育种程序。以前，从杂交到实生苗开花需经历3年时间。他采用杂交20天左右蒴果变成黄褐色时，将蒴果采下，并提前于9月中旬播种在营养袋中，在温室提前育苗。次春3月采收小球，再行播种。这样，8~9月间即可开花，缩短了育种过程一年多，从而为加速唐菖蒲育种工作提供了新经验。

章守玉经过10多年的奋斗，使沈阳农学院成为当时东北地区唐菖蒲生产和育种规模最大的基地，沈阳农学院优良的唐菖蒲已成为"辽宁名花"而享誉全国。

在20世纪50年代后期，章守玉又开始收集了菊花数百个品种类型，对菊花分类、栽培、盆栽菊花的造型，菊花花期调控等进行多年研究。结合1962年沈阳农学院建校十周年庆祝活动，举办了大型的菊花展览会。这个菊展以它色彩之斑斓，花姿之优美，造型之奇特，种类之繁多而闻名省内外。

同样是命运多舛，到20世纪60年代中期，"文化大革命"开始了。章守玉呕心沥血、辛勤耕耘收集培育起来的唐菖蒲、菊花等大量的花卉种类连同选育出来的唐菖蒲新品种类型，除少数引种到其他单位得以保存外，其余的全部被毁灭无遗。这使已届古稀之年的章守玉受到了致命打击，身心受到极大的摧残，成为他终身的遗憾！

四、呕心沥血育英才

章守玉热爱园林和园艺事业，更热爱教育事业。他除在抗战前一段时间在南京中山陵园任职外，其余的一生再也没有离开过教学、学生和学校。半个世纪来为国家培养了大批园艺和园林人才。

1922年从日本学成回国后，就应江苏省第二农业学校校长王舜臣的邀请，回母校任教，讲授花卉园艺、造园和园艺通论等课程，兼管农场工作。1927年夏，应殷良弼校长邀请，到福建厦门集美农校任教。在南京中山陵园工作期间，1932～1934年间还兼任南京国立中央大学讲师。抗日战争时期，他热爱祖国，憎恨日本帝国主义，拒绝日伪政权的威迫利诱，经胡昌炽教授介绍毅然只身经中国香港、越南、中国内地云南和四川辗转到达陕西武功任西北农学院园艺系教授，讲授造园学、温室花卉和露地花卉等课程。抗战胜利后，章守玉回到苏州与家人团聚。1946年受聘于南京临时大学教授，中央大学复校后，任园艺系教授兼系主任。同时兼任苏州农校教员。1948年转到迁至苏州的河南大学园艺系任教授兼系主任。1949年经毛宗良教授介绍到上海复旦大学农学院园艺系任教授，讲授造园学、花卉学、温室园艺等课程。此时，毛宗良和章守玉等一些教授认为，中国有"园林之母"的美称，但是从事园林绿化事业的专门人才非常缺乏。新中国成立后国家建设的发展，培养专门园林绿化事业人才更显得迫切。他们根据当时复旦大学园艺系有较好的园林学科基础，率先分设了观赏组，重点培养园林绿化方面人才，这是开了中国设立园林绿化专业的先河。

1952年，全国高等学校进行院系调整，上海复旦大学农学院搬迁到东北沈阳，成立沈阳农学院。章守玉从1953年起担任园艺系主任直至"文化大革命"开始，是历任系主任任期最长的。1956年被评为一级教授，继续讲授花卉园艺学和造园学等课程。章守玉于1953年和1959年先后两次在园艺系设立园林绿化专业，培养了一批园林绿化建设人才。他们以后都成为国家，特别是东北地区园林绿化建设事业的骨干力量。

章守玉一生坚持在教学岗位上，呕心沥血，孜孜不倦，真是桃李满天下。

章守玉的教学态度非常严肃认真，一丝不苟。他从教数十年，许多课程对他来说已反复讲授多次，教学内容已经非常熟悉了。但是，每逢他重复讲授每一门课时，都要重新组织材料，及时地将自己的积累和收集到的古今中外资料广征博引，把最新、最好的科学知识传授给学生。每次看到他新写的讲稿，条理清晰、内容详尽，连字迹都一丝不苟、端庄秀丽，无不为之敬叹和难忘。

章守玉在教学工作上一切以教好学好为出发点，从不顾辛劳，不计较个人的得失而尽心尽力。在刚迁校到沈阳时，要开观赏树木学课，很难找到对东北树木较熟悉的教师，当得知沈阳尚留有一位较知名的日本树木学家佐藤润平先生，且对东北树木颇有研究时，章守玉拟聘他任教。但他只懂日语，不懂汉语，而树木学方面专业翻译，又非一般翻译所能胜任，成为难题。为保证教学质量，章守玉主动提出，义务为该课担当翻译。一位知名老教授，每节课都站在比他年轻的佐藤先生之旁，逐字逐句为他译述，令同学甚感不安，请他坐下，他却笑着回答："不要紧的，站着要好些。"整个课程，他始终站立一旁翻译。章先生这种鞠躬尽瘁的精神，使人永难忘怀。

章守玉在他的教学生涯中，不仅重视理论教学，而且十分重视理论联系实践，重视学生的实践技能的培养。上实验本是助教和其他教师担任的，但章先生只要能脱身总要亲临指导，动手示范，和同学们一起劳动操作。他为给学生实习实践创造更好的条件，利用学校的土地资源，建立了规模较大，种类齐全的园艺场、果菜园、树木园、花圃和各种温室以及各种装饰性、游息性的园林绿地。几十年后许多老校友回忆当时校园环境时说："当时的校园里绿树成荫，绿草成片，四季鲜花盛开，瓜果飘香，让广大师生生活、学习和工作于优美而又充满学术氛围的校园环境中。"

章守玉在教学生涯中，十分重视教材建设。早在1933年，他在苏州农校、厦门集美农校和当时兼任中央大学教授时，在教学讲义的基础上重新编写出版了《花卉园艺》一书，成为中国花卉方面第一部专著和教材，以后连续十次再版。20世纪40年代在西北农学院时，他又先后出版了《花卉园艺学各论》(1942)和《温室园艺》(1945)两本教材。50年代后，在沈阳农业学院又重新编写了《花卉园艺学》上、下册教材。

章守玉先后编写和出版的教材，都是结合所到之处的自然环境和花卉生产特点，又吸收了国外花卉园艺的最新成就而编就的，它们对中国花卉园艺的教学和生产科研都起到重大的作用。

章守玉在他大半生教学工作中，不仅关爱学生，一切为了学生学好而为；而且更加关心工作在他周围的青年教师。为了更好地让青年教师更快成长，一方面严格要求，另一方面倍加关爱和培养。他经常告诫他们，讲课时一定要把老课当新课教，所熟内容当做新内容来备，章先生在教学中的以身作则，成为青年教师成长的榜样。他经常进入课堂听青年教师讲课；深入田间观察青年人的生产和科研实践；青年人在做园林规划设计时，他总是伴随在一旁；给他们以关怀和鼓励，指导和帮助。

1959年为了培养园林绿化专业的师资，他不顾年迈而亲自送他们到北京林学院城市及居民区绿化系进修，以后还多次赴京看望他们。章先生对青年教师的关爱令在他身边工作过的青年教师终生难忘！

五、老骥伏枥献壮志

已是不惑之年的章老先生，看到国家蒸蒸日上，欣欣向荣的景象，更是欢欣鼓舞，壮志凌云。

1971年已经退休在老家苏州的章老，看到国家建设飞速发展，需要许多资金的支持。他把平时节衣缩食省下的一万九千元钱献给了苏州市人民政府，支持国家的建设。

人们还经常看到，他拄着拐杖到一些园林绿化部门、到母校去走走看看，参加一些活动，提供具体指导。苏州市多种经营管理局接受了农业部下达的筹建"花木园林技术服务咨询中心"，邀请他去商量技术问题，他欣然应允，经常去中心指导。当苏州上方山果园要发展草莓生产时，他热情为之联系，协助引种，指导生产，使这个果园不仅发展了草莓生产，还发展了草莓的加工业。

他壮心不已，经常参加各种社会和学术活动。曾到北京、上海、广州等地考察指导园林绿化建设。参加辽宁省园林学会1978年年会，并在会上发言。在沈阳市园林科研所主持的唐菖蒲命名会上作有关唐菖蒲的报告。莅临南京中山植物园建园五十周年、上海植物园建园三十周年庆祝大会并发言。出席在苏州举行的全国花卉科技协作与攻关会。又多次返沈阳农学院关心园林绿化专业的重建和令他经常牵肠挂肚的唐菖蒲育种课题的进展。

章守玉，看到了国家园林花卉事业将会大发展，为了给后人更丰富的精神财富，他充满激情地于1979年又拄杖两赴沈阳，组建新的写作班子，将他原在沈阳农学院编写的《花卉园艺》讲义改编出版，新的《花卉园艺》上册于1982年由辽宁科学技术出版社正式出版。

他关心着园艺花卉科技工作者的成长。无论谁慕名登门或投书请教，他总是耐心详细地给予解答和回复，话语之间充满着厚望。

他的学生、园艺花卉工作者写了专业论文或编写的书稿，邀请其修改、审定或书写序言者无不津津乐道地满足要求。他的学生袁格方担任《大众花卉》主编，邀请他担任该杂志顾问，并请他撰写发刊词，他即欣然接受，以后又参与了国花的讨论，为办好刊物还不时提出一些书面建议。他的又一个学生，亦是他介绍到中山陵工作的同事沈善栋对栽培牡丹具有浓厚兴趣，说是少年在农校读书时见到章老师从日本引进嫁接的牡丹植于校园内，每年盛开时花朵艳丽多姿，在心中留下难以磨灭的印象，因此几十年来收集和积累了不少资料，退休后编著了《国花牡丹》一书。为将日本人染井考熙所著的《牡丹栽培》一篇编入书中介绍给读者，时已87岁高龄的章守玉认为该著作颇有独特之处，便冒酷暑挥汗为其翻译。还有徐德嘉，陈轶琦的《园林植物繁殖》、沈善栋的《中国牡丹史》（专业版），章老都做过修改、审定，有的还写了序言。

为表彰章守玉数十年如一日为中国高等农业教育和园林绿化、花卉事业的丰功伟绩，1984年中国农学会为章守玉颁发了署有陈云同志亲笔签名的表彰状。

1985年5月，章守玉欣然应聘担任中国建筑学会园林学会顾问。

1985年9月3日，一代宗师章守玉先生因病与世长辞，享年89岁。在章先生逝世前几天，告诉子女说，他做了一个美妙的长梦，梦见自己到了万紫千红的鲜花丛中……这正是他的梦境，是他的生境，是他理想的归宿。

章守玉永远是我们的楷模，人们永远不会忘记他做出的卓越贡献。为了深切悼念章守玉，在先生的追悼会上，他的学生们敬献一副挽联，概括了他的一生：

灌园莳花，辛勤耕耘半世纪，芬芳悠悠飘全国；

教书育人，严谨治学六十载，桃李郁郁遍中华。

六、章守玉主要论著

章君瑜. 1933. 花卉园艺学. 上海：商务印书馆.

章君瑜. 1942. 果树之促成栽培及抑制栽培之理论. 殖产协会报，(5)：4-6.

章君瑜. 1942. 花卉园艺学各论. 国立西北农学院园艺学会.

章君瑜. 1945. 温室园艺. 西北农学院园艺学会.

章君瑜. 1949. 菊花之育种//苏州农校园艺研究会编. 菊.

章君瑜. 1950. 新中国的观赏园艺事业计划. 复旦农学院通讯，(6)：4-5.

章守玉. 1962. 花卉园艺学（上、下册）. 沈阳农学院.

章守玉. 1982. 花卉园艺（上册）. 沈阳：辽宁科学技术出版社.

章守玉. 1988. 日本牡丹栽培月历. 园林.

主要参考文献

张雨生. 1986. 花木长茂名不朽——记章守玉教授. 大众花卉，1：18-19.
邓继光. 1995. 章守玉//中国科学技术协会编. 中国科学技术专家传略·农学编·园艺卷1. 北京：中国科学技术出版社：37-46.
范方镇. 2004. 中山陵史话. 南京：南京出版社.
总理陵园管理委员会. 2008. 总理陵园管理委员会报告. 南京：南京出版社.

撰写者

邓继光（1937~），沈阳农业大学教授，章守玉先生的学生。

　　感谢章守玉女儿章宁文与四女婿李宝筏和学生王缺、徐德嘉以及黄晓鸾、詹小娴、温永等同志提供有关资料。

邹钟琳

邹钟琳（1897～1983），江苏无锡人。农业昆虫学家，农业教育家，是中国水稻螟虫防治研究的先驱。1920年毕业于南京高等师范农科，1931年获美国明尼苏达大学硕士学位。历任中央大学教授，江苏省昆虫局技术部主任，中央大学教授兼二部主任，中央大学农学院院长，南京农学院昆虫学教授、教务科长、昆虫教研组主任，农业部科委委员，中国农学会副理事长，中国植物保护学会理事，中国昆虫学会副理事长，江苏昆虫学会理事长。长期从事农业昆虫学的教学与科研工作，尤以蝗虫、螟虫方面的研究见长。编著有《普通昆虫学》、《昆虫生态学》、《经济昆虫学》（上册）。发表有《太湖流域水稻三化螟防治上的理论基础和实施方案》、《中国迁移蝗的变型现象及在国内的发生区域》、《昆虫之滞育问题》、《新疆主要农业害虫种类及其发生情况》、《大地蚕在南京发生状况及四种药剂对幼虫滞育期试验初报》等论文。从事农业教育、科研60年如一日，不仅对防治我国农业大敌的蝗害、螟害做出了重大贡献，而且在防治其他病虫害方面也取得了显著成绩。

一、生平概况

邹钟琳，1897年9月12日出生在江苏无锡后宅一个并不富裕的地主家庭。其父少事生产，对子女教育却要求极严。邹钟琳7岁入私塾，熟读四书；11岁入无锡后宅养正小学；14岁进入离家10余里的无锡荡口鸿模高小读书；16岁时考入常州第五中学，与瞿秋白、张太雷等同学。该校对学生管理极严，养成了邹钟琳认真刻苦、谦虚谨慎的优良品德。中学四年，不仅打下良好的英文基础，而且物理、化学、地理、历史均累积了丰富的知识。1917年中学毕业后，由于家境不宽裕，在老师指点下，邹钟琳考入南京高等师范农科，学制三年。在校期间，学习了包括植物化学、作物、畜牧、土壤肥料、农具、农业经济等方面大量的课程，并且在暑假期间积极参加田间实习，这是其他学校农科所没有的。受农科主任、植物病理学家邹秉文实干精神的感召，邹钟琳暑假都是在杭州和安庆郊区农场里度过的。他利用实习机会，抽空采集植物病虫害标本，带回学校供同学上实验课用。其间，他还对南京附近发现和搜集到的 15 种植物真菌病的标本做了整理、鉴定，写成论文，经邹秉文推荐在中国科学社出版的《科学》杂志上发表。

1920 年毕业后，邹钟琳即留校任助教，从事植物病理学工作，侧重于真菌方面的研究。1925 年起始转而研究昆虫学，并兼任江苏省昆虫局（附设于东南大学农科内）技术员。在昆虫局的时候，春夏秋三季在田野（下蜀、苏州、洛社三地）研究水稻螟虫问题，冬季回局后补习昆虫学课程。1924～1929 年专做水稻害虫研究。1928 年 3～11 月在江苏省南部从事螟虫防治工作，在吴江、昆山、丹阳、松江等地联合当地部分人士筹款，组织除螟会，并指导做合式秧田、采虫卵、燃灯。到了水稻收割后，又掘稻根，9 个月奔走于各地田间地头，到 12 月回昆虫局后又举办除螟讲习会一个月，并发表了数篇研究报告和论文，为水稻螟虫防治做了开拓性的工作。最终因劳累过度，患上肋膜炎，住院 10 余日，后休养 9 个月才逐渐恢复。

1929 年，邹钟琳得到江苏省昆虫局的资助赴美国进修。在明尼苏达大学昆虫学系师从生态学家查普曼（Chapman）学习昆虫学和昆虫生态学并做研究工作，于 1931 年夏获得硕士学位；后转康奈尔大学攻读博士学位，1932 年美国爆发金融危机，物价飞涨，由于学费不足不得已提前回国。在美学习期间，除了提高业务外，邹钟琳还十分关心明尼苏达大学和康奈尔大学昆虫方面的教学、科研情况，对两校的教学科研设备、课程设置、教授阵容等诸多方面进行比较，汲取了不少有益的经验。

回国后，邹钟琳在中央大学农学院（东南大学前身）任副教授，1932 年晋升为教授，同时兼任江苏省昆虫局局长。1933 年该局因为经费短缺停办后，他得以将全部时间放在学校的教学工作上，1932 年春起至 1932 年冬止，由于学校停课、昆虫局停办，他应江苏省农矿厅（在镇江）之邀，曾在江苏实业厅任技正，指导全省治虫事宜。1932 年冬，中央大学复课，即返校继续从事教学工作。1933～1937 年，除教学外还与中央农业实验所合作研究迁移蝗问题，1933 年暑假赴微山湖及华北数省调查蝗虫发生情形。1934 年秋，学校建筑植物病虫馆，邹钟琳计划在农学院成立植物病虫系，添置设备、书籍，但至 1937 年抗日战争爆发而被迫中止。1937 年 8 月学校西迁重庆，10 月邹钟琳负责农学院的搬迁工作，他公而忘私，先将书籍、仪器和奶牛以及全院老师和家属离开南京，到重庆安排妥当后，准备返回南京接家属赴渝，但为时已晚，夫人带上刚满月的幼子于日军占领南京前不久随群众疏散，颠沛流离，至 12 月才到达重庆，幼子在途中感受风寒，后转肺炎而夭折。家中财物和藏书等在南京沦陷时全部毁于战火。

在重庆的最初三年，生活尚可维持，邹钟琳除从事教学科研工作外，十分注意研究生的培养，鼓励他们出国进修，并预备在将来回南京后学校成立植物病虫系时从中选聘部分人员担任教职。到抗战后期的几年，1941~1945年，后方的生活极苦，人心不安，但邹钟琳却学术兴趣极浓，他觉得只有终身致力于教学科研工作才对得起国家。因此，在当时极为艰苦的条件下，他仍努力撰写完成《经济昆虫学》（上册）一书，并于1946年出版，借此精神有所寄托，可以忘记生活上的痛苦。原拟在抗战胜利后完成《经济昆虫学》（下册），但因种种原因，最后未能如愿。

1943年暑假，邹钟琳作为中华农学会的代表参加伪行政院主办的康昌旅行团，赴康昌地区考察农业并采集昆虫标本，并写成工作报告。1944年寒假，应邀前往西北农学院讲学，后应院长邹树文要求，担任学校教务长，并在邹树文赴重庆辞职时代理院长两月余，至新任院长到来方返回重庆。1945年抗战胜利后，学校迁回南京，吴有训校长任命邹钟琳为二部主任（包括医学院、农学院和新生院），主持丁家桥校舍的整修和师生宿舍的修建。1946年10月学校如期复课，1948年，二部撤销，任中央大学农学院院长，直到南京解放。

1952年，全国高等院校院系调整，邹钟琳调任南京农学院植保系教授兼昆虫教研室主任。1956年被评为一级教授。每年暑假，他都奔赴各地农村进行实地考察。于1956年写成的《太湖流域水稻三化螟防治的理论基础和实施方法》一文，对30多年来防治螟虫害做了科学总结，具有十分重要的指导意义。其后又从事李实蜂、小地老虎、土居天牛、大小地蚕等虫害的防治，积极推广研究成果。"文化大革命"中他被下放到江浦农场劳动，但依然利用一切机会观察昆虫、采集标本，"文化大革命"结束后回校，指导学生科研，并潜心修改《昆虫生态学》。该书于1980年出版，是当时国内第一部昆虫生态学专著，将我国农业昆虫学的研究提高到一个新的水平，得到了农业科学界的高度评价。

邹钟琳几十年如一日，在农业昆虫学领域辛勤耕耘，孜孜以求。在生命的最后一年，还抱病坚持写了5万多字的《我国黏虫的发生与防治》综述，一直工作到最后时刻，1983年7月23日因病逝世于南京。

二、主要学术成就

邹钟琳在20世纪20年代留美期间就从事昆虫生态学方面的理论研究，回国后较早致力于我国农业害虫的调查研究工作，尤其对飞蝗和水稻害虫做过长期深入的研究，为当时国内主要农业害虫的防治工作打下了理论与实践的基础。

为了弄清蝗虫发生规律，他曾去华北蝗虫灾区进行实地调查。他发现了东亚飞蝗因种群密度不同而发生的变型现象，指出了蝗区的生态和蝗灾轻重的关系，提出了预测和防治蝗虫的有效方法，为当时国内消灭蝗害做出了重要贡献。

邹钟琳对水稻螟虫、白背飞虱等多种水稻害虫的发生规律和防治方法做过深入的研究。经常在水稻田边观察螟虫产卵、孵化、生长和发育情况，摸清了螟虫的生长规律和一年的繁殖代数，从而采取相应的防治措施，使江苏地区的螟虫防治工作取得了突破性的进展，提出了改变水稻品种和栽插时期以避开螟虫为害高峰的栽培治螟方法。经过几年努力，他查明了江苏省螟虫发生的代数并总结了各种防治方法的效果，发表了《三化螟之研究》等数篇研究报告和论文。

抗战期间，学院经费拮据，加上物价飞涨，邹钟琳和其他教职员工生活十分困难。但他仍然坚持教学、科研不辍，特别是他对螟虫防治的研究始终没有间断。经过在川东农村数年的田间观察和研究，查明三化螟第三代幼虫侵害水稻的时间为 7 月 25 日至 8 月 25 日，而螟虫侵害水稻与水稻的生长时间有着密切的联系。如果选育早稻品种，岔开水稻的生长时期，就可以避免和减少螟虫的危害。他将研究成果写成论文发表，首次提出合理安排栽种时间，避开螟虫为害高峰的理论，为减轻川东地区水稻螟害提供了科学依据。在我国这种采用栽培措施防治螟害的办法，在生产中反复实践，收到良好效果。

邹钟琳先后主讲过普通昆虫学、经济昆虫学、昆虫分类学和昆虫生态学课程，并编写出版了《普通昆虫学》和《经济昆虫学》（上册）专著，其中《经济昆虫学》（上册）一书将农业昆虫提高到生态学的高度，概括了害虫防治的原理，具有独到的见解，成为当时国内高等农业院校的重要教材。

新中国成立后，邹钟琳仍然把自己的主要精力放在作物主要害虫的防治研究上，他继续从事水稻螟虫的研究。1956 年发表了《太湖流域水稻三化螟防治上的理论基础和实施方法》等论文。1960 年后，他主持了国家重点课题"小地老虎的研究"工作，对小地老虎的生物学、生态学研究取得了显著成果，出版了《小地蚕研究论文集》，在他指导下拍摄的《小地老虎》彩色科教片在全国上映。

20 世纪 50 年代，李实蜂在南京发生严重虫害。当时学校园艺场里的李树，年年收不到果实，郊区农民纷纷把李树砍掉。邹钟琳于 1951 年着手进行李实蜂防治试验。1954 年，他与尤子平等一起在过去试验的基础上，经过细致观察，发现李实蜂产卵于花萼组织内，幼虫孵化后，爬过花瓣钻出，然后钻进幼果，噬食果心。邹钟琳提出在李花开放前数天和盛花期喷洒杀虫剂进行防治，取得了明显效果。

此外，邹钟琳还对西北、东北、新疆、江苏等省、自治区的主要农业害虫的种类和生物防治规律以及昆虫的滞育问题进行过研究，发表过多篇学术论文和调查报告。他在多年教学和科研工作的基础上，先后于1958年和1980年编写出版了《中国果树害虫》和《昆虫生态学》两部专著。

邹钟琳一贯坚持深入生产实践，重视解决生产上的问题。他总是把生产上亟待解决的主要害虫选作自己的研究对象，亲自到生产第一线调查研究、收集资料、采集标本、开展试验、推广成果。他经常外出调查害虫的发生情况，跑遍了大半个中国，搜集了大量的资料，发表了许多重要的调查报告和论文，解决了多种主要害虫的关键性问题。他治学严谨，对待教学工作认真负责，知难而进，精益求精。同时，他十分重视教学改革，不断提高自己的教学质量。他教授农业昆虫学课程多年，已经很有研究且十分熟悉，但每教一遍，他都要认真备课，不断修改讲稿，充实最新科技成就和实践资料。每章讲稿写好后总要多方征求意见，集思广益。《中国果树害虫学》和《昆虫生态学》就是经过广泛征求意见、反复修改后才付印出版的。在晚年病体虚弱的情况下，还念念不忘搜集资料，准备修改《农业昆虫学》的教材体系和修订已出版的《昆虫生态学》。

邹钟琳十分重视培养新生力量，他对研究生和青年教师都是手把手地教。亲自带他们深入生产实践和教学科研第一线，脚踏实地，从实际工作中提高他们的能力与水平，把有发展前途的学生放到重要岗位上去锻炼。

邹钟琳曾先后担任过中国农学会副理事长、中国昆虫学会副理事长、全国植保学会理事、江苏省农学会副理事长、江苏省昆虫学会理事长、《昆虫学报》编委等重要职务。邹钟琳积极参加社会政治活动，他曾连续当选为江苏省第一、二、三届人大代表，被推选担任全国第四届政协特邀代表，第五届政协委员。

三、邹钟琳主要论著

邹钟琳. 1920. 中国菌病见闻之二. 科学，4（12）.

邹钟琳. 1925. 江苏省三化螟虫之研究报告. 农学，2（6）：1-74.

邹钟琳. 1925. 昆虫与土壤. 科学，10（8）.

邹钟琳. 1926. 嘉定县麦类黑粉病调查. 农学，3（2）.

邹钟琳. 1930. 农业病虫害防治法. 上海：上海商务印书馆.

邹钟琳. 1933~1934. 关于若干种水稻害虫因气候的关系在世界上分布之状况. 中央大学农学丛刊，1（2）.
　　45-75.

邹钟琳. 1934. 中国迁移蝗的变型现象及在国内的发生区域. 中央大学科学季刊，1（1）.

邹钟琳. 1935. 中国飞蝗之分布与气候地理之关系及其发生地之环境. 实业部农业实验所研究报告，1（8）：

239-272.

邹钟琳. 1937. 江苏省数种水稻生长期与三化螟为害之关系. 中央大学农学丛刊, 4（1）: 1-23.

邹钟琳. 1940. 普通昆虫学. 上海: 中华书局.

邹钟琳. 1947. 经济昆虫学（上册）. 南京: 国立编译馆.

邹钟琳. 1949. 中国最近十年内（1937～1947）迁移蝗发生状况及防治结果. 科学, 31（2）: 35-36.

邹钟琳. 1953. 两种土居天牛纪要. 昆虫学报, (1): 219-223.

邹钟琳, 尤子平. 1956. 李实蜂（*Hoplocampa* sp.）在南京的生活史和防治试验结果. 南京农学院学报, (1): 1-8.

邹钟琳, 曹骥. 1958. 中国果树害虫. 上海: 上海科学技术出版社.

邹钟琳. 1962. 小地蚕的生物学特性和在江苏省的防治策略. 江苏省农学报, 2: 58-62.

邹钟琳. 1962. 新疆主要农业害虫种类及其发生情况. 新疆农业科学, (10): 379-384, 403.

邹钟琳, 顾启明. 1966. 大地蚕在南京发生状况及四种药剂对幼虫滞育期试验初报. 昆虫知识, 10（2）: 73-74.

邹钟琳. 1979. 昆虫生态学. 上海: 上海科学技术出版社.

邹钟琳. 1984. 我国黏虫的发生概况及其防治. 南京农业大学科学研究专刊, 第13号.

主要参考文献

仇文干. 1992. 邹钟琳//中国科学技术协会编. 中国科学技术专家传略·农学编·植物保护卷1. 北京: 中国科学技术出版社. 58-68.

撰写者

杨坚（1970～），南京农业大学人文学院科学技术史系副教授。

毛宗良

毛宗良（1897～1970），原名显彰，别名仲良，浙江黄岩人。园艺学家，园艺教育家。1927年毕业于东南大学农学院园艺系并留校任教。1928年夏以优异成绩考取浙江省公费留学，当年即赴法国里昂及格郎劳勃学习法文一年，1929年夏进入巴黎大学农学院学习园艺，1930年为攻读博士学位转入巴黎大学研究院植物系深造，1933年毕业，获理学博士学位。历任中央大学、复旦大学、四川大学、沈阳农学院园艺系教授和系主任。曾任复旦大学农学院院长。他在园艺植物分类学、解剖学、造园学、蔬菜栽培学等方面造诣深厚。特别对十字花科蔬菜及苋菜的分类，藜、苋两科和茭白、荸荠的解剖以及为中国榨菜、花叶芥菜、紫叶芥菜确定拉丁学名等方面做出重大贡献。1935年以他为首创办了中国第一本园艺刊物《园艺月刊》。1935年前后，毛宗良主持了原国民政府的国民大会堂、考试院、外交部和交通部等单位的庭园规划设计。抗战前后在指导甘蔗、葡萄、柑橘及皖、浙、闽三省的粮食生产方面做出重要成绩。1949年又与他人在复旦大学首先为中国高等学校开办了第一个园林专业，开了为新中国培养园林专门人才的先河。

一、勤奋求学　立志报国

毛宗良1897年9月23日出生于浙江省黄岩县城内一穷秀才家庭。父亲毛训，曾中秀才，但家业不兴，无田地，仅有破旧房屋数间。当毛宗良三四岁时，父亲设私塾教书，维持家庭生计。有时家中断炊，常赖外祖母接济粮食，才得勉强度日。

当毛宗良13岁时母亲去世，父亲便回家乡黄岩。此时正值辛亥革命，一时工作无着，家庭生活又起恐慌，后得黄岩县政府一科员职务，毛宗良才得以继续中学学业。1915年毛宗良中学毕业，本想上大学继续读书，无奈因家庭经济的困扰，力不从心，上大学只能是一种梦想而已，只好寻职谋生。初时，毛宗良任小学教员，半年后得机会入黄岩清丈学校受训三个月，专门训练测绘技术，结业后便到清丈局做测量和校对工作，先后达五年之久。

毛宗良中学同班同学且后来成为其妹夫的许植方，从南京高等师范毕业后，在金陵大学当助教。他赞成毛宗良继续读书，并给予经济援助，由此毛宗良才有机会外出读书。

1921年毛宗良考入江苏省南通大学农科预科。翌年，江苏改制，中学由原来的四年制改为六年制；大学则废除预科，开始实行四年制。

其后，转考南京江苏第一中学高中三年级，1923年毕业。此时，毛宗良已决心考大学，但是考什么大学，学什么专业，是经过一番思考的。为了将来更有出路，一定要报考名牌大学。当时南京东南大学是颇有名气的学校，于是便决心报考南京东南大学。至于科系的选择，首先不想学习政治法律，认为这些学科无技术可学。工科又自觉数理基础欠佳，所以最终决定学农。学农技术性强，可以掌握一门谋生的本领。由于毛宗良的家乡是柑橘的有名产地，自幼对果树就很感兴趣，他认为学习果树，即使将来找不到理想工作，还可以回到家乡经营橘园维持生活，从此毛宗良便与园艺事业结下不解之缘。

毛宗良在东南大学农学院园艺系学习期间，看到秉志、竺可桢诸老师，德高望重，为全校师生所敬仰。加之各学院院长、系主任和各学科的学术名师、均为出国留学生，不少还具有硕士和博士的学位。毛宗良把他们作为学习的榜样，也要像他们一样出国留学，获得博士学位，打好坚实的学科基础，为国家未来科学技术的发展，尽快改变国家贫穷落后的面貌而努力奋斗。

1927年初学校放寒假，毛宗良回到家乡黄岩。不久，北伐军到了南京，社会秩序还未恢复正常，学校一时不能开学。到6月间学校恢复上课，毛宗良回到学校准备结束学业。此时，得到学校通知，由于毛宗良所缺学分不多，学校准予毕业，并决定让其留校任助教，这使毛宗良喜出望外。

1928年夏，浙江省教育厅要选拔公费留法学生，这对早已渴望出国留学的毛宗良来说是一个难得机会，他通过在浙江省府任职的小学同学周炳琳介绍，终于实现了出国留学的梦想。

毛宗良到法国后，先在里昂及格郎劳勃学习法语一年。1929年夏秋转入巴黎农学院学习园艺，主攻蔬菜园艺和造园。1930年因巴黎农学院不能授予博士学位，便决定转入巴黎大学理科研究院植物系，并申请做博士论文成功。博士论文题目是藜、苋两科的比较解剖。毛宗良在法求学期间，怀着"学海无涯苦作舟"的求学精神，克勤克俭，刻苦钻研，除完成校内各个课程学习外，还经常利用寒暑假在巴黎和其他地方考察蔬菜果树，尤其关注在葡萄的生产和园林景观方面积累实践经验。1933年完成论文研究并通过考试及格，准予巴黎大学理科研究院毕业并授予理学博士学位，毛宗良成为中国园艺界首位获得国外博士学位的学者。

在毛宗良获得博士学位的时候，中央大学农学院恢复园艺系，时任农学院院长的邹树文决定聘请毛宗良回母校担任农学院园艺系教授兼代理园艺系主任。毛宗良于 1933 年 8 月接到母校的聘书，便怀着深厚的爱国热情，放弃了国外的高薪厚禄和舒适生活，毅然回归故土，报效祖国。

二、辛勤耕耘注重培养学生真实才能

毛宗良自 1933 年 8 月回国后直至 1970 年退休，37 年期间一直在大学任教。1933~1948 年在中央大学农学院园艺系任教授，并兼任过系主任。其中 1935 年 8 月至 1936 年 7 月兼任四川大学农学院园艺系教授和系主任。1937 年秋中央大学迁到四川重庆后，于 1941 年夏至 1942 夏兼重庆北碚复旦大学教授，1943 年夏至 1944 年夏再次到复旦兼职，任农学院院长、园艺系主任和教授。1946 年中央大学和复旦大学迁回南京和上海后，毛宗良仍兼任两校教授和复旦大学农学院园艺系主任。

1948 年冬辞去中央大学职务，至 1952 年夏专任复旦大学农学院园艺系主任、教授。1949 年新中国成立后，毛宗良与系内章守玉等一些教授满怀激情地展望新中国园林事业发展前景，提出在园艺系内分设观赏园艺组，为国家培养园林建设事业的专门人才，以适应新中国园林事业发展的需要，这是中国正式设立园林专业的开端。

1952 年夏，国家对高等院校进行院系调整，复旦大学农学院调整到东北沈阳，建立沈阳农学院。毛宗良任园艺系主任、教授。1953 年毛宗良辞去园艺系主任职务。1956 年晋升为国家一级教授。

毛宗良在各大学任教期间，主要讲授蔬菜园艺和造园学外，还开设普通园艺学、蔬菜栽培学、蔬菜分类及解剖学、柑橘栽培学、园艺作物育种学、蔬菜保护地栽培学、食用菌栽培等课程。他在中央大学还首创主持开设了药用植物栽培学新课程，既解决了当时单科医、药学院开课的困难，又开拓了园艺学的新领域。从毛宗良所开设的课程门类来看，足见其学识之渊博，不愧是一代名师。

毛宗良几十年在教学岗位上，无限热爱祖国的教育事业，特别在新中国成立后，对教育为无产阶级政治服务，教育同生产劳动相结合的方针身体力行。他在教学中始终强调理论联系实际，编写教材时不仅广泛收集国内外生产发展和科学研究的最新成果，还先后到山东、浙江及四川等不同地区了解气候特点、生产传统、蔬菜生产的种类以及蔬菜生产的技术和经验。在 1952 年院系调整，他从上海到沈阳时，认为东北地区保护地蔬菜生产占有十分重要的地位。为开设蔬菜保护地栽培课和编出适合当地生产情况的蔬菜保护地栽培讲义，在家还没有安置好的情况下，便率领青年教师到辽宁各地农村调查不同保护地类型、栽培种类及技术，对各类保护地进行温、湿度测定，继而做理论上的阐述，使学生感到教材"有骨有肉"很有实际指导意义。毛宗良在讲授蔬菜植物解剖时，总是亲自制作徒手切片，并不厌其烦地逐一纠正，直到学生能亲自操作。进行造园设计时，他亲自参加讨论制订方案，并带领学生参与实地施工，验证其设计方案以提高教学质量。

毛宗良对学生要求非常严格，无论听课、实习、试验，学生必须认真听，认真做，专心致志，绝不能马虎。他面对学生的提问则百问不厌，耐心解答。毛宗良长期同时在中央大学和复旦大学任教，无论两校在重庆时或中央大学回南京、复旦大学回上海后，不管相距远近，可他从不迟到、缺课。这种对工作高度负责任的精神深深地感动两校师生，崇敬与爱戴之情油然而生。

三、对蔬菜生物学、形态学分类研究的贡献

毛宗良在 20 世纪 30 年代后期，致力于十字花科芸薹属（*Brassica*）蔬菜分类研究，发现榨菜、花叶芥菜和紫叶芥菜，当时尚没有确定拉丁学名。经过多年的系统观察研究，于 1941 年确定这三种蔬菜都是芥菜的不同变种，审定榨菜的拉丁学名为 *Brassica Juncea* var. *tsatsai* Mao.，花叶芥的拉丁学名为 *Brassica Juncea* var. *laciniata* Mao.，紫叶芥的拉丁学名为 *Brassica Juncea* var. *atropurpurea* Mao.，被国内外学者所承认。

苋菜风味独特，营养丰富，还有一定的药效，在中国分布于东、南、西、北广阔的地域，栽培历史悠久，是中国重要的蔬菜作物。根据苋菜资料记载，中国的苋菜约有十余种，但是其中有些资料对某些苋菜种类看法不一致。例如，*Amaranthus tricolor* 与 *A. gangeticus* 在多数植物分类学家都认为是异名，是同一种苋。其实这两种苋菜性状有不同的描述：胡先骕、贾祖璋、牧野富太郎、尾尔麻冷（A. Vilmorin）及倍莱（L. H. Bailey）等描述 *A. tricolor* 的性状时，说它的花穗几乎全部生于叶腋间，没有顶生的穗状花序。沈阳农学院绿化专业栽的 *A. tricolor* 也确无顶生穗状花序。而虎克及加尼滨等描述 *A. gangeticus* 的性状，则明确指出生于叶腋中的花序成团球状，生于茎或枝顶端的是穗状花序。根据顶生花序的有无，毛宗良认为应将 *A. tricolor* L. 与 *A. gangeticus* 分成两个种，更为正确。

胡先骕所指出的苋菜 *A. inamoenus* Willd，在虎克的《印度植物志》中认为与 *A. gangeticus* 是同类名。但根据胡先骕的《经济植物学》的记载，没有提及有顶生

穗状花序，故毛宗良认为将 A. inamoenus Willd 归入 A. gangeticus 是不妥当的，应归入 A. mangostanus 更适宜。因此，毛宗良根据资料整理出中国苋属蔬菜应有：苋菜 A. gangesticus L.、雁来红 A. tricolor L.、苋菜 A. mangostanus、白苋（野生种）A. albus L.、野苋 A. blitum L.、野苋 A. viridis L.、野苋 A. deflexus、千穗谷 A. paniculatus L.、老枪谷 A. caudatus L.、刺苋 A. spinosus L. 和西风谷 A. retroflexus L. 等 11 种。

毛宗良在 20 世纪 60 年代初在北京、河南、山东、江苏、南京、上海、浙江、福建等地收集了 22 份苋菜种子资源，加上沈阳已收集的 7 份资源共 29 份，进行主要植物学性状的观察，分类鉴定。认为他们分属于 6 个种，其中蔬菜用的 22 份资源，其名称有青苋、绿苋、红苋、镶边苋、彩叶苋、米苋、尖叶苋、园叶苋、九头苋、大叶苋、奔牛苋菜、九龙苋菜等与一份观赏用的老来少统属于 Amaranthus gangeticus；由南京引进的白籽苋菜和沈阳农学院作种子食用的西天谷及观赏用的千穗苋都属于 A. paniculatus；主要用来观赏的雁来红属于 A. tricolor；观赏的老枪谷则为 A. caudatus；两种野苋分属于 A. viridis 及 A. retroflexus。毛宗良将这六种苋菜编制成检索表，以便区别和检索。在毛宗良对这 29 份资源的研究观察中，虽经反复检查观察，未能发现 A. mangostanus L. 苋菜，却发现有些试材如九龙苋菜、奔牛苋菜、福建大叶苋菜、彩叶苋菜及供观赏栽培的老来少等，其顶生穗状花序发生较迟，在沈阳迟至 9~10 月之间才开始发生顶生穗状花序，而营养不良的植株，其顶生穗状花序发生更晚，甚至可能不发生。故必须加强管理，提供充分的营养，并进行较长时间的观察，否则误将它们列入 A. mangostanus 就会发生错误。随后，毛宗良又着手于菜豆（Phaseolus vulgaris L.）的性状观测研究。他先后收集到菜豆品种 80 多个，就其植物学性状、生长习性及豆荚和种子特征（如豆荚颜色、横断面、种子形状、色泽）、食用风味等进行归类。但由于"文化大革命"的冲击，研究被迫中断，终成遗憾。

四、精湛的植物解剖技术

毛宗良 20 世纪 30 年代初在法国巴黎大学理学院植物系学习期间，对植物解剖技术进行了刻苦钻研，练就精湛的技艺。他徒手制作切片，速度快、质量好，试材薄度及完整合格率达到 98% 以上。并以对藜、苋两科进行了比较解剖学研究，作为他的学位论文而获得博士学位。该论文随后发表在《巴黎植物》杂志上。

1944 年，毛宗良受重庆军政部军医署药苗种植场场长於达淮的邀请到该场兼任技正职务，指导中药的生产，并主要承担中草药的解剖工作。此时，正是抗日战争的后期，中国与盟军配合，在中、缅、印边境的崇山密林中对日本侵略军作战，该处疟疾猖獗，军民深罹疟疾之苦，急需治疟药物。当时治疟药物多系进口，供不应求，因此研制治疟药物迫在眉睫。毛宗良接此任务后，他怀着支持抗日战争拯救祖国同胞的深情，通过调查了解，对四川金佛山的治疟良药野生植物"鸡骨常山"的根、茎、叶进行解剖研究，为不同部位有效成分含量的进一步测定打下基础。研究最后确定根、茎的皮部与木质部都含有有效成分，叶、尤以栅栏组织部分有效成分更高。采用含药量最多的部位进行提炼精制，为加快治疟药物生产，做出很大贡献。

此外，他还先后对茭白、荸荠等水生蔬菜和搅瓜（面条瓜）等进行了解剖研究。他做的许多蔬菜植物的根、茎、叶、花和果的切片，为教学提供了很好的实物教材，从而提高了教学质量。

五、在甘蔗、果树和粮食生产中的成就

1936年春毛宗良在四川大学被借用期间，印尼华侨从印尼赠送若干甘蔗优良品种给四川进行试种。四川省政府为此特设立内江甘蔗试验场并聘请毛宗良任场长指导试种研究。经过反复试种观察，终于使优良甘蔗试栽成功。使内江的甘蔗生产得到迅速发展，至今内江仍是国家食糖的重要生产基地。

在抗战前，毛宗良与周士礼、曾勉等与安徽萧县合作，创建了萧县园艺场种植葡萄，研究其栽培技术，使当时安徽成为中国大面积栽培葡萄的南沿地域，为中国葡萄生产向南发展迈出了第一步。与此同时，他还倡议在其家乡浙江黄岩兴办园艺场，指导和合作研究柑橘栽培技术，促进黄岩地区的柑橘生产更快发展。

1940年迁往重庆的国民政府筹备成立农林部，筹备工作由陈济棠主持，经同乡林蔚介绍，毛宗良被聘为兼职农林部专门委员。随后，被派遣到安徽、浙江和福建等省督导粮食生产，历时四个多月。每到一地与当地政府有关部门、大专院校和科研单位、试验场等技术人员会商，根据当地气候、土质条件、粮食生产的种类和耕作制度以及粮食生产的传统和特点，制定出各地粮食增产的方案和技术措施，并督导落实，促进皖、浙、闽三省的粮食生产的发展，为抗战做好粮食储备和供应做出贡献。

六、重视蔬菜种质资源的研究、引种和开发

毛宗良从20世纪50年代初到东北沈阳后，深深地感觉到东北地区的蔬菜种类

比起江南地区来说显得非常贫乏。作为一个蔬菜栽培学家来说，深深地感到身负重任，应该大力开展蔬菜种质资源的研究，广泛地收集和引种各地的优良蔬菜种类和品种，为繁荣蔬菜市场，给人们提供更丰富美味的蔬菜而努力。

在20世纪50年代，毛宗良就陆续开展蔬菜的引种试栽工作。到了60年代初更是动员更多的力量大规模地开展了"蔬菜引种及栽培试验"，这项试验历经整整3年。

参加试验的蔬菜种类按农业生物学分类有白菜类、根菜类、瓜类、茄果类、豆类、绿叶菜类、葱蒜类、薯芋类、水生蔬菜类和多年生蔬菜等十大类。蔬菜引种试栽主要是观察比较各种蔬菜在沈阳的适应性、抗性、生长发育特点、适宜的栽培季节、产量和品质，筛选出适于今后发展的种类和品种，以丰富市场的蔬菜种类和品种。经过试验初步确定甘蓝类的紫甘蓝、花椰菜、木立花椰菜（绿菜花）、芥菜类的雪里蕻；根菜类的农大红萝卜、青圆脆、心里美萝卜、五寸胡萝卜、芜菁甘蓝；瓜类的山东密刺黄瓜，十姊妹中国南瓜，广东新会大冬瓜和一串铃冬瓜，浙江、广东的丝瓜、蛇瓜和沈阳的青羊头、十道子、羊角蜜等薄皮甜瓜；豆类的马掌豆菜豆；绿叶菜类的法国菠菜、日本大叶菠菜，天津白庙芹菜，广东蕹菜（空心菜）、苋菜、莴笋；葱蒜类的海城大蒜，从浙江引入的西班牙大蒜（蒜头大、蒜瓣大），天津荸荠扁洋葱，章丘大梧桐大葱、浙江的细香葱；薯芋类的芋头；多年生蔬菜的石刁柏和金针菜等32种蔬菜品种具有很高栽培价值，适于大面积推广。毛宗良的这项研究丰富了沈阳市场的蔬菜种类促进了蔬菜生产的发展，福惠千家万户真是功不可没。

毛宗良在蔬菜种质资源收集、试种取得初步成功的喜悦，更加激发了他的雄心壮志。他曾语重心长地指出："我国现有蔬菜栽培种类约有180种，世界拥有的蔬菜种类将近千种，如能大力开发、引种，扩大蔬菜种类，蔬菜市场就会更加繁荣，就会造福中华子孙万代。"于是他与顾源生一起走上这条漫漫的攀登之路。他查阅了大量有关的国内外文献，在他生前收集了640多种世界蔬菜资料，标明了拉丁名、中文名、英文名、日文名、原产地、食用部分、特嗜国家、染色体数等。毛宗良去世后，由顾源生继续收集，最后汇编成一部《蔬菜名汇》，记录了世界分属98个科，401个属，693个种，16个亚种，119个变种，共计828种蔬菜。该书1980年由沈阳农学院印刷出版，内部发行。该书成为国内外收集蔬菜种类最为齐全的资料之一，为研究世界蔬菜分类、起源分布、食用价值和引种栽培等科学研究，提供了最宝贵的资料。

七、在发展中国园林事业方面成就卓著

毛宗良在20世纪20年代末至30年代初在法国学习和生活。曾在巴黎农学院学

习造园，打下一定的园林知识基础，又由于生活在法国多年，欧洲三大园林艺术的熏陶，加深了对欧洲三大园林的体会，较好地掌握了欧洲园林的造园技巧，加之他长期在国内江浙一带生活、学习和工作，深受苏杭的园林艺术的感染，使毛宗良在园林艺术方面具有很高的造诣。

1933年毛宗良从法国回到母校中央大学任教即为农学院园艺系及工学院建筑系开设造园学，介绍国内外造园理论和艺术。1935年前后，他主持南京国民大会堂、考试院、外交部、交通部等单位的庭院设计和建设。抗战胜利后回到上海，又为复旦大学的校园绿化及树木标本园作了规划设计。1950年与章守玉、宗维城合作为安徽蚌埠市中山公园进行了改造设计，均收到良好的效果。

毛宗良在1935年先后发表了《花坛用之观叶植物》、《草本蔓性观赏植物》、《小面积庭园之设计实例》、《庭园中之主要树木及其配置》、《行道树之选择及其栽培上应注意要点》等文章。

毛宗良为人忠厚，不善言词，刻苦钻研，学识渊博，治学严谨，工作勤奋。他的一生献身中国园艺教育和科研事业，成就显著，永记史册。

八、毛宗良主要论著

毛宗良. 1933. 藜、苋两科之比较解剖. 巴黎植物学杂志.

毛宗良. 1935. 花坛用之观叶植物. 园艺月刊，中央大学农学院.

毛宗良. 1935. 草本蔓性观赏植物. 园艺月刊，中央大学农学院.

毛宗良. 1935. 小面积庭园之设计实例. 园艺月刊，中央大学农学院.

毛宗良. 1935. 庭园中之主要树木及其配置. 园艺月刊，中央大学农学院.

毛宗良. 1935. 行道树之选择及其栽培上应注意要点. 园艺月刊，中央大学农学院.

毛宗良. 1950. 鸡骨常山的解剖. 复旦大学农学院通讯，(12).

毛宗良. 1957. 秋水仙素在育种上的应用. 沈阳园艺通讯，(12).

毛宗良. 1958. 菜豆施用微量元素的初步观察. 沈阳农学院蔬菜专刊.

毛宗良. 1959. 新引种的蔬菜——蛇瓜. 沈阳农学院蔬菜专刊.

毛宗良. 1959. 沈阳地区豌豆分期播种试验. 沈阳园艺通讯，(4).

毛宗良. 1959. 提高秋收豌豆产量的初步试验. 沈阳农学院蔬菜专刊.

毛宗良. 1960. 独行菜栽培. 沈阳农学院蔬菜专刊.

毛宗良. 1960. 榆钱菠菜栽培. 沈阳农学院蔬菜专刊.

毛宗良. 1962. 苋菜种类的初步研究. 园艺学报，1 (2)：153-162.

毛宗良，顾源生. 1980. 蔬菜名录. 沈阳农学院园艺系（内部发行）.

主要参考文献

李志澄，顾源生，吴梅. 1995. 毛宗良//中国科学技术协会编. 中国科学技术专家传略·农学编·园艺卷1. 北京：中国科学技术出版社：28-34.

陈广福，徐长武. 2005. （七）毛宗良教授//洪绂曾主编. 复旦大学复旦农学院史话. 北京：中国农业出版社：133-136.

撰写者

邓继光（1937～），沈阳农业大学教授，毛宗良先生的学生。

感谢毛宗良之子毛士田和学生温永、李振洲、刘长江以及顾源生、吴梅、辛孝贵、李启坤、赵军等同志的热情帮助并提供有关资料。

万国鼎

万国鼎（1897~1963），江苏武进人。农业历史学家，中国农业历史研究的主要开拓者和奠基人。1920年毕业于金陵大学。曾任中国农业科学院南京农学院中国农业遗产研究室主任、中国农业科学院第一届学术委员会委员、江苏省哲学社会科学界联合会委员、南京历史学会理事等职务。他自1920年就开始涉足农业历史资料搜集、整理及研究工作，他对中国农业古籍、农业历史的研究，成果卓著。他的研究文章《论〈齐民要术〉——我国现存最早的完整农书》发表在《历史研究》1956年1月创刊号，他的《氾胜之书辑释》是整理古农书的典范之作，尤其是他主持编写的《中国农学史》是中国第一部系统研究农业科学技术史的著作，堪称农史研究的里程碑。1987年，该书获农牧渔业部（现农业部）科学技术进步奖一等奖。他组织科研人员收集、整理中国古代、近代农业历史文献，分别辑录成《中国农业史资料》（及续编）、《方志综合资料》、《方志分类资料》和《方志物产资料》，并利用这些资料编辑《中国农学遗产选集》各分册。他还主持创办了《农业遗产研究集刊》、《农史研究集刊》等中国农业历史学科最早的学术刊物。新中国成立后，他主持创建中国第一个专业农史研究机构中国农业遗产研究室。在他和金陵大学农业图书研究部（农业经济系农业历史组）、中国农业遗产研究室的同仁的努力下，经过40多年的积累，建立了宝贵的农史资料收藏，对中国农学遗产的传承做出了杰出贡献。

一、求学生涯

万国鼎，字孟周，1897年12月26日出生于江苏省武进县小新桥乡。父亲营农经商，母亲料理家事。万国鼎在青少年时代，在读书学习和思想方面受其舅舅奚九如的影响很大。奚九如（1878~1953）是清末秀才，进过江南水师学堂，清末在乡间倡办学校，历任武进农会会长、武进水利局长、江苏省农会会长等。民国初年就提倡机器灌溉，创办常州厚生机器制造厂（江苏常柴股份有限公司的前身），生产煤油发动机用于带动木槽龙骨水车戽水，在国内首创用机器灌溉农田的新方法。1915

年，该厂还试制成功 3.68 千瓦煤油发动机，用于圩田排除积水。

1915 年 6 月，万国鼎在江苏省常州中学毕业后，考入上海大同学院学习，原先准备随后报考上海南洋公学电机科继续深造，加入到他舅舅开创的机器制造工厂，希望做实业家、发明家，践行他实业救国的理想。后因时局动荡，他辍学在家，这段时间的农村生活，让他看到农业发展的迫切需要，决定投考金陵大学农林科。

1916～1920 年，万国鼎就读金陵大学期间，不仅认真钻研农业科学，也注重文史课程学习，成绩优异，就读期间发表学术文章数篇。其间曾任金陵大学农林学会会长，《金陵光》编辑、学生自治会主席、五四运动议事部副主席、南京学生会金大学生代表等。

1920 年，万国鼎留校担任助教，协助钱天鹤教授进行蚕桑教学研究推广工作。1921 年经钱教授推荐到上海由美国丝商设立的生丝检验所（当时称万国检验所）担任技师。1922 年 6 月，转到上海商务印书馆编译所担任编辑，负责编辑和校订有关农业的图书。1924 年 1 月，回到金陵大学任农业图书研究部（1932 年 9 月改组为农业经济系农业历史组）主任。

万国鼎在回忆他的学术生涯时，提到他大学毕业后经过三年多的择业彷徨，才正式开始了他的农业历史研究工作，希望能在学问中有所作为，做一名研究中国农业历史的学者。

二、为中国农业修史

"我国是世界古国之一，人口最多，又一向以勤劳著称，因此，历代以来，我国劳动人民在农业生产斗争中积累了非常辉煌的成就和经验……我们必须珍视这份遗产，认真加以整理、研究和发展"。这段话是万国鼎 1956 年 8 月 4 日在《人民日报》发表的文章《祖国的丰富的农学遗产》之中的表述，新中国成立后他的学术活动践行了这一理念，以一部《中国农学史》为中国的农学遗产展示了辉煌的历史，成就了他开创中国农业历史研究的卓越功勋。

万国鼎学术生涯的开始就和《中国农学史》紧密相连。1916～1920 年，他在金陵大学农林科求学期间，治农而好史，对中国悠久的农业发展历史产生兴趣，立志花 10 年时间撰写一部《中国农业史》。为此他对自己要求："有为者高瞻远瞩，随时随地，择善坚持，而不较一日之短长。不怕当前困难，不计一时得失，常作五年十年的打算。"经过多年的资料积累、学习研究，克服了种种困难，在晚年不仅完成了心愿，而且由于他的不懈努力，带动了农史研究的发展，奠定了中国农业历史学科的基础。

1920年冬，大学刚毕业，他就撰写了《蚕业史》一文，刊载在次年的《中华农学会报》第16期，开始其农业史研究的学术生涯。

万国鼎立志中国农业史著述，贯穿了他一生的大部分时间。1924年任职金陵大学农业图书研究部，他就着意收集农业史料，以期整理组织成一部农业史。1927年春夏，他为了借镜国外农业史著作的结构体例，特意翻译了Norman Scott Brien Gras著的《欧美农业史》（*A History of Agriculture in Europe and America*, 1925），在翻译的过程中还与金陵大学农业经济学教授卜凯（John Lossing Buck）、历史教授贝德士（Miner Searle Bates）、农林科科长过探先和图书馆学教授李小缘等切磋探讨，以求准确把握领会原书的精髓，用到以后自己的农业史写作中。万国鼎1929年秋和1930年秋在金陵大学农学院农业经济系讲授中国农业史课程，"积累讲稿，并拟先就各小问题，分别撰考数十篇至数百篇，积以十年，然后贯而通之，以成一整个之《中国农业史》"。而在1932年以后由于万国鼎的工作重心放在其他领域等原因，未能如期完成中国农业史的著作，但自1955年任中国农业遗产研究室主任以后，重新开始考虑中国农业史的著述，1959~1960年写就的《中国农学史》（初稿）实际上是完成了万国鼎撰写《中国农业史》的夙愿。这部著作是在万国鼎的谋划下，与中国农业遗产研究室的陈祖槼、陈恒力、胡锡文、邹树文、李长年、缪启愉等同事一起合作完成的，万国鼎撰写了其中的绪论、结论等六章。《中国农学史》以中国历史时期代表性的古农书或农业文献为主体，结合一些文物和实地调查资料展开论述，全面系统地展示中国农学和农业技术的发展过程和规律以及优良传统，是中国第一部综合性的农业技术史著作。该书问世以后，得到了国内外农史学界及史学界、农学界的高度评价，被认为是农业历史学科研究的里程碑。研究中国科学技术史的英国学者李约瑟博士主编的《中国科学技术史》的农业卷册、研究中国农业史的日本学者天野元之助教授的《中国农业史研究》等学术著作，都多处参考引用《中国农学史》的相关内容。1987年，该书获得农牧渔业部（现农业部）科学技术进步奖一等奖。

万国鼎在去世前的几年中，为了进一步完善中国农业史的著述，经过多年资料的积累和农史学科各项专题的深入研究，还着手进行其他几部新的农业史著作的写作，并试写了部分章节，正在征询其他专家学者的意见以利修改，如"中国农业发展趋势"、"祖国农业的成长"等，可惜突然去世，未及完成。

三、农史资料的收集与整理

万国鼎对中国农史研究的又一巨大贡献是以其深厚的文献学、索引学、目录学实践与理论，开创了农史文献的系统收集与整理，为以后农业历史研究打下了坚实的基础。

金陵大学农业图书研究部是我国最早的农史资料收集、整理与研究机构，其历史可溯源到20世纪20年代金陵大学图书馆合作部（与美国国会图书馆、美国农业部等合办，开办之初计划选择重要中国古农书编制索引）；1923年秋，又由金陵大学农林科拨款，于图书馆扩充为农业图书研究部，继续征集古今农书及方志，编辑先农集成及农业索引等；1932年夏，改农业图书研究部为金陵大学农业经济系农业历史组，承担中国农业史教学、农业历史研究和资料收集整理工作。

1924年春，万国鼎到农业图书研究部伊始，就参与一系列书目索引的编制，工作中创编先进的检字法——"汉字母笔排列法"应用于书目、索引、字典等工具书的编排。当时农业图书研究部的主要工作之一，就是编纂农业索引，1924年冬开始编制，供金陵大学师生使用，1933年《农业论文索引》编印出版以应社会之需。索引不用分类，依字典式排列，应用了万氏汉字母笔排列法，这在当时国内是开创性的工作。

除了大量的索引实践工作，万国鼎还在理论上对索引工作举行了探讨。万国鼎在《索引与序列》（《图书馆学季刊》1928年第2卷第3期）一文之中，论述索引的效用，介绍欧美的索引发展概况，并首次提出"索引运动"的说法，指出索引工作已日益为学术界重视，在当时知识界引起极大的反响。

收集整理古农书的工作，万国鼎1924年1月就任农业图书研究部时即已开始，计划辑录古书中有关农业的资料，汇编为《先农集成》。先后共事的有十多人。到1937年抗日战争发生时中途停顿。为了收集资料，付出了大量的人力和物力，往往特为一书，派人到各处图书馆里抄录。到抗日战争开始前，收集的农史资料约有3000万字。同时由于片断的农学记载，各省府县志中可以寻到不少，因此他们对于各省府县志的搜集，也不遗余力。在1933年时收藏的有关方志达2104种，当时仅次于京师图书馆及商务印书馆之东方图书馆。

正是因为万国鼎在此期间组织的农史资料的收集（汇编《先农集成》、方志收集等），为20世纪50年代后期的新一轮全国范围的农史资料的收集提供了基础和经验，使中国农业遗产研究室传承了农业图书研究部的农史资料，成为农史资料的重要中心，而且依据这批资料编辑出版了《中国农学遗产选集》。

1956～1959年，万国鼎组织安排了室内的一些同志，先后前往全国40多个大、中城市的100多个文史单位，其中包括各省市图书馆、著名大学图书馆、部分省市博物馆、文物管理委员会和一些知名的私人藏书家，对收藏的4000余部笔记、杂考等古籍中辑录了1540多万字的有关资料，分类整理为《中国农业史资料续编》157册，加上金陵大学20世纪30年代分类整理的456册，共计613册，4200余万字。此外，还从各地的8000多部地方志中辑录了3600多万字的农史资料，分类整理为《方志综合资料》、《方志分类资料》、《方志物产资料》共计680册。这些农史资料种类齐全、内容丰富，为农史研究的开展提供了良好的条件，国内外许多学者也慕名前来查阅资料。

中国农业遗产研究室成立前，万国鼎就计划组织人员利用金陵大学时期收集的农史原始资料，整理编辑一本工具书性质的《中国农业科学史料便检》，中国农业遗产研究室成立后，在农业部、中国农业科学院的关心下，将这承继以前的《先农集成》主旨的中国农业科学史料便检正式出版，这就是由中华书局（后转为农业出版社）出版《中国农学遗产选集》稻、麦、粮食作物、棉、麻、豆类、油料作物、柑橘等八个专辑的上编。这些资料检索便利，受到国内外学者的好评。1958年6月中旬，英国汉学家、中国科学技术史研究专家李约瑟博士到中国农业遗产研究室访问，与万国鼎及室里的专家学者探讨农业科技史问题，当时他非常赞赏中国农业遗产研究室的农史资料收藏与整理，他说尤其是已出的《中国农学遗产选集》为他编写中国科学技术史提供了很大的便利，当时国内其他学科还没有能做到中国农业遗产研究室这样把所有古代有关文献资料梳理一遍。

古农书的收集只是整理古农书的一个步骤，万国鼎在农业图书研究部期间，撰写了《农书考》（1928～1930年间写作90余篇，未完成）和《方志考》，对古代农书及农业资料举行了初步的整理研究，并对《齐民要术》的多种版本收集后，进行版本和引用书目考证。

四、创办中国农业遗产研究室

1952年，全国院系调整，由金陵大学农学院、南京大学农学院和浙江大学农学院部分系科合并，成立了南京农学院。南京农学院院长金善宝十分注重中国农业历史的研究，决定恢复金陵大学时期的农史资料整理研究工作。从1953年起开始着手人员、机构等筹备工作，1954年4月将万国鼎调入南京农学院农业经济系，任农经系教授兼农业历史研究组主任，负责中国农业历史资料的整理研究和中国农业史的研究教学工作。不久又调入了陈祖槼，中断多年的农史事业得以继续开展。1954年4月至1955年夏，就将抗日战争前金陵大学的3000万字的农史资料整理装订成册，共420册。

当时的农业部也很重视祖国农业遗产的整理工作，农业部农业科学院筹备小组成立后，1955年4月在北京召开了整理祖国农业遗产座谈会，出席会议的除了农业部副部长杨显东外还有一批知名学者专家，如竺可桢、顾颉刚、夏玮瑛、金善宝、万国鼎、辛树帜、石声汉、王毓瑚、陈恒力、吕平等，会上讨论了关于整理祖国农业遗产的认识问题，交流了整理祖国农业遗产的经验，拟订了一些农业古籍的校释出版计划，提出成立农史学会的初步设想和在南京农学院成立农史研究机构的问题。经过多方努力，1955年7月，在中国农业科学院筹备小组和南京农学院共同领导下的中国农业遗产研究室成立，由万国鼎担任室主任，室址即位于南京农学院内。

万国鼎1954年7月就拟订《中国农业史料整理研究计划草案》，计划完成中国农业科学史料便检、《齐民要术》校释与研究、中国农业技术史这三项主要工作。万国鼎担任中国农业遗产研究室主任后，组织同事们进行中国农业科学史料便检（即后来出版的《中国农学遗产选集》）的编写之外，他自己首先对《齐民要术》这部古代重要农书进行校勘、语释与研究，并附加版本考、引用书目考及书中所说农业技术的讨论，讨论内容主要是用现代科学知识，并结合现代的农民实践，加以阐发或批判，撰写的《论〈齐民要术〉——我国现存最早的完整农书》，1956年1月在《历史研究》创刊号上发表，此文得到了学界的好评，1956年4月6日的《新华半月刊》予以转载，1956年9月又在《南京农学院学报》发表《〈齐民要术〉所记农业技术及其在中国农业技术史上的地位》，使《齐民要术》的研究水平达到了一个新的高度（在此开创性研究基础上，后来由缪启愉完成的《齐民要术校释》成为古农书整理研究的力作）。而中国农业技术史的撰写，后来集体分工协作完成，就是后来出版的《中国农学史》。

在这些主要工作之外，万国鼎还做了许多工作，推动了中国农业遗产的整理、农史研究的发展。

古农书的整理和研究，是农业遗产整理研究的基础工作。建室初期，万国鼎就组织全室科技人员，对古农书进行了校释工作，他自己完成了《氾胜之书辑释》、《陈旉农书校注》两部古农书的整理研究工作。

为了让社会上了解祖国优秀农业遗产、古农书整理、农业史研究的状况，万国鼎在报刊上发表了许多文章，如《祖国的丰富的农学遗产》、《古农书的整理和出版》，对中国古代的农业技术、农书、农学家进行了总体介绍，而一些具体介绍刊载于《光明日报》、《文汇报》、《工人日报》、《中国青年报》、《大公报》、《中国农报》等。另外，万国鼎还抽出时间，撰写了两本通俗小册子《五谷史话》、《王祯农书》编入中华书局出版的《中国历史小丛书》，《中国历史小丛书》是由历史学家吴晗同志创议、主编的我国第一套大型普及性历史知识读物，体现了"专家写小册子"的特色，具有了广泛的社会影响，万国鼎的这两本小册子为当时继承祖国农业遗产起了很好地宣传作用。

万国鼎在整理农史资料的基础上，积极组织农业历史专题研究，创办了《农业遗产研究集刊》(1958)和《农史研究集刊》(1959，1960)，借以促进祖国农业遗产和农业历史的研究，内容着重有关农业生产的问题，兼及农业经济及农业史和古农书的介绍与评论。万国鼎在此之前就发表了《我国二千二百年前对于等距密植全苗的理论与方法》、《中国古代对于土壤种类及其分布的知识》等研究论文，集刊创办以后又发表了《区田法的研究》(《农业遗产研究集刊》第一册)、《秦汉度量衡亩考》(《农业遗产研究集刊》第二册)、《耦耕考》(《农史研究集刊》第一册)、《唐尺考》(《农史研究集刊》第一册)、《吕氏春秋的性质及其在农学史的价值》(《农史研究集刊》第二册)。

经过多年的辛勤耕耘，1960年代，万国鼎的农史研究工作受到了学术界的广泛关注。1961年6月16日万国鼎在南京历史学会报告会上作了《中国农业精耕细作传统的发生发展及其影响》的报告，这次报告会由南京历史学会筹委会、南京大学历史系和江苏省哲学社会科学研究所联合举办，《新华日报》1961年7月22日还刊载此报告提纲，对当时史学界的历史分期问题提供了很好的参考。1962年初，江苏人民出版社曾经向万国鼎约稿，为其编订学术论文集。万国鼎应约于1962年8月拟订了目录，拟将1956~1962年的所写的关于农业史的论文约50万字编为《农史论丛》(计划分农业技术史、作物源流考、古农书、度量衡考四编，全部完成约63万字)。由于当时万国鼎在全国农史学界的地位和取得的成就，中华书局也在1962年3月19日向万国鼎约稿，计划为万国鼎编订学术论文集，列入计划陆续编印的国内学者专家的学术论文集选题。1963年春，万国鼎还在北京参加了全国科技大会。另外他还担任新中国成立后首次《辞海》修订的分科主编工作。

由于种种原因，万国鼎的农史学术研究文集没有出版，但是他为中国农业历史研究的种种开创性工作，以及组织开展对农史资料的收集、整理等，奠定了农史学科的基础，推动了农史研究的发展，产生了深远的影响。

在中国农业遗产研究室基础上建立的南京农业大学中华农业文明研究院是目前我国最大的农业历史研究机构，是公认的全国农史科研和教育中心，在农业史科研、教学以及农业历史文献的收藏整理等方面，处于国内和国际领先地位。20世纪80年代以后，在基本完成资料收集与整理的阶段性任务后，逐步转向农业科技史、农业经济史、农村社会史和农业文化遗产的研究，产生了不少重要的研究成果。

承继万国鼎等前辈的事业开创，中华农业文明研究院在几代人的辛勤努力下取得了令人瞩目的成就，发展成为一个特色鲜明、实力雄厚的研究机构。研究院拥有博士后流动站、博士学位授权点、硕士学位授权点。除此之外，中华农业文明研究院还编辑出版国家核心期刊《中国农史》，主办中华农业文明博物馆、中国农业遗产信息资源中心和"中华农业文明网"，承担着中国科学技术史学会农学史专业委员会、江苏省农史研究会、中国农业历史学会畜牧兽医史专业委员会等学术机构的组织和管理工作，形成了农业历史科学研究、人才培养、学术交流、信息收集和传播展示"五位一体"全方位发展的格局。

五、教书育人

万国鼎的学术生涯中，几度担任教学工作，与其研究工作一样，也取得了开创性的成就。他在后期统领农业遗产研究时也注重对年轻研究人员的指导，为国内农史研究培养了不少人才。

他在金陵大学图书馆农业图书研究部期间，潜心研究实践，虽然没有专门的国外学习经历，但由于优秀的开创性工作实绩，获得图书馆学界的好评。1927年，金陵大学图书馆学系成立，万国鼎与中国图书馆学的开创者李小缘、刘国钧同任教授。1928年秋，他讲授索引与序列课程，这在国内尚属初次，颇受学术界瞩目。1929年，中华图书馆协会第一届年会在南京金陵大学举行，万国鼎任执行委员，被推选为检索委员会书记。

万国鼎1932～1937年担任国防设计委员会（后易名为资源委员会）委员兼专员，职务是土地问题的调查研究，兼及农业问题。1932～1949年，他在地政界从事学术研究、编辑工作之外，还担任南京（战时迁重庆）中央政治学校地政学院、地政专修科、地政系以及国立政治大学地政系教授，从事教学工作。他在中央政校地政学院、国立政治大学地政系担任的教学课程有：中国田制史、田赋问题、土地政策、土地税、农业概论、土壤学等。

《中国田制史》是万国鼎在金陵大学农业图书研究部期间就开始的对我国历代土地制度的演变研究的成果，有一些篇章在《金陵学报》上先行发表。他1931年秋在金陵大学农业经济系讲授中国田制史，1932年到中央政校地政学院后又教授此课程，故于1933春先将上册出版，以应需要，出版后得到了当时学界的极高评价。

建国后，万国鼎主持中国农业遗产研究室，为了农史事业的发展，十分注重培养室里年轻的科研人员，同时对外单位科研人员的指导也是如此。

朱自振现在是国内茶史专家，1959从南京大学毕业，来到中国农业遗产研究室工作。已过花甲之年的万国鼎看到朱自振工作踏实，富有事业心，进取精神强，出于培养年轻后学的考虑，与朱自振作了几次深谈，具体指导和帮助他熟悉并钻研茶史。工作中派他协助农遗室茶史研究专家陈祖椝，共同核实、补抄地方志史籍，从中熟悉和搜集有关茶史资料。1962年，制订国家科学发展规划时，参加会议的万国鼎提出的茶史研究课题获得批准，他随即安排陈祖椝、朱自振主持编撰去完成茶史研究的重要工作——整理编撰《中国茶叶历史资料选辑》，提出《中国茶叶历史资料选辑》分上编与下编两部分，上编由陈祖椝、朱自振主持编撰，搜集经史子集和笔记、杂考中的茶叶资料，下编则由朱自振、陈祖椝主持编撰，搜集地方志中的茶叶资料。这样分工便于通力合作又各有侧重，加上陈祖椝比朱自振年长许多，在茶史研究中实行"传帮带"，加速培养年轻科研人员。朱自振遵循万国鼎的教诲，终生从事茶史研究工作，最终完成《中国茶叶历史资料选辑》、《中国茶叶历史资料续辑》、《中国历代茶书汇编校注本》等茶史著作。

原中国农业博物馆闵宗殿研究员1963年从浙江大学调到南京农业大学的中国农业遗产研究室工作，万国鼎安排他在自己的办公室内工作，办公桌是面对面的，这样安排既便于工作，也便于督促年轻人学习。鉴于闵宗殿以前没有学过农史，就指导他看书学习，把空闲的时间利用起来，先叫他看《中国农学史》，系统了解中国古代农学的发展，由于《中国农学史》是以中国主要农书为线索编著的，所以看了《中国农学史》以后使他初步了解到中国古代的主要农书及其内容，接着又让他看稻、麦、棉等几个资料专辑，对几种主要作物的历史也有初步的了解。而后又让他去看《作物栽培学》、《土壤学》等现代农业科学，用现代农业科学知识去理解古代的农学。这样，在万先生的指导下，他开始慢慢地跨入了农史研究的门槛。万先生又希望闵宗殿随后能研读自己写的《中国田制史》，要求他搜集明清时期的史料，准备让他参与编写《中国土地制度史》，计划在科研实践中培养年轻人。

现已90岁高龄的原浙江农业大学农史研究室游修龄教授，在他的回忆文章《怀念万国鼎先生》（收录于《万国鼎文集》）中提到了万国鼎对当时他这样的后学热忱帮助，并以自己谨严治学的态度影响着年轻学者。游修龄1957年写了一篇探索早期农业形态的文章《殷代的农作物栽培》，投给《浙江农学院学报》，编辑部把稿件寄请万国鼎审阅，看到了中肯的审稿意见后游修龄立即写信给万先生表示衷心的感谢，又附带请教了一些农史问题，都得到详尽的答复，修改过的文章终于得以发表。按照一般的惯例，差错这么多的稿件，都作退稿处理，万先生却不厌其烦地提出修改意见，没有让编辑部退稿，这种热忱关心后学成长的胸怀，他觉得十分温暖和鼓励，真是终生难忘。他感叹道"凡是当时在中国农业遗产研究室工作的年轻一辈，以及农史界曾经请教过万先生的年轻人，都会与我一样，同样获得教益。"所以，可想而知，万先生主持中国农业遗产室的这段时间里，无形之中，不知道有多少初涉农史研究的青年在先生的润物无声的熏陶下，走上各自成长的研究道路。

六、万国鼎主要论著

万国鼎. 1921. 蚕业史. 中华农学会报，16：1-11.

万国鼎. 1924. 中国蚕业概况. 上海：商务印书馆.

万国鼎. 1926. 修正汉字母排列法大纲. 图书馆学季刊，1（2）.

万国鼎. 1926. 新桥字典. 上海：中华书局.

万国鼎. 1927. 中西对照历史纪年图表. 上海：商务印书馆.

万国鼎. 1928. 古农书概论. 农林新报，133.

万国鼎. 1928. 索引与序列. 图书馆学季刊，2（3）.

万国鼎. 1929. 整理古农书. 农林新报，187.

万国鼎. 1931. 两汉之均产运动. 金陵学报，1（1）：1-25.

万国鼎. 1933. 中国田制史（上册）. 南京：南京书店.

万国鼎. 1947. 细碎的农田制度及其对于中国历史的定型作用. 学原，1（8）：38-48.

万国鼎. 1956. 论《齐民要术》——我国现存最早的完整农书. 历史研究，1：80-102.

万国鼎. 1956-8-4. 祖国的丰富的农学遗产. 人民日报.

万国鼎. 1957-4-2. 古农书的整理和出版. 人民日报.

万国鼎. 1957. 氾胜之书辑释. 北京：中华书局（农业出版社. 1963. 新1版；1980. 新2版）.

万国鼎. 1958. 区田法的研究. 农业遗产研究集刊，1：7-50.

万国鼎. 1959. 耦耕考. 农史研究集刊，1：75-81.

中国农业科学院南京农学院中国农业遗产研究室编著. 1959. 中国农学史（初稿）（上册）. 北京：科学出版社.

万国鼎. 1961-7-22. 中国农业精耕细作传统的发生发展及其影响. 新华日报.

中国农业科学院南京农学院中国农业遗产研究室编著. 1984. 中国农学史（初稿）（下册）. 北京：科学出版社.

主要参考文献

叶依能. 1996. 万国鼎//中国科学技术协会编. 中国科学技术专家传略·农学编·综合卷1. 北京：中国科学技术出版社：195-207.

王思明，陈少华. 2005. 万国鼎文集. 北京：中国农业科学技术出版社.

撰写者

王思明（1961~），南京农业大学人文社会科学学院教授，中国农业遗产研究室主任。

陈少华（1965~），南京农业大学人文社会科学学院副教授，中国农业遗产研究室研究人员。

罗 清 生

罗清生（1898～1974），广东南海人。兽医学家，中国现代兽医教育和家畜传染病学奠基人之一。1919年毕业于北京清华学堂，随后赴美国堪萨斯州立大学留学，1923年获兽医博士学位，同年回国。历任东南大学、中央大学教授，中央大学畜牧兽医系主任、农学院院长、教务长，南京大学教授，南京农学院教授、教务长、副院长等职。曾兼任中国畜牧兽医学会常务理事，江苏省畜牧兽医学会理事长等。自20世纪20年代后期开始研究兽医生物药品的生产和应用，研制成功系列抗病血清、疫苗，为防治家畜家禽的传染病做出了贡献；50年代在猪气喘病的防治研究中，提出了科学饲养为主，药物预防为辅的综合防治措施；60年代制成防治鸭瘟的弱毒疫苗，控制了鸭瘟传播等。罗清生毕生重视兽医教育和兽疫防治事业，培养了几代高级兽医科技人才。此外，罗清生还十分重视兽医科技知识的传播，热心于杂志、出版社和学会的创立，曾主编中国最早的《畜牧兽医季刊》，也是畜牧兽医学会和畜牧兽医图书出版社的创始人之一。主要著作有《家畜传染病学》、《猪的疾病》、《禽病学》等。

一、名师指导　立志学农

罗清生，1898年4月4日出生于广东省南海县（今南海市）。其父从事工商实业，家庭条件较优。在家乡读完初级学校后，1911年考取获得清政府利用美国归还我国1000万美元的"庚子赔款"所作的公费留学基金支持，首先在北京清华学堂留美预科班学习，期间受到虞振镛指导。虞振镛是早年留学美国的学者，我国近代农业教育事业先驱之一，兽疫防治系统的奠基人。在他的影响下，罗清生于1919年去美国留学。罗清生是中国最早去美国学习兽医科学的学者之一，1923年毕业于美国堪萨斯州立大学，亦是我国最早获兽医博士学位人士之一。罗清生回国后，在重视科研实践的同时积极投身于兽医教育与兽医知识传播事业。1923～1949年，历任东南大学、中央大学教授，中央大学畜牧兽医系主任、农学院院长、教务长等职。曾兼任金陵大学农科教授，实业部上海商品检验局兽医技正，广东省建设厅技正，农林部兰州兽医防治处处长。新中国成立后，中央大学改为南京大学，1952年国家进行院系调整，金陵大学农学院与南京大学农学院及浙江大学农学院部分系科合并，成立南京农学院（现南京农业大学），此后至1974年历任南京农学院教授兼教务长、副院长。曾兼任中国畜牧兽医学会常务理事，江苏省畜牧兽医学会理事长。九三学社社员，1956年加入中国共产党。20世纪50年代曾代表中国到德意志民主共和国访问，曾参加毛泽东召开的第一届最高国务会议和国务院有关知识分子问题的广州会议，1963年参与制定全国农业科技发展规划，1964年担任第三届全国人民代表大会代表。1974年7月19日因心脏病逝世于南京。

二、科学研究　成就斐然

罗清生重视科学研究，在家畜传染病学领域取得许多重要学术成果。如20世纪20年代后期起，与程绍迥等合作，研究兽医生物药品的生产和应用，制成系列抗病血清、疫苗，为防治家畜家禽的传染病做出了贡献。

20世纪50年代猪气喘病（地方流行性肺炎）流行，成为家畜疫病防治中的严重问题。当时国内对这种病不了解，国外文献资料也很少报道。于是罗清生亲自主持猪气喘病的防治研究，并发动全系师生在农村生产第一线进行试验，提出了科学饲养为主，药物预防为辅的综合防治措施。

20世纪60年代中期，南京地区鸭群中发生一种死亡率很高的传染病，群众称为"大头瘟"，严重威胁养鸭业的发展。罗清生对这种疾病展开系统研究，并于1964年在我国首先用电子显微镜观察到病毒，证实了该病是由一种病毒引起的，此后进行病毒的组织培养，培育成鸭瘟弱毒疫苗（南农64株）。经初步试验，证实有坚强的免疫力，及时控制了鸭瘟在华东地区的流行、蔓延。然而因为"文化大革命"的影响，使这项成果未能得到很好的推广应用，甚是遗憾。

罗清生对大熊猫的常见疾病有比较深入的研究，并总结了一套行之有效的防治措施。抗日战争时期，曾有一头当时还很少为世人所知的大熊猫寄养在成都中央大学畜牧兽医系内。罗清生对这头刚发现的国宝亲自喂养，熟悉它的生活规律，研究它的饮食习性。他亲自动手制作熊猫的主食，并为它检查身体，防治疫病。这段经历使罗清生了解了大熊猫的生活和饮食习性，积累了防治大熊猫疾病的宝贵经验。1949年后，上海动物园有只大熊猫生病，经专家们治疗病情虽有好转，但长时间不能痊愈，每天只吃些葡萄糖，一直消化不良，便请罗清生去诊治。老教授问清了熊猫的病史和饲养情况后，明确提出应让它吃竹叶子，不能再给它葡萄糖。不然，熊猫的消化功能还会加剧退化。动物园按照罗先生的意见喂养后不久，熊猫果然痊愈。

罗清生在学术上，坚持实事求是，不迷信权威。20世纪50年代初期我国实行"一边倒"外交政策，在这样的时代背景下，有位教师翻译了一篇报道治疗牛焦虫病方法的文章《牛巴氏焦虫病高锰酸钾之应用》，发表在《畜牧与兽医》杂志上。罗清生看了后，找到那位教师，连说："胡闹，胡闹。"那位教师说："这是苏联兽医界的研究成果呀！"老教授说："不管是哪个国家的，都要注意科学性，没有把握的内容，自己应当试验。"后经那位教师实验证明，这篇译文确实经不起实践的检验。罗清生自己精湛的专业理论则更是建立在他丰富的实践基础之上的。据仇文干回忆：校外一家奶牛场，有一头病牛体温很高，而且眼红、流泪、流口水，但尿不红，血中没有发现焦虫。这些症状使年轻的兽医以为这头牛感染了流行性感冒，便注射了金霉素，可是两天过去了，病牛并没有好转。于是，他们请罗清生来诊断。他仔细地问清了病由，重新检查了病牛症状，了解了奶牛场的饲养方式、管理方法以后，凭他几十年的经验，确诊这头牛患的是焦虫病，不是流行性感冒。老教授对在场的年轻兽医们说："奶牛焦虫病的病情变化很大，表现形式也有差异，并有不同的发展阶段。有的病牛血液中的焦虫一时不容易检查出来。"经过对症治疗，病牛果然好了。

坚韧不拔的意志是罗清生取得众多科研成果的重要保障。罗清生经历过"文化大革命"这个特殊时期，作为知识分子的他毫不例外地受到伤害，在"文化大革命"中，虽然他受到很大冲击和委屈，含冤受辱7年，身心受到严重摧残，但始终对党对社会主义满怀信心，对祖国前途充满希望。1973年恢复组织生活和领导职务后，不顾年高体弱，更加倍努力工作，一心想把失去的时间夺回来，赶上世界科技发展的进程。在他逝世的前一年里，他带病工作，大量编译国外科技文献，写出《水牛疾病》、《绵羊疾病》等20余万字的译稿。

罗清生在教学工作和科研活动中还善于分工与合作。罗清生开展科学研究不仅限于个人或少数人，他善于组织多学科协作、联合攻关。在他的指导下，各学科教师之间有分工、有协作，针对课题明确各自的研究目标后，就放手让大家去干，以发挥各人所长，创造性地完成各自分工的部分工作。总结时仍然要求大家分别写成小结，由他汇总成专刊。他具有优良的学科带头人的品质，教师们在他领导下参加科研工作都心情舒畅、主动积极，最后取得良好的成绩。猪气喘病和鸭瘟的研究都是这样进行的。

三、教书育人　兢兢业业

20世纪初，中国现代兽医学科建设刚起步，教育事业中面临着师资力量不足、教材匮乏、学科设置不完善等问题。罗清生回国后投身现代兽医教育，将教育与科研结合起来。他先后教授过兽医学、兽医生物药品制造、兽医药物学、兽医内科诊断学、兽医外科学、兽医产科学和家畜传染病学。其中以教授家畜传染病学的时间最长，创建了南京农学院家畜传染病学教研组及教研室，培养了我国第一批家畜传染病硕士生和博士生，被国家教委批准为全国重点学科。为我国兽医学科的发展奠定了人才基础，促进了我国家畜传染病学的发展。

罗清生治学严谨，对自己的教案不断地进行充实和内容更新，对学生和青年教师也是严格要求。要求学生要牢固掌握基础理论知识，对于一些需要记忆的知识点，如各种家畜的用药剂量等，一定准确记忆，不得有丝毫含糊，只有这样，才能为以后临床实践打下坚实基础。他严格要求学生掌握课本知识的同时还注重引导学生灵活应用知识，使学生印象深刻。有一次在兽医产科学上课时讲到难产时手术问题，他说："做一个好兽医不仅要有精湛的医术，还应具有高度的责任感。遇到困难时要动脑筋，想方设法地治好病。"1954年毕业的蓝之中在30余年后遇见一次麋鹿难产，当年罗教授的谆谆教导忽然涌现在他的头脑中，给予他力量，使他勇气倍增，与同行们一起克服困难，挽救了这头珍贵动物麋鹿的生命。蓝之中语重心长地说："罗老在课堂上的教导真是终生难忘啊。"凡是听过罗清生课的学生多有同感。

罗清生教学过程中，特别重视实践，始终坚持理论联系实际原则，教育学生要学会在实践中积累经验与知识。他常说："书本上是别人的经验，不经过自己实践，理解不会深刻。"所以，罗清生要求学生除牢固掌握课本知识之外还要注重临床实践，他认为"作为一个兽医应特别重视临床实践，如果一个兽医毕业生不会看病或不愿接触病畜，不论在什么岗位上都不能算是个合格的兽医。"抗战时期，中央大学畜牧兽医系迁至四川成都，1944年与四川农科所合办成都家畜诊疗院，由罗清生亲自主持，每天下午均有门诊，一直持续到抗战胜利学校迁回南京，这期间经该院诊治的病畜达7000多头。另外，廖延雄在《忆一代师表——罗清生老夫子二三事》一文中写到："中央大学兽医教授，人才济济，但看病的，首推罗老夫子，下来该数熊德鄉（老助教，新中国成立后晋升为副教授、教授）。我看畜禽病的本领（其他毕业生亦是），可以说，完全是从罗老夫子那儿学来的。后来我在美国，由于经济困难，做过两个月的开业兽医，还行，靠的是跟罗老夫子学到的。"

另外，罗清生长时间担任临床课的教学任务，开设临床课的班级中每个班有两个下午的临床实习，包括门诊和出诊，他都坚持亲自到场指导学生临床实践。而且直到60多岁高龄时，还坚持到兽医院指导学生诊疗实习，甚至不辞劳苦到外地农村出诊。他常对学生及年轻教师讲："你们不把板凳坐热，就不能专心致志地看书。没有精深的理论，休想在科学上取得成就。"

罗清生精心教学的同时还十分重视师资培养。他认为青年教师只要具备基本教学素质，就应该早上讲台，进行教学实践，在实践中锻炼提高。他曾在毕业班中挑选学生去带微生物学实习，以备考察后留校。20世纪50年代初举办华东畜牧兽医干部培训班时，他派刚毕业的助教去上课。对有机会继续学习深造或被其他院校以优厚待遇招聘的年轻教师，罗清生总是积极支持，从不加阻挠，即使是他的得力助手也不例外。他认为新的学习或工作环境有利于年轻人的成长与发展，也有利于学术的交流与发展。如今罗清生的学生遍及国内外，且多成为有所成就的专家，如周祖龄、廖延雄、李振钧等。此外，罗清生尽可能运用各方面可利用的力量与条件来培养师资。他曾分别派助教去医学院学习生理学；去病理学系学习制作病理切片；去南京大学生物系学习胚胎学；去上海医学院学习药理学。他常亲自联系，请有关学院最好的老师指导，取人之长，补己之短。他自己还经常利用业余时间为青年教师和研究生作读书报告，介绍国内外最新的科技成就和疑难病例，传授教学和疫病防治经验，办专业英语班等。并派青年教师参加学术交流会、进修或者参加编写教材等。在相对短的时间内解决了专业基础课师资力量不足的问题。

堪称一代宗师的罗清生有着虚怀若谷的胸襟。他经常向有关青年教师请教一些解剖学或生理学等基础学科的问题。他虚心好学、不耻下问的态度，更受到青年教师的尊敬和爱戴，也促进青年教师孜孜不倦地钻研学问，包括科学技术发展的新动向。

面对着国内当时基本上空白的新学科，教材缺乏是另一个亟待解决的问题，因此罗清生也很重视教材建设及现代兽医科技知识的普及与传播。1937年编成《家畜传染病学》一书，这是罗清生授课时间最长也是次数最多的课程，此后又精益求精，对该书多次补充修改，自1937～1965年先后修订6次，成为各高校相关学科的主要教材，被誉为20世纪60年代"少而精、深受学生欢迎的优秀教材"。罗清生还翻译大量英文资料，介绍国外先进的理论和经验，以及一些新出现的病例和治疗方法。他一生撰写30余篇学术论文和10余部学术著作，为后世学人树立了光辉榜样。且在他积极倡导和筹划下，1935年中央大学农学院畜牧兽医系创办《畜牧兽医季刊》，该刊由罗清生任主编。1937年因抗日战争爆发停刊，1939年在成都复刊，到1940年共出版了4卷。1940年罗清生等又倡议并成立中华畜牧兽医出版社。1940年底《畜牧兽医季刊》改为月刊，该刊改由中华畜牧兽医出版社编辑发行。1942年罗清生等还建议恢复"中国畜牧兽医学会"，出版社改组为学会出版部，继续编辑出版《畜牧兽医月刊》。1948年《畜牧兽医月刊》又交给中央大学畜牧兽医系编辑发行，罗清生仍任主编，总共出版了7卷。这两本刊物在当时对全国畜牧兽医界起到传播最新科技知识、交流经验的作用，影响颇大。罗清生既有创立之功，又有实干之劳，并为目前在全国发行的《畜牧与兽医》杂志奠定了基础。所以说罗清生创办和主编的《畜牧与兽医》杂志是我国历史最悠久的畜牧兽医刊物。而专业学会的成立和出版社的创建则有效地促进了学术交流与现代兽医科技知识的广泛传播，共同推进了我国现代兽医科学事业的发展与进步。

四、清正廉洁　平易近人

罗清生一生廉洁朴素，公私分明，从不以权谋私，从不占公家便宜。他长期在院系领导岗位上工作，从来没有让公家为自己办一件私事，即使去医院治病也从没有要学校派车。他是严于律己的典范，虽然工资收入较高，但生活十分简朴，家里没有一件像样的家具。他家住平房，卫生间里没有浴缸，有人建议他作为院长和老教授，理应向总务处要求装浴缸，但他拒绝提此要求，他说用木盆洗澡洗衣服都很方便，用惯了，不必装浴缸。同样理由，他也谢绝在家里为他装电话。南京的冬天很冷，学校为他办公室装火炉，他不要装，他说师生在教室里上课也没有火炉，办公室也不必用火炉。南京夏天很热，学校动员他去外地避暑休养，他也不去，不愿花费国家的钱。他一贯公私分明，疾恶如仇，对于浪费公家财物的事，不论大小，甚至小到用公家信封、信纸，或者随便抛弃酒精棉球，也从不放过，都去给以严肃的批评教育。廖延雄曾回忆说："系办公室的老夫子桌上有两套文房四宝（笔墨纸砚），一套是公家的，一套是私人的。外面来的信件，公信是一类，私信是一类，就是信封，公信信封，小心拆开，翻转来，粘好，供回复公信之用。一事当先，总是先考虑集体利益，对人对己都是一样严格要求的。"抗战时期，中央大学有一规定，正教授10年以上，可休假一年，工资照拿，可在外面工作。1934年，罗清生去兰州任西北兽医防疫处处长。是年，美国兽医专家童立克夫（E. E. Tunicliff）博士来华考察，这位外国专家在西北的生活，由罗清生主管。当时甘肃省省长宴请，童立克夫博士希望罗派车，罗说，公车公用，宴请是私事，雇个马车送你去，童立克夫博士对罗的公正清廉很佩服。

一生清廉节俭的罗清生及夫人十分关心下一代的成长，临终前他还嘱咐将他和他夫人的全部积蓄捐赠给南京农业大学，设立奖学金，奖励优秀学生。

治学严谨的罗清生，在生活中性格随和，平易近人。爱好运动和棋牌。他经常与青年师生一起运动，且最喜爱排球。他常说："没有健康的体魄，再好的学问也是没有用的。"另据熊德鄴讲,年轻的罗清生,篮球、足球都玩,足球踢得很好。至于棋牌类娱乐活动,据廖延雄回忆,罗先生的桥牌从成都打到南京,非常爱好,水平很高。有人问罗先生的桥牌水平,罗先生风趣地说:"大不了得全国第二。"有人就问:"第一是谁?"罗先生开玩笑地说:"目前恐怕还没有吧!"关于棋类,罗先生偏好象棋、围棋,围棋棋艺更高些。1942年全系象棋比赛,罗先生第三,第一是原昆明市亚军孙文荣(后为中国农业大学教授),第二是廖延雄。如果举行围棋比赛的话,罗先生恐怕是第一。

五、罗清生主要论著

罗清生. 1940. 兽医用生物药品制造法. 畜牧兽医月刊,(1):43.

罗清生. 1940. 抗出血性败血病血清制造法. 畜牧兽医月刊,(2):82.

罗清生. 1940. 抗炭疽血清制造法. 畜牧兽医月刊,(3):109.

罗清生. 1940. 家畜炭疽病. 畜牧兽医季刊,(2):32-36.

罗清生. 1940. 猪瘟. 畜牧兽医季刊,(3):55-62.

罗清生. 1941. 抗猪瘟血清制造法. 畜牧兽医月刊,(4):137.

罗清生. 1941. 兽医用国产药. 畜牧兽医月刊,(5/6):166-167.

罗清生. 1941. 出血性败血病菌液. 畜牧兽医月刊,(9):284.

罗清生. 1941. 牛瘟脏器苗. 畜牧兽医月刊,(11):317-328.

罗清生. 1941. 家禽炭疽病. 畜牧兽医月刊,(12):341-347.

罗清生. 1941. 炭疽芽孢苗. 畜牧兽医月刊,(12):352.

罗清生. 1941. 家畜传染病学. 成都:中华畜牧兽医出版社.

罗清生. 1958. 家畜传染病学(5个分册). 南京:畜牧兽医图书出版社.

罗清生. 1959. 猪的呼吸道疾病. 畜牧与兽医,(5):199.

罗清生. 1959. 马结核病病例一则. 上海畜牧兽医通讯,(3):104-105,146.

罗清生. 1962. 猪的疾病. 北京:农业出版社.

罗清生. 1965. 禽病学. 上海:上海科技出版社.

罗清生. 1973. 猪传染性萎缩性鼻炎. 中国兽医科技,(2):87-89.

罗清生. 1974. 初生仔猪死亡的原因. 现代畜牧兽医,(3):46-47,35.

〔英〕理查逊,肯德尔. 1979. 兽医原生动物学. 罗清生等译. 南京:江苏科学技术出版社.

主要参考文献

仇文干. 1985. 罗清生//金善宝. 中国现代农学家传(第一卷). 长沙:湖南科学技术出版社:106-107.

陈万芳. 1993. 罗清生//中国科学技术协会编. 中国科学技术专家传略·农学编·养殖卷1. 北京:中国科学技术出版社:167-172.

廖延雄. 2004. 忆一代师表——罗清生老夫子二三事. 畜牧与兽医,(10):36.

蔡宝祥. 2004. 罗清生教授的生平. 畜牧与兽医，(10)：37.

撰写者

李群（1960～），南京农业大学人文学院教授、博士生导师，中国农业历史学会畜牧兽医史分会常务副会长。

包艳杰（1985～），南京农业大学人文学院科学技术史硕士研究生，主要从事农业科技史研究。

谢 申

谢申（1898~1990），广东电白人。土壤学家，中国土壤科学奠基人之一。1927年毕业于中山大学农学院农化系，任助教。1935年由中山大学派往美国威斯康星大学深造，1937年获硕士学位后回国。他从事土壤、肥料研究和教育工作60多年，曾先后担任中山大学研究院土壤学部主任和农学院农化系主任，华南农学院土壤农化系主任，中国土壤学会理事、中国土壤学会广东分会理事长。他长期从事土壤、肥料科学调查、研究工作，是中国土壤调查和红壤利用改良先驱。他早年参加土壤调查工作，足迹遍布广东、云南的平原山川；20世纪50年代初参加橡胶宜林地勘查，为中国发展橡胶种植事业做出了贡献。指导广东土壤普查工作，研究热带亚热带土壤资源，为红壤利用改良工作贡献了毕生精力。20世纪50年代末60年代初，中国土壤学界就自然土壤与农业土壤问题展开了热烈讨论，谢申撰文简述的观点代表了土壤科学发展的正确方向。

一、立下为农志　苦学业有成

谢申，字崧生，1898年8月23日出生在广东省电白县观珠区石湾乡的农民家庭，父亲谢瑞书以务农兼营小商贩为生。谢申从小就随父母在农村生活，目睹当时农业技术的落后状况，从而立下为农业科学献身的意愿。

1920年，谢申中学毕业后，考入当时广东唯一的公立高等农业学校——广东公立农业专门学校，选读农学科，农业化学门（专业）。由于他学习勤奋，深受系主任利寅教授的赏识。在校学习期间，曾先后在校刊《农声》上发表了《作物栽培之轮作》、《绿肥之研究》等10多篇学术论文，显示了他在学生时期对土壤肥料科学的热爱和在该领域的成就。

1924年，广东大学成立，广东公立农业专门学校并入广东大学同时更名为广东大学农科学院（1926年改为中山大学农学院）。谢申以半工半读的形式选读该院农化系。1927年，他以优异成绩取得学位，成为中山大学首届毕业生。谢申深受水稻专家丁颖教授的器重，聘任为助手、助教，在丁颖指导下进行水稻土壤地力研究和肥料试验，从而为土壤肥料科学研究打下了坚实的基础。以后因工作更替，曾先后在广西和广东省农务局、农业试验站任技士，指导农业生产和推广试验，提升为技正。1930年调回中山大学广东土壤调查所，在土壤学界老前辈邓植仪教授领导和指导下从事土壤调查工作。

1935年夏，谢申受中山大学派遣去美国威斯康星大学攻读土壤学硕士学位，1937年学成回国，先后担任中山大学土壤调查所技正、所长，中山大学农学院教授、农化系主任，中山大学研究院土壤学部主任等职务，中华人民共和国成立后，担任中山大学农学院农化系主任。1952年全国院系调整成立华南农学院，谢申任该院土壤农业化学系主任。

二、中国土壤调查和红壤利用改良的先驱之一

1930年我国在南京中央地质调查所成立土壤研究室，同年，广东设立广东土壤调查所，这是我国建立土壤调查研究机构的开端。1932年广东土壤调查所由广东农林局改属中山大学农学院后，谢申参加了中山大学土壤调查工作，至1938年先后完成广东省东莞、高要、大埔、蕉岭、增城、宝安等28个县的土壤调查，撰写并以谢申署名发表了部分相应的土壤调查报告；广东省史无前例首次分县编辑成土壤调查专刊并附精度为十万分之一的着色土壤分布图先后出版，作为本次土壤调查成果。日本侵略者大举侵占我国领土，国土沦亡，中山大学被迫迁移，学校师生随校迁回于云南省、湖南省、广东省粤北山区，在这极端困境的情况下，谢申不畏艰难，坚持开展土壤调查工作，完成了云南省澄江等地的土壤调查。

中华人民共和国成立时，百废待兴，橡胶又是战略物资。1951年，政务院（国务院）通过《中央人民政府政务院关于扩大培植橡胶树的决定》。为贯彻落实中央决定，中山大学接受"橡胶北移"的战略任务。1951年秋冬，年过半百的谢申，在华南垦殖局组织领导下，满腔热情地率领中山大学农学院农化系高年级学生，参加由华南垦殖局主持组织的橡胶宜林地勘察队，与青年学生一起跋山涉水，足迹遍及广东湛江地区和海南行政区，完成两地区土壤性质、植被、气候条件等自然生态因素的调查，提出了《宜种橡胶与热带经济作物的实施意见》，为开发我国橡胶事业和湛江、海南以橡胶为主的热带作物宜林地建设提供了重要科学依据，做出了开拓性的贡献。"橡胶树在北纬18～24度大面积种植技术"经历广东、广西等四省区两代农垦人的努力，于1982年获国家发明奖一等奖。

1958年初，中共广东省委决定开展以摸清土壤底细，充分发挥土壤增产潜力为目的的全省性土壤普查。实行领导、技术、群众三结合的普查工作路线。这是全国首创的土壤普查方法。谢申积极热情支持并以华南农学院土壤农化系主任的身份参加广东省土壤普查协作委员会，协助、指导广东省土壤普查工作。在谢申领导和技术指导下，先后派出土壤农化系教师和毕业班学生参加土壤普查工作。1958年10月在广东省新兴县取得土壤普查成功经验，编写《广东土壤》初稿11册。中央农业部和中国土壤学会充分肯定这次经验，决定在广东省新兴县召开全国土壤普查鉴定现场会议，推广广东土壤普查经验，部署开展第一次全国性的土壤普查工作。1958年的土壤普查是我国有史以来规模最大的土壤理化特性和土地资源调查，也是对农民群众耕作改土、鉴别土壤和施肥的丰富经验的全面总结。根据土壤普查资料所制定的广东农田基本建设和培育高产稳产土壤规划，对广东农业生产的发展做出积极贡献，也在农民群众中广泛普及了土壤科学基础知识。1958年土壤普查和1960年补充土壤普查的资料合编成《广东农业土壤志》内部发行。华南农学院土化系"土壤资源调查组"组织以谢申主持和亲自参加的1951年"橡胶北移"的橡胶宜林地勘查、1958年广东省土壤普查为主要内容的成果申报，获1978年全国科学大会奖。

谢申自发表首篇论文《厩肥概说》起就致力于土壤调查、土壤分类、华南红壤肥力演变、土壤肥力培育、低产土壤特性与改良利用研究。他一方面承担着繁重的教学和土壤肥料科技人才培养任务，同时又认真地调查广东省兴修农田水利、垦荒造田及农田基本建设和红壤开垦利用现状。先后进行了"探索新垦红壤与水稻土在不同耕作条件下肥力演变规律研究"、"丘陵红壤在不同作物配置下肥力发展规律研究"、"新垦红壤施用磷肥效应研究"等多项研究课题。谢申一向对科学研究工作严肃认真，求真求实，亲力亲为。多年的艰苦努力，潜心研究，各项课题均取得阶段性研究成果，有部分材料已整理成文准备发表，但都因当年的形势而被迫终止，有关研究成果资料亦被迫销毁，研究基地、设备废弃，应谢申的自说："……连在助手手中的资料都被彻底销毁，过后无法整理，只可问天一叹！"。"科学的春天"又激发了已届耄耋之年的谢申为土壤肥料科学研究炽热之心和培养科技人才的精神，重拾起既往被废弃的研究，指导中青年教师进行"新垦红壤几种不同利用方式肥力演变规律的研究"和"新垦红壤栽培花生对氮、磷、钾肥、石灰、有机肥和钼素效应研究"课题研究。同时指导研究生对新垦红壤利用中出现的新问题进行理论上的深入探讨。年已84岁的谢申，其关门弟子的硕士学位论文课题"新垦红壤稻田的供氮能力与水稻黄化关系"，"氮钾平衡与条纹型水稻赤枯病发生关系的研究"，充分体现了谢申对土壤科学发展和红壤改良利用研究的精神。

三、坚持土壤科学发展的正确方向

20世纪50年代末，我国完成了第一次全国性土壤普查工作，积累了大量耕作土壤的资料，也总结了农民长期生产实践中判别土壤、改良土壤和合理利用土壤的丰富经验；《农业八字宪法》的发表，又把"土"字列为首位。土壤科学工作者得到深刻启示为要迅速改变土壤科学脱离生产实际的现状，提出了建立"中国农业土壤学"，从而于60年代初期，在我国土壤学界关于自然土壤和农业土壤的内涵及其相互关系等问题，引发了激烈讨论与争论，揭开我国土壤科学发展史上新的一页。讨论中土壤学界一些学者认为农业土壤与自然土壤形成过程的内部矛盾不同，把农业土壤与自然土壤两者完全对立起来，忽视土壤客体本身存在的规律性，过分强调人为因素在农业土壤形成等方面的作用。谢申关注并在有关学术会议和专业学术刊物参与了本次讨论，全面论述自己的学术观点。他在回顾众多学者在专业期刊发表的不下百十篇文章和接触不少同行议论的观点，统揽众见，把讨论的问题，各种见解归纳为：自然土壤与农业土壤关系、肥力特性、形成过程、命名分类、高等农业院校"土壤学"应否改为"农业土壤学"等五个问题，撰文陈述他的观点。谢申在文中引述我国古书"'万物自生者则言土'，'人所耕而树艺者言壤'"的说法，正好是自然土壤和农业土壤的统称，他认为应该接受这个遗产。谢申坚持认为农业土壤与自然土壤都是土壤整体中的个体，不存在本质上的区别，农业土壤只能是土壤学的部分内容；自然肥力与人工肥力、经济肥力之间没有本质上的区别，经济肥力是由自然肥力和人工肥力所构成；土壤是由五种自然因素和人类生产活动综合作用的结果，不可能划分为两个对立的形成过程；分类命名应该统一；不能以"农业土壤学"代替高等农业院校农科"土壤学"。这些观点代表了我国土壤科学界数十年来坚持正确发展土壤科学的基本观点。在当时的历史条件下，谢申敢于坚持真理，顶着逆流，在专业刊物上发表学术论著是难能可贵的。

谢申一生发表论著40余篇和数十册土壤调查报告，涉及土壤肥力、作物施肥、作物生长障碍因素的土壤环境、农业生产布局、土地资源调查等许多方面。在数十年的教育生涯中，谢申编写了《土壤学》、《作物与土壤》、《土壤化学分析法》、《土壤学参考》等油印本讲义，在教师和历届专业学生中使用，这些累积谢申教学生涯的著作，只因当时条件未能出版。1959年主编（副主编谢传维、卢程隆）粤、桂、闽三省适用的《土壤学》教材，也未能出版。此外，谢申还有许多在教学科研中累积的土壤肥料资料和科技英语译著，也因当年条件所限未能发表。谢申在《八十六周岁有感》诗句"少壮当年志气昂，立言立德自思量。天公不予人方便，壮志未偿鬓已霜。"是其对所处环境的自叹。

四、执教六十载　为国育英才

1927年，谢申在中山大学农学院农化系毕业，踏上中山大学农学院教坛，曾主讲过土壤学、肥料学、土地管理学、土壤分析、农业化学分析、土壤肥力专题等本科和研究生课程，编写了多种教材供历届学生使用。谢申从教60余年，受他熏陶的莘莘学子分布在祖国的大江南北和世界各地。他们当中的大多数是教学、科研、生产、企业单位的技术骨干或学科、学术带头人。他培养的一部分研究生在国内外土壤肥料学界享有很高的学术地位，如张守敬教授、华孟教授、周鸣铮研究员等。

谢申不遗余力地培养国家需要的高层次科技人才，直至84岁高龄还在教坛上亲自培养硕士研究生。1981年12月，谢申在他的最后两位硕士研究生硕士学位认证表上签下自己的名字，他感到无上欣慰。

谢申热爱教育事业，对为祖国培养出大批优秀农业科技人才而感到自豪，从他在86岁寿辰写下的"欣逢盛世晚年时，桃李芬芳结满枝"的七绝诗句中，可以充分感受到老人从事教育60年，从教坛生涯中所获得的特殊喜悦之情。1990年8月1日，谢申逝世于广东省广州市。

谢申热爱祖国，热爱社会主义，热爱他所从事的土壤科学事业。数十年如一日，他把炽热之心献给祖国农业教育事业与土壤科学研究，因此，受到党和人民的信任和热爱，曾先后当选为第三届全国人大代表，第二、三届广东省人大代表，第三届广东省人民委员会委员，第四届广东省政协常务委员会委员，广东省科学技术协会第一届常务委员会委员，中国土壤学会第一、二、三、四届理事和名誉理事、中国土壤学会广州分会理事长等职务。在工作岗位上，谢申尽心尽职，曾获农业部、广东省人民政府、广东省高等教育厅、农业厅、华南农业大学、中国农学会、广东农学会、中国土壤学会、广东土壤学会等部门颁发荣誉证书或奖状。

谢申的敬业、治学严谨和实事求是的科学研究精神，是晚辈们学习仿效的榜样。

五、谢申主要论著

谢申. 1923. 厩肥概说. 广东林季刊，1（4）：8-18.

谢申. 1923. 绿肥之研究. 农声，（7/8）：108-112, 124-126.

谢申. 1927. 水稻需要氮磷钾肥三要素之研究. 农声，（91/93）：5-13.

谢申. 1927. 植物之形成与化学作用. 农声，(101/102)：11-18.
谢申. 1928. 连滩席草调查. 农声，(103/104)：31-32.
谢申. 1929. 农业上之石灰问题. 农声，(124)：1-12.
谢申. 1933. 广东东莞县土壤调查报告. 国立中山大学农学院土壤调查所，第四号.
谢申. 1933. 广东高要县土壤调查报告. 国立中山大学农学院农林研究委员会，第七号.
谢申. 1936. 大埔、焦岭县土壤调查报告. 国立中山大学农林研究委员会，第二十五号.
谢申，朱达龙. 1936. 宝安、增城县土壤调查报告. 国立中山大学土壤报告，第九十号.
谢申，黎旭祥，刘致清. 1940. 云南潊江之土壤. 国立中山大学土壤报告，第二十八号.
谢申. 1941. 粮食增产与土壤调查. 中山学报，(2)：5-9.
谢申. 1941. 滇缅公路昆明至保山段土壤概况. 中山学报，(2)：71-74.
谢申. 1943. 土壤需要肥料之测定与广东土壤需肥问题. 中山学报，1(8)：18-23.
谢申. 1944. 土壤需要肥料之测定与广东土壤需肥问题. 中山学报，2(2)：18-27.
谢申. 1944. 土壤与肥料对作物内容成分的影响. 中山学报，2(5)：66-76.
谢申. 1950. 广东红壤的利用问题. 农业部土肥工作会议汇刊：67.
谢申. 1957. 对广东柑橘黄龙病调查总结意见. 广东农业通讯，(1/2)：35-36.
谢申. 1963. 关于农业土壤一些问题的商榷. 土壤通报，(6)：23-24.
谢申. 1980. 略谈我国土壤科学的发展//华南农学院农业历史遗产研究室编. 农史研究（第一辑）. 北京：农业出版社：94-103.

主要参考文献

《华南农业大学百年校庆丛书》编委会. 2009. 稻花香——华南农业大学校友业绩特辑. 广州：广东省出版集团广东科技出版社：81-83.
谢昭. 2009. 回顾. 自印本：1-7，299-309.

撰写者

游植粦（1937~），华南农业大学资源环境学院教授，谢申教授的学生和同事。

蒋 英

蒋英（1898～1982），江苏昆山人。植物学家，中国现代植物分类学的奠基人之一。1925年，在南京金陵大学农学院森林学系毕业后，先后担任过安庆农业专门学校教员，中山大学、广西大学、岭南大学、广东林学院、中南林学院教授、系主任，南京中央研究院自然历史博物馆植物标本室主任，台湾林业实验所技正，台北植物园园长。新中国成立后，还兼任中国科学院华南植物研究所研究员、中国科学院植物组专门委员以及中国植物学会名誉理事长。从20世纪30年代初开始，便从事夹竹桃、萝藦科和番荔枝科植物的系统研究，是中国较早进行植物专科研究的植物分类学家。先后发表了《亚洲夹竹桃目植物之研究》、《广东番荔枝科植物》等多篇学术价值较高的论文，解决了多年来中国植物分类学上的许多疑难问题。1958年，中国科学院成立了《中国植物志》编辑委员会，蒋英被聘为编委，并和其助手李秉滔共同编撰《中国植物志》第30卷第二分册和第63卷，这两部书详尽记载了中国夹竹桃科、萝藦科、番荔枝科植物，其中属蒋英发现定名的新种230个，新属10个，对中国植物学研究做出了卓越贡献。

一、爱国、敬业、乐业

蒋英，学名蒋积英，字菊川，1898年11月6日（农历九月二十三日）出生于江苏省昆山县。青年时期，蒋英就具有强烈的爱国主义思想，倾向进步，对国民党的反动统治和地主阶级对农民的残酷剥削非常愤恨。1927年，在国内严峻的政治形势下，蒋英积极响应江苏省农民协会的号召，辞去安庆农业专门学校教职返回昆山组织了昆山县农民协会，采取多种形式向农民宣传"二五减租"和"耕者有其田"的主张，动员农民抗租，还创办了《昆山农民报》，寄发给江苏省内各县农民协会以扩大影响。由于国内政局动荡，1928年初，昆山县农民协会被迫停止活动，蒋英便南下广州到中山大学任教，自此便和农林科教事业以及植物分类学的研究结下了不解之缘。

蒋英作为一个植物学家，总是把爱国主义精神和敬业乐业情怀紧紧联系在一起，时刻关心、维护祖国的植物资源，常为植物资源外流感到忧虑。1933年，他和助手到云南采集植物标本时，曾应邀在昆明市基督教青年会教堂演讲。他义正词严地揭露了某些英国神父长年盗窃我国动植物标本寄往英、美的可耻行径。蒋英还自豪地指出，我国对植物分类学的研究比西方要早，明朝李时珍著《本草纲目》比西方植物分类学创始人林奈的《自然系统》要早两个半世纪。他呼吁国人，"我们祖国漫山遍野的'绿宝石'，万万不能在我们这代人手里让洋人攫走。"在场的听众报以热烈掌声表示支持。

20世纪40年代初，蒋英曾接到荷兰国立植物标本馆送来聘书，许以重金聘他编撰《马来西亚植物志》。那时正是抗战极为艰难的时期，蒋英随中山大学农学院从云南迁至湖南宜章，担负着繁重的教学和科研任务，生活十分艰苦，面对难得的出国机遇和重金聘请，他首先想到的是祖国尚在危难中，为祖国编撰植物志的愿望尚待努力不能中断，于是他复信婉言谢绝。事后，他赋诗抒怀："挥手光阴四十春，如云逸至邑清尘；还将白雪酬初愿，谢却黄金抱璞真。"以表达他热爱祖国的真诚。

蒋英时刻不忘为编撰祖国植物志搜集资料。抗战胜利后，中山大学曾派他到台湾考察，后他又担任台湾林业实验所技正和台北植物园园长，在此期间，蒋英除加紧对台湾植物进行调查研究外，还将实验所原收藏的标本加以认真整理研究，从而发现了许多台湾植物新种、新属的模式标本。他便节衣缩食，筹措经费，拍摄了1600多张标本照片，连同干制标本约3000份带回中山大学植物研究所，并发表了《考察台湾植物简报》一文。蒋英为了搜集流落异国他乡的植物标本、资料，还通过各国植物学家、科研机构的帮助，先后从英、美、苏、法等20多个国家借用或代拍照片或复制原始文献资料，由此掌握了许多，特别是有关萝藦科和夹竹桃科的原始材料、模式标本和模式照片，为《中国植物志》的编写积累了珍贵资料。

"文化大革命"时期，蒋英已年逾古稀，又受到冲击，但他热爱祖国，拥护党的领导，为林业科教事业奋斗终生之志始终不渝。他不管环境多么恶劣，生活多么艰苦，一直坚持工作，特别是对《中国植物志》的编写工作，从未中断过。他常常勉励自己，为国家编撰植物志，就是为国为人民效劳，即使豁出老命也是值得。他常早出晚归，从农学院步行十多里路往华南植物研究所，埋头编写植物志。

二、矢志发掘祖国绿色宝藏

蒋英自幼喜爱大自然，对千姿百态的植物尤感兴趣。就读于中学时便常采集各种植物标本，以便对照辨认植物，面对祖国丰富的绿色宝藏，他立志学林，决心为开发祖国绿色宝藏奋斗终生，使它能更好地为振兴祖国发挥作用。蒋英常为我国植物资源分布状况不明而深感不安。他深知植物学科是注重植物资源研究的学科，植物分类学是植物学科重要组成部分，植物标本则是摸清我国植物资源不可缺少的第一手材料，所以他一贯重视植物调查和采集标本。从20世纪20年代初，学生时期开始即着手采集植物标本，专心研究。

1928～1929年，蒋英在中山大学任教期间，积极参加了由植物研究室（后为农林植物研究所）组织的广东植物分布状况调查，为以后编撰广东植物志做准备。

1930年初，蒋英被调到南京中央研究院自然历史博物馆担任植物标本室主任，并兼贵州、云南、广西、江西、湖南等地植物调查队队长。在科研工作中，他常苦于我国原种标准标本之难得，以致影响研究工作之顺利进行，而究其原因是，我国许多植物标本为外国人所采集，以致标准标本多存留在国外著名植物研究机构中。蒋英认为，要改变这一落后状况，若能在原种发源地采得同种植物，其价值、用途即可与国外保存之原种标本相同。因此，蒋英多次率领植物调查队分赴贵州、四川、江西、广西、湖南和云南等地，不避艰难险阻，不顾治安不靖，辗转深入崇山峻岭、茫茫林海之中，或跋涉于穷乡僻壤的旷野荒原，风餐露宿，历时四年之久，单贵州之行就用了一年零两个月，足迹几乎遍及贵州全省，工作极为艰苦，但收获是丰硕的。四年间采集到的植物标本达1.7万多号，还有上千号的木材标本。更值得欣喜的是，在这些植物标本中，有许多是前人没有发现的；还发现了不少珍贵树种，如在黔蜀交界处梵净山中的"长苞铁杉"，就是他们在海拔2300多米高的山顶上发现的，经过仔细的鉴定确认它是松科铁杉属的一个新种，从而长苞铁杉在我国植物志上才占有一席位置。又如在贵州独山县一个叫丹林的树林里发现一种被誉为"千花树"、"漆榆树"的树木，他们采集了40多个花、果、叶标本，并锯下40多个圆盘木材标本，经过认真的分析研究，鉴定是我国特产的马尾树，是新科、新属、新种，是速生优良树种，为优良的造纸原料。这一发现对植物分类学、木材学和造纸工业都有重大的学术和实用价值。

新中国成立后，蒋英的科研工作有了更大进展，和社会主义建设进一步结合起来。如1951年，他被委派为两广野生橡胶资源调查队队长时，带队踏遍了粤桂边境的山山岭岭及沿海一些岛屿，寻找野生橡胶资源。经过两年的辛勤工作，基本摸清了华南地区橡胶植物资源情况，发现了花皮胶藤、酸叶胶藤、红杜仲藤、毛杜仲藤和鹿角藤等多种含胶量高的野生橡胶植物，受到了农垦部嘉奖。又如20世纪60年代初，某些资本主义国家曾对我国降血压药生产原料蛇根木进行封锁。蒋英认为我国可能会有蛇根木或近缘种。于是他带领助手进行深入调查研究,经过八个多月的艰苦努力,终于在云南发现了野生的蛇根木,与此同时还发现了云南萝芙木、广西萝芙木和海南萝芙木,基本摸清了我国萝芙木属植物资源。这些萝芙木含有较丰富的可治疗高血压病的生物碱,其副作用比蛇根木少。此项研究成果为我国医药工业的发展做出了贡献。

1973年,蒋英在国外有关文献中,看到一种每年可生长几米高的黄梁木,经他仔细查阅早年调查笔记,发现在广西十万大山等地也有野生黄梁木的记录。他便向广西林业部门建议,组织采集黄梁木种子,加以繁殖。如今,这种被称为"奇迹树"的黄梁木,已成为我国速生丰产树种之一。

蒋英从20世纪30年代初开始,便从事夹竹桃、萝藦科和番荔枝科植物的系统研究,是我国较早进行植物专科研究的植物分类学家。他认为这三科植物对我国技术经济发展具有重要意义。为此,他倾注了大量精力,搜集这三科的资料,并开展卓有成效的开创性研究,先后发表了多篇学术价值较高的论文,如《亚洲夹竹桃目植物之研究》、《广东番荔枝科植物》等,解决了多年来我国植物分类学上的许多疑难问题,使我国在这三科植物的分类上,达到或超过国际先进水平。1958年,中国科学院成立了《中国植物志》编辑委员会,蒋英被聘为编委,这时他已年届花甲,但为实现其多年夙愿,他毅然接受了编撰第30卷第二分册和第63卷的光荣而繁重的任务,并决心在有生之年,倾注全部心血,努力写好植物志,以报效祖国。

1977年,由蒋英和他的得意门生李秉滔编撰的《中国植物志》第63卷由科学出版社出版发行了。这是一部集我国夹竹桃科、萝藦科植物之大成的巨著,是蒋英几十年心血的结晶。它概括了我国这两科植物的种类、分布、经济价值、用途和植物进化等,记载有2个科,6个亚科,91个属,420个种,66个变种;其中蒋英发现和创立的就有1个亚科,6个属,167个种,30个变种。这卷书的一大特色是:大部分是药用植物及工业原料植物,可为农、林、牧、副、医药、工业、环境保护和植物资源开发利用提供基本资料,在每属种方面均详细说明其经济用途。同时,还纠正了外国专家在植物分类上的错误共160多处。这部巨著的出版得到国内外植物学界的重视和好评。《中国植物志》编委会审稿的评语指出:"这是一部巨大创作,是蒋英教授积数十年的努力钻研成果……无论科学内容方面,还是在实用方面,均具有高度水平。"该书获1979年林业部科技成果奖一等奖和1982年国家自然科学奖三等奖。在1978年3月召开的全国科学大会上,蒋英被授予先进科技工作者称号。1978年,英国爱丁堡植物学杂志发表的一篇整理有关植物标本名称的论文,声称在夹竹桃科和萝藦科中的名称,全部根据取自《中国植物志》第63卷。

蒋英从事植物分类学的研究达50多年，为发掘祖国绿色宝藏做出杰出贡献。共发现定名植物新种230多个，新属10个，国外新种约10个；发表科学论文76篇，专著两卷，还参加《中国植物图鉴》和几种地方植物志的编撰工作。他是夹竹桃科、萝藦科、番荔枝科植物分类的世界权威，先后有26个国家的植物研究机构请他鉴定标本，与他建立了学术联系和交流。

三、力促农林科教事业的发展

1952年11月，蒋英为庆祝华南农学院的诞生，撰写了《为祖国农林教育前途无限光明而欢呼》一文，他认为新中国成立后，带来了新教育。华南农学院是新民主主义社会的产物，我们要为之而欢呼。他呼吁全院教师要勇于担负起建设新华南农学院艰巨而光荣的任务，要树立坚强的信心，忠诚地实践我们自己建设新华南农学院的诺言；要求学生要把自己严格地培养成合规格的农林工程师，把祖国农林建设的责任牢牢地放在肩膀上。

在教学和科研工作中，蒋英也正是这样忠诚地实践着自己的诺言。为了树立新的教育思想，建立新的教学制度，蒋英认真学习党的总路线、教育方针、政策，学习苏联先进教学经验，关心学校改革和建设工作，积极参加"百家争鸣"，努力推动植物学教学改革，并坦诚向学校提出不少建设性建议。

多年来，蒋英意识到长期采用外国教材，对培养合格人才和农林建设都是不利的。他决心改变这一状况，编写了联系我国实际，反映中国特点的新教材。他不断把科研中取得的新成果、新资料和自己学习到的有关生物化学、细胞学等方面的知识充实到植物学、树木学和植物分类学的教材中去，使教材得到不断的充实和提高。他编写的教材不仅在华南农学院使用，也常为华南地区高等农林院校所采用。

蒋英还认识到教学质量的提高，主要取决于教师整体素质、水平的提高。早在20世纪50年代，他担任植物教研组主任期间，便组织教师集体备课，进行预讲，以便集思广益，充实教学内容，使教师们得以取长补短，共同提高。在备课、预讲时，他反复强调，植物学是注重植物资源研究的，必须和国民经济发展相配合，讲课必须结合生产实际。为了使青年教师特别是外省调来的青年教师，能尽快熟悉广东的植物并提高师资水平，他不顾年迈，还常亲自带领他们到高要鼎湖山等地，翻山越岭进行植物调查和采集标本。

为了帮助学生巩固所学知识，提高教学直观效果，蒋英创立了"陈列辅导"教学法。它是配合植物学、树木学、植物分类学期中测验、期末考试复习进行的。具体做法是根据有关讲课和实验内容，按次序把各种直观教材、挂图、生活标本、蜡叶标本等连同说明、讲义分门别类陈列展出，辅以解说，使学生通过参观，从实物对比中能较好地认识和掌握各种植物的特征和有关知识。蒋英也亲自充当"讲解员"为学生进行辅导。这一新教学方法取得了良好教学效果，深受师生欢迎，好些高等学校还派人前来参观学习。植物学教研组被评为广州地区自然科学教学先进单位，蒋英也两次被评为教学先进工作者。

作为知名的教育家、科学家、华南农学院的一级教授，蒋英既关心国家大事，又关心学校的发展。1956年，他对中共中央提出的学术上开展"百家争鸣"的方针是非常重视的，表示坚决拥护。他认为"百家争鸣"方针，将对科研工作有很大的推动。他在接受华南农学院院刊记者采访时，发表了《门门都可成家》的谈话，明确指出："在科学上应该展开争论，因为科学上许多东西不争论是不容易明确的，争论出来的东西才是真理。"他认为，科学是在不断变动、发展的，是在不断修正过去意见和看法，科学是没有止境的。他要求大家正确理解"百家争鸣"方针，不要相互攻击，而要齐心合力，发挥自己能力，积极开展善意的争论，以推动科学的发展。

关于学习苏联的问题，蒋英从多年教学实践中深深体会到学习苏联先进经验是正确的，但必须结合中国实际。苏联的教学经验虽好，但对中国的具体情况不一定完全适合，不能教条一套，尤其是教学大纲、教材和有地区性的学科，如生物学、地质学等，更不能硬搬别人的。

蒋英还对如何解决学校发展中存在的某些问题，常提出积极意见。如青老年教师相互协作问题，他认为，青年教师如得不到老教师的帮助，其科研工作是比较难于推进的；同样老教师如得不到青年教师的协助也不能充分地施展其所长。他要求双方都要从"为人民服务"的真正愿望出发来通力协作，共同推动科教工作的开展。又如为了响应周总理向科学进军的号召，蒋英根据自己在科研工作中常遇到的，如人力、物力、财力的配备不足和经费分配存在平均主义等问题，也坦诚地提出批评和建议。

蒋英毕生献身于农林科教事业，一面深入开展植物分类学的研究，一面主讲植物学、植物分类学和树木学等多门课程，并指导研究生，为植物分类学的发展和专门人才的培养做出了重要贡献。他治学严谨，对学生、助手要求严格，谆谆教导，是学生、助手的良师益友，他的许多学生已成为教授、研究员，如他20世纪60年代的得意门生、得力助手李秉滔教授对大戟科植物的研究已达到国际领先水平。蒋英对党对祖国的忠诚，对科学的执著追求，为开发祖国绿色宝藏的献身精神和建立的业绩，永远是人们学习的楷模，将不断激励人们奋勇前进。

1982年3月6日蒋英病逝后，中共中央副主席、全国政协主席邓小平和方毅、刘澜涛、何康、雍文涛等领导同志为其追悼会送来花圈，以表达对这位为发掘祖国绿色宝藏做出重大贡献的科学家的深切悼念。

四、蒋英主要论著

蒋英. 1931. 广东广西贵州的森林概况及其恢复问题. 中华农学会报，(98/99)：34-46.

蒋英. 1935. 广东番荔枝科植物. 中国植物学杂志，(2)：673-708.

蒋英. 1941. 研究吾国竹类之文献. 科学，25 (1/2)：1-112.

蒋英，谢阿木. 1947. 台湾之植物界及其分布之研究. 台湾省林业试验所通讯，1 (6)：119-123.

蒋英. 1950. 中国近三十年来植物分类学之发展. 台湾省立博物馆季刊，(3)：1-13.

蒋英，蓝世伦，李秉滔. 1962. 中国萝芙木属植物的分类研究. 广东林学院研究报告，(1)：1-23.

蒋英. 1962. 两广乔灌木植物名录. 广州：广东林学院.

蒋英，李秉滔. 1964. 海南番荔枝科新记载. 植物分类学报，(9)：374-382.

蒋英. 1965. 海南夹竹桃科和萝藦科新记载. 植物分类学报，(10)：27-40.

蒋英，李秉滔. 1965. 中国瓜馥木属植物的修订. 植物分类学报，(10)：315-328.

蒋英. 1973. 广西产大戟科的一个新属——蝴蝶果属. 植物学报，(15)：131-134.

蒋英. 1973. 萝藦科一新属——金凤藤属. 植物学报，(15)：136-138.

蒋英，李秉滔. 1973. 中国植物志夹竹桃科预报. 植物分类学报，(11)：347-397.

蒋英，李秉滔. 1974. 中国植物志萝藦科预报. 植物分类学报，(12)：79-149.

蒋英. 1977. 东亚植物学文献附录中中国古代文献部分的订正. 植物分类学报，(15)：95-106.

蒋英，李秉滔. 1977. 中国植物志第六十三卷. 北京：科学出版社.

蒋英，李秉滔. 1979. 中国植物志第三十卷第二分册. 北京：科学出版社.

蒋英，李秉滔. 1981. 中国夹竹桃科和萝藦科植物纪要. 华南农学院学报，2 (1)：30-32.

蒋英，李秉滔. 1983. 夹竹桃科萝藦科//中国科学院昆明植物研究所编. 云南植物志·第三卷. 北京：科学出版社：473-675.

蒋英，李秉滔. 1987. 夹竹桃科萝藦科//中国科学院华南植物研究所编. 广东植物志·第一卷. 广州：广东科技出版社：425-540.

主要参考文献

华南农业大学校史编委会. 1999. 华南农业大学校史. 广州：广东科技出版社.

撰写者

何贻赞（1922~），曾任原华南农学院教务处长和农业教育研究室主任，1986年离休。长期从事高等农业教育管理和农业教育史研究，是《华南农业大学校史》副主编和主要执笔人之一。

冯泽芳

冯泽芳（1899~1959），浙江义乌人。棉花科学家、农业教育家，中国现代棉作科学的主要奠基人之一。1955年当选为中国科学院学部委员（院士）。1921年南京高等师范农业专修科毕业。1925年东南大学农科农艺系毕业。1933年获美国康乃尔大学博士。曾任中央棉产改进所副所长，中央农业实验所技正兼棉作系主任，中央大学农学院教授、院长，南京农学院教授、图书馆馆长，中国农业科学院棉花研究所研究员、所长。1956年参加中国十二年（1956~1967）长期科学规划的制定工作。1957年应邀率中国棉花科学代表团赴苏联考察访问，并参加苏联十月革命40周年庆典，登上红场外宾观礼台。他毕生致力于棉花科研、生产技术推广和农业教育。早年对亚洲棉的分类、遗传以及亚洲棉与美洲棉杂种的细胞遗传学做过较深入的研究。在划分中国棉区，探讨棉纺工业布局，倡导推广陆地棉取代中棉，鉴定与发展离核木棉，培养农业人才等方面，做出了重要贡献。主要著作有《中等棉作学》、《合于中国栽种的洋棉》、《合于中国栽种的细绒棉》、《中国的棉花》。

一、刻苦求学 奋发成才

冯泽芳，字馥堂，1899年2月20日出生在浙江义乌赤岸村的一个农民家庭。从小聪明颖悟，又勤奋好学，于是父亲决心供他读书。1913年考入金华浙江省立第七中学（现金华中学）。从赤岸到金华路程90里，由于家境贫寒，来去都是步行。他酷爱读书，连春节期间也手不释卷。同班的四名义乌籍同学中，冯泽芳年纪最幼，成绩最好。

1916年12月中学毕业。因经济困难，不能继续升学，回到义乌，1917年2月至1918年6月，在绣湖边的浙江义乌私立稠南小学任教，教授英文、算学、理科，历时一年半。

1918年冬，得悉南京高等师范学校在杭州招生，其农业专修科不收学费和膳费。他和同学周拾禄（水稻专家）决定报考，于是结伴同行。时值隆冬，出发那天下着雪，他两人顶风冒雪，从义乌步行到杭州，结果双双被录取。两人同窗数载，友谊深厚，立志同心协力为解决贫苦农民吃饭和穿衣问题而奋斗。周拾禄专攻水稻科学，冯泽芳专攻棉花科学。最终，他们两人都出色地实践了这个誓言。

在读农专的三年内，冯泽芳既博学理论，又注重实践。他在报刊上发表了关于农业的文章六篇和译文一篇，在农学生涯中迈出了坚实的第一步。

1921年6月毕业时，适逢学校升格并改名为东南大学。按学校规定，原专科学生，在补读满学分以后，可获本科毕业文凭。冯泽芳因经济拮据，决定一边工作，一边补读学分。在半工半读过程中，他1921年9月至1923年1月任东南大学农科棉作助教和研究助理，1923年2～7月任江苏省立第三农校（淮阴）作物学和育种学教员，1923年8月至1925年7月任江苏省立第一农校（南京）棉作学、作物学和农场实习教员。四年时间里，他又发表论文七篇，译文一篇，还编著了中专教材《中等棉作学》。其中有两篇论文，水平尤高。一篇是《中棉之形态及其分类》这是历时两年多，观察了112种中棉，列成完整的中棉分类系统表。此文发表后，国内外学者才比较系统全面地了解了中棉的性状和类型，由此奠定了中国亚洲棉分类的基础。另一篇是毕业论文《中棉之孟德尔性初次报告》，这是在孟德尔定律发表后，首次应用于中棉研究。冯泽芳研究了中棉11个性状的遗传行为，经过1923～1925年连续三年种植试验的结果，其中10个性状的显隐性比接近3∶1，与孟德尔定律一致。此文是中国亚洲棉遗传研究的先导。一个还未毕业的大学生，敢于尝试研究这等尖端课题，其胆识与才智，令人惊叹与敬佩。

1925年6月，经过四年努力，毕业于东南大学农科农艺系。在老师的谆谆教导和同学们互助下，冯泽芳在获取知识、运用知识和创造知识方面得到了基本的训练，奠定了一生的基础。

1925年8～12月任江苏省立第三农校（淮阴）作物学和农场实习教员；1926年1～12月任江苏省立第一农校棉作学、作物学和农场实习教员。1926年春，冯泽芳经人介绍，与义乌县立女子高等小学教员孟成玉结婚。在南京建立起自己的小家庭。孟成玉在安徽当涂谋到了一个小学教员的职位。年底，第一农校因经费无着而停办，冯泽芳失业，在当涂小学住了半年。1927年9月至1930年8月，他经孙恩麐教授推荐，到江苏南通狼山省立棉作试验场任整理员、副场长、场长各约一年，从事棉花试验、繁殖和推广（后期由留美博士许震宙任场长）。这期间，他发表了《中棉纯系育种方法之研究》等论文。

1930年秋，冯泽芳考取美国康奈尔大学研究生。他精心挑选了这些年来选育的种子和资料，带去美国，要利用先进的条件做深入研究。在康奈尔大学三年，他潜心研究，从不去电影院和娱乐场所。当时的棉花育种，采用的都是纯系育种和种内杂交育种。为了拓宽育种途径，包括冯泽芳在内的国内外学者，多次进行过美洲棉与中国亚洲棉的杂交，由于这是种间杂交，很难成功。以亚洲棉为母本者，无一成功；以美洲棉为母本者，得到过少量杂种，但其第一代均不育。学者们都不明白是何缘故。

他坚持理论创新必须有实验为证。寒冷的冬季，他继续在温室里栽培棉花。棉株开花吐絮，上面挂满了记载各项数据的标签，引得各国学生常在窗外驻足观看，并戏称为"圣诞树"。他充分利用细胞遗传学方法和美国实验室的先进设备，在显微镜下仔细观察棉花细胞遗传密码的载体——染色体。功夫不负有心人，1933年夏，他获得哲学博士学位，并获得了颁发给优秀毕业生的金钥匙。他的博士论文《亚洲棉与美洲棉杂种之遗传学与细胞学的研究》发表在权威的美国《植物学报》杂志第96卷上，解开了当时学者都不知何故的中棉与美棉种间不易交配性以及杂交一代不育性之谜，为棉花研究开辟了一个新的方向，引起国际植物学界的重视。该论文由曹诚英译成中文，刊登在《农学丛刊》1934年第1卷第2期上。以后的中外学者常引用该文献。

在康奈尔大学留学期间，他还向《中华农学会报》投稿14篇，介绍国外关于棉花研究的最新进展。同年秋，冯泽芳学成归国。由邹秉文老师推荐，在南京就任棉业统制委员会技术专员。他把孙中山先生的话"要立志做大事，不要做大官"视为座右铭，并把毕生献给了中国的棉花事业。

二、区域试验　国际领先

1934年，棉业统制委员会成立中央棉产改进所，由孙恩麐任所长，冯泽芳任副所长兼植棉系主任，主管研究和推广。他把科学技术带进棉花生产的田间地头，不到10年时间，使我国棉花的产量和质量大幅度提高。这是中国棉作改良史上辉煌的一页。

我国历史上是一个棉花进口国。第一次世界大战影响了我国棉花和棉纱的进口，迫切需要适合机器纺织的本国产的高品质棉花。1932年，中央农业实验所成立之初，聘请美国康奈尔大学教授洛夫（H. H. Love）来华任总技师，主持中国棉花的改良工作。当时种植的中棉，纤维粗且短，不适应机器纺织的要求。虽然从1919年，华商纱厂联合会邀请美国棉花专家顾克（O. F. Cook）来华指导棉种改良，帮助引进了美国最优质高产的脱字棉、爱字棉等良种。但是中国棉区广大，各地气候、土壤条件差异很大，每个地区种植什么品种最好，尚缺乏系统的理论指导。1933年，洛夫征集了中棉、美棉品种共31个，在中国南北各棉区进行区域试验。1933年，冯泽芳奉命视察湖北棉作，考察了10余县的棉花生产后指出：引进品种一定要做试验，不能盲目从国外大量购买棉种。1934年，洛夫回国，由冯泽芳主持品种区域试验工作。他到各省棉区调查研究以后，将试验方法加以改进，在黄河流域和长江流域的10个产棉省，选择土壤、气候有代表性的地点，共18处，作为品种区试验的基地。每年棉株生长季节和收花之后，他都要到这些试验点详细考察、记载、总结、指导。20世纪30年代的中国农村，素称穷乡僻壤，交通极其不便，治安混乱。这项工作十分艰苦。

经过两年的试验，得到令人欣喜的结果。他的论文《适于中国栽培之美棉新品种》、《再论斯字棉与德字棉》等，就是对这项全国广大棉花科学工作者集体参与的、开我国现代棉花科学引种和推广之先河工作的总结。在黄河流域棉区，筛选出斯字棉4号，增产11%～67%；在长江流域棉区，筛选出德字棉531号，平均增产15%，高产优质，纤维长，售价高，使棉农增加收益。这充分证明棉花品种区域试验的重要性。在国内各种主要农作物中，棉花率先实行了全国性的品种区域试验，这一课题在国际上当时也处于领先地位。

全国棉花品种区域试验的成功，不但肯定了斯字棉和德字棉两个新品种。而且使大家懂得了"棉区"这个概念和棉区划分之重要。某个良种，只在某个特定棉区才能优质高产，因此推广植棉，一定要注意天然环境，在适宜地域推广，而不能放之四海而皆准。这对以后的品种试验、繁殖和良种推广具有重大的指导意义。

抗日战争时期全国棉花品种区域试验一度中断，直到1956年才恢复，仍由冯泽芳主持。1956～1957年的试验结果，又肯定了徐州209号、彭泽4号等著名良种。这项工作延续至今，并成为国家品种审定的基础工作。

三、推广良种　造福棉农

筛选出了适宜不同棉区的良种以后，从1937年起，冯泽芳把主要精力转移到棉花良种和植棉技术的推广上。然而这是一项面向农民的工作，那时的农民，组织松散，缺乏文化科学知识，所以许多知识分子对这项难度奇大无比的工作，都望而却步。但他毫不动摇，以惊人的耐性、毅力和细心，用事实来说服农民。在一大批有志青年、各地棉产改进所和农业改进所人员的共同努力下，也因为民族纺织工业发展对原棉的巨大需求，斯字棉和德字棉的推广工作，获得巨大成功。以至当时上海各著名报纸的经济新闻版，天天都刊登斯字棉、德字棉等重要农产品的价格行情。

最成功的地区是陕西省。陕西省推广美棉历史甚久，但过去引进良种成效不显著，原因有二：一是未经品种区域试验；二是管理不善，因棉花是易于杂交而退化的作物，一户农民的良种棉田，面积小，容易受到周边品种串粉杂交，而导致退化。有鉴于此，冯泽芳提出严格的棉种管理区制度。陕西省政府于1937年4月颁布了《陕西省棉种管理区暂行办法》。办法规定，管理区内棉田，一律只准种'斯字棉4号'；棉花种子一律统制输入与输出；收获后，农户的轧花车也一律在管制之列，斯字棉与其他棉分别轧花，违者严惩。全省设有督导员，进行技术指导严格监管。实行结果，斯字棉整齐一致，结铃累累。以陕西泾阳农场为例，几年的平均产量，比小洋花高出65%，比脱字棉高36%，再加上棉花质优，售价高，收入增加极为明显。农民们争相种植，并愿意遵守统制管理。于是"棉种管理区"迅速扩大。1936年起步时，斯字棉种植近5000亩，1937年为4万多亩。1940年达85万亩，棉农增收3400万元，而这年的推广费为4万元，即每元推广费使棉农增收850元之多，费用省、效益高，罕与伦比。

斯字棉推广工作之顺利而迅速，不仅为民国以来棉业史上前所未有，即使在我国农作物改良史上亦前所未有。其成功之秘诀，堪为以后棉作改良推广之借鉴。

良种棉花纤维长，可以纺出质量好的高支纱。纱厂由于有了优良的原料，生产发展，利润增加，纱厂老板也深受泽惠，渐渐愿意拿出一部分钱来，支持棉种改良与推广工作。

成绩最出色的是泾阳县。县长王开基热心棉业，亲自巡视棉田，切实执行棉种管理区办法。全县棉田，清一色的斯字棉，整齐可爱，是全国唯一的棉花纯种普及县，故斯字棉又有泾阳棉之称。在泾阳，棉农丰衣足食，子女上学人数增多。与斯字棉统制管理以前相比，真可说有天壤之别。冯泽芳在其论文"陕西省斯字棉推广之经过"中，对此表达出由衷的高兴，特别予以表扬。他的学生和得力助手俞启葆坐镇泾阳，一丝不苟地工作，堪称第一功臣。

到1941年，斯字棉在陕西关中和豫西一带达到100多万亩。德字棉在陕南和四川达到70多万亩。在抗日战争的艰苦时期，一介书生，做出这样的成绩，其付出的辛劳和心血，可想而知。斯字棉和德字棉的发展支援了抗日战争，也为新中国成立初期华北发展棉花生产打下了基础。

1936年9月，冯泽芳来到云南考察。他惊喜万分地发现，在开远县等地零散生长着二年生、木本的称为木棉的"小树"，竟是全国其他地方都没有的、可纺成50支纱的优质长绒棉。于是他怀着极大的兴趣，对木棉进行了研究。根据它们棉核的性状分为联核木棉与离核木棉。联核木棉在中国种植历史已经很久，它产量低，在经济上没有什么重要性，可作为庭院观赏之用。离核木棉在中国栽种的时间则很短，在开远、蒙自等10个县，据种植的主人称，没有超过20年的。最早的是1919年傅毓南任开远县实业局长时所栽，当时有40余株。他采种的一株木棉，可惜已被砍掉，无从再查考。其他种植者所采的种子，大都从开远传过来。故离核木棉在云南种植的历史，仍为待解之谜。

离核木棉为多年生之灌木，高约4米，与埃及棉同种，性状相似，又都是纤维长达28~36毫米的长绒棉。由此，冯泽芳倾向于它是埃及棉迁入云南后，因气候暖热而变为多年生所致。云南的冬季，气候也很暖和，在他省为一年生的棉花，拿到云南，越冬不死，均可变为多年生。例如，开远棉作试验场场长杨宜申于1924年所栽的中棉和美棉，到1936年还活着，且依然开花结果。

冯泽芳认为在云南离核木棉极具开发推广价值。理由有三：第一，高产。离核木棉每年开花吐絮两次，最高者亩产籽棉达236斤。第二，质优。我国近20年棉花改良之结果，从10支纱到42支纱的原料，均可由国内自给。唯只是50支以上细纱的原料，仍需仰赖埃及棉进口，成本昂贵。但种植埃及棉，需要炎热而干旱二个条件。在长江流域和黄河流域已多次试种，均不能结铃吐絮。离核木棉的纤维长度超过中棉和美棉，它可纺出50支以上高档细纱。中国还没有这么高品质的棉花，需求极其迫切。第三，不与粮食争地。云南的特点是山多田少，草棉需种在田里，与水稻、甘蔗争地争水，难以推广。而木棉则可种于山坡及一切荒地。如云南试验成功，那么气候、地理情况相似的黔西南、粤、桂大部分地区均可望种植。这将构成我国西南长绒棉区。

1937年，抗日战争爆发后，我国主要棉区大部分沦陷，原棉缺乏，尤缺优质长绒棉。1937年3月6日，冯泽芳在《中央日报》上撰文，分析甘肃、四川、云南三省的生态环境条件，论述各省的适宜植棉区域及其限制因素。在云南生长的离核木棉，正是宝中之宝。

1938年，中央棉产改进所因战事撤销，并入中央农业实验所。1938年1~7月，冯泽芳任中央农业实验所棉作系技正；1938年4月任中央农业实验所云南工作站站长，1938年8月至1942年7月，任棉作系主任，负责大后方的棉花生产研究。日本侵略军攻占南京前夕，中央农业实验所从南京迁往四川，冯泽芳则前往云南工作。

冯泽芳夫妇拖儿带女，一路颠沛流离，到了贵阳，休整几周，顺便考察贵州的工作。他在毕节县农村亲眼看到十七八岁的大姑娘赤身裸体在地里劳动，一见生人来了，立即丢下锄头，飞快跑入草房，钻进草堆中。这一带的贫苦农民没有被子，晚上就睡在草堆中。农民赶集或进城，穿的是用玉米皮编成的衣裤。冯泽芳感叹不已，更坚定了发展棉业，使贫苦农民有衣穿有被盖的决心。接着前往云南，黔滇公路盘绕在崇山峻岭中，一边是陡峭的山体，一边是悬崖，深不见底。汽车翻入深渊的事时常发生。一次，他们乘的这辆车行驶在路的外侧，会车时擦撞了一下，在悬崖边刹住，再偏外一点点，就车翻人亡了。

几经周折到云南后，冯泽芳大力宣传开发木棉。首先得到云南省经济委员会常务委员、富滇银行行长缪云台的赞同。缪出头牵线，由"富滇"、"中国"、"交通"、"中国农民"四家银行共同出资100万元，组成云南木棉贷款银团，扶助农民种植木棉，缪任银团主席。因木棉下种之后，第一年几无收成，银团主持者深明底细，毅然决定实行长期贷款办法。前两年不还款，第三年开始还款，第五年还清，若有必要可延长一年。木棉的推广成功，银团功不可没。接着，会同政府机关，组建云南省木棉推广委员会，由建设厅长任常务委员。下设四个组，冯任植棉组长，在开远县设立木棉试验场。1939年，为了便于在第一线指挥，又在开远县设立办事处，冯任主任，他的学生奚元龄和陈仁等人，是他的得力助手。

木棉推广是云南省的新兴事业，也是中国棉作史上辉煌的一页。这也是冯泽芳理论联系实际、科研与生产相结合的又一范例。木棉试验和推广初期，困难重重。从种植木棉的好处、植棉技术到领垦荒地、贷款办法，他挨家挨户宣传并帮助办理各种手续。木棉长成以后，又组织农民参观种得好的地块，介绍经验。一个洋博士，不贪图大城市优裕生活，下乡下地，甚至利用赶集等一切机会，苦口婆心地去说服散漫的农民。经常是言者谆谆，听者茫茫。有些人还把它作为茶余饭后的谈资，但诸多困难丝毫未减低他的热情。

新栽的木棉，当年没有收成。倘若以前所栽种的籽棉无处收购，就会打击种植木棉的信心。冯泽芳急与各方联系，终于征得裕滇纱厂筹备处热心赞助，先垫款以每斤1元高价收购。冯泽芳个人也出资收购70多斤，并动员办事处工作人员力所能及出资收购，稳定了棉农的信心。然后组织家属轧棉花，保留棉种，夫人孟成玉也带头参加这项劳动来支持丈夫的事业。

经过努力工作，四年后达到7万亩。这年木棉的市值，比国民政府全年的全国农林总经费还多1/3，足见推广木棉之功绩。冯泽芳推广木棉，不遗余力，倾注了全部心血。他在致友人的信中写道："斯字棉、德字棉、木棉是我的三个孩子。木棉是我新生的小女儿，我爱木棉同爱我的小女儿一样。"这种爱棉如子之心，何等感人！

斯字棉、德字棉、木棉三者的成绩，比较起来，就推广的面积、产生的经济效益而言，斯字棉当属老大。然而从中国棉花改良工作的角度看，则木棉贡献独特，学术价值也不相同。因为斯字棉、德字棉的筛选推广工作，终究是外国人培育出来的品种，我们只是引种鉴定而已。可木棉就不同了，作为一种惠于国计民生的经济作物，其发现、鉴定、育种、推广，全都是中国人自己完成的。特别是时值我国主要棉区大部分沦陷，原棉匮乏之际，木棉的推广工作为抗战胜利做出了独特的、不可替代的贡献。

四、高屋建瓴　划分棉区

冯泽芳在学术上最大的贡献之一，是关于中国棉区划分和中国棉工业区合理布局的研究。他平均每年有一半时间在全国各地调研，足迹踏遍产棉地区。从1934年以后的20多年中，他先后8次发表有关我国适宜棉区的文章。根据棉区的气象因素、地理条件，与棉花的分布、生长发育、产量构成的关系，以及品种区域适应性，农情调查等研究资料，经过反复实践，不断深化认识，将棉区的划分由原来的二个逐步发展为五个，于1953年所著的《合于中国栽种的细绒棉》一书中，提出中国棉区划分为黄河流域、长江流域、特早熟、西北内陆、华南五大棉区。某一棉区之良种，移到另一棉区种植，产量要降低。此项研究成果，对棉花育种和良种推广具有指导意义。这种分区，经过几十年实践检验，证明符合客观实际，至今仍为科技界沿用。冯泽芳在1936年指出，淮河流域大平原是宜棉地区，当时因淮河泛滥而不能种棉。将来治淮成功后，应开辟为新的棉区。这一预言现在已变成现实。

在研究棉区划分的同时，他还悉心研究棉纺工业布局。指出棉花改良，并不只是单纯的农业之事，它与工业发展有密切关系。棉花改良的效果，纱厂首先受益。到1936年，纺织工业发展成为中国最大的民族工业。然而，纺织工业布局很不合理，过分集中在沿海，远离了棉区。表面上是因为沿海大都市电力供应充足，实质上是帝国主义压迫造成的。从产权上看，大部分为外商控制，青岛纱厂日本占91%，上海纱厂日本占50%。由此可见，中国棉纺工业集中于沿海，是日本经济侵略的结果，而不是中国自然的发展。再一个原因是国内治安问题，多年的军阀混战，使内地纱厂因兵灾而遭受损失，使投资者不敢到内地产棉区去建纱厂。直到军阀混战局面结束后，陕西棉区的第一个纱厂才于1936年开工。纱厂集中在沿海，其后果是，陕西的棉花，运到上海纺纱，棉纱再运回陕西销售，最终使穿衣人的负担增加。

抗日战争爆发后，90%以上的纱厂落入敌占区。到1939年，在后方开工的纱锭只有7万锭，只及战前的1.4%，即使加上正在迁移中和新建的，亦不过25万锭，也只及战前的5%。所以，后方衣料昂贵，前所未有。上海10支纱，每件售价七八百元，在昆明、重庆卖到2000元以上，而且许多地方还买不到。所以冯泽芳呼吁，"纱厂应在棉区设立"。

综合起来，他的主要设想是：划分棉区，即在最有利的环境中种植良种棉花；扩大主要棉区，淘汰小棉区；在产棉集中、交通便利的地方兴建棉纺工厂，以利农产品的销售和工业原料的供应，使加工工业和种植业密切配合；全国达到棉花自给和棉纱棉布自给，而各省绝不要搞自给，那是不可能的或是可能但不经济的；其他各种经济作物也应实行全国合理分工的专业区，如茶叶区、丝业区、糖业区等。他的这个设想，现已基本实现。这个意见对国家经济发展具有重要意义。

五、克勤克俭　教书育人

冯泽芳一生中有较长时间从事教学工作，早年在江苏农校当教员时，深感棉作学教材内容多是外国的资料和数据，而联系中国实际的内容太少，于是动手编写反映中国实际的教科书《中等棉作学》，以解决中国农业生产中的实际问题。

1942年，冯泽芳应中央大学校长罗家伦之聘请，回到母校担任教授、农学院院长。他治学严谨，提倡教师要联系生产实际，要从事科学研究工作。他聘各系系主任和教授时，要求具有民主进步思想、堪为师生表率的各专业知名学者担任。在他们的努力下，中大农学院成为学子们向往的著名学府。

冯泽芳讲授棉作学、农学概论等课。在做过近十年的科研、生产推广工作之后再来教书，讲课联系实际，深入浅出，着重启发学生自己开动脑筋，学生们很爱听。例如在讲棉区时，他指出淮河是黄河、长江两大棉区的分界线，形象地说，淮北是平原，拉大车，吃小麦，养黄牛；淮南为丘陵，肩挑或推独轮车，吃大米，养水牛等等，一听就懂。他要求学生绝不可只限于老师在课堂上所讲的内容。对老师开列的参考书，要求认真找来阅读，自觉求知，独立思考。尤其鼓励学生要有独到见解。他教导学生，除天资以外，更重要的是靠勤奋学习，这样才能有所成就。

他十分注重实验和田间实习。每学期都亲自带领学生到农场实习，手把手地示范。指导学生做实验时，强调要收集第一手资料，查阅原始文献，而不要图省力，借鉴于二三手资料，人云亦云。对实验报告，强调逻辑性强，数据翔实，结论有据，对每份报告都认真修改，甚至错别字都给予订正。

他指出农业是深受地域限制，亦即"地方色彩非常浓厚"的一门学科，显著不同于另一些自然科学和理论科学。他告诫学生，不仅外国的东西不能照搬，就是国内某地的经验，也不能简单地照搬。

他常说："我一生最爱的，一是棉花，二是青年。"经常介绍以往毕业生的成就，激励学生。著文赞誉青年学者俞启葆在短期内发现二个连锁群（前人研究棉花遗传，30年才发现一个）。发现奚元龄踏实好学，就鼓励他钻研棉花细胞学，并为他关于棉属细胞研究之专著写了一篇序言，帮他申请名额赴英国深造。他见徐冠仁的水稻遗传工作很出色，推荐晋升副教授，帮他申请奖学金去美国深造。孙济中在大学读书时，才华出众，他就鼓励他从事棉花遗传育种研究，这样的例子不胜枚举。在他的言传身教下，培养出了一大批德才兼备的农业科技人才和棉花科技骨干。

在重庆，冯泽芳虽是院长，但薪金只能维持清贫生活。由于营养不良，他和夫人都患了严重的慢性病。由于他长时间奔波在农村，吃饭无定时，患了胃溃疡。即使这么困难，他也没有试图利用在棉业界的声望及与纺织企业界的关系去谋求好处。他依靠自力更生来过日子，在住宅周围空地种菜，自己养鸡。内衣裤、孩子们的衣服由孟成玉自己裁制。还学会做四川泡菜、花生酱、豆腐乳等。

中央大学所在地沙坪坝，是重庆市的郊区。他们家在重庆住了长达四年之久，夫人和孩子却从未到市内游览过。直到抗日战争胜利后，学校将要迁回南京前夕，才由校长吴有训把他使用的小汽车借给冯泽芳，让他带全家人到重庆市里观光一圈，以告别山城。

冯泽芳是以吴有训校长为首的返宁复校接收南京中央大学的三委员之一。先期回南京接收，也从未想乘机捞取钱财。即使在沙坪坝那么困难时期，他亦处处公私分明。小到私人信件，都从不用公家信纸信封。他在私人信纸上，印有"馥堂信笺"四个字。他那出淤泥而不染的高尚风格，一直为同事和朋友们所敬仰。

1948年2月，棉业界同仁欣喜地看到，自己从事的棉花事业有了长足的进步，其领头人冯泽芳有不朽的功绩。大家还认为，冯泽芳之所以取得成绩，离不开孟成玉女士的全力支持，即使在最困难的时候，她也从无怨言。在冯泽芳49周岁生日时，举办了一个简朴庄重、学术气氛浓厚的冯泽芳先生五十寿辰暨银婚纪念会；收集到他的论文汇编成《冯泽芳先生棉业论文选集》出版。旨在"以冯氏为例鼓舞新进的同志"，希望大家"师法冯氏奋斗精神，阐发农学知识，开发中国农业资源，为三万万以上农村社会中的同胞谋福利"。

冯泽芳几乎没有节假日，没有娱乐，他以专心致志从事棉花工作为毕生的最大快乐。他品德高尚，深乎众望。在担任院长、副处长时总是以诚相见，以礼待人，没有架子，身体力行。在他领导下工作，虽然条件十分艰苦，要求十分严格，但大家都能奋发工作，出色完成任务。他虽然事业上有很大成就，名重一时，但他始终虚怀若谷，铭记师长的教诲、同事和学生的帮助。在50岁时，回首往事，冯泽芳套用胡适的诗句自咏："清夜每自思，此身非吾有，一半属'师长'（原句为'父母'），一半属朋友。"

1954年他的长女在北京农业大学毕业，向父母谈了到北大荒去创业的打算，他俩表示坚决支持。这个江南女孩在北大荒50多年，为大豆、小麦良种培育做出了贡献，被评为全国三八红旗手，夫妻双双被评为国家有贡献的专家。1956年小女儿高中毕业，要报考新疆八一农学院，他俩也积极支持。她从八一农学院毕业后，在新疆工作20多年。

六、创业精神　永世流芳

1948年底，冯泽芳见到北京派到上海联络科技界的老朋友沈其益教授，了解了党的知识分子政策，遂决定留在南京迎接解放。4月初，他又回到中央大学农艺系任教。1952年任南京农学院一级教授，先后兼任图书馆馆长、科学研究部主任、学报主编。1953年加入九三学社，1954年8月当选为江苏省第一届人民代表大会代表。1955年6月，中国科学院学部成立，被聘任为生物学地学部委员（现改称院士）。1956年参加我国"1956～1967年全国科学技术发展远景规划"的制定工作，并受到党和国家领导人毛泽东等的亲切接见。

1957年3月中国农业科学院在北京成立，8月棉花研究所成立，冯泽芳出任研究员、所长。10月应邀率中国棉花科学代表团赴苏联考察访问，并参加苏联十月革命40周年庆典，11月7日，登上莫斯科红场外宾观礼台，观看了盛大的阅兵式和群众游行。

1958年3月，棉花研究所搬迁到河南安阳白璧乡。他举家率先离开条件优裕的首都，来到艰苦的农村。他不计较个人得失，一心一意地工作，又被选为河南省人大代表。

冯泽芳嗜书如命，藏书颇丰。搬到白璧后，乡下没有书店，他就在北京新华书店邮购部保持百元左右的余款，来了新的有关棉花和农业书籍，立即给他邮去。他去世后，夫人把这些书都捐献给棉花研究所。他还自己出钱，给附近小学订了《人民日报》、《人民画报》和《解放军画报》等报刊。年末，又替他们续订了一年，到9月他去世时，报刊还未到期。他们看到幼儿园设施简陋，又出钱让他们添置。

"大跃进"时期，农村大办公共食堂，棉花所也不甘落后，冯泽芳带头把家中餐具送给食堂。食堂有大灶和小灶，小灶伙食好，大灶伙食差，孟成玉作为家属只能吃大灶，虽然她身体不好，但是冯泽芳从未利用所长的权力把孟成玉安排到小灶。

在亩产万斤水稻、万斤小麦的浮夸风盛行之时，棉花所提出亩产万斤棉的口号，冯泽芳坚决予以抵制。他说："最多只能660斤，再多，绝不表态"。1959年全国开展了反右倾拔白旗运动，冯泽芳的日子就更加难过了。1959年9月22日，这位在国内外享有威望的专家不幸辞世，过早地离开了我们，这是中国棉花科技界的一大损失。

1980年1月9日，中国农业科学院在北京八宝山革命公墓礼堂补开了冯泽芳追悼会。孟成玉率领从北大荒、新疆、南京三地来的子女及孙辈，参加了追悼会。追悼会前，子女们从北京来到安阳寻找父亲的遗骨，坟墓早已无影无踪，只见一片茫茫棉田，冯泽芳的遗体已经永远溶化在他毕生耕耘的棉花地里了。棉田就是他的墓地，棉花就是他的墓志铭。

在追悼会上，中国农科院院长金善宝致悼词，对冯泽芳一生作了高度评价。

1997年4月中国棉花学会的会员们，捐款铸造了冯泽芳铜像，留住他睿智而和蔼的容貌。在棉花研究所成立40周年庆祝会时，举行了铜像揭幕仪式。回想49岁时朋友们为他编撰出版论文选集；又过了49年，朋友们和新一代棉花工作者，再度纪念他，塑造了他的铜像。时任棉花所所长汪若海说："至今为止，中国棉花科技界在学术与威望方面，尚未有超过冯老者。我们应该纪念他。"

1999年义乌籍旅美园艺学家、77岁高龄的王梅园女士捐款一万美元，在义乌赤岸镇中心小学设立"泽成奖学金"，纪念她深深敬重的冯泽芳、孟成玉夫妇。

2005年棉花研究所所长、博士生导师喻树迅发起设立"冯泽芳棉花科技创新基金"，奖励对中国棉花科技事业做出突出贡献的科技工作者，并以他个人获得的2005年"首届中华农业英才奖"20万元奖金作为首笔基金。

2007年中国农业科学院棉花研究所成立50周年之际，该所编著《冯泽芳先生图存》以资纪念。

七、冯泽芳主要论著

冯泽芳. 1924. 中棉之形态及分类. 中华农学会报，(45)：13-48.

冯泽芳. 1925. 中等棉作学. 上海：中华书局.

冯泽芳. 1925. 中棉之孟德尔性初次报告. 农学，2(7)：1-15.

冯泽芳. 1934. 亚洲棉与美洲棉杂种之遗传学及细胞学的研究. 农学丛刊，1(2)：77-108.

冯泽芳. 1935. 适于中国栽培之美棉新品种. 农报，2(27)：935-937.

冯泽芳. 1936. 再论斯字棉与德字棉. 农报，3(25)：1309-1312.

冯泽芳. 1937. 云南植棉考察报告附陈改进管见. 棉业月刊，1（2）：271-281.

冯泽芳. 1937. 斯字棉之试验成绩与繁殖推广之现况. 农报，4（17）：853-858.

冯泽芳. 1939. 云南木棉研究结果提要. 云南棉讯，(10)：1-3.

冯泽芳. 1940. 陕西省斯字棉推广之经过. 陕农月报，1（1）：9-14.

冯泽芳. 1940. 棉花区域试验之成绩及中国之三个棉花适应区域. 国立西北农学院农艺学会丛刊——冯泽芳博士演讲集：33-46.

冯泽芳. 1940. 吾国之棉区环境棉产区域与棉工业区域. 国立西北农学院农艺学会丛刊——冯泽芳博士演讲集：81-94.

冯泽芳. 1940. 云南木棉之研究及推广. 云南教育与科学，(7)：5-14.

冯泽芳，张天放. 1940. 一年来之云南省木棉推广事业. 农报，5（13~15）：216-221.

冯泽芳. 1940. 我国棉工业区域的合理分布. 新经济，3（8）：170-175.

冯泽芳. 1945. 中国棉产之分布及其因果. 中农月刊，6（7）：12-16.

冯泽芳. 1947. 中国之棉区与棉种. 中国棉讯，1（1/2）：3-6，20-21.

冯泽芳. 1950. 合于中国栽种的洋棉. 北京：商务印书馆.

冯泽芳. 1953. 合于中国栽种的细绒棉. 上海：中华书局.

冯泽芳. 1956. 中国的棉花. 北京：农业出版社.

主要参考文献

农林部棉产改进处. 1948. 冯泽芳先生棉业论文选集. 南京：中国棉业出版社.

冯泽芳. 1953. 合于中国栽培的细绒棉. 上海：中华书局.

金善宝主编. 1989. 中国现代农学家传（第二卷）. 长沙：湖南科学技术出版社：71-81.

邓煜生，黄滋康. 1993. 冯泽芳//中国科学技术协会编. 中国科学技术专家传略·农学编·作物卷1. 北京：中国科学技术出版社：83-95.

中国农业科学院棉花研究所编. 2007. 冯泽芳先生图存. 北京：中国农业科学技术出版社.

撰写者

冯一民（1934~），南京解放军理工大学通讯工程学院教授，冯泽芳先生之子。

冯紫琅（1931~），黑龙江农垦局红兴隆农业科学研究所高级农艺师，冯泽芳先生之女。

冯紫云（1939~），南京农业大学动物科技学院副教授，冯泽芳先生之女。

陈 植

陈植（1899～1989），上海崇明人。造园学家、林学教育家，中国造园学的倡导者和奠基人。1918年东渡日本深造。1919年进入日本东京帝国大学农学部林学科造园研究室学习，专攻造林学和造园学。1922年回国后在江苏省立第一农业学校任教，还任江苏教育团公有林（后为江苏教育林）技术主任、场长等职。此后历任金陵大学、中央大学、云南大学、中山大学等林学系教授，河南大学农学院院长等。新中国成立后，先后任南昌大学、华中农学院、南京林学院教授，专攻造园学、造林学及其历史遗产。他毕生致力于造园学理论与历史的研究，收集了大量古籍文献，钻研我国造园学的发展历史。为弘扬祖国的造园艺术与历史遗产，不断研究总结，一生著书20多部，发表论文上百篇，约计500多万字，其中《造园学概论》、《园冶注释》、《中国造园史》等著作对中国造园学界影响重大。《陈植造园文集》其中有一半以上是他论述自己对造园教育和造园事业的见解，反映了他的造园学术思想。此外，早在20世纪30年代，他就传播国外造园学术思想，制定了中国第一个《国立太湖公园计划》，比后来我国正式推行国家风景名胜区规划早了半个多世纪。

一、家世与求学

陈植，字养材，1899年6月1日出生在一个知识分子家庭。在父亲的严格要求下，陈植从小就养成勤奋好学，艰苦朴素的作风。7岁入私塾，1914年在崇明第一高小毕业后，因成绩优良，被母校保送升入江苏省立第一农校林科学习。1918年东渡日本深造。先入日本东亚高等预备学校学日语，1919年进入日本东京帝国大学农学部林学科造园研究室学习，专攻造林学和造园学。陈植在日本留学时，正值日本造园学会创建。他受到导师本多静六博士和上原敬二等知名造园学家的影响，对造园学产生了极大的兴趣。1922年日本东京帝国大学毕业之后，他婉言谢绝了导师让他留校教学的请求，毅然回国。

二、开创中国造园学教育事业

1922年陈植从日本回国之后，即投入造园工作，投身造园教育事业。抗日战争以前，在金陵大学、中央大学、河南大学的农学院任副教授、教授、院长等职，承担二三门课程的讲授任务。他备课认真，广收资料编写讲义，一生学而不厌。他常说"当教授就要有著作，要有新东西"，最反对课堂上照本宣读。他上课用启发式，深入浅出，生动活泼，深得学生好评。

1931~1933年，陈植在国立中央大学森林系开设了造园学课程，是我国首次造园学课程体系的缔造者。陈植的"造园学"的园不再是"园艺"的园，而是"庭园"加"公园"的园。他首创的造园学教程、专著《造园学概论》，是中国园林专业设立与教学的源头，是风景园林教育的先导。使造园学成为一门独立的学科而跻身于世界科学之林。《造园学概论》是中国近代最早的一部造园学专著，直到现在仍是各大专院校园林专业主要参考书。

他根据多年从事教育林场及教学工作的经验和感受，撰写了《十五年来中国之林业》一文，1933年发表在《学艺小丛书》第六种（商务印书馆出版）上。该文提出要振兴中国林业，必须要有自上而下的林业专门机构，健全的科学研究体系和森林立法；要培养林业人才，必须设立独立的林业院校等。这些见解在当时是有远见卓识的，对中国林业的发展有很大的指导意义。中华人民共和国成立以后，他想到几十年前的愿望得以实现，欣慰之情，常溢于言表。

三、毕生致力于林业教育和造园学术研究

陈植治学十分严谨，对学生循循善诱，要求学生勤奋学习，常以自己在日本留学时的刻苦生活激励学生，说自己并非天资特别聪明，所取得的成就，靠的是多思考勤动笔。在执教期间，编写了诸多教材，为造园教育事业做出了卓越的贡献。

1. 编写《造林要义》

1922年回国后，陈植任江苏省立第一农业学校教员，江苏教育团公有林（后改为江苏教育林）技术主任、场长，积累了多年的教学和实践经验。编写了《造林要义》，该书为我国早期重要的林业专著，1927年由商务印书馆出版，被列入科学小丛书万有文库内。

书中明确指出，今日的造林者多将植树等同于造林，殊不知植树仅占造林学中一小部分。树种、土宜、作业之选择，以及林木之抚育、病害之防除等，关乎林业的兴与废。

2. 编写《观赏树木学》

1925年出版的《观赏树木》一书，是陈植的处女作。他以三年多的教学经验总结出美观与应用并重的综合分类法，将观赏树木分为林木（构成山林景色的）、果木（果色悦目的）、花木（花色艳丽的）、叶木（叶形、叶色均佳的）、荫木（绿荫遍地的）、蔓木（枝干纤细而依附于它木的）六类，并以姿态与配置两项为重心，对各类树种的姿态、地理环境、配置、繁殖、管理等详加说明，使读者当造园设计、施工、从事观赏树木选择配置等实际工作之际，得以了如指掌，任意选择、得心应手，完成任务。

此后又经多年的努力，对《观赏树木》讲义进行修改完善。在云南和华南执教期间，补充了热带观赏树木的资料。中华人民共和国成立以后，他在江西、湖北、江苏南京执教期间，参考了苏联植物分类理论进行修改和补充，编成《观赏树木学》一书，使《观赏树木》从教学讲义转变为系统的丛书，最终成为造园工作最佳指导性范本。《观赏树木学》专著于1955年由上海永祥书馆出版。此书问世后，受到各方重视，是高等农林院校主要参考书之一，1984年又修订再版。

3. 编写《都市与公园论》

1926年春，陈植完成镇江赵声公园（后改为伯先公园）设计后，编写了《都市与公园论》，共分六编，计30章。第一编"总论"共3章，依次为"公园之意义"、"公园之分类"和"公园之效果"。第二编为"公园计划"，第三编为"公园设计"，第四编为"公园经营"，第五编为"公园财政"，第六编为"公园设施之一般"。书中系统地阐述了近代公园理论，系统论述了公园的规划设计，还介绍了美、英、德、日等国家城市公园的发展状况，为国内都市公园建设作参考。该书1930年由上海商务印书馆出版，被列为"市政丛书"。

《都市与公园论》是中国近代最早的公园规划设计专著之一，不仅具有极高的理论意义和史学意义，而且对我国现代城市公园的规划与建设起到了重要的作用。

4. 编写《造园学概论》

陈植在日本留学时，正值日本造园学会创建。他受到导师本多静六博士和上原敬二等知名造园学家的影响，对造园学产生了极大的兴趣。回国后更孜孜不倦地钻研、探求。为弘扬祖国造园艺术的悠久历史和辉煌成就，他收集了大量资料。1928年夏，为推动中国造园事业的发展，在陈植的倡议下，组织了我国历史上第一个造园学术组织——中华造园学会，以《造园学概论》为"造园丛书"之首要编著。

《造园学概论》一书是我国现代第一本造园学专著，对园林研究、园林专业的创立、园林教育的发展具有开创性、奠基性的重大意义，影响深远。全书共分为总论、造园史、造园个论、结论四篇。陈植在《造园学概论》中明确指出，"造园"一词源于中国，造园内涵相当丰富，包括"苑囿、园林、山居三大端；至于亭、台、楼、阁等，各种点缀品，复各分别记述，盖亦无相当名词可以含藏之也。窃念造园为综合学艺之一，内容复杂，体系繁多，在我学术衰落之邦，益宜鸣集同志共起提倡，以济其事。"

此书不仅继承了中国造园的传统理论与技艺，而且引用了欧美和日本的资料，使造园学成为一门独立的学科而跻身于世界科学之林。该书被教育部定为"大学丛书"之一，1932年1月《造园学概论》完稿，但毁于战火，1934年才由商务印书馆正式出版。1949年由国立编译馆出版，当时有不少大学采用为造林学教材。1988年此书在台湾再版。2004年南京林业大学以《造园学概论》作为内部教材印发，同时制成电子版用于教学。2009年11月13日，在南京林业大学举办的陈植造园思想国际研讨会上，举行了中国建筑工业出版社重新出版此书的授书仪式。

5. 编写《中国木本植物名志》

早在日本留学时，他曾看到一本由日本人编写的《中国木本植物名志》，内容简单，错误百出，于是下定决心，由自己来完成这一编著任务。这是他在留学时就立下的宏愿。1937年，抗日战争开始后，陈植转入后方，在云南大学农学院任教。在艰苦的条件下，除了出色地完成教学任务外，专心致志搜集中国木本植物资料，并进行整理注释和考证，以实现由中国人自己编写《中国木本植物名志》的愿望。此后无论走到哪里，都将稿子带在身边，随时搜集补充，即使在敌机轰炸进入防空洞时，也紧紧地将稿子抱在怀里。

6. 编写《护林》

1953年11月，《护林》一书由中华书局在上海出版、印刷，现由中国国家图书馆收藏。全书32开36千字，包括绪论、人为的灾害、气象的灾害、菌类和其他动物、植物的侵害以及各种防除灾害的方法等章节，是新中国早期重要的林业专著。

7. 编写《造林》

1953年11月，《造林》一书由中华书局在上海出版、印刷，现由中国国家图书馆收藏。陈植认为造林是当前我国林业建设中重要任务之一，遂依据个人从事造林工作的经验编写。全文包括总论、森林营成法、森林抚育法、森林作业法及结论五章，是新中国早期重要的林业专著。

8. 编写《陈植造园文集》

陈植在87岁高龄时，汇集了自己的42篇文章，1988年由中国建筑工业出版社出版了《陈植造园文集》。内容包括园林规划、古籍考证、造园教育改革、国外造园教育介绍等。论述了陈植自己对造园教育和造园事业的见解，反映了陈植的造园学术思想和理论。

9. 坚持研究造园教育，严谨对待造园学科，发展造园事业

自20世纪20年代以来，陈植始终坚持对造园学的研究，同时对待造园学科有着自己独到的见解和科学严谨的态度，对造园学科倾注了毕生心血，充满了热爱。针对1956年北京农业大学移转北京林学院，把专业名称改为"城市及居民区绿化"一事，表达了自己不同的学术观点。陈植认为："造林和造园性质不同，绝对不能混为一谈都称'绿化'。造园学的名称绝不当以居住区绿化来代替"，并先后多次向国家相关部门致函，希望教育部恢复"造园专业"。

关于造园事业，陈植早在1957年即有全面论述，指出："造园事业范围很广，庭园、公园、天然公园、名胜、古迹都包括在内。"1971年，全面介绍了国际造园会议、世界国立公园会议、国际造园教育、国际造园学术活动、国际观光事业，以供参考。期望为造园学科正名，加快建设造园学术组织，合理有效解决造园事业发展中出现的问题。

四、挖掘中国造园艺术、整理祖国造园遗产

1. 编撰《园冶注释》

明末吴江计成所撰《园冶》是我国明代关于造园理论的一本专著，也是中国第一本园林艺术理论的专著，该书被日本造园界尊为世界造园学最古名著。最早从科学立论对造园作出系统阐述，作者对造园艺术中的指导思想、园址选择、建筑布局、

山、铺地、借景等均作了系统阐述。此书除有珍贵的文献价值外，更具有较高的科学性，对于今天的园林设计者来说，具有极为重要的参考价值，但是该书在我国清代失传。陈植在日本留学时曾看到过，后经多方周折，终于在 1932 营造学社影印出版。

由于该书用典较多，并杂有地方土话，难读费解。为求古为今用，适应读者的需要，不使祖国造园艺术及造园经验失传，陈植从 20 世纪 50 年代起就开始进行《园冶》一书的注释工作。1956 年秋，城市建设出版社重印明代计成《园冶》，陈植为重印此书作序。

除自己查找资料外，陈植还与许多知名学者，如南京工学院（现东南大学）建筑系刘敦桢、建筑科学院的刘致平、同济大学建筑系陈从周及杨超伯等，相互切磋，分别增补、订正，力求做到真实地反映该书的特色。该书在 1964 年完成初稿，后因"文化大革命"而停止工作。1976 年以后，陈植又对该稿重新进行审阅、修正，定名《园冶注释》，于 1981 年由建筑工业出版社出版。

该书注释虽未尽善尽美，但文体流畅，生动易懂，为广大读者所欢迎，深得造园学界及建筑学界的重视。该书问世后，仍多方征求意见，查找资料。只要他认为是正确的，立即纠正，不让谬误流传。终于《园冶注释》订正本在他 90 岁高龄的时候与读者见面了。此时他已诸病缠身，但仍关心读者对该书的反应。在病榻上还说："我年事已高，只能增补这一次了，如尚有未尽善处，只有期待青年学者来完成了。"这种对待学术研究极其负责的精神，值得后辈永远铭记。

此书采用繁体字书写，古书排版方式，很具特色，古色古香。在原文基础上加了许多注解，在很大程度上扩展了读者的知识范围。因为有这本书开了先河，才有了后来更多人对《园冶》一书的关注以及更多的探讨，后面发掘出来的错漏都是在这本《园冶注释》的基础上进行了学术更正以及探讨。陈植的《园冶注释》一书使流失已久的中国造园传统得以保存流传，保护了国家重要的造园文化遗产，对造园学者来说有着重大的学习借鉴价值。

2. 编写《长物志校注》

《长物志》是明末文震亨所撰专著，包括造园著述和造园作品等方面。内容广泛，典故较多，自园林兴建，旁及花草树木、鸟兽虫鱼、金石书画、服饰器皿、识别植物，通彻雅俗。《长物志》更像是一部讲述晚明士大夫造园思想与园林生活美学的百科全书，早为各方专家所重视。陈植远见卓识，除《园冶》一书之外，又选出《长物志》一书，对其进行校注。

因此书版本众多，褒贬不一，给考证工作和典籍加注带来了许多困难。陈植为求严谨，逐字逐句进行考证。在遇到困难时，胸怀坦荡，两耳不闻窗外事，一心投身于校注工作，认真查阅书籍，思考斟酌，孜孜不倦。他说："越是难懂的地方，越要解释透彻，并力求简明。"几经辛苦周折才得以完成此书的校注工作。

陈植除查找资料，对有关动植物名称补充描述外，并加注科、属名称。对书中其他内容的考证，决不自以为是地从字面上解释，而是请教专家，得到了南京工学院刘敦桢教授、南京师范学院陈邦杰教授、中国科学院植物研究所俞德浚教授、动物研究所郑作新教授等的支援，来往信函不下数百件。

1984 年由江苏省科学技术出版社出版了陈植的《长物志校注》，于此后传至日本，为日本学者研究《长物志》的重要参考书。这是陈植对我国古代造园文献理论研究的又一重要贡献。

3. 编著《中国历代名园记选注》

近代以来，中国一些名园缺乏翔实记述，或重加修葺后，已面目全非。陈植对此忧心忡忡，并早有决心要发掘这些宝贵的文化遗产。

1949 年，陈植即从事我国古代名园历史考查及其图、记的征集，至 1981 年共收集了重要园记 30 多万字。对所选收的名园记，加以考证注释，编著《中国历代名园记选注》。书中辑有唐宋明清等各朝代的园记共 57 篇，再版时又增加了 2 篇，共 59 篇，并对名园的历史沿革、有关典故等进行了注释。《中国历代名园记选注》于 1983 年 9 月由安徽科学技术出版社出版发行后，先后传入英、法等国，翻译出版。这是陈植 80 岁高龄以后，在弘扬祖国造园文化遗产方面的又一重要贡献。后又主编《中国历代造园文选》，1984 年由安徽黄山书社出版。

4. 集毕生心血编著《中国造园史》

1929 年在日本世界造园学会议期间，陈植接受日本学者建议，继《日本造园史》，着手编著《中国造园史》。针对中国流行的"园林"（庭园），研究正名为"造园"。陈植原著《改革我国造园教育的商榷》一文用大量的论证阐述"园林"决不能取代"造园"，"园林"仅是古代的"庭园"的含意。《中国造园史》的出版问世，用其审明了"造园"绝不是"园林"。

20 世纪 50 年代开始，陈植系统地调查我国造园的历史，收集有文字记载以来各类造园（名园、寺庙、陵园、风景区、公园等）的艺术特色、技术成就，并配备图片。1983 年，国家城乡建设环境保护部将陈植的"中国造园史"立为科研项目，给予经费支持。为完成巨著，当时已84岁高龄的陈植开始组织力量，并计划在两三年内完成百万字的书稿，这得到了南京林业大学的大力支持。可惜的是，由于各种原因，原计划并未如期实行，且有关图片曾因遭室内水淹而弃用。直至陈植90岁高龄时，因肾病复发遽然逝世，这本著作都未能在他生前出版。

汇滴水才能成大川，编写书稿需要付出的是巨大的艰辛和努力。陈植走遍大江南北，翻阅古籍今刊，收集了大量的资料，包括诗、画、游记等。这些都为陈植的造园史研究提供了丰富的第一手材料。他把收集的史料原原本本地交给读者，通过系统的总结与整理，使读者能够更为详尽地了解中国的造园情况。陈植用严谨的科学态度和高度的敬业精神为广大园林工作者和园林爱好者提供了宝贵的财富。

为了让陈植的遗著《中国造园史》尽快问世，2004年中国风景园林学会在中国建筑工业出版社的支持下，得到陈植的女儿陈祖庆女士的同意，邀请有关专家重新对67万多字的《中国造园史》书稿进行整理、校核，并于2006年8月出版。

《中国造园史》对我国古代造园的历史作了系统研究，是探索中国古代造园精髓与传承科学、传承知识、传承文化、传承精神的重要著作，引领我们去感受与了解中国古代造园之精髓，继承传统，发扬光大。

《中国造园史》是陈植的遗著，陈植直至弥留之际还念念不忘此书的出版发行。此书由中国风景园林学会副秘书长具体负责出版等工作。陈植所著的《中国造园史》由中国建筑工业出版社正式出版发行，并于2006年12月25日在北京举行首发式。《中国造园史》的出版发行，了却了陈植的生前夙愿，是弘扬祖国造园遗产方面的重要贡献。

五、参与国家重要规划设计项目

1. 参与中山陵规划设计

1922年陈植日本留学回国后，还多次参与了国家重要的规划设计项目，曾被聘为中山陵园计划委员会委员，参与陵园设计的研讨和陵园设计方案的确定。因陈植在陵园规划设计中所做出的贡献，被准予参加1929年6月1日在中山陵举行的迎榇奉安大典等各项仪式。

2. 制定我国首例国家公园规划方案——国立太湖公园计划

20世纪30年代，1929年陈植受当时农矿部的委托，将介于江苏、浙江两省之间面积3.6万公顷的太湖规划为"国立太湖公园"。陈植参照国际上国家公园的规划理论与营建体制，为太湖制定了我国国家公园规划方案——国立太湖公园计划，内容主要包括该园的形成、区域、风景、风景林建造等，系统规划了陆上交通、水上交通、电气、风景林、行道树，以及饮食店、旅馆、游泳场、电灯、天然森林植物园、天然动物园、运动场、停车场、名胜古迹指示牌等设施，可谓风景名胜区规划之鼻祖，比后来我国正式推行国家风景名胜区规划早了半个多世纪，是我国首例国家公园规划方案。

3. 规划设计镇江伯先公园

伯先公园坐落在树林葱郁、景色秀美的云台山上。1926年镇江人民为纪念辛亥革命先烈赵伯先，由知名人士冷御秋倡议筹建。辟云台山为赵伯先公园，由园艺专家陈植精心设计，历时5年，至1931年6月落成开放，至今完好。

六、传承与交融
——陈植造园思想国际研讨会

在继承和发扬陈植的治学精神和造园思想指导下，风景园林专业发展迅速。2009年11月13~15日，为纪念陈植诞辰110周年，逝世20周年，传承陈植造园思想，"传承与交融——陈植造园思想研讨会暨江苏省园林规划设计理论与实践博士生学术论坛"在南京林业大学举行，秉承陈老传统，发展造园事业。缅怀陈植，探讨前辈的造园思想和古典园林文化，汲取营养，将其应用至当前中国的风景园林教育和行业实践中，是为传承；举办研讨，交流当代园林规划设计理论与实践，以融汇西方园林之精华，为中国风景园林实践提供广阔视野，是为交融。"传承与交融"不仅是这次大会的主题，也是中国风景园林行业面对传统园林文化、西方风景园林理论与实践时所应秉持的态度。

与会国内外专家200多位；论坛参与博士近百名；另从200余篇投稿论文中遴选出79篇入编会议论文集——《陈植造园思想国际研讨会暨园林规划设计理论与实践博士生论坛论文集》，在国内外产生广泛影响。

在陈植造园思想国际研讨会上，中国工程院院士孟兆帧说："陈植先生把工作的根子扎在第一线的教育事业上，不仅开设了林学和造园的各种课程，而且开展林学的各种研究和造园的实践，他多次建议在南京林学院设立造园学科，而今南京林业大学的风景园林教学和教育的显著成就，和这位老园丁的辛勤耕耘是不可分的。陈植先生为风景园林事业所做的贡献永垂不朽！"

中国风景园林学会理事长陈晓丽女士讲到："我理解现实的压力，但是我还是希望你们中间有一批人能够沉下心来，向陈植先生和孟先生这样的前辈学习，潜心研究优秀的园林历史文化传统，研究现代的需要，在传承的基础上有所创新。"

七、结　　语

陈植生活俭朴，从青年时代起就善于思考，勤于写作。律己甚严，不计较个人得失，谦和对人，为一些小事从不争高论低，但是在学术上必须坚持自己正确的观点而决不含糊其辞。如"造园"与"园林"的内容，认为园林是造园学中的一种类型，不能混为一谈，因此学术上必须彻底澄清。自20世纪20年代以来，陈植始终坚持对造园学的研究，同时对待造园学科有着自己独到的见解和科学严谨的态度，对造园学科倾注了毕生心血，充满了热爱。为此他以《对我国造园事业中几个问题的商榷》、《对我国造园事业几个问题的再商榷》、《造园词义的阐述》、《"造园"与"园林"正名论》一再申述自己的学术观点，认为一个科学工作者一定要以科学严谨的态度来对待理解这些科学专业名称的含义，混淆不清将会造成造园科学及事业发展前途中的损失。

陈植为所学专业不辞劳苦、奋斗终生。身处逆境能忍辱负重，决不灰心丧气，努力实现他的奋斗目标和愿望。在历次运动中以至天灾人祸，他首先考虑到的是不能将他所写的书稿受到损坏。他所以能做到这样尽心尽力，就是他经常要说的一句话："我是爱国的。"这就是他为祖国贡献力量的最基本概念。

陈植是林学界的老前辈，是青年一代的指路人。他于1984年受到中国农学会的表彰，1985年又受到中国林学会的"从事林业工作50年"荣誉奖。1989年南京林业大学为这位长者、生活的强者举行了90高龄及执教60余年庆祝会，并送一匾："三千桃李仰身教，九十春秋仍笔耕"。这是大家对陈植的衷心祝词，也是他一生真实的写照。陈植于1989年9月20日，逝世于南京。

八、陈植主要论著

陈植. 1928. 都市与公园论. 上海：商务印书馆.

陈植. 1929. 造园要义. 上海：商务印书馆.

陈植. 1930. 观赏树木. 上海：商务印书馆.

陈植. 1935. 欧美林业教育概观. 上海：商务印书馆.

陈植. 1935. 造园学概论. 上海：商务印书馆（1947再版）.

陈植. 1948. 海南岛资源之开发. 上海：正中书局.

陈植. 1949. 造林学原论. 上海：正中书局.

陈植. 1949. 海南岛新志. 上海：商务印书馆.

陈植. 1952. 经济树木其一用材树种. 上海：商务印书馆.

陈植. 1952. 经济树木其二特用树种. 上海：商务印书馆.

陈植. 1953. 造林. 北京：中华书局.

陈植. 1953. 护林. 北京：中华书局.

陈植. 1955. 观赏树林学. 上海：永祥印书馆.

陈植. 1981. 园冶注释. 北京：建筑工业出版社.

陈植. 1983. 中国历代名园记选注. 合肥：安徽科学技术出版社.

陈植. 1984. 长物志校注. 南京：江苏科学技术出版社.

陈植. 1984. 增订观赏树木学. 北京：中国林业出版社.

陈植. 1988. 陈植造园文集. 北京：中国建筑工业出版社.

陈植. 2006. 中国造园史. 北京：中国建筑工业出版社.

陈植. 2009. 造园学概论（再版）. 北京：中国建筑工业出版社.

主要参考文献

杨绍章. 1991. 陈植//中国科学技术协会编. 中国科学技术专家传略·农学编·林业卷1. 北京：中国科学技术出版社：187-198.

黄晓鸾. 2008. 中国造园学的倡导者和奠基人——陈植. 中国园林，(12)：51-55.

撰写者

芦建国（1960～），南京林业大学风景园林学院教授。1982年起在南京林业大学工作，2004年协助中国风景园林学会整理出版陈植的《中国造园史》，2008年建议中国建筑工业出版社再版陈植的《造园学概论》并校对，2009年协助南京林业大学风景园林学院院长组织陈植造园思想国际会议，负责陈植先生有关资料收集整理。

曾 省

曾省（1899～1968），又名曾省之，浙江瑞安人。农业昆虫学家，农业教育家。1917年南京高等师范农业专科毕业，留校任助教。1919年在南京高等师范改为东南大学后，继续在该校生物系任教，并进行本科规定学分学习，于1924年获学士学位。1929年受中华文化基金会资助，前往法国里昂大学理学院学习昆虫学、寄生虫学和真菌学，并于1931年获理学博士。曾任山东大学济南农学院院长、四川大学农学院院长、中南农业科学研究所（后来的华中农业科学研究所）副所长兼植物保护系主任、湖北省民主同盟委员、武汉市政协委员、湖北省科学技术协会副主席以及《昆虫学报》编委。曾省一生立志献身祖国农业教育和科研事业，并取得显著成绩。在教学上，他提倡农学院办学要教育、科研、生产相结合，注重培养全面人才。在科研中，他致力解决生产实际问题，1952年湖北省宜都等县发生了严重的柑橘吹绵蚧为害，他从浙江永嘉县引入大红瓢虫，建立人工自然种群获得成功，为中国天敌异地引种开创了典范。20世纪50年代，小麦吸浆虫严重威胁中国冬麦区的生产，他在明确小麦吸浆虫生活史、生活习性和发生规律的基础上，提出了其预测预报方法，并提出了选育抗虫品种、拉网捕捉成虫和化学防治相结合的防治措施，获得良好的防治效果。60年代初，辽宁柞蚕筛腹寄蝇成了柞丝生产的主要威胁，通过研究他将家畜寄生虫的防治方法移植到柞蚕寄生蝇的防治上获得成功。

一、出身寒门立志宏远

浙江省瑞安县是一个物产丰富的地方，盛产水稻、柑橘、甘蔗和海产品，当地农民主要靠农业种植和打鱼为生。1899年9月26日，曾省就出生于瑞安县的一个农民家庭，两岁丧父，家境中衰，曾省兄弟三人最后不得不随母迁居外祖父家，靠其周济生活。农民生活的困苦和农业生产技术落后状况给幼年的曾省留下了深刻的印记，因此，他自幼便立志要改变农村农业技术落后状态。1914年，他从瑞安县立中学毕业后就投考了南京高等师范农业专科，从此，与农业结下了不解之缘。在校期间，他勤奋学习，刻苦钻研，得到学校的赏识，1917年毕业后留校担任助教。学校严格实用技术训练为其以后的工作奠定了坚实的基础，严谨治学精神的熏陶对他的工作作风也具有很大影响。1919年南京高等师范改为东南大学，曾省转入该校生物系任教。工作之余，他挤出时间补习大学本科的必修课程，完成本科规定的学分，于1924年获得学士学位。在此期间，曾省得到我国生物学家秉志教授的亲自指导，不仅学业上大有进步，而且对动物组织切片技术方面颇有研究，在学校开设了组织切片方法的课程。

1927年初，曾省离开了东南大学，到南京市郊农民协会任干事。1928年他被迫离职，回中央大学（原东南大学）继续任教。回校后，他埋头科研和教学工作，不久就升为生物系讲师。

1929年，曾省经秉志等生物学家的推荐，得到中华文化基金会资助，前往法国里昂大学理学院攻读昆虫学、寄生虫学和真菌学，1931年获里昂大学理学博士。随后前往瑞士暖狭登大学从事生物学研究。他除在柏林短期学习德语外，还花了很多时间利用巴黎博物馆条件，从事昆虫分类的研究，积累了较深厚的昆虫分类学基础。

二、终身致力害虫防治

童年艰苦的生活以及青年时期参加农民运动的经历让曾省对农民充满了同情，对解决农业实际问题充满了责任。1934年刚从德国留学归来的曾省征得就职学校同意的前提下前往济南筹建济南农学院，从此与农业结下不解之缘。在他有生之年，他把毕生的精力都献给了农业教育和农业科研，并在害虫防治方面取得了显著成绩。尤其是新中国成立初期，我国农作物病虫害防治百废俱兴，植物保护工作者在调查了解我国植物病虫害种类的同时，还承担着控制病虫害保护粮食丰收的任务。

20世纪50年代，小麦吸浆虫严重威胁我国冬麦区的生产，时任华中农业科学研究所副所长之职的曾省亲自率领科技人员奔赴河南南阳等吸浆虫危害严重地区，深入生产实际，蹲点农村，观察研究其生活史、生活习性和发生规律。在此基础上，提出了小麦吸浆虫预测预报的方法，并采取选育抗虫品种、拉网捕捉成虫和化学防治相结合的防治措施，获得了很好的防治效果，为当地农业生产做出了贡献。并撰写出《小麦吸浆虫防治方法》和《小麦吸浆虫》专著和数篇论文，在学术界有一定影响。

20世纪60年代由于柞蚕筛腹寄蝇的为害，我国柞丝产量大幅下降，仅辽宁生产区产量损失达65%左右，灾情严重地区损失高达100%，而柞蚕丝绸是我国重要的传统外贸物资，如不及时控制柞蚕筛腹寄蝇的危害，我国柞丝生产面临着绝产绝收的危险，因此，柞蚕筛腹寄蝇成了柞丝生产的主要威胁。柞蚕筛腹寄蝇是一种内寄生蝇类，当柞蚕吐丝结茧前，寄蝇老熟幼虫从蚕体内破皮脱蛆，使柞蚕不能结茧而死亡。同时由于柞蚕系野外放养，给柞蚕筛腹寄蝇防治带来困难。1962年曾省接受辽宁柞蚕研究所的邀请，参加了柞蚕筛腹寄蝇防治协作组。他不顾年老体弱，带领助手多次奔赴蚕区亲自上山调查虫情，研究寄生蝇生活史和习性，并根据寄蝇的产卵行为和在蚕体内发育过程，提出了防治对策。他运用丰富的寄生虫学知识，成功地将有关家畜寄生虫防治方法移植到柞蚕筛腹寄蝇防治上，取得了显著效果。他提出用"灭蚕蝇"喷洒过的柞树叶喂养柞蚕，杀死蚕体内的寄蝇蛆，使受害柞蚕能正常生长发育和吐丝结茧，经过试验效果十分理想。后来将此法在江南桑蚕区用来防治家蚕寄生蝇也取得了同样效果。随着协作组参加单位增多，研究领域更加扩大和深入，从而使研究水平达到更高的层次，经济效益和防治效果更加显著，并于1981年荣获国家发明奖二等奖。

新中国成立初期，生物防治工作在我国植物保护工作中十分薄弱，也不被人重视和理解。曾省根据国际植物保护学科的研究动向，结合以往工作的成功经验，开展了果树、粮食害虫天敌的研究工作，是我国较早开始生物防治研究工作的专家之一。

1952年湖北省宜都等县发生了严重的柑橘吹绵蚧为害，宜都县20万株柑橘仅产5000多千克，严重影响了产量，对农民种植柑橘的积极性也是一个非常大的打击。时任华中农业科学研究所副所长的曾省决定采用天敌进行控制。在查阅大量文献和实地考察的基础上，派出助手前往浙江省永嘉县采集大红瓢虫300余头，并通过积极探索，顺利解决了大红瓢虫人工饲养、繁殖、驯化问题，经过在橘园采用多点释放和保护越冬等措施，使大红瓢虫适应了当地环境条件，建立了自然种群。三年过后，宜都柑橘吹绵蚧的为害得到基本控制，摇摇欲坠的柑橘生产有如枯木逢春，重新获得生机。该项工作为我国国内天敌异地引种开创了成功典范。后来被引用到四川泸州柑橘产地也收到了明显的防治效果，取得了显著的经济效益。

1962年，曾省在辽宁凤城县调查柞蚕筛腹寄蝇为害时，从柞蚕筛腹寄蝇蛹体上分离到一种虫生真菌，经鉴定定名为赤色穗状菌，对柞蚕筛腹寄蝇和家蝇的蛹都有寄生和杀死作用。

1964年，中国昆虫学会和中国植物保护学会联合主办了武汉"全国第一届生物防治学术讨论会"，曾省和昆虫家刘崇乐共同主持了此次会议。会议期间，曾省和与会专家们交流工作经验，对如何加强我国生物防治研究提出了不少很好的建议。在曾省的创议和主持下，中国农业科学院植物保护研究所正式设立了由他主持的生物防治研究课题组，主要开展赤眼蜂繁殖和应用研究。在他的领导下，课题组成员积极开展农作物病虫害天敌资源的调查与应用研究工作，取得一系列研究成果。通过调查基本明确了北京郊区主要农作物害虫天敌种类。1965年11月，曾省和助手从长沙湖南省农业科学院的试验田内采集到三化螟幼虫尸体，从中分离出一种芽孢杆菌，定名为杀螟杆菌。在湖南省微生物工厂协作下，使该菌顺利地通过了深层发酵工艺，进行批量生产。生产出来的杀螟杆菌剂，经田间试验，表明对稻苞虫、水稻三化螟、茶毛虫、菜青虫等均有良好防治效果。这是我国首次采集分离并进行工厂化生产和大面积应用的细菌杀虫剂。与此同时，曾省等人也开展了苏云金杆菌防治菜青虫的研究工作，为该制剂的推广应用提供了试验数据。

此外，他还利用害虫天敌赤眼蜂雄蜂外生殖器和翅上毛列作为分类依据，对辽宁和北京郊区采集到的三种赤眼蜂进行了鉴定，是我国最早应用雄蜂外生殖器形态和翅上毛列排序作为赤眼蜂分类依据的学者之一。

三、积极倡导教学科研与实践相结合

曾省在我国高等教育岗位上整整耕耘了30个春秋，为国家培养了大批的专业人才。在植物保护科学研究上，他主张必须联系农业生产，不论选题、研究方法，都应围绕着生产中存在的实际问题去考虑，并且深入农村，建立基点，开展调查和分析，才能收到实效。1932年，曾省转道莫斯科回国，受聘于青岛大学生物系，任该系主任、教授，从事海洋生物学的研究。但从小立就的献身祖国农业事业志向，使他对农业科研、教学依旧神往。1934年经学校同意，他前往济南筹建济南农学院并任院长。在此期间，他提倡农学院办学要教育、科研、生产结合，培养全面人才，提出了农学院除招收大学生外还应招收研究生，并利用冬季举办农民训练班的主张，取其上下能贯通。一方面组织教师下乡调查农业生产情况，搜集研究材料和制作实物标本；另一方面教农民识字学习，并传授农业知识，推广农业新技术，工作颇有成绩。1935年秋，他接受四川大学任叔永校长之邀入川，任四川大学农学院院长、教授。在此期间，他积极主张开辟农场，以方便师生学习农业实际知识，提倡"手、脑并用，耕、读兼施"等教学方法。同时，他本人还积极投入四川省柑橘红蜡蚧壳虫的防治工作，建议都江堰提前放水以破坏水稻病虫的生长环境，实现控制螟虫灾害的目的。鼓励农民饲养乳山羊、乳牛等以增加收入，并创办初级农民学校，自任校长。1946年曾省离川东下入鄂，先在汉口商品检验局任技正，兼湖北省农学院教授和植物病虫害系主任。后转入华中大学生物系任教授，到1951年。

1949年，中华人民共和国成立后，曾省应邀前往北京参加了中华全国自然科学工作者代表大会筹建工作。1951年又受人民政府的委托，积极参加中南农业科学研究所（华中农业科学研究所）的筹建工作，并任副所长，兼植物保护系主任、二级研究员。在此期间，年过半百的曾省不仅具体主持研究解决当时严重威胁我国主要小麦区的小麦吸浆虫问题，同时对所内其他重大课题同样关心和重视，在他领导下，积极组织科研人员开展水稻螟虫的大面积防治试验和小麦地下害虫、小麦锈病的防治研究工作，多次到基点组织调研，以更加有针对性地解决农业生产实际问题。

1957年因工作需要，奉调北京，任中国农业科学院植物保护研究所研究员，负责昆虫标本室工作，主持《中国农作物病虫图谱》（1～2集）编审工作。在此期间，曾省积极培养年轻骨干，即使在"文化大革命"期间，他还要求研究组内的青年同志多学外文，以便能顺利查阅国外文献，掌握微生物防治害虫的最新进展，并将其应用到科研工作中去，以便尽快出成果，好好为农业生产服务。

曾省曾任湖北省民主同盟委员、武汉市政协委员、湖北省科学技术协会副主席以及《昆虫学报》编委。"文化大革命"中受迫害，于1968年6月10日含冤辞世。1978年得到平反昭雪。

四、曾省主要论著

Tseng S. 1932. Studies on avian cestodes from China. part I. cestodes from cheradriiform birds. Parasitology, 24 (1): 89-106.

Tseng S. 1933. Studies on avian cestodes from China. part II. cestodes from cheradriiform birds. Parasitology, 25 (4): 500-511.

Tseng S. 1934～1935. Anatomy of a new appendiculate trematode. Peking Nat Hist Bull, 9 (3): 171-180.

Tseng S. 1935～1936. Observations on cotton-aphids, *Aphis gossypii* Glover, In the vicinity of Tsinan. Peking Nat Hist Bull, 10 (part 3): 233-252.

Tseng S. 1936. A list of the aphidae of China with descriptions of 4 new species. Entomology and Phytopathology (Kunchong Yu Zhibing), 4 (7/9).

曾省. 1937. 二十五年成都水稻螟之观察. 农报, (6).

曾省. 1939. 柑橘红蜡蚧壳虫之研究. 科学世界, (2).

曾省. 1941. 四川白蜡虫改进建议. 科学世界, (5).

曾省. 1951. 南阳吸浆虫调查总结. 中国昆虫学会通讯, (4/5).

Tseng S, Wu I. 1951. An ecological study of mosquitoes in Wuhan area. *Bull Entomol Res*, 42 (3): 527-533.

曾省. 1953. 1952年小麦吸浆虫研究总结提要. 科学通报, (3).

曾省. 1954. 小麦吸浆虫品种选择. 农业科学通讯, (4).

曾省. 1954. 小麦吸浆虫防治方法. 武汉：武汉通俗图书出版社.

曾省. 1954. 作物抗虫品种的鉴定. 植物保护通讯, (4).

曾省. 1956. 小麦吸浆虫及其预测预报. 北京：财经出版社.

曾省. 1965. 小麦吸浆虫. 北京：农业出版社.

曾省等. 1965. 一种虫生真菌——赤色穗状菌的研究. 植物保护学报.

曾省. 1965. 虫生微生物及其利用. 科学通报.

曾省. 1965. 有关赤眼蜂种的鉴别的商榷. 昆虫学报, (4): 404-409.

主要参考文献

叶正楚. 1992. 曾省//中国科学技术协会编. 中国科学家技术传略·农学编·植物保护卷 1. 北京：中国科学技术出版社.

撰写者

蒋红云（1963~），博士，中国农业科学院植物保护研究所党办人事处副研究员。

叶 培 忠

叶培忠（1899～1978），江苏江阴人，植物育种学家、林学家，中国树木遗传育种学科创始人，中国水土保持和牧草学科研究的开拓者和奠基人之一，中国最早提倡荒山林草结合造林的科学家。1927年毕业于金陵大学。1929年参加筹建中国第一个国立植物园——总理陵园纪念植物园。1930～1932年在英国研修。回国后从事植物繁殖研究并带领同仁建成了植物园。1942年任中华林学会水土保持研究委员会委员。1947年任农林部专门委员。生前是南京林学院教授和树木遗传育种研究室主任、中国科学院植物研究所南京中山植物园兼任研究员、中国林学会林业委员会委员。20世纪60年代培育出10多个品系的杂种杨、松、杉、楸和马褂木等新树种，其中以他名字命名的"培忠杉"（商品名为东方杉）是中国首次获美国专利的木本植物新品种。他和陈岳武关于杉木遗传改良的研究获1978年全国科学大会奖、"第一代杉木种子园"的研究在1982年获林业部林业科学技术成果一等奖。他带领同事进行的黑杨派南方型无性系引种的成功，以及其他树种遗传改良的成果大大推动了中国速生用材林的建设。他毕生致力于农、林科教事业，为国家培养了一批杰出的农、林科技人才。

一、生平简介

叶培忠，原名沈培忠，1899年11月25日生于江苏省江阴县一个贫农家庭。不满2周岁时，父母相继病故，由姑母叶沈氏抚养。1915年姑母去世，作为她的嗣子，从此改姓叶。

1910年，他以半工半读方式就读江阴励实中学（含小学）。在负责栽培和管理校园里花草树木的同时，刻苦学习，品学兼优地度过了中小学时代。听了林学界前辈凌道扬《关于森林与水旱灾害关系》的报告后，立志学林，为民造福。1921年，以全年级第一的优异成绩中学毕业，他放弃保送之江大学的资格，报考南京金陵大学农学院。1927年2月大学毕业，因成绩优异获金钥匙奖，并留校在森林系担任助教。1927年9月经院长过探先介绍，赴广西柳州柳城林场任场长。

1929年8月，经老师陈嵘推荐，在南京总理陵园纪念植物园任筹备助理员，协助筹建植物园。1930年8月，公派到英国爱丁堡皇家植物园研修。1931年底，他婉拒导师高薪留用，自己筹措路费毅然回国。1932年初回到上海，不为英国领事馆高薪引诱而动摇，直奔南京，一心为建设我国第一个国立植物园而竭尽全力。受金陵大学农学院邀请，他兼任园艺系讲师，后晋升为副教授。1933年7月，被总理陵园管理委员会任命为植物研究课主任，为中山植物园第一任园主任。1934年9月，兼任陵园园林组技师，直到1937年末南京沦陷，做了大量植物园创业阶段奠基性及具有开拓性的植物研究工作。

抗战初期，曾在长沙湖南省立高级农校短暂工作。1938年9月到峨眉山任四川省农业改进所技正兼林业试验场主任、场长。其间，率先在中国进行了树木人工有性杂交育种的试验。1941年8月，任重庆财政部贸易委员会油桐研究所研究员，从事油桐品种的收集、栽培及良种繁殖研究。

1943年3月，参加美国科学家罗德民（Lowdermilk）博士率领的西北水土保持考察团。考察结束后留在天水，任农林部水土保持实验区技正兼营林股主任，全面负责试验区内的科研工作。1945年3月任实验区代主任。1946年9月任实验区主任。他是中华林学会水土保持研究委员会委员。实验区主要建有三块苗圃，它们相隔很远，互不相连。他每天要赤脚涉水往返藉河两岸的苗圃工作，夏天头顶炎炎烈日，冬天身冒风雪严寒，从不间断地奔波于这三场之间，经常要一天往返数十里，处理具体事务并亲自指导、部署和从事科研工作。他带领职工引种、选种和栽培保土植物，实施林草带状间种，进行荒山造林，试验水土保持各项举措，取得瞩目成绩。1947年1月，他被任命为农林部专门委员。

1948年3月任武汉大学农学院教授。他承担园艺系和森林系课程，编写《水土保持学》和《植物繁殖学》讲义，进行植物繁殖、造林营林和水土保持等方面的科学研究，并带领学生参与校园建设和东湖磨山造林。1952年任华中农学院教授，受高教部委托，招收并培养了新中国第一批牧草学研究生。1956年起，任南京林业大学林学系教授，树木育种教研室和树木遗传育种研究室主任，并兼任中国科学院植物研究所南京中山植物园研究员。他将教学和科研工作主要集中在树木遗传育种方面。1962年之后，任中国林学会林业委员会委员。

树木育种需要不间断的长期努力。自1956~1978年的22年中，他不论遇到多大困难，不论环境多么恶劣，科学研究从未停止。"文化大革命"中有段时日，他和南京林学院林学系师生一起下放到外地林场劳动锻炼，只有节假日才可以回南京。每次回南京，他总是径直先奔向校内林场和苗圃，抓紧一切可以利用的时间对苗木进行锄草、松土、浇水、施肥等工作，或进行树木有性杂交和良种繁育工作。有些教师劝他注意休息，保重身体。他说："科学实验一点不能中断，一旦中断了，就前功尽弃了。况且时间很宝贵，树木开花、结实，一年一度，失去了这个时机，就要延误一年的时间。"他不仅自己埋头苦干，把树木育种科研工作坚持搞了下去，还带动并鼓励他的学生和同事不要放弃。正是这种精神使他在树木遗传育种方面有很多建树，先后培育了十余种优良树木品种。其中最为突出的有杂交杨树优良品系、杂交杉木优良品系、杂交墨杉（后称培忠杉，商品名为东方杉）、亚美马褂木、杂交楸树组合和杂交松树组合等。

"老骥伏枥，志在千里"，晚年时他更有时间上的紧迫感，工作更加勤奋，只想在余年多为国家做贡献。1978 年 8 月，他应邀到黑龙江省牡丹江市参加北方林木育种会议。作完学术报告后，不幸猝发脑血栓症，经抢救无效，于 1978 年 10 月 27 日在南京与世长辞。来自农林学界的专家学者及有关人士 500 余人参加了追悼会，唁电、唁函来自全国各地 25 个省市约 200 多个单位或个人，一幅"鞠躬尽瘁八十岁月，树木树人一片丹心"的挽联总结了他光辉的一生。

二、研究领域和主要业绩

叶培忠从事植物科学的研究和教学，一贯埋头苦干，潜心钻研，一生研究领域广泛，成绩卓著，硕果累累。

1. 树木遗传育种

早在 1938 年，他在四川峨眉山林业试验场工作期间，就率先在中国进行了树木人工有性杂交育种的探索试验。20 世纪 40 年代，在农林部天水水土保持实验区，他开国内之先河，最先开始了杨树杂交试验研究，获得了性能优于亲本的种间杂交杨树新品种，为以后一系列杨树杂交试验打下了良好基础。天水水土保持实验区职工为纪念叶培忠在天水的功绩，把他培育的杨树新品种中的一个，起名为"叶氏白杨"。1949 年，在武汉大学，他就开始了杉木和柳杉的杂交试验研究，率先得到了属间杂交新品种。1955 年末到南京林学院工作后，他更是全身心地致力于树木遗传育种的教学、科研和生产实践。

他开展了树木引种驯化和杂交育种的科学研究和生产实践，在长期科研实践中掌握了大量生产杂交种子的途径和良种繁殖方法，还找到了树木花粉采收、储藏、运输和生活力测定的简易方法，从而有利于取得树木种间杂交的成功。他通过引种、选种、杂交育种及良种繁殖等技术陆续培育出了一些杨树、柳树、松树、杉木、柳杉、落羽杉、柏木、白蜡、榆树、桦木、枫树、枫香树、槭树、马褂木和楸树等种间杂交新品种，取得了多项重大成果。1961年他主编的高等林业院校林业、绿化、森林保护专业用书《树木育种学》问世，由农业出版社出版。1973年，他主编的《树木杂交育种》也由农业出版社出版。1978年，有关"林木杂交育种之研究"获江苏省科学大会奖，他在大会上作了发言。

他是中国杨树杂交育种工作的开创者。他的论文《中国之白杨与白杨育种法》和《白杨繁殖育种》是他早年在白杨杂交育种方面科学研究的总结。1956～1963年，他在南京林学院树木园内建立的杨树引种区是国内主要的杨树育种研究试验基地之一，引种了国内外杨树200多个无性系。杂交杨树是他向别人传授杂交育种技术的树种，也是他历时最久、杂交组合最多的科研课题。他亲自培育的生长表现优良的杂交组合有南林杨、银毛杨、钟山杨、冬意杨、小意杨、赛山杨和苏黑杨等40个优良新品种，这些杨树杂交品种已在全国广大地区推广繁殖。其中，小意杨比亲本生长速度快77%。1972年，中国林业代表团从意大利带回一批黑杨派南方型无性系插穗，由于插穗经旅途耽搁，当他拿到这批插穗时，插穗已开始变色发黑，处于垂死状态。他将插穗经过特别处理后，立即组织树木育种教研室部分教师扦插在苗圃地里，并加以科学培植和精心管理，这些垂死的插穗竟奇迹般地被培育成苗，当年成苗49株，株高2～3米。以后他们又用这些苗木进行无性繁殖，到1974年底终于培育出了大批苗木，黑杨派南方型无性系引种获得成功。他极力主张在苏北平原进行多点引种，1974年，他将泗阳县选定为黑杨优良无性系引种推广试点县。1975年，南京林学院杨树课题组和江苏省林科所共同承担了江苏省科委下达的杨树新品种引种试验任务，在江苏泗阳、睢宁、南通等十个地点进行引种试验。1976年11月，他专门去泗阳观察了两年生杂交黑杨的生长情况。黑杨派南方型无性系引种成功的消息不胫而走，外地许多林业科研生产单位纷纷前来索要插穗材料进行引种。为此他专门准备了有关技术资料，随同插穗一起迅速分发到了其他省、市。经过他和同事们的共同努力，杨树的这些优良品种在大江南北迅速推广，为中国速生用材林的建设和发展，为农民脱贫致富做出了新贡献。

培忠杉培育成功是他在树木遗传育种方面的又一重大成果。1956年，为了准备杂交的亲本材料，他专程去庐山带回了纯种的中国柳杉和野生中国马褂木，回到南京就赶紧扦插繁殖。1963年3月20日，他用中国柳杉作父本，墨西哥落羽杉为母本进行属间杂交试验，得到3个球果，精心培育出12株小苗。在此基础上，经过多年的努力，获得具有优良性状的属间杂交新品种杂交墨杉。到1972年在南京林学院林场共培育出 6000 多株杂交墨杉苗，为大量繁殖推广创造了条件。1976 年，这项成果被记载在中国农林科学院科技情报所和杭州植物园栽培植物名录中。他将这一杂交新品种分送给了全国各地很多林业科研院所和植物园试种。这些树苗在上海、武汉等地得到了应有的重视。上海市农业局和园林局先后从南京引种几百株，经过上海松江苗圃叶增基先生和洋泾苗圃龚志翔先生等人的扦插繁殖，使得它们在上海浦东川沙县顽强地生存下来。如今杂交墨杉在浦东川沙林场形成了一片近 2000 株的杂交墨杉种群，这片杂交墨杉纯林被上海市林业总局定为种质资源保护林。2004 年 2 月，该树种获得国家林业局批准颁发的林木良种认定书。2003 年 8 月，徐炳声、叶增基、潘士华、朱建华、竺唯杰、钮慧娟和张建军 7 位中国专家在美国权威杂志 SIDA 上撰文，将该新品种命名为"培忠杉"（×*Taxodiomeria peizhongii*）（商品名为东方杉）。2007 年 9 月，美国国家专利局和商标局授予东方杉植物新品种专利权，这是我国木本植物新品种首次在国外获得的专利（专利号 United States Patent PP17767）。"培忠杉"还被选为 2010 年上海世博园的主要绿化树种之一。

亚美马褂木（杂种马褂木或杂种鹅掌楸）是他经过长达 40 年的努力培育成功的又一优质树种。它既是观赏树种，又是材用树种。他成功培育出这一杂交新品种的时间比美国植物学家早 10 年。1973 年，这项科研成果曾经记载于中国农林科学院科技情报研究所。早在 20 世纪 30 年代初，他将得到的北美鹅掌楸种子栽种在总理陵园纪念植物园。1937 年抗战前夕，为妥善保存这个种质资源，他将其中一棵树苗移栽在南京明孝陵文武方门的西首。日本侵华战争迫使他离开南京，心中的计划被耽搁了 20 多年。1956 年回到南京工作时，他才重新启动了这项远缘种间杂交计划。他采用人工辅助授粉的方法让种在明孝陵的北美鹅掌楸结出了富有生活力的种子，再进行育种、育苗，将小苗栽种在南京林学院和中山植物园中。等 1956 年从庐山带回来的野生马褂木扦插繁殖长大后，于 1963 年 5 月 13 日，他以北美鹅掌楸为父本，中国马褂木为母本进行人工杂交授粉，获得了理想的杂种鹅掌楸果实。他把这一新树种命名为"亚美马褂木"。1965 年，他再次重复该项种间杂交试验，他用中国马褂木和北美鹅掌楸进行正反人工杂交授粉，得到的亚美马褂木长势均优于亲本。亚美马褂木株高增长率可达亲本马褂木的 142%～150%，胸径增长率可达亲本马褂木的 110%～130%。亚美马褂木抗性强，秋季落叶时间比亲本马褂木晚。和普通马褂木相比较，它们已经显现了很强的杂种优势，叶更大，花色更艳丽，生长迅速，抗逆性强，适应范围更广，几乎无病虫害。20 世纪 70 年代，他把第一代亚美马褂木的树苗交给从南京林业大学毕业的大学生带到了祖国各地去进行适应性栽培，它们先后被引种栽培在我国福建、浙江、江苏、湖南、湖北、河南、山东、陕西、云南和北京等省市部分地区，普遍长势良好，表现了较强的适应性。

杉木是中国南方主要的用材林树种，它生长快、用途广，为适宜培育速生丰产林的优良树种。1938年9月至1941年7月，他在四川省农业改进所林业实验场任主任和场长时，曾带领职工进行杉木的育种育苗，并在中国开创了树木人工有性杂交育种试验研究。建国初期，他在武汉大学农学院任教期间，在苗圃地成功进行过杉木与柳杉属间杂交的试验研究。1955年，他撰写的"杉木与柳杉属间杂交报告"一文就是这项研究工作的总结。1957年，他带领进修生、研究生和准备留校的学生陈岳武、王章荣等人在南京中山植物园进行了25种杉木和柳杉属间杂交组合，获得杂交种子逾千粒。1958年，他将多数杂交树种送往福建洋口林场进行育种育苗。1964年，他和陈岳武等人为改良杉木品种，深入闽、赣、湘、川、黔等省各个杉木林区，调查杉木生物学特性，选择杉木优良类型。同时，他们对杉木自然类型的划分、优树选择方法、早期选择、遗传型与环境互作，以及遗传稳定性、种子生命力的变异、种子园遗传增益等方面做了大量且系统的研究。他们运用选择、引种和杂交等技术，获得了杉木优良品系，并进行育种试验，培育出一些杂交杉木优良新品系。1966年，他和陈岳武在福建省洋口林场建成了中国第一个正规的杉木初级无性系种子园。用第一代种子园的子代造林，其产材量比一般商品种子增产15%～20%。此项成果于1978年获全国科学大会奖，在他去世之后，1982年获林业部科技成果奖一等奖，以后又获国家计委、国家科委、农牧渔业部、林业部的农林科技推广奖。此外，他在20世纪70年代初发现杉木花粉在一般贮存条件下，能保持生命力达17年之久。由于杉木花粉能长期保存生活力，可以向外地寄送，因此，能简便地引用外地花粉进行杉木杂交育种，这一重大发现对杉木引种繁育具有极其重要的意义。

叶培忠在树木遗传育种研究方面还有很多其他树木的杂交组合，比如杂交楸树和杂交松树的优良组合都取得了杂交成果。楸树是中国最优良的树种之一，但它们具有自花不孕性，年年开花，极少结实，大量繁殖造林受到限制。为解决这个问题，他用滇楸×楸树、滇楸×灰楸、灰楸×滇楸等三个杂交组合进行异花授粉，获得杂交种子1000多粒，这一成果解决了以往楸树不能进行有性繁殖的问题，使楸树这一优良品种得以扩大栽培，并为推广这个优良树种创造了条件。叶培忠用13种松树先后选配了近30个杂交组合，从中他选育出三个优良组合，即黑松×长叶松、黑松×云南松、黑松×（湿地松＋火炬松＋云南松）混合花粉的组合。这三个杂交组合的第一代杂种长势都强于母本黑松自由授粉的后代，株高生长分别超过母本55%、35%、69%，胸径生长分别超过母本44%、20%、34%。他发现"亲缘关系较远的松树可以杂交，而且第一代杂种生长势及产量都超过亲本"。

2. 植物园建设

1929年8月15日，叶培忠任总理陵园纪念植物园筹备助理员，在金陵大学陈嵘教授指导下筹建这个中国第一所国立植物园。他带领职工开辟苗圃，开挖灌溉沟渠，就地采种育苗，为植物园建设和陵园绿化准备优良植物品种及苗木，并参与植物园总体设计，是植物园设计图六名设计者之一。1930年8月公派去英国爱丁堡皇家植物园专门研修植物园规划、设计和布置、建设与管理，特别是各种植物的栽培和繁殖技术。1932年1月回到总理陵园纪念植物园工作。1933年7月12日，他被任命为总理陵园园林组植物研究课主任。他积极进行国内外书刊订阅、资料收集、信函往来、种苗交流等活动，专门翻译并仔细研究有关温室植物栽培技术和管理等资料，用于指导植物园建设。他带领同事开展了许多资源植物的引种、栽培和繁殖，尤以针叶树种为多，充分展露了他独立开展植物科学研究的能力和才华。植物园的植物种类迅速增多，他们苦心经营的植物园很快初具规模。他早期在中山植物园进行的植物定植设计，温室植物栽培与管理，花草树木的引种驯化、育种育苗、栽培和繁殖等工作，为中国现代植物学研究和植物园建设奠定了良好基础。

随着工作的深入，他将工作重点转移到收集经济作物种质资源，进行植物引种和驯化方面。他给自己设定的目标是，"一定要尽自己所能收集、引种、栽培和繁殖对国家经济建设有用的资源性植物"。1934年，他预感到中日战争已经不可避免，为了保存宝贵经济植物种质资源免遭战争破坏，他将由他采集种子或引种栽培的各种松、杉、柏等名贵针叶树的苗木送到庐山森林植物园，还分送到南京附近的林场等地方。这是在战争年代他为保存经济植物种质资源行之有效的办法。

1956年，他被聘任为中国科学院植物研究所南京中山植物园兼职研究员。他每周至少到植物园工作一天，从事植物的引种、繁殖和杂交育种工作。他将研究取得的杂交品种分种在南京林学院和中山植物园内。为解决各植物园对人才的需求，他还利用寒、暑假期，应邀去庐山和杭州等植物园短期授课，把他过去从事建设、规划设计与经营管理植物园的经验传授给同行，并对他们的科研方向提出建议。

在植物园的研究工作中，他积累了植物育种、栽培和繁殖的丰富经验。他先后在金陵大学、湖南高级农校和武汉大学园艺系从事过相关教学工作，对当时世界先进的植物繁殖理论也了然于心。在此基础上，他编写了《观赏植物栽培学》和《植物繁殖》的教学讲义。1958年，他的主要论著《植物繁殖》一书问世，这是他从事大量植物繁殖研究的总结和提高。书中通过理论结合实践的方式对植物繁殖作了简明扼要的叙述，内容包括有性繁殖、无性繁殖和杂交育种等几个方面；附录中他还列举了300多种花草树木的开花期、结实期、繁殖方法以及适宜栽培在何处等。

1964年9月，他应邀参加庐山植物园建园30周年大会和第一届全国植物引种驯化学术会议，为会议主席团成员之一。他以长期从事引种驯化的研究实践为基础，在会上发表了自己对引种驯化的观点和见解，题为《树木引种在林业生产上的重要性》。

3. 水土保持科学试验和牧草研究

1943年3月，叶培忠在罗德民博士率领的西北水土保持考察团中独自担任保土植物的考察研究。他在陕西、甘肃、宁夏和青海等地的崇山峻岭中寻找到许多可以利用，而且具备抗寒耐旱要求的保土植物，作为种质收藏。他采集的保土植物禾本科有54种，豆科木本类14种，灌木类10种，其他17种。他还对沙棘、葛藤等优良野生保土植物进行科学鉴定，对其植物学特性作了深入细致地研究，然后将其进行人工育种、栽培、繁殖和推广，并创造性地将其运用于水土保持试验研究中。他是中国最早利用野生保土植物卓有成效地开展水土保持工作的植物学家。

他在实验区全面负责水土保持的科学试验工作。20世纪50年代大面积推广的草木樨、刺槐造林，培地埂，山地果园等许多水土保持治理措施，都是他在实验区5年中带领同事试验研究成功的。许多试验方案都由他亲自设计或组织安排实施。为了防止水土流失，他带领同事们进行农田保土耕作改革试验、坡田保土蓄水试验、沟壑的沟冲控制试验、径流小区试验和河滩地改造试验等各项科学试验，还持续不断地进行着气象记录。1946年，他在天水吕二沟口，领导了著名的"柳篱挂淤"试验（沙棘的别名为醋柳），这是有创新意义的水土保持举措。他成为应用沙棘进行水土保持效益研究的首创者。如今沙棘已经是中国治理沙漠，营建防风固沙林和水土保持林，进行生态建设的重要灌木树种。

1944年，他对野生天水葛藤进行科学鉴定，确认其具有生长迅速、耐寒抗旱的优良特性，种植它可以护地固坡、防止冲刷、可使不毛之地较快地恢复生机。之后，他带领吕本顺等人专门研究了葛藤的人工栽培和无性繁殖方法。他们以扦插、堆土压条、分根等方式，在大柳树沟、吕二沟、石家堡等陡地崖坡上试验种植葛藤。仅仅两年时间，葛藤就覆盖了全部崖坡，起到固定陡坡，防护沟头泥土流失的作用。1945年写就的论文《葛藤——大地之医生》被收录于1942～1980年水土保持实验研究成果（第二集）中。在他去世六年之后，经我国牧草学专家黄文惠推荐，这篇论文正式刊登于《中国草原与牧草杂志》第1卷第2期上。此论文和1955年撰写的

《葛藤栽培法》就是他这项研究的总结。

在天水水土保持实验区工作期间，叶培忠建造了当年在中国颇具规模的河北草圃，它由原始草种圃和优良草种繁殖圃组成。他广泛收集国内外优良牧草种子，在原始草种圃卓有成效地对 300 多种牧草进行了引种、育种、试验栽培和繁殖工作，从中加以筛选，最终推荐 68 种品质优良的牧草在西北地区推广，其中有苜蓿、白花草木樨、野牛草、苏丹草、狼尾草、三叶草、小冠花等许多优良草种。在中国，他是最早对草木樨进行研究，并大力培育、繁殖和推广的科学家。草木樨的大力推广，迅速解决了西北民众急需的燃料、饲料和肥料问题。

为改良牧草品种，他在中国率先开展杂交牧草研究。由他杂交培育的草种有狼尾草、杂交黑麦草等牧草新品种。天水人为纪念他在这个领域的功绩，曾经把他研究成功的杂种狼尾草命名为"叶氏狼尾草"（*Pennisepum hybridum* Yieh F_1），那是以茂草为母本，徽县狼尾草和当地狼尾草为父本，混合授粉杂交培育出来的，该草生长旺盛，须根特别强壮。

1945 年，他给农林部写的报告《改进西北牧草之途径》，就是他从事牧草研究的成果之一。他主张把种植牧草与水土保持结合起来，建议在西北地区种植牧草，应将牧草的饲料价值和保持水土价值兼顾，对一些不宜农的地区，应坚决退耕还牧。并从水土保持与发展畜牧两个方面对西北牧草改良问题进行了研究。这些观点已被载入《中国农史》和《经济史》。2009 年，中国草业界学术杂志《草业科学》为纪念他诞辰 110 周年特将此文正式发表，并在编者按中肯定他对林草研究与教育做出的特殊贡献。

在水土保持和牧草学研究中，他认为，树木和牧草间作是最好的水土保持组合方式。他是中国第一个提倡荒山林草带状间种的林学家，被草业科学家任继周院士誉为"中国林草结合第一人"。

1949 年后，他在武汉大学工作期间继续进行水土保持试验。他在森林系苗圃地树苗之间的空地中种植了草木樨等牧草。1953 年，高教部的负责人在武汉大学参观苗圃地时看到了树苗之间茂盛的牧草，很感兴趣。当时，正值我国急需牧草学方面的人才，高教部很快决定给他下达培养牧草学研究生的任务。他成为高教部指定的牧草学研究生指导教师，为国家培养了首届牧草学研究生。

1953 年暑假，他应黄河水利委员会的邀请参加黄河中游水土保持考察团，继续负责考察保土植物，并为华中农学院收集牧草标本，为即将从事的牧草学研究工作做了先期调查研究。返校后，他立即着手建设牧草标本室和牧草园，并为研究生们专门开设新课牧草栽培学和耕作学（牧草部分）。

他先后在武汉大学、华中农学院、南京林业大学和南京大学开设过水土保持学课程。他还利用寒暑假或出差机会八次重返天水,继续指导天水水土保持工作。

4. 教书育人,言传身教,品德高尚,为人师表

叶培忠自1948年正式踏入高校工作,在林业高等教育岗位上奋斗了整整30年。在教书育人的过程中,他始终坚持理论联系实际,坚持身教胜于言教,用自己的模范行动教育和影响他的学生。他为国家培养了许多高端农、林科技人才,他们有理论,有实践,品德高尚,其中不乏成就卓著的园艺学家、牧草学家、林木遗传育种学家。他还多次举办树木遗传育种进修班,为兄弟院校和科研单位培训进修教师,得到一致好评。

叶培忠一生取得了许多卓越成就,这和他酷爱林业,具有使命感、敬业精神和一切为子孙后代造福的高尚品质直接相关。他学识渊博、治学严谨、求真务实、一贯勤勤恳恳、一丝不苟、有探索创新精神;他处事谨慎,总是严以律己、宽以待人;他克己奉公、一向生活简朴、热心助人。他尊师爱生,对年轻教师和学生关怀备至,既为良师,又作益友。不论在什么地方,他都能热诚团结同仁,而成为先进科研团队的领头人。总之,他的人品在林业界有口皆碑。

叶培忠淡泊名利,从不计较个人得失与名誉地位。他总是把他主持的科学研究成果看做是集体的研究成果,不少专著和论文他都以教研室集体名义发表。有一年,他的一篇论文发表了,他用稿费给教研室每位同志买了一把修枝剪、一本杨树育种方面的新书,还给教研室订了一份报纸。这三样东西寓意深刻,他希望年轻教师重视理论与实践相结合,要热爱人民和国家。他兼任中国科学院植物研究所南京中山植物园研究员22年,植物园多次表示可以派车接送,但他坚持步行往返。植物园按国家规定每月给他若干酬劳,他从不领取,他的助手们只能将钱暂时存入银行,最后他将多年存储的钱一次性捐献给了灾区人民。

叶培忠勤奋努力、顽强拼搏了一辈子,把自己的全部聪明才智和精力毫无保留地贡献给了林业科教事业,他的光辉业绩在中国林业史上占有不可磨灭的一页。

三、叶培忠主要论著

叶培忠. 1930. 种植油桐之实用法. 林学,(2):29-40.
叶培忠. 1941. 美国长核桃在我国之生长及其栽培方法. 中华农学会报,(174):73-78.
叶培忠. 1951. 中国之白杨与白杨育种. 新科学,2(3):9-21.
叶培忠. 1955. 白杨繁殖育种法. 林业科学,1(1):37-46.

叶培忠. 1955. 葛藤栽培法. 华中农业科学, (2): 86-92.
叶培忠. 1958. 植物繁殖. 上海: 上海科学技术出版社.
叶培忠, 高祖德, 陈幼敏, 等. 1959. 杨树种间远缘杂交育种试验总结报告. 南林学报, 2 (1): 25-42.
南京林学院树木育种教研组编(叶培忠主编). 1961. 树木育种学. 北京: 农业出版社.
叶培忠. 1963. 杉木与柳杉属间杂交试验报告. 林业科学, 8 (3): 214-222.
叶培忠, 陈岳武. 1964. 杉木自然类型的研究. 林业科学, 9 (4): 297-310.
叶培忠, 王明庥, 陈岳武, 等. 1964. 杨树育种的研究//中国林学会编. 杨树学术会议论文选集. 北京: 农业出版社: 84-96.
叶培忠. 1965. 树木引种在林业生产上的重要性//中国科学院植物园工作委员会编. 植物引种驯化集刊(第一集). 北京: 科学出版社: 14-23.
叶培忠, 陈岳武, 阮益初, 等. 1966. 杉木优树选择方法的研究//中国林学会编. 林木良种选育学术会议论文选集. 北京: 农业出版社: 1-8.
南京林产工业学院树木育种教研组编(叶培忠主编). 1973. 树木杂交育种. 北京: 农业出版社.
叶培忠, 刘玉莲. 1980. 促进楸树结实的研究. 南京林业大学学报(自然科学版), 4 (1): 116-121.
叶培忠, 陈岳武, 陈世彬, 等. 1980. 杉木遗传型×环境互作和遗传稳定性的研究 I. 杉木遗传型×地点×年份互作的分析. 南京林产工业学院学报, 4 (2): 35-46.
叶培忠, 陈岳武, 陈瑾, 等. 1980. 杉木遗传型×环境互作和遗传稳定性的研究 II. 杉木多点子代测定的分析. 南京林产工业学院学报, 4 (4): 23-33.
叶培忠, 陈岳武, 阮益初, 等. 1981. 杉木种子园遗传效益的估算. 种子, (1): 8-20.
叶培忠, 陈岳武, 刘大林, 等. 1981. 配合力分析在杉木数量遗传研究中的应用. 南京林产工业学院学报, 5 (3): 1-29.
叶培忠. 2009. 改进西北牧草之途径. 草业科学, 26 (10): 1-11.

主要参考文献

张楚宝. 1982. 他为树木育种奋斗终生. 中国林业, (6): 13-14.
黄文惠. 1984. 我的启蒙老师——叶培忠教授. 中国草原与牧草, 1 (2): 69-71.
金陵大学南京校友会. 1988. 金陵大学建校一百周年纪念册. 南京: 南京大学出版社: 68-69, 268.
董祥华. 1989. 为开创天水水土保持事业而做出贡献的人(叶培忠)//天水市政协文史资料委员会编. 天水市文史资料(第三辑). 天水市政协文史资料委员会: 67-72.
周济. 1991. 叶培忠//中国科学技术协会编. 中国科学技术专家传略·农学编·林业卷1. 北京: 中国科学技术出版社: 199-214.

撰写者

叶和平(1945~),原哈尔滨船舶工程学院(现哈尔滨工程大学)学报编辑部主任、副编审,叶培忠的女儿。
周济(1928~),原南京林学院(现南京林业大学)学报编辑部主任、副编审,叶培忠的同事。

陈鸿逵

陈鸿逵（1900～2008），广东新会人。植物病理学家，农业教育家，中国植物病害检疫工作的奠基人之一。1926年毕业于金陵大学生物系，1934年获美国艾奥瓦农工学院哲学博士学位。1935年回国后，历任浙江大学农学院植物病虫害系主任、教授，浙江农学院及浙江农业大学学术委员会副主任委员，浙江农业大学植物保护系主任，浙江省农业科学院植物保护研究所所长；曾任中国植物病理学会常务理事，中国植物保护学会副理事长，中国真菌学会理事，浙江昆虫植病学会理事长。他长期致力于植物病理的教学和科研工作。在对粮食作物的研究中，是中国最早开展麦类防治病害和抗病育种研究工作的先行者之一。他探明水稻病毒病害的虫媒和传播规律，为中国水稻病毒病害的防治做出重要贡献。他确定了麻类病害的侵染途径和环境，以选种，改进栽培技术等方法，遏制病情发展。他研究油菜病毒病流行原因，指导采用治蚜防病措施，卓有成效。他为中国植物病害检疫工作筹建了中国港口第一个植物检疫实验室，为中国植物病害检疫工作奠定了基础。他潜心研究引起作物病害的重要病原菌镰刀菌。收集、鉴定国内、省内2191份标本，完成独具中国特色的镰刀菌专著。他为开发有益的昆虫寄生真菌资源进行研究，拓宽了昆虫寄生菌用于保护环境和生物防治的应用前景。

一、成长经历

陈鸿逵，祖籍广东新会，1900年6月26日生于上海，2008年10月12日卒于杭州。他出生于爱国主义的知识分子家庭，曾祖父参加的太平天国运动失败后，全家逃亡香港。父亲陈作琴毕业于香港"皇仁书院"，母亲郭淑徽出身富裕家庭，其家庭把在高学府受教育的父亲择为女婿，而不攀豪门。清末，父亲作为英语翻译，跟随李鸿章出访过欧洲。后调入上海轮船招商局任高级职员，作为主管航运高管，办事公正，两袖清风，被誉为"招商局圣人"，曾为孙中山安排轮船去日本。母亲是贤内助，知书识礼，反对封建旧礼教，反对妇女缠足，有爱国热忱，曾以火石取火代替火柴，以抵制日货，反对日本侵略。

父母亲爱国、开明、维新的思想，正直、严于律己的言行，影响并教育着子女。

陈鸿逵在兄弟间排行第六，大姐陈鸿璧是上海知名教育家之一，为少年儿童教育事业贡献了毕生精力，在上海创办"广东中小学"，学校两度被日本炸毁校舍，但仍坚持复校。她精通英语，出版的译作有14部，曾被人归入近代女翻译家之列。她参加宣传辛亥革命和妇女解放的社会活动，是神州女界协济社（前身是上海女界协赞会）的创办人之一。四兄陈抱一留学日本，回国后致力于美术教育，是中国油画艺术先驱者之一。孪生兄陈鸿达是留学德国的医学博士，上海医学界的名医。

陈鸿逵1908～1913年进上海养正学塾，1913～1916年进英华书院，1916～1920年就读于上海青年会中学。1921～1922年到南京金陵大学附属中学读书。

在青少年时代耳闻目睹风雨飘摇、列强欺凌的旧中国，工农业生产落后，各种水灾、旱灾、虫灾等天灾人祸频发，陈鸿逵萌发了学习农科，科学救国的远大理想。1922～1926年在金陵大学生物系学习，受到美籍植物病理学教授博德（Porter）的指导，毕业留校任教后，又得到中国植物病理学奠基人戴芳澜的器重和培养，1931年考取中华文化基金公费留学，赴美国艾奥瓦农工学院（现为艾奥瓦州立大学，Iowa State University）研究生院深造，1934年获哲学博士学位。

1935年回国后，应浙江大学之聘，在该校农业植物系植病组任副教授。并在此期间负责筹建中国海关第一个植病检疫实验室。他是中国植物检疫事业奠基人和开拓者之一。

抗日战争爆发，浙江大学西迁，经浙江建德、江西泰和、广西宜山辗转至贵州。1937年9月起，陈鸿逵任病虫害系主任，继任教授，他是浙江大学植物病虫害系的创始人之一，是浙江大学植物病理学科的奠基人。西迁途中，他一面躲避敌机轰炸，一面安排教学，直至迁到贵州湄潭才有几年安定的教研条件。他克服困难，创造条件，坚持开课，做实验，认真培养植物病理、真菌学方面的人才。抗战结束后，从湄潭回到杭州，劫后的农学院校园是一片废墟，他又为重建浙江大学农学院和植物病虫害系而操心努力。

在新中国成立后，他亲身感受到实现科学救国时机的到来，全身心地投入社会主义教育和科研工作。1956年被评为国家一级教授。1963年出席全国科学规划会议，受到毛主席和周总理的亲切接见。他联系生产实际，为解决农作物病害做出贡献。他历任浙江大学农学院植物病虫害系主任，浙江农学院及浙江农业大学学术委员会副主任委员，浙江农业大学植物保护系主任；曾任中国植物病理学会常务理事，中国植物保护学会副理事长，中国真菌学会理事，浙江省农业科学院植物保护研究所所长，浙江昆虫植病学会理事长。他还是浙江省第一、二、三届人大代表，第五届浙江省政协委员。在"文化大革命"中,他虽受打击迫害,无法工作,但经党的十一届三中全会后,心情舒畅,1978年参加了全国科学大会,精神更加振奋,七十多岁时还一心系着"镰刀菌"的科研课题,在助手和学生的帮助下,历时十多年,认真调查,鉴定了2000多份标本,在1990年和助手共同完成了撰写《浙江省镰刀菌志》的工作,当时他已是九十高龄。

陈鸿逵的一生跨越了三个世纪,见证了中华民族百年奋斗史,他随时代不断进步,执著事业,始终坚信并看到了民族的复兴,国家的崛起。他一生充满理想,热爱祖国。诲人不倦,待人热诚,不论教师、学生,还是农民兄弟来找他,都百问不厌,给以满意的答复,这些都给人留下深刻的印象,受到几代学人的敬重和爱戴。

他严以律己,宽以待人,心态平和,知足常乐。一百多岁还童心未泯,动脑动手,常说,"我这个20世纪的同龄人自然要为20世纪实现四化而努力奋斗。""我处在国泰民安,太平盛世,要淡泊名利,快乐健康。"他是迄今为止中国植物保护学界享年最高的教授。

二、主要研究领域和学术成就

1. 在中国粮食作物病害的研究成就

20世纪20年代,中国已开始对粮食作物的病害进行了研究,但同行公认,陈鸿逵和俞大绂当时的研究面较广,而且对前人未涉及的病害也做了研究。他对小麦杆黑粉病、大麦坚黑穗病、裸燕麦坚黑穗病、大麦条纹病及粟粒黑穗病等,开展了种子消毒试验及抗病性品种筛选方面的工作。他1925年参与美籍植物病理学家博德、俞大绂以种子消毒对粟粒黑穗病和产量影响的研究,从鲁、豫等省采集数百个单穗和几十个品系,做抗病性鉴定,经过连续四年的试验,初步找出20余个抗病力极强的品种。1929年后的几年又和俞大绂、黄亮筛选出药剂碳酸铜粉和乌斯普隆用于拌种,效果较好,再经过田间及温室接种试验,从30个品种中找出9个抗病力极强的品种,其中有2个品种经过后来10年的试验证明完全没有发病。这些在防治病害和抗病育种方面的成果使其成为中国最早开展类似工作的先驱。上述有关大麦、小麦、燕麦、粟病害的研究结果都陆续在《美国植物病理学报》、《金陵学报》等期刊上发表。同时,陈鸿逵还开展了"高粱炭疽病的研究",当时此病在南京及北方高粱产区流行,损失颇大。他从1925年开始,通过大田调查及实验室、温室等一系列试验研究,1934年又到美国进一步进行了对其病原菌的生物学、病害发生规律和防治方法的详细探讨,1934年写成博士论文《由直刺盘孢引发的高粱炭疽病》(*An*-

thracnose of Grain Sorghum Caused by Colletotrichum Lineola Corda）。迄今为止，这篇论文仍然是国内外有关高粱炭疽病的重要文献之一。这项研究内容的中文摘要，曾于1928年和1935年先后在《中华农学会丛刊》和《中华农学会报》上刊载。

2. 对麻类和油菜病害的研究成果

1950年杭州引种的南方型洋麻（红麻）流行发生洋麻炭疽病，多达40%的麻苗枯死。浙江省人民政府对此十分重视，陈鸿逵和葛起新等随即开展调查、鉴定，进行防治研究。1951年在浙江《农林通讯》上发表的《洋麻炭疽病及其防治》一文，是中国对洋麻炭疽病及其防治较系统的首次报道。随后，他又指导学生继续对此病进行深入的研究。

20世纪50年代中期，南方产区发展黄麻生产，浙江黄麻产量占全国之半，当时"园果种"黄麻的立枯病和炭疽病，"长果种"黄麻的茎斑病均严重威胁着麻类生产。陈鸿逵又和浙江省农业科学研究所的科研人员开展对黄麻病害的研究，1961年他们撰写了《浙江省黄麻的主要病害》一文，报道了发生在黄麻上的十余种病害。明确了其中苗枯病、茎斑病、根线虫病、根腐病、立枯病和炭疽病的侵染途径和环境因素，提出通过轮作制、施肥方法、抗病品种和及时排灌等栽培技术，结合施用药剂以农业防治为主的方法。这是介绍中国黄麻病害方面的一篇较全面的文献资料。陈鸿逵对麻类病害研究的成果，为浙江省麻类生产做出了贡献。

20世纪60年代初，浙江省油菜病毒病严重发生，他和助手们经过研究试验，于1963年在《植物保护学报》上发表文章，指出杭州地区油菜苗期病毒病的发生取决于带毒有翅蚜从毒源寄主上迁入的时间与虫口数量，在田间的流行为害与苗床后期和本田初期有翅蚜的成长和扩散有关，并提出治蚜防病的建议，经全省推广，效果良好。他还指导研究生对浙江省油菜病毒病的病原种类及栽培措施与该病发生流行的关系进行了基础研究和理论探讨。

3. 在水稻病毒病研究上的贡献

1960年初，上海、浙江一带水稻矮缩病突然爆发。陈鸿逵应华东区科委的要求，与朱凤美、王鸣岐一起深入病区现场调查，并成立防治协作组。在不长的时间里，确定了这种病是水稻黑条矮缩病，并肯定传播媒介为灰稻虱。接着，鲁、皖、闽、赣各省都得到了发生此病的确证，协作组后来又证实，尚有"普通矮缩"、"黄矮（暂黄）"、"黄萎"和"条纹叶枯"四种病毒病，症状明显不同，前三种介体均为黑尾叶蝉，而"条纹叶枯"的介体则为灰稻虱。由此，搞清了这类病害的虫媒及其传播规律，为全国水稻病毒病的研究和防治做出了重要贡献。为有效控制矮缩病蔓延，华东区科委在浙江义乌召开了"水稻黑条矮缩病现场防治讨论会"，随后又在上海召开了来自 22 个省市 160 余人的水稻病毒病防治讲习班，陈鸿逵为主要负责人之一。参加这个讲习班的人员，后来多数成为各省市从事稻麦病毒病防治研究的骨干，并由此奠定了中国水稻病毒病研究的基础。

20 世纪 60 年代中后期和 70 年代初，"普矮"和"黄矮"病逐渐上升，陈鸿逵及其助手调查研究其发生流行规律及与传毒昆虫的关系。"文化大革命"开始后，他不能工作，由他的助手们继续用 3 年时间，调查取得数据，研究制备出这两种病毒的抗血清，用差速离心法所得到的稻普矮病毒（RDV）粗提取的抗原做兔肌肉注射，获得效价为 2560 的抗血清。在工作继续深入时，面临缺少专用超速离心机的困难。这时，陈鸿逵另辟蹊径，及时吸取美国伊利诺伊等大学采用聚乙二醇纯化其他植物病毒研究方法的经验，终于在 1974 年他和助手们成功采用聚乙二醇结合用低速离心机（4000 转/分钟）实现了 RDV 的部分纯化，并找出运用此法制备抗原及免疫化的最佳条件，制备出的 RDV 抗血清，其中最高的一组效价竟高达 5120。

在上述成果的基础上，后来又添置了超速离心设备，更进一步提高和完善了水稻"普矮"病毒以及"黄矮"病毒抗血清的制备。该项研究工作，在国内处于领先地位。

4. 镰刀菌研究和著作独具中国特色

镰刀菌是一类重要的病原菌，分布广，种类多，其中有些种类会引起作物的重要病害。这类真菌形态，性状不稳定，变异大，分类工作难度大，一直很少有人问津。陈鸿逵却对这项研究十几年执著追求，坚持不懈地进行实验研究，他和助手们连续发表了《蓖麻和垂柳上镰刀菌》，《大小麦赤霉病穗上镰刀菌》及《鞘锈菌上寄生镰刀菌》等多篇论文。20 世纪 70 年代后期，他承担了《镰刀菌志》的编写和研究任务，和王拱辰组织各届学生，并得到教师、各地县农业部门的协助，在浙江各地县均匀采集了 2191 份标本。他们对每份标本分离培养，进一步的单孢分离，孢子形态的描绘，拍照，菌株接种试验，并对照国际上的有关书刊，对每一标本作出鉴定报告，确定了镰刀菌种类（包括浙江省）共 34 种（含种下新分类单元），并配以精美的绘图和显微照片，1990 年共同完成了《浙江镰刀菌志》的撰写工作，并于 1992 年出版。这是一本独具中国特色的专著，查明了浙江大小麦赤霉病致病镰刀菌的种及优势种，搞清了引起蓖麻枯萎，长果种黄麻枯萎，竹及油桐和甘薯上的若干镰刀菌的种。1982 年他还受农牧渔业部委托，在浙江农业大学为全国各地学员举办镰刀菌属鉴定技术培训班。

5. 开发昆虫寄生真菌资源

陈鸿逵晚年认为，中国有许多有益的昆虫寄生真菌资源有待开发研究，在保护环境和天敌等方面，利用昆虫寄生菌是一条很值得探索的路子。为此，他指导研究生深入研究了寄生于稻二化螟（*Chilo Suppressalis* Walker）幼虫的瘤状多毛菌（*Hirsutella nodulosa* Petch），寄生于柑橘粉虱的扁座壳孢菌（*Ascheronia placenta* Ber. et Br.），红蜡蚧和日本蜡蚧上的镰刀菌（*Fusarium moniliforme* var. *intermedium* Neish et Leggett）等五种和茶尺蠖上的镰刀菌（*F. moniliforme*）等三种病原菌。研究了寄生真菌的分类地位、寄主范围、生物学特性、侵入机理等，还评估了这些真菌在自然界中的作用。

他在此项研究工作中，十分注意这些寄生菌的应用前景，强调研究要与生产实际结合。应用于生物防治时，要考虑安全，注意对家蚕有无影响，又要使其能大量繁殖，便于施用和具有高效，速效的寄生致死率。这些研究不仅开拓了昆虫病原真菌的资源，而且提出生物防治的意见，具有开拓创新性，在理论和实践方面都具有重要的参考价值。

三、在科学教育事业上的奉献

陈鸿逵 1935 年 1 月回国后，在浙江大学执教，先后开出植物病理学、植物研究法、植物防治原理、高级植病、真菌学、植病讨论以及普通植物病理、农业植物病理、植物化学保护（杀菌剂）与植物病毒专题等课程。他的学术思想活跃，研究范围广泛。既有应用研究、应用基础研究，又有理论研究。研究对象有小麦、大麦、燕麦、小米、高粱、玉米、马铃薯、大豆、黄麻、洋麻、油菜、水稻、杀虫植物及林木等的病害，也包括食用菌、药用菌，还涉及农药、环保及昆虫。就病原而言，既有真菌、细菌，也有病毒，真菌中既有植物病原菌，也有真菌重寄生菌和昆虫病原菌。

陈鸿逵非常重视教学和实验的结合。初到浙江大学工作时，因实验和研究的需要，要添置五六个不同温级的恒温箱，因经费受限无法购置，他便自己设计动手试制。对其中最关键的温度调节器部件，他利用乙醚、丙酮不同溶剂的沸点差异，按几种不同配比的混合溶剂灌注于薄铜片容器内，用作温度调节器，这种自制恒温箱的价格仅为进口产品的 1/6，性能良好，顺利解决了研究和实验的急需。

在浙江大学西迁至小城湄潭后，办学条件艰苦，为了不影响教学和实验，他自备了一套木工和白铁工用的工具和材料，加上小型仪器、玻璃器皿、试剂药品等材料，制成了单孢分离器、显微绘图仪、恒温箱、大小麦散黑菌花期接种用的 Moore 氏抽气式部分真空装置以及用不同指示剂和缓冲液配制的全套测酸碱标准的比色器等。由于湄潭缺电，杭州带去的恒温箱无法使用，许多实验及学生的毕业论文无法完成。为了解决保温培养箱的能源问题，陈鸿逵利用当地丰富的木炭资源，研磨成炭粉，掺入淀粉、黏土和水，制成炭条，干燥后使用。这种自制炭条缓慢燃烧可长达 24～48 小时，保持培养箱内均衡地比室温高 15℃以上，满足了病菌培养工作的要求。在那种条件下，他和杨新美就当地特产银耳开展人工培养研究课题，这是中国最早采用担孢子弹射降落分离技术获得的菌种，经接种于青冈段木获得人工培育成功，为中国研究食用菌的延伸打下了基础。

陈鸿逵总把生产中的问题列为他的研究课题。在浙江大学西迁时期，他承担了"除虫菊枯萎病研究"，此外，还就油菜霜霉病、玉米大斑病、马铃薯的早疫病及储藏期细菌性病害、竹类病害、大豆病害等课题指导学生就病原鉴定、生物学特性、寄主抗病性、病害防治诸方面以及植物性抑菌剂等较广泛的题材做研究论文。

他急农民所急，发现问题，总要亲自下田，查看病情。20 世纪 50 年代，油菜大面积发生病毒病，他和助手们开展油菜病毒种类鉴定和栽培防病研究，既丰富了油菜病毒的知识库，又解决了生产实际问题。1972 年美国前总统尼克松访华，赠送给中国珍贵树种红杉，在杭州植物园首次种植，遇到了生理和病理方面的问题，他和助手及植物园技术员经过实地观察和实验室分析，终于澄清了原因，使红杉在西湖之滨得以落户扎根。

陈鸿逵在执教的数十年中，一直坚守严谨治学的学风。在他参加编写《浙江药用植物志》时，为确定"雷丸"的学名，他首先请人在浙江各地竹林内采集到较多的新鲜"雷丸"菌核，然后在实验室内经过多次试验，摸索出促使菌核萌发、最终长出子实体的最适合条件。经过几个月的观察，证实长出的担子果是一种呈褶状的伞菌。经鉴定后，确认这种伞菌为 *Omphalia lapidescens* 种。而国内的一些药用真菌书刊或论文中，涉及包括浙江省在内的"雷丸"时，其学名都写作"*Polyporus mylittae*"。这主要是互相转引，未经鉴定，以讹传讹所造成。由于陈鸿逵治学严谨，最后纠正了这一错误。

他理论联系实际，身体力行，对学生严格要求。20 世纪 50 年代，他亲自到浙江南部山区指导学生对甘薯黑斑病作调查实习，认真指导他们总结经验，仔细审阅他们撰写的报告。在课堂和实验室里，他不仅引导学生重视阅读原始资料、文献，扩大学术思路，还强调理论联系实际，学以致用。他重视正确地掌握规范的技术操作，并亲自示范，对学生使用显微镜后随意离去或不按正确方法搬移者，他会给予严肃批评。

在指导研究生的工作方面，他每个月都要对研究生分别接见，耐心听取汇报，记录细节，随时找材料，翻文献，遇到试验程序不对时，就立即指出，学生在他的言传身教中学会谨慎对待每一个科学研究的细节。学生要求他审稿时，他都仔细阅读，认真修改，甚至帮助重写英文摘要。他虽不善言辞，但一生都在用心教育，帮助学生。学生们深切体会到他对学生的厚爱和培养。

陈鸿逵为人谦逊，平易近人，对来访求教者，无不尽其所知，告诉对方，解答他们所提出的问题。遇到有些不能一时答复的，他牢记在心，然后一丝不苟地查阅文献，最后给对方满意的解答。

从 1978 年起，他先后培养了 10 名硕士研究生，连同 20 世纪五六十年代培养的 4 名研究生，共计达 14 名。他所办的培训班，为农业战线培养了一批又一批的骨干力量。

在他的指导带领下，浙江大学植物病理学学科发展成为国内植物病理学领域中的著名学科点。他做了许多开创性的工作，为后人、为学科的发展打下了基础。

四、对植物病害检疫工作的贡献

中国植物病害检疫工作从 1921 年日本侵占台湾后建立，大陆的检疫工作则从 1931 年在上海商品检验局开始，仅限于害虫方面。后来上海商品检验局商请浙江大学农学院承担该局的植物病害检疫工作，学校委派陈鸿逵和陆大京负责。他们除帮助该局开展植物病害的检疫工作外，还筹建了中国港口第一个植病检疫实验室，配备显微镜及病原菌分离培养、灭菌消毒等一整套设备。当时的业务范围涉及进出口商品中的植物产品以及旅客携带的农产品（如日本倾销至中国的病烂果蔬，中国外销的栗子、蒜头等），虽数量不大，但品种繁多，检疫技术要求很高，没有经过植病学专门训练的人难以胜任。为此，浙江大学植病组的高年级学生也随陈鸿逵到商检局工作，这项工作直到抗日战争爆发，上海商品检验局停办为止，但陈鸿逵等已经为中国植物病害检疫工作奠定了基础。

五、陈鸿逵主要论著

陈鸿逵. 1928. 高粱炭疽病研究摘要. 中华农学会丛刊，(64/65)：159-160.

Chen H K, Porter R H, Yu T F. 1929. The response of hulless barley to seed treatment for covered smut and stripe disease. Phytopathology, 19：657-666.

陈鸿逵，黄亮，俞大绂. 1932. 小麦黑粉病的防治试验. 金陵学报，2（2）：401-411.

Chen H K，Yu T F. 1933. Varietal resistance and susceptibility of wheats to flag smut (*Urocystis tritici* Körn). Nanking Univ Agric Bull, 9 (3)：217-234.

陈鸿逵，俞大绂，黄亮. 1934. 粟粒黑穗病种子消毒试验. 中华农学会报，122：1-18.

Chen H K. 1934. Anthracnose of Grain Sorghum Caused by *Colletotrichum lineola* Corda. Iowa State College. 1-229.

陈鸿逵. 1935. 高粱炭疽病之继续研究. 中华农学会报，38：140-141.

陈鸿逵. 1937. 一具廉价的定温箱. 浙大农学季刊，1：263-277.

陈鸿逵. 1942. 炭热力培养箱. 病虫知识，2（1）：1-10.

陈鸿逵，杨新美. 1945. 白木耳之人工栽培试验. 科学，28（1）：75-76.

陈鸿逵，葛起新. 1951. 洋麻炭疽病及其防治. 农林通讯，2（2/3）：40-42.

陈鸿逵，来元直. 1961. 浙江省黄麻的主要病害//中国农业科学院植物保护研究所主编. 中国植物保护科学. 北京：科学出版社：1023-1040.

陈鸿逵，梁训义，金敏忠. 1963. 杭州地区油菜病毒病的发生规律及防治研究. 植物保护学报，2（1）：1-12.

陈鸿逵. 1963. 抗菌素在植物病害防治上的研究概况. 浙江农业科学，（11）：479-484.

陈鸿逵，王拱辰，汪利群. 1979. 镰刀菌研究：菽麻和垂柳上镰刀菌的鉴定. 植物病理学报，9（1）：11-18.

陈鸿逵，王拱辰，盛方镜. 1980. 聚乙二醇（PEG）在水稻普矮病毒（RDV）抗血清制备上的应用. 植物病理学报，10（2）：83-88.

陈鸿逵. 1980. 菌类（Fungi）//《浙江药用植物志》编写组. 浙江药用植物志. 杭州：浙江科学技术出版社：23-37.

陈鸿逵，王拱辰，梁训义. 1982. 镰刀菌研究：浙江省大小麦赤霉病穗上的镰刀菌种类及其致病性. 植物病理学报，12（3）：1-12.

鲍建荣，陈鸿逵. 1986. 侵染二化螟（*Chilo suppressalis* Walker）幼虫的瘤状多毛菌（*Hirsutella nodulosa* Petch）生物学特性研究. 浙江农业大学学报，12（4）：36-44.

陈鸿逵，王拱辰. 1991. 浙江镰刀菌志. 杭州：浙江科学技术出版社.

主要参考文献

植物病理论文专辑. 1990. 庆祝陈鸿逵教授90寿辰论文集. 浙江农业大学学报，16（S2）.

葛起新，李德保. 1992. 陈鸿逵//中国科学技术协会编. 中国科学技术专家传略·农学编·植物保护卷1. 北京：中国科学技术出版社：107-119.

浙江大学农业与生物技术学院植物保护系，生物技术研究所编. 2005. 陈鸿逵教授105华诞庆贺文集（内部资料）.

撰写者

葛起新（1919～），浙江大学教授，长期从事植物病理学和真菌学的教学科研工作，已退休。陈鸿逵先生的学生，1941年在浙江大学农学院病虫害系毕业后，一直与陈鸿逵先生在同校同系同组共事数十年。

陈健宽（1935～），教授级高级工程师，在杭州玻璃厂从事硅酸盐玻璃专业工作，已退休。陈鸿逵先生的女儿。

熊大仕

熊大仕（1900～1987），江西南昌人。兽医寄生虫学家，兽医教育家。1923年赴美就读于艾奥瓦州立大学兽医学院，1927年毕业，获兽医学学士学位；继在该校理学院研读，1928年获科学硕士学位；1930年荣获该校哲学博士学位。曾任天津南开大学生物系教授、中央大学兽医系教授、四川省农业改进所技正兼畜牧兽医组主任、四川省家畜保育所技正兼兽医科主任、北京大学农学院兽医系教授兼系主任、北京农业大学教授；中国农学会常务理事，中国畜牧兽医学会副理事长、名誉理事，《中国兽医杂志》主编等职。毕生从事畜禽寄生虫学与寄生虫病研究。20世纪20年代在美国学习期间，就开始从事马寄生虫的研究，完成了《马属动物结肠纤毛虫的研究》论文，取得了重要成果，成为该领域中成绩卓著的学者之一，其研究成果至今在国际上仍然受到重视和肯定。从30年代起，他着重研究牛羊瘤胃纤毛虫，这项研究奠定了离体培养纤毛虫，进而研究"人工瘤胃"和利用粗纤维作家畜饲料的基础。1949年后，一直从事马属动物寄生线虫、反刍动物寄生线虫、猪肾虫和鸡球虫方面的研究，对解决中国家畜寄生虫病害做出了贡献。对马结肠纤毛虫的研究成就显著，修编论述了25个属，51个种，其中建立3个新属，发现了16个新种；对牛羊瘤胃纤毛虫、猪肾虫和鸡球虫的研究也有重要成果，其中对马属动物线虫的研究获得1982年农业部技术改进奖一等奖。他一生从教40余年，为中国兽医科学的发展培养了一大批科技人才。

一、求学与工作生涯

熊大仕1900年8月26日出生于江西省南昌市。1914年被选入北京清华学堂留美预备班学习。1923年赴美就读于艾奥瓦州立大学兽医学院，1927年毕业，获兽医学学士学位；继在该校理学院研读，1928年获科学硕士学位；1930年获该校哲学博士学位。

熊大仕1930年获得博士学位后即回到祖国，任天津南开大学生物系教授，代系主任。当时日军侵华日益猖獗，津沽岌岌可危，1935年遂辞去南开大学职务，赴四川省工作。历任中央大学兽医系教授、四川省农业改进所技正兼畜牧兽医组主任、四川省家畜保育所技正兼兽医科主任等职。抗日战争胜利后，任北京大学农学院兽医系教授兼系主任。1949年中华人民共和国成立，熊大仕在北京农业大学任一级教授直到逝世，长达37年之久。历任北京农业大学秘书长（后改为总务长），兽医系教授兼系主任和家畜寄生虫学教研组主任，校学术委员会副主任等职；并曾任农业部第一届学术委员会委员，中国农学会常务理事，国家教育委员会畜牧专业组成员，中国畜牧兽医学会副理事长、名誉理事长，《中国兽医杂志》主编，北京市科协副主席，全国政协第三、四、五届委员。1987年3月27日因病逝世于北京。

二、学 术 成 就

1. 在马结肠纤毛虫的研究上蜚声海外

20世纪20年代在美国学习期间，熊大仕就开始从事马寄生虫的研究。他夜以继日地埋头于图书馆，查阅和收集了大量有关寄生虫学方面的资料，并分类整理，打字成册。他精心汇集的有关马属动物寄生虫圆形科、毛线虫科的资料，不仅为科研工作积累了非常有价值的文献，且为研究我国马属动物寄生虫线虫提供了极为宝贵的参考材料。实验室里，他废寝忘食地进行马结肠纤毛虫的观察研究。正当他的研究工作有进展的时候，官费留学期限已满，学费和生活费的来源中断。他深深懂得，"非志无以成学"，决心半工半读，以完成研究工作。生活艰苦没有难倒性格坚毅、立志献身于科学的熊大仕，他含辛茹苦多年，终于完成了"马属动物结肠纤毛虫的研究"论文，取得了令人注目的成果。他在这篇论文中，首次将马属动物结肠纤毛虫修编归类，论述了25个属、51个种，其中有3个新属和16个新种，是由他鉴定建立起来的，这些成果是当时该领域中的重要成就。1930年该论文在美国艾奥瓦州立大学《科学杂志》发表后，受到了国际学术界广泛赞誉，熊大仕亦成为该领域成绩卓越的学者之一。当时，世界著名的寄生虫学家、苏联科学院院士多盖尔（V. A. Dogiel）就曾致书赞扬。

熊大仕的这些研究成果，至今在国际上仍然受到重视和肯定，美国出版的多种原生动物专著，都曾引用他的论述，如原生动物学家莱文（N. D. Levine）在1960年所著的 *Protozoan Parasites of Domestic Animals and of Man*，其中关于马纤毛虫，引用了熊大仕的博士论文研究中的论述达48篇之多和大量插图。

熊大仕回国后，在天津南开大学继续从事纤毛虫的研究，重点钻研牛羊瘤胃纤毛虫，取得了许多重要成果，其论文发表于《北京静生生物调查所汇报》1935年第

6卷上。这项研究，奠定了离体培养纤毛虫，进而研究"人工瘤胃"和利用粗纤维作家畜饲料的基础。

2. 在马属和反刍动物寄生虫线虫、猪肾虫和鸡球虫等研究方面成果显著

1949年后，熊大仕一直从事马属动物寄生虫线虫、反刍动物寄生线虫、猪肾虫和鸡球虫方面的研究，对解决我国家畜寄生虫病害问题做出了贡献。其中"寄生于中国马属动物的圆线虫和毛线虫的研究"，曾获得农业部技术改进奖一等奖。

猪肾虫病是在长江以南流行的猪的一种寄生虫病，并逐渐向北蔓延，严重威胁养猪事业的发展。为了控制这种寄生虫病，年已花甲的熊大仕冒着酷暑、曾数度奔赴南方5省组织和主持兽医科技工作者协同调查研究，攻克难关，终于弄清了猪肾虫病的病原体和病原体生活史，及其流行病学、致病作用等方面的问题，并且提出了一套防治措施，基本上控制了我国南方严重流行的猪肾虫病。熊大仕急生产之所急，深入实际，他认真调查研究、实事求是的作风，严谨的科学态度，孜孜不倦钻研的精神，使同他一起工作的同志深受教育。

在20世纪60年代初期，我国养鸡业还不发达的时候，熊大仕就考虑到我国养鸡业以后也要走发达国家规模化发展的道路。规模化养鸡后，鸡球虫病的防治将被摆在极为重要的位置，应提前进行研究。他带领助手们研究了鸡球虫病病原体、流行病学以及防治等方面。对鸡球虫病有了深入了解，提出了有效的防治措施，对我国的户养鸡和大型鸡场防治及球虫病都有重要的指导意义。从鸡球虫病开始，又对兔球虫病、羊球虫病、鸭球虫病等畜禽球虫病进行了深入研究。他所领导的寄生虫学教研组是长尾球虫病研究工作开展得最早、研究较深入、取得的研究成果最多和对生产有很大贡献的教研组，并多次被北京市和北京农业大学评为先进单位。这一时期发表的科技论文共60余篇。

3. 忠诚于兽医教育事业，为国家培养了大批人才

熊大仕是我国老一辈兽医教育家，为中国兽医科学的发展呕心沥血，培养出一支兽医科技队伍。抗日战争期间，除任教于中央大学兽医系外，熊大仕还曾在四川、兰州等地举办讲习班，培养了许多人才。其中有的已成为国际上享有盛誉的学者，或成为我国兽医事业的骨干。"文化大革命"后，他深感成长中的中青年兽医人员在十年浩劫中科技学习不足，遂积极向农业部建议，主动承担了农业部科技局委托举办的科学技术培训班，共办了四期，每期内容各异。同时又接受农业部教育局的委托，举办全国高等农业院校从事寄生虫学工作的中青年教师的师资培训班。这两个

培训班均收到了极好的效果，参加学习的学员都成为全国各省、市从事兽医寄生虫学工作和教育的骨干力量，为我国兽医寄生虫学学科的发展储备了大量人才。

熊大仕忠诚我国的教育事业，中华人民共和国成立后，我国高等农业院校兽医教育的规划、教学计划、教学大纲、教材、实验指导等，都凝聚着他的心血。1961年，他亲自主编了全国高等农业院校统编教材《家畜寄生虫病与侵袭病学》。1983年后，他因年事已高，健康欠佳，辞去了兽医系主任职务，但仍对兽医教育事业倾注满腔热情。他不顾年老体弱，行走不便，还经常参加兽医系研讨教学和科研工作的会议，发表意见和提出建议。1987年3月病重时，在病榻上同前来探视的校系领导的谈话中仍然念念不忘他为之奋斗了一生的兽医教育事业。他对兽医教育事业极端热情和无私奉献的精神，他的学生和好友无不为之感动。

三、光明磊落　高风亮节

熊大仕为人耿直，光明磊落，高风亮节；对工作认真负责，实事求是，谦虚谨慎，平易近人。他当系主任几十年，总是以大局为重。兽医系内科教研组教授王洪章多次说过，熊大仕当系主任几十年，没把兽医系办成寄生虫系。一语道出了他的高贵品质。

北京农业大学兽医系三层的教学楼，顶层很薄，夏热冬冷。熊大仕身为系主任，在分配各教研组用房时，他所在的寄生虫组被分配在顶层，他的研究室也在顶层。夏季他与同事一样汗流浃背，冬天冷得不敢脱大衣和帽子。还有件被同事们传为佳话的事迹。1984年系里讨论办实验动物学习班问题，熊大仕因事先了解有误，错误地批评了传染病教研组的一位中年教师（他的学生）并发了火。后来，他了解了问题的实情，深感内疚，便向那位教师承认错误并致歉意。在多次总结中还深刻地检讨了这个问题。

熊大仕对助手和研究生要求十分严格，一丝不苟。他非常注重培养他们独立钻研、独立工作能力。助手和研究生都不敢随意问问题，知道提出问题后，他会反问几个问题，考察你是否对所提问题动过脑筋，然后再给予指点。但他又是那样慷慨无私，希望大家努力学习。他从美国学成回国时带回的许多极有参考价值的书籍和他精心汇集的文献资料，都放在教研组的书橱中，供大家使用。他珍藏的1929年版本的《原生动物》一书，在国内图书馆里都难找到，他却从不把这本书当成私有财产。

晚年，他将自己的积蓄万余元作为党费交给党组织，未被接受。他逝世后，遵照他的遗嘱把这笔钱作为奖学金，鼓励学生奋力上进。

熊大仕热爱祖国社会主义建设事业，无私奉献的精神和高贵品德永远值得我们学习和纪念。

四、熊大仕主要论著

熊大仕. 1930. 马属动物结肠纤毛虫的研究. 科学杂志（美国艾奥瓦州立大学）.

熊大仕. 1935. 牛羊瘤胃纤毛虫的研究. 北京静生生物调查所汇报，6.

熊大仕，刘书芹，孔繁瑶. 1950. 培养马体内纤毛虫之初步报告. 畜牧与兽医，（3）：49-51.

熊大仕，孔繁瑶. 1955. 中国家畜结节虫的初步调查研究报告及一新种的叙述. 北京农业大学学报，（1）：147-164，195-200.

熊大仕，孔繁瑶. 1956. 叶氏夏伯特线虫新种 Chabertia erschowi——中国绵羊及山羊的一种新寄生线虫. 北京农业大学学报，（1）：115-122.

熊大仕. 1961. 家畜寄生虫与侵袭病学. 北京：农业出版社.

熊大仕，蒋金书，赵树英. 1964. 猪肾虫病的研究（四）. 北京农业大学学报，26-28.

熊大仕，蒋金书，赵树英. 1965. 猪肾虫病的研究（五）. 北京农业大学学报，29-34.

熊大仕，蒋金书，赵树英. 1965. 猪肾虫病的研究（六）. 北京农业大学学报，38-40.

熊大仕，蒋金书. 1965. 猪肾虫病血象变化. 北京农业大学科学研究年报，35-37.

熊大仕，蒋金书. 1966. 北京地区某猪场猪蛔虫猪鞭虫的外界发育及其驱虫试验. 北京农业大学科学研究年报，149-155.

熊大仕. 1978. 填空白、攀高峰. 努力赶超世界兽医科学的先进水平. 中国兽医杂志，（1）：6-8.

熊大仕，蒋金书. 1978. 北京地区某猪场肾虫幼虫发育的季节动态及肾虫病的防治. 中国兽医杂志，（1）：9-13.

熊大仕，蒋金书，赵树英. 1979. 北京地区猪类圆线虫体外发育史和各期幼虫形态的研究. 中国兽医杂志，（2）：8-12.

熊大仕，蒋金书，赵树英. 1979. 北京地区马类圆线虫体外发育史和各期幼虫形态的研究. 中国兽医杂志，（4）：3-8.

熊大仕，蒋金书，赵树英. 1980. 北京地区羊类圆线虫的体外发育史和各期幼虫形态的研究. 中国兽医杂志，（2）：2-6.

熊大仕，蒋金书，赵树英. 1980. 猪肾虫病的研究（一）猪肾虫 Stephanurus dentatus 成虫的形态观察. 畜牧兽医学报，（4）：193-200.

熊大仕，蒋金书，赵树英. 1981. 猪肾虫病的研究（二）猪肾虫 Stephanurus dentatus 早期发育史的研究. 畜牧兽医学报，（1）：47-52，5-6.

林昆华，熊大仕. 1981. 北京地区鸡球虫种类的初步调查. 北京农业大学学报，（1）：1-11.

熊大仕，蒋金书. 1981. 猪肾虫病的研究（三）猪肾虫幼虫在体内移行阶段的形态学研究. 北京农业大学学报，（3）：71-75.

主要参考文献

Levine N D. 1960. Protozoan Parasites of Domestic Animals and of Man. Burgess Publishing Company.

孔繁瑶，林昆华. 1993. 熊大仕//中国科学技术协会编. 中国科学技术专家传略·农学编·养殖卷1. 北京：中国科学技术出版社：192-199.

孔繁瑶. 2005. 熊大仕先生百五龄祭. 41（3）：3-4.

撰写者

孔繁瑶（1924~），中国农业大学教授，1982~1984担任北京农业大学兽医系系主任，熊大仕教授的学生。

林昆华（1932~），中国农业大学教授，曾任北京农业大学兽医学院寄生虫学教研组主任，熊大仕教授的学生。

蒋金书（1935~），中国农业大学教授，1987~1996担任北京农业大学兽医学院院长，熊大仕教授的助教。

刘群（1963~），中国农业大学教授，现任中国农业大学动物医学院寄生虫学教研组主任，孔繁瑶教授的学生。

曾 勉

曾勉（1901～1988），浙江瑞安人。园艺教育学家、园艺学家、柑橘专家。1925年毕业于东南大学（国立中央大学前身）园艺系。1928～1934年留学法国，获博士学位。归国后历任中央大学、云南大学、南京大学、山东大学教授。1953年任华东农业科学研究所研究员，兼任中国科学院南京中山植物园研究员。1960年起任中国农业科学院柑桔研究所首任所长，是中国柑橘学科奠基人之一。曾勉非常重视园艺植物资源的调查、整理、保存和利用的研究。20世纪30年代归国后，充分利用学校寒暑假，进行野外调查与采集，足迹遍及苏、浙、闽、鲁、甘、滇、粤、桂、川、渝等地，先后调查柑橘、杨梅、橄榄、猕猴桃、中国樱桃、银杏、梅、榧、苹果、梨、桃、柿、枣、葡萄、枇杷、石榴、黄皮等多种果树和其他园艺植物，为研究这些植物的分类和利用做出了重要贡献。他对柑橘分类的研究造诣尤深，1960年提出《对中国柑橘分类的认识、体会和整理的意见》，引起学者广泛重视，为深入研究柑橘分类问题起到了重要的指导作用。他非常关心重视生产发展，50年代主持完成黄河故道地区水果生产的可行性考察；60年代提出建立长江柑橘带的建议，为建立大规模水果生产基地提供了科学依据。柑桔研究所建立期间，领导筹建国家柑橘种质圃（后称国家果树种质重庆柑橘圃），使中国成为世界保存柑橘种质资源最多的三个国家之一。30年代至50年代初，他创办与主编了多种园艺学术刊物。

一、艰辛而坚毅的人生

1901年5月23日，曾勉，号勉之，出生于浙江瑞安飞云江畔一个近二十户农家的小村庄——下湾。出生后数月，父亲病逝，家道中落。兄弟三人，居其三。家庭生活艰难，长兄过继曾姓世家，兄弟二人依靠母亲勤俭持家和亲友接济度日，抚养成人。曾勉自幼遵守家训"克勤克俭，唯耕唯读"，爱好劳动，刻苦读书，成绩优异，深得师长赞赏，同学钦羡。1925年毕业于东南大学（国立中央大学前身）园艺系，毕业后应聘中学教师两年，1927年回母校中央大学园艺系任助教。1928年赴法国留学，先后在里昂大学、蒙彼利埃（Montpellier）大学和阿里斯（Alis）农业部农业研究所学习和从事研究，获博士学位。1934年回国，历任中央大学、云南大学、南京大学、山东大学教授，讲授普通园艺学、苗圃学、果树园艺学、果树分类学、果树生理学、观赏树木学、蔬菜园艺学等课程。曾勉教书认真，联系实际，深受师生欢迎。

他37岁时，妻子因病去世；39岁时，恶性疟疾又夺去他唯一爱女年幼的生命。噩耗频传，悲痛至极。由于战乱交通不畅，加之教务在身，他身居重庆，两次均未能回乡奔丧。他的两个儿子极少与父母生活在一起，寄养在亲友和同乡同事家。妻子亡故后，有亲友同事劝他另组家庭，但他终生未续弦，一生精力倾注于教学和研究事业上。

曾勉富有正义感，抗战初期，中央大学迁重庆，有学生提出"出川抗敌"，曾勉出席欢送会，并讲话鼓励。1948年一位中央大学进步学生（地下党员）从事学生运动被国民党当局拘留，曾勉与另一位教授出面将其保释。他平时生活简朴，乐于助人，他的工资收入大部分用于购买图书和资料报刊，碰到有困难的学生和职工，他乐于伸手资助。他从法国回国在中央大学任职不久，鼓励留校任教的几位年轻教师出国留学，并用自己的薪金资助他们。几十年后，这几位已是知名教授的同行对他的关怀还铭记在心。

新中国成立之初，大学院系调整，从20世纪50年代初起曾勉就专心致力于科学研究工作，1953年任华东农业科学研究所研究员（后改称中国农业科学院江苏分院），兼任中国科学院南京中山植物园研究员；1960年起任中国农业科学院柑桔研究所所长、名誉所长。他长期从事中国园艺植物调查整理和分类研究，特别是对柑橘分类的研究造诣尤深，对柑橘分类提出了独到的见解，是我国柑橘学科的奠基人之一。曾勉对发展中国果树生产，建立商品基地，创建全国柑橘科研机构等方面做出了重要贡献。

1935年、1941年、1951年曾勉分别创办并主编了《园艺》、《中国园艺专刊》（英文）和《园艺新报》等期刊。任《中国果树志》总编辑委员会顾问。被选为南京第一、二、三届人民代表大会代表和人民政府委员，第三届全国人民代表大会代表，中国人民政治协商会议第五、六届全国委员会委员；曾任南京市园艺学会理事长，四川省园艺学会理事长，中国园艺学会副理事长，中国农业科学院第一届学术委员会委员，农业部第一届科学技术委员会委员。

1988年1月1日病逝于重庆，享年87岁。

二、深入实际，调查整理中国园艺植物资源

中国植物资源极为丰富，历史上关于植物的著作亦丰，但只是限于"本草记述"的状况，没有全面系统地加以调查整理，尚未达到现代植物分类的要求。18 世纪中叶以后，欧美植物学家陆续来华采集、整理。威尔逊（E. H. Wilson）先后四次来华，历时 10 年在中国湖北、四川一带野外调查和采集，深感中国植物资源之丰富，专著《中国·园林之母》，记载了调查所见的丰富植物资源。曾勉深感中国园林植物之丰富，及其经济价值之重要，理应自行整理，岂可假手外人？！1934 年法国留学归来，即立志深入农村，调查整理。但在当时条件下，到野外调查采集，困难重重，诸如经费不足、交通不便、有些地方语言不通等都有待逐一克服，方可成行。曾勉主要利用大学寒暑休假期间进行，大部分是自己出资。抗战期间中央大学内迁重庆，一次他到合川调查时，中途遇匪，财物被劫一空，土匪好奇连他的眼镜也被抢去。当时他无力再行远途调查，只好在交通方便的附近农村调查蔬菜资源。有时进行野外采集时天色已晚，来不及赶回场镇投宿，只好借住附近山寺古刹。一次夜深找到古庙叩门求宿，僧人误认为是坏人不敢开门，他只好在庙宇屋檐下过夜。当时野外调查的艰苦情况，可想而知。从 1934 年回国以后，曾勉克服重重困难坚持深入野外开展园林资源调查、采集与整理，遍及苏、浙、闽、鲁、甘、滇、粤、桂、川、渝等地，先后调查过柑橘、杨梅、橄榄、猕猴桃、中国樱桃、银杏、梅、榧、苹果、梨、桃、柿、枣、葡萄、枇杷、石榴、黄皮等果树资源。此外，对十字花科蔬菜（白菜、芥菜）以及梅花、黄麻等多种观赏植物、经济作物也进行了调查研究。调查区域之广，涉及种类之多，研究内容之深，在当时可谓首屈一指。

曾勉对园林植物资源的调查整理，弄清一些地区的资源状况、分类地位及品种类群，为遗传资源的保存和开发利用做出了重要贡献，深受国内外学者的重视。《福州之黄皮》一文被美国施文格在 1943 年《柑橘及其近缘属植物》中详为引用。银杏 *Ginkgo biloba* Linn. 是裸子植物银杏纲银杏科中唯一存活下来的古老树种，为单种属，仅存中国，有活化石之称。1934 年，曾勉在浙江诸暨开展广泛调查，将银杏分为三个变种，即梅核银杏、佛手银杏和马铃银杏。至今，这一分类仍得到中国园艺学界公认，《中国温带果树分类学》、《中国果树分类学》、《中国果树栽培学》和《中国农业百科全书·果树卷》全部采用这一分类系统。梅为中国原产，可分为果梅和花梅两大类。1936 年，曾勉对主产地之一的浙江塘栖进行了详细调查，依据果实色泽将梅的品种简明准确地区别为白梅类、青梅类、花梅类等三大品种群，为《中国

果树分类学》、《中国温带果树分类学》和《中国果树栽培学》等专著采用。我国园林学家、花卉专家陈俊愉教授指出，现代中国传统名花的系统研究，系由曾勉于1941年从梅花品种研究开始的。

曾勉在野外调查、采集时还注意优变单株的选择。1936年发表的《福建漳州之柚》，记载了在坪山柚中发掘的无核坪山柚，并命名为"华秀柚"，以表示对中国最早用现代植物分类方法调查广州柑橘资源的岭南大学教授郭华秀的敬意。

1954年曾勉兼任中国科学院南京中山植物园研究员，第二年起在他领导下，经过几年的时间，全面调查了太湖洞庭山当地的自然环境、果树种类和品种构成，栽培历史、栽培要点及存在问题，以及有关果树生产的社会经济状况和今后发展的具体意见。1960年上海科学技术出版社出版了《太湖洞庭山的果树》。该书可称地方性果树资源最为全面的著作之一，对太湖地区果树发展起到了重要的促进作用，也为编写地方果树志提供了有价值的范本。

猕猴桃（别名藤梨）属植物，多数种原产中国，已有1200多年栽培历史，其栽培仅供观赏，或采果供药用。其中，中华猕猴桃 *Actinidia chinensis* Planch. 为主要种，维生素C含量比一般果品高数倍至数十倍。新西兰1906年从中国引入猕猴桃种子，1910年开始结果，从中获得几个优良株系。经过繁殖、栽培，1958年获得5个优良品种，订定品种名称，其中，海沃德（Hayward）最为著名，1979年已有规模栽培，开始大量出口，基本控制了国际市场。1954年6月，曾勉受聘兼任中国科学院南京中山植物园研究员，甫一上任，即着手猕猴桃研究，1958年完成著述《藤梨的生物学特性》。这在园艺学家吴耕民先生的专著《中国温带果树分类学》中有记述："在我国最早行人工栽培进行研究的为中国科学院南京中山植物园，即该园于1955年试行栽培，并研究其生物学特性。惜不久因故中断……"从中看出，中国对野生猕猴桃的驯化栽培研究，与新西兰相比，并不算迟，只是后来落伍了。

三、重视生产实际，关心生产发展

曾勉非常重视生产实际，主要体现在重视总结群众经验和关心解决生产的关键技术问题。曾勉经常深入田间地头、农舍，与老农促膝长谈，注意总结收集农家经验。在他1951年创办的《园艺新报》上，连续撰写、发表《农家经验集刊》八辑，广为宣传、推广，收到良好的效果。在南京、山东执教时，他经常深入农村，了解生产上存在的问题，作为开题研究的依据，同时指导农民解决生产上的难题。调查江苏泰兴银杏生产情况，他发现银杏授粉不良，影响产量，便提出合理配置雄株，以提高产量的办法，深受当地群众的欢迎。他经常到郊区果园，指导农民修剪果树。曾勉长期养成一个习惯，乐于住在试验地和果园旁，不论是在南京东南大学校园，还是在法国留学，不论是在重庆中央大学期间，还是在峨眉山创办果树苗圃，他亲近自然，躬行实践。

抗战胜利后，中央大学迁回南京，学校的太平园艺场败损严重，房舍破旧，场地荒芜，几乎无法利用。为重建试验基地，从筹措资金到设计施工，从前往各地收集良种接穗、砧木种子到播种移栽，曾勉都自己动手，短短一年时间，使园艺场恢复建成为理想的教学试验园地。20世纪50年代中期他到广东潮汕地区调查柑橘栽培，看到黄龙病对柑橘生产危害严重，当时人们对该病病原的认识还不一致，他在调查后就所见所闻，十分认真地向农业部提出书面报告，认为黄龙病是一种病毒病，并提出防治建议。

1958年农业部为了开发黄河故道，建设以葡萄、梨、苹果为主的果树生产基地，组织了多学科专家组成的考察团，由曾勉任团长。考察团从郑州到徐州，沿途调查了故道自然环境、现有栽培果树的生产表现等。考察后农业部在徐州召开了河南、安徽、山东和江苏四省农业厅厅长会议，听取考察团的汇报。经过讨论后认为，在黄河故道地区发展果树生产是可行的，从而制订了黄河故道地区发展果树的总体规划，并向国务院提出报告。经过多年的建设和综合治理，故道面貌焕然一新，昔日的沙荒变成了大片果园，到1981年黄河故道果树面积已达20万公顷，产量45万吨，成为中国北方重要的水果产区。

曾勉根据多年长期调查、研究认为，北有四省黄河故道商业果品基地，南有长江上中游可供发展柑橘商品基地。长江上中游从四川宜宾到湖北宜昌，曾勉称之为长江"两宜线"，认为是理想的柑橘商品基地之一。这个地区的特点，冬季很少出现零下低温，气温都在柑橘生产安全的"三五"线（年平均气温在15℃以上，1~2月冬季平均气温在5℃以上，极端低温不低于-5℃）内，不受台风的影响；基本上无柑橘检疫性病害（柑橘黄龙病和溃疡病）的为害；柠檬、柚、甜橙、柑、橘、金柑等都能很好生长；一江春水向东流便于灌溉和运输。曾勉经常向农业部领导及地方农业部门汇报表达这种看法和见解，得到有关部门的支持。20世纪80年代农业部果树专家顾问组、中国园艺学会多次来此考察。已于2003年启动实施的《全国优势农产品区域布局规划》，涉及16种农产品，柑橘是其中之一。在柑橘的五个优势区域中，就有长江中上游优势区，该优势区包括湖北秭归以西、四川宜宾以东，以重庆三峡库区为核心的长江中上游沿江区域，主要包括38个重点县，着力发展鲜食加工兼用柑橘、橙汁原料柑橘和早、晚熟柑橘。宜昌则属鄂西—湘西优势区，主要包括 24 个重点县，着力发展早熟、极早熟宽皮柑橘，宜昌是该区的重点主产区。目前，长江"两宜线"的宜昌温州蜜柑，兴山伏令夏橙，重庆长寿伏令夏橙，秭归脐橙，奉节脐橙，四川、重庆良种柚，宜宾、江津锦橙等柑橘生产基地已经具有相当规模。曾勉数十年前的预见变成了现实。

四、对中国柑橘古文献研究的贡献

中国柑橘栽培历史悠久，在长期柑橘生产发展过程中积累了丰富的经验，有丰富的文献资料可供发掘和利用。曾勉非常重视对这些文献的收集、研究和分析。1960 年叶静渊主编的《中国农学遗产选集·柑橘》，是在曾勉的指导下完成的，编者特在该书的扉页上标明"曾勉先生指导"的字样，并在全书导言中专门提出："本专辑整理过程中，承曾勉老师在百忙中抽暇指导，鉴定资料……"该书是当前中国最全面、最系统的古代柑橘文献的汇编和整理，广为目前研究柑橘学者所引用。但是，古代文献中列举的柑橘种类、品种，同名异物、同物异名的现象极为普遍。曾勉认为引用和研究古代文献，首先要做"正名"工作，"名正才能言顺"。

枳是自古以来重要的药材，称"枳壳"或"枳实"，历代文献的记载不太一致。《周礼》："橘逾淮而北为枳"，说明枳是一种耐寒的橘类。《图经本草》苏颂等（1061）："枳实生河内川泽，枳壳生商州川谷"，好像是两种植物或一种植物不同地理生态型。但是北宋寇宗奭（1116）《本草衍义》又说："枳实、枳壳一物也。"随后曾勉根据《重修政和经史证类备用本草》（张存惠，1204），所附两幅图，证明：汝州枳壳为三小叶组成的复叶，果面多毛，是现在我们所指的枳 *Poncirus trifoliata* 无疑；而成州枳实的图叶片为单生，应是柑橘属中的某一个种的植物，或是香橙 *Citrus junos* 或是香圆 *C. wilsonii*，具体的种尚有待进一步研究明确。同时曾勉认为，我们现在把 *Poncirus* 中文名称为枳属是恰当的，本属为单一种称"枳"，而李时珍在《本草纲目》中称"枸橘"，可作为本种的别名。

广东"化州橘红"是著名的药材，畅销国内及东南亚各地，主要是止咳化痰的中药。名曰"橘红"，常常被误认为红橘之类制成。是何种柑橘，向来不明确。1846 年清·王端履在《重论文斋笔录》中曾提出疑问："明明柚也，而混呼之曰橘，且饰其皮曰红。何也？"但是古代称"柚"多数情况指的是香橙 *C. junos*。为弄清"化州橘红"的真正植物学地位，1955 年曾勉特往广东化州调查，终于弄清楚化州橘红既不是橘，也不是香橙，确实是柚 *C. grandis*。从这里可以看出曾勉治学态度的严谨与认真。

曾勉认为"柑橘"两字自古以来分别使用指的是"柑"和"橘"两种植物，而联合使用则是指凡结"柑果"（hesperidium）的各属植物，即柑橘一词也是结"柑果"一类植物的总称。现代植物分类的概念，citrus（柑橘），即指柑橘属植物，也可指凡是结柑果植物的总称（collective name），可见我国古人用词的科学性。当然其间用词也有些变化，开始用"橘柚"，公元前3世纪《禹贡》"厥包橘柚锡贡"；公元3世纪，张华撰《博物志》："橘柚类甚多，甘、橙、枳皆是。"宋以后出现"柑橘"一词，北宋庞元英《文昌杂录》（1085）"南方柑橘虽多，然亦畏霜"；到韩彦直《橘录》（1178）干脆用"橘"统称柑橘类植物，该书所列的柑橘类果树包括现代的三属柑橘植物。曾勉同时指出，我国古代对"柑果"的形态描述也很科学，明卢之颐《本草乘雅半偈》（1643）"先人云，橘柚通呼……类有橙、柑、圂、枳之异……实有圆扁、长锐、大小、光累之殊。大都色相深绿，凌冬不凋则一也。实皮布窍，色深于皮，皮里有膜，囊上有脉，囊中裹瓣，瓣内裹汁，以养核也"，可见言简意赅。

曾勉对中国古籍中关于柑橘分类、栽培风土、田间管理、果品贮藏加工等都有深刻的研究和分析，其见解散见于他的著述中，如《中国果树栽培学》、《柑橘属分类概况》、《柑橘名称》，以及有关柑橘专题研究的论述中。

五、对柑橘分类研究的贡献

柑橘植物由于原始野生类型多已泯灭；许多物种多为窄布种，在原产地以外其他地区很难发现；容易杂交或芽条变异产生新类型，因此，给柑橘分类研究带来很大的困难，从林奈（1753）以来200多年间争论很多，分歧很大。柑橘为芸香科（Rutaceae），柑橘亚科（Aurantioideae）中果实为"柑果"的一组植物。这组植物共6属，称真正柑橘组（true citrus fruit trees）。曾勉把这6属植物分为两大系统。一是澳大利亚系统，共3属，无经济价值，不作果树栽培；一是中国系统，供果树栽培或砧木利用，共3属，即枳属（Poncirus）、金柑属（Fortunella）和柑橘属（Citrus）。学术上争论最多、分歧最大的是柑橘属植物。20世纪40~50年代，形成了两大分类学派，一是美国施文格（W. T. Swingle）于1943年完成，他承认柑橘属共16种；另一是日本田中长三郎于1954年完成，当时承认柑橘属为145种，到了1966年增加到159种。一般称前者为大种学派，后者为小种学派，两者承认的种数差异近10倍之多。此外，两者在属—种的区间划分也不尽相同。施文格以叶片翼叶的大小、果实苦油点性状为依据，把柑橘属分为两亚属；田中以花序花之有无，将柑橘属分为两亚属，亚属之下又分集团、区、亚区、组、亚组。两大柑橘分类系统的矛盾和分歧，在于对种的界定和划分，特别表现在对宽皮柑橘的处理，施文格把宽皮柑橘订定一个种 *Citrus reticulata* 以概括之；田中则区分为 37 个种。

  曾勉根据长期对芸香科植物的研究，特别是对中国柑橘资源的调查和整理，1960 年在《中国果树》第 2 期上发表《对柑橘分类的认识体会和整理的意见》，把旧柑橘属划分为 5 个属。曾勉认为，属的分类应该正确反映客观事物的存在和发展的现象，把有亲缘关系的各个种结合起来，明显地表现出一个自然群；同一属的植物除了形态结构上有若干共同点外，对其外界环境条件的要求也有一定的共同性。据此，他建议将旧柑橘属分为 5 个属：大翼橙属（*Papeda*）、枸橼属（*Citrus*）、柚属（*Cephalocitrus*）、橙属（*Aurantium*）和柑橘属（*Sinocitrus*），其中，柑橘属分为 4 个亚属，即香橙亚属（Osmocitrus）、柑亚属（Macroacrumen）、橘亚属（Microacrumen）和金橘亚属（Pseudofortunella）。柑亚属包括 5 个种，即黄柑 *S. verrucosa* Hort.、瓯柑 *S. suavissima* (Tanaka) Tseng、温州蜜柑 *S. unshiu* (Marc.) Tseng、广西沙柑 *S. nobilis* (Lour.) Tseng 和蕉柑 *S. tankan* (Hayata) Tseng。橘亚属，主要根据果实形态及地理分布，分为 9 个种，即土橘 *S. chuana* Hort.、黄橘 *S. haniana* Hort.、乳橘 *S. kinokuni* (Tanaka) Tseng、汕头蜜橘 *S. poonensis* (Tanaka) Tseng、四会橘 *S. suhuiensis* (Tanaka) Tseng、茶枝柑 *S. chachiensis* Hort.、红橘 *S. tangerina* (Tanaka) Tseng、朱橘 *S. erythrosa* (Tanaka) Tseng 和丹橘 *S. flammea* Tseng。

  曾勉柑橘分类意见发表后，引起同行专家的重视。植物分类学家俞德浚在《中国果树分类学》一书中详加介绍，其他同行专家在有关专著中也有介绍和应用。

  为了进一步科学地整理柑橘分类系统，曾勉提出以野生种为依据，研究其地理分布特点和形态演化规律并加强研究。从 20 世纪 60 年代以来，各地普遍加强野生柑橘资源的调查。1961~1965 年，在他领导下，一组科技人员深入川、鄂、桂、粤等地山区，开展野外调查和采集，首次发掘、整理一批宽皮柑橘和檬檬的野生类型，为进一步研究柑橘分类奠定了重要基础。

六、创建柑桔研究所的贡献

  早在 20 世纪 30 年代，曾勉就极力提倡设立专门学科深入研究柑橘，他创办的《园艺》1936 年第 3 期，辟为柑橘专号，在《本专号之旨趣》中他写到："柑橘，春开白花，秋结朱实，富营养而耐贮藏，色香风味，无一不美，众果匿迹，灿然独存；

且栽培之早，分布之广，种类之繁，价值之高，在吾国果品中，恐无出其右者。"并谈到："柑橘原为果树之一，只以晚近学者，对于本类之研究，极其踊跃，已另辟一专门学问，而名之曰柑橘学……分门专攻，蔚然称盛。"曾勉一直认为，柑橘是世界重要的果树，欧美日都设有专门的机构深入研究，故此柑橘业发展迅速，进步很快。而中国是柑橘的重要原产中心，更应倍加重视，迎头赶上。为此，曾勉在《旨趣》中直抒胸臆："中国人须研究中国之产物，庶不失吾民族之地位，斯语也，余常以自勉，并常以勉人。专号目的，亦即在此，愿吾园艺同志，其共勉之！"拳拳爱国之心，殷殷报国之志，跃然纸上。此时，曾勉刚留学回国不久，时年35岁。但是，在新中国成立前，这种美好的愿望很难实现。柑橘研究只能靠个别学者，分散进行。

1957年3月，中国农业科学院成立，次年3月中国农业科学院果树研究所在辽宁兴城成立。随即酝酿成立柑桔研究所，并初步确定柑桔研究所设在四川省。曾勉奉命到四川考察确定具体地址。经过在成都、龙泉山、江津、巴县、重庆等地调查，曾勉建议在重庆市寻求合适地点建所。1960年10月中国农业科学院柑桔研究所在重庆北碚成立，曾勉奉令从命，只身一人，从南京中国农业科学院江苏分院赶赴重庆，担起重任，任柑桔研究所首任所长。

柑桔研究所的成立适逢国家经济困难时期，工作和生活条件极为艰苦，曾勉深感责任重大，他和同志们一起边建所边开展研究。他给家人的信中说："期以五年，当成为国内很好的柑橘研究中心"，"每夜工作到两三点才就寝……能给党和人民做点工作，是我最大的荣耀"。

曾勉极为重视研究队伍的建设，除从有关科研单位调进研究人员外，在新毕业的学生中除农科学生外，还注意调进综合性大学理科学生，加强柑橘"三生"（生物学、生态学和生理学）研究。为了使理科学生更快了解柑橘的特点，首先安排他们到西南农学院，旁听果树栽培学的课程，同时组织科研人员到农村去，了解生产的实际情况，总结农民生产经验。建所初期，所内试验基地尚未建设起来，曾勉便组织他们到国营农场和人民公社长期驻点，开展试验研究。

新调来研究所的人员，他都一一面谈，注意了解每个研究人员的兴趣、爱好和特长，重视他们的业务能力和工作态度。对他们提出的问题总是耐心听取，详为解答，或帮助查阅参考文献，使年轻科技人员很快成长，从而培养了一支较好的科研队伍。

柑桔研究所从1960年在重庆北碚缙云山挂牌成立之后，具体所址尚未确定。1960～1963年，仍在不断寻找所址，其间经过三次搬迁，曾勉都亲赴现场考察，最后于1963年所址确定在重庆北碚歇马场，原西南农业科学研究所旧址，他就着手在

2000余亩土地上，做好试验农场的规划，设置育苗基地、原始材料圃、主要柑橘种类的栽培试验区和丰产示范区。柑橘原始材料圃后来发展成为"国家果树种质重庆柑橘圃"，保存芸香科、柑橘亚科植物种质1000余份，中国成为世界保存柑橘种质资源数量最多的国家之一。同时，他指导科技人员开展柑橘杂交育种和人工引变育种，长期坚持，育成了一些有希望的柑橘优良品种。目前，研究所在科技力量、试验手段、基础设施等方面已具有较大规模，所取得的这些成绩也凝聚了他的不少心血。

中国柑橘栽培区域辽阔，情况复杂，全国有20个省、自治区、直辖市处于亚热带或热带地区，都有柑橘分布，其中主产柑橘有13个省（区、市）。面向全国的柑桔研究所设在重庆，既有许多有利的条件，也有一定的局限性。在建所工作告一段落后，曾勉即到华南考察，谋求在红壤丘陵地区建立一个试验站，以便开展多方面的柑橘科学研究工作。1962~1963年他在广西调查考察，看到桂北一带红壤缓坡发展柑橘生产有潜力，特别是桂林以北地区当时未受黄龙病危害，发展前景可观，他即向广西壮族自治区领导提出加强桂北柑橘生产发展和建立柑橘试验站的建议，得到中国农业科学院和广西壮族自治区领导的支持。1964年广西农业厅邀请他到桂林，由自治区和桂林市城市规划局等有关领导共同考察研究确定建立研究机构的地点。1965年，广西柑桔研究所在桂林成立。他提出的中国农业科学院柑桔研究所拟建的试验站设在广西柑桔研究所，统一领导、统一计划开展工作的意见得到广西有关部门和中国农业科学院领导的支持，广西方面还拟请曾勉兼任广西柑桔研究所所长。

1965年4月，为了继续调查广西野生柑橘资源和协助广西柑桔研究所建所工作，曾勉前往广西。当时交通不便，一般是从重庆乘船到武汉，再由武汉乘火车南下广西。曾勉乘船到宜昌时，提出先到宜昌调查宜昌橙等野生资源，不意在宜昌脚部跌伤住院，院方劝其返渝治病休养，他仍坚持前往广西工作。在宜昌住院一个月，尚未痊愈，他拄着拐杖到广西去，继续开展野外调查和广西建所工作。令人遗憾的是，受"文化大革命"的冲击，中国农业科学院柑桔研究所在广西建立试验站一事被迫中止。

七、曾勉主要论著

曾勉之. 1935. 浙江诸暨之榧. 园艺，1（1）：11-17.
曾勉之，舒醉香. 1935. 南京玄武湖之樱桃. 园艺，1（2）：43-54.
曾勉之. 1935. 浙江沿海各县之杨梅（上）. 园艺，1（3）：76-84.

曾勉之. 1935. 浙江沿海各县之杨梅（下）. 园艺, 1（4）：115-128.

曾勉之. 1935. 浙江诸暨之银杏. 园艺, 1（5）：157-165.

曾勉之. 1935. 中国杨梅品种分类. 农报, 2（2）：47-49.

曾勉之. 1936. 安徽怀远的石榴. 园艺, 2（2）：313-322.

曾勉之. 1936. 福建漳州之柚. 园艺, 2（3）：445-453.

曾勉之. 1936. 福橘与漳橘. 园艺, 2（3）：457-459.

曾勉之. 1936. 福建闽侯莆田之橄榄. 园艺, 2（5）：534-544.

曾勉之. 1936. 福州之黄皮. 园艺, 2（6）：595.

曾勉之. 1936. 杭州塘栖之梅. 园艺, 2（11）：909-918.

曾勉之. 1937. 苏州洞庭与杭州塘栖之枇杷. 园艺, 3（6）：406-427.

曾勉之. 1937. 梨属与苹果属. 园艺, 3（7）：473-476.

曾勉. 1941. 中国的国花——梅花. 中国园艺专刊（英文），（1）.

曾勉, 李曙轩. 1942. 中国栽培芸薹属之初步研究. 中国园艺专刊（英文），（2）：1-32.

曾勉, 李曙轩. 1943. 中国黄麻植物的栽培与分类（附黄麻属一个新栽培种的专门资料）. 中国园艺专刊（英文），（3）.

曾勉之, 李曙轩. 1951. 柑橘新砧木宜昌橙的嫁接试验. 园艺新报, 1（2）：3-5.

曾勉. 1953. 中国植物科属检索表（芸香科部分）. 植物分类学报, 2（3）：299-302.

曾勉. 1960. 对柑橘分类的认识体会和整理的意见. 中国果树，（2）：31-37.

主要参考文献

曾勉之. 1936. 福建漳州之柚. 园艺, 2（3）：445-453.

曾勉. 1960. 对柑橘分类的认识体会和整理的意见. 中国果树，（2）：31-37.

俞德浚. 1979. 中国果树分类学. 北京：农业出版社：279-304.

中华人民共和国农业部编. 1995. 农业部科学技术委员会委员名录. 北京：农业部科学技术委员会.

赵学源, 章瑾. 1995. 曾勉//中国科学技术协会编. 中国科学技术专家传略·农学编·园艺卷 1. 北京：中国科学技术出版社：66-79.

撰写者

叶荫民（1929～），中国农业科学院柑桔研究所研究员。曾任柑桔研究所所长，农业部科学技术委员会委员，中国园艺学会副理事长，中国柑桔学会副理事长、名誉理事长。曾勉先生的同事和助手。

章瑾（1944～），中国农业科学院柑桔研究所《中国柑橘》、《中国南方果树》、《中国果业信息》编辑。曾勉先生的同事。

程绍迥

程绍迥（1901~1993），四川黔江（现重庆市黔江区）人。兽医学家，中国兽医生物药品研究与制造的主要创始人之一。1926年取得美国艾奥瓦州立农工学院兽医博士学位和畜牧学学士学位，1930年取得美国约翰·霍普金斯大学公共卫生学院免疫学科学博士学位。曾任中国农业科学院副院长和中国畜牧兽医学会理事长。他长期致力于畜牧兽医研究，在建立兽医生物药品制造机构，生物药品研究和生产方面做了大量开拓性工作。他撰写的《加速家畜传染病弱毒疫苗的研究和应用以发展我国弱毒疫苗学说》、《我国兽医弱毒疫苗的进展》等论文，系统总结了中国研制弱毒苗的经验，提出培育弱毒苗的要求和标准，对中国兽疫弱毒苗的研究和生产起着重要的指导作用。他创造性地提出"四严重一饱满"的利用强毒研制灭能苗的理论，指导着中国灭能苗的研制工作。他在中国率先创制了油剂灭能苗和牛瘟脏器苗、牛瘟弱毒冻干苗、兔化牛瘟弱毒苗等疫苗，并提出培育弱毒苗的要求和标准，为中国消灭牛瘟和兽疫的防治工作做出了重要贡献。他是第一个在我国兽医疫苗生产中使用油乳剂作佐剂的专家，为我国兽医灭能苗使用油乳剂开创了道路。他组织全国畜牧兽医技术力量，历经3年艰辛，在1955年于全国范围内消灭了牛瘟，为中国畜牧疫病防治书下浓重一笔。他的理论成果和学术思想对中国畜牧兽医学的发展有重要指导意义。

一、少立壮志 报效祖国

程绍迥1901年6月4日出生于一个书宦之家。父亲程昌祺是清末秀才，曾留学日本，加入同盟会，回国后，从事教育工作。母亲是一位勤劳的家庭妇女。他自幼随父受到良好教育，曾先后在重庆、成都等地读书。1906年，他全家迁至江津白沙——一个孕育了爱国诗人、重庆大学创始人之一吴芳吉、地方史学家邓少琴、国画家张采芹等著名人士的地方。

程绍迥的幼年正值西方帝国主义列强瓜分中国，清政府丧权辱国的动荡岁月。他受父亲影响，对国家的前途和命运深感忧虑，并立下誓言要用自己的学识为国家的强大贡献力量。近代的中国，贫困和落后笼罩在每个中国人身上。中国是个千年古国，同时也是农业古国，农业依然处在极端落后的水平，畜牧业更是如此。虽然拥有面积广阔的草原，数量巨大的牲畜，但是危害严重的各种疫病致使畜牧业在我国长期无法得到发展。目睹了大量"每当牛瘟流行，不知有多少土地被荒芜，多少农民被迫背井离乡，流落在外"的悲惨景象，程绍迥暗暗立下了攻读畜牧、兽医学，振兴民族畜牧业的伟大志愿。1911年，他考入北京清华学校，10年后怀着一颗"科学救国"的决心毅然赴美留学。带着在国内立下的志向，程绍迥进入艾奥瓦州立农工学院攻读畜牧兽医专业。在留学期间，他珍惜所有宝贵的学习时间，五年间完成了规定六年必读的全部课程。1926年取得了兽医博士学位和畜牧学学士学位，此后，他又进入美国约翰·霍普金斯大学公共卫生学院免疫学系，边学习边从事研究。三年后，他获得了该学院免疫学科博士学位，并很快在美国畜牧兽医学科研究领域崭露头角。

1930年，程绍迥顺利完成学业，回到阔别多年的祖国。当时，美国洛氏基金会有意聘请他留下工作，他毅然谢绝了，奔赴东北大学农学院，在艰苦动荡的环境中进行研究和教书。九一八事件后，东北政局混乱，他只得南下上海，接受国民政府的聘任，担任实业部上海商品检验局兽医技正。第二年，他就同蔡无忌等人共同创建了上海兽医专科学校。程绍迥既担任该校教授，又兼任上海复旦大学、中法大学药学专科学校的教授。面对国内畜牧兽医行业急需发展的现状，他不畏艰辛，于1932年建立了由我国兽医自行设计的上海商品检验局血清制造所并担任主任。两年后，他又担任了上海商品检验局和中央农业试验所合办的上海兽疫防治所主任。

二、数十年耕耘　为中国畜牧兽医事业倾注心血

程绍迥毕生致力于畜牧兽医研究，在建立兽医生物药品制造机构，生物药品研究和生产方面做了大量开拓性工作，是我国兽医生物药品制造创始人之一。在他的组织和指导下，全国各地陆续建立起一批兽医生物药品制造机构：成都四川家畜保育所血清制造室（1936）、南京实业部中央农业实验所抗猪瘟血清制造车间（1937）、四川秀山县抗牛瘟血清制造厂（1938）、中央农业实验所荣昌兽医生物药品制造室（1939）、南京农林部东南兽疫防治处兽医生物药品制造室（1947），以及建国后建立的云南保山口蹄疫疫苗制造厂（1958）、北京通县口蹄疫疫苗制造厂（1976）等。这些生物药品制造厂的建立，有力地推动了我国兽医生物药品制造事业的发展，培养出一批生产技术人才，为消灭牛瘟和防治其他兽疫提供了大量急需的生物药品。

程绍迥在担任新中国农业部畜牧兽医局局长期间，十分关心各省兽医生物药品厂制造机构的发展情况。在了解各省基本情况后，他提出了在全国有重点地发展几个有基础、有技术力量的生物药品厂的建议。在亲自调查了兰州兽医生物药品厂的情况后，他提出了三配套的建厂方案，即厂房建筑、仪器设备和制造方法三配套。根据这一方案，兰州兽医生物药品厂一改生产能力低下的局面，年生产生物药品能力迅速达到2亿多毫升，生产能力有了质的飞跃。与此同时，他敏锐地认识到要保证和提高兽医生物药品的质量，必须建立生物药品检验与检查制度。为此，在苏联兽医生物药品专家伊万诺夫的协助下，他积极联络，牵头成立了农业部中央兽医生物药品监察所。

在工作中，程绍迥始终秉持严谨的学风，讲究理论联系实际。认为应坚持结合生产实践提出问题，以期取得第一手资料，提高研究水平，如此，研究成果才能起作用。在这样理念的指引下，他取得了辉煌的学术成绩和丰硕的研究成果。

早在20世纪30年代，他就和助手一道研制成功了抗牛瘟血清和牛瘟脏器苗，对防治牛瘟起到了重要作用。后来又研制出鸡胚化牛瘟弱毒冻干苗、兔化牛瘟弱毒苗等疫苗，为动物疫病防治提供了有效途径。当了解到众多疫区因运输能力有限，大量疫苗和鲜苗无法及时运达，耽误了疫病防治时，他克服生产困难，成功地在疫区制成疫苗并迅速投入使用，有效地防止疫情扩散。在闲暇时，他倾注大量心血进行理论研究，系统地总结了我国研制弱毒苗的经验，提出培育弱毒苗的要求和标准。1960年发表了《加速家畜传染病弱毒疫苗的研究和应用以发展我国弱毒疫苗学说》、《我国兽医弱毒疫苗的进展》等论文，对我国兽疫弱毒苗的研究和生产起着重要的指导作用。他在另一些论文，如《控制马鼻疽病是当前迫切任务》、《马日本乙型脑炎和马霉玉米中毒的鉴别诊断》等文章中还提出了选育致病力强、毒价高、抗原性好的毒株和选择毒价高、产量大的制苗材料是基础；选择保护抗原性、灭能确实、比较快又无毒害的灭能剂和灭能方法为制苗关键；选择提高抗原在体内的免疫力和保护抗原时间长又无毒性的解剖为枢机等一系列研究家畜口蹄疫灭能苗的基本原则。这一基本原则指导着我国灭能苗的研制工作。

此后，他创造性地提出在选择强毒株时应采用选择流行最严重的地区、最严重的畜牧场、最严重的畜舍、最严重的病畜，选择含水汽液饱满的水泡的采毒方法来制苗，被学界称之为"四严重一饱满"。这一方法建立在研制灭能苗的基本原则上，是利用强毒研制灭能苗效果好的制苗理论。

十年"文化大革命"，受大环境影响，众多知识分子被下放，程绍迥也未能幸免。期间，他被下放到兰州兽医研究所，远离北京。但是，他没有任何怨言，一到兰州，就全身心投入科研工作，未顾及安家就来到研究室上班，废寝忘食，经常彻夜不归。为解决我国兽疫防治的难题，他在 20 世纪 70 年代初就开始大力倡导灭能苗的研制，并和课题组的同志在工作后自发加班加点，不分昼夜的连续工作，以争取早日攻克难题。他经常工作到凌晨才回家，路上还不忘思考实验细节，以至于常常走错了路，或是敲错了门。程绍迥的这种锲而不舍的忘我精神深深地激励着课题组的同仁，全组同志在他的带领下，攻克一个又一个难关，终于研制成功了灭能苗。

程绍迥从不计较工作条件的好坏和个人利益的得失。不论是在条件好的研究所内，还是在条件简陋的基层兽医站进行研究，他始终是身体力行，一丝不苟，刻苦钻研。北京海淀区的兽医站，条件简陋，一群工作人员挤在四平方米的无菌室里开始工作。闷热的夏季，别说实验，就是坐着不动，都是汗流浃背。但他带领助手克服重重困难，研究出了仔猪红痢病等多种高免牛乳清、血清等生物制剂。

程绍迥是第一个在我国兽医疫苗生产中使用油乳剂作佐剂的专家，为我国兽医灭能苗使用油乳剂开创了道路。

三、三十年如一日　防治牛瘟成效显著

程绍迥一生从事兽疫防治工作，对牛瘟等兽疫的防治做出了杰出贡献。在他的组织领导下，我国兽医科技工作者消灭了逞凶千百年的耕牛大敌——牛瘟，这是在我国第一个被消灭的家畜传染病。

程绍迥于 1926 年回国后，就积极准备向牛瘟开战，立志消灭这一顽疾。1932 年，他在上海创建了上海商品检验局血清制造所，着手研制牛瘟血清等生物制品。同年，上海附近爆发牛瘟。为此，他和兽医界的同仁亲自来到疫区，用研制的牛瘟血清进行防治。此后三年，他和同事连续奋战，终于在 1935 年将上海地区的牛瘟全部消灭，为华东地区的农民解除了心头大患。这次对抗牛瘟取得的胜利经验，为后来有效控制牛瘟打下了基础，也更加坚定了他将牛瘟从中华大地消灭的决心和信心。

1937 年，日本发动大规模侵华战争，抗战全面爆发，局势更加动荡不安。为了具体掌握我国牛瘟发病范围，控制牛瘟进一步爆发的趋势，他不顾安危，深入牛瘟横行的四川、贵州、湖北等地边远的山区和三省交界地，探查当地牛瘟肆虐原因，总结牛瘟发病和流行规律。他还在这一广大地区建立了牛瘟防治机构，培训当地的专家能手和技术能人以及有经验的农户作为兽疫防治机动队伍，以随时应对牛瘟复发。他首先在贵州筹建兽疫防治督导团，亲任团长，深入疫区，考察督导。他还在秀山、荣昌等地建立血清厂，生产各种药品，防治牛瘟。在不到一年的时间内，有

数千头牛接种了牛瘟预防血清和疫苗，有效地控制了这一地区牛瘟的流行。为了进一步掌握疫情，他常年驻守在老少边穷地区，翻山越岭，行走于农村水田中，足迹踏遍三省交界各疫区。在此期间，他制定了有针对性的防治措施，采取"宣传教育与预防注射积极配合"，"包围疫区，由外向里，步步紧缩"的方式，建立了严格的防疫报告制度和积极的防治方针，转变消极的治疗防治方式。

1940年，重庆国民政府成立了农林部，有意任命程绍迥为渔牧司司长。程绍迥不愿为官，多次婉拒政府邀请，在同事和亲友不断地劝说下，勉强上任。但他不摆官架，一视同仁，事必躬亲，经常深入农村和牧区，力求第一手资料。在四年的任职期间，他与蔡无忌共同创建了中央畜牧实验所——这也是中国第一个畜牧兽医研究机构。此外，他还在全国各地筹建了一批畜牧兽医机构，为我国畜牧兽医业的发展打下了坚实的基础。

1945年抗战结束后，程绍迥回到中央畜牧实验所任所长，主持牛瘟弱毒苗的研究工作，并很快研制出达到国际水平的鸡胚化牛瘟弱毒冻干苗；又研制出安全稳定的兔化牛瘟弱毒疫苗。1948年11月，程绍迥代表中国参加了联合国粮农组织在赞比亚首都内罗毕召开的防治牛瘟国际会议，在会上宣读了他的论文《兔化牛瘟病毒及其利用》和《中国的鸡胚化牛瘟疫苗》，受到与会代表的高度评价。在他的积极努力下，中央畜牧实验所在全国建立了十几个相应的研究机构。新中国成立前夕，他断然拒绝了南京国民政府将该所迁往大西南的命令，直到南京解放。

新中国成立后，程绍迥欣然接受人民政府的邀请，出任农业部畜牧兽医局第一任局长，继续投身于所钟爱的畜牧疫病防治工作。1950年，他与张仲葛、陈凌风、汤逸人、朱先煌、马闻天等筹组中国畜牧兽医学会，重新恢复了因战乱而停止的学会活动。他一生跑遍大江南北，战胜了牛瘟、口蹄疫、牛肺疫、马脑炎及形形色色的兽疫。1951年参加朝鲜战场反细菌调查团，并荣获卫生部二等奖。在1951年春召开的全国第一次牛瘟防治会议上，他根据其对牧区调查了解，明确提出，牧区牲畜流动量大，分布较为分散，牧场管理松散，农牧民文化素质不高，经济条件低下，目前在牧区并不适合采取封锁隔离、检疫消毒的措施。据此，他确定了对病牛用牛瘟弱毒苗普遍预防注射的防治方针，以加大防治范围。他在会上还提出，青藏高原将是我国消灭牛瘟的最后一块战场，青藏高原的牛瘟消灭了，全国的牛瘟基本就消灭了，这场战役的重要性不言而喻，为此，有关部门要尽早做好准备，打好这一仗。1952年冬天，国家召开第二次全国牛瘟防治会议，部署研究消灭青藏高原牛瘟问题。这次会议决定了对牦牛开展疫病防治，注射安全有效的弱毒疫苗，表达了国家消灭牛瘟的决心。大会一结束，程绍迥就迅速组织技术力量，奔赴青海，在青藏高原搭起帐篷，支起炉灶，长期扎根艰苦环境中，就是为了早日战胜病毒。功夫不负有心人，在程绍迥和兽医界同仁的共同努力下，绵羊化兔化牛瘟弱毒苗研制成功，并迅速投入量产。随后，他开展更大范围的消灭牛瘟运动，组织全国畜牧兽医技术力量，在疫区大面积注射牛瘟弱毒苗。历经三年艰辛，终于在1955年于全国范围内消灭了牛瘟，消除了农牧民的后患，为我国畜牧疫病防治书下浓重一笔。

1957年后，他先后担任中国农业科学院副院长、院学术委员会副主任委员；全国人民代表大会第二、三届人民代表；全国政协第五、六届全国委员会委员，政协第六届全国委员会农业工作组副组长；农业部科学技术委员会常务委员；国家科委畜牧专业组组员和抗菌素组组员。他还担任中国畜牧兽医学会第五、六届理事会理事长以及中国农学会第二届副理事长，中国微生物学会常务理事。作为九三学社社员，他历任九三学社北京分社常委委员、九三学社第七届中央常务委员、中央参议委员会常务委员。

为表彰程绍迥在中国消灭牛瘟工作中的卓越贡献和在兽医研究中的杰出成绩，1983年5月，美国约翰·霍普金斯大学推选他为该校荣誉学会"约翰·霍普金斯学者学会"会员，授予其荣誉证书和荣誉大奖章。1989年11月，中国畜牧兽医学会在北京为程绍迥等从事畜牧兽医工作60周年召开庆祝大会，高度赞扬他半个多世纪以来对畜牧兽医教育、研究和领导工作所做出的卓越贡献。翌年6月，美国艾奥瓦州立科技大学兽医学院授予他"斯坦奖"，表彰他在中国兽医工作中做出的突出成就。

四、悉心培养人才　桃李满天下

程绍迥十分注重人才的培育工作。在长期从事兽医生物药品研究、技术行政和教育工作中，他注意发挥每个人的特长，循循善诱，培养了几代畜牧兽医专业人才，为我国畜牧兽医注入了新鲜血液。

20世纪30年代的旧中国，畜牧兽医事业还处在起步阶段，很多领域还是空白，专业畜牧兽医人才奇缺。面对这样的困境，他深感中国要发展畜牧兽医事业，必须先大力培养人才。归国初期受聘于东北大学农学院教授时，他注意到学生英语程度低，无法看懂外文专著，专业知识不牢固，很是着急。为提高学生的英语阅读和写作水平，他几乎用去了每个夜晚。在批改作业时，他采取当着每个学生的面边改边讲解的方法，使学生理解深刻，英语水平得到明显提高。

后来，在任教于上海兽医专科学校、上海复旦大学、中法大学等院校期间，他摒弃旧式授课方式，引进先进教育模式，注重介绍本学科的新进展、新成就，拓宽学生的视野，扩大学生的知识面；同时，他在讲课时注意紧密联系中国的实际，因地制宜地分析，深入浅出地讲解。他的这种授课方式受到广大学生的欢迎，学生的学习热情空前高涨，学习效率也较以往有了突飞猛进的提高。

为了防治疫病，他举办了我国兽医史上首届兽疫防治训练班。在培训期间，他亲上讲堂，悉心传授知识，并常常亲自带领学员做实验。他强调学员要掌握实际操作技能，要求每个学员亲自动手操作。时至今日，半个多世纪过去了，当年曾参加学习的学员回忆这段历史时，无不称赞他要求严格、理论联系实际的作风。

程绍迥不但重视培养人员的技术水平，也重视培养人员的理论素质。他在大专院校给学生上课、传授经验的同时，在科学研究第一线手把手地进行教导。"文化大革命"结束后，百废待兴，兽疫防治领域有大量工作要做。他针对当时养猪生产中亟待解决的疫病防治问题开展研究工作，给年轻科技人员传授技能。为此，他在北京通县成立了灭能疫苗厂。为使年轻科技工作者尽快学到本领，他亲自给学生上课，培养学生掌握工作技能以担负疫苗生产的任务。通过这种方式，疫苗厂走出了一批兽医制苗技术人才，为京郊畜牧业的发展做出了巨大的贡献。

改革开放之初，程绍迥回到北京，参加了全国科学大会。他深刻地体会到人才缺乏的严重性，意识到当务之急是为国家加速培养人才，尤其是科研骨干力量。他受农业部的委托，于1980年、1981年连续两年在北京举办全国动物病毒分子生物学和分子免疫学讲习班，不失时机地为全国农业高等院校和兽医科研单位培养了一批年轻骨干力量。

五、关心家乡建设

尽管很早就离开故乡，程绍迥依然非常关心家乡的建设，非常热爱故土。1938年，他在黔江设置国营第一耕牛繁殖改良场，致力于提高当地耕牛质量。同年，他组织兽医工作队赴黔江、秀山、咸丰等牛瘟流行严重地区，历时5个月，控制了疫情。1986年4月，在接见黔江县委、县政府去京的同志时，程绍迥又提出了许多发展农牧业的意见，并组织九三学社农口成员支援黔江经济建设，还给县畜牧局赠送了105种共407册图书。

1993年7月29日7时40分，程绍迥在北京逝世，享年92岁。按照他的遗愿，其子程祖璇于1993年12月1日护送骨灰回家乡，安葬在青冈乡香树塆。应他生前的要求，他的儿子程祖琪下放到黔江挂职锻炼，任地区行署副专员。

六、程绍迥主要论著

程绍迥.1933.中国之牛瘟.上海兽疫防治所专刊,(1).

程绍迥.1933.中国之牛传染性胸膜肺炎.上海兽疫防治所专刊,(2).

程绍迥.1937.利用中国水牛制造有效之猪肺疫血清.中国畜牧兽医季刊,年会专辑.

程绍迥,何正礼.1942.牛传染性胸膜炎的一种皮内检验法.畜牧兽医汇报,(7).

程绍迥,何正礼.1943.牛传染性胸膜肺炎呼吸感染法.畜牧兽医汇报,(4).

程绍迥,吴赓荣.1945.撒伐散治疗牛传染性胸膜炎的效果.畜牧兽医汇报,(4).

程绍迥,费西曼,周泰冲.1949.中国的鸡胚化牛瘟疫苗.联合国粮农组织刊物,农业研究,(8):29-46.

程绍迥,费西曼.1949.兔化牛瘟病毒及其作疫苗用.联合国粮农组织刊物,农业研究,(8):47-65.

程绍迥.1960.加速家畜传染病弱毒疫苗的研究和应用以发展我国弱毒疫苗学说.中国农业科学,(2).

程绍迥.1961.我国兽医弱毒疫苗的进展.中国农业科学,(10).

程绍迥,潘哲.1962.控制马鼻疽病是当前迫切任务.新疆农业科学,(2).

程绍迥,潘哲.1962.马日本乙型脑炎和马霉玉米中毒的鉴别诊断.新疆农业科学,(2).

程绍迥.1978.《农业发展纲要》中的八大疫病在国外流行情况和防制措施.铁路兽医通讯,(2).

程绍迥.1978.谈谈中国兽医发展.中国兽医杂志,复刊号.

程绍迥,魏元福,胡耀川.1983.检测母猪血清抗仔猪红痢中和效价安排预防仔猪红痢工作的初步探讨.中国兽医杂志,(1).

程绍迥,胡耀川,魏元福.1983.抗仔猪红痢血清的试制及对新生仔猪保护剂量的测定.中国兽医杂志,(7).

主要参考文献

陈幼春.1990.庆祝程绍迥许振英张松荫同志从事畜牧兽医工作六十周年.畜牧兽医学报,(1):42.

陈凌风.1990.在庆祝程绍迥许振英张松荫教授从事畜牧兽医工作六十周年大会上的祝词.畜牧兽医学报,(1):63.

魏元福.1991.祝贺著名兽医学家程绍迥九十寿辰.中国兽医杂志,(7):52.

田增义.1993.笃实不渝 鞠躬尽瘁——深切缅怀兽医学家程绍迥同志.中国兽医科技,(10).

青宁生.2007.我国现代兽疫防控的开创者——程绍迥.微生物学报,(5):47.

撰写者

丁麟(1975~),现任中国农业科学院办公室宣传处副处长,农业信息管理博士。

涂 治

涂治（1901～1976），湖北黄陂人。农业科学家、植物病理学家、教育家。1955年当选为中国科学院学部委员（院士）。1916年，考取北平清华学校的半公费生。1924年毕业于清华学校并考取公费留学资格赴美国明尼苏达大学农学院和研究生院攻读植物病理学和作物育种学，1929年获博士学位。同年，回到祖国。历任中国人民解放军新疆军区八一农学院教授、院长，新疆农、林、牧科研所所长，中国科学院新疆分院第一副院长，新疆农业科学院院长等职。建国初期，先筹建了八一农学院（现新疆农业大学），后又筹建了新疆农林牧科研所（现新疆农业科学院）。建立了全疆80多个县的农业技术推广站。1954年担任总指挥，在玛纳斯河流域获得2万亩棉花大丰收，创全国植棉高产纪录，推翻了西方学者"北纬45°地区不能植棉"的论断，成功地将中国棉区向北推移。曾进行黄瓜抗白粉病无性杂交等研究，主持"新疆冬小麦抗锈育种研究"、"新疆冬小麦越冬保苗问题研究"等课题，组织新疆科研、教学、生产单位进行协作攻关，培育了一批抗病冬麦品种。与此同时，还主持了有几个省区参加的"探索适应我国社会主义大生产农牧结合和高度机械化水平的耕作制度"的国家课题。创办《新疆农业科学》月刊，翻译出版M.T.阿瓦耶夫著的《牧草田轮作制》等专著和数十万字的农业科技丛书。他是第一个把国外农林牧三结合的草田轮作制介绍到中国的农学家，并结合新疆实际积极推行。他主张在新疆搞单倍体育种，进行喷灌试验，推广水稻塑料薄膜育秧等先进技术。他在指导和发展新疆科学技术与农林牧生产建设方面做出重大贡献，是开创新疆现代化农业科技的先驱。

一、家世与求学

涂治，字策三，1901年8月20日生于湖北黄陂县（今武汉市黄陂区）东乡涂家湾一个书香门第之家。他自幼勤奋好学，刚满5岁时，家里就请来先生教他读书。1915年，涂治以优异成绩考取了北平清华学校的半公费生，离家赴校求学。在大学时期，涂治与周培源参加了清华学校测量班测绘成府村地图的工作，他们参与测绘的北京西郊成府村地图附在清华学校陈达教授《社会调查的尝试》一文中，于1924

年发表在《清华学报》第 1 卷第 2 期。它已成为研究清华学校早期学生参加科学活动的重要史料，对于了解周培源、涂治学生时期的学术活动很有意义；同时，这幅地图和"社会调查的尝试"一文也是研究成府村及京西村落社会变迁的重要学术文献。涂治 1924 年毕业于清华学校并考取公费留学资格，与同班同学周培源等赴美留学。他在明尼苏达大学农学院和研究生院攻读作物育种和植物病理学，五年中连续获得硕士、博士学位。他的一些老同学谈起他那时的学习生活，无不钦佩他刻苦钻研的精神，说他常常一连数月埋头在实验室工作不出门，每年的学绩总是名列第一。

1929 年，涂治怀着科学救国的理想回到祖国，先后在岭南大学、中山大学、武汉大学、河南大学、西北农学院等高等院校任教授、实验主任、教务长和院长，开始实践他漫长曲折的科学救国之路。

二、艰难曲折的科学救国之路

1929 年回国后，涂治受聘岭南大学农学院任教授并兼任院长，在广州岭南大学任教。在广州岭南大学任教期间，涂治专心致力于教学和科研，在《岭南学报》发表了"Notes on diseases of economic plants in South China"、《植物抗病育种》、《小麦杆锈病菌之生理限制》等深具影响的学术论文。1931 年，年仅 30 岁的留美博士涂治辞退了岭南大学的任教，应聘到开封河南大学农学院任教授兼院长。在他任院长期间以及前后一段时间，广延名师，开门办学，积极聘请有名气的专家教授来校任教和从事科学研究，农学院师资力量十分强大，名家云集，如李先闻、乐天宇、彭谦、邵德伟、许振英、王鸣岐等都学有所长。在研究工作上，除小麦由刘葆庆负责、大豆由王鸣岐负责、小米由孟及人负责外，整体上统由李先闻亲率督导。历经 3 年，成绩颇著，研究成果陆续发表于国内外学术杂志，蜚声国际。1935 年涂治、李先闻在美国 *Phytopathology* 杂志上发表了《华北粟抗黑穗病试验》报告。他倡导的接种病菌孢子于种子以筛选抗病力强的优良品种的抗病理论及育种技术，被公认为开改进抗病技术的先河。当时，农学院农场曾育成 22-14、22-11、4-1、12-13、18-17、18-18 等六个小麦新品系，经历年试验，其产量均多于标准种（开封 124）8%～22%，能直立不倒，具有较强的抗病性，附近农民争先恐后前来农学院兑换种子。其间所聘教授，一个个都大有作为。其中，小麦专家李先闻于 1932 年 2 月到校，担任植物生理学、遗传学、农学等课程。他的第一篇研究报告的内容是解析王陵南所作的南瓜与番南瓜杂交所得的五光十色、奇形怪状的果实。经李先闻以细胞遗传理论分析后，发表研究报告一篇，颇引起当时国际遗传学界的兴趣。学校为李先闻购买研究用的显微镜（leitz），买 Monroe 计算机，并建设一个风干室，支持他从事育种研究工作。彭谦主持的土壤肥料学研究，建有设备完善、规模宏伟、当时全国最大的土壤馆。他选取土样，采用地下排水、地表冲洗、化学改良等方法，对土壤作了详细的调查、研究，并测定了肥力及理化性质等，对河南东部盐碱土壤的改良贡献很大。邵德伟指导学生周恒作毛白杨种子繁殖试验，结果发现在绝对湿度5%左右、温度32℃以下的情况下，毛白杨种子发芽率最高可达16.4%，为河南解决了毛白杨的繁殖苗木问题。涂治在河南大学任教时，还与中共地方党组织成员乐天宇交往甚密，接受到马列主义新思想，开始积极主动为党工作，参加抗日宣传活动。

1934年，涂治应武汉大学之邀，回到家乡帮助筹建农学院，兼办湖北棉业试验场。其间，在《科学》（上海）上发表《田间试验之新法》学术论文。

九一八事变后，由于日寇不断入侵，眼看国事日非，人民处于水深火热之中，在民族存亡的危急关头，涂治科学救国的愿望破灭了。此时他看到中国共产党发表的《为抗日救国告全国同胞书》，深受教育和鼓舞。时任河南大学农学院教授兼院长的涂治便不辞而别，悄然离开内地，来到祖国大西北，在陕西武功农林专科学校（后改西北农学院，现为西北农林科技大学）任教授、教务长、农学系主任和实验场主任等职。他在这里有机会阅读到一些马列主义和毛泽东著作，又遇原在河南任教的同事、中共党员乐天宇在此地做党的工作，向他介绍了许多延安的见闻，对共产党有了进一步的了解，懂得了只有共产党才能领导人民求解放，只有社会主义才能救中国的真理，并决心献身于革命事业。

七七事变发生后，涂治积极组织学校师生参加抗日救亡运动；亲自进行演讲宣传；竭力支持中共地下党员李道暄等人的革命活动；自己解衣解囊资助和鼓励进步学生到延安投奔共产党。此时恰逢爱国主义者、救国会的负责人之一，新任新疆学院院长杜重远慕名前来邀聘他到新疆协助扩建新疆大学和筹建农学院。他看了杜重远写的《三渡天山》和《盛世才与新新疆》等宣传书籍，听了许多有关新疆"联苏联共"、"民主进步"的介绍，便对新疆产生了浓厚的兴趣和向往，1938年11月，涂治欣然接受时任新疆学院院长杜重远的邀请，于1939年4月抵达迪化（现乌鲁木齐），在新疆教学，为祖国边疆培养科技建设人才。他离开西北农学院那天，许多师生到武功车站送行，对他不避艰辛，追求进步的高尚行动，表示敬意。

涂治进疆后，担任过新疆高级农业学校教务长、新疆学院农科主任，并继中共党员林基路、郭慎先（郭春则）之后，任新疆学院教务长。涂治为人忠厚，性情温和，生活简朴，乐于助人，平时很少说话，工作埋头苦干，经常学习到深夜。他博学多才，外语很好，懂英、俄、德、法四国语言。苏联教师讲课，他亲自担任翻译。涂治在各族师生中享有很高的威信，甚至在市民中也传颂着"涂博士"的动人故事。

1942年，苏德战争吃紧。当德国法西斯军队进逼莫斯科，反动军阀盛世才抛弃了马列主义外衣，投降国民党，公开反苏反共的时候，涂治在新疆学院红楼小礼堂做时事报告，分析了当时的国际局势，指出德国法西斯必败，反法西斯力量必胜。对此，盛匪大为恼怒，诬蔑涂治是什么天山共和国宣传部长，在共产党策动下阴谋暴动，把他逮捕入狱。涂治在狱中受尽酷刑，手指被夹坏，肋骨被打断，老虎凳压坏了他的左腿，敌人还用橡皮棒敲击他的头部，强迫他赤足站在煤渣上，鲜血染红地面。涂治同志始终坚贞不屈，狱中的进步师生赞扬他是铁铮铮的硬汉子。

盛世才垮台后，涂治于1946年5月被释放出狱。涂治出狱后任建设厅农业顾问、新疆学院副院长。他与胡则寅同志密切合作，积极参加了反对国民党反动派的斗争。涂治还领导了地下进步组织"战斗社"，与他的学生战斗社负责人禹占林等，开展了革命宣传活动。从1946～1949年9月近四年的时间，涂治几乎每天夜间收录延安广播电台的广播，精心细致，一丝不苟。次日清晨他就把收录稿交给战斗社，在《战斗》周刊上登载，或印成传单散发到全疆各地，对当时新疆各族人民了解解放军的胜利消息，学习我党方针政策，宣传毛泽东思想，以及扰乱新疆国民党阵营，瓦解敌军士气，敦促敌军起义，和平解放新疆，起了良好的作用。

三、开创新疆农业科技与教育事业

1949年9月25日，新疆国民党军政首脑宣布起义，新疆解放了。中华人民共和国成立后，王震司令员会见涂治时，亲手把在西北战役中缴获国民党高级将领的大氅披在他身上。不久，他荣获西北野战军政治部颁发的"毛泽东奖章"和"人民功臣章"。新疆人民委员会成立，他被任命为人民委员会委员兼农林厅厅长。1950年1月，涂治光荣地加入了中国共产党。作为中国无产阶级先锋队的一名战士，涂治同志以极大的革命热情，投入了社会主义革命和建设的伟大洪流。

涂治为开创新疆农林牧业的生产技术、科学研究和教育事业，做了大量艰苦卓著的工作，王震非常重视和赏识涂治的才能和品德。涂治成了王震的得力参谋和亲密助手，经常随王震到南北疆各地视察，共同谋划驻疆部队屯垦生产的大计，他把农林厅的技术干部组成几个随军工作队，协助部队开展大生产运动。他为新疆军区筹办的农业干部训练班配备教师，并亲自指导教学工作。部队缺乏农业经营管理经验，他及时亲自翻译出苏联有关农业耕作栽培和经营管理的各种技术小册子送给部队学习参考。

1. 提出"理论联系实际，教学结合生产"的办学理念

部队和地方发展生产都需要大量的农业科技干部，1952年，党中央、毛主席根据王震同志报告，批准新疆军区成立八一农学院，并任命涂治为院长。涂治在接到任命后，与新疆军区副参谋长杨捷（党委书记兼副院长）以及孟梅生，进行了紧张的筹备工作之后，于这年建军节，宣告八一农学院成立。为了建校，涂治同志不辞辛苦，四处奔走。他随王震同志到北京、上海、南京等地，请来了学科带头人，如棉花栽培育种专家王桂五、粮食作物专家张景华、留美农业昆虫学专家张学祖、水稻专家王炳生、北京大学昆虫学硕士黄大文、猪育种专家郝履端以及张翰文、朱懋顺、黄翼、严赓雪、崔文采、王志培等来校任教。

涂治按照"理论联系实际，教学结合生产"的原则，以延安"抗大"精神办学，为弥补当时新疆农业技术干部不足和培养教师指导农业大生产的能力，涂治建议实施学校教师分批到农业师、团任农业委员制度。为解决部队打仗杀敌转入农业生产的需要，涂治院长从不同专业角度出发，在刚刚成立的八一农学院创办一年制的棉训班、农机班等，同时还办了二年制的植棉、粮食、园艺、农经、农机大专班，四年制的农、林、牧、机、经本科班，还专为师、团长们办了高干班。他利用暑假，把农学院的教授、副教授、讲师、助教和高年级的学生，派到生产兵团的各师、团、营、连，分别担任农业委员、农业教导员、农业指导员和农业技术员，与部队各级军政首长一样有职有权，既指导生产技术，又开展教学实习，还帮助部队规划农田、设计水利工程，发展养畜养禽、营造防护林带等。通过这些活动，既推动了部队的屯垦生产，为大批军垦农场的建设打下了基础，又丰富了农学院的教学内容，培养了大批理论联系实际的技术干部。在生产季节派出一定数量的教师驻场指导生产，这个制度既解决了师团农业技术干部缺乏之难，又培养提高了教师指导农业大生产能力。这样的办学方针，曾经受到党和国家有关领导部门的好评，全国20多个农业院校派人来新疆参观，并受到八一农学院进修师资的高度称赞。全院师生员工都以有涂治这样一位有识有为有声望的院长感到自豪而意气风发。首批毕业生，还应教育部的要求与安排，部分分配到内地有关省工作。

涂治提出的"理论联系实际，教学结合生产"办学理念，在1952~1955年新疆农业处于转折时期，随着生产建设兵团的崛起，各团场大农场的建立，为学院不少师生深入兵团各师和地方国营农场，在农、林、牧、园艺、农机、水利、农经等方面做出许多成绩，带动新疆农业的复兴起到了重要作用，其中玛纳斯河流域万亩棉

花大丰产就是突出的事例之一。为配合生产，在涂治的倡议下，学院 1954 年应届毕业的专修科延长实习时间 3～4 个月，并在实习期间采集标本 2960 种。这些学生把所学的理论知识运用到生产实践中去，使理论紧密联系实际，教学紧密结合生产和科研，既增加了生产知识，又支援了生产建设。第一届专修科 375 人和农学、畜牧兽医、农经、农机、会计等训练班 1415 人（内有少数民族学生 126 人），毕业后分配到各军垦农场，充实了技术力量，初步解决了军垦农场科技和管理人才缺乏的问题。全院师生除在校内进行课堂教学外，还要经常深入生产建设兵团的部队垦区，与广大军垦指战员一起，推行先进的耕作栽培技术，创造大面积的粮棉丰产纪录。

1952 年，根据涂治院长的建议，通过国务院批准向苏联聘请一批农牧业专家来新疆任教，并指导军垦农场的农牧业生产。由苏联政府选派的乌兹别克共和国植棉专家彼·伊·提托夫副教授于 1952 年 9 月首先到达学院。涂治亲自同他到二十五师（现农七师），二十六师（现农八师）军垦团场视察，调查了解当地农牧业生产情况，确定 1953 年两个师的农垦植棉计划，由涂治担任总指挥，并与提托夫签订了 2 万亩棉花丰产合同。学院党委十分重视签订的合同，为配合丰产的需要，就地举办了许多训练班，二十五师、二十六师所属团场的领导干部、生产业务管理和科技人员都参加听课学习。经专家建议，先后举办的短期讲习班有：植棉技术训练班，棉虫、棉病防治训练班，牧草栽培讲习班。1953 年开春后，学院组织广大师生分别进驻承担丰产任务的团场，指导和协助军垦战士贯彻植棉技术措施。从 1953 年 4～10 月，涂治提出建立由兵团领导、实习教师、学生和农工相结合的组织方式，教师在现场田头讲课并做示范，由兵团司令员陶峙岳在田头下令，如法执行，效果很好。在二十五师二十六师各级指战员和八一农学院师生的共同努力下，1953 年玛纳斯河流域棉花获得大丰产，20 000 亩棉田获得单产籽棉 201 千克的高产纪录，达到合同规定的指标，实际总面积为 35 000 亩，平均单产籽棉 176 千克。其中在炮台二十五师管区，植棉能手刘学佛班长种植的 1.6 亩棉田，亩产达 674.5 千克（折合皮棉 224.85 千克），创全国最高纪录。激动人心的喜讯传遍全疆和内地省区的植棉区。玛纳斯河流域棉花大丰产，打破了在我国北纬 45°不能种植棉花的传统观念，农业部十分重视这一震动全国的巨大成就。提托夫根据全疆各地试验的调查结果，不断充实内容，完成了由他执笔编写的《新疆玛纳斯河流域棉花丰产技术总结》和《棉花栽培学》。与此同时，涂治编著的《草田轮作制》一书问世，这些著作相继问世，是学院早期出版的几本质量较高的教材，当时即发行全国。

2. 倡导科研、教学、生产三结合学术思想

为推动和统一管理全院科研工作，1955 年由涂治院长提议，经院党委决定成立科研办公室，由张学祖任主任，科研办公室直属院长领导。到 1955 年底全院教师先后参加了近百项科研课题，其中涂治亲自主持"新疆冬小麦抗锈育种研究"、"新疆冬小麦越冬保苗问题研究"等课题，组织新疆科研、教学、生产单位进行协作攻关，选育了一批抗病冬麦品种；与此同时，还主持了有几个省区参加的"探索适应我国社会主义大生产农牧结合和高度机械化水平的耕作制度"的国家课题。

发展农业生产，必须依靠科学技术。在涂治的倡议和筹划下，20 世纪 50 年代就在全疆 70 多个县迅速建立了农业技术推广站，并在南北疆一些有代表性的农业区和生产兵团垦区相继建立了 20 多个农业试验场（站）和试验基点。1955 年成立了新疆农林牧科学研究所，涂治兼任所长。1965 年，成立了新疆农业科学院，涂治被任命为院长。

涂治特别强调发展新疆的农业科技事业，一定要理论联系实际，科研结合生产，因地制宜的研究解决新疆农业生产发展中的关键技术问题。他亲自主持院（所）学术委员会，反复认真的讨论制定新疆农业科学研究工作的方针、方向、方法和中长期发展规划；始终坚持农业科研工作要做到试验、示范、推广相结合，实验室、试验场（站）、农村基点相结合；他建议党政领导，新疆要坚持走农林牧相结合的社会主义大农业的道路。他对新生事物总是热情支持，对推广先进技术强调因地制宜。早在 20 世纪 50 年代中期，在内地一些科研单位对原子能利用研究举棋不定，忽上忽下的时候，他就克服经费不足和各种压力，积极支持新疆农林牧所开展核辐射育种、贮藏、保鲜技术的研究；鉴于新疆干旱缺水，他就提倡开展喷灌滴灌试验，北疆无霜期短，他号召推广水稻薄膜育秧（即今推广的地膜栽培）；新疆地广人稀，他一直提倡实行农业机械化。

涂治一贯重视科研、教学、生产相结合。在他的倡议和主持下，派农学院的教师兼任农林牧所的研究室主任；派研究所的研究员、副所长兼任农学院的系主任；从农学院选拔优秀毕业生充实研究所的力量，派研究所的青年科技人员到农学院学习进修；对重大的科研课题，组织两院的人员合作研究，协作攻关；对两院的图书资料和仪器设备，提倡互通有无，共同利用；组织两院对口学科的专业科教人员座谈讨论，交流技术经验，还派他们到生产第一线开展学术考察、传授技术。通过这些活动，使两院保持了密切的合作关系，做到了教研相长，共同发展，共同提高，受到各级党政领导和生产单位的好评。

3. 重视基础学科研究，提倡学术百家争鸣

治学严谨，实事求是，按科学规律办事，是涂治突出的特点和作风。在学术问题上，他一贯坚持党的"双百"方针，发扬学术民主。20 世纪 50 年代中期，国内有的科研、教学单位对摩尔根遗传学派，进行压制和批判，有一次他作学术报告时就大声疾呼地说："对于不同学派的学术争论，不能压，不能批，不能乱扣帽子，不能用强迫命令的方法，要人家放弃自己的学术观点，要摆事实，讲道理，通过实验，拿出科学依据说服人。有的人砸了人家（指鲍文奎先生）的实验钵，犁了人家的试验地，这种粗暴的行为不能容忍，必须制止。"为此，他还特意邀请浙江农学院沈学年教授来疆讲授摩尔根遗传学，受到了广大科教人员的称赞。

涂治擅长植物保护、育种研究，创办《新疆农业科学》月刊。他毕生从事农业教育和农业科学技术研究工作，主张在新疆推广草田轮作制，搞单倍体育种，进行喷灌试验，推广水稻塑料薄膜育秧等先进技术。他翻译出版 M.T 阿瓦耶夫著的《牧草田轮作制》等。他还研究小麦抗锈育种和黄瓜抗白粉病无性杂交等研究工作。他曾两次赴苏联进行学术交流。撰写了《棉花烂根病的防治》、《关于实行牧草田轮作制的问题》等 10 余篇论著。特别是晚年发表的《关于自治区打好农业生产仗的几点意见》，是他在新疆工作近 40 年，研究新疆农业生产的一个科学总结，提出了发展新疆农业生产的若干战略性措施。

涂治十分注重对青年教师的培养，为祖国培养大批优秀科技人才，许多已成为知名科学家。他经常指导青年教师开展文献资料的收集，广泛采集标本，建立小麦抗锈病资源圃、植物、动物和真菌标本室等。他通晓英、法、德、俄四种外文，他毕生从事教育和科学技术工作，在繁忙的工作中，还经常钻研学术，翻译出版了英、俄、德、法等几十万字的国外农业科学论著，他第一个把草田轮作制介绍到中国。他为新疆的教育和科学事业的繁荣以及农业生产的发展做出了贡献。1976 年 3 月 30 日，涂治病逝于乌鲁木齐市，享年 75 岁。

2009 年，为热情讴歌新中国成立 60 年来的"三农"模范人物，颂扬他们的感人事迹和崇高精神，农业部发文对新中国成立 60 年来，在促进农业发展，繁荣农村经济，带领农民致富，促进社会主义新农村建设等方面做出了突出贡献的模范人物进行表彰。涂治教授等 100 名同志被农业部授予"新中国成立 60 周年'三农'模范人物"荣誉称号。

四、涂治主要论著

涂治. 1930. 植物抗病育种. 岭南学报, 1 (2): 1.

涂治. 1932. 小麦秆锈病菌之生理限制. 岭南学报, 2 (3): 55.

涂治. 1932. 广东经济植物病害调查. 农事双月刊, 9: 76-91.

Tu Z. 1932. Notes on diseases of economic plants in South China. Lingnan J (Linnan Xuebao), 11: 489-504.

涂治. 1933. 田间试验之新法. 科学, 17 (12).

罗札. 1950. 社会主义农业企业组织实习指南. 涂治, 刘德恩译. 乌鲁木齐: 中国人民解放军新疆军区司令政治部出版.

涂治. 1951. 可克·洒格兹 [青胶蒲公英] 栽培法. 北京: 中华书局.

[苏] M. T. 阿瓦耶夫. 1953. 牧草田轮作制. 涂治译. 北京: 中华书局.

涂治. 1958. 棉花烂根病的防治. 新疆农业科学通报, (1): 12-13.

K. C. 苏霍夫, Г. M. 拉孜伐孜金娜, 涂治. 1958. 冬小麦的花叶病. 新疆农业科学通报, (2): 47-48.

米丘林, 涂治. 1958. 育种是获得免疫和抗病虫害植物的杠杆. 新疆农业科学通报, (4): 137-141.

涂治. 1959. 新疆十年来的农业科学研究成就. 新疆农业科学, (10): 373-378.

涂治. 1961. 农业科学必须更好地为农业生产服务. 新疆农业科学, (6): 193-198.

涂治. 1961. 自治区北疆巩固与提高土壤肥力学术讨论会上的总结发言. 新疆农业科学, (7): 235-238.

涂治. 1961. 关于实行牧草田轮作制的问题. 新疆农业科学, (9): 319-321.

涂治. 1962. 加强农业科学研究工作. 新疆农业科学, (3): 85-87.

涂治. 1965. 新疆农业科学事业的巨大发展——为庆祝建国十六周年和自治区成立十周年而作. 新疆农业科学, (10): 379-381.

涂治. 1966. 高举毛泽东思想红旗, 积极开展以样板田为中心的农业科学实验运动——新疆维吾尔自治区农业科学实验工作会议总结发言. 新疆农业科学, (2): 47-56.

涂治. 1975. 关于自治区打好农业生产仗的几点意见. 新疆农业科技, (2): 2-6.

涂治. 1975. 关于防止冻害、种好冬小麦的几点意见. 新疆农业科技, (3): 11-14.

主要参考文献

陈之伟. 1999. 涂治//中国科学技术学会编. 中国科学技术专家传略·农学编·综合卷 2. 北京: 中国农业出版社: 11-20.

赵跃坤. 2003. 周培源与涂治参与测绘的北京西郊成府村地图. 中国科技史料, 24 (3): 255-257.

撰写者

涂光一 (1935~), 乌鲁木齐市城建设计研究院高级工程师, 涂治先生之子。

涂振东 (1962~), 新疆农业科学院科研管理处研究员, 涂治先生长孙。

蒋芸生

蒋芸生（1901～1971），江苏涟水人。茶学家、园艺学家、教育家。1921年毕业于江苏省立第三农业学校，1925年毕业于日本千叶高等园艺学校。回国后任江苏省立第三农业学校教员，浙江大学农学院副教授，江苏南通学院、福建协和大学农科教授、科主任，福建永安园艺试验场场长，福建崇安财政部贸易委员会茶叶研究所副所长、代理所长、研究员，福建省立农学院教授、园艺系主任，浙江大学农学院教授、茶叶系主任，浙江农业大学副校长等职。1957年7月奉命筹建中国农业科学院茶叶研究所，1958年9月该所正式成立后，曾兼任该所所长、名誉所长。1956年与1964年先后负责筹组浙江省茶叶学会和中国茶叶学会，并任两个学会的第一届理事长。蒋芸生毕生从事农业教育、科研工作，在茶树品种选育与栽培、柑橘栽培、植物生理以及植物分类学等领域均有深入研究。主持编写《植物生理学》、《茶树栽培学》（讲义）、《柑橘栽培学》（讲义），著有《熏茶花卉栽培》，其中《植物生理学》为我国高等农业院校主要教材之一。

一、生 平 概 要

蒋芸生，字任农，1901年11月3日生于江苏省涟水县。1917年9月考入江苏省立第三农业学校，1921年毕业。1922年4月，公派赴日本千叶高等园艺学校留学，1925年4月毕业回国。1925年8月至1926年1月，任江苏省立第三农业学校教员。1928年2月到1929年1月，曾做过江苏苏州中学教员和安徽省立第五职业学校教员。1929年2月起，任浙江大学农学院副教授，兼任由蔡元培先生等筹办的上海劳动大学农学院教授。1933年9月至1937年10月，任江苏南通学院教授、科主任。1940年4月至1942年6月，任福建协和大学农科教授、科主任。1942年7月至1943年3月，任福建永安园艺试验场场长。1943年3月至1944年8月，在福建崇安任财政部贸易委员会茶叶研究所副所长、代理所长、研究员，对茶树品种及栽培有贡献。1944年8月至1946年7月，任福建省立农学院教授、系主任。1946年8月任浙江大学农学院园艺系教授、系主任；1952年全国院系调整，蒋芸生负责筹建浙江农学院茶叶专修科并任科主任；1956年二年制的茶叶专修科改为四年制的本科——茶叶系，蒋芸生任系主任。在茶叶系任职期间，1956年，蒋芸生筹组浙江省茶叶学会，并任第一、二届理事长；1957年7月奉命筹建中国农业科学院茶叶研究所，1958年9月该所正式成立后，曾兼任该所所长、名誉所长。1960年浙江农学院与浙江省农业科学研究所合并，组成浙江农业大学，蒋芸生任副校长。1964年筹组中国茶叶学会，任学会的第一届理事长。

蒋芸生毕生从事农业教育、科研工作，在茶树品种选育与栽培、柑橘栽培、植物生理以及植物分类学等领域均有深入研究。1956年加入中国民主同盟，1957年加入中国共产党。1971年12月7日，病逝于浙江省杭州市。

二、茶学方面的贡献

1. 为茶树育种与栽培研究奠定初步基础

1941年"珍珠港事件"后，由于海上交通受阻，中国茶叶公司的业务处于停滞状态。为了发展茶叶事业并为战后茶业恢复和发展作准备，吴觉农邀请了大批茶叶科技人员，在浙江省衢县万川成立东南茶业改良总场。翌年，因日寇侵犯，迁址福建省崇安县（现武夷山市）武夷山麓的原示范茶厂，并更名为财政部贸易委员会茶叶研究所，吴觉农任所长。1943年春聘请蒋芸生任副所长兼茶树栽培研究组组长、研究员。

武夷山被誉为"茶树品种的王国"。蒋芸生在武夷山的数年间，凭借其渊博学识与科学功底，既负责全所研究课题的审查与指导；同时，又挤出时间，亲自主持和参与茶树品种选育和茶树栽培课题的研究工作。他带领科研人员爬山越岭，搜寻珍贵的茶树种质资源，通过悉心研究，鉴定了不少茶树品种。特别是通过品种观察、单株选择，选定了不少"名枞"；采用压条、扦插等无性繁殖方法，繁殖许多优良品种；还在茶树遗传、生理及茶树杂交方法等方面做了大量开创性研究工作，例如具有较高科学价值的"光照强度对于茶树生长及制茶品质的研究"报告，就是他亲自主持完成的。

20世纪40年代，蒋芸生就强调耐寒性茶树品种的培育。他指出，"耐寒性最强的品种，可为拓展新茶区作准备，如西北陕、甘各地，因气候较为寒冷，栽培较为困难；但为供应西北及边疆各地的需要，如能选定新品种后即可进行地方试验，倘获成功，则西北不但可以自产自制，且可运输青、新诸地及周边各国，成本便减低矣。"当时虽未提出"南茶北移"这个名词，实际上远在半个多世纪以前，他已注意到"南茶北移",在品种培育上着手准备了。

在茶树栽培方面,蒋芸生对茶籽贮藏、茶籽播种时期、茶树修剪定型、茶树剪枝时期以及茶树台刈时期等均做了一系列试验,取得了重要成果。他还十分重视基础理论的研究,指出"今后茶叶研究之方向,应根据科学原理作为研究的出发点,如栽培方面的细胞遗传与生理以及病理的研究;制造方面的物理性与化学变化对品质影响的研究,应加深注意"。并强调"研究工作理论与实用应该并重,尤其应着重实用的方面。至于理论为实用的根据,实用为理论的目的,亦不可偏废。且研究的基础在于理论,一切科学都是离不了它;离开理论便无新发现可言,茶叶研究亦应如此……凡是茶叶及有关茶叶科学上之新学说与新发展如细胞遗传的新发现,人家如有所得,应设法应用到茶叶上面"。

蒋芸生的茶业研究精神与学术思想,在经历了半个多世纪的今天,仍然有着重要的指导意义。

2. 筹建浙江农学院茶叶专修科和茶叶系

1952年,时任园艺系教授的蒋芸生奉命筹建浙江农学院茶叶专修科。当时,他正担任柑橘栽培学课程的讲授,工作十分紧迫和繁忙,他还身患高血压。筹备伊始,条件十分艰苦。1952年春,他一人筹组,首先忙于制订各种计划,如教学计划、实验室建设计划、购置实验仪器药品计划和首届学生的招生计划;同时,积极组建教师队伍,在校内外聘请了一批具有较高水平的专业教师,如张堂恒、张家驹、俞寿康、卢世昌和费达云等。经过他夜以继日地努力,终于于当年秋季如期招收首届茶科学生。1952年秋,一名复旦大学茶叶专修科毕业生分配来校,担任助教兼秘书,协助蒋芸生筹建茶科并处理日常工作。

茶科开办,得到了当时任农业部副部长兼中国茶叶总公司总经理吴觉农的大力支持。吴觉农将日本引进的蒸青绿茶初制半机械化的整套机械和《茶叶全书》上下册300套,无偿赠送给茶叶专修科。茶叶专修科有不少筹办工作,还获得了当时浙江省茶叶公司主要负责人之一的陈观沧的协助。在吴觉农赠送的制茶机具基础上,1953年在华家池建成了第一个制茶实验室。

1952~1953年,杭州市筹建西山公园(现花港观鱼公园),在那片正待开发、范围不小的低丘陵地带,有分散、荒芜而长势良好的数千丛茶树。蒋芸生征得杭州市有关单位同意,将该处茶丛移栽华家池。由于华家池地下水位高,土壤pH值不适宜茶树生长,就从当时的西山公园筹建地搬运黄土,改善茶园土壤。与此同时,蒋芸生委派年轻教师,在一个月中三次赴福建崇安茶场,商调"水仙"、"佛手"、

"梅占"等品种茶树。实验茶园的建成，更使得茶科筹建初具规模。

1954年秋，茶科首届学生毕业，其中一人留校任教；华中农学院茶叶专修科也分配两位毕业生来校任教。是年10月，华中农学院茶叶专修科合并浙江农学院，该校庄晚芳、叶鸣高、刘祖生三位教师奉调前来。至此，茶科已有专业教师13名，按当时教学计划，师资均已配齐，并有栽培、制茶、茶叶审评等实验室、实验茶园和专用设备，茶叶专修科一切筹建工作已告就绪。1956年秋，根据茶叶生产迅速发展对专业人才的需求，二年制的茶叶专修科改为四年制本科，就是现在浙江大学茶学系的前身——茶叶系，蒋芸生任首任系主任。

1959年4月，受中央农业部委托，蒋芸生组织浙江农学院、安徽农学院、湖南农学院和西南农学院茶叶专业庄晚芳、张堂恒、王泽农、陈橼、陈兴琰、陆松候、吕允福等知名教授，在杭州主持召开了全国第一次茶叶专业会议，研究制订出全国统一的茶叶专业教学计划；同时，组织四院校协作编写茶叶专业四门主要专业课程（即茶树栽培学、制茶学、茶树选种与良种繁育学、茶叶生物化学）的全国第一批统一试用教材。这批教材于20世纪60年代初，分别由浙江人民出版社和农业出版社出版，为我国高等茶学教育的教材建设做出了重要贡献。

蒋芸生办学十分注重理论联系实际。1953年春夏之际，茶科首届学生去富阳岩顶、绍兴越南乡等地进行教学生产实习，蒋芸生亲往指导。在绍兴实习时，学生所炒珠茶，品质有了提高，在茶叶收购站，售价超过当地茶农所制。是年秋，在一次全院系科负责人及秘书参加的汇报会上，院领导盛赞茶专科办得好。当时茶专科在浙江农学院的系科中，是新办的，是小弟弟。院领导说："小弟弟赶上来了，大哥哥要向小弟弟学习"，还赞扬蒋芸生"在学术上是位大学者，在处理事务上，有大将风度"。

3. 筹建中国农业科学院茶叶研究所

1957年，蒋芸生受命筹建中国农业科学院茶叶研究所。筹建工作是经政务院科学规划委员会核准，农林部发文，于1957年7月浙江省人民政府核准筹建的。这是我国茶叶发展史中一项重要的建设项目。中国茶叶研究所筹备委员会由蒋芸生任主任，浙江省农业厅副厅长杨俊达任副主任。筹建工作前期的办公室设在浙江农学院。

蒋芸生接受此任务后，即着手勘察建所地址，提出方案的编制经费概算、基建投资和科研计划等。蒋芸生虽身患高血压症，但为选定茶叶研究所的所址，亲自带领筹备组及其他人员，先后赴余杭茅草山（原浙江农学院茶叶系实习基地）、石濑、留下、杨家牌楼、闲林埠、杭州市西湖区鸡笼山、玉泉植物园、梵村、感应桥、七佛寺等地勘察，经反复论证，最后将所址确定在七佛寺。筹建工作于1958年就绪。

同年9月1日，中国农业科学院茶叶研究所正式成立，蒋芸生任该所第一任所长，后任名誉所长。

1960~1965年，中国农业科学院茶叶研究所和浙江农业大学茶叶系合并（茶叶系由华家池迁至七佛寺）。在此期间，茶叶研究所属中国农业科学院和浙江农业大学的双重领导。时任浙江农业大学副校长的蒋芸生十分关心茶叶研究所的成长，特别对组建科研队伍和创建科研实验室，倾注了大量心血。这些都为茶叶研究所的发展奠定了坚实基础。

4. 筹组浙江省茶叶学会和中国茶叶学会

1956年10月14日，在蒋芸生、庄晚芳、李联标等的带领与筹划下，组织当时在杭的茶叶科技工作者与有关领导20余人，在浙江省茶叶公司隆重召开浙江省茶叶学会成立大会。浙江省茶叶学会是省科协系统最早成立的专业学会之一，也是全国最早成立的两个省级茶叶学会之一。

在成立大会上，选举产生了第一届理事会。蒋芸生被选举为理事长。

学会成立之初，正值我国农村掀起农业合作化高潮，党中央向全国发出了"向科学进军"的号召。为了响应中央号召，学会制定了工作计划，并积极筹办《茶叶》杂志，经过三四个月的紧张工作，1957年2月，《茶叶》创刊号正式出版，并向全国公开发行。

1958年1月，全国人大常委会副委员长、书法家郭沫若先生为《茶叶》题写了刊头。1958年4月25日，学会在杭州召开第二次会员代表大会，选举产生第二届理事会，蒋芸生连任理事长。由于学会活动内容丰富，联系生产实际，故被评为1959年度全省先进学会。

1963年3月，为了促进全国茶业生产和茶叶科技的发展，蒋芸生和王泽农、庄晚芳、陈椽、沈其铸、刘家坤、陈观沧等茶界知名人士共同发起，提出在原园艺学会茶叶组的基础上，筹建中国茶叶学会。是年10月，经中国科学技术协会批准，成立中国茶叶学会筹备委员会，蒋芸生任主任。在近一年的时间里，他团结有关同志，积极开展各项筹备工作。1964年8月，在杭州召开了中国茶叶学会成立大会暨1964年学术年会，收到论文146篇。在会上，蒋芸生被选为第一届理事会理事长。同年，由朱德题写刊名的学会学术性期刊《茶叶科学》创刊号发行。在蒋芸生的率领下学会各项工作的良好开局为日后的发展创造良好条件。

经过近半个世纪、几代茶人的共同奋斗，中国茶叶学会已由成立时的560名会员发展成为拥有一万余名会员的大型学术团体，开展了丰富多彩的学术、科普、文化等活动，对促进全国茶产业、茶科教、茶文化和茶经济的发展，均产生了重要作用。

5. 著有《熏茶花卉栽培》

为了适应生产需要，1954 年，浙江农学院茶叶专修科（后为茶叶系）开设了一门"茶叶熏花植物栽培"的课程，由当时的科主任蒋芸生讲授。蒋芸生广泛搜集窨制茶叶有关的香花植物特征、特性和栽培管理等资料，编写出《熏花植物栽培》讲义。

蒋芸生于 1971 年去世，为了悼念蒋先生对茶叶教学和科研工作的贡献，由他的学生邵霖生把他的遗作《熏花植物栽培》重新整理，更名为《熏茶花卉栽培》，并由当时他的助教刘祖生加以校订，1980 年由农业出版社出版。此书编写时间虽已较久，但仍具有参考价值。

三、园艺学方面的贡献

1. 著作《植物生理学》

蒋芸生十分重视基础理论。对于植物生理这一农业植物最基本的学科之一，蒋芸生认为，植物生理是"以简单之理化原则解释繁杂生活现象，俾能彻底明了左右植物生物之因子，便进而得以人力控制植物的生育者，故作物栽培技术之改进莫不唯此是赖"。蒋芸生鉴于当时"国内一般作物学书籍每多善本，而独对此最基本之科学则尚乏专书"，就与郑广华合著了《植物生理学》一书，蒋芸生为第一作者。该书于 1949 年 5 月由新农出版社出版，共分二编，计九章，对植物生理作了系统而全面的论述。此书后来被选定为全国高等农业院校主要教材之一。复旦大学茶科毕业分配来浙江农学院任教的一位同志说，他在复旦求学时代就知道蒋芸生，因为当时学习植物生理学课程时所用的就是这本教材。

2. 倾心园林规划设计和柑橘栽培

蒋芸生从事园艺工作达 30 年，对果树、蔬菜、花卉的栽培与采收均有研究；对园林规划及庭园设计，亦有较深造诣。20 世纪 50 年代初期，他曾受聘为杭州市都市规划委员会委员。他对柑橘栽培，研究尤深，早年编写的《柑橘栽培学》讲义，对柑橘分类、橘树生理、各类柑橘的栽培技术等诸方面，从理论上、实践上作了详尽的论述。此教材距今已达半个世纪，但就柑橘分类和橘树生理的论述和实践原则，其至今仍不失为一本好教材。

四、高风亮节　长者风范

在史无前例的"文化大革命"中，年近古稀的蒋芸生遭受到残酷迫害，被关进"牛棚"，强迫劳动。身患严重胃病，却得不到及时医治。在受迫害最痛苦的时刻，他对党和社会主义的信念从未动摇，充分表现出一个真正共产党员的高风亮节。

蒋芸生常说"人要活到老，学到老"。他是这样说的，也是这样做的。

1953年上半年，浙江农学院开办了全院教师参加的"俄语速成训练班"。蒋芸生当时工作十分繁忙，但仍积极参加，勤奋学习。这期俄语班，院领导十分重视，要求甚为严格。俄语授课教师，经常在课堂上指名提问，并经常测验。每一次提问蒋芸生时，他均对答如流，测验成绩总在90分以上。一起学习俄语的一级教授吴耕民对蒋芸生开玩笑说"老蒋变老将了"。经过1953年半年（实质上是四个月）的俄语培训蒋芸生已能翻译俄语专业文献。1954年春，他拿了一本《柠檬、柑橙、橘子》俄文原本，利用办公业余时间翻译，在旁人看上去像看报纸那样轻松。约经三个月，此书初稿翻译完成，1957年由农业出版社出版。

他在《浙江农学院学报》上发表的文章《华家池杂草植物学分类名录》，是他在华家池畔、在茶园路过时，随时搜集、整理、标本制作、鉴定，日常累积研究的结果。他曾风趣地对一位年轻教师说："这篇文章是我在华家池茶园等地走路拾来的。"

蒋芸生十分重视年轻人的培养，他常对青年教师说："要好好学习外语，懂得了外语，可吸收国外先进科学，好比一株树，有了发达的根，能够吸收多方养料，根深才能叶茂。"在全院俄语学习班时，除了平时学习外，蒋芸生还规定在每天下午课外活动时（当时教师是上班制），定为他与一名身边工作的年轻教师的俄语学习时间。有一次在规定的俄语学习时间，这位教师两次走出办公室，当他第二次回来时，蒋芸生放下正在看的俄语书，摘下老花镜，表情严肃地说："你好像很忙，有什么事能推迟办就推迟吧，现在是俄语学习时间"。在他的言传身教的影响下，这位教师俄语进步也很快，到1956年已翻译专业文献万余字，并有一篇约6千字的文章发表在1957年《茶叶》第2期上。蒋芸生感到非常高兴。

蒋芸生曾对他的秘书说："你英语学过七年，有一定基础，所缺乏的是专业词汇，俄语现在也有一些基础，要好好巩固，如果你愿意学日语的话，我花60个小时，可教会你日语"。就这样，在他的指导下，其秘书开始学日语，进步很快。

蒋芸生就是这样诲人不倦，关心年轻教师的成长。当年在财政部贸易委员会茶叶研究所蒋芸生身边工作过的茶学专家陈观沧在《茶博览》1994年第1期写了专文，怀念蒋芸生，题目就是《慈祥老人蒋芸生》。

蒋芸生为人正直，品德高尚，作风正派，克勤克俭。在艰苦的抗战岁月，蒋芸生在闽西北山区前后工作达七年（1940～1946）之久，生活极其困难。当时教授工资虽比一般人员高5～6倍，但因通货膨胀，物价飞涨，实际收入愈来愈少。他一家大小六口，收入竟不够果腹，一幼子因无钱医治不幸夭折。但他从不言苦，甚至还主动把加薪的机会让给其他同事。在茶专科筹建工作中，对各种开支，能省则省，去城里办事，乘的总是公交车。1952～1953年，当时任农林部副部长的吴觉农，为了茶科的开办，曾三次来校与蒋芸生面洽，他们两人每次吃的都是学校食堂的便饭，每人一菜一汤，十分俭朴。

五、蒋芸生的主要论著

蒋芸生. 1941. 血清的沉淀反应与砧木亲和力. 协大农报.

蒋芸生. 1941. 花青素之研究. 协大农报.

蒋芸生. 1943. 今后中国茶叶研究之方向. 茶叶研究，1（6）：161-163.

蒋芸生，吕增耕. 1944. 日照时间长短与光度强弱对于茶树生长及制茶品质关系之研究. 茶叶研究，3（1～3）：58-69.

蒋芸生，郑广华. 1949. 植物生理学. 上海：新农出版社.

蒋芸生. 1950. 柑橘栽培学（讲义）. 浙江大学农学院教务处印.

蒋芸生. 1951. 柑橘栽培法. 上海：革新书店.

蒋芸生. 1951. 花椰菜的种法. 上海：革新书店.

蒋芸生，张家驹. 1953. 茶树栽培学（讲义）. 浙江农学院教务处印.

蒋芸生，尹兆培. 1956. 华家池杂草植物学分类名录. 浙江农学院学报，1（2）：191-200.

蒋芸生. 1957. 柠檬、甜橙、橘子. 北京：农业出版社.

蒋芸生. 1980. 熏茶花卉栽培. 北京：农业出版社.

主要参考文献

庄晚芳. 1980. 熏茶花卉栽培（序）// 蒋芸生编著. 熏茶花卉栽培. 北京：农业出版社：1-2.

陈观沧. 1994. 慈祥老人蒋芸生. 茶博览，(1)：28-29.

王泽农主编. 1998. 茶业专家——蒋芸生 // 中国农业百科全书总编辑委员会茶业卷编辑委员会中国农业百科全书编辑部编. 中国农业百科全书·茶业卷. 北京：农业出版社.

胡建程. 2003. 蒋芸生 // 中国科学技术协会编. 中国科学技术专家传略·农学编·园艺卷3. 北京：中国科学技术出版社：15-23.

撰写者

浙江大学茶学系。

杨允奎

杨允奎（1902～1970），四川安岳人。玉米遗传育种学家，中国作物数量遗传学科的奠基者和创始人之一。1932年毕业于美国俄亥俄州立大学农艺系，获农学博士学位。1933年回国就任河北省立农学院教授，1935年任国立四川大学农学院农艺系教授；1937年创办四川稻麦试验场（所），任所长，翌年改称农事改进所，任副所长；1941年转任四川大学农学院农艺系主任；1952年出任四川省农业科学研究所所长，1954年起任四川省农业厅厅长兼四川省农业科学院院长，1962年又兼任四川农学院院长；同时还兼任四川农学院数量遗传实验室主任。从20世纪30年代初即从事高等教育和农业科研工作，编著有《遗传原理述要》；40年代在美国《农艺学杂志》上发表多篇有影响的论文，其中《关于玉米吐丝期和株高杂种优势的基因本质研究》，在国际学术界获得很高的评价；还发表有《论四川省粮食作物传统栽培经验对自然条件的适应》、《论四川作物地方品种与自然条件的关系》、《利用玉米雄性不育制杂交种的研究》、《利用雄性不育特性制造玉米杂交种的研究续报》等多篇高水平论文。他先后培育出多个自交系和杂交玉米品种并大面积推广，对促进中国玉米增产发挥了重要作用。

一、为国立志

1902年11月17日，四川省安岳县姚市镇杨家村的一个普通农民家里，全家人都紧张地等待着一个生命的降临。随着婴儿第一声响亮的啼哭，杨家长子添了一丁的消息在村里迅速传开。这个孩子就是日后成为我国农学家和教育家的杨允奎。

杨允奎，字星曙，从小勤奋好学，因家境困难，年幼的他就开始从事割草、放牛等力所能及的劳动，以减轻家里的经济负担，但人们却常看见他在牛背上读书的身影。每晚母亲纺线到深夜，他也读书到深夜。1921年，品学兼优的他考上了北京清华学堂留美预备部，1928年获"庚子赔款"资助留美。

杨允奎从小志向远大，他为祖国的贫穷落后痛心，因此他出国求学的目的十分明确。最初他想学医，以治病救人，他希望尽他所能，给周围的人健康的体魄，因为他不能忘记外国人蔑视中国，称中国为"东亚病夫"的那刻骨铭心的痛；但后来有人劝他："今日之中国，请得起医生的还是少数的有钱人，广大的中国人吃饭穿衣都有问题，还是学农吧！"这话对他触动很大，家乡农民们一年到头辛勤劳作，但仍食不果腹的境况深深地印在他的脑海里。经过深思熟虑后，他终于改变了初衷，入俄亥俄州立大学农学系学习。

俄亥俄州立大学优越的学习条件使他欣喜若狂，他大部分时间都泡在图书馆和实验室里，但在玉米生长季节，他又常开着一辆旧车不远千里到美国玉米带实地考察，老师们都非常喜欢这个来自东方聪慧勤奋的青年。1932年当他获得博士学位后，导师尽力挽留他在美国从事科研教学工作，但他婉谢了导师的好意，怀抱为国兴农之志，毅然回到贫穷的祖国。

二、矢志报国

1933年，风华正茂的杨允奎任河北省立农学院教授。1935年返蜀任四川大学农学院农艺系教授。1937年应四川省建设厅厅长卢作孚之请，创办四川稻麦试验场（后改称稻麦改进所）。翌年，该所改建为四川省农业改进所。1941年，杨允奎任四川大学农学院农艺系主任。

杨允奎是抱着提高玉米产量、发展农业生产的宏图大志回国的。因此，在创办四川稻麦试验场后，他着手的第一件事就是率领科技人员进行大规模的粮食作物地方品种资源普查。于是，这位吃过"洋面包"的教授和其他人员一样，跋山涉水，历经数月，吃干粮、住农家，克服重重困难，考察了52个县的农村，获得了极为丰富的调研资料和数据，这为他合理利用地方种质资源和改良作物品种提供了依据，也为他继后领导发展四川农业生产创造了条件。当时四川玉米生产技术低下，平均亩产60多千克。杨允奎在充分调查研究的基础上，确定了适应四川玉米生产的种植方式和育种方向。

杨允奎是我国杂交玉米育种事业的奠基人之一，早在美国留学期间，他就开始从事这方面的研究。回国后他在这方面做了大量的研究工作，并于1942年撰文《杂交优势之各家臆说》，最早向国内介绍玉米杂交优势的研究进展和学术观点。在四川大学任教期间，他还曾连续在美国《农艺学》杂志上发表关于玉米杂交优势利用的研究报告，在国际学术会议上获得很高评价。

20世纪三四十年代，以利用杂种优势培育的玉米杂交种在美国诞生了，这是世界上农业生产的一次重大革命。杨允奎利用他与美国农业部蒙里森教授以及他在美国的同窗好友、后成为美国副总统的华莱士的关系，从他们那里得到了一些美国优良的玉米品种，并用来和四川当地的玉米品种杂交，开始培育自交系。到1945年，杨允奎及其同事先后培育出50多个玉米双交、顶交优良组合，增产幅度在10%～25%。他的卓越成就，深为农业界所瞩目。

抗战胜利后，杨允奎更是精神振奋，立即着力培育高产、优质、适应性强的玉米综合种，他将9个优良自交系混合授粉，育成6个综合品种，其中川大201稳产耐瘠，亩产118～190千克，可供春、夏、秋多季栽培，比当地品种小金黄增产19.4%，比秋玉米小圆粒增产46.1%，深受农民欢迎，直到20世纪50年代，川大201仍是四川部分地区的玉米当家品种。杨允奎从美国杂交种自交分离出来的优良自交系可-36、D-0039和金2都是玉米育种的宝贵原始材料。

杨允奎爱国敬业的高尚品质、求实创新的科学精神和学高不自傲、甘为人梯的人格魅力，进一步受到党和政府的重视，1950年被委任为四川省农业实验所（后改称为四川省农业科学研究所）所长。1954年起任四川省农业厅厅长，1962年起兼任四川农学院院长，集四川省农业领域的行政、科研、教育重任于一身。他兢兢业业，任劳任怨，严格要求自己，政治思想上不断进步，于1956年光荣加入中国共产党。

杨允奎特别注意党的科技政策，他以高度的事业心和责任感来对待他的工作，他撰写了许多科技论文，对发展四川农业生产起到了重要的决策作用。他积极倡导利用杂交优势，发展玉米生产。在他的主持下，20世纪40年代先后育成玉米综合种川农56-1、顶交种金可和门可等，1957年在10个县60多个点试验中，增产显著，亩产均在300千克以上，特别是川农56-1，亩产达到434.2千克，在四川省平原和丘陵山区有较大推广面积，率先在四川省开创了利用顶交种和玉米综合种的新局面。60年代，又结合数量遗传学研究，选育了双交1号、双交4号、双交7号、矮双苞、矮三交等，在雅安、温江、乐山等推广，为玉米杂交种的应用开辟了道路。

作物数量遗传学是20世纪20年代的新兴学科，杨允奎是我国最早从事这方面研究的人员之一。早在美国留学期间，他就十分重视这门新兴学科的发展，40年代他编著了《遗传原理述要》教材，系统地传授数量遗传学知识，1949年发表了"应用间接法测算遗传之交换值"论文，60年代著有《估算配合力的简易方法》阐述对杂交优势的简易快速估算法，这个方法一直为后人所沿用。杨允奎十分注重吸收国外先进理论和方法，并与国内的实际相结合，因此他的研究总能站在更高的层次。

他根据国际上数量遗传研究的进展状况指出，数量遗传学必须同育种相结合才会有更大的发展，并率先在玉米育种中加以运用。

20世纪五六十年代，杨允奎多次出席国内有关会议，大声疾呼要加强数量遗传学研究。在他的积极倡导下，作物数量遗传研究正式列入国家科学发展规划。经农业部批准，1962年在四川农学院正式创立我国第一个作物数量遗传实验室。为了逐步将数量遗传学研究普及应用于各种作物和动物育种中，他在中青年教师和高年级学生中讲授数量遗传学理论和方法，并于1965年招收研究生。同时，他最早以玉米、豌豆为对象，结合育种实践，开展数量遗传学研究，取得了玉米主要经济性状遗传和配合力的第一批数据。

然而，当他的事业蒸蒸日上之际，"文化大革命"使他的宏愿成为了泡影。他遭受了极不公正的待遇，被关进"牛棚"，失去人身自由，但他仍念念不忘他的事业，年逾花甲的他，白天"交代问题"，晚上躲在"牛棚"伏案写作，后终因查不出任何问题而被"解放"。他刚获得自由即要求恢复玉米科研，并要求到宝兴山区做玉米生产考察及品种推广工作。在宝兴调查中他起早贪黑，跋山涉水，详细考察，宝兴县的领导同志为这位老人的忘我精神所感动，专派两名干部辅佐他工作。杨允奎以体弱多病之躯步履蹒跚地踏遍宝兴县的山山水水，察看农业生产形势，聆听农民种植玉米的经验。他发现宝兴山区有一个玉米农家品种二早子，各方面性状表现都好，决定选它作原始材料配制顶交种，以解决山区玉米的适应性问题。第二年，经培育的顶交种长势苗壮，获得了较高的产量。1970年8月，杨允奎积劳成疾突发急病住院，在病榻上他还一再叮嘱"要好好管理，我病好后去收获考种"。然而壮志未酬，他未能亲眼看到辛勤培育的良种大面积推广就与世长辞了。他的助手在清理他的遗物时竟还发现《玉米自交数量性状遗传研究初步报告》和《数量遗传与育种》两篇遗作，更是感慨万千，深深地为他身处逆境不气馁、孜孜不倦为科研的顽强精神所感动。杨允奎在《玉米自交系数量性状遗传研究初步报告》中，创造性地提出了双列杂交配合力的简便估算方法，这个方法比国际通常采用的格列芬估算法简便很多，而且实用有效。现在这个简便估算法收编入国内高校作物学重要参考教材和《玉米遗传学》。《数量遗传与育种》是国内最早系统介绍数量遗传学原理和方法的一部专著，也是他呕心沥血从事数量遗传学研究与育种实践相结合的切身体会，为我们进一步发展他的事业奠定了坚实的基础。

三、只唯实不唯上

杨允奎一生刚直不阿，人格高尚。他是一位只唯实、不唯上的正直科学家。

20世纪30年代中后期，杨允奎主持稻麦改进所工作时，有次省府下了一道"训令"，他认为不合实际，便叫人退了回去。后来有人告诉他，省府的"训令"带有命令性，不能由下级退回，他听后仍一笑置之。

"大跃进"时，杨允奎对当时违背客观规律的做法很有看法。一次他因公出差顺路回家，时值中秋，社员还在田里栽晚稻，他立即招呼乡亲："起来歇歇，白露都过了，栽上也没有收成。"社员回答说："这是上面布置的，不种不行！"杨允奎立即返回县城，向县领导说明情况，停止了这一做法。随后给社里调去了一车甘薯苗作种，使很多乡亲度过了灾荒。

他提倡学术民主，拒斥门户偏见，经常告诫：学术上的问题最好经实践判断正误。杨允奎是从事孟德尔、摩尔根遗传学研究的，20世纪50年代初全国掀起对摩尔根遗传学的批判，但杨允奎仍然坚持介绍摩尔根遗传学的科学道理和实践意义；同时也客观地介绍米丘林遗传学的原理和方法，提出其中尚待实践的地方。他建议学生用批判的阅读来武装头脑，保持独立思考能力。在进行学术讨论时，他本人也十分看重青年教师和学生的意见，从不因自己是大专家而独断专行。他虚怀若谷，撰写的论文总要请一些青年教师提意见。有一次，一位刚毕业的年轻助教，在实践过程中发现先生提出的研究方案部分不太符合实际，于是向他提出修改方案的建议，他不仅欣然同意，还鼓励那位助教："你做得对，从事科学研究工作，就是要不唯上，不唯书，要面对实际，善于独立思考。"

杨允奎实事求是，严格按照科学规律办事的精神，他严谨的科学态度，在强权面前不违背一名科学家的良知，这种高尚的人格使人们永远都敬仰他。

四、重视实践　精心育人

杨允奎在工作中，一贯按严肃的工作态度、严格的工作要求和严密的工作方法这"三严"标准来培养学生，他自己更是身体力行。一次一位年轻的助手在玉米种子还未完全干时就脱粒，这很容易影响发芽，杨允奎发现后，当即严肃指出，他不能容忍这种对工作马马虎虎，粗心大意的做法。但在生活上，杨允奎却非常关心年轻人，有一助手突然患病，杨允奎听说后非常着急，积极为他寻医问药，后来听说某种草药对此有特效，时已深夜，他还不辞辛劳手持电筒到田野里去寻找，并亲自把药送到病人家中，一再嘱咐立即服用。

杨允奎治学严谨，注重实践，即便是六十多岁的人了，并身居高位，但他仍然顶烈日冒酷暑下试验田。在平时的科研工作中，从课题总体设计，田间布置、播种、管理、收获、直到考种，都事必躬亲。一次正值玉米抽穗扬花时节，他患结膜炎不能亲自到田间套袋授粉。为了保证做好这项工作，他向两位助手详细交代后，不顾病痛，撑着阳伞来到田间，看着助手们工作，直到他感到放心为止。他常说："什么是科学？科学就是一丝不苟，马马虎虎不是科学。"他还说："搞科学就是老老实实做学问，一就是一，二就是二，反复试验。"他特别强调要自己动手。他教生物统计时，常说"统计的结论，不可不信，不可全信"，这从一个侧面反映了他对生物统计学的深刻理解和科学思辨。他强调在分析试验结果时，要有数据，有分析，但更重要的是理论要与实际紧密结合起来，他所谓的"膏药一张，各人熬炼不同"，意即在科学研究中，大家遵循的原理和所用的方法基本相同，关键是各自要根据实际情况科学而灵活地应用这些原理和方法，重实践结果。每个人在解决同一科学难题时，实际情况不同，解决问题的方法应不同，得出的结果就完全不一样。

在教学和科研关系上，杨允奎坚持教学与科研相结合。当初推广杂交玉米时，他亲自在学校的多营农场举办培训班，许多人经过培训后成了推广杂交玉米的骨干。为了发展数量遗传学科，杨允奎几乎每隔一周举办一次学术讲座，由他主讲，系统传授这方面知识，提高青年教师的水平。

杨允奎对学生总是循循善诱，他常对初学者说："读书贵在精而不在多，食而不化，则是得不到科学营养的。"他教导那些刚留校当助教的年轻教师，要先读懂一本重要经典著作，系统掌握其内容，深刻理解其精髓，然后再广泛阅读，扩大知识面。他曾风趣地说："我的治学方法就是一个'笨'字。"实际上，这里面包含着循序渐进、刻苦钻研、独立思考、实践检验等深刻内涵。

杨允奎极为重视学术梯队建设，他认为事业要发展，必须后继有人，因此他在四川农学院有意识地将留在身边工作稍久的助手，和那些刚留下来的更年轻的助教组合成一支结构合理、老中青相结合的学术梯队。杨允奎曾说过"聚天下英才而教之，不亦乐乎"。他热爱学生、热爱教育之心可见一斑。

五、杨允奎主要论著

杨允奎. 1933. 甜玉米伪淀粉与玉米生长势之关系（英文）. 博士论文集. 美国俄亥俄州立大学出版社.

杨允奎. 1935. 对于离均差法新公式之建议. 河北农学院学报.

杨允奎. 1937. 四川稻麦改进之途径. 建设周讯（四川省建设厅）.

杨允奎. 1942. 杂种优势各家臆说. 四川大学农学院, 新农林.

杨允奎. 1945. 小麦杂种性状之遗传研究. 四川大学农学院, 新农林.

杨允奎. 1946. 遗传原理述要（讲义）. 四川大学农艺系.

杨允奎. 1949. 川大玉米试验报告——综合品种之育成. 四川大学农学季刊.

杨允奎. 1949. 应用间接法测算遗传中之交换值. 中华农学会报.

杨允奎. 1949. 玉米株高与雌花期之杂种优势研究（英文）. 美国农艺学杂志.

杨允奎. 1959. 关于小麦、水稻的密植与施肥. 四川农业.

杨允奎. 1960. 论四川省水稻、小麦、玉米育种的基本目标. 四川农业,（2）：49-52.

杨允奎. 1960. 大搞作物育种. 四川农业,（4）：16-17.

杨允奎. 1962. 利用玉米雄性不育特性制造杂种的研究. 作物学报, 1（1）：35-42.

杨允奎. 1962. 论四川地方品种与自然条件的关系. 中国农业科学,（3）：16-17.

杨允奎. 1962. 论四川粮食作物传统栽培经验对自然条件之适应. 中国农业科学,（9）：1-4.

杨允奎. 1963. 利用雄性不育特性制造玉米杂交种的研究续报. 作物学报, 2（3）：297-302.

杨允奎. 1967. 玉米制种讲义（油印本）.

杨允奎. 1967~1968. 数量遗传与育种（专著遗稿）.

杨允奎. 1979. 玉米果穗数量遗传的初步研究. 遗传,（2）：21-22.

杨允奎. 1983. 玉米自交系数量性状遗传研究初步报告. 四川农学院学报, 1（1）：1-14.

主要参考文献

佟屏亚. 1993. 中国玉米遗传育种学家——杨允奎. 中国科技史料, 14（2）：52-58.

四川省农学会编. 1994. 纪念杨允奎教授诞辰九十周年文集. 成都：成都科技大学出版社.

四川省老年科技工作者协会、四川农业大学编. 2002. 科教兴国的先驱——杨允奎教授诞辰百年纪念文集.

撰写者

高之仁（1915~2008），教授，杨允奎教授的学生和助手，原四川农学院（今四川农业大学）副院长、数量遗传研究室主任。

荣廷昭（1936~），杨允奎先生的学生，中国工程院院士、教授、博士生导师，现任四川农业大学玉米研究所所长、数量遗传研究室主任。

潘光堂（1956~），教授、博士生导师，现任四川农业大学玉米研究所副所长、数量遗传研究室副主任。

蒋名川

蒋名川（1903～1996），河北怀来人。蔬菜栽培学家。1935年毕业于南京金陵大学，曾在广西、云南、重庆等地担任农学及蔬菜学讲师，先后在华北农业科学研究所担任农业推广委员会主任、农业工程师，在北京市农业科学院蔬菜研究所、中国农业科学院蔬菜研究所担任蔬菜栽培研究室主任、副研究员、研究员。毕生致力于蔬菜栽培技术研究，重视理论联系实际，总结推广群众经验，提出以蔬菜"长相"决定栽培技术措施的方法，率先对大白菜根系及施肥技术进行研究，系统分析气象条件与大白菜产量形成的关系，促进了大白菜高产稳产栽培技术体系的形成，在黄瓜及大白菜栽培技术的提高和理论研究工作中做出了突出成绩。先后编写了《番茄》、《北京市郊区温室蔬菜栽培》、《黄瓜》、《大白菜栽培》及《中国韭菜》等专著。同时还参加了《中国蔬菜栽培学》、《中国大百科全书·农业卷》及《中国农业百科全书·蔬菜卷》等大型专业著作部分章节和条目的撰稿、编审工作。发表过多篇有关蔬菜栽培技术的文章。

一、求学、求知生涯

蒋名川，1903年1月13日出生于河北省怀来县李官营乡东蒋营村一个农民家庭。1913年考入本县高等小学，1916年毕业。小学毕业后，因家庭经济困难无力升学，14岁时就来到怀来县第四小学任教员谋生。然而，任教这条道路也不是一帆风顺，1919年离教回家务农达三年，他一边务农一边思考着自己的未来。正是因为这段务农经历，为他以后从事农业科研奠定了一定的实践基础。

1931～1932年，一次难得机会使他进入中华平民教育促进会定县实验区平民教育专科学校学习。他十分珍惜学习的机会，每天都早出晚归，刻苦努力，吸取知识。在学习期间，他接受了教育学家晏阳初平民教育救国的思想，这为他后来立志从事于服务农村、服务农民的农业科研和普及工作奠定了牢固的思想基础。

1933～1935年，蒋名川又辗转到南京金陵大学农业专修科学习。学习期间，他十分重视实际技能的训练，除了每天上课学完书本知识外，还利用空余时间到田间、到农村去了解农业生产情况，把自己所学知识应用到实践中，并在实践中检验所学知识的不足，为下一步学习找到明确方向。正是这种勤勤恳恳、踏踏实实的学习和钻研精神，不仅让他获得了丰富的农业科学知识，同时技能也有很大的提高，为后来工作和科研打下了坚实的技术基础。从南京金陵大学毕业后，他进入全国经济委员会江西农村服务区工作，任农业指导员。这个工作恰好可以发挥他的专业特长，也可以把所学知识应用于实践，为人民和社会服务。1938 年，由于日本侵略军占领华东，社会动荡不安，民不聊生，整个华东地区陷入了日本侵略者的残酷统治之下。在这样的环境下，不要说工作，就是正常的生活都难以得到保证。于是，他被迫转移到湖南、广西等地，担任乡村师范及农业技术的教育工作。在担任教师期间，他不仅向学生讲授书本知识，还亲自带领学生到农村、田间搞调查活动，并与学生一起开荒积肥，种植蔬菜，让学生接触农业生产实际。他认为，理论知识学习固然重要，但实践是检验所学知识的最好途径，尤其是农业生产，只有到农村、到田间地头才能看出个究竟。因大部分学生都是来自农村贫苦家庭的孩子，从小就离不开土地，所以他们对农村和田地有一种特殊的感情，能够把自己学到的知识用在生产中，也是将来最好的谋生手段和途经，因而，他这种教育方法颇受学生欢迎。在湖南、广西教学几年后，1942 年他又来到云南省一平浪滇西企业局从事农业技术推广工作，在当地推广了新引进的洋葱等蔬菜的栽培技术。这种新技术为当地农民带来了一定的生活收入。与此同时，他还首次指导农民利用育苗技术栽培西瓜，经过多次试种最后获得成功，从而结束了当地不产西瓜的历史，不仅使当地人吃到了自己种的西瓜，也增加了农民收入。多年来的辗转奔波，既是谋生，也是他的一段将自己所学所获回报社会的难忘经历。中华人民共和国成立后，国家开始了大规模的社会主义经济建设，使既有一定知识积累也有丰富实践经验的他有了真正开始农业科学研究和实验的新天地。自 1949 年起，他在华北农业科学研究所工作。在此期间，他主要进行了北京、天津郊区传统蔬菜生产经验的总结和推广。由于他农业知识基础扎实，加之实践经验丰富，他所提出和倡导的蔬菜栽培模式很快得到了农民的认可。按照这种模式种植蔬菜，效果非常明显，促进了蔬菜产量的提高和蔬菜生产的发展。他还对北京、天津郊区不同类型的蔬菜温室性能及蔬菜栽培技术进行了深入的调查研究，取得了第一手资料，为以后两个地区的蔬菜栽培技术研究和推广奠定了一定基础。由于研究成果显著，1957 年蒋名川出席了莫斯科国际蔬菜经验交流会，并在会上作了题为《中国蔬菜灌溉技术》的学术报告，获得了与会代表的一致好评。同年他访问尼泊尔，带回了花椰菜种子——瑞士雪球，并试种成功，后经繁育推广，成为以后相当长的一段时间中国北方地区花椰菜生产的主栽品种之一。由于工作出色，他在研究所先后担任了农业推广委员会主任、园艺系蔬菜室代主任、副研究员等职。

1958～1987年，蒋名川先后在北京市农林科学院蔬菜研究所和中国农业科学院蔬菜研究所工作，担任蔬菜栽培室主任，主要从事蔬菜栽培技术的科学研究工作。在此期间，他利用掌握的先进技术和积累的丰富经验，着重在黄瓜及大白菜栽培技术的提高和应用理论方面进行研究，理论与实践紧密结合，在蔬菜栽培技术和理论研究领域取得了突出成绩。

二、蔬菜学研究成就

1. 开展以蔬菜"长相"决定栽培技术措施的研究

所谓"长相"，是指在一定的栽培环境条件下，农作物的内部生理状况见诸于外部形态的综合表现。通过对农作物生长发育状况的观察，来判断植株对温、光、水、肥等条件的需求，并采取相应的栽培管理措施，这是将"经验农业"上升为理论的探讨和尝试。

20世纪50年代初，蒋名川积极响应党和政府的号召，深入田间地头，深入生产实际，在北京、天津郊区农村广泛调查农民蔬菜种植情况，获得了大量的第一手材料，并对这些材料进行了系统分析研究，把经验上升为理论，使之形成能进一步指导蔬菜生产的科学知识和技术理论，为提高蔬菜种植技术，开展蔬菜栽培技术研究提供了重要参考资料。在这些技术研究中，以黄瓜"长相"决定栽培技术是典型的一例。他说，黄瓜生产者"要学会怎样和黄瓜说话"。其意思是生产者要掌握在不同栽培环境条件下，依据黄瓜生长发育过程中，各器官的种种表现和变化（"长相"）采取相应的栽培措施，以保黄瓜的优质高产。他曾具体指出：黄瓜子叶叶片薄而黄，并带有结露水珠时，是由于浇水量过大所致；而子叶先端枯黄，并呈干燥状，是水分不足的表现；黄瓜真叶面积较小、叶色深、节间短，生长慢，是温度低、水分少而表现出的"长相"。此外，还有叶片形状、花色及瓜形等多种"长相"，根据这些长相特征来判断黄瓜生长情况，并由此决定选用什么样的技术来进行种植。可以说，这种简单易懂，易于操作的技术既是应用科学技术的具体体现，也是多年生产实际的经验总结，在农村生产实际中应用十分受欢迎，也易于推广普及。依此类推，他还对大白菜、番茄、韭菜等多种蔬菜作物的"长相"及应采取的相应栽培措施，做了较深入的研究，并取得了一定成果。

温室黄瓜浇水技术的掌握是黄瓜栽培中的另一难点。为了攻克这一难点，他连续奋战，早出晚归，深入生产一线，观察黄瓜浇水与生长情况，吃在温室，睡在温室,一"蹲"就是几天,几天不洗脸都是常事。经过长时间观察、研究,他终于基本掌握了的温室黄瓜的浇水技术。这种技术的关键在于以温室黄瓜"长相"决定给水的时刻及数量,是在依据长相决定栽培技术上的进一步研究和应用。其技术表现:如早晨新开花的花冠舒展、鲜亮有光,卷须伸展顺直,龙头较大,且色泽鲜绿,说明水分适宜,不需灌溉;如花冠颜色不鲜,花冠边缘上卷,卷须较短且尖端较早卷曲,龙头较小,且颜色深绿,则表明水分不足,需要给水。同时强调还要考虑到黄瓜生长发育的不同时期,以及天气变化、土壤性质、肥力大小、地下水位高低、植株在温室内的位置等因素,决定给水的时刻和水量。这种技术的应用能科学有效地掌握浇水的"火候",大大提高了黄瓜水分的利用效率。

蒋名川不仅研究总结出上述经验,还把经验总结汇总、分析、整理后,编辑出版了《黄瓜》一书。利用该书等文字资料,或通过口传手教等多种途径,为菜农服务,使黄瓜等蔬菜的种植面积逐年扩大,产量不断提高。他所研究和推广的这些经验和技术理论,不仅促进了蔬菜生产的发展,而且对以后的科学研究及生产实践也有重要意义。1955年,由于他的突出工作成绩,蒋名川荣获"全国科学普及工作积极分子"称号。

2. 系统研究大白菜高产稳产栽培技术

大白菜在我国各类蔬菜中栽培面积最大,供应量最多。大白菜生产中存在的主要问题是年际间产量相差较大,也就是说,大白菜高产、稳产是当时蔬菜科技工作者迫切需要解决的重大科技问题。

进入20世纪60年代,蒋名川在系统地总结北京、天津郊区大白菜丰产经验基础上,深入研究了大白菜根系特点及其发展动态,力求在大白菜高产稳产方面取得一定突破。他主持了全国大白菜施肥技术的研究工作,在国内首次提出了大白菜地上部同化器官(叶片)及储藏器官(叶球)生长好坏与其根系生长发育优劣密切相关的观点。他指出大白菜的根系柔嫩,再生力弱,幼苗期遇高温干旱,根尖枯萎,吸收力降低,易形成"生理孤丁"(症状似病毒病)。莲座期如雨量大或灌水过多,土壤缺氧,根系易腐烂坏死,根茎及叶柄基部也随之腐烂,进而易罹软腐病。结球期叶球充实与否以及产量的高低,与根系发育的好坏关系密切。同时他根据白菜根系的特点,研究了大白菜的施肥技术,并得出在大白菜不同生育时期,应施用不同种类及不同数量肥料的结论。这一理论研究成果的取得既是他刻苦攻关、潜心科研的结果,也是他一丝不苟、兢兢业业工作的回报。农业研究需要经常到农村去,需要经常深入到田间地头的生产一线。他认为只有这样,才能把蔬菜栽培技术搞上去,为靠天靠地吃饭的农民兄弟在基本解决温饱问题之后，也能够增加一些收入。正是因为他出身于农民家庭，经历了农村的生产实践，才使得他有更强的动力、更多的责任去进行探索，进行研究。

蒋名川反复思考，当时有关大白菜的这些研究还不足以大幅度提高产量，也不能大范围的推广普及。因此，在对大白菜深入研究的基础上，他与全国有关专家学者及大白菜的生产者共同探讨，并经过生产实践，反复论证、调整和修改，于20世纪60年代初提出和建立了大白菜高产稳产栽培技术的综合体系。综合体系的关键性措施主要有：①选用优良品种；②高垅直播栽培；③适期播种（在北京是立秋前3天至立秋后5天）；④苗期灌水降温（播种后为降低地温，一般是3水齐苗，5水定棵）；⑤合理施肥（重施基肥，按生育时期适时、适量追肥）；⑥精细管理（及时中耕除草、间苗及定苗等）；⑦防治病虫害，勤查病情，防重于治，加强栽培防病等。由于这些技术措施好教易懂，便于掌握，而且防病增产效果显著，因而在京、津迅速得到推广和应用，受到了各地菜农的欢迎，不仅解决了多年来困扰农民的大白菜栽培技术的难点问题，也使这项技术更加体系化、规范化和科学化，成为他蔬菜研究领域的又一显著成果。这一成果的推广应用，使华北地区大白菜丰、歉收年间的产量差异由一倍减少到30％左右，大白菜产量逐步实现了高产和稳产。

在完成这一综合体系的研究后，蒋名川开始深入思考综合体系每一个影响因子对大白菜产量的影响程度，也就是在确立综合影响体系基础上，必须寻求单个因素影响的量化效应，否则无法从某个因素着手，或通过调整某一影响因素进一步解决大白菜的高产稳产问题。也就是说在完成和确定综合影响因素研究外，单一影响因子在整个综合体系中所占比例或影响作用的大小显得更为实用和具体，也是十分迫切和紧要的。20世纪70年代初，他系统分析总结了北京地区26年气候变化的规律，及其与大白菜丰、歉收与病害发生的内在关系。因为他认为天气变化规律和病虫害是影响大白菜高产稳产的重要影响因素，也是在各项影响因素中比较难于掌握和控制的因素，做好这方面的研究是对大白菜高产稳产栽培技术综合体系的进一步完善。由于受天气条件、栽培环境变化复杂等因素的影响，研究进程相对比较缓慢，进展也不是十分顺利，但他为人民服务和报效国家的信念却越来越坚定。他克服了各种客观的不利因素，加快研究进度。功夫不负有心人，经过实践摸索和理论研究，基本明确了影响大白菜大面积产量高低的主要气候因素（温度及雨量等），尤其十分关注气象条件适宜大白菜生长年份的低产田块和气象条件不适宜大白菜生长年份的高产田块，并具体分析造成这些反常现象的技术因素，进而提出了涝年、旱年、高温年、低温年等不同气象年份争取大白菜高产稳产的栽培技术，进一步丰富了大白菜高产栽培技术体系的科技内涵。

20世纪80年代，蒋名川又进一步加强了大白菜高产稳产栽培技术的研究，从科学依据、技术手段、生产实践、使用效果等方面入手，对影响大白菜高产稳产的因素在更大范围、更大区域、更复杂环境条件下进行了验证，并运用先进的科学技术方法和手段进行分析、论证和提炼，最终使这些理论更加科学、系统，使这些理论在经过多年生产实践检验基础上得到了创新性发展。他的这些理论使中国大白菜高产稳产栽培技术又提高到了一个新水平，对其他重要蔬菜高产、稳产栽培技术的建立，起到了积极的科学示范作用。

三、服务蔬菜生产

蒋名川对黄瓜、大白菜等蔬菜在技术研究领域所取得的一系列重要成果，不断在全国各地推广应用，发挥科研助推生产的作用。他服务蔬菜生产发展主要体现在两个方面，一方面是利用自己的实践经验和研究成果到一线直接指导生产，如深入农村指导菜农蔬菜栽培，解决菜农种植过程中出现的各种问题，向菜农讲解蔬菜栽培的要领和关键技术等。他多年蔬菜研究的习惯和风格依然没有变化，保持着到农村、到田地走一走，看一看的习惯，掌握第一手材料，解决生产中的实际问题。另一方面，为了更好地发挥这些研究成果的最大效用，他把自己长期调查研究、分析总结积累的专业知识，结合我国蔬菜生产发展的需要，先后编写了《番茄》、《北京市郊区温室蔬菜栽培》、《黄瓜》、《大白菜栽培》及《中国韭菜》等专著。其中，《北京市郊区温室蔬菜栽培》被译成俄文由苏联莫斯科出版社出版发行。这些学术专著既是蔬菜生产实践的科学理论指导，也是继续开展蔬菜技术研究的宝贵资料。在自己编写专著的同时，他还参加了《中国蔬菜栽培学》、《中国大百科全书·农业卷》及《中国农业百科全书·蔬菜卷》等大型专业著作、工具书相关章节和条目的撰稿、编审工作，系统地总结和反映自己多年来的实践经验、研究成果、学术思想。另外，他还在各期刊、报纸、杂志等上面发表过多篇有关蔬菜栽培技术的科普文章。1962年被中国科普作家协会评为优秀农林科普作家。

此外，蒋名川十分注重对中国几千年丰富的传统农业科技和生产经验学习和研究，以便古为今用。他结合专业技术需要，利用业余时间潜心研究中国古农史，为现代丰富的蔬菜种植经验追根溯源。研究我国一些蔬菜种类的起源、演化；用现代学术观点，汇集、考证了先秦、秦汉、唐宋、元代及明清等历史时期栽培蔬菜的种类及栽培技术。他的这些研究成果，已被收录于我国蔬菜学大型学术专著《中国蔬菜栽培学》，使其成为该书最具中国特色的章节。虽然他时常忙于生产实践指导和科学研究工作，但也十分重视撰写专著和文章的质量。在编写专著及撰写文章时，他总是全面、深入、系统、反复的思考每一个篇章，斟酌每一个表述，争取做到深入浅出、表达准确、融会贯通。在具体的编写过程中，他将菜农的生产经验、古农书籍的记载、当代技术的特点及最新研究的成果集于一体，古为今用，从实践中提炼出科学理论，用科学理论指导生产实践。他的这些著作及文章具有很高的应用价值，不仅为我国现今的蔬菜生产提供了经验，而且为以后的蔬菜栽培技术研究和发展做出了重要贡献。

四、一位朴实的"农民"科学家

蒋名川出身于农民家庭，有较长的农村工作经历，接受过"平民教育"思想的熏陶，毕生从事于服务农村、服务农民的蔬菜科研和栽培技术推广普及工作。如前所述，他特别善于深入农村基层作调查研究，总结农民丰富的生产经验，经过他的归纳、提升，再传授给渴求知识的农民兄弟。在工作中，他严格要求自己，一丝不苟，不怕吃苦，不怕困难。在生活中，他艰苦朴素，始终保持着农民儿子的良好作风，虽然生活条件好了，但他衣着依然朴素，还是喜欢吃粗粮和蔬菜。他为人正直，善于与人沟通，从不吝啬自己的知识和经验，只要有人向他请教，他都毫无保留的讲给别人听，还会问一问听懂了没有，也谈谈你的想法。蒋名川逐步取得了一定的成果，但他从没忘记身边的人，困难自己克服，喜悦与大家分享。他十分注重年轻人的培养，把自己毕生所学都交给身边的年轻人。随着年龄的增长，他深入生产实践的机会少了，但他对农业，尤其对蔬菜研究的关注却丝毫没有减少，时时刻刻都牵挂着蔬菜种植技术的研究进展，时刻关注着农业生产的发展进步。

蒋名川的一生是充满奋斗、勤奋治学的一生，但也有许多坎坷和曲折。青年时期深受军阀混战及天灾之苦，居无定所，食无保障，往往为生活所迫而奔波。但也正是这样坎坷和艰辛的经历，锻造了他不怕苦、不怕累、不怕难，刚毅、坚强、踏实、肯干的精神，为后来的工作和研究打下了坚实的基础。中老年时期又受到"文化大革命"等多次运动的冲击，对他工作、生活甚至身心都造成了很大打击。但无论政治的艰难险阻、还是生活所迫，他从未动摇过为振兴我国蔬菜栽培事业而奋斗的信心和决心。他热爱蔬菜事业，更牵挂农民兄弟，他始终坚持并一如既往地从事着蔬菜栽培事业，希望用自己的绵薄之力为农业农村农民的发展出点力，做出自己的贡献。

蒋名川之所以取得这样的成就，是与他个人的努力分不开的，更是在党的政策指引下才取得的。他始终没有忘记自己的人生追求，始终饱含着一颗赤诚的心灵追求着人生的崇高目标。他热爱党，热爱人民，为伟大的中国奋斗终生。在他 87 岁高龄之际，终于加入了中国共产党，实现了他人生的最大夙愿。

五、蒋名川主要论著

蒋名川. 1950. 北京蔬菜品种及其栽培方法. 华北农业科学研究所编委会.
蒋名川. 1950. 城市优良蔬菜品种的条件. 农业科学通讯，(12)：19-20.
蒋名川. 1954. 蔬菜蹲苗的探讨. 农业科学通讯，(11)：563-565.
蒋名川. 1955. 怎样进行番茄低温锻炼. 农业科学通讯，(1)：30-31.
蒋名川. 1955. 怎样增产洋葱. 北京：财政经济出版社.
蒋名川. 1955. 番茄. 北京：财政经济出版社.
蒋名川. 1956. 北京市郊区温室蔬菜栽培. 北京：财政经济出版社（已被译成俄文）.
蒋名川. 1956. 怎样提高温室黄瓜产量. 农业科学通讯，(1)：33-36.
蒋名川. 1956. 蔬菜种子的浸种催芽. 农业科学通讯，(2)：121-123.
蒋名川. 1957. 温室黄瓜在阴天的管理技术. 农业科学通讯，(1)：31-33.
蒋名川. 1957. 北京黄瓜温室性能的研究. 农业学报，(3)：330-345.
蒋名川. 1957. 中国蔬菜的灌溉方法和灌溉技术. 农业科学通讯，(6)：309-311.
蒋名川. 1958. 温室黄瓜. 北京：科学普及出版社.
蒋名川. 1963. 怎样种大白菜. 北京：农业出版社.
蒋名川. 1977. 北京地区气象条件与大白菜高产栽培. 中国农业科学，(3)：81-85.
蒋名川. 1981. 大白菜栽培. 北京：农业出版社.
蒋名川. 1981. 我国古代蔬菜栽培的光辉历史. 中国蔬菜，(1)：51-54.
蒋名川. 1983. 几种古老的蔬菜. 植物，(3)：40.
蒋名川. 1983. 关于几种蔬菜引进我国的历史的商榷. 中国蔬菜，(4)：35-37.
蒋名川. 1989. 中国韭菜. 北京：农业出版社.

主要参考文献

中国农业科学院蔬菜研究所. 1959. 北京天津旅大的蔬菜早熟栽培. 北京：农业出版社.
中国农业科学院蔬菜研究所. 1987. 中国蔬菜栽培学. 北京：农业出版社.
中国大百科全书农业卷编辑委员会. 1990. 中国大百科全书·农业卷. 北京：中国大百科全书出版社.
中国农业百科全书蔬菜卷编辑委员会. 1990. 中国农业百科全书·蔬菜卷. 北京：农业出版社.
王贵臣. 1995. 蒋名川 // 中国科学技术协会编. 中国科学技术专家传略·农学编·园艺卷 1. 北京：中国科学技术出版社：87-96.

撰写者

李海芬（1980～），中国农业科学院蔬菜花卉研究所助理研究员。
王贵臣（1934～），中国农业科学院蔬菜花卉研究所副研究员。

黄瑞纶

黄瑞纶（1903~1975），河北任丘人。农业化学家，农药学科教育家，中国农药科学的先驱者，植物源杀虫剂化学研究的奠基人。1928年毕业于金陵大学理学院化学系，1933年获美国康奈尔大学哲学博士学位。曾任原北京农业大学土壤农业化学系主任，并兼任中国化学学会常务理事、中国植物保护学会常务理事、《植物保护学报》副主编、中国农业科学院学术委员会委员等职务。他在农药和制剂品种的研发、农药应用、农药安全使用、农药分析、农药标准化等各个侧面，都颇有建树。由他研发的甲六粉、乙六粉，在农业生产上发挥了巨大作用，对中国保障粮食自给功不可量。由他主持而研发的灭蚕蝇，首次解决了药物防治益虫体内寄生昆虫的难题。他撰写的《杀虫药剂学》是中国第一本农药学学术专著。他在中国最早注意到农药对人畜和环境的影响，并开创了农药残留问题的研究。由他倡导把农药学作为一门独立的学科，在原北京农业大学建立起中国第一个农药学专业，为国家培养了数百名高级农药科技人才。

一、坚实的学科功底、满腔的爱国热忱

黄瑞纶，字子荣，1903年3月20日生于河北省任丘县。1923年毕业于南京金陵大学附属中学后，升入金陵大学预科和理学院化学系，1928年毕业时获该校最高荣誉奖"斐陶斐"（Phi Tau Phi）金钥匙奖，并留化学系任助教。

1930年黄瑞纶入美国康奈尔大学理学院化学系攻读农业化学和有机分析化学，研究有机汞杀菌剂在作物上的残留，当时微量有机汞很难测定，在导师指导下设计了一套分离蒸馏微量汞的仪器和分析方法，成功地完成学位论文，于1933年获哲学博士学位，被选为Sigma Xi荣誉学会会员，并授予金钥匙奖。黄瑞纶怀着满腔爱国热忱回国，受聘为浙江大学副教授；翌年，兼任该校农学院农业植物学系主任。1936年升任教授，兼农艺学系主任。他主讲了有机化学、农业化学、农业分析化学和农业化学专题讨论等课程，当时的农业化学涵盖较广的内容，如农产品化学、食物与营养化学、土壤化学与肥料及农用药剂学等，他凭借坚实的学科功底，精选教

材，认真备课，课程内容丰富新颖。

1937年七七事变后，日本侵华战争全面爆发，黄瑞纶全家从杭州辗转到柳州沙塘，任职广西农事试验场技正兼农业化学系主任。他在极其艰难困苦的条件下，团结同事，因陋就简地创造了必要的工作条件，建成了四个设备大致完备的农业化学和土壤微生物实验室，当时的广西农事试验场已成为抗战期间后方规模最大、成绩卓著的农业科学研究和推广机构。1944年秋，日寇侵占桂林和柳州，黄瑞纶随广西农事试验场历尽艰辛，迁到黔南山区的榕江，但在中途遇山洪暴发，仪器设备损失很大，无法继续进行科研工作。同年12月，他应聘任广西大学理工学院教授，兼任化学系主任。

抗日战争胜利后，黄瑞纶于1946年任北京大学农学院教授兼农业化学系主任。1949年北京大学、清华大学、华北大学等农学院合并成立北京农业大学，黄瑞纶受聘为一级教授，兼任农业化学系主任，后曾任土壤农业化学系主任，1951~1966年任校务委员会委员。曾任北京市第一、二届市人民代表大会代表。

黄瑞纶于1975年1月13日，因患贲门癌，手术后并发肺炎不治，在北京逝世。

二、中国农药科学与教育的先驱者

1. 植物源杀虫剂化学研究的奠基人

中国使用植物源杀虫剂历史悠久，20世纪三四十年代已有不少研究报道，但侧重于其活性与应用，黄瑞纶率先开展了植物源杀虫剂化学与活性相结合的研究。

在浙江大学任教期间，他已致力于国产植物源杀虫剂的研究。当时常用剧毒的无机砷、氟杀虫剂，对人畜危害大，且需从国外进口，价格昂贵。植物杀虫剂除了除虫菊和烟草外，还有江浙一带盛产的雷公藤（*Tripterygium wilfordii* Hook. f.），雷公藤根皮是当地菜农应用最广的杀虫剂。黄瑞纶研究后分离出一种白色生物碱，对玉米螟、菜青虫、猿叶虫等具有强烈的胃毒作用，而对高等植物和动物安全，定名为"雷公藤碱"（tripterygine），还说明"雷公藤碱"不是单一化合物。1944年美国农业部农业研究中心化学家 H. L. Hallen 博士认为，雷公藤碱的发现属权应归功于黄瑞纶博士。直到20世纪50年代后期，M. Beroza 等用色层分析法证明，雷公藤碱确为5种类似植物碱的混合物。

1938年后，黄瑞纶在沙塘广西农事试验场的几年间对植物源杀虫剂毒鱼藤和豆薯种子中杀虫有效成分的研究贡献突出。广西栽培了俗称毒鱼藤的厚果鸡血藤（*Millettia pachycarpa* Benth.）和由黄瑞纶从越南引进的毛鱼藤［*Derris elliptica*

(Roxb.) Benth.]，黄瑞纶研究后确认厚果鸡血藤根所含杀虫有效成分极低，种子中有效成分也远不及毛鱼藤种子，且结实很少，无栽培的经济价值。毛鱼藤引种于沙塘后，他逐年分析其杀虫有效成分，证实藤根中成分稳定，含乙醚浸出物约14%，含鱼藤酮6.5%，品质高于各国对藤根进出口规定的标准，是一种极有发展前途的杀虫药用植物，该工作在中国属首创。毛鱼藤迄今仍在两广种植。豆薯[Pachyrhizus erosus (L.) Urban]是中国南部普遍栽培的食用块根作物，其种子有杀虫作用，但未见有化学研究方面的报道，黄瑞纶的重要贡献是首次发现豆薯种子中所含的杀虫有效成分是鱼藤酮类化合物。为了提取种子和纯化，黄瑞纶克服了样本中油脂多的困难，经多步分离后获得了纯鱼藤酮结晶。他还反复研究改进了测定豆薯种子中杀虫有效成分含量的简便比色法，从湖南、福建、广西、贵州等地采取12种豆薯种子，确定其所含杀虫成分为鱼藤酮类化合物。他还探索豆薯种子成熟过程中杀虫有效成分含量的动态，发现种子在成熟前一个月时达到最高峰，这时也恰好是其块根脆嫩适食之际。这一发现具有实际经济意义。

2. 新中国农药事业的先驱者

新中国成立初期我国的有机合成农药基本上全靠进口，当时河北、山东等省的棉区蚜虫危害严重，黄瑞纶认为："中国杀虫剂的用量很大，不能完全依赖进口，应立足于国内的自然资源"。他因地制宜、就地取材主持创制了以"一个鸡蛋，二两棉籽油，30斤水"的鸡蛋棉油乳剂，简称"一二三乳剂"，并亲自下到基层动手教农民制作，对当时棉区生产起了积极的作用。当辽南兴城、旅大等果树区急需防治解决虫害问题时，他领导研究利用石油和价格比较低廉的炼焦厂煤焦油中的重油和蒽油，配制石油乳剂防治果树蚜虫、蒽油乳剂防治梨圆介壳虫、球坚介壳虫、红蜘蛛越冬卵等，还组织师生参加防治获得很好的效果。

黄瑞纶的研究工作始终立足于促进中国的植物保护工作和农药的发展，解决农业生产中的实际问题。在1949年，黄瑞纶和邢其毅等合作进行了醋酸苯汞的试制研究，并用它作为种子消毒剂，在当时生产上起了一定作用。20世纪50年代初六六六的研制和生产标志着中国有机合成农药工业的创建和发展，黄瑞纶组织和指导师生在实验室内合成六六六，研究制定丙体六六六的极谱测定法。50年代在有机磷杀虫剂对硫磷的研制过程中，黄瑞纶不仅大力支持胡秉方的工作，而且提出许多建议和意见。当时应用最广的大吨位品种如对硫磷、内吸磷等均属剧毒农药，他十分关注急性中毒事件，积极建议农业部颁布《剧毒农药安全使用准则》；同时他查阅国内外研究动向，凭借丰富的农药知识和对中国国情的深入了解，于60年代初提出合成低毒内吸有机磷杀虫剂乐果和选择性除草剂敌稗的计划。组织了麦崇熙试验合成乐果、周长海合成敌稗。使乐果和敌稗等几乎和农药发达国家同期投产，成为中国杀虫剂和除草剂相当长时期的当家品种。这两项成果于1964年和1965年分别受到国家科学技术委员会的表彰，对硫磷也于1978年获全国科学大会奖。

他还十分重视农药制剂加工，在缺乏有机合成润湿剂时期，首次研制出使用浓缩亚硫酸纸浆废液与六六六加工成可湿性粉剂，还试用并建议以茶子饼为制造滴滴涕可湿性粉剂的分散剂和湿润剂。这两种制剂被农药加工厂广泛生产了多年。后来又提出以双甘油椰子油酸酯作为对硫磷配套乳化剂，对建立中国第一个有机磷农药品种对硫磷的生产起了促进作用。在他的支持下研制乐果和敌稗等农药过程中也进行了加工以及应用等方面的系统研究。

在中国黄瑞纶是最早注意到农药在作物中的残留及其对环境的影响并开展了相关研究工作的农药化学家。当时大量使用六六六防治害虫，他指导教师和学生进行六六六的残留分析时，自己画图设计，到玻璃厂定做仪器，并在测定方法上作了改进，此外还组织大家研究拌药后粮食中的残留问题，并且在仓库害虫严重的四川、湖北、广东等地的现场设点进行了试验。黄瑞纶是在中国最先研究了几个剧毒有机磷农药对硫磷、内吸磷等在苹果、茶叶、烟草和蔬菜上的残留量测定方法，当时实验室仅有一台光电比色计，不具备配套的仪器和试剂，他从实际出发用国产活性白土代替弗罗里硅土进行样本净化，用脂肪抽提器代替K-D浓缩器，解决了前处理中的难题。在三年经济困难时期，他坚持科研为生产服务，组织师生一起克服困难，为各地检测样本，找出了几起重大食物中毒事件的原因。

在黄瑞纶领导下当时北京农业大学土化系的农药残留研究据全国领先地位，一些科学研究单位和大学都派人来学习和进修，为中国培养了第一批从事农药残留研究的人员。他在研究工作中，始终关注国内外的新动向和新技术。当时有人将滥用农药及工业废弃物造成的污染都归咎于正常使用农药，思想上产生了一些混乱和顾虑。他多次呼吁和撰文重申国内外正确的观点，用科学事实驳斥了过分渲染和夸大之处，对于使用林丹（99%以上丙体六六六）防治害虫及高毒农药低毒化问题都作了阐述，引起各界重视，也为各级领导决策提供了依据。

黄瑞纶不但长年不懈地为农业部、化工部、全国供销合作总社、各院校和科研单位、各农药厂提供农药方面的种种咨询服务，他还认为培训班是提高农药科技素质的好办法，并且身体力行。例如，1965年底，在农业部植保局和全国供销合作总社合办的镇江农药训练班上，黄瑞纶亲自编写教材，亲自授课，讲解有机磷农药问题。

3. 在中国率先创建农药专业

农业化学的内涵是很广泛的，几乎包括了农业科学领域中所有的化学学科，如土壤化学、肥料或植物营养化学、农产品化学、食品与营养化学、农药学等。在农业高等教育中，农业化学系是培养这方面人才的系科。原北京农业大学的农业化系主要是由清华大学和北京大学的农业化学系合并建成的。清华大学主要培养方向为植物生理和生物化学方向而北京大学则为农药和农业分析方向。此外，北京农业大学还另有一个土壤学系。

1952年，院系调整时，因为要向苏联学习，而苏联没有农业化学系，只有土壤农化系。按当时的调整方案是撤销农业化学系，建立土壤农化系，设土壤农业化学专业一个专业，按专业招生。原各校的农业化学系中与农产品化学、食品与营养化学有关的师生，并入轻工业学院或食品工业学院。北京农业大学的土壤学系也并入土壤农化系。按这个方案调整，原北京农业大学的生物化学、植物生理、和农药就不能再招生了。

黄瑞纶认为农药是农业发展不可缺少的生产资料，中国农药工业基础薄弱，他支持政府自主发展农药工业的方针，但加工和应用技术无人研究，研究单位、高等院校、管理部门以及新兴的农药厂，都急需农药专业人员，要发展农药工业必须培养相应人才，为国家培养农药专门人材是他的最大心愿，因此他建议在北京农业大学设置一个农药学专业，他的意见被采纳了，1952年经农业部和教育部批准，成立了中国第一个农药专业。黄瑞纶亲临教学第一线，认真备课，并编写《杀虫药剂学》，于1956年出版。在这部专著中，他介绍了国内外大量文献资料，尤其是1956年以前用于植物、家畜及卫生方面防治害虫的药剂和辅助剂，对其生产、加工过程、使用方法、理化性质以及毒理等都有详尽的论述，并对中国农药资源和开发成就作了扼要介绍。这本书是中国农药科学领域第一部较有影响的学术专著，不仅给农药专业的教学提供了基本教材，而且对科研也起了很大的推动作用。该书在海外也有影响，例如，访华的日本农药代表团点名要求能安排与《杀虫药剂学》的作者座谈。随着中国农药科学研究和农药生产的不断发展，他随时阅览和收集国内外有关资料，即使身处逆境也从未中断。他不止一次地谈到准备再写一本新的《农用药剂学》，惜因过早辞世未及实现。此外，1959年他还与兄弟院校的赵善欢、方中达合著《植物化学保护》一书。这是中国第一部在这方面具有权威性的教材。

在黄瑞纶领导下，农药专业的教师开设了农用药剂学、农药合成、农药分析、生物测定、农药毒理以及植物化学保护等专业课程。在亲自主讲农用药剂学，在教学中他重视数学、物理和化学等基础课程，认为学生必须扎实地打好基础，才能适应各种工作的需要，才能有"后劲"。他也重视实践教学，经常亲自安排学生到农村或工厂去实习。他特别注意学生基本操作的训练，经常去实验室亲自示范。他培养的学生一般都具有较强的动手能力和解决实际问题的能力。他强调洋为中用，处理问题从实际出发，当时全国各大学都学习俄语，但他认为英文的文献资料多、实用性强，指定农药专业的学生主修英语。他辅导青年教师查阅英文资料，还安排几位青年教师和进修人员每周两次跟他学习专业英语。

黄瑞纶仅从 1944~1966 年期间，断续亲自培养过农药专业或农业化学专业农药方向的本科生 17 届近 300 人，研究生 7 届 13 人。黄瑞纶未竟的事业今天已经发展壮大。他亲手创建的农药专业，现在发展成为农业应用化学系和研究所，在他身后迄今继续培养了共 27 届约千名本科生，共 29 届硕士或博士或博士后研究生约 500 人。

三、科学解决实际问题的作风

1. 研发甲六粉、乙六粉防治水稻螟虫

新中国成立初期，中国植保首要问题是危害第一大作物水稻的螟虫。《一九五六年到一九六七年全国农业发展纲要》指出中国农作物最严重的 11 大病虫害中，稻螟赫然排头。当时靠国产六六六粉剂防治。1960 年前后，按那时的统计方法，中国农药原药吨位中六六六约占 70%，而六六六吨位中用于防治稻螟者也约占 70%。换言之，当年中国农药原药约一半产量都用来对付这一虫害。尽管如此，治螟药剂依然供不应求。植保部门估计，缺口竟高达 50%。但是，一方面，六六六原料不足，难于大幅度增产，对治螟提高一倍供量根本不可能；另一方面，单一药剂使用十来年，有的地方稻螟已经出现抗性，药效明显下滑，如浙江海盐附近几个县。看来，继续光靠六六六治螟并非长久之计。治螟关系到全国性粮食安全，形势十分严峻。

黄瑞纶提出，中国有机磷杀虫剂生产已有初步基础，中国和日本应用这些品种防治稻螟也有成功经验。应该选用在中国有一定吨位，成本相对较低，又有大幅度提高产量空间，且对稻螟药效优良的有机磷杀虫剂品种来解决治螟难题。黄瑞纶进一步指出，技术路线应该是将治螟的 6% 六六六粉剂中六六六成分降低一半，掺入毒力相当于所降六六六成分的有机磷杀虫剂成分，剂型不变，制成混合粉剂。这样，药剂预期的使用剂量、施药方法以及能够达到的药效，与原来的六六六制剂相同，总吨位正好可以满足治螟所需。

在黄瑞纶这个学术思想指导下，几家科研单位开展了以水稻二化螟为试虫、以六六六为对照药剂而进行的国产有机磷杀虫剂品种室内毒力测定。其中，其他方面条件不错，且毒力较高者当属对硫磷和甲基对硫磷，毒力分别相当于丙体六六六的3倍和2倍。据此，试制出1%对硫磷3%六六六混合粉剂（简称"乙六粉"）和1.5%甲基对硫磷3%六六六混合粉剂（简称"甲六粉"）。

1965年夏，黄瑞纶不顾年过花甲的高龄与复发疟疾的困扰，带领原北京农业大学数十名师生，会同中国农业科学院植物保护研究所（乙六粉研制单位）、原湖南省化工研究所（甲六粉研制单位）、其他农业部门、卫生部门、农药厂等有关人员到湖南省湘潭地区稻田进行甲、乙六粉田间药效和施药安全的现场试验。其时，当地农民有撒施六六六粉剂的习惯操作，医生随即采其耳垂血测定胆碱酯酶活性，证明并无有机磷杀虫剂有效成分经皮肤摄入导致急性中毒的任何迹象，从而肯定甲、乙六粉在正常劳动保护条件下完全可以做到安全使用。后来的药效调查证明其与六六六单剂相当或略优。

翌年，甲、乙六粉即投入工业化生产，其后很快发展成为大吨位制剂品种，在治螟方面逐渐取代六六六单剂，且一直沿用到1983年中国六六六制剂全面退市之时，并未产生严重抗药性。1973年，二者产出24.2万吨，占中国农药制剂总量18.6%；1977年，二者高达40.8万吨（其中甲六粉22.5万吨，乙六粉18.3万吨），占制剂总量39.6%。甲、乙六粉不但是中国迄今最成功的农药混剂，也是全球迄今累计生产吨位最大的农药混剂。在中国做到粮食自给的历史上，甲、乙六粉居功至伟。

黄瑞纶研制的甲、乙六粉，符合中国当时工农业生产实际，也是综合考虑药效、成本、农民用药习惯、安全使用、减缓抗药性等诸多因素研发制剂的典范。农药混合粉剂的研制在1978年获全国科学大会奖。

2. 研发灭蚕蝇的总指挥

柞蚕和柞蚕丝是中国的特产，我国柞蚕茧的产量占世界90%，辽宁省的产量占全国的60%。1960年前后，由于柞蚕饰腹寄蝇［*Blepharipa tibialis* (Chao)］的危害，辽宁省的柞蚕业处于濒临毁灭的境地！1962年，黄瑞纶在参加柞蚕饰腹寄蝇科研协作组会议后，指派陈万义负责药剂的选择、合成与制剂工作，韩熹莱带领部分高年级农药学专业学生去辽宁，与协作单位（辽宁省蚕业科学研究所）共同进行现场试验研究。

柞蚕饰腹寄蝇是寄蝇科饰腹寄蝇属的新种，过去对这种寄蝇的研究不多，也缺乏有效的防治方法。鉴于国外 1959 年出现用有机磷动物内吸杀虫剂，防治寄生于牛体内的牛皮蝇（Hypoderma spp.）幼虫，获得成功的经验，在黄瑞纶的领导下，把选择药剂的目标定在动物内吸杀虫剂上，希望把寄生蝇的幼虫杀死在蚕体内而不伤及蚕。用两年时间，研制出了灭蚕蝇 1 号，用它喷叶饲蚕对寄蝇药效 90% 以上，对柞蚕生长发育没有影响。只是用灭蚕蝇 1 号防治寄生蝇需要处理整个蚕场，费工、费药，还很难在生产上推广应用。考虑到灭蚕蝇 1 号是非皮肤内吸性的杀虫剂，如果选用皮肤内吸性的药剂来防治寄生蝇，也许能克服灭蚕蝇 1 号的缺点，于是又选用灭蚕蝇 3 号进行试验。结果证实灭蚕蝇 3 号比灭蚕蝇 1 号活性高一个数量级，用药极省，且施药方便，无须药械，仅是在正常养蚕的"剪移"步骤中，以药液浸蚕 10 秒钟，再移进"窝茧场"即可。

实践证明，灭蚕蝇 3 号对蚕蛹、茧、卵、丝质等均无不良影响，对寄生蝇的药效可稳定保持 95% 以上，因而很快在蚕农中普遍推广，使柞蚕生产迅速恢复并得到发展，到 1966 年蚕茧产量已达新中国成立以来的最高水平。迄今，灭蚕蝇 3 号仍然是柞蚕业不可缺少的生产资料之一。

以黄瑞纶为首的研究团队是幸运的，课题组在短短的数年中，便解决了柞蚕饰腹寄蝇的难题，而且利用选择性杀虫剂防治益虫体内寄生的害虫属首创之举，在此之前国内外均无报道。

灭蚕蝇 3 号当之无愧地获得了 1978 年全国科学大会奖，灭蚕蝇 1 号和灭蚕蝇 3 号获 1981 年国家发明奖二等奖。

四、献身农药事业，教书育人

黄瑞纶是中国农药科学与教育的先驱者，为农药的生产和发展起了重要的作用，建立的农药学科为国家培养高级农药科技人才奠定了基础。他还热心于中国科学事业，曾兼任中国化学学会常务理事，中国植物保护学会常务理事，《植物保护学报》副主编，中国农业科学院学术委员会委员。

黄瑞纶热爱祖国，在美国的学业刚完成就马上回国工作，日寇侵华炮火纷飞的年代里仍克服困难坚持科学研究，新中国建立后更加勤奋努力，多次解决了农药植保领域中的重大难题，为祖国和人民做出了重要贡献。黄瑞纶在中国农药发展史上所起的关键作用，业内一致倍加肯定和称颂。

他知人善任，能发挥每个人的专长，作为单位的领导者他不仅团结本系本组的同事一起工作，还经常和本校植物保护系、兄弟院校、中国农业科学院、化工部、农药厂及地方试验站合作开展业务。如和本校植物保护系周明牂、黄可训等合作进行的苹果食心虫防治研究，就取得了很大的成果。

黄瑞纶把毕生的精力都献给了中国的农药事业和农药专业的教育工作。当在既无法查阅到国外资料，国内信息又不灵的年月，他最想知道中国农药发展的具体情况和农药专业毕业生的工作情况，每当得到新的资料和毕业生的好消息时便喜形于色。当时学校在河北涿县，同事和学生都不在身边，他在北京最后住院前一日，给时在中国科技情报研究所工作，曾不断向他提供大量国内农药信息的赵锦英去信。他对自己的这位农药专业早年毕业生说："我被查出了癌症，明天去住院手术。我心里很平静，我并不怕死。但是，我唯一放心不下的是，我为之付出一生心血的农药事业不要付诸东流……"

黄瑞纶具有深厚的学术造诣和高尚的人格品德，他以国家的需要和人民的利益为己任。他无私奉献的革命精神、严谨求实的科学态度、刻苦钻研的学习素质、精益求精的工作作风、诲人不倦的大师风范，永远是学生后辈们学习的榜样！

五、黄瑞纶主要论著

周明牂，黄瑞纶，徐玉芬. 1937. 国产植物杀虫剂雷公藤之研究（一）. 浙江农学季刊，1（1）：3-56.

Hwang S L. 1940. Isolation of insecticidal principles of *Tripterygium wilfordii* Hook. J Chinese Chem Soc, 5 (6): 233-235.

黄瑞纶. 1941. 豆薯（*Pachyrhizus erosus* Urban）种子之化学研究. 广西农业，2（4）：269-280.

黄瑞纶. 1942. 豆薯（*Pachyrhizus erosus* Urban）种子之化学研究（二）. 广西农业，3（4）：225-230.

黄瑞纶. 1950. 我国当年的杀虫药剂问题. 农业科学通讯，2（12）：4-6.

黄瑞纶. 1954. 几种常用的杀虫药. 北京：中华书局.

黄瑞纶. 1955. 关于当前几种杀虫药剂的问题. 农业学报，4（2）：154-160.

黄瑞纶. 1955. 石油和煤焦油乳剂在防治果树害虫上的应用（一）. 昆虫知识，（创刊号）：29-34.

黄瑞纶. 1955. 石油和煤焦油乳剂在防治果树害虫上的应用（二）. 昆虫知识，（2）：70-72.

黄瑞纶. 1956. 杀虫药剂学. 北京：财政经济出版社.

黄瑞纶. 1956. 农业药剂在我国农业生产中的重要性及其发展的趋势. 科学通报，(6)：72-79.

黄瑞纶. 1957. 有关几个杀虫药剂问题的进展. 昆虫知识，(1)：1-8.

黄瑞纶. 1958. 农业害虫的化学防治. 北京：科学普及出版社.

黄瑞纶，赵善欢，方中达. 1959. 植物化学保护. 北京：高等教育出版社.

黄瑞纶，俞菊卿，刘伊玲，等. 1962. 林丹粉剂拌合储粮防治害虫的研究. 植物保护学报，1（2）：51-64.

黄瑞纶. 1963. 农药的安全使用（一）. 植物保护，1（1）：36-39.

黄瑞纶. 1963. 农药的安全使用（二）. 植物保护，1（2）：83-86.

黄瑞纶. 1964. 农药名称问题. 植物保护，2（6）：283.

黄瑞纶. 1965. 农药. 北京：科学普及出版社.

黄瑞纶. 1973. 农药残留的控制与旧农药的取代. 农药工业，(3)：48-61.

主要参考文献

李酉开，钱传范，韩熹莱. 1992. 黄瑞纶 // 中国科学技术协会编. 中国科学技术专家传略·农学编·植物保护卷 1. 北京：中国科学技术出版社：180-195.

黄瑞纶先生百年诞辰暨中国农业大学农药专业成立 50 周年纪念册. 2002. 内部资料.

撰写者

郑斐能（1941～），中国农业科学院植物保护研究所研究员，黄瑞纶先生的本科学生、研究生。

钱传范（1930～），中国农业大学教授，黄瑞纶先生的本科学生、同事。

干 铎

干铎（1903～1961），又名干宣镛，湖北广济人。林学家，林学教育家。1923年毕业于湖北省立外国语专门学校，后转读于北京大学外语系，两年后考取湖北省公费留学生，东渡日本，就读于东京帝国大学农学部林学实科。三年修业期满，在日本农林省目黑林业试验场从事研究工作。1932年回国，继续在北京大学农学院森林系攻读。曾任湖北省建设厅技正、襄阳林场场长，湖北农业专科学校教授、教务主任，中央大学农学院森林系教授、南京林学院林学系主任、副院长等职。长期从事森林经理学的科研工作，是中国当代森林经理学的开拓者之一，在吸收和引进国外森林经理学说，探索中国式的森林经理方法方面，做出了贡献。热心林业教育，创立新型林业高等学府，以中国国情为依据编写高水平林学教材，主编有《森林经营规划学》。致力于多项林业学科的研究，在发现、深入研究当今"活化石"水杉方面做出卓越贡献。从事中国古代林业技术研究，整理出大量鲜为人知的林业遗产，主编有《中国林业技术史料初步研究》。积极参加中国民主革命，筹建科技团体，团结广大科学工作者，为党的科学事业统战组织工作做出突出贡献。

一、生平概要

干铎，又名干宣镛，字震篁，1903年4月10日生于湖北省广济县（现武穴市）。父干建书，民国时期曾任最高法院民庭推事（即法官），为政清廉，崇尚俭朴。母夏懿仪是一个勤俭的大家闺秀。她能纺纱、织布、成衣、做鞋、养猪、养鸡、制酱、搓麻绳、碾米、磨面。带领三个孩子（干铎为长子，弟、妹各一人）侍弄果园，种有枇杷、柑橘、大枣、柿子。花园栽培有腊梅、牡丹、芍药、玫瑰、月季。因此干铎自幼受家庭影响，生活朴素，勤勉好学。对农科有极大兴趣且有丰富经验。1918年中学毕业后，考入湖北省立外国语专门学校，攻读德语，1923年毕业后，转读于北京大学外语系，两年后考取湖北省公费留学生，东渡日本，就读于东京帝国大学农学部林学实科。三年修业期满，在日本农林省目黑林业试验场从事研究工作。1932年回国，继续在北京大学农学院森林系攻读。1932年起到湖北省，历任湖北省建设厅技正、襄阳林场场长等职。1938年在湖北襄阳沦陷前夕，干铎到鄂西恩施湖北农业专科学校任教授、教务主任。1941年后，历任中央大学农学院森林系教授、南京大学校务委员会秘书长、南京林学院林学系主任、副院长等职。在林业教育这块园地里，干铎辛勤地耕耘了20多年。言传身教，培育了很多林业建设人才。1956年赴苏联考察高等林业教育和林业科学研究工作。1959~1960年从事编著工作和负责《辞海》林学类修订工作。1961年8月7日病逝于黄山。

二、热心林业教育、创立新型林业高等学府

干铎讲授过森林学、森林地理学、森林计算学、林业较利学、测树学等课程。他每开设一门课程，都写出详细讲义，每个学期都改写讲稿，补充新的内容，将自己所获得的知识传授给学生。从1951年起，他开始自学俄语，并将苏联森林地理学的教材和有关资料编译成讲义，经常备课到深夜甚至通宵达旦。他常告诫学生"纸上得来终觉浅，要通过实践加深对知识的理解"。在假期，他亲自带领学生去林区实习，鼓励学生练就能翻山越岭的铁脚板和掌握野外实际操作的技能。干铎的艰苦朴素、严于律己的作风，深深地感染着他的学生。

南京林学院由中央大学一个系独立成为一个学院，在中国前所未有。师资和设备基础薄弱，条件很差，办好学校困难很大。干铎在担任教学领导工作以后，极为关心师资的培养，每年选派青年教师去生产单位调查或兄弟院校进修。值得一提的是，1954~1955年我国与苏联签订协议，由苏联选派100名专家及5架飞机帮助我国用最新的航空测量调查方法帮助我国综合勘查大兴安岭森林资源，并且在航空摄影、领航、林型、土壤、病虫害调查、测树制表等方面对口培养中国专家，为期一年。干铎闻讯后，在当时教师奇缺的情况下，果断决策，先后派出青年助教四名，教授、讲师各一名全程参加（当时其他院校仅派一人）。参与教师大获裨益，回校后开出新课，更新内容，还发表科研成果。森林经理学科很快成为当时在全国实力最强的学科之一。干铎熟悉德、日、英、俄四种语言，在公务繁忙中抽出时间翻译外文资料，供青年教师参考，帮助他们拓展知识面。南京林学院1952年初创时只有21名教师，300名学生，到1961年短短9年，发展到有330名教师，2000名学生。由一个系两个专业发展为3个系12个专业，独立的新型林业学院至此初步建成。数千名毕业生受到生产、教学、科研单位热烈欢迎，学校教学质量受到林业界普遍赞誉。

1956年冬，干铎曾随高教部访问团赴苏联考察农林院校和林业生产与科研机

构。回国后提出主张，推出措施。干铎认为"没有林业就没有林学"，林业的存在和发展是林学成为一门学科的基础和落脚点，学校要时刻关注林业的发展，不能闭门办学，闭门读书。他还特别重视教学计划的制订和教学大纲的修订，认为教学计划好比一桌菜，教育家要学会"点菜"，要营养全面，合理搭配，才能培养合格人才。

1958年教育革命时，有人提出要将林学系改成林业系，以体现教育和生产劳动相结合。干铎认为与生产劳动相结合要在教学计划中来体现，"林业"这一词有其丰富的内涵，林学这个学科名称不宜更改。又有人提出削减基础课的教学时间，以缩短学制。干铎不仅反对削减，还提出要加强基础课的教学，使学生有深厚的基础知识，具备较广泛的适应能力。这些见解，对今天的林业教育仍有现实意义。

三、主编《森林经营规划学》

1959年初，华东、华中两大区农林院校联合编写教材，干铎负责主编《森林经营规划学》。当时，在教学中使用苏联教材，往往脱离中国实际。他提出教材内容要以中国国情为依据，要能起到指导国内生产实际的作用，要以学生能接受的语言编写，使学生易于消化理解，能在工作中应用。1959年该书出版后，被林业部教育司确定为高等林业院校教学用书。

早在20世纪50年代初期，干铎就注意到发挥森林的多重效益，并于1953年，主持编制了南京紫金山第一个风景森林经理施业案。1957年，他又提出"南京紫金山风景林调查规划"作为教研组的科研课题，为中国风景林森林经理工作打下了初步基础。这是对长期来森林经理学一直以木材生产为目的的旧观念进行的挑战，开阔了学科发展的领域，充分表现了干铎的远见卓识与创新精神。

"森林经理学"这一学科名词，本是袭用日本的。"经理"在中国有特定的含义，沿用这一名词，在中国不仅容易引起误解，也不能反映这一学科内容，在分析学科性质和内容，并听取生产单位的意见后，干铎提出把"森林经理学"改名为"森林经营规划学"，这一名称因意见分歧，未被采纳，但干铎勇于探索的精神，仍值得后人学习。

四、发现并深入研究当今"活化石"水杉

干铎有丰富的实践经验，又能虚心地接受新事物，研究新问题，对于所承担的课题，能悉心研究，探索求新，因而取得了较高水平的成果。

干铎知识渊博，不仅对森林经理学有很深的造诣，对林学的其他分支学科也有坚实的功底。特别是对于森林经理学的专业基础学科——树木学、测树学等具有独到的见解。1941年10月，干铎由鄂入川，途经四川省万县谋道溪，见土地庙后面有一株从未见过的落叶针叶大乔木，便停下来做了观察，因时令已属深秋，未采到标本。但为以后进一步观察和对水杉这一新种的鉴定、定名提供了线索。1948年5月8日由翁文灏主持的中国水杉保存委员会第一次会议的记录中记载："发现水杉经过……中央大学森林系干铎教授于民国三十年十月由鄂入川境五里许之谋道溪，见路旁有落叶大树一株，当地俗称水杪（当地土名——编者注），干氏极为注意，惜因当时树叶尽落未获标本，翌年转请万县高级农业职业学校杨龙兴氏采得树叶标本，交中央大学标本室，迄今未鉴定……"这就是后来经胡先骕、郑万钧研究和鉴定，于1948年定名为水杉。如今湖北利川成立水杉植物园及博物馆，馆中树立干铎塑像，以纪念这位发现水杉第一人（四川万县谋道溪后划为湖北利川谋道区）。

1948年4月水杉被确定为新种发表之后，干铎提出研究其生长情况的课题，遂与郝文荣、华敬灿合作，在水杉生长地水杉坝山谷20余株水杉中，选出了具有代表性的一株，进行树干解析，并将成果《水杉之树干解析》发表于1948年5月刊行的中央大学森林学研究报告上，研究表明水杉有较强的耐寒性和适应性。这为后来国内近20个省市和50多个国家引进种水杉成功所佐证。

五、从事中国古代林业技术史，整理出大量鲜为人知的林业遗产

干铎不仅敏于观察，而且勤于思考，注意研究森林与人类活动的关系。他认为中国有许多地方的森林与古树是靠寺庙得以保存，而寺庙也是由于有森林和古树而得以成名刹古寺。他联系到过去在谋道溪见到的那棵新奇的大树（水杉）说，当地的老百姓就是因它古老新奇而在旁边修了一座庙，那棵树因庙而保存到今，而庙则以此古树而得以传名。

干铎于20世纪30年代在湖北省建设厅农业改进所任职时，即对"龙泉码价"有所研究。后整理成《长江流域杉木市价计算法之研究》一文，发表在《林学》1943年第1卷第10期上。长江流域杉木市价采用"龙泉码价"计算，即以杉木原条的粗度、长度和缺陷的有无及大小等来评定，以两为单位，确定码价后，乘以两的时价，算出价格。论文首次指出：木材价格应按木材标准，因材种而定，材积计算须以实积为单位，"龙泉码价"为蔑码计算法，不能再因袭应用。随着木材商品学的发展，中华人民共和国成立后，已改成按国定木材规格（后改称标准）计算。

1959年《辞海》开始修订，南京林学院负责编写林学类部分的词目，干铎担任这一分科的主编工作。他召集院内负责编写各分支学科的人员，就词目的选择、释文的撰写进行商榷和予以指导。1960年初稿写就后，由干铎携去上海，按照《辞海》编写的要求，即"政治性、科学性、通俗性、知识性、正面性、稳定性"，对所选词目进行增删修改，各学科之间又进行统稿。上海《辞海》编辑部从报上获悉干铎教授逝世的消息后，发来唁电，感谢"他以谦虚踏实，严谨细致的工作态度，负责修订《辞海》林学类二稿，给我们留下难忘的印象。"

1960年，南京林学院接受了林业部下达的关于研究和整理中国古代林业技术史的任务，院领导指定干铎等人主持这一工作，课题定为"中国林业科技史料初步研究"。除由中国农业科学院农业遗产研究室提供基本资料外，又参考有关书籍200余种，动员了100多人查阅摘录资料。该项研究应用现代林业科学理论，分析和鉴别我国古代传统的林业技术，去粗取精、去伪存真，挖掘和整理出大量鲜为人知的林业遗产。在此课题基础上，1960年10月，由干铎主编《中国林业技术史料初步研究》一书，这是中国当代研究祖国林业遗产的较为完整的一本专著。

六、参加民主革命，筹建科技团体

早在青年时代，干铎受五四运动的熏陶，萌生了朴素的爱国主义思想。1925～1931年留学日本期间，参加了中国共产主义青年团。1929年夏天，中国留日学生在日本东京银座举行反侵略的示威游行，许多留学生遭东京警视厅拘留。干铎联络其他同学前往营救，亦遭拘留一月有余。1931年九一八事变后，干铎参加留日学生全体归国运动，毅然回国，在北京大学农学院继续学习，他加入了中国共产党领导的民族抗日先锋队，投入抗日救亡运动。1941年他到重庆中央大学任教，与梁希、潘菽等进步教授交往甚密，尤其是与中国共产党地下党员接触并受到周恩来亲切教导后，认清形势，激发了爱国热情，支持革命，进而参加了中国民主同盟。1939年春，根据周恩来的指示，在重庆《新华日报》社长潘梓年的领导下，成立了自然科学座谈会，梁希、潘菽、涂长望、金善宝、谢立惠和干铎等一直坚持组织活动。该团体是为了团结更多的科学技术工作者、教育工作者，组织范围较广泛，是一个公开的科学团体。在1941年底在"自然科学座谈会"的基础上，由中国科学社、中华自然科学社、中华农学会、中国工程师学会等科学团体，以及其他科学技术界人士，共同拟订了一个《组织中国科学工作者协会缘起》，得到科学家竺可桢、李四光、任鸿隽、丁燮林等及其他科学技术工作者100多人的赞成，干铎也在其中。在1945年

7月1日，中国科学工作者协会（简称中国科协）正式成立，召开第一次理事及监事会，干铎被选为秘书长。

抗战胜利前夕，许德珩教授为了团结高级知识分子，召集民主与科学座谈会，干铎和自然科学座谈会主要成员参加了这一活动。抗战胜利后，该组织改名为"九三学社"以纪念抗战胜利日，进行争取民主，反对内战的斗争。干铎当选为该学社中央委员。干铎1946年曾帮助新四军五师突围、坚守大别山的张体学部的代表干淑斌进入南京梅园新村面见周恩来，从而使张体学部恢复了与党中央的联系。

1949年春，中央大学梁希、潘菽、涂长望三位教授被邀参加全国第一次政治协商会议。干铎负责联系工作。他通过自己家属在上海找到吴觉农，商定行动路线和方法，使三位教授于4月8日离开南京，先到上海绕道香港，于4月24日安抵北平。1949年1月，中国共产党组织发动中央大学师生组织护校，反对南迁，迎接解放。干铎被选为中央大学校务维持委员会委员。他全力投入护校应变工作，慰问"四一"惨案受伤同学，宣传党的政策，维护学校正常秩序。

南京解放后，干铎积极协助军代表负责接管工作。中央大学改名为南京大学后，被任命为校务委员会秘书长。1949年5月1日加入了中国共产党。

中华人民共和国成立后，干铎积极参加政治活动，为社会主义革命和建设做出了贡献。曾担任中国政治协商会议第三届全国委员会委员、江苏省人民委员会第一届委员、第二届常委、九三学社第三、四届中央委员，第五届中央常委、九三学社南京分社第四届主任委员等职。

1961年暑假，干铎从上海修订《辞海》回院，院领导鉴于他历年来工作繁忙，身心俱疲，特意安排他去黄山休养。临行前他查阅了许多有关黄山的资料，准备对黄山森林进行实地勘察。在登山路上，他一边观察森林垂直分布状况，一边观赏绚丽山色，行至蓬莱三岛景点时，面对祖国大好山河，连声称赞："好！好！"，话音未落，因心力衰竭，踣身在地，经抢救无效，溘然长逝。时在1961年8月7日下午3时，终年仅58岁。

干铎去世后，中共江苏省委、省人民政府举行隆重的追悼会，省市领导亲临公祭，灵堂正中摆着周恩来总理及全国政协、九三学社中央委员会等单位敬献的花圈，表达对这位勤于奉献的林学家的哀悼。家属按照其生前遗愿，将1500余册书籍捐给南京林学院，将书法、字画、碑拓等文物187件捐给南京市文物保管委员会，作为他的最后一次奉献。干铎葬于南京雨花台革命公墓。

七、干铎主要论著

干铎，赵宗哲. 1943. 长江流域杉木市价计算法之研究. 林学，1（10）.

干铎，郝文荣，华敬灿. 1948. 水杉之树干解析. 国立中央大学森林学研究报告，(5).

干铎，陆兆苏，汪日荣，等. 1959. 森林经营规划学. 北京：林业出版社.

干铎. 1964. 中国林业技术史料初步研究. 北京：农业出版社.

主要参考文献

湖北省地方志编纂委员会. 1989. 湖北省志·人物志稿·第二卷. 北京：光明日报出版社：875-876.

汪日荣. 1991. 干铎 // 中国科学技术协会编. 中国科学技术专家传略·农学篇·林业卷 1. 北京：中国科学技术出版社：225-233.

湖北省黄冈市教育学会编. 1996. 鄂东教育名人荟萃. 黄冈：黄冈市教育学会：336.

孙文治主编. 2002. 东南大学校友业绩（第一卷）. 南京：东南大学出版社：386-387.

中央大学南京校友会、中央大学校友文选编纂委员会编. 2006. 南雍骊珠中央大学名师传略续编. 南京：南京大学出版社：405-410.

撰写者

干东英（1927～），干铎次子，中国科学院长春光学精密机械与物理研究所研究员，已退休。

郝景盛

郝景盛（1903~1955），河北正定人。植物学家、森林学家和林业教育家。北京大学生物系第一届毕业生，德国柏林大学自然科学博士（1937）和德国爱北瓦林业专科大学林学博士（1938）。曾任中山大学、中央大学、东北大学教授，国立北平研究院植物研究所研究员并短期兼任所长，中国科学院植物研究所研究员，中央人民政府林业部总工程师和技术委员会主任。中国林学会创始会员之一，并曾任副会长。早年从事植物分类学研究，著有 Synopsis of Chinese Populus（《中国杨属植物志》），Synopsis of Chinese Salix（《中国柳属植物志》），Synopsis of Chinese Sambucus（《中国接骨木属植物志》）等。后来主要从事林业教育和林业建设，著有 Pflanzengeographische Studien über den Kukunor-See und über das angrenzende Gebiet（《青海及周边地区植物地理》）、《中国林业建设》、《造林学》、《林学概论》、《中国木本植物属志》、《中国裸子植物志》、《森林万能论》、《怎样植树造林》等书，曾提出中国东北红松以人工更新为主、实行合理采伐的科学方案和山地农村走农林牧全面发展道路的早期规划。

一、家庭与教育

郝景盛，字健君，1903年6月18日出生于直隶省（今河北省）正定县西柏棠村一个正在富裕起来的农民家庭，是比兄长小15岁的幼子，中间还有两位姐姐。小时候读过两年私塾，因为父亲听说取消科举以后，读书没有用了，就令其辍学务农。务农期间读了不少闲书，还向私塾老师学习了一手好算盘。郝景盛后来常说，务农年代感受最深的有三件事，一是滹沱河水不断侵蚀耕地（由于太行山森林砍伐殆尽，滹沱河在1960年代以后干枯见底），二是种田工具太笨太慢，三是农作物受病虫侵害。他一直在田间劳动到17岁那年，忽然在地里得知父亲让自己的侄儿到县城去考高小，于是就扔下锄把，进城报考而且考取。父亲因而大怒，拒绝付给学费。叔父说，孩子能考上就不错，你不供我供，供养了一年，给了父亲一个台阶下。作为班上的大龄学生，郝景盛努力念书和跳班，不久就升入河北省立第七中学。1924年由校长王国光推荐到日本占领下的旅顺工科大学。为了寻求强国富民之路，他选学了造船。1925年上海"五卅惨案"后，因为参加反日学生运动，被学校开除并驱逐出"境"，即武装递解到天津港上岸。

回到乡下，父亲不理解他被学校开除的原因，要他继续种地。不甘终老农村的郝景盛，同父亲艰苦谈判，要了50块大洋再到北京一试。结果考取了北京大学和天津北洋大学。他决定进入1925年夏天刚刚成立的北京大学生物系。从此他靠教私立中学、为《华北日报》编科学副刊等，自己挣钱维持生活，经济上不再依赖农村家庭。由于三个年级只有四个学生，生物系曾一度被停办。郝景盛暂时转入地质系，不久又回到重新恢复的生物系。在北京大学学习期间，1929年郝景盛就在刘慎谔教授指引下到刚刚成立的北平研究院植实验室参与采集标本和分类学研究，接着在1930年参加中瑞（典）科学考察团，1931年参加中法西北考察团。1931年7月正式从北京大学生物系毕业，是该系第一届三个毕业生之一[①]。

二、学生时代参加西北考察

作为大学本科生的郝景盛，离开课堂参加中瑞和中法西北考察团。这对于他的早期科学研究有很大影响。因此在这里略作介绍。

瑞典探险家斯文·赫定（Sven Hedin）在19世纪末和20世纪初曾多次到中国西部考察。1926年他在德国汉莎航空公司资助下再次来到中国时，已经不能像过去那样单方面地为所欲为，而必须同与他受过类似教育的一些中国知识分子和受到这些知识分子影响的中国政府打交道。经过谈判，组织了中瑞西北考察团。历时6年（1927～1933）的考察工作相当成功。考察团的大夫、斯文·赫定的挚友胡迈尔（David Hummel）希望独立进行一次动植物标本采集，选定与考察团大队不同的东部路线。考察团的中国理事会决定派北京大学生物系的学生郝景盛与胡迈尔同行。

1930年3月22日郝景盛、胡迈尔和翻译勃克坎普（M. Bökekamp）离开北平，由天津乘船从上海溯长江而上，于4月14日到达重庆巴县。在巴县又吸收了两位大学生助手，开始采集标本。在这里郝景盛结识了时任峡防局军事股主任的卢子英。卢子英是四川进步人士、民生轮船公司创始人卢作孚的胞弟，曾在黄埔军校学习。两位热血青年一拍即合，相谈甚契。4月27日起考察组沿嘉陵江步行北上，卢子英曾亲自护送。考察组经白龙江和洮河，于6月2日进入甘肃南部，6月27日到达位

---

① 另外两位是张凤瀛（1904～1969）和石原皋（1905～1987）。张凤瀛是棘皮动物专家，中国科学院青岛海洋研究所的创办者之一。石原皋出身皖南富家，曾从事药物研究和生产；抗日战争时期向新四军供应药品并最终成为共产党人，1949年参加策划了芜湖国民党军队起义；著有《闲话胡适》一书。

于黄河支流洮河谷地的岷县。在岷县与主要采集昆虫标本的两位外国人分手。郝景盛同一位助手继续北上，于7月4日翻过海拔3000米的喇嘛山口，9日到达兰州。从兰州沿西宁河（湟水河）西行，于7月26日到达西宁。在西宁附近采集标本后，8月初骑骆驼继续西行，到达今湟源县境。然后大致沿现在的湟倒公路，即109国道的一部分，折向西南到达倒淌河。这一带是藏族聚居的地区。他们大致沿今214国道继续西南行，于8月20日到达现在属于共和县的东巴地区，在青海湖南部和阿尼玛卿山以北野营并采集标本，包括考察了海拔5168米的一座峰顶。然后北上到青海湖滨，再折向东南。9月初在源出阿尼玛卿山主峰的一条河谷采集。9月底回到西宁，10月11日从兰州坐牛皮筏沿黄河顺流而下，经过包头于11月7日回到北平。

这次首尾共计240天的考察旅行，采集了大量标本，积累了许多笔记资料，为郝景盛此后的植物分类学和植物地理研究打下基础，也为他几年以后的博士论文准备了素材。在郝景盛以后确定的植物新种中，至少有八个以 kokonorica（青海）作为种名。

相对于中瑞西北考察团，中法西北考察团很难说是一次成功的合作。由雪铁龙汽车公司资助的在中国领土上进行的这次考察，中国方面理所当然地提出派人参加。然而，法方从一开始就以殖民主义者的态度对待中方成员。1931年5月自北平开车时，不挂中国旗；途中在饮食生活方面对中国团员歧视。郝景盛在内蒙古沙漠中受到法方团员卜安无理侮辱。中方团长褚民宜不敢抗议，郝景盛批评褚民宜[①]是"汉奸"，与北平记者周宝韩[②]一起宣布退出考察团。他俩在严寒的沙漠中奔跑了一天一夜，才脱离险境，经包头返回北平，并在北平报纸上揭露了法方行径。当时代表中国地质调查所和北平研究院参加考察团的杨钟健（1955年遴选为中国科学院学部委员，曾任中国科学院古脊椎和古人类研究所所长）在1932年撰写的《西北的剖面》一书中说："自北平出发，至迪化（今乌鲁木齐）中法双方分手为止，几乎无一重要地方不发生纠纷，亦无一日不在双方暗斗之中。"法方头目哈特在归途中病死香港，打人凶手卜安回欧洲后自杀。郝景盛在1950年代初中国科学院召开的会议上，还对这件事做过揭露。

三、植物分类学研究

1931年7月由北京大学生物系毕业后，郝景盛正式到北平研究院植物研究所任

---

① 褚民宜（1884～1946），国民党元老，曾在法国里昂任中法大学副校长，后来投降日本，在汪精卫伪政权中任要职，1946年以汉奸罪被处决。

② 周宝韩（1903～1972），1929年北京大学教育系毕业，南川民主进步人士，抗日战争时期民盟重庆支部委员，1949年随第二野战军返回四川。

助理员。1932年郝景盛由北平研究院派到河北南部、山东、河南和陕西采集植物标本。

郝景盛这一时期的研究领域是植物分类学。他的兴趣集中在木本植物。除了发表若干新种外，他还系统研究了中国的杨属、柳属、接骨木属植物，完成了有关的科、属志。杨属植物的研究主要是系统概括了前人采集的标本和描述，建立了比较完整的体系。柳属植物的研究则更多基于自己采集的标本，确定了许多新种和亚种。据不完全统计，由郝景盛确定拉丁名称的柳属植物名目不下 35 种。在此后的半个多世纪里，中国和东亚地区的柳属研究者，不断引用和确认郝景盛的研究成果。

郝景盛的植物分类学功底不限于木本植物，还涉及草本植物。抗日战争时期在昆明远郊躲避日本空袭时，他向两个儿子"吹牛"说，只要我不认识的植物，就一定是新种。有一回次子松林拿了一棵小草给他看，他说这是铜锤玉带草的一个亚种，可以命名为松林玉带草。虽然他从来没有发表这个"新"亚种，孩子们却一直记得这件事。

郝景盛关于中国木本植物、特别是裸子植物的研究工作，一直继续到抗日战争时期出版《中国木本植物属志》和《中国裸子植物志》。

四、留学德国期间转向林学

1933 年，郝景盛考取河北省公费留美，后改去德国。同年他与北平师范大学国文系毕业的赵为楣女士结婚。他们的介绍人是北京大学同班同学石原皋。富裕家庭出身的石原皋早在 1929 年就在印有水墨山石和"石不能言最可人"背景的私人信签上留下字据："保证郝景盛与赵为楣必能两相契合、结为夫妻；如若不然，唯我石头是问"。郝景盛在 1934 年春告别已经怀孕的妻子独自到达德国柏林。他先后入柏林大学理学院和爱北瓦林业专科大学（Frostlische Hochschule Eberswalde）攻读博士学位。他们的长子在北京出生后，取名柏林；一词双关，即是德国首都，又是常青树木。1935 年初夏，赵为楣携襁褓中的幼子到达柏林。后来诞生在柏林的次子不得不取名松林，抗日战争时期出生在四川的两个女儿取名杉林和杆林，都是常青乔木。

郝景盛在柏林大学研究植物地理和植物生理，并以气候学为副专业，1937 年以论文《青海及周边地区植物地理研究》获自然科学博士学位。1938 年 6 月在爱北瓦林业专科大学获林学博士学位，是该校百年历史中所授予的第 21 位博士，也是获此学位的第一位中国学者。他的博士论文《用生物化学方法断定林木种子发芽率之研究》所建议的手段，能在 30 分钟之内判断种子是否发芽，回答过去涉旬月才能解决的问题，后来德国、波兰等都曾采用此种方法。郝景盛还利用柏林植物园丰富的标本收藏，继续从事一些植物分类学工作。取得博士学位以后，郝景盛曾短期在普鲁士林业局任技师。

1937年卢沟桥抗战爆发之后，中德两国虽然保持着外交关系，但欧洲战云密布，大战一触即发。中国留欧学人，纷纷考虑回国参加抗战。当时北平已经沦陷，北平研究院不知迁往何方。那时的广西大学校长马君武，曾是辛亥革命后孙中山先生成立的中华民国临时政府的实业部次长。他倡办教育、提携青年，当时有"北蔡（元培）南马"之誉。郝景盛慕名致信马君武，请求指点出路。马先生与当时的广西省（今广西壮族自治区）主席黄旭初谈好后很快复信，邀请他到广西工作。心中有底之后，郝景盛夫妇便携两幼子经香港和越南海防、河内，于1939年2月辗转到达昆明。

五、林业教育与著述时期

原来准备在昆明稍事停留，就转赴广西。但很快得知，北平研究院院部和许多研究所已经撤退到昆明，于是郝景盛又回到了暂设在昆明市远郊黑龙潭的植物研究所。虽然没有去广西，郝景盛终生对马君武先生怀着深切的感激之情。

部分由于工资太低，更多地出于对造林事业的热爱，郝景盛同时在云南省建设厅林务处兼任副处长和技正，开展造林工作。为了解决战争物资需要，他曾尝试在云南种植橡胶，虽然做到少量割胶，终于未能实现大规模生产。当时林务处长是一个只拿钱不做事的小官僚，具体工作都要由郝景盛支撑。林场工人领不到工资，郝景盛曾拿自己的薪水周济。

郝景盛1940年到重庆参加全国生产会议，在林业组结识了林学界前辈梁希[①]先生。梁希对这位热衷于森林事业的年轻人颇为赏识，随即推荐郝景盛到重庆中央大学森林系任教授。于是郝携全家由昆明乘卡车北上，经贵州一角，到达四川泸州，再顺江到达重庆沙坪坝，最初一家四口挤住在单身教师宿舍的一间小室，后来在嘉陵江边的山坡上租住了一间草房。郝景盛在中央大学讲授造林学、树木学、森林立地学等课程。他编写的《造林学》，是中央大学丛书的一册，到1952年出到第四版，1950年代还曾在台湾印行。郝景盛于1941年夏秋同几位中央大学教授组织西北考察团，到川北、甘南、洮河上游一带考察，并且观察了9月21日日全食期间的生物

---

① 梁希（1883~1958），中国林业和森林化工的前辈，孙中山先生创建的同盟会会员，九三学社创始人之一，新中国成立后任中央人民政府林垦部（林业部）部长，1955年被遴选为中国科学院首批学部委员（院士）。

行为。

旧中国农林学界派系严重，性格耿直而又与派系无关的郝景盛虽然受到梁希重视，终难稳定立足。1943年夏他带领学生到重庆北碚实习时，向1931年结识的老朋友时任北碚设治局长的卢子英叙述了自己的苦衷。卢子英立即邀请郝景盛住到北碚来指导造林，并为郝家在李庄租住了一处小楼。郝景盛经常到北碚各乡场指导种树，在《嘉陵江日报》上写文章鼓吹植树造林。不久又应北平研究院李书华副院长之邀，担任了昆明北平研究院植物研究所研究员和所长。其实当时研究所的规模不及后来的一个研究组，最贵重的设备是几台显微镜，分散保存在同事家中，以免全毁于日本轰炸。郝景盛曾数度飞往昆明工作，但主要时间在北碚安心著述。这一时期成为他写书最多的年代。《中国林业建设》、《森林万能论》、《中国木本植物属志》、《林学概论》、《中国裸子植物志》等书都是在北碚定稿的。

1945年抗日战争胜利后，郝景盛一家并没有立即返回北方。他要谋求一份能够发挥林学专长的工作，要托亲友在北平先买一处小四合院做长远安身之计，还要等待长子柏林小学毕业。一心向往东北森林的郝景盛最终接受了东北大学聘请，出任森林系教授并兼农学院院长。1946年夏，他把柏林留在北平上中学，携全家到沈阳东北大学赴任。他在校务会议上多次因教学理念和学校管理与校长冲突，1947年又因保护进步学生与校长意见不合。东北大学逃离沈阳到达北平之际，校长未按惯例事先打个"请另谋高就"的招呼，就把郝景盛解聘。他失业三个月。1947年底又回到老单位北平研究院植物研究所任研究员。

六、为新中国森林事业奋斗

1949年中华人民共和国成立后，郝景盛在植物研究所内成立森林植物组，多次参加森林调查（察北绥东森林调查、永定河中下游地区调查、冀西沙荒造林调查等），并兼任山西省林业顾问。中央人民政府林垦部（后改为林业部）部长梁希念念不忘这位林业干将，同中国科学院商调郝景盛。1954年10月，郝景盛正式调任林业部总工程师、技术委员会主任，并参加筹组中国林业代表团，准备出席世界林业会议。在新中国成立后的短短几年中，郝景盛得以施展抱负。这是他为人民贡献知识和才华的最愉快时期。

郝景盛提出了东北红松以人工更新为主，实行合理采伐的科学方案。东北小兴安岭和长白山等林区曾是我国丰富的木材宝库。由于长期实行大面积采伐，严重威胁这一宝库的生存。郝景盛在1951年和1953年两次应东北森林工业总局的邀请，率领人员深入小兴安岭林区，搜集了森林生长与采伐的历史资料，实地考察了红松生长、结实和更新的情况，以及天然更新过程中针叶密林转化为桦杨和针叶混生林，再退化为榛柴林、小叶椴和灌木丛，终于成为草坡、泥地和裸岩的过程。根据红松结实的树龄和数量，天然和人工萌发率的实际数据，参考德国和朝鲜的营林经验，郝景盛明确提出："以人工更新为主，天然更新为辅，小面积采伐作业，采造并举，采育结合，永续利用"的经营方针，要求随采伐随更新，并逐渐对老采伐迹地进行更新，"不欠新账，还清老账"。他同时指出森林火灾对红松林的特别威胁，提出了预防措施。当时苏联专家提出"长白山林区施业案"时，郝景盛在会议上发表了自己的经营观点，受到与会者支持，对"施业案"进行了修改。郝景盛总结这一时期科学成果的《东北红松生长及更新方法的研究》一文，1952年发表在《中国林业》第6期上；1953年又完成《红松林的经营法则》一书（未正式出版）。

七、山区农村走农林牧全面发展道路的早期规划者

1953年，郝景盛受华北行政委员会和山西省人民政府委托，到平顺县西沟村、羊井底村和榆社县南村，先后住在全国农业劳动模范李顺达和武侯梨家中，白天一起上山逐坡逐田调查，晚上共同商议山区发展规划。他一身农村老汉装束，头戴毡帽，用布条子系着肥大的裤腰。他通过和老乡们谈天，对耕地、牧草地、宜林地、荒山、石山、河滩、树林、对牲畜种类、头数，男女劳动力数、粮食产量、副业情况和人均所得，对村中现有果树品种、等待结果年限、逐年产量、销地和售价等，进行了仔细调查。同时对林木、果树、牧草、蜜源植物、河谷、池塘、山坡、土壤、石头等自然资源条件做了全面了解和必要的实验研究。1953年4月15日郝景盛在山西省人民政府行政会议发言时指出："各地农民，多知道耕地、开垦种庄稼，对于林木不大注意。每到一村，我们若问村中老农有多少耕地，他可以马上回答亩数。若问荒山或牧草地有多么大，则摆头摆手表示不知道。这说明了一个问题：农村居民向来没有想到荒山、草地、石头砬子也能生产东西。这些地方如果利用得当，它的产品价值并不在农田之下"。

在同农民"算细账、算长账"的基础上，结合农民眼前利益，郝景盛协助西沟村李顺达和申纪兰的金星农林牧生产合作社和羊井底村武侯梨农林牧生产合作社，制定出近期和长远的农林牧全面生产计划。这样的规划，不仅有具体可靠的数字，还编成了便于理解、记忆的顺口溜："高山远山森林山，低山近山花果山、缓坡梯田环山转，平川都是米粮川。兴水利，修水池，蓄水灌溉好浇园……"这样的规划，

在写到纸上之前，已经印进农民心里。连原来认为"不管上面来多少干部做计划，山上的石头也变不成小米"的人，也觉得"石头能变小米"了。

平顺县羊井底村坚持实行农林牧全面发展十年，取得显著成绩。1964年《人民日报》记者冯东书和李玉秀进山采访，写了题为《重新安排这里的山河》的长篇报道，说农民们至今还清楚记得林业部的专家郝景盛的洪亮声音："山是摇钱树，要向山要钱。"但"耕地面积原则上不宜再扩大，开地越多人越穷，因为违反了自然法则。"（1953年3月在山西省长治专区直属机关干部会议上的讲话）

八、主张靠造林根治河流，消除天灾

郝景盛年轻时曾经踏勘过黄河源附近地区，此后多年一直留心有关黄河的资料，写过许多篇论述造林与治河、森林与水旱灾害关系的文章。1953年在讨论三门峡水利建设工程时，刚刚在西伯利亚森林中清澈见底的大河上建设过水电站的苏联专家力主建设黄河大坝，郝景盛在会议上发言指出，黄河中上游地区必须搞好水土保持，否则三门峡水库将会变成"沙库"。1954年，中国科学院为配合三门峡工程，组织黄河中游考察队，郝景盛任队长。临行前检查身体发现病患，未能成行，但在病中仍一直关心黄河流域的水土保持。事实上三门峡水库在建设过程中即出现严重的泥沙淤积，半个多世纪以来多次为排沙清淤增建管路，改变水库运行方式，大坝存废之争延续至今。

郝景盛在《森林万能论》一书"森林是水旱灾之制裁者"一节中，记述1930年重庆长江最高和最低水位差为30英尺（约9.1米），而1940年代中期达100英尺（约30.5米），其原因在于上流森林遭到大量砍伐。他指出"长此下去，谁也不能担保，来日之长江不成今日之黄河；长江下游水患之期，为时恐不远矣"。

中华人民共和国建国初期，内蒙古和华北地区的几次雹灾，促使郝景盛搜集有关数据资料。他从分析雷雨冰雹的成因、树木对水分的吸收和蒸发、森林对上升气流的影响等多种因素中得出森林基本上能消灭冰雹的结论。研究论文因为国内某著名气象学者的反对而未能在中国科学院的学术刊物上发表。在关于论文的一次争论中，那位气象学家指出：冰雹分三种，森林不能消灭海洋冰雹。郝景盛立即反驳说："什么时候你到海洋上种庄稼，我就去消灭海洋冰雹。"当时担任着山西省林业顾问的郝景盛曾向省长裴丽生[①]介绍争论情况。裴丽生说，我不懂这件事科学上的是非，

---

① 裴丽生（1906~2000），曾任山西省人民政府副主席、主席、省长，1956年调到中国科学院，曾任秘书长、副院长，是中国科学院领导班子中深受大家爱戴的"一夫三生"（张劲夫、杜润生、秦力生、裴丽生）之一。

但你的提法有利于鼓励农民种树，指示山西省林业干部训练班印成单行本散发。这本小册子对促进植树造林起了积极作用。

九、林业的热情宣传者和诲人不倦的林学教育家

郝景盛在从事林业教育的同时，挥笔著文，大声疾呼，以期唤起人们对造林的重视。据不完全统计，自1939年回国后的八年间，他在各种报纸杂志上发表宣传造林和森林利用的文章50多篇。在旅居北碚期间，他曾为《嘉陵江日报》撰写多篇关于植树造林的宣传报道，并到四乡指导种树，促进了这一风景区的林业建设。在此期间，他以《森林万能论》为书题，陈述森林与木材对国家之重要性。对于"万能"一词，直至1980年代国内仍有学者持有异议，鼓吹"重新估价森林的作用"，并在学术报告中说"《森林万能论》的阴魂至今不散"。然而，随着环境科学的形成与发展，学术界和社会公众对于森林的多种效益已经有了新的评价。人们对森林重要性的认识和郝景盛著书的年代相比，已不可同日而语。用"万能"喻森林效益之多是否过分？作为一种振聋发聩的呐喊，见仁见智，可以留待历史评说。在1952年的知识分子"思想改造"运动中，郝景盛"自我批评"说："我幻想着通过自己写的森林书籍和文章对社会能发生进步作用。我写书不只为个人出名和稿费的收入。我主要想着推动中国林业向前发展，因为我看到中国的荒山最多，总觉得这是应当解决的一个大问题，唯一的办法即是写几本书，呐喊呐喊，以便引起国人的注意。以往是如此看法，现在还是这样看法，将来在水旱风沙冰雹灾害未减少之前，我还是不能变更我的看法。"他对发展中国林业的热忱和执著的追求溢于言表。

郝景盛多年从事林业教育，曾执教于中山大学、中央大学、东北大学、北京林学院和林业部林业干部学校。他对学生既严格要求，又热情鼓励，同不少青年结成忘年之交。许多受过郝景盛教导的青年，后来成为我国林业科研、教育和生产的骨干。郝景盛多次对他的学生们讲："你是学林的，必须深入林区、深入山区调查研究，因为林学本身就是一门生产实践的应用科学；我国林业比较落后，希望你们不仅成为林业科技工作者，而且还要成为林业科普工作者，这样才能符合社会的需要。"郝景盛为宣传林业、普及林业知识，做了大量工作。他在多种场合下都不失时机地向各阶层人士进行宣传，大讲森林在国计民生中的重要地位和振兴林业的迫切性。或写文章、或作报告、或与人促膝谈心，郝景盛都能结合实际、切中要害，既有条理清楚、富于哲理的科学论说，也有通俗易懂，群众乐于接受的顺口溜。如20世纪50年代在山西贫穷山区提出的口号："山区要想富，发展农林牧"；"抓住光水

土，自然不受苦"。这两句口号既明确指出了发展方向，又提出了解决问题的科学原则。1950年，察北绥东森林调查团在张家口进行总结，原察哈尔省人民政府主席决定省、市机关干部停止办公一天，请郝景盛做报告。报告会后大家普遍反映，生平第一次听到这样好的专家报告，林业的作用太大了。

1954年9月，郝景盛因病未能率队考察黄河，但身在北京，心在黄河。他到北京图书馆等单位收集和查阅大量有关黄河的资料，准备提供给黄河考察队。这时，郝景盛病情加重，但他仍然决定去山西。组织上劝他不要去，他说："一批青年在那里等着我，他们需要我，我不能不去。"就这样郝景盛到了山西，准备率领植物所和山西省林业局的一批青年人去管涔山林区研究云杉生长过程。在由太原转车到达宁武车站之后，郝景盛开始发烧。由于没有医院，临时请附近一所畜牧兽医学校的校长带校医前来看病。恰恰这位校长曾是1950年察北绥东森林调查团的成员，深知郝景盛的为人，抓紧机会请郝先生为全校师生做报告。郝景盛在打针吃药后，立即到校做了两个多小时热情洋溢的报告。这是他一生中最后一次对青年讲话。第二天，全体人员牵着5头骆驼向林区进发，60里山路走了14个小时，到达管涔山森林经营局驻地——东寨。这时郝景盛的病情愈益严重，组织决定由陈介（后来是中国科学院昆明植物所研究员）护送回北京，立即住院。1955年4月25日，这位毕生为中国林业奋斗的科学工作者，终因肾癌逝世，年仅52岁，安葬于八宝山革命公墓。

郝景盛从事林业科技工作20年，著作之多，范围之广，堪称当时林业界的榜首。理论密切联系实际是他的学术思想；深入林区、基层，调查研究，解决实际问题是他的工作方法；和群众打成一片，走与工农相结合的道路是他的工作作风；不怕困难，勇于创新是他的献身精神。他将国外先进的林业理论与中国的实际情况相结合，经过调查研究和自己的实践，编写出的《造林学》一书，具有理论上的先进性、技术上的实用性，成为当时国内第一部最新的造林学的专著和大学教材，对推动中国造林技术水平的提高与发展有很大作用。他提出的"以人工更新为主，采育结合，永续利用"的经营方针，对东北林区的开发利用起着重大的指导作用。他提出山区建设要统一规划、合理使用土地，农林牧全面发展的理论，至今仍有它的指导作用和现实意义。

十、郝景盛主要论著

Hao K S. 1931. Synopsis des linum Chinois. Contributions from the Institute of Botany, National Academy Peiping, 1: 89-91.

Hao K S. 1933. Synopsis of Chinese Sambucus. Contributions from the Institute of Botany, National Academy of

Peiping, 2 (1): 21-29.

Hao K S. 1934. Plantae novae Sinicae. I. Repertorium Specierum Novarum Regni Vegetabilis, XXXVI: 222-224.

Hao K S. 1935. Synopsis of Chinese Populus. Contributions from the Institute of Botany. National Academy of Peiping, 3 (5): 221-241.

Hao K S. 1936. Plantae novae Sinicae. II. Repertorium Specierum Novarum Regni Vegetabilis, 40 (11～19): 213-215.

Hao K S. 1936. Synopsis of Chinese Salix with 88 figures and 44 plates. Repertorium Specierum Novarum Regni Vegetabilis Beihefte, 93: 1-123.

Hao K S. 1937. Plantae novae Sinicae. III. Repertorium Specierum Novarum Regni Vegetabilis, 42 (1～10): 83-86.

Hao K S. 1938. Pflanzengeographische Studien über den Kukunor-See und über das Angrenzende Gebiet. Botanische Jahrbucher, LXVIII (5): 515-668.

Hao K S. 1939. Über Saatgutprüfung auf Biochemischem Wege. Zeitschrift für Forst- und Jagdwesen, 71 (3, 4, 5): 141-156, 187-204, 249-269.

郝景盛. 1942. 甘肃西南之森林. 地理学报, (9): 48-66.

郝景盛. 1944. 造林学. 重庆: 商务印书馆; 第4版, 上海: 商务印书馆, 1952.

郝景盛. 1945. 科学概论生物学篇//李书华主编《科学概论》. 重庆: 商务印书馆; 第2版, 上海: 商务印书馆, 1946.

郝景盛. 1945. 中国木本植物属志 (上册). 重庆: 中华书局.

郝景盛. 1945. 中国裸子植物志. 重庆: 正中书局; 上海: 正中书局, 1947; 北京: 人民出版社, 1951.

郝景盛. 1946. 林学概论. 上海: 商务印书馆; 台湾商务印书馆. 1971.

郝景盛. 1947. 森林万能论. 上海: 正中书局.

郝景盛. 1950. 察北绥东森林调查团的总结. 中国林业, (5): 27-34.

郝景盛. 1950. 关于永定河上游的造林问题. 中国林业, (6): 11-12.

郝景盛. 1952. 东北红松生长更新方法的研究. 中国林业, (6): 23-31.

郝景盛. 1954. 怎样提高木材生产. 中国科学院植物研究所丙种专刊, 第3号.

主要参考文献

冯东书, 李玉秀. 1964-7-26. 重新安排这里的山河——羊井底村第一个十年规划的成就与经验. 人民日报.

宋朝枢. 1982. 怀念著名林学家郝景盛. 中国林业, (4): 17-18.

Fang C F, Skvortsov A K. 1998. Validation of Hao's new Chinese taxa *in Salix*. Novon, 8: 467-470.

徐凤先. 2007. 郝景盛在西北考察团的植物采集及后来的研究. 自然科学史研究, 26 (增刊): 23-30.

李萱华. 2010. 森林之父郝景盛汗洒北碚遍山绿//李萱华著. 小陪都传奇——抗战北碚的文化大气象 (第24章). 北京: 作家出版社: 336-348.

撰写者

郝柏林 (1934～), 复旦大学教授, 郝景盛长子。

刘春安

刘春安（1903~1977），山东莱芜人。1927年毕业于山东大学农学科森林系。1933年赴日本帝国大学农科研究林学。回国后任农林教员10年，1938年参加革命工作，1942年加入中国共产党。解放战争时期随军南下，任上海军事管制委员会农林接收专员和华东军事委员会农林部驻宁办事处主任。自1950年起历任华东农业科学研究所研究员、党委书记兼所长，江苏省农学会组织理事，中国农业科学院副秘书长、党组委员、学术委员会委员，广西壮族自治区科学技术委员会副主任、中国科学院广西分院副院长、广西农学院副院长等职。刘春安长期从事农业和林业教学、科研以及组织管理工作，培养了一大批基层农林科技人才。即使在战争期间，他也没有放弃专业，为解放区的农林业教育、科研做出了很大贡献。在上海、南京，他参加领导接收国民党中央农业科研机构，考查、留用了一大批高级知识分子，建立了一只强有力的农业科研队伍。他作为山东农学院第一任院长、华东农科所第一任所长，为我国农业教学和科研院校的发展壮大做出了不懈的努力。1954年参加中国农业科学院筹备小组，为中国农业科学院的建立做出了积极贡献。

一、永远的怀念

1977年2月10日，天阴沉沉、地灰蒙蒙，细雨霏霏，空气沉闷的让人喘不过气来。八宝山革命公墓礼堂，刘春安同志追悼会在这里召开。刘春安自1966年从广西回到北京，恰逢"文化大革命"开始，工作无法落实，10年间频繁到基层（大寨）蹲点、到南方搞调查，在艰苦的条件下搞科研，回家住的时间很少；中国农业科学院大多数研究所下放地方，他也只好到农场、果园"劳动改造"，到农村"接受贫下中农再教育"。晚年这位70岁的老人被调到全国农业展览馆精品馆搞展览，吃住都在宿舍不能回家，晚上还要废寝忘食地工作，因年老力衰，深夜回宿舍时因楼道灯光昏暗两次从楼梯上摔下来，幸亏有那时中国农业科学院年轻的知识分子史锁达陪着他在工作，及时发现、背着老人到附近医院看病，直至老人腿摔折了不能走路才获准回家休息。好不容易盼到"文化大革命"结束，可以大展身手的时候，刘春安却因劳累过度，积劳成疾离开了这个世界。也许是自丁颖院长逝世后、粉碎"四人帮"以来中国农业科学院第一位老领导去世，也许是人们对这位老人的尊敬，八宝山革命公墓礼堂和告别厅里外挤满了前来告别的人。农林部、中国农林科学院、江苏农业科学院、广西农学院、山东农业大学以及老家山东莱芜县方下镇沈家岭大队均派人出席追悼会并送来了花圈。农业部朱荣副部长主持追悼会，金善宝院长致悼词，人们冒着凛冽的寒风排成长长的队伍前来向这位老人告别。

二、求学与教学

1903年10月，刘春安（字昌显）出生于山东省莱芜县沈家岭村。作为家中独子，父母视其为掌上明珠，希望他能多学点知识，光宗耀祖。由于家中五代单传，又是书香门第，对于上学的费用家长是非常舍得的。他从小就聪明伶俐，1913年开始读私塾，成绩一直名列前茅，一直读到1927年山东大学农科森林专业毕业。求学的路是一条顺利而艰辛的路，大学之前上学时都是家中给摊好煎饼、带好咸菜，半月一月的回家一趟。学费都是他的父亲当私塾先生的收入以及卖掉多余的房子和土地拼凑的，当时在农村识几个字的人就了不起了，何况上大学呢！全县能有几人？为什么上农科，也是因为其不收学费的缘故。这里不得不提的是，当时他姑姑家中的几个表弟、表妹也都上了学，在抗战时期都参加了革命，新中国成立后都在各个战线当了领导，这与家族的熏陶培养是分不开的。

山东大学毕业后，他在东北辽宁省凤城县职业中学、安东林科高级中学、辽宁省第一农科高级中学先后担任农林教员达10年之久，培养了一大批农林专业的人才，把自己十几年心血所学都奉献给了所热爱的事业。

由于出色的教学经验以及在教学中的优异成绩，他被层层选拔推荐到当时国民政府公费留学的名单之中，随后开始了日本东京帝国大学农学科的学习和实习活动。在日本学习期间，他亲眼看到了日本的经济发展，也看到了当时中国的落后；更看到了日本膨胀的军力和对中国的侵略野心。他清楚地认识到"落后就要挨打"的道理，决心回国后一定尽力教育国民，改变中国的落后面貌。回国后在东北先后教书十载，积累了丰富的教学经验。当可以大展宏图时，日本侵略者却占领了整个东北，他不甘心做亡国奴，愤然辞职回到了老家山东。

东北沦陷，他回到山东，在山东省棉花检验所做检验工作，七七事变爆发，日本侵略者开始对华北展开进攻，占领了北平等地区后，顺津浦路南进，逼近济南。山东棉花检验所也逐渐疏散职工回家。刘春安离开济南回到了故乡莱芜，他和他的同学、同事纷纷以各种形式参加了抗战。当时国共合作，在政党的选择中，绝大部分同学参加了执政的国民党并在政府工作，只有他认同中国共产党的主张，于是参加了共产党领导的抗日组织。从此走向了革命的道路。

三、抗日战争和解放战争时期的农业科研工作成绩

1. 抗日战争时期的宣传和组织工作

刘春安在山东莱芜首先参加的是抗日宣传和动员工作，1938年任莱芜县第十区抗日动员委员会委员，莱芜县人民政府文教科科员、莱芜县人民政府经济建设科科长。1942年加入中国共产党以后，被抽调到山东省政府（在鲁南解放区）工作，任山东省战时工作委员会财经处农林科副科长、科长，山东冀鲁边区行政委员会巡视团团员；1943年参加"整风运动"，并参加冀鲁边区海滨渔民减租减息运动。1943年任山东省行政委员会农林委员会秘书；1945年任山东省行政委员会机关农场场长、山东省实业厅农林科长，山东省农业实验所所长。他一方面参加革命工作，为抗日做着具体的宣传组织工作，为前线提供物质和兵源；另一方面又从事自己喜欢的专业，改进耕作方式、筛选优异资源，多打粮食，为当时山东省解放区的农业生产做出了许多具有开创性的发明和创造工作。

2. 山东农业实验所的成果

1946年的临沂是华东局山东省政府机关所在地，刘春安为山东省实业厅农林科长。当时实业厅厅长是经济学家薛慕桥，实业厅下属两个科，一个是工业科，一个是农林科，农业实验所归农林科直接领导。据原江苏省农业科学院粮食作物研究所朱烨所长回忆，他当年在山东省第二农业试验场刘春安直接领导下工作，当时粮食产量每亩地只有50千克，刘春安同志带领他们搞调查研究和种地，还搞了一个灌溉渠道，试种了几亩水稻，结果亩产达到了200千克，可以说是山东省最早的旱改水了。

1946年底在实验场的基础上成立了山东农业实验所，刘春安任所长时，正逢国民党重点进攻山东解放区。他将人员分成三部分，一部分留在鲁中南敌人未占领的地区，一部分转移到山东渤海地区，还有一部分随省委机关转战于鲁中南和胶东地区。他告诉同志们，目前是困难时期，分散到各地后我们任何时候都不要忘记我们是搞农业生产的，到了哪里都要搞农业的调查工作，为将来胜利后的生产积累经验和资料。在形势好转后，分散的同志们陆续回到莒县的临时实验场，他们带着在战

争期间所做的调查研究工作的经验和碰到的问题，借住在老百姓的房子里，搞起了科研。他们手中的工具只有几把尺子、几杆秤和算盘，一架旧显微镜；温度计和雨量器、蒸发器等有的是从群众那里买来的，有的是自己做的。刘春安把实验场的科研人员划分到技术研究室和推广组中，技术研究室分粮、棉、植保等专业，还有一个气象观测员。大家一业为主、互相兼顾。研究内容以当时生产上迫切需要解决的问题为主，目标就是尽快地把生产搞上去。

当时山东小麦腥黑穗病严重，使本来单产就很低的小麦减产20%以上，农民急得守着麦垛哭。刘春安组织技术室的同志经过大面积调查和田间试验，找出了原因，解决了肥料的粪种分离问题，根据研究结果再经示范推广，杜绝了腥黑穗病的传播。这项成果后来在华东农业科技会上获得了一等奖。另外，刘春安同志在工作中运用他渊博的农业知识和经验，在动荡的年代，在品种工作上进行农家品种筛选，进行玉米杂交制种、棉花栽培试验等方面都取得了显著的成果，在生产上得到迅速推广。

1948年济南解放，山东全境获得了和平的环境。这年冬天，在山东益都召开了山东省农业科学技术会议，新老解放区的农业科技工作者在此会师。刘春安和省实业厅的宋彦仁共同主持了会议，会议对山东农业实验所取得的成果非常满意，对山东农业的贡献给予了肯定，会上举办的小型农展会也很受群众的欢迎。

3. 接管旧科研机构，留用、物色农业科技精英人才

山东农业科学技术会议结束，根据上级指示，刘春安带领参加会议的一部分代表南下参加新解放区的接管工作，在济南又从山东大学和农业科研机构中扩充了一部分同志。这些同志在刘春安的带领下1949年2月到了安徽怀远，并在那里进行了编制和学习，明确了他们的任务是跟着部队"战上海"并接管上海农林事业单位，在接管中应注意一些事情，尤其是学习有关政策以及进入大上海后不要被糖衣炮弹所迷惑等道理。大家整顿学习后沿淮河南下，穿着崭新的军装，几千人乘数百艘民船，浩浩荡荡，歌声嘹亮。解放军4月21日渡过长江后，刘春安率领接收人员在南京解放的当天23日也从扬州渡过了长江，渡江后集结听取了陈毅司令员的讲话："解放上海，还要保护好上海"，对于国民党的企事业单位要执行的是"全盘不动、整套接收"的方案。

1949年5月26日上海苏州河南解放，接收人员乘卡车进入上海。这天晚上，任华东财经委员会军管会农业接管军代表的刘春安率队，与华东机关接管干部一起住在国际饭店旁的金门饭店内，10人一间仍是打地铺。接收人员与上海地下党农业方面的负责人何康（上海解放后何康为华东军政委员会农林水利部副部长）会师，

互相介绍了情况，刘春安提出人员不足的问题，何康提供了一个支援名单，上面也有当时"中央农业实验所"的几位同志，这些同志以后也成为华东以至全国农业战线的专家和领导人。5月27日上海完全解放，刘春安任中国人民解放军上海军事管制委员会农林接收专员、军代表，率领接收人员接管了上海农场及其下属的几个奶牛场、加工厂、营业所，还有上海棉厂、市中心农场、病虫药械厂、东沟农场等。在每一个接管单位，接管时都要召开职工大会，宣读中国人民解放军布告，宣令各单位各按职守立即恢复工作，并开始生产。每个单位留2～3个上海军事管制委员会的同志作为联络员。

据当时从山东解放区一直跟着刘春安的助理军代表朱烨（后任江苏农业科学院粮作所所长）和上海解放时地下党派来的助手（助理军代表）范平（现为农业部全国农业技术推广中心离休干部）回忆，他们由刘春安带领，负责接管上海农事实验场、棉改处上海分处（棉改处在北京也有分处，上海分处下属有上海江湾棉场，太仓、奉贤棉场，当时在奉贤有全国唯一进口的锯齿轧花机厂）、有关植棉指导区、上海药械厂等单位。对各个接收单位的情况刘春安事先做了详细的了解，对于科研人员能留用的一律留用，并对他们的具体困难给予妥善解决，调动了他们的积极性，工作恢复得很好；他的专业知识水平、平易近人的和蔼态度也给人们留下了深刻的印象，许多人在知道刘春安是留学日本的大知识分子时，都感到惊讶，说看上去是个经验丰富的老革命，一点架子也没有。他直接领导接管处的工作，具体是贯彻执行上级下达的各项人员清点、财务接管等工作，并根据上级指示进行机构精简及整顿任务。由于工作细致有序，做出了突出的贡献，受到了上级的嘉奖。

1950年2月6日，美国政府派遣飞机配合蒋介石的飞机开展了对上海的轮番轰炸，上海工业用棉花、粮食、煤炭供应受到很大的影响，如何从各种渠道解决这"二白一黑"的重要物资供应问题，成为当时的重要任务。刘春安遵照上级指示精神，在七八月间组织了苏北棉垦区考察团，他担任考察团团长，棉改处处长胡竞良为副团长，带领南京中央农业实验所有关植保、农机、栽培等专家（华东还配备了解放区报社的记者随同考察团全程采访），赴苏北沿海棉垦区考察，准备有计划地开垦苏北棉垦区。这一年底，考察任务完成，并写出了详细而具体的考察报告。

刘春安在上海工作的短短的时间里，为华东军政委员会对上海农业单位的接管、整顿、科研机构改革、科研人员的安置留用、科研仪器的保护利用以及对苏北农垦区的考察和远景规划做了许多工作，为新中国农业事业的发展壮大，开创了一个很好的范例。

四、创建农林科研教学机构

1. 山东农学院（山东农业大学）首任院长

山东农学院的前身最早为 1902 年 9 月建成的山东高等农林学堂，地址在济南东关外七里堡原有试验场附近，当时分为农、林、蚕三科。1916 年改为山东公立农业专门学校。1927 年山东督办张宗昌将山东六大专门学校：农专、商专、矿专、医专、工专、法专合并为山东大学，该院为山大农专。1928 年为青岛大学农学院试验场；1931 年改为乡村建设研究院专科学校；1938 年改名为华北农事试验场济南支场，同时成立农业职业学校。国民党接收后在 1947 年 9 月成立山东省立农学院。1948 年 8 月济南解放，刘春安受命接收山东省立农学院和农业职业学校并将其合并，12 月又将山东省实业厅在青州举办的农林专科学校合并，在这期间，又新招生 679 名学生，计有农学、园艺、森林、农化、水利五系和专修科合作、会计、水文、测绘、森林、气象六科共 1216 人，全校教职工 1493 人。组成了山东农学院，刘春安为首任院长。

1949 年夏因工作需要，同时进行整编，对山东农学院之合作专修科、会计班、行政班进行结业分配，分配学生 113 人；9 月添招畜牧兽医专修科一班；11 月将黄河水利专科学校合并为水利系二年级二班，并进行气象专修科结业分配工作。此特计本科为农二、农三、园三、森二、森三、化二、水二两班，专修科为畜牧兽医专科一、森专二、测绘二、水文二，合五系四科学生 359 人，即新的山东省立农学院。

山东省立农学院 1952 年与山东大学农学院合并，成立新的山东农学院；1958 年由济南迁到泰安，与林学院、畜牧兽医学院、泰安农校、济南水利学校合并为山东农业大学。1959 年仍恢复为山东农学院，1983 年更名为山东农业大学至今。

1948 年 8 月至 1949 年 10 月，这一时期虽然不长，但是刘春安运用他丰富的教学经验和娴熟的专业技术及多年革命的经历，很快稳定了局势，并使学校的工作走向了正轨。在接收初期，同时又有几个学院合并过来，还有一部分解放区的同志参加进来，思想的统一尤为重要。为此，他一方面组织大家学习，认清共产党和国民党的不同，减少了教师和学生对共产党的怀疑顾虑，减少了对抗的性质，稳定了民心；组织新的学生会，使学生对新的学习方法有了新的体会；正常开学，在新的教学方针未定之前，先使用老的教科书，不耽误正常的学习。

对学校的整顿是在充分的准备之后。首先从津、沪、杭聘请一部分教师（17 人），调整了一部分不适宜教学的人员，对他们进行政治教育，使其提高觉悟。其次，调整学校机构，添置了图书、仪器，给学校今后的发展创造了很好的条件。

刘春安凭着他在接收国民党农业院校和创建新型的革命院校的成功经验，为今后解放大军南下，接收大上海和南京的国民党中央农业机构铺平了道路。

2. 成立华东农业科学研究所，为首任党委书记兼所长

1949年10月中旬，刘春安接到调令，到南京成立华东农林部驻宁办事处，任办事处主任。南京市军管会将中央农业实验所、中央林业实验所、中央畜牧实验所及其下属单位，还有棉产改进处、烟产改进处、农业推广委员会等移交给办事处接管。这一段的工作主要是接管后的各项恢复工作，继续开展各单位的业务工作，学习党对新解放区的各项政策。

中央农业实验所成立于1931年1月，当时的实业部长陈公博为所长，在南京孝陵卫之东购地2570亩，就是现在江苏省农业科学院所在地。1937年完成稻作、麦作、蚕桑病虫害、兽医5座实验大楼和行政大楼的建设。1937年因战事迫近南京，中央农业实验所被迫西迁至长沙、四川容县、重庆，1946年抗战胜利后才从重庆迁回南京。中央农业实验所在全国设有许多分支机构，如北平农事试验场（现在中国农业科学院所在地）、重庆农事试验场、河南安阳棉作试验场、陕西武功农业试验场、浙江崇安茶叶试验场等。

1950年2月2日成立的华东区财政经济委员会农林水利部南京农业科学研究所筹备委员会，由刘春安、周拾禄、傅胜发、华兴鼐、朱烨、赵新生、程绍迥、郑庆瑞、李瑞敏、傅焕光、汪祖华组成，刘春安为主任委员，程绍迥、傅焕光、周拾禄为副主任委员。1950年3月中央决定成立华东农业科学研究所，任命刘春安为所长、九三学社的周拾禄为副所长。华东农业科学研究所由原中央农业实验所、中央林业实验所、中央畜牧实验所合并而成，地址在南京孝陵卫原中央农业实验所，占地2400多亩，有一大批高级农业科研人员，是一个比较好的试验场所。华东农业科学研究所设10个系，为稻作系、小麦杂粮系、特作系、植保系、园艺系、桑蚕系、土壤系、农具系、畜牧系、森林系，下属单位有孝陵卫棉场、老山林场、东善桥林场、东流林场、血清厂等。华东地区五省一市（山东省、江苏省、安徽省、福建省、江西省、上海市）均成立农业科学研究所，由华东农业科学研究所负责其科研领导工作。

华东农业科学研究所当时在全国来说研究门类是最齐全的，研究人员尤其是高级科研人才是最多的。当时的专家阵容之强列于全国农业科研单位之首，农学界人士都说，全国农业科研系统四分之一的第一流高级农业专家，都集中在此。刘春安

针对连年战争造成的研究与实际相脱节的问题，将所里的科研人员分成三部分，先做调查研究，找出解决办法，暂时不清楚的通过试验解决，迅速恢复农业生产，提高作物产量。这些人员一部分下基层，在主要产区蹲点带面，发现问题及时解决；一部分人员做五省一市面上的调查研究，发现问题提出解决办法，一时不能解决和发现的新问题，带回所里进行试验研究；一部分人员在所里把外面带回来的问题，做试验研究工作。

在调查中发现在粮棉两熟棉区，前作麦子或蚕豆收后再种棉花，棉花播种期就少了 1 个月时间，对棉花生育不利；如皋把棉花套种在麦行之中，棉苗得不到阳光，影响了产量。刘春安积极支持特作系主任华兴鼐提出的营养钵育苗移栽的办法，交由朱烨等人研制制钵器以及营养钵土壤的配合，在温室试种棉种后发育良好、出苗整齐。1955 年将这一研究成果扩大试验，在苏北、苏南进行示范，取得了显著的增产效果，每亩增产 20% 以上，达到了粮棉双丰收。这一成果很快在江苏省推广并逐步在长江流域棉区及黄河以南棉区以及全国棉区推广，延续到 1990 年全国已推广达 2800 万亩，这是棉花栽培史上的重大改革，50 年来累计社会经济效益在 200 亿元以上。

为了提高科技人员的业务水平，刘春安安排科技人员分期分批参加各种学习和培训班。从 20 世纪 50 年代初他主持的有数百人参加的全国米丘林栽培育种培训班、作物栽培学习班等，取得了成功的经验。华东农业科学研究所的培训班以培训华东五省一市农业科级干部为主，单位里形成了人人参加学习的局面，每个科研楼晚上都是灯火通明，出现了学政治、学业务、学外文、搞科研的热闹场面。

1949 年南京解放时，中央农业实验所只有中共地下党员三个人，数百名科技人员中没有一个党员，华东农业科学研究所成立时，10 个系中也同样没有党员。刘春安就派到每个系中一名懂业务、年轻有能力的党员担任系秘书，这些人有的新中国成立前就从事科研工作、有的是地下党员，他们都是学农的。这些同志一面协助系主任工作，一方面进行建党工作。随着党员人数的增加，从原来每个系一名党员发展到一个党小组，后来发展到一个支部。在派往各地的工作组中也有一部分党员参加，以加强党对科研工作的领导，用这种方式培养了一批干部。这些同志在经过工作磨炼的同时业务水平也有很大提高，成为各单位既懂政治又懂业务的骨干力量，在 20 世纪七八十年代初都走向了各级领导岗位。

3. 筹办建设中国农业科学院

1954 年中央决定取消各大行政区，各省由中央直接管辖。在此形势下，全国几大区的农科所的取消合并也提上了议事日程，中国农业科学院的建立也成为必然。中央决定在首都北京华北农业科学研究所的基础上组建全国性的农业科研机构，并为此成立了筹备组。刘春安作为筹备组的主要成员，自始至终参与了组建工作，负责科研机构和科研人员的协调，调来了一大批农业科研骨干和专家，为中国农业科学院的成立做出了应有的贡献。1957年3月1日中国农业科学院成立，实行院长、秘书长负责制，刘春安任第一副秘书长（秘书长由副院长、老革命家朱则民兼任），为第一届院学术委员会委员。3月9日下午召开了中国农业科学院第一次院行政会议，对院领导工作进行了9项分工，刘春安负责第2项：根据国务院对第二个五年计划的研究任务，自上而下并由下而上地制定1958年农业科学研究计划；第3项：在12年远景规划的基础上，制定全国各地区农科所和省所（站）第二个五年计划的农业科学方案。

1957年8月8日中国农业科学院成立以刘春安为首的八人建所委员会，8月26日取消华北农业科学研究所，在该所的基础上建立中国农业科学院作物育种栽培研究所、土壤肥料研究所、植物保护研究所、畜牧研究所、原子能利用研究所、农业气象研究室。8月27日下午第二次院长办公会议，院领导具体分工，刘春安负责学术、秘书处、编辑出版、科学情报工作。

五、学术、科研与人才培养

1. 访苏报告

刘春安作为中国农民代表团的代表，新中国成立初期，为了学习社会主义国家建设经验，前往苏联和东欧社会主义国家进行考察、参观、访问。在访问期间，做了大量的记录，为百废待兴的中国农业积累经验。尤其是苏联的集体农庄建设，更是给他留下了深刻印象。1952年，中国农学会在南京举办新中国成立三年来农业建设成就和学习苏联先进生物学座谈会，刘春安作为学会组织理事，在会上作了"苏联集体农庄报告"，与会人员感觉收获非常大。为了与社会主义国家搞好关系，学到他们先进的经验，刘春安每到一个国家，都和他们农业战线的领导进行座谈，和他们交朋友，从他们那里学到了不少的先进经验。

2. 举办米丘林遗传育种培训班

新中国成立初期，工农业建设担子很重。农业科研需要一批遗传育种专家，除了从旧机构留下来的一些科研人员，还有部分解放区自己培养的科技人员，他们急需培训提高。为了物色教员,刘春安非常重视从国外回来的一些科研人员和专家,除了把他们安排在各个重要的岗位,还聘请他们为各个培训班的教员,充分发挥了他们的特长。1952年,在学习米丘林路线中,华东农业科学研究所还配合学习,办了简报。对旧的遗传学的某些认识进行了讨论,特别是在杂交育种的目标、取材、后代处理以及选种和繁殖工作,还有栽培工作对于增产的重要性等方面受益匪浅。1955年,中国农学会联合其他有关单位,以农作物栽培育种与耕作技术为主,举办了纪念米丘林诞生100周年纪念会和培训班,刘春安主持培训班的工作,并做了数场报告,全国数百农业科研工作者参加了培训。时隔40多年,中国农业科学院作物品种资源研究所科研处的一位处长在谈到他当年参加培训班的情景,还动情地说,那次培训使他坚定了投身农业科研的信心,也找到了遗传育种的门路,他特别谈到刘春安的报告深刻生动,至今仍让他记忆犹新、终生受益。

3. 举办第一次中苏国际水稻大会

1957年6月18日,刘春安担任中苏水稻会议筹备委员会主任,筹办这次会议。这是中国农业科学院建院以来举办的第一次大型国际专业会议(后称为中国水稻科技经验交流会),会议在武汉举行,出席会议的国内代表有20人、外宾20人、列席代表40人,我国许多科技人员出席或旁听了这次会议。会议就中苏及其他国家水稻的资源现状、育种进展以及双方的合作进行了充分交流和座谈,这使我国的水稻育种工作者开阔了眼界、拓宽了思路,对今后的育种工作起到了重要的作用。会后,出席交流会的朝鲜代表在林熙春团长率领下访问中国农业科学院,了解棉花培植情况,刘春安向他们介绍了有关情况。这也是建院以来最重要的也是第一次外事活动。

4. 学术活动、科研管理

江苏省农学会前身为中国农学会南京分会,1951年10月成立,建会初期会员有66人;1956年7月第二次会员大会时,会员已近200人。两届理事长为金善宝,组织理事刘春安、华兴鼐,学术理事冯泽芳、梅籍芳、马育华。其章程中规定"理事会为工作需要设组织委员会及学术委员会,人选由理事会决定之,以组织理事及学术理事为主任"。该会设在华东农业科学研究所,刘春安在学会的筹备、创建和学术交流中起了很大的领导、组织、支持作用,使得学会得以很快开展了丰富的学术和交流活动。

1957年10月25~29日在北京召开中国农业科学院学术委员会常务委员会第二次扩大会议,出席代表80人(在京50人、外地30人),刘春安为核心组组长,在会上作了《1958年全国农业科学研究计划、建院以来的工作报告》。报告回顾了建院以来的工作经验和不足之处，对即将来临的新的一年（1958）的工作进行了规划，代表们进行了热烈的讨论，认为报告切合实际可行，对全院乃至全国的农业科研工作具有很好的指导意义。

1958年6月广西壮族自治区人民委员会作出《关于成立自治区科学技术委员会的决定》，科委由有关党政负责同志和科学家组成，下设物理、工业、农业、医药、社会科学等组，管理有关方面的科学工作。刘春安由国务院总理周恩来签署委任状，前往广西壮族自治区担任科委副主任、中国科学院广西分院副院长、广西农学院副院长。在科委两届任期（1959年5月至1965年4月）中，由于科委主任由自治区领导担任，刘春安实际担任的常务副主任行使的是主任的职责。六年中他在这偏僻且比较落后的地方做了大量的工作，将广西的科学工作做得有声有色，不管是工业、农业还是与邻国的友好合作关系都得到了长足的发展。他给广西人民留下了很好的印象和宝贵的财富。

当1965年底刘春安要调回中国农业科学院时，已是60多岁的老人了。调回北京不久，"文化大革命"开始，他大展宏图的设想没有机会实现了。10年中，运动一个接一个，大家手中的工作基本停止。他有时在院部，有时在科技组，有时在果园劳动，有时到基层蹲点，晚年又到全国农业展览馆搞农业展览工作。整天忙忙碌碌，家人都很少见到他的身影。院里研究所下放了，刘春安承担了院里的科研管理领导工作，不管是在农业所还是在原科技处，他都兢兢业业地工作，尽量使当时混乱的科研工作得以运转，在他机智的运作下，四分五裂的院科研机构没有彻底瘫痪，仍在不间断地进行实验研究工作，并取得了一定的成绩。

六、艰苦朴素、高风亮节

刘春安的一生光明磊落，一心为党为国家忘我工作，自新中国成立以来就没有再回过老家。他是独生子，参加革命后，照顾父母的责任就落在他唯一的儿子刘秉均身上。他的儿子在抗日战争和解放战争中，在地方也参加过革命，当过游击队员、县大队队员、教员、村长和会计。在干部南下时刘春安让他留下搞土改工作，帮助自己照顾好老人，后一直在家务农，1974年因劳累过度离开了人世。刘春安的3个女儿也是农民。刘春安没有为自己的子女麻烦组织安排工作，他的子女在父亲去世后也没有因个人的事情麻烦组织。

刘春安在进城后不仅教育同志们要警惕敌人"糖衣炮弹"的袭击，自己更是以身作则。他的妻子王玉清是旧式的农村妇女，比他还大好几岁，裹着小脚，他从不嫌弃，而是始终感激她在动荡的战争年代替自己赡养了父母和祖父母，替自己尽了孝心。新中国成立后将妻子接到自己身边，俩人恩恩爱爱一生，不管在北京、南京还是南宁，都得到人们的钦佩和羡慕。他有三个孙子、三个孙女，大孙子刘权初中毕业后带头上山下乡，依靠自己的努力，当上共青团南宁市委副书记，"文化大革命"中回老家种地，始终未再能回城；小孙子刘根泉中学毕业后在北京郊区插队，靠自己的努力自学完大专、本科和研究生课程，现在是两家专业、学术期刊的执行主编和编辑部主任，编审职称。其他的孙子女都在农村务农，他们对自己的祖父没有怨言，有的只是钦佩和自豪。

主要参考文献

中国农业科学院. 2001. 中国农业科学院院志. 北京：中国农业科学技术出版社.

朱烨. 2006. 华东农科所首任所长刘春安同志 // 江苏省农业科学院. 缅怀农学前辈. 南京：凤凰出版传媒集团江苏科学技术出版社.

撰写者

刘根泉（1955～），刘春安之孙。中国农业科学院作物科学研究所编审，期刊编辑室副主任；中国农学会遗传资源分会副秘书长；《中国种业》杂志社社长、总编；《植物遗传资源学报》编辑部主任。

本文承蒙江苏省农业科学院办公室档案科、广西壮族自治区科技厅文教处、山东农业大学档案处、中国农业科学院办公室档案处、中国农业科学院作物科学研究所档案室提供资料素材，范平、卢良恕等同志提供部分回忆材料，特此感谢。

张乃凤

张乃凤（1904~2007），浙江湖州人。土壤肥料学家，中国现代土壤肥料科学的开拓者。1927年去美国康奈尔大学留学，1930年毕业，随后在美国威斯康星大学土壤系攻读硕士，1931年回国任教，1933年晋升为教授。1935年转到中央农业实验所任技正、土壤肥料系主任，1935~1940年，组织我国首次地力测定和化肥肥效试验，得出了"无论在哪一省，氮素养分一般极为缺乏；磷素养分仅在长江流域和长江以南表示缺乏；钾素在土壤中俱丰富"的科学论断，对我国化肥使用产生了深远的影响。新中国成立后，张乃凤历任华东区农林水利部技正、中央农业部参事、华北农业科学研究所研究员，1957年中国农业科学院成立后，任研究员，土壤肥料研究所副所长。张乃凤是全国化肥试验网的创始人和组织者，组织开展了全国化肥试验网1958~1962年第二次全国化肥肥效试验和1980~1983年第三次全国肥料试验。这些开创性的化肥肥效试验取得了丰硕成果，明确了我国土壤对氮、磷、钾肥的需要程度和肥效，总结出了合理施肥技术，制定了我国化肥区划。为我国肥料科学施用和化肥工业发展做出了重大的贡献。他主持和参加的研究项目及其成果，曾2次获得国家科技进步奖，4次获农业部技术改进和技术进步奖，1次获山东省农业技术改进奖。

一、土壤肥料学家

张乃凤，1904年3月31日出生于浙江省湖州南浔镇的缙绅之家。父亲张墨耕早年留学英国，回国后从商，对子女教育至为关注。张乃凤幼年时由家庭教师教读四书五经和古文等经史典籍。1914年10岁时增学英语，开始时是其父亲自己讲授，后聘请镇上一西医大夫用英文课本教授英语和化学。经10多年的学习，奠定了坚实的汉语功底和英语基础，并培养了后来对化学的兴趣。1922年迁居上海，经六叔张久香（美国麻省理工学院硕士）补习几何和代数后考入青年会中学，后又考入圣约翰中学。1926年毕业后升入圣约翰大学。半年后，圣约翰大学因国民革命军到上海而停办。1927年秋自费去美国康奈尔大学农学院留学，1930年毕业。随后在美国威斯康星大学研究生院土壤系攻读硕士，翌年获硕士学位。

张乃凤于 1931 年学成回国，受聘于金陵大学任副教授，讲授土壤学和肥料学两门课程，时年仅 27 岁，两年后晋升为教授。1935 年夏，辞去金陵大学教务，转到实业部新建的中央农业实验所任技正、土壤肥料系主任，潜心从事土壤肥料研究工作。同年，与邓植仪、侯光炯一起赴欧洲参加在英国牛津召开的第三届国际土壤学大会，在会上宣读了《中国古代土壤分类》一文，并座谈了肥料试验的途径。会后，在英国洛桑试验站短期学习肥料试验统计；在匈牙利理工学院学习阳离子交换分析；访问了一些欧洲国家的土壤肥料研究机构，前后历时半年有余。回国后，从 1935～1940 年，组织开展了首次全国地力测定和化肥效益试验，在 14 个省，68 个地点 9 种作物上共进行氮、磷、钾化肥肥效试验 156 个。抗日战争爆发后，张乃凤坚持进行肥料田间试验工作，并于 1939 年举办了我国首届土壤肥料实验技术人员培训班。

1944～1945 年，赴美国协助联合国善后救济总署编制中国战后善后救济用化肥计划，并考察访问了美国许多肥料研究机构。1946 年回国后，兼任农林部农业复兴委员会上海办事处的工作，负责善后救济用化肥的接收和分配，为恢复和发展饱受战争创伤的农业，增添了活力。

中华人民共和国成立后，张乃凤任华东区农林水利部技正。1950 年调北京任中央农业部参事，1952 年任华北农业科学研究所研究员，1957 年任中国农业科学院研究员。

张乃凤曾两度参与我国科学技术长远规划的制定工作。1956 年参与"1956～1967 年科学技术发展远景规划"（即十二年规划）中有关肥料部分的起草工作，随后参加中国访苏科学技术代表团，与苏联同行座谈规划中与"提高农作物单位面积年产量"有关的土壤、肥料、土壤微生物、土壤侵蚀和水土保持等问题，听取意见，收集资料。回国后，向全国科联农业各专门学会作了关于土壤肥料的访苏报告。20 世纪 60 年代初，又参与了"1963～1972 年科学技术发展规划"（即十年规划）的制定工作，为规划我国科学技术事业贡献了力量。

1957 年中国农业科学院成立后，他任研究员、土壤肥料研究所副所长。在几次政治运动中，他曾受到不公正对待，但他毫无怨言，仍旧勤奋工作，并坚信中国共产党的领导。"文化大革命"后期，他随土壤肥料研究所下放而迁往山东德州。当时他已年近古稀，仍坚持试验研究工作。他常说："我们搞农业的人，只要有土地，就有工作可做。"在此期间，他曾被推选为山东省政协常委。1979 年随土壤肥料研究所迁回北京。1986 年，他已届耄耋之年，始退出科研第一线，被聘任为中国农业科学院土壤肥料研究所顾问。

早在 20 世纪 30 年代，张乃凤就参加中华农学会为永久会员。他又是中国土壤学会的发起人之一，曾多次当选为常务理事。他还是中国化学会会员和中国农学会土壤肥料研究会理事。张乃凤是中国农工民主党党员，曾任中国农工民主党中国农业科学院支部主任。

二、中国肥料田间试验的先导

20世纪30年代初，张乃凤在南京金陵大学执教。那时，金陵大学农学院有两个好传统。一是每位教员都可以分到一块供试验研究用的土地；二是每位教员都有继续学习的机会。张乃凤为了做好肥料试验研究工作，一面在校方分配给他使用的七八亩土地上进行肥料田间试验；一面挤出时间去听美国康奈尔大学洛夫（H. H. Love）讲授的生物统计和英国剑桥大学威斯哈特（J. Wishart）讲授的田间设计与统计分析，并把这两门课程的学习和田间试验结合起来，比较了不同设计、不同计算方法的标准差等。后来，又按照随机区组排列在试验田上进行三要素肥效试验，得到了满意的结果。

1934年，张乃凤应邀与永利化学工业公司总经理范旭东见面，畅谈对研究全国肥料问题的设想，受到范旭东的重视。1935年，张乃凤担任中央农业实验所土壤肥料系主任后，南京永利化学工业公司每年出资一万元交中央农业实验所，指定由张乃凤负责进行氮、磷、钾三要素田间肥效实验。1936年初，张乃凤在江苏、安徽、山东、河北、山西、河南、陕西、湖南、江西等省布置三要素田间肥料试验。第二年，发展到了更多的省份和地点。当时三要素田间肥料试验的设计采用$2 \times 2 \times 2$复因子组合，田间排列采用随机区组，小区面积为1/20亩。当时这种设计和田间排列在国内还未普及，只有张乃凤及其助教姚归耕在金陵大学做过这样的试验。为了统一设计，统一田间排列方法，张乃凤按试验要求，预先在南京按试验地点将肥料统一装入纸袋，预定田间排列图，运送到各试验地点。施肥播种时，他由北到南，亲自到各试验点进行划区和施肥；收获时，又由南到北到各试验点操作。这种亲自动手的作风，是张乃凤从事科研工作的优良品质。

1937年抗日战争爆发后，中央农业实验所土壤肥料系迁至成都四川工作站。在抗战期间，肥料田间试验的队伍非但没有减少，反而扩大了，又有曾在英国洛桑试验站工作多年的新西兰籍专家理查生博士（H. L. Richardson）的帮助，田间肥料试验继续在陕西、四川、贵州和云南等省进行。这是我国有史以来的第一次全国性的化肥肥效试验，而且是在抗日战争期间极其困难的情况下完成的。在这次肥料试验中，张乃凤等在14个省，68个地点共进行氮、磷、钾化肥肥效试验156个，试验作物有小麦、水稻、油菜、棉花、玉米、谷子、甘薯、大麦、桑共九种。得出了

"无论在哪一省，氮素养分一般极为缺乏；磷素养分仅在长江流域和长江以南表示缺乏；钾素在土壤中俱丰富"的科学论断。这些试验结果整理成《地力之测定》一文，于 1941 年在《土壤季刊》上发表。这是我国化肥使用研究上的一项开创性工作，对我国化肥的使用和肥料田间试验有深远的影响。

三、全国化肥试验网的组织者

中华人民共和国建立初期，全国只有部分省区仍在坚持肥料田间试验并成立了省级化肥试验网。1957 年，农业部召开肥料工作会议，决定组织全国化肥试验网，并责成张乃凤负责设计和组织实施。在他的组织下，1958～1962 年全国化肥试验网在 25 个省（市、自治区）157 个试验点上进行了第二次全国规模的化肥肥效试验，研究发现在 20 世纪 30 年代第一次地力测定 20 年后，我国土壤普遍缺氮，仍然为作物生产的第一限制因素，在每公顷施氮素 45～60 千克情况下，每千克氮素增产水稻 15～20 千克，小麦 10～15 千克，玉米 20～30 千克；磷肥增产效果在南方稻区已经十分明显，在北方也已经开始显效，全国平均，在每公顷施 P_2O_5 45～60 千克情况下，每千克 P_2O_5 增产水稻 8～12 千克，小麦 5～10 千克，玉米 5～10 千克；而多数情况下钾肥增产不显著，在每公顷施 K_2O 45～60 千克情况下，水稻和玉米上每千克 K_2O 仅增产 2～4 千克，而在小麦上基本无增产效果。

1980～1983 年，在农业部的统一部署下，张乃凤又一次组织带领全国化肥试验网进行了第三次全国性的肥料试验，在 29 个省（直辖市、自治区）18 种（类）作物上完成了 5334 个田间试验。结果发现，与 20 年前相比，氮肥效果在不同作物上有所下降，每千克氮素增产水稻 9.1 千克（平均施氮量 126 千克/公顷），小麦 10 千克（平均施氮量 117 千克/公顷），玉米 13.4 千克（平均施氮量 124 千克/公顷）；磷肥效果在南方水稻上有所下降，而在北方玉米和小麦上有所上升，每千克 P_2O_5 平均增产水稻 4.7 千克（平均施 P_2O_5 量 58 千克/公顷），小麦 8.1 千克（平均施 P_2O_5 量 81 千克/公顷），玉米 9.7 千克（平均施 P_2O_5 量 84 千克/公顷）；钾肥效果在南方已趋于明显，在北方局部地区开始显效，每千克 K_2O 平均增产水稻 4.9 千克（平均施 K_2O 量 78 千克/公顷），小麦 2.1 千克（平均施 K_2O 量 86 千克/公顷），玉米 1.6 千克（平均施 K_2O 量 98 千克/公顷）。通过试验，明确了我国土壤对氮、磷、钾肥的需要程度和肥效，总结出了合理施肥技术，提出了提高氮、磷、钾化肥增产效益的措施，制定了我国化肥区划。这项工作获农业部科技进步奖一等奖和国家科技进步奖二等奖，为发展我国化肥工业和农业生产，做出了卓越贡献。

四、研究和推广锌肥效果显著

早在20世纪60年代初，张乃凤就开始了微量元素肥料试验的准备工作。"文化大革命"后期，他下放山东德州，开始微量元素肥料的研究。他收集了山东全省108个县（市）的土壤样品1700多个，进行速效锌分析，绘制出山东省土壤速效锌区域分布图。从中选择了速效锌极低的长清县作为试点，在施肥方法、施用量、施用时期、喷施浓度等方面进行示范和推广，增产效果非常显著，使其他各县竞相施用锌肥。1981年，山东省政府在长清县召开现场会，随后中国农业科学院土壤肥料研究所、山东省农业技术推广站、农业部科技局共同签订了农业科技重点示范推广项目专项合同，在山东全省推广应用，促进了山东的农业生产，并对全国的锌肥研究工作起了推动作用。这项成果荣获国家科技进步奖三等奖。

张乃凤在从事科研和科技管理工作的同时，还十分重视培养人才的工作。1979年，也就是中国农业科学院研究生院成立的第二年，张乃凤就招收了三名攻读微量元素专业的硕士研究生。从检索文献、阅读文献、总结国际研究动态、选定课题、制订试验方案，直至试验结果的整理和论文的撰写，都一一作了认真的指导和具体帮助，受到研究生的尊敬和爱戴。

张乃凤一直对我国化肥的试验和推广工作十分关心。针对我国化肥年施用量已超过1亿吨，而施肥技术大大落后于试验研究成果的状况，他强调技术推广的重要性，并指出，在推广普及中必然会发生新的问题，提出新的课题，从而推动试验研究工作的提高。同时随着生物工程技术的发展，农业产量必将明显提高，而作物对土壤养分的需求量也随之增多。目前一些作物和土壤除补充氮、磷、钾外还必须补充微量元素，到将来，氮、磷、钾、钙、镁、硫和许多微量元素都必须由人工补给。因此，肥料及其试验研究工作是不可缺少的。他的这些思想启迪着肥料科技工作者，也表明了这位在肥料田间试验领域辛勤耕耘了近80个春秋的学者对事业的热爱。

2003年3月的最后一天，北京友谊宾馆大宴会厅里像过节一样喜气洋洋。主席台上竖着一个金色的"寿"字，台上台下摆满了鲜花和花篮。这是一场别开生面的祝寿会，中国农业科学院在为我国土肥科学家张乃凤庆祝百年华诞。他是我国为数不多的年龄跨过3个世纪的科学家之一。在年逾百岁之后，张乃凤每天仍然坚持要看好几个小时的中外报刊，还要听新闻广播，至于国际上权威性的农业杂志，他永远不会放过，还时时不忘到实验室看一看，给年轻人出点子、提建议，他把毕生精力贡献给了土壤肥料科技事业，他的心中永远惦记着全中国的土壤和农业的健康发展。

五、张乃凤主要论著

张乃凤. 1941. 地力之测定. 土壤季刊, 2 (1): 69-112.
张乃凤. 1946. 考察美国土壤肥料纪实. 农报, 11 (28~36): 66-67, 93-94.
张乃凤. 1947. 考察美国土壤肥料纪实. 农报, 12 (1): 52; 12 (2): 52-53; 12 (3): 50-51.
张乃凤. 1958. 关于土壤肥料学科的访苏报告. 全国科联农业各专门学会传达"中国访苏科学技术代表团工作报告会"会议资料.
张乃凤, 陈文泉, 董慕新. 1964. 硼锰等微量元素盆栽试验及大田试验报告. 中国农业科学院土壤肥料研究所科学研究年报, 144-148.
张乃凤, 陈文泉, 董慕新. 1964. 土壤缺硼鉴定方法的初步尝试. 中国农业科学院土壤肥料研究所科学研究年报, 149-150.
张乃凤. 1985. 化肥的生产与需要. 国家科委蓝皮书, 第10号: 273-274.
张乃凤, 金继运, 高广岭, 等. 1987. 温度对三个土壤钾素容量—强度(Q/I)关系的影响. 中国农业科学院土壤肥料研究所科学研究年报, 52-56.
张乃凤, 高广领, 金继运, 等. 1988. 我国主要土壤中钾的形态分级. 中国农业科学院土壤肥料研究所科学研究年报, 24-26.
张乃凤, 王莲池, 金继运, 等. 1988. 用EUF法测定土壤供钾能力. 中国农业科学院土壤肥料研究所科学研究年报, 26-27.
张乃凤. 1988. 在国际平衡施肥学术讨论会上的闭幕前评语 // 中国农业科学院土壤肥料研究所编著. 国际平衡施肥学术讨论会论文集. 北京: 农业出版社: 5-6.
张乃凤, 刘寄陵. 1989. 科学施用化学肥料, 促进粮食稳定增产 //中华人民共和国农业部编著. 中国粮食发展战略对策. 北京: 农业出版社: 480-488.

主要参考文献

中国农业科学院土壤肥料研究所编著. 1994. 张乃凤先生九十寿辰纪念文集. 北京: 中国农业科学技术出版社.
中国农业科学院编著. 2003. 情系中华大地献身土肥事业——贺张乃凤先生百岁华诞(内部资料).

撰写者

金继运(1950~), 中国农业科学院农业资源与农业区划研究所研究员, 张乃凤先生的学生。
张维理(1953~), 中国农业科学院农业资源与农业区划研究所研究员, 张乃凤先生的学生。

郑万钧

郑万钧（1904～1983），江苏徐州人。林学家、树木学家、林业教育学家、中国近代林业开拓者之一。1955年当选为中国科学院学部委员（院士）。1939年赴法留学，同年获科学博士学位，回国后任云南大学教授；1955年任南京林学院院长；1962～1983年任中国林业科学研究院副院长、院长、名誉院长。毕生从事教学和科研工作。郑万钧在树木学方面有极深造诣，发表树木新属4个、新种138个，其中一些是中国特有的珍稀树种。1948年，他和胡先骕定名的水杉新种，被认为是20世纪世界植物学界重大发现之一。他建立了一个全新的中国裸子植物分类系统（郑万钧系统），在国内外产生重要影响。在森林地理研究方面，他提出了与造林、森林经营的调查研究、试验研究相结合的工作方法，对中国森林地理研究做出奠基性的贡献。他一生著作甚丰，中外文论著100多篇（部），尤其是他晚年主编的《中国主要树种造林技术》、《中国植物志》第七卷（裸子植物门）和《中国树木志》（第1～4卷）出版后，受到国内外林学界和植物学界的赞誉。郑万钧多年从事教学工作，为国家培养了大批林业专门人才，他们在林业科研和林业教学工作做出了突出的贡献。

一、生平概要

郑万钧，字伯衡，1904年6月24日生于江苏徐州一个商人家庭。祖父经营酱园，在徐州颇有盛名，曾任徐州商会会长。父亲郑於恒、伯父郑於恕、叔父郑於憲，兄弟三人从未分家，由伯父执业，有市房一所、酱园店一所、田地200余亩。满清末年家境渐衰，其父向伯父要了些酱货，开设一个小酱园，做些小生意，以维持生计。郑万钧幼年时爱好学习，曾就读于一所法国人办的徐州法文学校。在小学读书时，学校组织郊外远足，满目童山荒野，洪水侵袭过后泥沙到处横流，这些都深深地刻在他幼小的心灵上，逐渐产生了改变这穷山恶水面貌的社会责任感。19世纪末20世纪初，列强不断侵略中国，鲸吞国土，国弱民穷，大批知识青年以天下为己任，怀着教育报国、科学救国等宏愿振兴国家，造福人民。郑万钧于1920年9月违背家庭愿望考入江苏省第一农校林科学习，1923年7月毕业，留校任陈焕镛的助教。当时在东南大学任教的钱崇澍常去江苏省第一农校讲课，他发现郑万钧勤奋好学，树木学基础好，于是1924年在他的举荐下调到东南大学，破格提升为树木学助理。之后，还得到林学界前辈陈嵘的亲自指导，对他以后创立实验树木学产生重要影响。他在钱崇澍、陈焕镛、陈嵘等老一辈科学家的亲自指导和培养下，打下了植物学、树木分类学坚实的基础。

1925年11月至1926年9月，在铜山县实业局当实业员，负责苗圃管理，开展育苗造林工作。1929年进入中国科学社生物研究所从事研究工作，在近10年的时间里（其间1932年8月至1937年6月，在南京中央大学森林系兼课讲授树木学约五年时间；1937年抗日战争爆发，随中国科学社西迁四川；1938年2月至1938年9月，在重庆任经济部农林司代理科长），在钱崇澍的指导下进行树木分类的研究，并确定以裸子植物为研究对象。在胡先骕指导下从事我国森林植物的调查研究，特别是对川西和西康的森林调查，这是前人从未涉足、尚无研究的地域。由于他业务基础较好，被破格聘为树木学研究员。在此期间，他写出几十篇很有价值的论文。但郑万钧深感知识不足，希望在林学、植物学理论上得到进一步提高。中国科学社决定送他到国外学习，于1938年底至1939年初，他远涉重洋，去法国图鲁兹大学森林研究所进修，获科学博士学位，于同年12月回国，云南大学聘他为教授，兼云南农林植物研究所研究员。1940年4月至1940年8月，曾任峨眉林业试验场代理技正。1940年9月至1944年7月，担任由胡先骕主持的云南农林植物研究所副所长，研究树木分类。1944年8月到中央大学任教授兼森林系主任，直到1950年。1948年郑万钧与胡先骕共同署名发表的"活化石"——水杉新种，引起世界林学界、植物学界的震惊，特别是引起了古植物学界的重视，这是他融会古今植物学研究的一个重大成果，是对世界植物学界特殊贡献。

中华人民共和国成立后，郑万钧于1950年8月至1952年7月任南京大学农学院森林系主任、副院长。1952～1962年任南京林学院教授、副院长、院长。1953年被评为国家一级教授，1955年被选为中国科学院生物学部委员（院士）。1962年被调到中国林业科学研究院工作，先后担任副院长、院长、名誉院长，中国林学会第二、三届副理事长、第四届理事长等职。郑万钧1952年加入九三学社，1955年加入中国共产党。他曾当选第三届全国人民代表大会代表，第四、五届全国政协委员，九三学社中央委员。郑万钧勤于写作，一生论著共100余篇（部），他的多部巨著，如《中国植物志》第七卷（裸子植物门）、《中国主要树种造林技术》、《中国树木志》等有许多重要创新，其中《中国主要树种造林技术》一书于1978年出版后获林业部科技成果奖一等奖。《中国植物志》第七卷（裸子植物门）1978年出版，于1981年获林业部科技成果奖一等奖、1982 年获国家自然科学奖二等奖。他在实践中创立了实验森林地理学、实验树木学、森林动态生态学。一生共发现新属 4 个、新种 138 个，对我国乃至世界林学和植物学的发展做出了杰出的贡献。

二、对中国树木学进行了开拓性研究

教学和科研贯穿他一生，他认为教育与科研必须紧密结合，才能互相促进、互相补充、共同提高。在科研工作中，坚持科研必须根据国家需求，与生产相结合，为建设服务。他强调科研工作要进行多学科综合研究，提倡学科的交叉和渗透，形成创新思维和想象力。他具有善于探索、敢于争先、力攀科学高峰的精神勇气和素质，有向上进取的动力，做到有所发现、有所创新。在郑万钧的科学研究中，对中国树木学进行了开拓性和创新性研究，他拓宽了树木分类学的范围，不为分类而分类，而是分类学为林业服务。新中国成立后，郑万钧继续从事树木分类学的科学研究和教学工作，郑万钧无论编写树木学讲义或编写树木志，不仅充分考虑到树种的地理分布和生态条件的记述，还对栽培、保护和利用等方面进行记载，为林业生产提供更完备的资料和可行的应用技术，从而达到为林业生产服务的目的。

1. 坚持野外调查，掌握第一手材料

郑万钧对大自然，对森林、树木有特殊的感情和悟性，他一贯重视野外调查研究，几乎跑遍了我国的林区，20 世纪二三十年代曾多次进行艰苦的野外采集和考察。他认为没有调查研究、不在野外考察中掌握真知识就难以认识自然、了解林业，难以提出林业生产方案，更无法解决生产中出现的问题。郑万钧广泛的考察和采集，积累了大量的树木标本，掌握了丰富的原始资料，为他的科研创新打下了坚实的基础，也为造林、森林经营提供了可贵的第一手资料。

郑万钧 1923~1925 年在江苏江浦劳山林场（原称江苏省教育团公有林）调查学习该场林业生产规划设计、造林施业案，造林、营林的经验和生产活动，积累一些经验；他 1924~1925 年到浙江长兴、孝丰一带采集标本和调查研究；1929 年他与钱崇澍到浙江天目山采集考察，这次采集发现天目木姜子、中华紫叶槭等新种；1930 年 4 月初，他与其同事受中国科学社生物研究所所长秉志及植物部主任钱崇澍的委派，去前人尚未涉足的西康、四川等地考察原始森林和采集树木标本，主要调查我国西康东部和四川西北部高山云冷杉等针叶林的种系和分布。从南京到成都，再徒步到康定（原西康）一带林区，山高坡陡，地广人稀，交通闭塞，他先从南京

乘船到合川登岸，步行7天到成都，然后西行越大相邻到九龙、瓦灰山、己丑山；考察深入到雅江、理塘，翻折多山、海子山、大炮山，到太宁、丹巴、康定、摩西面，翻越过许多近雪线的高山，深入边远原始林区，再折回成都；然后又由江油经平武到松潘、汶川。尽管道路曲折，生活十分艰苦，有时走到荒僻地方，吃不上饭，脚磨肿了，手划破了，身体日渐消瘦，但是他始终精神饱满，干劲十足。一次，为探索高山针叶林的分布规律，他和同伴们艰难攀登海拔4000多米的高山实地考察。郑万钧一行于1931年第二次去川西林区考察，前后历时14个月，对雅江、泸定、九龙、丹巴、康定、道孚、松潘、茂县、汶川、里县、懋功等地的森林作了系统地调查，采集到1600多号标本；1932年作了浙江诸暨枫桥香榧栽培调查及油柿栽培调查；1933年秋携新助手吴中伦（后为中国科学院院士）去黄山考察、采集标本；1936年进行了四川峨边天然林区调查，也是他第三次入川调查。在这次调查中他创造性地运用路线调查方法，标准地、标准木调查方法和标准木解析等先进方法，以调查森林类型、森林特性、树种特性和林木生长过程，提出开发利用、经营管理的意见。这种森林调查研究方法在我国还是第一次应用，并积累了经验；1937年春调查了浙江龙泉杉木林的造林、经营、利用及木材蓄积量。他还到江西的庐山、湖南的莽山、云南西部苍山和西双版纳、广东海南岛、鄂西的利川水杉坝等林区调查。湖北、四川东部交界地带、贵州中北部、广西南部、安徽南部、山东徐州、东北的小兴安岭、甘肃兴隆山以及福建、山东等地林区，都留下他的足迹；郑万钧1944年调查云南大理苍山的森林及主要树种。他在新中国成立后，于1950年调查了山东蒙山、泰山、昆嵛山林区的造林经验和树种特性；1957年调查雷州半岛南部的天然林及主要树种，海南文昌清澜港红树林特性及主要树种，云南西双版纳北部普文的天然林及主要树种。郑万钧还对我国的速生丰产林等进行了调查研究，1958年到福建省总结了南平溪后乡杉木林的丰产经验；1966年赴南方几省（区）了解速生丰产林的科研情况。

2. 发表水杉

由于积累了丰富、坚实可靠的第一手资料和实践经验，使他在科研工作中能够不断有新发现，能够不断开拓创新。如水杉的发表是郑万钧的重大科研成果，也是他早期学术生涯中标志性成就。早在1941年10月，中央大学森林系干铎教授由鄂入川路经谋道溪（又名磨刀溪，后划为湖北利川谋道区）时，万县杨在兴介绍当地有株俗称水桫之针叶树，惜未能定名。1944年中央林业实验所技正王战首次在湖北利川磨刀溪采得水杉枝叶标本，疑为水松，并未正式命名，托吴中伦转请郑万钧研究，但因标本不全未能正式命名。次年郑万钧派华敬灿去谋道溪采得花果标本，郑万钧凭借多年之实践经验和深厚的学识功底，初步认定这不是水松，可能是杉科一特殊新种，为稳妥起见，他把经过鉴定的标本寄给他的老师、被毛主席誉为植物学的老祖宗胡先骕，经他二人共同研究，并从文献中查得和日本古植物学家三木茂在日本第三纪地层中发现的化石种十分一致，遂正式建立水杉新属和命名水杉新种。论文于1948年一经发表，即轰动中外，被认为是20世纪的重大科学发现。郑万钧认为，其科学价值在于水杉是一种活化石，祖先在中生代白垩纪分布于北纬80°以北的北极圈，第三纪扩大分布到欧、亚、美北纬35°以北广大地区，当时有10种之多。第四纪北半球发生多次冰期，古水杉大部分绝灭，仅此一种残存于我国川鄂边境狭小的天然避难地。1948年水杉发现后国外引种遍及欧、亚、非、美各洲50多个国家，北至阿拉斯加等寒冷地区亦能栽种。国内温带和亚热带平原地区广为栽培，生长迅速，为庭园绿化、四旁植树和防护林的优良树种。

3. 发表植物新属4个和新种138个

4个新属：白豆杉属 *Pseudotaxus*（1947）；水杉属 *Metasequoia*（1948）；夏蜡梅属 *Sinocalycanthus*（1964）；拟单性木兰属 *Parakmeria*（1951）。他发现新种138种（含变种），研究涉及的面较广，多达34个科，这些发现和建树是对中国乃至世界植物分类学的巨大贡献。他在发现的新种中不少是中国特有珍稀树种，如白头杉、夏腊梅、水杉、普陀鹅耳枥、黄枝油杉、怒江冷杉、长苞铁杉、喜马拉雅红杉、短叶黄杉、大别山五针松、巨柏、琅琊榆、李叶榆、醉翁榆、天目木姜子、江浙钓樟、宝华玉兰、大果木莲等，具有重要学术价值。

他建立了一个全新的裸子植物分类系统（郑万钧系统），该系统主要特点是：银杏被作为一个独立的纲；将具有假花被和胚珠具有长的珠被管，木材中具有导管的特征视为较进化的，把盖子植物放在裸子植物最进化的位置；认为南洋杉科是松杉目中最原始的；第一次将三尖杉科升为目之等级。他的这个系统至今是世界领先的，在国内外被广泛应用。

三、开展试验林、示范林试验研究工作

郑万钧一生特别重视林场，尤其是试验、示范性林场工作，他认为，综合性试验研究的试验林、示范林是一项系统地全面地揭示环境条件与林木生理机制以及在各种经营措施下林木生长规律和效果的试验研究工作。这项研究应具有在以下两方

面的重要标志：一是要有测候、土壤分析、林木生长、树木生理、林分结构和相应的培育技术措施等系统的记录；二是示范林、试验林的培育技术（包括造林、幼中林抚育及成林更新等），能使试验林、示范林达到速生丰产。郑万钧对速生丰产林工作十分关心，不仅做了大量调查研究，总结经验提出技术措施，还对生长指标提出要求，如杉木的预期生长指标，每公顷年生长量要达到 15 米^3，或者超过 15 米^3。譬如大青山实验局可选用速生丰产树种，按照上述要求，进行示范林的试验研究工作。他指出对引种生长良好的，但尚无速生丰产培育经验的，也可做一些不包括树木生理在内的试验林的研究工作，以取得经验。如蚬木、柚木、云南石梓以及木兰科的一些树种。他还提出在中国林业科学研究院九龙山林场办好示范林和试验林工作，强调要把气象、土壤、生态、生理、栽培技术这些学科综合起来，在试验林里做研究工作，摸清林木生长规律。他强调示范林要选出标准地、确定速生丰产林的技术措施，促进试验林、示范林工作的顺利开展。

四、建立了实验森林地理学和实验树木学

郑万钧在森林地理研究工作中提出与造林、森林经营的调查研究、试验研究相结合的工作方法。通过森林调查研究和定位试验研究，了解森林特性、特征和树种特征，以及宜林荒山荒地的立地条件类型的划分（提出指数或称指标），并以动态观点研究森林生态指标、林木生理指标、林木生长指标和林业经济指标，以这些理论为基础，提出营林的技术措施和管理方法。他认为森林地理学研究范畴应包括森林更替迁徙与地史变迁的关系以及现代森林类型、分布与环境条件的关系，分析森林分布的规律性。郑万钧特别重视森林垂直变化与树种分布的规律，也是森林地理学研究的一个特点，并创立实验森林地理学这门新科学。在树木学方面，他认为树木学研究是以植物分类学、植物形态学、植物细胞学、植物生态学、自然地理学、气象学、地质学、土壤学、森林学、森林地理学等学科为基础。过去的树木学研究主要根据树木外部形态特征进行分类工作，对于树木系统发育的亲缘关系，特别是近缘种的亲缘关系，没有研究细胞染色体作为分类依据，因之对属种的差异、种内种间的差异以及属、种间的系统发育辨别不清，此为分类工作的缺陷。在他的研究工作中得到了纠正。郑万钧的这些林学基础理论研究对生产实践的指导性，越来越被人们所重视。

五、主编大型志书为科学研究和林业建设服务

郑万钧从 1973 年开始，负责编写《中国植物志》第七卷（裸子植物门），该书 1974 年定稿，1978 年出版，和《中国植物志》系统的其他志书一起，受到国内外的关注，深受国内外同行专家的好评。这本书共 59 万字，记载了我国裸子植物门的 4 纲、8 目、11 科、41 属、236 种、47 变种、43 栽培变种；发表了 1 新族、1 新属、26 新种、14 变种、3 新变种、29 新组合；纠正了前人误定的 32 个种，废弃了错误鉴定的 100 多个种。郑万钧在此书完成后于 1978 年开始编写《中国树木志》第一卷。开始编写时，郑万钧亲自撰写的《中国主要树种区划》是树种各论的一个"纲"。《中国树木志》第一卷包括树种区划、分科检索表、木本蕨类、裸子植物、被子植物从木兰科至马桑科共 25 科 109 属 1000 种（包括种以下的分类单位），共 132.8 万字，于 1981 年定稿，1983 年出版。第二卷文稿 200 万字，也经他审过一遍。《中国树木志》是以郑万钧为首的集体智慧的结晶。郑万钧还主编了《中国主要树种造林技术》巨著，他组织了 200 多个单位 500 余专家直接参与编写，郑万钧根据自己多年的科学实践和广大群众的生产经验，科学地、系统地阐述了各个树种的形态特征、地理分布、生物学特性、生长发育规律、选种育种、造林技术、病虫害防治、木材性质、用途及其经济价值等。这部著作对推动植树造林运动起到重大的作用。

六、治学精神与道德风范

郑万钧在长期教学和科研活动中，以他贯其始终的勤奋、探索、求实、创新相结合的治学精神，取得了一批重大突破的原创性和创新性科技成果。

1. 名师指点

郑万钧早年曾得益于诸多名师如陈焕镛、秉志、钱崇澍、胡先骕、陈嵘等的指点、教诲、培养和帮助。由于名师的指导，加上他自己的勤奋刻苦，使他不断取得重大突破。郑万钧对这些前辈们非常尊敬，感激师长们对他的培养与指导，在郑万钧发表的大量植物新种中，有许多都是用他的老师或师长的姓氏来命名的。例如为纪念老师钱崇澍教授的有钱氏钓樟、钱氏水青冈、钱氏柳、钱氏白豆杉；纪念胡先骕先生的有胡氏桢楠、庐山葡萄；纪念秦仁昌先生的有硬壳桂、秦氏含笑；纪念陈

嵘先生的有陈氏旌节花。郑万钧对法国导师高森（Gaussen）教授深深的怀念，同样也反映在其不同时期发表的新植物种名中，如醉翁榆，昆明柏。

2. 谦虚谨慎

谦逊是郑万钧学术思想中的重要内容，是他为人之道的一个原则。在各种场合下，从不张扬自己，对不知道和不清楚的事情从不掩饰，谦虚谨慎也是郑万钧做人的本色，做科研教育应有的科学态度。郑万钧认为科研工作只有通过不断探索，提高创造能力，才能有所创新。郑万钧为了攀登我国树木分类学的高峰，他吃苦耐劳、勇往直前。就是他行走攀登十分劳累的情况下，还要利用晚上整理标本，反复观察、认真记载，在这种艰难困苦的环境下，才取得科学上的成功。因此，可以说，郑万钧的成功，是强大的精神力量推动的。郑万钧的创新思想与他的创新思维、研究方法、工作方式和敢于争先的精神是密切联系的。集中体现在20世纪40年代发现水杉和七八十年代初的三大巨著。此外，郑万钧在完成一项重要任务时采取团队作战的方式，在他的指导和团队的密切配合下，提高了创新水平。郑万钧的每一项成果，都是他心血结晶，经得起历史考验；每一篇（部）论著，都源于实践，经得起反复论证。

3. 勤奋好学

郑万钧一生勤奋好学、艰苦奋斗、埋头苦干、不断创新，保持着争先向上、敢于攀登的精神，使他在裸子植物研究和分类系统上，一直处在国际领先的地位，走在国际树木学的前沿。他没有上过大学，而他自己勤奋学习、刻苦钻研、虚心求教，终于成为著名科学家。郑万钧高中毕业后通过自学、旁听、补习，精通英文、法文、拉丁文和德文四种外文，为研究树木学打好了坚实的外文基础。他的勤奋好学还表现在动脑与动手的结合上，他几乎每天都在标本室和实验室工作，仔细翻阅标本，详细记录并分析特点，掌握第一手材料。

七、教书育人　培养大批林业专门人才

郑万钧致力于林学教育事业近30年，培养出大批优秀人才。他认为教育必须为国家建设的迫切需要服务；课堂教育必须与社会实践相结合，教育与科研结合；编出有特色的、能用于实践的教材；对不同类型的人才，采用不同的方式进行培养，才能取得很好效果。他治学严谨，在培养林业建设人才上倾注了满腔心血。郑万钧从事教育的时间较长，他的治学精神很有特点，在林业教育界有重要影响。

1. 理论与实践相结合

郑万钧在理论与实践结合方面，强调实践的第一性。他在教学中积极贯彻理论与实践结合的方针，特别重视学生要到林区和山区调查，到现场进行学习，在实践中增长知识。1950年和1951年暑期，他带领学生到山东、江苏北部考察林业。1951年冬季，根据国家的需要，带领学生去广西南部开展橡胶宜林地调查。1952年，特别是1962年后，他虽然行政事务日益繁忙，仍坚持带领学生到南京郊区或安徽琅琊山实习。郑万钧认为搞植物分类学研究的特点必须有大量的实践积累做基础，要做大量的野外观察，广泛采集标本，进行对比分析；另外，要把精力放在标本室和实验室，经常去看、去"摸"，可增强学生在室内、野外的工作能力，是理论与实践结合的极为重要的方面。郑万钧为招收的研究生开设森林地理学、植物拉丁文等多种课程，令其经常接触实际，并指导和审阅他们的论文。

2. 重视编写教材

郑万钧在长期的教学实践中，十分重视教材的编写。他认为要教好学生必须要有适用的教材。他认为编写教材应多采用中国的资料，不要照搬外国的，必须有自己的特色。当他在野外调查考察后，都要把经过研究论证的资料，进行精细加工，编进教材，以不断完善、提高教材的质量，使学生更易于理解接受。郑万钧主持编写的《中国树木学》，是一部十分重要的好教材。书中选用的材料，是以全国各省区造林常用的乔木、灌木树种和天然林的主要树种为主，习见的树种和建群的灌木，以及形态上有代表性的部分树种，有利于培养学生独立进行树木分类工作的能力。本书被全国高等林业院校（系）、林业专科学校、中等林业学校采用为基础理论教材，也是全国农业、林业、生物科学研究机关和林业工作者、植物学工作者具重要学术价值的参考文献。他编写的《中国植物志》第七卷（裸子植物门）、《中国树木志》（第1~4卷）等巨著，不少内容编入了林业院校的教材。

3. 分层次教学方法

郑万钧在长期的教学实践中，积累了丰富的经验。对本科生、研究生、青年教师以及专家型人才采取分层次的教学方法。他对本科生采用通识教学，用"边看、边讲、边做"的方法，提高学生的认知能力。在课堂讲课用挂图，进行直观教学，然后按计划到野外观察，进行详细记载，分析研究，努力培养学生的兴趣，提高学习效果。招收研究生是为国家培养高层次人才。他对研究生教育是按国家需求进行定向培养，主要指其科研工作，着力培养在独立研究方面的能力。郑万钧认为研究生的研究论文，应在一定的理论基础上经过实地调查、室内整理、研究编写完成的，应具有实用价值或学术价值，使研究生提高理论水平。他对学生论文的选题把关很严，选题要准确，要有针对性，要有创造性和实用价值。他认为一个导师的学术作风、道德情操、工作态度对自己的学生有潜移默化的作用。对青年教师主要提高他们的独立讲课的水平，提高理论与实践结合的能力。郑万钧在1958年带青年教师到福建南平溪后乡调查杉木丰产林，研究其生长发育规律。通过研究不仅提高了对林业生产的认识，也提高了研究的水平。郑万钧认为教育必须与科研结合，不搞科研的教育是缺乏活力的教育，只有搞好科研，才能使教育、科研相得益彰，相互促进，共同提高。这次实践，使青年教师们认识到理论只有通过实践，才能提出解决林业生产中切实可行的方案。对培养专家型人才则采用组织全国力量，在编撰大型志书中按其参与人员的学知特长，进行有计划的分工，提高他们在学术上的综合能力和专业素养；就是有些已是教授或副教授的科技教学人员，通过编写，业务上也得到很大提高。

上述分层次教学，使受教育者各得其益，成为各方面的专家学者。这是郑万钧教育思想有别于他人的重要特点。

八、郑万钧主要论著

Zheng W J. 1930. A study of the Chinese pines. Contr Biol Lab Sci Soc China, 6 (2): 5-21.

郑万钧. 1931. 西康东部森林初步之观察. 边疆8卷 (1934年重新发表于中华农学会报第120期).

Zheng W J. 1932. Two new ligneous plants from Chekiang. Contr Biol Lab Sci Soc China, 8 (2): 72-76.

Zheng W J. 1933. The studies of Chinese conifers I. Contr Biol Lab Sci Soc China, 9 (9): 18-23.

郑万钧. 1934. 中国松及栽培之日本松. 科学世界, 3 (12): 280-302.

Hu X X. Zheng W J. 1948. Some new trees from Yunnan. Bull Fan Mem Inst Biol, New Ser, (1): 191-198.

Hu X X. Zheng W J. 1948. On the new family *Metasequoiaceae* and on *Metasequoia glyptostroboides*, a living species of the genus Metasequoia found in Szechuan and Hupeh. Bull Fan Mem Inst Biol, New Ser, (2): 153-161.

郑万钧. 1948. 法国庇利牛斯山森林与保土工程之观察 (调查报告). 中华农学会报, 188.

郑万钧. 1949. 湖北利川水杉产区的树木新种 (英文). 中国科学与建设, (2): 35-36.

郑万钧, 周本琳, 林昌庚, 等. 1959. 福建南平溪后乡杉木林丰产经验调查研究报告. 南京林业大学学报, (1): 59-82.

郑万钧. 1961. 中国树木学 (第一分册). 南京: 江苏人民出版社.

郑万钧, 章绍尧, 洪涛, 等. 1963. 中国经济树木新种及学名订正. 林业科学, 8 (1): 1-14.

中国科学院中国植物志编辑委员会. 1978. 中国植物志·第七卷·裸子植物门. 北京: 科学出版社.

郑万钧. 1981. 中国树种分类分布的研究. 林业科学, 17 (4): 453-455.

中国树木志编委会. 1981. 中国主要树种造林技术. 北京: 中国林业出版社.

郑万钧. 1983. 中国树木志·第一卷. 北京: 中国林业出版社.

郑万钧. 1985. 中国树木志·第二卷. 北京: 中国林业出版社.

郑万钧. 1997. 中国树木志·第三卷. 北京: 中国林业出版社.

郑万钧. 2004. 中国树木志·第四卷. 北京: 中国林业出版社.

主要参考文献

朱政德. 1991. 郑万钧 // 中国科学技术协会编. 中国科学技术专家传略·农学编·林业卷1. 北京: 中国科学技术出版社: 265-274.

王正. 2002. 南京林业大学校史（1952～2002）. 北京: 科学技术文献出版社.

《郑万钧林业学术思想》课题组（黄鹤羽, 凌云执笔）. 2008. 论郑万钧林业学术思想. 北京: 科学出版社: 3-79.

黄鹤羽, 凌云. 2008. 郑万钧生平//《郑万钧专集》编委会编著. 郑万钧专集——郑万钧林业学术思想研究. 北京: 科学出版社: 667-676.

撰写者

黄鹤羽（1936～），中国林业科学研究院研究员，博士生导师。

凌云（1929～），中国林业科学研究院高级编辑。

陆近仁

陆近仁（1904~1966），江苏常熟人。昆虫学家，农业教育家，中国昆虫形态学与幼虫学的开拓者，中国近代昆虫学及昆虫学教育的奠基人之一。1926年毕业于苏州东吴大学生物学系，并留校任教；此后在燕京大学和东吴大学研究院就读；1934年赴美国康奈尔大学深造，1936年获美国康奈尔大学博士学位。1936~1966年，先后任东吴大学、清华大学、北京农业大学教授；历任北京农业大学副教务长、大一部主任、校长助理等职。1951~1959年兼任中国科学院研究员。曾任中国昆虫学会理事、《昆虫学报》编委。他长期致力于昆虫形态学与分类学的教学与研究，在昆虫形态学、幼虫学、普通昆虫学教材建设、夜蛾科昆虫分类等方面做出了卓越贡献。他关于鳞翅目幼虫形态的论文及与合作者对于东亚飞蝗形态研究的系列论文是研习昆虫形态的经典之作，他关于鳞翅目、双翅目害虫生物学的研究结果为这些害虫的治理提供了科学依据。

一、生平概要

陆近仁，江苏省常熟市人，生于1904年8月24日。陆近仁于1922年考入苏州东吴大学生物学系，1926年毕业，并留校任教。此后，在燕京大学和东吴大学研究院攻读硕士研究生；1934年赴美国康奈尔大学深造，专攻鳞翅目昆虫，1936年获得哲学博士学位。由于学习努力、成绩优异，他在学习期间曾先后被选入Beta Beta Phi Tau Phi和Sigma Xi等荣誉学会，荣获3枚"金钥匙"。1936年回国后，重返东吴大学任生物学系教授；1938~1949年应聘为昆明清华大学农业研究所和国立清华大学农学院昆虫学系教授；1949~1966年，出任北京农业大学昆虫学系和植物保护学系教授，1956年被评为一级教授；其间，曾历任北京农业大学教务长、大一部主任、校长助理等职，1951~1959年兼任中国科学院昆虫研究所、动物研究所昆虫形态室研究员。曾任中国昆虫学会理事、《昆虫学报》编委等职。

二、中国昆虫形态学和幼虫学的开拓者

陆近仁是中国昆虫形态学家和鳞翅目昆虫分类专家，是中国少有的研究昆虫骨骼肌肉系统的学者。在昆虫形态学研究中，他强调形态与功能的统一。1926年自东吴大学毕业后，他在该校生物标本供应处工作3年，不仅进一步扩大了当时已具盛名的"东吴大学生物学材料服务处"的业务，而且大大提高了他的显微技术和科学绘图水平，广为同学和同事们所称道，并为其日后研究昆虫的形态打下了良好的基础；在20世纪30年代，他就从事鳞翅目昆虫的研究，并取得可喜成果。他是中国第一个系统研究鳞翅目昆虫幼虫分类并在大学开设昆虫幼虫分类学的教授，为开创中国昆虫幼虫分类工作做出了重要贡献。

20世纪40年代，在他的直接影响下，带动了许多教师从事昆虫形态结构和骨骼肌肉研究。东亚飞蝗骨骼及肌肉系统的研究是其代表作，所发表的论文均属国际水平；他与虞佩玉合作发表的东亚飞蝗形态学系列研究论文至今仍是高校昆虫学专业研究生学习昆虫形态学的经典参考资料，其研究成果和插图为国内许多昆虫学本科生教材与专著所引用，对中国学者研究昆虫形态、仿生学等方面具有重要的参考价值。1943年在清华大学农业研究所发表的昆虫学组手册（第一号）中，陆近仁对其西南联大时期在昆明数年间关于鳞翅目幼虫的研究成果进行了系统总结；从幼虫体躯分段、头部、胸腹的结构、足的趾钩形态及排列方式、体表刚毛的种类及毛序等方面做了描述，并附有精致的插图，所涉及的形态学名称均有精辟叙述解说，并列有中英文名词对照及被害寄主的学名。鳞翅目昆虫的危害期是在幼虫阶段，在20世纪40年代初人们对幼虫知之甚少，陆近仁的这篇论文，包括危害严重的蛾、蝶类30余科、120余属种，几乎全部资料都是他自野外采集后精心饲养、观察的结果。这是一篇水平很高的研究论文，奠定了中国该类研究方向的基石。陆近仁的研究成果充分显示出先生学术思想的超前水平和使用价值。20世纪50年代初期，陆近仁又与吴维均、管致和等青年教师合作发表了鳞翅目分科检索表、螟蛾科的分属以及鳞翅目幼虫头部分区的形态解剖等诸多论文，至今仍被全国各大院校广泛引用。

1948年陆近仁在清华大学为研究生开设昆虫形态学课程，其他教师也多参加了学习。陆近仁从insect与entomo的释意、morphology与anatomy之异同开始，到胚胎发育、体壁、分节、附肢、肌肉、头、胸、腹各部的形态构造与功能，均一一分目举例详细讲解。全部名词、名称均用英文原文，每次要在黑板上精绘大量的图表。课程内容广博，讲授精湛。在其直接影响下，曾弥白的"土鳖之骨骼"、朱振声

的"土鳖口器之肌肉、颈部之肌肉、外生殖器等"、吴维均的"衣鱼头部形态、口器之肌肉、咽部肌肉及其消化机构、食道组织"等形态学研究纷纷完成并发表。

在北京农业大学任教期间,他还对螟蛾科、夜蛾科等昆虫进行了分类与形态学的研究。在螟蛾科昆虫方面,他与管致和一起对《中国昆虫目录》中的螟蛾种类做了增订,使当时已知种类比胡经甫《中国昆虫名录》中记载的螟蛾科昆虫种类增加了一倍;在夜蛾科昆虫方面,他在有关专著中提出的鳞翅目昆虫幼虫毛序和发现的黏虫陷毛以及精珠的探讨,都颇有参考价值。这些论著充分显示了作者深厚的理论基础,敏锐的观察能力,严谨的学术风范,精湛的绘图技术,也使得陆近仁被誉为"中国的 Snodgrass"(Snodgrass 为世界昆虫形态学泰斗)。

三、中国近代昆虫学与昆虫学教学的奠基人之一

陆近仁长期从事生物学和昆虫学的教学工作,在大学任教期间,依靠其深厚的功底,为学生开设并讲授寄生动物学、动物制片法、昆虫技术、无脊椎动物学、普通昆虫学、昆虫分类学、昆虫幼虫分类学、昆虫形态学等课程,教学效果及授课艺术得到广大师生的赞许及高度评价。

陆近仁执教 30 余年,培养了我国大批昆虫学人才。早在昆明西南联大时期,便与刘崇乐教授等创建了清华大学昆虫研究所,培养了很多优秀人才,其中不少成为著名的学者,如朱弘复教授、姜淮章教授、陆宝麟院士、钦俊德院士等。在北京农业大学执教期间,他带领青年教师开展科研,并严格要求他们学好外文,查阅文献。陆近仁所领导的教研组里总是朝气蓬勃,充满了浓厚的学术气氛。那时,学术讨论中最活跃的两名教师管致和、吴维均,日后均成为教学骨干和知名的昆虫学家。

1947 年,清华大学昆虫学系第一届本科生入学,普通昆虫学由陆近仁与刘崇乐亲自讲授,吴维均任助教带实验课。刘崇乐讲绪论和分类的大部分,陆近仁讲形态学及鳞翅目昆虫分类。讲授和实验所用全部术语均采用英语,以便学生阅读国外文献资料;实验课主要由学生独立进行,教师仅对每次实验提出要求,分类学部分所用检索表均系英文原文;其他课程的实验指导和习题也用英语。

陆近仁授课技艺精湛,虽然带有浓重的苏州口音,但并不影响他讲课的生动性与效果。凡陆近仁主讲的课程,大都是通过自己的科学研究,并能联系生产实践,因而能够深入浅出。陆近仁曾为研究生及毕业班开设昆虫形态学、幼虫分类学等课程,昆虫形态学是研究昆虫学的基础学科,对于一些比较难于理解的形态学原理,由于陆近仁在解剖、制片和绘图方面造诣深厚,他通过精致的绘图,讲解得十分生

动透彻。大家听后不但懂得其原理而且对该专业颇感兴趣。至今，一些聆听过陆近仁授课的师生仍保留陆近仁当年讲课时的笔记，半个多世纪过去仍至为珍惜。30 年的教育生涯，陆近仁平易近人，诲人不倦，提携后辈，对同学循循善诱，对青年教师热情帮助，深受同学们与同事们的爱戴，他为祖国培育了大量专业人才，不少人已成为知名科学家或业务骨干，可以说是桃李满天下。1964 年，他讲授的昆虫形态学课程被北京农业大学评为全校理论研究联系生产实践的典范。

陆近仁一直非常重视教材建设，1955 年他与管致和、吴维均出版了当时国内植物保护专业最流行的本科生教材《普通昆虫学》（上册），并为北京农业大学主编的《昆虫学通论》（1980）打下了基础。

为了促进我国昆虫学科的发展，他积极倡导昆虫名称和名词的统一，并为此付出了辛勤的劳动。在西南联大时期，与刘崇乐一起组织翻译 Torre-Bueno 的《昆虫学术语》（*A Glossary of Entomology*）。1956 年中国科学院出版的《昆虫学名词》，他是主要审订人之一。他还为《英汉昆虫学词典》的编撰花费了很多心血，做出了重要贡献。

四、清华昆虫学会的骨干

陆近仁热心学会工作，是早年清华大学昆虫学会的骨干，为当时清华昆虫学会的发展及中国昆虫学会的发展做出了重要贡献。

清华昆虫学会（Tsing Hua Entomological Club）由刘崇乐等六人所发起，于 1938 年 10 月 14 日在昆明（抗日战争时期，清华大学从北京迁到昆明）创建，其目的是"以提倡昆虫科学、研讨昆虫问题，联络昆虫学界，发表昆虫著作为宗旨。"规定每年举行一次年会，每月一次常务会，每周一次演讲会，还可召集临时会、特别会等，会务活动规律而频繁，内容丰富而先进。不仅会员参加活动，而且还邀请国内外学者演讲，有时还与当时清华大学农业研究所植物病理学组、植物生理学组进行组际活动，近代生物学家胡经甫院士、蔡邦华院士、汤佩松院士、戴芳澜院士、俞大绂院士、裘维蕃院士、吴征镒院士、陆宝麟院士、殷宏章院士、沈同教授等都曾参加过当年的演讲会或做过演讲。学会成立后不久，陆近仁博士来清华大学任教授，12 月 9 日开始参加学会活动，并在第六次演讲会上作了他在该会的第一次学术报告，题为《峨眉山采集旅行》。

清华昆虫学会从 1938 年创办到 1949 年清华大学农学院、北京大学农学院等合并为北京农业大学的 11 年中共举办过 248 次演讲，由 42 位中外学者主讲。演讲次数最多的就是陆近仁，共 47 次；在昆明的八年中，他与其他同事一道在极其艰苦的环境中，克服了设备与图书的不足，潜心进行鳞翅目幼虫的研究，此期的 28 次报告中有 13 次专门涉及鳞翅目幼虫的形态、食性等；1946 年抗日战争胜利后，清华大学昆虫学组教师们从昆明迁回北京的途中分别在贵州永宁、湖南长沙、浙江吴兴与上海做过 4 次演讲，陆近仁的第 29 次演讲就是于 1946 年 9 月 27 日在上海做的，内容是"柳天社蛾先成幼虫之形态"。清华昆虫学会演讲会自第 171 次起在北京举行，前四次为先达北京的少数会员参加；会员均抵北京后，1946 年 12 月 13 日在升平署会客室召开第 175 次演讲会，由陆近仁主讲"昆明鳞翅目幼虫检索表"；在北京共举行 78 次演讲会，主要由昆虫系会员主讲，陆近仁共演讲 18 次，内容主要为潜叶性鳞翅目、双翅目昆虫及韭菜根蛆的研究报告。

清华昆虫学会会员及在清华大学昆虫学系工作或求学的师生仅 50 人左右，但后来有四人（刘崇乐、钦俊德、陆宝麟、郭予元）成为中国科学院或工程院院士，不少学者成为近代昆虫学（如陆近仁、朱弘复、赵养昌、廖定熹、曹骥、金孟肖、杨集昆、虞佩玉等）或其他学科（如娄康后、曾弥白、郑禄彬、范文洵、沈淑敏等）的开拓者或奠基人，为中国昆虫学等学科的发展与繁荣做出了卓越的贡献，这与陆近仁及刘崇乐的高瞻远瞩、工作态度、治学精神及教学方法等是密不可分的。

五、爱憎分明的科学家

陆近仁热爱祖国，秉性耿直，爱憎分明，富有同情心，是一位富有正义感的爱国科学家。

1945 年，在昆明西南联大任教时，对当时国民党残酷镇压"一·二一"学生运动，杀害 3 名学生和 1 名中学教师事件非常不满，义愤填膺，他在声讨国民党政府迫害学生的教授联合声明上签字，还偕同夫人到被害四烈士的灵堂吊唁并慷慨解囊捐献。抗战胜利后，1946 年国民党政府为选"议员"，在清华大礼堂设立投票站，有人到陆近仁家中进行游说，动员投自己一票，却被陆近仁严正拒绝。1948 年，清华大学学生罢课，教师罢教，先生态度明朗，支持他在清华大学外语系任助教的女儿不去学校。1949 年新中国成立以后，中国人民解放军南下时，他毅然支持小儿子参军。抗美援朝初期，他带领师生制作生物制片，举行义卖，以实际行动支持抗美援朝。

陆近仁是中国民主同盟盟员，1952～1957 年曾任北京农业大学区分部的主任委员，1953 年当选民盟北京市委员会委员，1956 年当选为民盟中央委员会组织委员会委员。虽然陆近仁平时教研和行政工作繁忙，但对民盟工作一丝不苟，认真负责，善于团结群众，受到大家的拥护，对当时北京农业大学民盟支部的发展做出了许多贡献，对党和知识分子之间的联系起了积极推动作用。

1956年，陆近仁郑重提出申请加入中国共产党。他对党是拥护和热爱的。虽然1957年因参加"六教授会议"受到不公平的待遇，被错划为"右派"，但是他还是认真工作，热爱党的教育事业，为培养人才尽心尽责。1962年得到正式平反后，他的思想压力小了，对教学科研工作更加努力。

"文化大革命"期间，很多有才华、多成就、敢直言、讲真理的专家、教授，受尽凌辱与迫害，陆近仁亦未能幸免。作为一位正直的知识分子，他再也难以接受现实的遭遇，再也不堪忍受非人的折磨，于1966年9月1日和夫人吕静贞采取了绝望的行动，双双含冤离世！"文化大革命"结束后，1979年中共北京农业大学核心小组为陆近仁正式平反昭雪，他的冤案得到了彻底平反。

六、尽心尽职的管理者

1949年，全国高等院校进行调整，原北京大学农学院、清华大学农学院、华北大学农学院及辅仁大学农艺系合并成立北京农业大学，校址设在北京罗道庄北京大学农学院原址，陆近仁从此开始承担了学校部分行政管理工作。

1949年由陆近仁任四校合并搬迁委员会主任，负责组织领导以至具体工作。在陆近仁的亲自安排下，清华大学农学院昆虫系整理全部仪器设备，包装了上万册图书和数万件标本，九月间陆续暂时搬迁到了罗道庄。

中国农业大学的校址历史上几经周折与搬迁。在三院合并后不久的1951年就提出了学校的永久校址应在何处的问题。1952年院系调整后，确定组建独立的北京林学院与北京农机学院并决定与北京农业大学建在一起。1952年10月，教育部、北京市都市委员会确定农大的新校址在清华大学以东一带（萧聚庄），与新建的林学院、农机学院为邻，居二校之间。1953年1月，拨给农大基建面积在萧聚庄建校舍，当年9月已建成部分教学与生活用房。入学新生在新校址上课，陆近仁为大一部主任，全面负责新生的教学。1955年1月7日，曾成立建校委员会负责筹备双泉堡建校事宜，马适安副校长为主任，陆近仁为副主任。

此后，陆近仁又先后担任北京农业大学教务长、校长助理职务。在每个岗位上他都身先士卒，尽职尽责，团结同道，出色地完成了所负责的各项任务，为北京农业大学的发展做出了重要贡献；1993年北京农业大学追授予他"首届荣誉农大人奖"。

七、多才多艺的学者

陆近仁多才多艺。教研之余，他爱看球赛，爱集邮，喜欢音乐，能谱曲、吹小号、拉二胡，还是一个很好的男高音。

1938年清华昆虫学会成立初期，会员们曾数次开会讨论会徽、会旗、会花、会歌等事宜。在当年12月9日第六次演讲会上会旗的基本形式已经定下来，底样草图即由陆近仁用铅笔绘制。草图中会旗为三角形；前部上面为刘崇乐建议的英文会名"Tachina"，寓意有三：其一它是昆虫中第一个包涵"China"的属名，其二意味着大中国（Ta＋China），其三 Tachina 又是双翅目寄蝇科寄蝇属的属名，体现了清华大学昆虫组以生物防除为主要工作；前部中间是一个寄蝇轮廓图；前部下方是"T. H. E. C."4个字母，意为清华昆虫学会英文"Tsing Hua Entomological Club"的缩写；会旗的后部是由大到小排列的"清华昆虫学会"6个字。后来，由陆近仁设计将"TACHINA"7个字母组成寄蝇图案的主体，将清华昆虫学会的4个字首"T. H. E. C."配作双翅，应用于学会的图章及会旗等上面。真是中西合璧、意义深邃，新颖别致、融科学与艺术为一体，至今令人玩味、叹为观止。

至于是否制定清华昆虫学会会歌，第六次演讲会上决议请陆近仁"先行制成数谱，然后由本会公决选用之"。从以上两例中，我们不难管窥陆近仁艺术与音乐修养之一斑。

八、陆近仁主要论著

陆近仁. 1943. 昆明鳞翅目幼虫检索表. 国立清华大学农业研究所昆虫学组手册，（第一号）：54（4图版）.

吴维均，管致和，陆近仁. 1950. 以家蚕 *Bombyx mori* L. 讨论鳞翅目幼虫头部的形态. 中国昆虫学报，1（2）：152-163.

陆近仁，管致和，吴维均. 1951. 鳞翅目幼虫分科检索表. 中国昆虫学报，1（3）：321-340.

王习廉，陆近仁. 1951. 桃潜叶蛾 *Tischeria* sp. 的生活史（鳞翅目：潜叶蛾科）. 中国昆虫学报，1（4）：403-409.

陆近仁，管致和. 1953. 中国螟蛾科昆虫名录·胡氏"中国昆虫目录"补遗·部分一·草螟、禾螟、拟卷螟、卷螟、聚螟、歧角螟及螟蛾亚科. 昆虫学报，3（1）：91-118.

陆近仁，管致和. 1953. 中国螟蛾科昆虫名录·胡氏"中国昆虫目录"补遗·部分二·水螟、苔螟及拟螟亚科. 昆虫学报，3（2）：203-244.

虞佩玉，陆近仁. 1953. 飞蝗［*Locusta migratoria manilensis*（Meyen）］蛹期各龄外部形态上的区别. 昆虫学报，3（3）：320-329.

管致和, 吴维均, 陆近仁. 1955. 普通昆虫学（上册）. 上海: 永祥印书馆.

陆近仁, 虞佩玉. 1957. 东亚飞蝗 [*Locusta migratoria manilensis* (Meyen)] 的骨骼肌肉系流 Ⅰ. 头部. 昆虫学报, 7 (1): 1-19.

陆近仁, 金瑞华. 1963. 区别黏虫近缘种幼虫可用的特征. 植物保护, 1 (1): 16-18.

陆近仁, 常玉珍. 1963. 黏虫的精珠与雌蛾交配的检定. 植物保护, 1 (2): 67.

陆近仁. 1964. 黏虫 [*Pseudaletia separate* (Walker)] 幼虫的特化体毛——陷毛. 昆虫学报, 3 (3): 320-329.

叶艳玲, 陆近仁. 1964. 玉米螟 (*Pyrausta nubilalis* Hübner) 雌蛾的内部生殖器官和精珠的构造. 昆虫知识, 8 (4): 152-154.

虞佩玉, 陆近仁. 1964. 东亚飞蝗 [*Locusta migratoria manilensis* (Meyen)] 的骨骼肌肉系统 Ⅱ. 胸部. 昆虫学报, 13 (4): 510-535.

虞佩玉, 陆近仁. 1964. 东亚飞蝗 [*Locusta migratoria manilensis* (Meyen)] 的骨骼肌肉系统 Ⅱ. 胸部（续）. 昆虫学报, 13 (5): 715-736.

朱弘复, 杨集昆, 陆近仁, 等. 1964. 中国经济昆虫志第六册鳞翅目夜蛾科（二）. 北京: 科学出版社.

主要参考文献

陆宝麟. 1981. 纪念二哥陆近仁教授. 昆虫分类学报, 3 (2): 封三.

杨集昆. 2005. 集昆记. 北京: 中国农业大学出版社.

虞佩玉, 常玉珍. 2010. 陆近仁 // 吴汝焯, 王步峥, 许增华主编. 忆恩师. 北京: 中国农业大学出版社: 179-183.

撰写者

彩万志（1963～），中国农业大学教授，国家杰出青年基金获得者。

章文才

章文才（1904～1998），浙江杭州人。园艺家、农业教育家，中国现代果树科学技术的开拓者和奠基人之一。1927年毕业于金陵大学农学院园艺系，1937年获英国伦敦大学博士学位。曾任国际柑橘学会第四、五届执行委员，中国柑橘学会首届理事长。他长期致力于柑橘良种引进和选育工作，引进和选育了10多个优良柑橘品种，由他选育的锦橙获1985年国家科学技术进步奖二等奖。他整体规划了新中国的柑橘产业布局，指导我国中南部地区建立了多个柑橘商品生产基地，倡导建立了中国长江上中游果树（柑橘）带并任技术总顾问。他热心科普事业，经常深入农村，先后培训果农达数万人次，1996年被评为全国十大扶贫状元，同年被中国工程院授予首届中国工程科学技术奖。先后在金陵大学、集美农专、浙江大学、美国加州大学、西北农学院、岭南大学、武汉大学和华中农业大学等校任教，培养了几代园艺人才。他是中国最早的果树学博士生导师，培养了新中国第一个果树学博士。撰有学术论文和专著200余篇（部）。

一、砺剑拓荒：奠基中国现代柑橘研究

1904年11月11日，章文才出生于浙江省杭州市郊区的一个菜农家庭。因家境贫寒，年幼的章文才常常要帮父母种菜，以维持生计。1917年，章文才考入杭州之江大学附中，家中无力承担学膳费用，全靠勤工俭学才得以完成学业。幼年的经历给章文才很深的烙印，后来他常说："我年幼时当过农民，深知农村人的疾苦。"

20世纪20年代，军阀混战，民不聊生。中国的出路在哪里，是每一个年轻人所思考的问题，此时的章文才满心都是科学救国的理想。1922年，章文才被保送入之江大学生物系。1923年，转入金陵大学农学院园艺系。每天下午课余时间及寒暑假都到园艺场去劳动，这份工作帮助他赚到了部分学费。

1927年，章文才以第一名的优异成绩获得金陵大学授予的"金钥匙"奖，毕业后留校任助教。1929年，章文才与管家骥、吴耕民、湖昌炽等，发起成立中国园艺学会。1931年爱国华侨陈嘉庚在福建厦门创办集美农林专科学校，金陵大学校长推

荐章文才前去担任果树教员兼校长。

1933年，集美农林专科学校因战乱停办，章文才携眷回浙江大学农学院任园艺系讲师兼湘湖实验农场场长。在教学的同时他还从事用乙烯处理柑橘，促其提前着色成熟等科学研究。1934年他在《中国园艺学会会刊》上发表了国内第一篇有关乙烯处理柑橘的学术论文。同时，他还编写了《实用柑橘栽培学》一书。

1935年，章文才以第一名的成绩获得"中英庚款留学"分配给园艺学的唯一一个名额。4月，章文才赴英国留学，同年7月进入伦敦大学研究院攻读博士学位。

身在异国他乡，章文才仍不忘中国果树事业的发展。他与岭南大学的李沛文合作，以广东的蕉柑、椪柑80箱为试材，进行中国第一次柑橘出口伦敦试销。中国柑橘的优异品质征服了英国园艺界，广东的蕉柑、椪柑因此被认为是当时世界上最好的柑橘品种。

导师赫顿（Ronald Hatton）是英国果树学界权威，在其指导下，章文才在英国东茂林果树试验站进行了"果树嫁接砧穗亲和性研究"，提出了果树砧木亲和性的有关生理生化指标，提高了果树嫁接成活率，并使矮化砧收到丰产优质的效果，受到好评，获得了博士学位。其博士论文1938年在英国《果树和园艺科学杂志》上发表。1937年夏季，章文才研究生毕业，获准到美国东部康奈尔大学果树系继续学习，后受美国加州大学（洛杉矶分校）柑橘系邀请担任副研究员。他与施温格（Swingle）和福劳斯特（Frost）等共同进行柑橘选种研究，选出了一些脐橙的芽变株系。同时进行柑橘砧穗组合亲和性研究，提出枳橙作为脐橙砧木，可以达到矮化早果丰产的效果。

1938年抗日战火扩大，上海、南京、武汉相继沦陷。章文才的家眷也相继逃难。获悉如此巨变，章文才心急如焚。爱国爱家的章文才再也不能在美国安静地做研究了，他谢绝了美国同事们的极力挽留，毅然回国与家人和同胞们共患难、同生死。回国后，章文才来到已西迁到成都华西坝的金陵大学，任农学院果树学教授兼农业科学研究部主任。章文才发现，抗战的大后方四川自然条件适合栽培柑橘。他利用寒暑假时间，带领师生，跋山涉水，跑遍四川各地，进行柑橘良种选育。

1938年冬，他和助教吴乾纪在江津庙基场林宪之的果园内，选得少核鹅蛋柑优良品系，编号为S-26（即"锦橙"）；同时，钟俊麟、郭益进在江津仁沱乡青龙湾袁鸿志氏园中选得鹅蛋柑优良品系，编号为S-20（即"先锋橙"）。为了推广这些良种，章文才等建立了两处母本园，栽培这些优良单株。可惜的是，当时因各种原因推广不开。两个良种的真正推广是在新中国成立后，直到今天，先锋橙和锦橙仍有种植，累计推广超过1亿株。甜橙优良品种锦橙的选育鉴定与推广惠泽产区数十年，章文才和钟俊麟因此获得了 1985 年国家科学技术进步奖二等奖。

1940 年，章文才等通过向中国农民银行贷款，建立了中国农民银行江津园艺推广示范场（现重庆市果树研究所前身），并担任首届场长。1941 年，章文才又在四川简阳设立示范分场。除了完成教学任务，他把全部精力投入到示范场的工作之中。经常往来于成都江津道上，一次汽车失事翻车，章文才跌断小腿，差一点送命。1945 年抗日战争胜利，中国农民银行迁回南京，贷款终止。留守示范场的同事吴乾纪被土匪杀害，章文才开创的示范场事业就此中断。

1944 年秋，章文才再赴美国考察，目的是为抗战胜利后复兴农业做准备。在将近一年的时间，他考察了美国园艺方面的重点大学、研究所、果树试验场、种苗场、果品加工厂等。1945 年秋，回国后的章文才任西北农学院院长兼教授。在任期间，他和虞宏正、王绶等精心筹划，重振西北农学院的教学、科研工作，并计划在河西走廊建立苹果、梨、葡萄生产基地。后因当时国民政府深陷内战泥沼，教育经费无法保证，无法开展科研工作，章文才只好辞去西北农学院院长职务，继续回到南京金陵大学任教。振兴西北农学院的愿望未能实现，此后，章文才的人生和国家的命运一样动荡不安，先后辗转于广州、台湾、海南、香港等地。

二、橘优民富："橘翁"的毕生追求

新中国成立后，章文才应武汉大学农学院院长杨显东之邀，从香港赴武汉大学任园艺系主任、果树学教授。1952 年，全国高校院（系）调整，武汉大学农学院、湖北省农学院等合并组建了华中农学院（1985 年改名为华中农业大学），章文才任园艺系主任。1955 年学院确定南湖狮子山为新校址，章文才带领园艺系师生在荒芜的狮子山上开辟了近 700 亩实验果园，收集了 250 多个桃、梨、杏、梅、苹果、葡萄、柑橘等果树品种，培育了 1.2 万多株柑橘苗，进行柑橘抗寒育种研究。

建国初期，教材十分缺乏。为给百废待兴的国家培育更多人才，章文才在紧张的授课和科研之余，抽出时间翻译外文教材以解燃眉之急。1953 年，中华书局出版了《新鲜果实包装贮藏运销学》，这本新中国此领域唯一的教学参考书就是章文才利用业余时间写出来的。1955 年，他主持修订了《果树栽培学》等课程教学大纲。1956 年，为给研究生上课，他编写了一本《柑橘学讲义》，介绍国内外柑橘学方面的最新科研成果。1960 年，他倡导果蔬专业开设果树蔬菜试验研究法课程，并组织教材编写工作。第二年，学院就开出了这门课。

1954 年 1 月，全国出现大寒潮，大量柑橘树被冻死。为了解决冻害问题，他和陈吉笙等进行了调查。在此基础上，开展了柑橘抗寒育种工作。到1960年共收集不同柑橘品种实生苗2.5万余株，从中选出抗寒的华农本地早橘，在华中农学院栽培，经过1969年和1977年两次大冻害的考验，其抗寒性远远超过温州蜜柑，现已在长江流域北缘地区推广种植。

20世纪50年代，年过半百的章文才开始以战略科学家的眼光，系统地思考中国果树科研前沿发展态势和远景，同时帮助华中农学院建立学科体系。1955年，章文才出任华中农学院科研部主任，开始参与领导学校的科研工作。1956年，他出席国务院召开的12年科学技术远景规划会议，并应邀编写了中国果树、蔬菜、茶叶特产的远景规划。1963年，他参加了全国农业科学规划会议。会后，他主持了3项课题，其中两项与农村工作紧密结合。他本人的科研计划，从选题到内容，都能够根据学科发展的需要，结合生产实际问题展开。这样的科研计划被当做范本在华中农学院中推广。

1958年，章文才受到错误批判，大部分柑橘实验苗木被毁。痛心之余，他没有气馁，决心把更多的精力投向农村。1961~1965年，他年年下乡，足迹遍及湖北主要柑橘产区。他每年都用大量的时间在柑橘产区做科技普及工作，帮助农民解决生产中的实际问题，先后帮助宜昌果农解决了柑橘小叶病问题，改善了秭归柑橘品质，举办了柑橘贮藏培训班等。

当时，柑橘防腐保鲜是果农最头疼的问题，章文才便投入了大量精力来解决。早在1962年，章文才就和助教区胜祥在宜昌黄陵庙进行药剂洗果防腐保鲜试验。接着又在秭归龙江的陡坡上建立产地通风贮藏库。随后，他又与潘家铮一道，在国内率先进行柑橘中草药防腐保鲜试验。用筛选出的高良姜、野菊花、野艾等，取其8%的浸出液洗果，收到了防腐保鲜的效果，开创了柑橘防腐保鲜的新途径。他建议武汉葛店化工厂，借鉴国外资料，研制出"多菌灵"与2,4-D配合洗果，可使柑橘果实在常温条件下，贮藏保鲜4个月，效果良好，当时深受群众欢迎。

1966年初，华中农学院决定成立宜昌分院。章文才主动请缨，他说："柑橘是我的喜好，宜昌是柑橘的生产基地，我愿意在宜昌再干20年，以度过我的晚年。"他和同事一起，选址、征地、自建"干打垒"宿舍、建立实验基地等。分院建设工作还未完成，"文化大革命"开始。批斗、抄家、游行、体罚，1970年秋，章文才又被下放到宜昌。年逾花甲的章文才在巨大的冲击面前并未放弃，而是把更多的心血顽强地投入到品种选育上去。

章文才把选种目的、标准和方法教给农民群众，发动他们选择优良单株，向国家"献宝"，然后再进行实验室的科学分析鉴定。"一年选、二年接、三年鉴定推广"，章文才总结的选种新程序带来了丰硕的收获。在那段动乱岁月里，他选育出当时中国成熟最早的温州蜜柑品种国庆1号和国庆4号。到20世纪末，这两个品种已在全国15个省（市）推广面积达30多万亩，产品远销加拿大等国家。1993年，这项在特殊年代诞生的成果获国家教委科技进步奖一等奖。科学出版社出版的《柑橘生产技术与科学实验》一书，同样也是章文才在动乱岁月中写成的。

拨乱反正后，年过七旬的章文才壮心不已。一次座谈会上，他说："我虽然已经74岁了，但要当成47岁来工作。"恢复高考后，他即投入到制订专业教学计划，编写新教材的工作。1979年，他被任命为华中农学院的副院长，抓教学、科研工作，章文才像年轻人一样投入到学校的工作中。

章文才同时也是一位热心科技组织工作和公共事务的活动家。他先后任国际柑橘学会第四、五届执行委员。1990年他发起在广州召开国际柑橘学术研讨会，1993年发起成立了中国柑橘学会，并任首届理事长。1978年以后，他先后担任第五、六届全国人大代表，中国民主同盟第四、五届中央委员，湖北省政协第四、五、六届副主席等职务。1985年，他实现自己多年的愿望，成为一名中国共产党党员。

此时的章文才尽管社会兼职众多，但他仍然一心牵挂着柑橘研究。他敏锐地捕捉到生物技术研究将是果树学未来的发展方向。在极端艰苦的条件下，章文才成立了柑橘研究室（1992年更名为柑橘研究所）。正是这个成立初期不到100平方米的实验室，进行着国内最早的柑橘等果树的生物技术研究。由于抓住了这一学科发展机遇，华中农业大学果树学学科在果树生物技术方面的工作一直紧跟国际步伐，处于国内领先的地位。

应外经贸部邀请，1979年章文才以顾问身份访问美国、西班牙，考察柑橘生产。这一次他从这两个国家引进了脐橙、夏橙共19个品种的无病毒接穗及脱毒和良种繁育技术，在国内率先进行无病毒良种繁育科研和推广工作。1980年，章文才与青年教师一起利用现代生物工程技术，进行柑橘原生质体培养、人工诱变、遗传工程等研究，获得了锦橙、桃叶橙原生质体再生植株，并诱变出能耐0.8%盐碱的柑橘砧木株系。他与邓新秀等在国内首先开展柑橘原生质体融合研究，培育出宁波金波＋夏橙、粗柠檬＋哈姆林甜橙的体细胞杂种，为开展抗寒、抗病、抗盐碱的育种工作开创了新途径，使中国柑橘生物技术研究成果达到了国际先进水平。到1983年，他先后将17万多株脐橙、夏橙无病毒良种苗繁殖推广到江西、四川、湖北、湖南、广西栽种，建立起脐橙夏橙外贸出口基地。"柑橘茎尖微芽嫁接及无病毒良种繁育技术"获农业部1986年科技进步奖二等奖。"柑橘原生质体培养及植株再生技术"获农业部1989年科技进步奖一等奖。

华中农业大学校史馆里至今存放着章文才80岁时的工作日记，上面洋洋洒洒数十万字记录着各种田间调查、生产调研资料。其中有这样细微的记录，"150亩苗田，培育柑橘、花木苗，雇佣奉化工人嫁接，一分钱一株，一天可接1800株。"

在完成科研教学任务的同时，年事已高的章文才仍然眷顾着农村，他指导了国内几乎所有柑橘主产区的基地建设。他对农民的需要，总是有求必应。在中国的柑橘产区，提起章文才，无人不晓，果农们亲切地称他为"橘翁"、"财神爷"。他走遍了国内27个省市，主办过600多次技术培训班，桃李满天下，受众近百万。

章文才去得最多的是湖北宜昌。从新中国成立初期开始，宜昌的柑橘生产一直让章文才魂牵梦萦，他亲切地称宜昌的秭归县为"第二故乡"。而秭归的果农到现在仍然十分怀念让秭归柑橘有了自己的品牌的"橘翁"，"没有章教授就没有秭归柑橘，无论是桃叶橙还是脐橙"，秭归县农业局退休干部崔治龙说。宜昌地区成为中国的柑橘主产区之一，这与章文才的长期指导和辛勤劳动是分不开的。

赣南是章文才指导建设的另一个现代化柑橘商品生产基地。至今还能听到当地老百姓这样说："我们这里的老百姓记得3个人，朱（德）毛（泽东）和章（文才），朱毛让我们翻了身，章先生让我们致了富。"1980年8月，章文才应邀参加了江西省农业厅及省农科院组织的柑橘考察小组，与沈廷厚等到江西赣州19个县市进行考察，提出了赣州地区发展柑橘生产的规划报告。随后，他又两次到赣州进行调查、座谈、培训技术人员，帮助南康建立地区柑橘研究所。在他的努力下使赣州柑橘生产迅速发展，成为中国脐橙、夏橙的外销出口基地。从武汉到赣南讲课，当时交通十分不便，坐14个小时的火车先到广东韶关，然后坐汽车在泥巴路上颠簸6个小时，这种辛苦经常让章文才的研究生都觉得吃不消，而他却经常是一下车就到果园开始工作。

1985年，章文才向当时的农业部长何康建议建立"长江上中游果树（柑橘）带"。1989年，农业部决定利用世行贷款进行建设。从四川宜宾到湖北阳新，两岸10万平方公里的山区丘陵地带作为中国最大的现代化果树商品生产基地投入建设，中国柑橘产业的产、加、贮、运、销形成系统工程，章文才被推选为工程技术总顾问。

章文才坚持为"三农"服务的精神影响了很多人，党和国家给予了高度评价和崇高荣誉。1985年，他获得中国科协农村科普工作重奖。同年2月，党中央书记处邀请章文才等科学家到中南海做客，胡耀邦等领导人同他们座谈。1988年，李先念致信章文才，称"党和人民会感谢您的"。1996年，他被评为全国扶贫状元，同年中国工程院授予章文才首届中国工程科学技术奖。

三、宗师风范：学生口里的"章妈妈"

原武汉大学农学院园艺系的学生喜欢称呼章文才为"章妈妈"，几十年来一直未曾改口。只因章文才授课、带生产实习对学生关爱有加。这种关爱持续到这些学生毕业后的人生之中，学生研究碰到困难了、取得成绩了，都愿意告诉他，他了解后都会及时去信安慰或祝贺，学生有什么需要他帮忙的，也是积极想办法帮忙。

为什么喜欢当"章妈妈"，因为章文才认识到，只有有了众多的人才，中国的园艺果树事业才能兴旺发达。早在1941年，他在成都金陵大学农学院担任教授时，就率先招收了贾麟厚、陈俊愉、李家文三位研究生，这是中国果树学领域中最早的研究生，后来这三人都成为了中国知名的园艺学家。

中国工程院院士陈俊愉这样回忆恩师：他特殊的启发式教育给学生印象最深、影响最大。章师始终坚持身教重于言教，在教学过程中无时无刻不把自己对祖国、对园艺、对柑橘的热爱贯穿其中。章师每天表现出来的以柑橘为中心的爱国主义和专业实践，深刻地影响着陈俊愉。

"文化大革命"前他把主要精力放在本科生的培养上，1956～1965年，章文才先后招收了四名研究生。他对学生要求是出了名的严格，坚持启发式教学。他要求学生重视基本理论、基本知识和基本技能的掌握，他十分强调实践，常常带领学生下果园，深入产区进行调研。

华中农业大学1977级果树学专业的陈昌意至今仍能准确地说出第一次听章文才讲课的时间，并能描述出先生当时的穿着。"那是1981年4月上旬的一天下午，章先生穿着半新的深蓝色中山装，很干净，旧皮鞋也擦得发亮，头发向后梳理得很顺"。77岁的章文才声音洪亮，思路开阔，大量的数据随手拈来，一下子就让陈昌意他们喜欢上了果树研究法这门课。

无独有偶，1980年章文才在湖南农学院（现湖南农业大学）的一个学术报告，改变了一个名叫邓秀新的年轻大学生的人生轨迹。章文才的学识和深入浅出的表达给邓秀新留下了深刻的印象，1981年底他报考了章文才的研究生。章文才小心地帮助这个对科研充满着好奇和敬畏的年轻人树立科研信心。章文才总是告诉他，做研究要有信心和恒心，认准的事情就要坚持不懈直到办成。之后章文才主持的学科被国家教委和农业部评选为中国第一个果树学博士点和全国重点学科，邓秀新成为新中国的第一个果树学博士。时至今日，邓秀新很好地继承了老师的衣钵，成为了中国柑橘产业的首席科学家、中国工程院院士。

自1978年恢复招收研究生以来，章文才共计培养硕士研究生16名，博士研究生27名，留在国内的都已成为各单位的学术骨干。"文化大革命"之后，章文才已经步入七旬高龄，他并没有因年迈而减轻自己的工作。为了提高教学质量，多出人才，他仍站在教学第一线，亲自为研究生和本科生讲授果树生理学专题、果树遗传育种学专题、果品商品经营学、果树生理学等课程，并编写了相应的教材或讲稿。1983年开始，章文才历时8年，牵头编著了《英汉园艺学词典》。

1985年，年逾八旬的章文才还壮心不已。他在给学生林庆森的信中说："我深感过去工作做得不够，现在我怎能不努力奋斗，思想上还准备培养10名博士和硕士研究生。"实际上他大大超出了自己的规划。在他90岁高龄，还指导着7名博士生。

为了感谢章文才对赣南脐橙产业发展所做的突出贡献，1994年，赣州市委、市政府在他90岁生日时，奖励他个人6万元。一生节俭的章文才将这笔钱和其他的一些捐赠在华中农业大学成立了以他名字命名的奖学金。直到今天，华中农业大学园艺林学学院的优秀学生每年仍然可以享受到这一奖学金。

1998年，已经走到生命边缘的章文才，仍然惦记着学生蔡礼鸿的博士论文进展情况。同年11月11日，章文才还专门嘱咐蔡礼鸿克服困难，下定决心把论文开题报告尽快拿出来给他看。12月8日，章文才因病医治无效在武汉同济医院逝世，享年95岁。在清理章文才的遗物时，在写字台上，蔡礼鸿发现自己提交的博士论文开题报告上，有章文才颤颤巍巍的字迹"2000年8月毕业，蔡礼鸿获Ph.D学位"。看到这行字迹，蔡礼鸿热泪夺眶而出。

章文才的一生，是终生拼搏、科学报国的一生。他自觉将个人命运与国家和民族的命运紧密地联系在一起，满腔赤诚服务农民，鞠躬尽瘁。他严于律己，过着极其勤俭的生活，却对学生关爱有加，培养和教育了我国几代园艺学人，为我国果树事业的现代化做了许多奠基性和开创性的工作。

今天，章文才的光辉业绩和崇高风范仍活在橘农的心里。在秭归境内巍然矗立着两尊铜像，一尊为屈原，一尊为章文才。2002年端午节，秭归县归州镇"橘翁"章文才铜像揭幕时，万余橘农自发从四面八方赶来，向章老塑像鞠躬致意。

斯人已去，斯"橘"永存。

四、章文才主要论著

章文才. 1930. 慈谿杨梅调查. 中华农学会会报, (2): 4-8.
章文才. 1934. 乙烯气在园艺上之效用研究. 中国园艺学会会刊, 1 (1): 15-20.

章文才. 1935. 实用柑橘栽培学. 上海：商务印书馆.

Chang W T. 1938. Studies in incompatibility between stock and scion, with special reference to certain deciduous fruit trees. J Pom Hort Sci, (15)：267-325.

章文才主编. 1954. 新鲜果实包装贮藏运销学. 上海：中华书局.

章文才. 1954. 湖南山地柑橘的栽培. 农业学报，5 (2/4)：167-187.

章文才，陈吉笙. 1962. 柑橘的越冬栽培及抗寒品种的选育. 园艺学报，1 (1)：15-28.

章文才主编. 1977. 柑橘生产技术与科学实验. 北京：科学出版社.

章文才主编. 1979. 果树研究法. 北京：农业出版社.

章文才. 1979. 向柑橘科学技术现代化进军. 中国柑橘，(1/2)：2-4.

Zhang W C. 1981. Thirty Rears Achievements on Citrus Varietal Improvemental Works in China. Proc 4th Intern Citrus Congress，1：51-55.

章文才. 1982. 因地制宜，多快好省地发展赣南柑橘商品生产基地 // 中国科学院南方山区综合科学考察队编. 柑橘生态要求与基地选择——赣南柑橘基地考察报告文集. 北京：能源出版社：73-75.

章文才，江爱良. 1983. 中国柑橘冻害研究. 北京：农业出版社.

章文才主编. 1987. 现代果树生产技术. 上海：上海知识出版社.

Zhang W C. 1987. The Role of Tissue Culture in Citrus Breeding. Proc 5th Intern Citrus Congress，1：25-27.

Zhang W C. 1988. Investigation and Utilization of Citrus Varietal Resources in China. Proc 6th Intern Citrus Congress，1：291-294.

Deng Z A, Zhang W C, Wan S Y. 1990. High frequency of somatic embryogenesis and plant regeration from nucellar calli and protoplasts in citrus. Acta Biologiae Experimentalis Sinica, 23 (2)：135-143.

章文才主编. 1991. 英汉园艺学词典. 北京：农业出版社.

Xiao S Y, Zhang W C, Cheng J S, et al. 1995. Inheritance and linkage of isozymes in citrus. Acta Horticulturae，403：189-197.

Deng X X, Zhang W C. 1995. Protoplast culture and fusion of citrus. Progress in Natural Science，(3)：307-315.

主要参考文献

林庆森. 1988. 著名柑橘专家章文才校友 // 金陵大学南京校友会编. 金陵大学建校一百周年纪念册. 南京：南京大学出版社：241-244.

鲁大安. 1995. 章文才 // 中国科学技术协会编. 中国科学技术专家传略·农学编·园艺卷1. 北京：中国科学技术出版社：97-119.

中国柑橘学会，湖北省园艺学会，华中农业大学园艺林学学院编. 2005. 章文才先生诞辰百年纪念文集. 北京：中国林业出版社：1-7, 9-11, 16-20, 36-38, 93, 112-113.

撰写者

范敬群（1976～），华中农业大学校报编辑部主任。

应廉耕

应廉耕（1904~1983），浙江余杭人。农业经济学家、农业经济教育家。1930年毕业于南京金陵大学农业经济系；1938年毕业于美国康奈尔大学农学院农业经济系，获理学硕士学位。同年被金陵大学聘为农学院教授兼农业经济系主任；1947年应北京大学校长胡适和农学院院长俞大绂延请，特聘为国立北京大学农学院教授兼农业经济学系主任。1949年后出任北京农业大学教授，并兼任农业经济学系主任。在半个世纪的教学生涯中，应廉耕曾讲授过土地经济学、农村社会学、经营管理学、农业经济问题专题讨论、社会主义农业企业组织、专业英语等课程。他还撰写了大量的有关人口概况，租佃制度，自耕农、半自耕农和佃农的经济状况比较，土地分类等方面的调查研究报告和论著。他作为主要参与者，在参加卜凯（Buck）主持的"中国土地利用"课题调查研究基础上，撰写的《中国土地利用》（共三卷）一书，由金陵大学以中、英文两种版本出版发行，并作为太平洋关系学会研究丛书之一。其中，该书中文版曾获得当时国民政府出版局授予的"1937年最佳出版卷著奖"。晚年，他编写了《英汉农业经济常用词组选编》一书，其内容包括政治经济学、农业经济学、农场管理、农产品贸易、农业金融等方面的重要词组。当时，该书在国内尚属首创。应廉耕的研究为促进中国农业经济学的发展起到重要作用。

一、爱国的一生

1904年12月5日，应廉耕生于浙江余杭塘栖镇，1920年就读于浙江嘉兴秀州中学，成绩优异。1926年考入杭州之江大学化学系，1928年转入南京金陵大学农业经济系，主修农业经济学，1930年毕业，时值农经系扩大为农学院，以优异成绩留校任教。1937年，选派赴美国康奈尔大学农学院农业经济系深造，主攻农业经济和农场管理，1938年毕业，获理学硕士学位，同年回国，开始了近半个世纪的教学研究工作。

应廉耕一生追求光明、追求进步、热爱祖国、热爱生活、悉心钻研、悉心工作。受"五四"精神鼓舞，应廉耕上学期间就十分忧虑列强欺凌下的中国的前途与命运，目睹了军阀的连年混战，天灾人祸给人们带来的痛苦，加之旧中国统治阶级的贪污腐败，他的爱国热情与日俱增，希冀通过自己的研究来探求中国复兴之路。当然，这种爱国热情不仅仅体现在学术的研究方面，也体现在了许许多多的实际行动中。他曾经说过，在他到达江西上饶做豫鄂皖赣四省租佃制度调查项目时，红军长征刚刚路过此处，"如果早到5分钟，就参加长征了"。

抗日战争胜利后，国民党为扩大影响、收买人心，多次拉拢他参加国民党，均被他断然拒绝。他反对国民党反动派的独裁统治，同情广大学生的爱国民主运动，对学生反帝、反封建、反饥饿、反迫害、反内战的运动十分支持，曾与当时北平的30余位知名学者联名发表致国民党政府的公开信，在《大公报》上发表对时局的声明，抗议国民党残酷迫害人民、镇压学生运动和发动内战的反动行径，呼吁停止内战、实行民主，给人民以言论、出版、结社的自由。1947年国民党政府抛出了所谓经济改革方案时，应廉耕同周炳琳、赵迺抟、陈振汉、周作仁、费孝通、杨西孟、樊弘、蒋硕杰、刘大中、秦瓒、王毓瑚、吴景超、陈岱孙、徐毓枬、赵人儁等15位教授，联名发表《我们对于"经济改革方案"之意见》，抨击国民党反动派反人民的经济政策，指出："此方案对于过去种种错误，未尝虚心检讨"，"此方案对于目前经济危机，并无救治之能力"。据农业经济学家、曾先后做过应廉耕学生和助手的张仲威回忆，1948年在国民党疯狂迫害和搜捕中国共产党地下组织的严峻形势下，应廉耕多次掩护北京大学的中共地下党员和进步学生，逃避国民党特务的追捕，保护他们辗转奔赴解放区。1949年新中国成立前夕，国民党派人拿机票到应廉耕家中，威逼利诱他前往台湾，被他严词拒绝，毅然留下，积极投入到新中国的教育事业中。

中华人民共和国成立后，应廉耕更加热爱这个来之不易的新中国，满怀热情地投入到伟大的社会主义建设事业中。他的许多著作都包含着对祖国的热爱，如在由他编著的、出版于先生驾鹤西游之年的《台湾省农业经济》的前言中，他说："台湾是中华人民共和国的神圣领土的一部分。早日结束台湾同祖国的分离局面是人心所向，大势所趋。""为了便于大家对台湾农业经济的了解"而编撰此书。

教学、科研之余，应廉耕积极参加其他社会活动。1952年，应廉耕参加土改运动，并出任土改团副团长。但对于"大跃进"期间出现的一些浮夸风现象，应廉耕甚为忧虑，他经常重复卜凯（John Lossing Buck，1890～1975）的那句话"Facts, Facts"。在他去农场看到所谓的高额农田后，曾说过："不顾成本，这样搞不妥当，应该叫农经系来核算核算。"

1953年在中国共产党统一战线政策的指引下参加了中国农工民主党，并担任首届主任委员，先后发展了五位教授入党，卓有成效地履行了参政议政的职责，对学校乃至国家大事积极建言献策。1956年应廉耕申请加入了中国共产党，对党忠心耿耿，即使在1958年农经学界的"拔白旗"运动和十年"文化大革命"的动荡中，他虽遭受了极左路线的迫害，仍坚持中国共产党的伟大、正确与光荣，从未动摇过他为党的事业奋斗终生的誓言。

农经学界的"拔白旗"运动开始于1958年8月，以"全国农业经济科学讨论会"（后来通称"拔白旗"大会）的召开为开端。"拔白旗"运动极大伤害了农业经济领域的教学、科研工作，严重打乱了农业经济系的教学秩序。一直到中共十一届三中全会以后，拨乱反正，农经教育才得到较好的发展环境与条件。虽然在一系列运动中，应廉耕受到残酷的打击和不公正的批判，但他对党的忠诚与对祖国的热爱没有丝毫的消减，仍豁达乐观，坚信党的领导，自信此生无怨无悔，也坚信农业经济这一重要的具有深远发展意义的社会科学，仍然是今后中国农业向新世纪进展的必然理论基础和指导方针。在下放到河北涿州劳动和随北京农业大学北迁陕北，住窑洞，吃粗粮，生活毫无怨言；随着"四人帮"的垮台，我国实行改革开放，应廉耕虽然已经年过古稀，仍抓紧时间为人民多做工作。1979年他出任中国人民政治协商会议北京市第六届政协委员，与其他委员一起为中国经济的复苏和发展提出有建设性意义的议案。

在半个世纪的工作历程中，他旗帜鲜明、立场坚定的政治态度，忠贞不渝、严以律己、宽以待人的品格，治学严谨、诲人不倦的精神，热爱祖国、热爱人民的情操，永远值得后人景仰。

二、兢兢业业的教学工作

自1938年从美国回国担任金陵大学教授兼任农经系主任后（还曾与胡昌炽、单寿父、魏景超等执教私立华西协和大学农业专修科），一直从事农村的调查研究和教学工作。他先后讲授过土地经济学、农村社会学、经营管理学、农业经济问题专题讨论、社会主义农业企业组织、专业英语等课程，深受广大学生的敬重，与他亦师亦友的张仲威日后也成为海内外知名的农业经济学家。应廉耕的农业经济教学模式摆脱了以往的桎梏，提出了许多在当时令人耳目一新的观点。在《土地经济学》第一讲中，开章明义地介绍了这门学科是研究"人和地的关系，人和人因地而发生的关系"。其后更是把马尔萨斯的相关"法则"、"土地报酬递减"、亨廷顿的"气候决定论"等当时敏感观点写在了讲义中，并提出"中国人多地少，应当节制生育"的观点，"中国的人口问题，今后应注意质的改良，量的增加要节制，因中国的土地开发已将达于极点，欲谋其扩大开垦则甚难"。

担任系主任期间，应廉耕为了促进农业经济学科的健康发展，殚精竭虑，付出了很大心血。他曾经设想将基础课进行压缩，由240学时减为120学时，相应扩大专业课的分量，将卜凯的农村调查方法、中国农业经济问题、世界农业经济问题等内容加入其中，通过延请国内外著名专家作报告，来扩大学生的知识面。遗憾的是，在当时的政治氛围下，这次教学改革未获通过。他还对当时全盘照搬苏联僵化的教学模式甚为不满，"过去旧大学的学分制很好，学生除了系主任制定的主修课程必修外，可以根据学生个人兴趣任选其他课程，读够了学分，学生就能毕业，今日教学计划规定的太死"。可惜这种呼吁在当时曲高和寡，但现在高校教育的现实可以证明，应廉耕的声音是历史认可的。应廉耕不仅想着农业经济的发展前途，还积极热情地处理系里的种种杂务，为教职员工排忧解难，未曾有过丝毫的怨气与不满。

新中国成立后，一批社会主义国家的专家、留学生进入北京农业大学，应廉耕积极为他们创造工作和学习的条件，得到了一致的称赞。1954年，农经系开始与苏联基辅农学院进行教学协作，应廉耕与苏联专家布拉茨拉维茨教授之间保持了极为友好的友谊，常邀请专家全家到家中做客，颇受专家称道。20世纪50年代，北京农业大学来了一批越南留学生，应廉耕努力为他们创造学习的环境，常常为他们细致地安排学习、辅导，其中一位后来成为越南农业部的高级官员，还有一位伊拉克留学生，回国后不久被任命为该国的农业部长。

应廉耕先生始终存在一个巨大的遗憾，他再没有回到母校康奈尔大学去。1980年以后，虽然母校的农学院以各种形式多次邀请他去讲学和参加学术活动，但皆因种种缘由擦肩而过，未能成行。

三、卓有成效的"三农"研究

作为卜凯的得意门生，无论新中国成立前抑或新中国成立后，应廉耕对学问的追求也始终如一，秉承实事求是地学术道德，兢兢业业地希冀通过自己的科学研究为国家实现兴旺发达出谋划策。学生期间的应廉耕已开始系统的接受"三农"问题的调查和研究工作。1929年，作为金陵大学农经系即将毕业的学生，他参加了由卜凯主持的"中国土地利用"调查研究大型课题。此项课题抽样调查覆盖面极广，几乎达全国各省区。其中，22个省的16 787个农家调查，21个省的2727个农家粮食调查，16个省的46 601个农家人口调查，另有191份县调查和223份地方调查。从准备、试查、培训调查员，实地调查到完成统计分析，撰写成书，长达9年之久。

应廉耕虽为学生,但仍作为一个调查区的主任参加领导工作。其后又与他人主持"江西、湖北、河南与安徽四省的农村经济调查"的统计、分析与撰写工作;又负责完成"四川省土地分级调查",四年内完成66个县的土地分级工作,此项分级揭露了旧土地税收不切合各级土地的经济价值;接着又与他人合作完成"四川省农业经济调查"。其中,根据"中国土地利用"项目调查的资料,他作为主要参与者,撰写了《中国土地利用》(共三卷)一书,由金陵大学以中、英文两种版本出版发行,并作为太平洋关系学会研究丛书之一。其中,该书中文版曾获得当时国民政府出版局授予的"1937年最佳出版卷著奖"。该书曾被中国共产党元老徐特立称之为"难得的好书",即使在爬雪山过草地的极其艰苦的万里长征中,徐老也没有将该书丢弃,直至将该书带到中华人民共和国。但据张仲威与其亲属回忆,1952年应廉耕应徐老邀请去其家里做客时,徐老曾说:"有幸获得你的《豫鄂皖赣农村情况》,真实详尽描述了中国农村情况,这本书一直陪伴我走过漫长的长征路。"然而,在1958年的"拔白旗"运动和1966年开始的"文化大革命"运动中,他皆因该书而受到不公正的批判。应廉耕先后编撰过多部农业经济的调查资料,并根据调查撰写过多部著作。这些撰著即使在当今社会也颇具价值。新中国成立前出版的著作主要有:《农村人口概况调查报告》、《豫鄂皖赣四省租佃制度》、《豫鄂皖赣四省自耕农、半自耕农和佃农经济状况之比较》、《四川华阳县土地经济分类》、《用图表分述全国各省地形、农业方式、耕地面积、主要作物产量及佃农业占有百分率》和《东北五个国营农场经营管理之研究》等。还撰写了《四川省租佃制度》一书,该书共分10章。分别调查佃农、半自耕农、自耕农所占土地增减率,租佃制度及其农业生产、农业借贷的关系,佃农的生活概况等。值得一提的是,卜凯的夫人赛珍珠〔Pearl S. Buck 或 Pearl Buck,1892~1973,美国作家。1932年借其小说《大地》(The Good Earth),成为第一位获得普利策小说奖的女性;1938年获诺贝尔文学奖。她也是唯一同时获得普利策奖和诺贝尔奖的女作家,作品流传语种最多的美国作家〕撰写的享誉全球的名著《大地》中关于中国的资料也多是由应廉耕提供的。1946年受聘到北京大学农学院,仍广泛搜集统计资料,整理总结,以为撰写华北农业专辑。1946~1949年与农业经济学家陈道合作编撰了《以水为中心的华北农业》一书。此书出版也是为了纪念国立北京大学50周年校庆。分灌溉面积和水源、河川和灌溉、涌泉和灌溉、凿井和灌溉、华北凿井灌溉的前途等七章。另附有华北灌溉井深度,彩色水质图。北京大学植物学家朱澂(1922~2004)即购买了一本,在书的扉页上题记云:"一九四八年十二月十七日,北京大学五十周年纪念,炮声轰轰中举行,校史、善本、兵器、古漆器等展览,此册购于北大图书馆,以此留念"。此书不仅在当时,即便是当前也具有重要的参考价值，显示出两位先生的远见性，在当时便提出了水对于华北农业发展的重要性，缺水的危害性，并提出了相应的解决缺水问题的建议。

新中国成立后，应廉耕在教学、工作之余，继续自己的科学研究。在调到北京农业大学后，除了教学外，仍以相当多的时间从事农业经济调查和带领不同层次的学生做理论与实际结合的实践工作。应廉耕虽已年届古稀，但依旧笔耕不辍，1979~1983年先后主编了《南斯拉夫农业经济》、《中国社会主义农业》（英文本）、《农业经济选读》（Selected Reading on Agricultural Economics）等。这些著作希望通过中西比较与借鉴为新中国的农业建设提供有益的经验。1983年编撰出版的《台湾省农业经济》更是具有很强的学术价值与现实意义，填补了此一研究在当时的空白。该书共15章，以翔实地资料分别探讨了台湾省的历史背景、自然环境、农业人口、农地利用和家庭农场规模、两阶段的土地改革、农村组织、水利和肥料以及农业机械化、农产品贸易、农业结构与区划、粮食与经济作物、畜禽业、渔业、林业等，涵盖面很广。

从目前大陆学术界看，有关台湾土地改革的研究也相对比较缺乏。大量对台湾历史、台湾现代化发展或者台湾经济发展进行总述的书籍对此虽不乏有关章节，但研究比较表面化，大多集中于政策描述、分析当时历史条件或者研究政策起到的明显作用等。如刘明的《彼岸的起飞——台湾战后四年发展历程》中提到的土改部分，只描绘了土改政策三个阶段即"三七五减租"、"供地放领"、"耕者有其田"的具体内容，以及"土地改革"实施的后果，即在经济上以自耕农为主体的小农生产方式在当时促进了台湾农业生产和工商业的发展，同时也保证国民党统治集团得到整个农村的支持，渡过生存危机。李非的《台湾经济发展通论》及论文《台湾的第一次"土地改革"》也有此类问题。应廉耕的《台湾省农业经济》，以及东南大学出版社出版的李国鼎的《台湾的现代农业》着重介绍了台湾农业整体发展情况，对土地改革没有做详细描述。不同的是，在应廉耕《台湾省农业经济》中，还提到了台湾的第二次土地改革，这次改革以及之后的所谓第三次土地改革都是在经济转型之后，台湾为促进农业本身的发展实行的土地改革措施。一般对于台湾土改的总体特点归结为和平土改、小农制以及农业社会向工业社会的转变；而农业社会向工业社会的转变主要集中于地主得到补偿的工业股票转而发展台湾工业，农业的兴起为工业的发展提供了原料、市场、外汇收入以及劳动力。

应廉耕晚年还编写了《英汉农业经济常用词组选编》一书，其内容包括政治经济学、农业经济学、农场管理、农产品贸易、农业金融等方面的重要词组。该书在当时的国内尚属首创。

应廉耕撰写的著作除揭露旧社会土地制度、税收制度外，还揭示了地主与佃农之间的生产关系；通过描述农村的经济状况，还分析了农村的经济问题。应廉耕为农业经济管理的研究提供了重要的参考，并为青年教师、学生进一步的研究提供了科学的方法，受到较高的评价。

遗憾的是，应廉耕撰写的许多著作，都因各种原因未能留存下来，有的甚至需要在海外查找，不能不让人欷歔不已。

四、满怀热情的生活

应廉耕在长期的野外调查和农村调查工作中，接触到了祖国壮丽的山河，美丽的田园景色和种类繁多的奇花异草、珍禽异兽，使他对生活充满了热爱，对大自然的欣赏也洋溢在自家庭院。张仲威回忆，凡是应廉耕居住过的宅院，都种满了花草、灌丛或蔬菜，如墨菊、仙客来等。除此之外，他经常在闲暇之日到农村的田间地头、湖边、密林等生态优美之处，欣赏大自然未经雕饰的美妙景观。而多年的野外调研也使他成为一个美食家，张仲威第一次认识应廉耕时，应廉耕正提了两条大鲤鱼，并说他喜欢吃鲤鱼，他的女儿也说，父亲是一个大美食家。多年以后，张仲威对于这段掌故仍旧念念不忘，印象深刻。

应廉耕对于琴棋书画以及体育也有着较为浓厚的兴趣。少年的时候，他对音乐就充满了新奇与好感，能弹一手好琴，并时常用情地倾听留声机中的世界名曲，比如《蓝色的多瑙河》等。京剧和昆曲等戏剧形式应廉耕也非常喜欢，经常到北京的天桥剧场、人民剧场看戏，并时常模仿学习。在他担任北京市政协委员时，他常常与来自戏曲届的委员们倾心交谈，以此得到极大的满足。

应廉耕对体育也是十分喜爱。青年时期是一位足球健将，直到大学阶段，仍喜欢在足球场上踢上两脚。有了电视机后，他更是有球必看，特别是对中国足球队与外国球队之间的较量，更是场场不落，兴趣极大，像看戏曲一样，都能从头至尾地看完。此外，应廉耕还是一个钱币、邮票、古瓷器、古画的收藏家，常常津津乐道地讲述每一件藏品的来历。

应廉耕有一个和睦、幸福的家庭，一个儿子和三个女儿，都在国内外从事较好的工作，儿子曾担任陕西省机械学院的院长，现在美国深造。他们的成功是与应廉耕与夫人万美安多年一致的良好的家庭教育分不开的。应廉耕在教育孩子的方法上，吸收了西方先进的教育理念，不过多地干涉子女的私事，主张个性自由发展，从不打骂，主张男女平等，父子父女平等，注重品质的修养与教育，要求子女讲文明，讲礼貌，尊老、尊师、护幼，兄弟姐妹之间互助友爱，学习上自觉上进。正是在这样良好的氛围中，孩子们的个性得到了发挥；尊师重道的教育，为日后的成功奠定了坚实的基础。

1983年，因为对事业的执著，应廉耕不顾高血压，连续工作一个多月，为联合国教科文组织翻译和审阅一批重要英文资料，全部完成后，突发脑出血，住院抢救，休养期间仍想着工作，不幸于同年8月脑出血复发辞世，终年79岁。

五、应廉耕主要论著

应廉耕. 1936-7-21. 农佃问题与农村借贷. 农林新报. 第427号.

应廉耕编辑. 1941. 四川租佃制度. 中农印刷所.

应廉耕参编，卜凯主编. 1941. 中国土地利用. 金陵大学农学院农业经济系.

应廉耕. 1945. 中国农业区划. 金陵大学农业经济系.

应廉耕，陈道. 1947. 华北之农业（四）：以水为中心的华北农业. 北京：北京大学出版部.

应廉耕. 1983. 台湾省农业经济. 北京：农业出版社.

应廉耕. 2005. 美国农业中土壤肥力的破坏与生产的衰退// 王秀清，谭向勇主编. 百年农经第二册. 北京：中国农业出版社：1172-1183.

主要参考文献

中国农业科学院农业经济研究所. 1959. 我国农业经济科学战线上两条道路的斗争. 北京：农业出版社.

王立诚. 2007. 1958年农业经济学界"拔白旗"运动始末. 百年潮第8期.

撰写者

李军（1976~），中国农业大学经济管理学院副教授。

感谢张仲威先生以及应廉耕先生亲属和中国农业大学档案馆提供资料。

唐 燿

唐燿（1905～1998），江苏江都人，祖籍安徽省泾县。木材学家，开创中国木材学的系统研究，是中国木材解剖学创始人和奠基者，国际木材解剖学会理事，中国科学院昆明植物所研究员。1927年，毕业于南京东南大学理科植物系，获学士学位。1936年，编著出版《中国木材学》。1936～1939年美国耶鲁大学研究院植物系进修，师从雷高德教授，攻读木材解剖学、森林利用学，获耶鲁大学博士学位，并赴英、德、法、瑞（士）考察木材研究及应用。1939年，归国后，任中央工业试验所技正兼木材实验室主任，创建中国第一个木材实验室。1942～1950年，兼任中国技术专科学校教授。1933年，当选国际木材解剖学会理事。建国后任中央林业科学研究所（今中国林业科学院）研究员、副所长兼森林工业系主任。1962年，任昆明植物研究所学术委员会委员，主要从事木材学研究，编著《云南热带材及亚热带材》和《中国裸子植物及其木材解剖》（1982年完成，约30万字，尚未出版）。

一、开创中国木材学研究

唐燿，字曙东，1905年1月6日出生于江苏省江都县（今扬州市），祖籍安徽省泾县。父亲唐棣华，曾中泾县秀才，但英年早逝，母亲朱氏是操持家务的一把好手，对子女要求严格，从小养成唐燿勤俭好学的习惯和勇于进取的性格。高小毕业，唐燿是名列前茅的好学生。为了让唐燿读完高中，母亲朱氏不辞辛苦，筹借学费。唐燿自幼聪慧，又爱好大自然，对植物尤感兴趣。故，1923年，立志投考南京东南大学理学院植物系，于1927年毕业。

1928～1931年在上海暨大附中、扬州中学任生物教员（在扬州中学任教三年），自编教材，开设试验课，培养和启发学生对大自然的爱好。1931年，吴征镒在扬州中学读高一，唐燿在扬州中学教生物，用的是陈桢（席山）的名著《高中生物学》为教本，见吴征镒自采、自学定名的100多份植物标本，就让吴征镒在班上举办植物标本展览会，以资鼓励。此事对吴征镒幼稚的心灵影响深刻，从此吴征镒立志投考清华大学生物系。一件鼓动心灵的小事成就一位植物学大家。

大学毕业的唐燿深感学历不足，向业师胡先骕表达继续深造的愿望。1931年春，胡先骕邀唐燿到北平静生生物调查所（以下简称静生所）从事木材解剖研究工作。唐燿在家人的支持下，毅然放弃月薪160元的家乡教职，而离乡背井谋月薪仅90元的研究人员待遇，那时唐燿新婚，蜜月未完就离别家人，赴北平开始他的科学研究生涯。

1931~1935年，唐燿任静生所研究员，进行木材解剖研究，那时在中国尚属空白。胡先骕借给他一本美国耶鲁大学雷高德（Samuel J. Record）教授1918年编著的《北美木材鉴定》一书，还有一批日本寄来的木材标本，至于如何去研究木材的性质和用途，似乎却无径可循。唐燿从一本世界科学名人辞典上把木材研究有关的专家和地址记下来，向他们发出信件，说明自己的工作，征询意见，寻求资料，结果收到不少复信和资料，了解木材研究的情况和研究方法，其中雷高德教授赠送的《热带木材》杂志和纽约州林校勃朗（Brown）教授赠送的木材研究资料最为珍贵，使他认识到木材研究应从本国工业用材的鉴定入手。他选择中国主要木材树种，开展木材解剖研究。他首先鉴定了静生所近年采集的木材标本117属，172种，其中裸子植物22属，制作切片约500张，木材显微照片100余张。至1933年，共收集中国木材标本200余属1826号，外国标本300余属1000余号，各类书籍资料200余篇。奠定了中国木材学研究的基础。

自1932年起，唐燿在《静生生物调查所汇报》（Bulletin of the Fan Memorial Institute of Biology）和中国最早的科学杂志《科学》上，发表《中国木材之研究》系列论文共七篇。1934年，他把数年研究成果汇编成《中国木材学》，中华教育文化基金董事会予以资助，1936年12月由商务印书馆出版，是中国第一部木材解剖学专著。通过四年努力，唐燿在中国独树一帜，开辟了一个新的学科。1933年，唐燿被选为国际木材解剖学家协会（International Association of Wood Anatomist，IAWA）会员，建立起与世界各国木材学家的联系通道。

1936年，得秉志、胡先骕的鼎力支持，唐燿获得洛克菲勒基金会奖学金资助，赴美国耶鲁大学研究院植物系进修，师从雷高德教授，攻读木材解剖学、森林利用学等。在雷高德教授指导下，1938年，以《金缕梅科木材系统解剖的研究》博士论文，获耶鲁大学哲学博士学位。在美进修期间，他利用暑假访问了美国和加拿大一些林产研究所，用文献摄影机复制了近3000尺（1尺＝0.33米）的资料，得导师的允许，选锯了1000多属的木材标本。在中华文化教育基金会奖学金支持下，他赴英、法、德、瑞（士）等国对木材研究考察一年。1939年归国时，唐燿用节衣缩食省下的奖学金收集各种书籍和研究资料达19箱重2吨，运回国内为筹建中国木材研究室做准备。欧美之行,使唐燿眼界大开,提升了对木材学的认识,奠定了中国木材学研究的基础。

二、抗战时期的艰辛研究

1939年,抗战期间,唐燿回国任中央工业试验所技正兼木材试验室(馆)主任。在重庆北碚创建中国第一个木材实验室。1940年6月,木材实验室毁于敌机轰炸后,8月迁往乐山,重整旗鼓,艰苦创业。1942年,扩建为木材实验馆。唐燿招收了一批研究生,编写了《木材之力学试验》、《木材力学试验指导》、《影响木材力学性质诸因子》等教材,给年轻人授课,还定期举行学术讨论会,亲自作学术报告,与年轻人交流和讨论。唐燿苦心经营,木材实验馆初具规模,也培养了一批木材学专门人才,如何天相、王恺、何定华、柯病凡、喻诚鸿、屠鸿运等。

抗战时期,国防、交通、电讯等部门所需木材都非常紧迫,木材室主要根据国家战时经济需求,从中国森林和市场的调查、国产木材材性及用途的研究、木材物理性质的研究、木材力学试验、木材干燥试验、木材化学的利用和试验、木材工作性的研究、伐木、锯木及林产工业机械设计等八个领域展开研究。对我国木材材性,包括木材韧性、基础比重、力学抗强、基本收缩性、木材平衡含水量和天然抗腐性等,作了系统研究,还运用统计学方法,研究了木材的变异性。主编《中国木材材性之研究(一)木荷》、《中国木材材性之研究(二)丝栗》、《国产木材工作应力之初步检讨(一)》及《国产重要木材基本比重及计算出之力学抗强》(与屠鸿远协作)专著,为木材工程设计提供了科学依据。唐燿把紧密结合国家需要作为木材科研的重要任务,为国家解决实际需求做出了贡献。

1942~1950年,唐燿在乐山兼任中央技术专科学校教授,讲授木材造纸、林产制造及木材化学等课程。

1945年抗战胜利后,中央工业试验所迁上海,唐燿不愿放弃经营多年的木材实验馆,继续留在乐山。虽然内战重开,时局动荡,通货膨胀,但唐燿不为所动,坚持他的科学研究事业,直到新中国成立。

三、新中国的木材学

1949年12月,乐山解放,唐燿满怀喜悦,迎接新生。1950年元旦,他和同事们用各种不同原色的木材镶成"为人民服务"五个大字,悬挂在木材试验馆门前,书写了一副对联:"没有中国共产党怎能产生人民解放,缺少科学的研究鲜克完成工农建设。"表达唐燿及木材试验馆科技人员的心声。

1950年7月至1952年5月,唐燿在四川乐山主办中央林垦部西南木材试验馆,向中央林垦部呈报《乐山木材试验馆工作报告》和《中国木材研究专业之过去和展望》。

1952年12月27日,西南木材试验馆搬迁北京并入中央林业部筹建中的中央林业科学研究所。唐燿任林业科学研究所研究员、副所长兼森林工业系主任。根据西南农林部要求,保留西南木材试验工作站,唐燿提出西南木材试验工作站主要进行建筑用材的试验研究,包括木材防腐及技术人员培养等的建议。

1956年,唐燿参加"1956～1967年科学技术发展远景规划"的工作,负责起草《主要木材和竹材的构造及材性研究》计划。根据国家关于"合理利用木材"的方针,为国家建设承担了一系列的研究和咨询,如桦木、杨木的物理力学试验,木材防腐剂毒性研究,基本建设用材防腐、防裂、防虫蚀的技术资料,枪托、木箱、木梭、木模加工问题,枕木防腐问题,公路木桥防腐问题。为中央林业研究所主编多项木材研究报告和木材工作报告。7月,唐燿参加森林工业部北欧森林工业考察团赴苏联、芬兰、瑞典、挪威、民主德国考察木材科学技术的研究。同年,加入九三学社。

1959年,唐燿调中国科学院昆明植物研究所任研究员。云南热带、亚热带森林树种繁多,林型丰富,其中木兰科、金缕梅科、茶科等原始植物区系和完整的樟栎林林相为世界森林所少见。云南热带、热带森林木材是一片未开垦的处女地。唐燿满怀信心投入云南木材研究,昆明植物所先后为唐燿配备的研究助手有苏蓉生、林忠文、藏敏烈等,收集西双版纳珍贵木材和滇东南亚热带重要木材标本,由曹觉(唐燿夫人)技师制作木材切片3000张。在连续七年的研究中,对云南西双版纳主要热带、亚热带木材的特征、用途、材性和解剖特征,木材构造、木材材性和用途作了系统研究,特别是以"属"为单元,研究同属木材解剖的共性,进而对天然木材的变异性及其规律性进行探讨。在此基础上,编著《云南热带材及亚热带材》,全书43万字,附有木材版图79幅,对68科161属植物的木材作系统解剖记录,首次揭示了云南热带亚热带木材的奥秘。1973年,该书由科学出版社出版。《云南热带材及亚热带材》为我国热带亚热带林业的综合经营和合理利用提供科学依据,具有较高的学术价值和应用价值。

"文化大革命"期间,唐燿遭受莫须有的迫害和批斗,并株连家人,但他横眉冷对,宁折不弯,表现了刚直不阿的人品,深受同事敬仰。

改革开放时期,唐燿虽是耄耋老人,老骥伏枥,但对木材学仍情有独钟,他修订科研计划，继续开展木材科学研究，积极培养接班人。为了照顾唐燿的科研工作和生活，1981年，中国科学院昆明植物研究所特别安排唐燿的女儿唐致勤跟随身边工作，直至1998年唐燿逝世。

1982年，完成约30万字的著作《中国裸子植物及木材解剖》（尚未出版），对11科33属120种的300多号木材标本进行了木材解剖的比较研究，阐述国产裸子植物各属的发展演变及其木材特征，特别是通过裸子植物不同分类群管胞解剖形态的比较，指出裸子植物的管胞的演化也和被子植物的导管一样总趋势是缩短，在裸子植物从水生到陆生的演化过程中，总的演化趋势也是不断缩短，在机械支撑和疏导水分作用之间，存在对立统一的内在矛盾，揭示了裸子植物演化史上的关键问题，是唐燿从事木材解剖研究的又一里程碑。

1978~1988年，唐燿当选第五、六届全国政协委员。

1984年，80岁高龄的唐燿加入中国共产党，是中国科学院昆明植物所党史上的一件佳事。

四、高贵品质

唐燿的母亲唐朱氏，生于1881年，1974年故逝，享年93岁。唐燿步入社会后对母亲一直尽着瞻抚之忠。唐燿的大姐唐佩秋，1899年生，一生无子女，一直与唐燿一家生活在一起，唐燿对大姐恭敬如宾，孩子们对姑妈也十分亲敬，1989年故逝，享年90岁。1959年，唐燿调入昆明，每月按时按量寄钱给远在杭州的母亲和大姐，而且是在发工资的当日一定寄出，无一月间断，一直到母亲和大姐百年之后。在昆明植物所是一段敬老敬长的佳话。

唐燿是不留遗产的人，每月发工资时，把要寄给母亲和大姐的钱以及在昆明的生活费留下外，余下的当月就分给子女们，资助孩子们的生活，成为唐燿的家规之一，由夫人曹觉办理。

曹觉是唐燿相濡以沫的夫人，自1931年结成伉俪后，曹觉不仅是唐燿的生活伴侣，而且也是唐燿木材学研究不可缺少的得力助手。曹觉练就一手极妙的磨刀技术，她磨刀时，用力均匀，磨出的刀又快又平。曹觉制作的切片技术更是无与伦比，切下的木材切片既透明又完整，唐燿看切片一定只看曹觉做的切片，已经成为一种多年的习惯了，曹觉是唐燿研究木材离不开、舍不去的帮手。唐燿的起居饮食都是曹觉照顾，唐燿吃的饭要软，菜要可口，曹觉都能一一做到，主理家务全是一把好手。一次曹觉告诉我：每天她和唐燿都服用一粒鱼肝油，坚持多年，她和唐燿的眼睛和牙齿都很好。看来,曹觉还是一位很好的家庭保健医生。曹觉因病于 1995 年故逝,但家人和研究所都不敢告诉唐燿,只是说曹觉是到女儿家住着,直到唐燿 1998 年 6 月 6 日逝世时他都不知道夫人在他之前驾鹤西去了。曹觉故逝后,唐燿由子女们陪伴,生活起居的照顾毫不亚于夫人曹觉,是研究所里敬孝父母的又一佳传。

五、唐燿主要论著

Tang Y. 1932. Timber Studies of Chinese Trees. Ⅰ. Timber Anatomy of *Rhoipteleaceae*. Bull Fan Mem Inst Biol, 3 (10): 127-131.

Tang Y. 1932. Timber Studies of Chinese Trees. Ⅱ. Identification of Some Important Hardwoods in Northern China by their Gross Structures. Bull Fan Mem Inst Biol, 3 (13): 157-210.

Tang Y. 1932. Timber Studies of Chinese Trees. Ⅲ. Identification of Some Important Hardwoods in South China by their Gross Structures. Bull Fan Mem Inst Biol, 3 (17): 253-338.

Tang Y. 1933. Timber Studies of Chinese Trees. Ⅳ. Anatomical Studies and Identification of Chinese Softwoods. Bull Fan Mem Inst Biol, 4 (7): 209-268.

Tang Y. 1933. Timber Studies of Chinese Trees. Ⅴ. Preliminary Studies on the Weight of Some Chinese Woods. Bull Fan Mem Inst Biol, 5 (4): 149-199.

唐燿. 1933. 木材识别法. 科学, 17 (7): 1049-1079.

唐燿. 1933. 木材识别法(续). 科学, 17 (10): 1659-1696.

唐燿. 1936. 中国木材学. 北平: 商务印书馆.

唐燿. 1940. 木材之力学试验. 经济部中央工业试验所木材试验室特刊, (5/6): 1-18.

唐燿. 1940. 影响木材力学性质诸因子. 经济部中央工业试验所木材试验室特刊, (7/8): 1-22.

唐燿. 1940. 木材力学试验指导. 经济部中央工业试验所木材试验室特刊, (9/10): 1-17.

唐燿. 1942. 国产木材工作应力之初步检讨(一)(附美国重要木材之工作应力简表). 经济部中央工业试验所木材试验室特刊, (30): 1-15.

唐燿, 屠鸿远. 1942. 国产重要木材基本比重及计算出之力学抗强. 经济部中央工业试验所木材试验室特刊, (31/32): 1-28.

Tang Y. 1943. Systematic Anatomy of the Woods of the Hamamelidaceae. Bull Fan Mem Inst Biol, New 1 (1): 8-63 (Note: A portion of a dissertation presented to the Faculty of the Graduate School of Yale University in partial fulfillment to the requirements for the degree of Doctor of Philosophy).

唐燿. 1944. 中国木材材性之研究(一)木荷. 经济部中央工业试验所木材试验馆特刊, (39): 1-50.

唐燿. 1944. 中国木材材性之研究(二)丝栗. 经济部中央工业试验所木材试验馆特刊, (40): 51-90.

唐燿. 1973. 云南热带材及亚热带材. 北京: 科学出版社.

唐燿. 中国裸子植物及其木材解剖(1982 年完成, 约 30 万字专著, 尚未出版).

主要参考文献

中国科学院昆明植物研究所. 1938~2008. 中国科学院昆明植物研究所简史(内部文献).

静生生物调查所. 1931~1934. 静生生物调查所汇报.
乐山木材试验馆. 1942. 乐山木材试验馆特刊.
乐山木材试验馆. 1945. 乐山木材试验馆专报.
乐山木材试验馆. 1945. 乐山木材试验馆特刊.

撰写者

吕春朝（1939~），中国科学院昆明植物研究所研究员，现任吴征镒院士办公室主任兼《中华大典·生物学典》副主编和《植物分典》常务副主编。唐燿先生是昆明植物研究所前辈科学家，撰写者是晚辈后生。

吴绍骙

吴绍骙（1905～1998），安徽嘉山人。农业教育家、玉米育种学家，中国玉米育种奠基人之一。1929 年毕业于金陵大学，获学士学位。1934 年公费赴美国明尼苏达大学研究院进行玉米育种研究，1936 年获硕士学位，1938 年获博士学位。同年 11 月回国，历任广西大学农学院、金陵大学农学院教授，贵州省农业改进所技术专员。1949 年后任河南农学院副院长，中国农学会、中国遗传学会理事，中国作物学会常务理事，中国农业科学院学术委员会委员，农牧渔业部科学技术委员会委员，河南省农学会、河南省作物学会、河南省遗传学会理事长，河南农业大学名誉校长。他长期从事玉米杂种优势利用研究，1939 年提出根据自交系类型异同或亲缘远近合理配制玉米双交种和选育二环系的原则；20 世纪 50 年代初，他提出选育推广玉米品种间杂交种和综合种，以迅速提高我国玉米产量。他倡导的采用异地培育一年多代的选育方法被作物育种者长期普遍应用。在玉米杂种优势利用方式上，1960 年他提出在生产上直接利用单交种以替换种子生产程序过于繁琐的双交种。这一主张被业界认同，使中国成为较早改用单交种的国家之一。他与洛阳农业试验站合作，育成中国第一个大面积推广的玉米综合品种洛阳混选一号。他主持育成并大面积推广了豫农 704、豫单 5 号、豫双 5 号等优良玉米杂交种。

一、执著求学 坎坷报国

吴绍骙，号又骙，1905 年 2 月 12 日出生于安徽省嘉山县三界镇（今三界乡）。出身书香世家的吴绍骙自幼受到良好的教育，4 岁开始识字，6 岁入私塾，11 岁进入镇小学学习。其父吴克仁 1917 年被推举为民国安徽省第一届议会议员，吴绍骙因此跟随父亲到安徽省城安庆市第一模范小学就读，毕业后进入安徽省立第一中学学习。1922 年，吴绍骙的父母相继去世，家道从此中落，17 岁的他面临着人生的重大转折。家人劝他留在家乡继承家业，料理田产的同时任教村塾。但是他不愿依靠祖业为生，下定决心勤勉自强。当年，吴绍骙考入金陵大学预科，一年后转入该校文学院政治系学习。考虑到当时恶劣的社会环境，从政之路渺茫，吴绍骙决定转入该校农学院农艺系主攻植物遗传育种学，以便学有专长。其间，他师从小麦育种学家沈宗瀚，由此开始了他漫长的科学生涯。

青年时期的吴绍骙体弱多病，却从不曾因为身体原因而懈怠学业。1929年夏，吴绍骙完成大学学业，获得学士学位。1930年3月，业师沈宗瀚介绍吴绍骙到浙江省棉业改良场，任萧山育种场技术员兼主任。两年后，他转任安徽省建设厅技士，被派到安徽省棉业改良场任技术室主任，1934年兼代场长。

1934年4月，吴绍骙以榜首的优异成绩考取安徽省留学欧美公费生，同年9月进入美国明尼苏达大学研究院，师从植物育种学家海斯（H. K. Hayes）教授进行玉米育种研究。

在美国求学四年，吴绍骙没有休过一次暑假。胸中强烈的求知欲望和对专业浓厚的兴趣使他静下心来，刻苦学习。他全身心投入试验研究，经常钻进闷热的玉米试验地进行杂交授粉和观察记载，获得大量重要的科学数据。

1936年，吴绍骙顺利取得硕士学位。1938年，他完成了题为《玉米自交系血缘与其杂交组合之间的关系》的博士论文。该论文发表在1939年3月份的美国农艺学会会刊上。在这篇论文中，他依据缜密的试验设计和翔实的研究数据，论证了自交系亲缘关系远近与其杂交后代杂种优势强弱之间的密切相关关系，提出了"二环系"法选育优良自交系的理论和方法。导师海斯当年曾因此推荐他为美国西格玛赛（Sigma Xi）荣誉学会会员。这一经典之作对玉米自交系和杂交种的选育有重要的指导作用，迄今仍经常为国内外植物育种学专著和论文所引用，并在实践上为国内外玉米育种学界所遵循。

吴绍骙博士毕业之际，正值日寇大举南侵，他唯恐交通受阻，故土难回，没有来得及参加博士学位典礼，就于1938年11月初离美回国。当时祖国半壁河山沦陷，只得绕道香港、海防、河内，由滇越路到达昆明。其后，经业师沈宗瀚推荐，吴绍骙到贵州省农业改进所任技术专员，从事玉米遗传育种研究。限于当时当地的条件，科研工作实在难以开展，吴绍骙遂于1939年9月应金陵大学校友周明牂之约转入广西大学农学院，从事育种研究。因为范福仁先生已在该院开展玉米育种工作，只好改做水稻育种，同时兼任广西省（今广西壮族自治区）建设厅水稻督导专员、技正。1942年8月，吴绍骙接受母校金陵大学的聘请，来到当时西迁成都华西坝的金大农学院任教授，兼任该院农事试验场副场长及农艺研究部主任。抗战胜利后，他随金大回到南京，仍然从事玉米育种工作。

吴绍骙回国时的理想是为了发展玉米育种事业、振兴农业，但是在烽火连年、动荡离乱的祖国大地上，他奔波滇、黔、桂、川，却很难找到一块适于科研的净土。

他从美国带回来的50多种宝贵的玉米育种材料在连年奔波的过程中散失殆尽，抗战结束后他的育种事业一切都需要从头做起。在农业部农业推广委员会粮食生产组主任兼金陵大学农学院农艺系主任王绶教授的支持下，他获得经费，开展品种间杂交种的选育研究。1949年3月，吴绍骙应明尼苏达大学室友、时任国立河南大学农学院院长王鸣岐教授之约，来到南迁苏州的该院任教。新中国成立后，河南大学迁回开封，他因为与王鸣岐合译李森科所著的《遗传及其变异》而没有随同北上。不久后，他婉拒了好友萧辅邀其任浙江省农业改进所农艺系主任的美意，告别美丽富庶、杏花烟雨的江南，来到风沙漫卷的古城开封，决心在盛产玉米的中原大地重新开展玉米育种事业。

二、倡导杂种优势利用　促进玉米产量提高

玉米杂种优势利用研究的倡导和实践是吴绍骙一生的不懈追求。他根据我国农业生产及育种科研不同发展阶段的实际情况，在杂种优势利用方面提出了许多创见。建国之初，鉴于玉米育种科研基础薄弱，玉米生产水平低的现实状况，提出我国玉米杂种优势利用应以发展品种间杂交种为先导；在20世纪50年代中期主张选育推广玉米综合品种；在20世纪60年代初提出将大田生产的杂交种类型从双交种转变为单交种。

1949年冬，新中国刚刚成立两个多月，吴绍骙作为河南大学农学院教授，以特邀代表的身份赴京参加全国农业工作会议。在这次会议上，他作了《利用杂种优势增进玉米产量》的专题发言，根据1947年在南京金陵大学农学院时主持的玉米品种间杂交种选育研究试验数据以及苏联奥尔相斯基院士的相关研究资料，提出了我国玉米生产和杂种优势利用研究的发展策略。

他指出："玉米杂种优势利用，计有两种途径：一种是从自交入手，另一种是从事利用品种杂交。前一种是彻底而且基本的办法，但是需要8~10的时间才能希望获得优良的杂交种，后一种是过渡期间的补救办法，手续比较简单，需要的时间也较短。"他还提出了品种间杂交种的亲本选配原则："要想获得大而强的杂种优势，必然要注意到两个父母亲本的品种，凡是亲本的血缘较远的，一般说来，能获得杂种优势的机会就越大。"从这一原则出发，他建议"在国内应当用各地原来的玉米品种（硬粒种）和美国的马齿种杂交，来获得较有把握的杂种优势。"他提出的这一亲本组配模式，被其后许多育种单位的育种实践证明是成功的。从1949~1958年我国育成的71个玉米品种间杂交种，大多沿用这一模式育成。

吴绍骙的发言和建议受到党和国家的重视，1950年1月7日《人民日报》全文刊登了他的发言，全国很多省市的报纸和电台纷纷转载播发。同年3月，中央人民政府农业部召开了玉米专业座谈会议，邀请吴绍骙参加会议，并与李竞雄、张连桂、刘泰、陈启文等专家一起主持制定了《全国玉米改良计划（草案）》。吴绍骙提出的利用品种间杂交种的建议内容被吸收在这个计划之中，对于规范和指导我国20世纪50年代发展玉米生产和指导玉米育种工作发挥了巨大作用。这一时期全国共育成在生产上应用的品种间杂交种有60多个，推广种植面积达2500多万亩。培育和应用品种间杂交种成为当时玉米增产的重要措施之一。

为了实施全国玉米改良计划，吴绍骙受农业部的委派，在20世纪50年代初期，多次不辞劳苦，奔波于山东、河南、河北等省份，指导玉米杂交种选育工作，为玉米育种和科研生产做出积极贡献。

根据杂种优势遗传学原理和美国的成功经验，吴绍骙坚信选育玉米自交系间杂交种是最佳的杂种优势利用方式。为此，他与在广西柳州沙塘农业试验站工作的学生程剑萍合作，于1951年开展自交系间杂交种选育研究，将在广西利用引自美国的15个自交系配制的一批单交组合，分别在河南省的洛阳、开封、南阳，广西壮族自治区的沙塘、宜山、田阳等地进行多点产比试验。在洛阳夏播的91个单交组合，平均亩产达到339千克，其中有四个组合亩产463~518千克，相比当地种植的农家种洛阳小金籽实现了成倍增产的显著成效。

正当吴绍骙在玉米育种研究的科研之路上连攀高峰的时候，因为政治对学术的影响，我国生物学界于1952年开展了对孟德尔、摩尔根遗传学说的迅猛批判。玉米自交系间杂交种的选育工作正是建立在这种遗传学说的理论基础上，因而成为攻击的主要对象。当时，在武汉市举办的米丘林遗传学讲习班上，担任主讲的苏联专家伊万诺夫把玉米自交系选育称为"徒劳无益的工作"。吴绍骙卓有成效的自交系间杂交种选育工作被迫中断。

虽然自交系间杂交种选育工作被政治学术气候干扰而无法继续进行，但是吴绍骙仍然千方百计使手中这部分失之难以复得的育种材料在研究和生产中得到应用。为此，他与洛阳农业试验站合作，将由12个自交系组配成的91个单交种的越代种混合播种，进行混合选择，隔离繁殖成为综合品种洛阳混选一号。这个品种抗病、高产、适应性强，比当地品种增产30%~80%，最高的亩产达550千克，迅速成为河南省的主推新品种。该品种的育成，虽然是在自交系杂交种选育工作被迫中止的情况下，为保存优良育种资源而采取的不得已之策。但这批优良育种材料能在生产上发挥其增产作用，恰恰用事实验证了自交系间杂交种的增产潜力。混选一号成功推广之后不久，一批综合品种如河北省农业科学院选育的冀综一号、河南农业大学选育的豫农一号、山东省农业科学院选育的综杂一、二号等相继育成，起到了示范和增产作用。

根据混选一号的选育推广实践经验，1957年吴绍骙在参加中国农业科学院成立大会时，宣读了题为《从一个玉米综合品种——洛阳混选一号的选育推广谈玉米杂种优势利用和保持》的长篇论文。他在论文中指出："种植玉米杂交种，是今日提高玉米单位面积产量的一个极其重要的环节……由玉米自交系间杂交所得的种子，较品种间杂交种的增产能力更大，我们应重视这种工作。……当双交种未育成之前，或是双交种种子产生的量还不够普遍的时候，利用这种综合品种推广种植，可以收到增产效果。我们认为这是一个值得提倡的方法。尤其是在目前我国农家品种产量水平不高的情况下，综合品种的产量很容易超过农家品种，起到增产效果的。"他还着重指出："（玉米综合品种）原来的亲本自交系数目众多，来源复杂，更是一个培育玉米自交系的理想源泉。"

吴绍骙还在1962年发表的《对当前玉米杂交育种工作三点建议》一文中对综合品种的优缺点作了客观分析："综合品种的产量虽则一般比好的双交种略低，但在配制过程中以及以后种子繁殖的手续上，比品种间杂交种省事，更比双杂交种简易……尤其值得重视的是配制综合品种可以作为培育双杂交种过程中的'副产物'，看成推广双杂交种的先驱者。"为了保持综合品种的杂种优势，吴绍骙提出采用混合选择法与半分法加以改良，并强调要注意保持综合品种的遗传多样性。

吴绍骙提出在我国玉米双交种尚未普及的过渡时期选育与推广综合品种的主张，为杂交优势利用指出了一条新途径，他的这一主张与后来国际小麦玉米改良中心（CIMMYT）在第三世界一些国家推广综合种的做法不谋而合，而在时间上则早走一步。同时，国内一些育种单位以混选一号作为选育自交系的基本材料，从中分离出不少高配合力的自交系。如河南省新乡地区农科所1963年育成的我国当时推广面积最大的玉米单交种新单1号，其亲本自交系混517就是从混选一号中选出的，其他如山西农科院等单位育成的太183、太184、武102等自交系，也是从其中选出的。

三、倡导利用异地培育　加速作物育种进程

1956年4月，毛泽东在中共中央政治局扩大会议上提出"百花齐放、百家争鸣"应该成为我国发展科学、繁荣文学艺术的方针。稍有宽松的政治和学术环境使

吴绍骙一度中断了的玉米自交系选育工作得以重新恢复。但此时，吴绍骙及大多数育种家被打入"冷宫"多年的自交系种子已完全丧失了发芽力，一切不得不从零开始。

如何夺回失去的时间，使我国玉米自交系选育的进程加快，从而满足生产发展的需求，成了吴绍骙当时考虑最多的问题。20世纪50年代初，他与学生程剑萍在河南和广西之间彼此交换育种材料，合作进行自交系选育和杂交种多点产比试验。这件事启发吴绍骙开始思考：我国疆土广袤，气候悬殊，如果能利用这种得天独厚的"天然大温室"，把北方的育种材料及时送到南方繁殖，不是可以大大缩短育种周期吗？1956年，吴绍骙在陪同苏联玉米专家来华考察的座谈会上，第一次提出玉米异地培育的观点，也就是利用我国南方温暖的气候条件，春夏季把作物育种材料在北方种植一代，冬季在南方再种植一代或两代，这样南北方交替种植，一年繁殖2~3代，加快种子繁育进程，缩短育种年限。

坐言起行，吴绍骙于1957年开始与广西柳州市沙塘农业试验站、河南省农业科学院等单位开展合作研究，将从20个品种及杂交种自交产生的208个果穗种子，一部分送到南方进行一年两代的自交选育，另一部分在河南按传统方法进行一年一代选育。试验的主要目的在于探讨利用南方生长季节长的条件来为北方培育自交系，以缩短其培育时间的可能性；观察同一材料在南方环境条件下所培育出来的自交系回种北方后能否用以配制杂交种。通过两年翔实的试验数据分析，吴绍骙证明了北方玉米材料可在南方正常生长培育成为自交系，其中一些系具有良好的配合力，从而得出了利用南方条件加速培育自交系是多快好省、值得推广的方法这一结论。1959年11月，他将研究初报在全国作物育种会议上分发，1960年写成《异地培育对玉米自交系的影响及在生产上利用可能性的研究》的论文，该文原已送全国性刊物《遗传学集刊》排版，后因学校行政领导干预，取回发表于《河南农学院学报》（创刊号）。1962年4月14日，《光明日报》在头版显著位置以《研究玉米育种简易快速方法——玉米专家吴绍骙在"综合品种"、"异地培育"等方面做出贡献》为题，对吴绍骙异地培育的理论和实践进行了报道。

此后，在吴绍骙主持下，河南农业大学玉米研究所从未间断过南繁加代选育研究工作，先后育成豫农704、豫单5号、豫双5号、豫单8号等优良杂交品种，在省内外广泛推广。其中，豫农704年均推广面积约700万亩，是我国玉米第二次品种更新的代表性品种之一，曾获1978年全国和河南省科学大会重大科技成果奖。作物异地培育研究于1990年获河南省科技进步奖一等奖。

吴绍骙提出的异地培育理论及其研究结果，不仅有力地批驳了在当时占主导地位的环境决定遗传的外因论学说，而且通过研究实践开辟了我国南北穿梭育种的先河，改变了固定地方的传统选育方法。这一方法很快被学术界、育种界所认可接受。1958 年，已有个别省份的育种单位冬季到广东育种。1960 年前后，全国各省区的科研单位纷纷到南方建立冬季育种基地，这些基地主要集中在海南岛。这一方法很快又从玉米扩大到水稻、小麦、高粱、大豆、棉花、甘薯、麻类、蔬菜瓜类等数十种作物。异地培育在短短数年间被广泛推广应用，大大加速了我国农作物品种更新换代的步伐，对提高我国作物产量起到重要的作用，收到无法估量的社会经济效益。1959 年 11 月召开的全国作物育种工作会议上，农业部刘瑞龙副部长认为："在南方利用生长季节长的有利条件，加速繁殖种子的做法值得推广。"农牧渔业部顾问刘锡庚在 1983 年召开的南繁工作座谈会上讲话中指出："多年来利用我国得天独厚的天然大温室进行育种和加代繁殖，荣获我国特等发明奖的籼型杂交水稻，它的不育系原始材料野生稻不育株，就是在海南岛的崖县发现，加以转育成功，杂交水稻通过南繁加代，仅用了三年就实现了三系配套。"异地培育、一年多代选育已成为我国多数农作物育种的常规方法。

四、开启杂种优势利用新篇章

对待科学研究，吴绍骙一贯坚持求实创新的精神，重视吸收国外的先进经验，强调要根据科学实验和生产实践，提出富有独创精神的方法和途径。

1960 年，吴绍骙在山西太原召开的全国玉米研究工作会议上发表了《关于多快好省培育玉米自交系配制杂交种方面的一些体会和意见》的论文，主张利用国内育成的和国外引进的现有材料，配制杂交组合，迅速投入生产应用。该文还根据他与广西育种单位协作选育单交种的经验，提出在生产上直接利用单交种的意见。他认为："在玉米的大田生产中，单交种所以不作为生产上应用的种子，而仅作为配制双交种的亲本材料，其原因在于单交种的亲本自交系产量低，生活力衰退，种子生产成本过高。"为克服自交系产量低、生活力衰退的缺陷，他认为可采用自交系早代利用的方法加以解决，因为"自交系早代生活力衰退尚不太强烈，种子生产力降低较小，选择优良的早代自交系用以配制杂交种，为生产上直接利用单交种创造了有利的条件。"他还进一步指出："如果把异地培育，早代利用自交系和直接利用单杂交种三者结合起来，在生产上加以利用，在玉米杂交育种程序上将起到一个革新的作用，从而可以大大缩短新品种选育的时间。"他的这些见解和创新精神对我国玉米育种实践起到重要指导作用。

他提出的在生产上直接利用单交种的可能性也迅速在生产上得到了印证，河南省新乡地区农科所于1963年育成了我国第一个大面积推广的单交种新单1号，在大面积生产示范中，其平均亩产300～400千克，最高亩产超过600千克，短时间内就被引种到10多个省区，推广面积达到2000多万亩。由于单交种的育种和种子生产程序大大简化，便于迅速推广，因此，国内各育种单位纷纷将选育利用单交种作为育种目标，从而使我国玉米育种工作从以选育推广双杂交种为主的阶段，迅速转向以利用单杂交种为主的新阶段，使我国成为较早普及推广单交种的国家之一。

五、严谨学风　高尚品德

作为一名学者，吴绍骙始终秉持对各种学术见解兼容并蓄、择善而从的严谨学风。1949年春天，他与王鸣岐合作，根据杜布赞斯基的英译本转译了苏联李森科的专著《遗传及其变异》，由苏州工艺书局出版，1950年又由商务印书馆印行。在译序中，他们阐明转译此书是鉴于"新旧两学派之争，在苏联正如火如荼，且将蔓延而及于全世界。在我国国内，仅仰赖于报章杂志片段之介绍，未足以窥其梗概，不无遗憾。"他所说的"旧遗传学"是指孟德尔、摩尔根学派的学说，"新遗传学"是指米丘林、李森科学派的学说。对于两学派的争执，他们认为："我辈应保持科学态度，择善以从，初不必立门户之见，以自行闭塞其智慧之门"，同时还进一步申明："译者稍涉猎于遗传科学，对李森科院士所持之说，以所知甚少，不敢贸然赞同。此文之转译，仅为介绍遗传学中另一学派之见解而已。见仁见智，有待于读者之抉择也"。

然而，作为国内最早把李森科学说介绍到我国的学者之一，吴绍骙万万没有料到自己在1952年竟被扣上"坚持反动的、唯心的遗传学说的顽固分子"等帽子。他因此再次陷入困境，主讲遗传学的课程被迫停开，科研工作被迫停止，学校配备给他的几个研究助手也纷纷改为从事其他业务。

在这种政治决定学术的冷风肆虐之下，吴绍骙毫不动摇，依然坚持自己严谨的学术态度。在中国主讲米丘林学说的苏联专家伊万诺夫来河南考察期间，吴绍骙冒着"政治反动"的风险与他就玉米自交系间杂交种问题进行了激烈的争论。

伊万诺夫质问吴绍骙说："纯系学说是反动的理论，自交是有害的，你为什么非搞自交系不可？"

吴绍骙反问："自交系间杂交种显然比品种间杂交种增产，我们为什么要放弃不搞？现在我国尚未推广自交系间杂交种，我无例可以奉告。但中国老百姓在养蚕业上早就注意选择优良原种杂交以获得优质高产的杂种后代，称为改良种。利用玉米自交系配制杂交种能够增产，二者是相通的。"

一席话说得义正词严，使伊万诺夫无言以对。

吴绍骙就是这样，在权势面前从不变色，从不唯唯诺诺。1952年在武汉召开的一次学术讨论会上，会议主持人开场就说："孟德尔学派可以休矣，纯系学说可以休矣"。吴绍骙在发言中与之针锋相对，指出："玉米自交系并非一般的纯系，是用以组配出优良杂交种来获得增产，为什么要让它休矣？"会场上的听众为之愕然，许多人为他担心，但是他却始终一派"虽千万人吾往矣"的神情，泰然自若地坚持自己的观点。

在几乎一度完全中断科研工作的困局下，吴绍骙一直坚持思考着如何为农民选育良种，如何加快我国玉米杂交种的选育步伐。1956年，在与来华访问的苏联玉米专家肖洛可娃和茹可夫座谈时，吴绍骙正式提出了在内心酝酿多年的异地培育方法，征求两位专家的意见。他得到的回答是："苏联采取的办法是利用温室加代选育；如把北方自交系拿到南方选育，然后再拿回来利用，可能会变得不适于原来的环境条件了"。两位专家虽然不赞同异地培育的学术观点，但是他们也认为不妨进行试验加以验证。尔后试验的结果证明吴绍骙的设想是正确的。

作为新中国玉米育种事业奠基人之一的吴绍骙，有着辉煌成绩，为国家做出重要贡献。1962年春列席全国政协会议期间，他被邀请到中南海怀仁堂，与毛泽东主席、周恩来总理同在宴会第一席就餐。周总理含笑握着他的手说："大办农业，多为祖国培育良种！"这对于一个在旧中国报国无门的科学家来说，是莫大的褒奖和激励。

史无前例的"文化大革命"使吴绍骙被迫离开了自己的事业岗位。1969年，他被下放到商丘县五里杨乡三刘庄村接受贫下中农"再教育"，和老伴及小外孙住在光线不足、四处透风的小磨房里，每月只有20元生活费，可是他心中始终惦念着玉米育种事业，耳边一直萦绕着周总理的叮嘱。他动员随同下放的教师引来玉米杂交种在当地试种，并亲自向群众传授玉米制种技术，并举办业余农校，培训农业技术人员。五里杨因此很快成了商丘的玉米高产典型乡。

1971年，在省委主要领导人的多次过问和干预下，吴绍骙终于恢复了工作。老骥伏枥，志在千里，为了加速河南省玉米杂交种的更新进程，加速发展玉米生产，他在1975年向省科委提出建立一个包括科研、教学、生产单位参加的全省性玉米科研推广协作组。协作组成立后，年逾古稀的吴绍骙亲任顾问。该协作组后来更名为河南省玉米高稳优低协作组，开展科研、示范、推广三结合的协作攻关，进行玉米高产、稳产、优质、低成本的综合研究。该研究获得全国科学大会奖等多个奖项，为促进河南省玉米大面积增产发挥了重要作用。

"六五"期间，吴绍骙作为全国玉米育种攻关专家组成员，积极参加攻关组的各项活动。"七五"期间，退居二线的他仍然十分关心我国玉米育种事业的发展。1989年，河南农业大学玉米研究所和四川省农业科学院作物所合作，利用姊妹系配制改良单交种，制种产量大幅度提高。他获悉后，主动到四川省现场考察。当人们看到这位耄耋高龄的前辈专家千里跋涉来到巴山蜀水，顶着烈日酷暑深入田间地头，认真观察、细心倾听的情景，无不为之动容。大家劝他注意身体多休息，他却毫无倦容、笑逐颜开地说："看到这样好的种子生产基地，这样高质量的高产制种田，看到这项种子生产改进技术为农民带来显著的经济收益，感到非常兴奋，完全感觉不到疲劳。"

六、尽瘁案首　风范长存

吴绍骙一生乐观豁达，严以律己，宽以待人。他为自己立下的座右铭是："宁尽瘁于案首，毋垂毙于牖下。"1986年，他因为患膀胱癌和前列腺炎动手术治疗。医生嘱咐他出院后在家静养，不宜劳累。但是他和往常一样，依旧看书，学习，参加各种活动。家人和同事劝他保重身体，安心疗养，他淡然地说："这病算不了什么，若不工作，不活动，反而周身不适。"一息尚存、奋斗不止正是他执著精神的真实写照。

吴绍骙热爱祖国、热爱党。他曾经长期渴望并要求加入中国共产党，但出于工作需要而长期留在党外。他一方面团结广大知识分子，为党的统一战线工作做出积极贡献；另一方面从没有放松加入中国共产党的努力。1997年他实现了毕生夙愿，由中共中央组织部批准加入了党组织，中共中央政治局常委、时任河南省委书记的李长春同志亲自登门向他宣布了这一喜讯。

20世纪90年代末，耄耋之年的吴绍骙依旧关注着学校和育种事业的发展。1998年初，在他93岁生日之时，还曾向前来祝寿的学校领导以及有关专家学者，畅谈了他关于扩大杂交优势利用和加强作物种质基因材料研究等问题的新设想，并且通过学校党委送至河南省有关领导，将此设想作为建议郑重提出。然而，就在有关方面正欲就此作出安排，并进一步找他求教时，吴绍骙却因突发高血压、冠心病、合并心力衰竭等症，经医治无效，于3月30日凌晨2时30分在郑州逝世，享年94岁。

吴绍骙一生的创新实践诠释了一个科学家所应具备的开拓精神以及对国家和人民的高度历史使命感。他一生所钟爱的玉米育种事业永远值得我们继承，他一生所取得的成就永远值得我们缅怀！

先生之风,高山仰止;斯人虽逝,精神长存!

七、吴绍骙主要论著

Wu S K. 1939. The relationship between the origin of selfed lines of corn and their value in hybrid combination. J Am Soc Agron, 31: 131-140.

吴绍骙. 1940. 美国明尼苏达大学作物育种及推广制度. 广西农业, 1 (4): 275-278.

李森科. 1949. 遗传及其变异. 吴绍骙,王鸣岐译. 苏州:苏州工艺书局;1950. 上海:商务印书局.

吴绍骙. 1949. 利用玉米杂交优势增进玉米产量. 中央人民政府农业部全国农业会议汇刊, 81-86.

吴绍骙. 1950. 利用品种杂交以增加中国玉米产量. 农业科学通讯, (7): 4-9.

吴绍骙. 1956. 对"混选一号"玉米在豫西及豫东栽培及推广的调查和今后意见. 中国农报增刊, (1): 19-20.

吴绍骙,张明北,许德顺. 1957. 从一个玉米综合品种——洛阳混选一号的选育到推广谈玉米的杂交优势的利用和保持 // 中国农业科学院编. 中国农业科学院成立大会论文集: 18-32.

吴绍骙. 1959. 杂交优势在新中国玉米增产上的利用及其前瞻. 农业学报, 10 (5): 360-367.

吴绍骙,苏祯禄,陈伟程,等. 1960. 异地培育对玉米自交系的影响及其在生产上利用可能性的研究(第一报). 河南农学院学报,创刊号: 124-153.

吴绍骙. 1961. 关于多快好省培育玉米自交系配制杂交种工作方面的一些体会和意见. 河南农学院学报, (1): 38-43.

吴绍骙,汪茂华,陈伟程,等. 1961. 河南省几个玉米综合品种选育经过及其杂交优势的保持利用问题. 河南农学院学报, (2): 10-25.

吴绍骙. 1962. 对当前玉米育种工作三点建议. 中国农业科学, (1): 1-10.

吴绍骙,张明北. 1962. 利用半分法穗行选种以改进一个玉米综合品种. 河南农学院学报, (4): 38-43.

吴绍骙,陈伟程. 1978. 关于玉米育种的几个问题. 中国农业科学, (1): 19-27.

吴绍骙,汪茂华. 1981. 玉米品种资源的搜集研究和利用探析. 河南农学院学报, (1): 1-7.

主要参考文献

苏联玉米考察组. 1957. 苏联农业专家来华考察资料汇编·第二辑. 中华人民共和国农业部对外联络局(内部资料).

阎豫昌. 1978-5-22. 辛勤的育种人. 河南日报.

陈伟程,陈绍江. 1993. 吴绍骙 // 中国科学技术协会编. 中国科技专家传略·农学编·作物卷 1. 北京:中国科学技术出版社: 134-149.

佟屏亚. 2000. 中国玉米科技史. 北京:中国农业科技出版社.

撰写者

陈伟程(1934~),河南农业大学教授,长期担任吴绍骙教授的科研助手,曾任河南农业大学玉米研究所所长。

陈绍江(1963~),中国农业大学教授,曾在吴绍骙教授的指导下攻读硕士学位,并在河南农业大学任教和从事玉米遗传育种研究多年。

祖德明

祖德明（1905～1984），河北易县人。农学家和植物遗传学家。主要从事作物栽培和遗传育种研究。1929年毕业于河北大学农科。1930年赴日本留学，1936年回国，任河北农学院教授。1937年七七事变后应约参加革命，在晋察冀边区政府先后任实业处及农林牧殖局技术室主任，主要从事农业技术研究和推广工作，为抗日期间边区农业做出积极贡献。1948年，他随解放军先后接管保定河北农学院和原中央农业实验所北平农事试验场。新中国成立以来，他历任华北农业科学研究所副所长，兼应用植物学系（又称发育生物学系）主任，并主编《农业学报》、《农业科技通讯》和《苏联农业科学》。1957年，又继任中国农业科学院作物育种栽培研究所副所长、所长。同时，他也主持研究课题，是我国较早从事植物远缘杂交遗传育种研究的科学家之一。1955～1966年，他还兼任中国科学院遗传研究室（所）主任和业务副所长。此外，他是中国农学会早期理事、中国遗传学会发起人和第一届理事会副理事长、《遗传学集刊》发起人和《遗传学报》副主编、中国科协第二届委员会委员，以及中央农业部科学技术委员会和中国农业科学院学术委员会成员。

一、农家出身　艰苦不懈求学历程

祖德明，又名祖德铭，笔名祖德显，1905年4月9日出生于河北省易县塘湖镇一个农民家庭，兄弟三人，家境贫寒。当地是半山区，文化和经济不发达。一般农家子弟只在本村小学读点书，要去上本县中学都很困难，他家原意让他就在家乡务农或经商。高小毕业时，有位保定高等农业专门学校毕业的老师，鼓励学生到保定考中学，劝家长支持，塘湖距保定很近，祖德明得以考入保定高等农业专门学校附中（又称甲种实业学校），但家中经济困难，不得不省吃俭用。在班上，他年纪最小，但学习成绩总是名列前茅，受到奖励，四年中有三年免交学费，并常得到伙食津贴。

中学毕业后，祖德明又以第一名的成绩考取了河北大学农科。大学预科二年，本科四年。六年中，也有许多学期获得免交学费的奖励。1929年大学毕业，学校当局原定送他去法国留学，因故未能成行，而留校当助教。一年后，学校组团去日本参观，由东京帝国大学农学部农业化学系毕业的孙吉人为团长。其时，祖德明留法未成，出国深造之愿望仍在，便提请随团参观，得到批准。

1930年去日本参观学习后，他即留在日本自费学习，先入东亚预备学校补习日语。后按孙吉人的推荐，进入东京帝国大学农学部遗传育种教研室研修。

自费留学，经济上的拮据自非在国内可比，必须量入为出，否则就要困在国外。冬天的晚餐，有时就是买两块甘薯充饥，出国时做的两身次料西服，破旧了，他就自己缝补和交染房染色。留日的次年，发生了九一八事变，是否继续留学？思想上曾产生矛盾，想要立即回国，一时没有路费，其时又已入了东京帝国大学，便决定留下继续研读。

东京帝国大学农学部遗传育种教研室主要有切片机和显微镜等仪器设备，只能进行细胞学研究。他很快就掌握了石蜡切片有关技术，制作的片子，观察染色体和细胞分裂都很清晰，受到主持教授的夸奖，并每每让刚进教研室的大学生观看。后来去的中国留学生周拾禄和周长信也得到他的帮助，使得中国学生在制片技术方面毫无逊色。这个教研室的主持教授赴欧美考察期间，祖德明被委以副手协助新任助手掌管教研室的工作。

在日本期间，祖德明写了两篇论文《兄妹配偶之场合杂种自然固定之公式》和《韭菜花粉的发芽和花粉之寿命与外界条件的影响》，都发表在日本《遗传学》杂志上。前一篇是属于数学推理的论述，它比该校教授宗正雄所著书中引用的公式要完整、简明得多，而且应用范围也广。宗教授曾对学生们说，兄妹配偶极其复杂。在当时国内外，尚无人提出与宗教授所著书上相比拟的公式。祖德明就是听到这一说法后，决心试试，要以自己的成果显示中国人的智力。当宗教授看了他这篇文章后，赞叹不已。此外，祖德明还研究油菜胚胎学，并制作了大量切片，原想带回国观察整理成文，后因抗日战争而搁置未果。论时间，这项研究在我国学者中应是最早进行的一例。

二、投身革命 抗战中晋察冀边区农事试验

1936年，祖德明从日本回到祖国，在他的母校河北大学农科任遗传学教授。次年7月，日本侵略军发动七七事变，当时他正度假在家，他在易县的老家距卢沟桥不过二百余里，不久，战火扩大到冀西一带，枪炮声时有可闻。其时，他感受到威胁，最初是易县有些士绅勾结衙役企图投敌求荣，要拉他下水，迎接敌人，并许以

事成后推他当日伪县长。他想，绝不能做仇敌的傀儡。继而，又有当地匪徒打着抗日救国的旗号招兵买马，两次来人劝他入伙，这是另一威胁。两者都被他拒绝，表现了不为利诱、不畏威胁的民族气节。正当处境十分艰险时，1939年阴历二月，祖德明突然接到晋察冀边区政府电报，约他去参加抗日民族革命工作，当然求之不得。当时，他上有年逾七旬的父母，下有妻子幼女，但他义无反顾，翌晨便毅然起程，从此走上革命道路。

晋察冀边区政府在河北省阜平县。他被分配在实业处任技术员，技术职称为技正，并兼《抗战建设》半月刊主编，工作面涉及工农林牧及合作社等。祖德明认为，刚参加革命，即给予这样重要的工作，深感器重知识分子。当时工作和生活条件虽很艰苦，但他精神十分愉快。后实业处分设农林牧殖局和工矿管理局，祖德明任农林牧殖局的技术室主任，并主编《农业研究》和《自然界》两个刊物。

抗战时期，边区政府很重视农业生产。从1940年起，在八个专区设立农场，他经常到农场视察，也在农场进行试验研究，解决农业生产和农村受到敌人威胁大的一些技术问题。他们是在战时艰苦环境中，经费、设施、人力和科技水平都很差，甚至一穷二白的条件下，围绕着当时当地的实际需要与可能而设计进行研究、实验。有了结果，随即宣传推广。

他出主意、设计和亲手做了很多试验。例如，粮食埋藏试验，是为农村进行坚壁清野，避遭敌寇烧房抢粮等"三光"暴行造成损失，他们试验埋藏的小麦，经过雨季七个月之久，仍干燥无恙。并设计了简易的防备被焚烧的办法等。他们还结合高粱、玉米等高秆作物的栽培，设计合理种植，扩大"青纱帐"的作用，以利于打游击等。边区常遭旱灾，影响适时播种，除号召凿井开渠外，采用了浸种催芽以及改进耕作方式等一些切实可行又能减轻旱害的办法。那时麦类黑粉病非常严重，在一无农药二无喷雾器械的情况下，只能用温汤浸种的办法来防治，而那时他们的农林牧殖局才仅有一只温度计，在农村也很难找到钟表，经过试验，确定推广"两开加一凉"配制温水和点香计时的办法，效果很好。边区不少县盛产红枣，可充作粮食和改善生活，但曲步虫猖獗，又没有药械加以除治，就从观察研究虫子的生活习性着手，因地制宜提出了两个捕杀办法，一是在树干基部堆沙，阻止雌蛾爬上树产卵，二是于幼虫化蛹前，在枣林中按一定距离画线挖松土壤，便于虫子钻入，冬闲时再沿线将虫蛹挖出杀死。为了增加农田肥料，提倡在地头田边挖坑就近割草积肥、利用春地种黑豆作绿肥，以及改进粪篓以节省运肥劳力等。良种是增产的很重要因素，他们引种了811、燕京15等谷子品种，白马牙、金皇后等玉米品种，以及美棉良种在农庄示范推广。并通过灌水次数试验，提出既节水又增产的灌溉措施。甘薯是边区栽种面积较大的作物,经试验,提出改剪短蔓为插长蔓的措施,提高了产量。利用杂种优势,试验进行九叶茄与白茄杂交,第一代生长旺盛,开花早,茄果大,产量高。此外,还进行了家畜的配种和良种繁殖,以及马粪孵鸡等工作,都获得很好的效果。

祖德明和他的同事们在边区所进行的这些科学试验及其成果,现在看来也许是粗放简陋的,但在20世纪40年代的中国,特别是在抗日战争万分艰难困苦的农村环境中,采用这些土办法和技术措施,并取得良好效果,应该说是难能可贵的。当时在边区办农场,搞试验,不仅限于物质和科学技术条件,而且,还经常有敌情,遭遇日军袭击,甚至有被抓获和牺牲的危险,他们常要转移,或者还赶着猪羊躲避。祖德明就曾经历过多次艰险,1943年的一次敌机轰炸中,他的右臂被弹片击中,仍带伤爬山越岭,有半年多不能执笔和用箸,从此还留下了很大一块伤疤。这一时期的边区科技工作,在中国农业科技史上应有其独特意义。其中有些技术措施,在新中国成立后的一段时间还被沿用,特别是在华北地区,它也是建国初期在老少边贫地区农村农民发展农业生产和科技的样板或基础。

三、随军进京 致力农学和遗传育种研究事业

抗日战争胜利后,接着开始解放战争。当解放北平、天津、保定在望时,党对接收这些大城市从各方面作准备。农业方面,在石家庄农场集中一些人员,祖德明是其中之一。1948年,石家庄解放,他被派率数人接收保定农学院,继又奔赴良乡,等候接收北平农业机关。北平和平解放时,祖德明被任命为军事代表,随解放军与原边区农林牧殖局局长陈凤桐负责接管中央农业实验所北平农事试验场。1949年4月1日,成立华北农业科学研究所,陈凤桐任所长,祖德明任副所长。

1. 任职华北农业科学研究所和中国农业科学院作物育种栽培研究所

任职华北农科所期间,祖德明协助所长领导全所工作,并分管园艺系和编译委员会。他主动提出由他直接领导应用植物学系(后称发育生物学系),因为当时有关小麦、棉花、玉米、水稻及大豆、甘薯、杂粮等的研究工作都有一些专家主持,他去领导植物学系可以抓有关遗传理论工作,并从学科和基础方面观察问题,研究对象不限于某一种作物,自己也可以直接参加研究。一段时期,该系着重进行了有关遗传学方面的应用基础研究,并与中国科学院遗传栽培研究室合作,开展小麦等禾本科作物阶段发育、棉花种间和品种间杂交等的研究,都取得一定的结果,并应用

于生产。

1953年，中央农业部在华北农业科学所研究所举办由苏联专家伊万洛夫主讲的米丘林遗传学及良种繁育学讲习班，委任祖德明为讲习班副主任。他先后校阅了讲习班全部讲义和米丘林选集、全集以及全苏列宁农业科学院1948年会议记录的译稿，总字数以百万计。在当时历史情势下，以及他对米丘林遗传学接触较早，接受得较多，从而比较重视它在我国的传播和应用，在报刊上发表过有关见解和论述，如《把毛泽东思想运用到农业科学上去》、《进一步把米丘林学说贯彻到农业生产中去》等，他还与人合编了《米丘林生物学通俗讲话》等。

1957年3月1日，中国农业科学院成立。同年9月，在华北农业科学研究所的作物系和发育生物系的基础上建立作物育种栽培研究所（简称作物所）祖德明任副所长，1960年任所长。

1961年，中国农业科学院实行大精简，作物所的职工由原来的175人裁减至75人，还计划继续精简到41人。祖德明痛感专业人员精简太过头，无法进行和完成科研任务，对发展农业科学事业和服务农业生产都极为不利，乃上书毛主席陈述意见，受到毛主席和周总理的重视。1962年，中央工作会议作出了加强农业科学研究的决定，中国农业科学院的科技队伍得到了迅速补充和加强。为了提高科技人员的业务水平，他亲自组织全所人员作学术报告，讲学习心得，展示文献摘录卡片等，并根据国家《科技工作十四条》的规定，主持制定作物所《五定方案》，以稳定科技队伍，保证科技人员有5/6的时间从事业务活动。

"文化大革命"中，祖德明虽然受到不应有的批斗，但仍念念不忘我国农业科学的发展。1970年，全国上下都要搞所谓"斗批改"，对中国农业科学院实行毫无道理的专业所"下放"不管什么性质的专业所，一律将"三权"下放地方。祖德明认为，这不仅会给社会、经济造成损失，更严重的是将破坏国家科学事业的大计。在讨论"下放"的"指标"时，祖德明表示坚决反对，他认为，即使"下放"，也应对不同专业所采取不同方式，不能一刀切。他主张作物所不能全"下放"，应保留科研的骨干力量。一有机会，在大小会上，他都力陈无原则"下放"的弊端。好心人说他不识时务，有人说他是反对下放这一新生事物，应予第二次批斗。由此再次看出，他以国家科学事业为重，不顾个人安危，勇于陈言的品德。后来，人们都公认他当时的意见是对的。1971年，中国农业科学院作物所被下放到北京市，继又合并于北京市农科所，撤销原建制。当时北京市的有关主管部门还计划将原中国农业科学院作物所人员再次下放到京郊区县，祖德明又与多数职工一起再三向各级领导反映意见，反对这种拆散专业机构，将科研人员化整为零的举动。所幸，这一错误决定后来没有实行，终于保存了这支已经受损了的科研队伍。

"文化大革命"后，1978年，作物所得以回归中国农业科学院恢复原建制。祖德明不顾年高有病，又为所址的选择，人员配备和科研任务的确定等而操劳。1980年，他主动退居二线以后，仍一如既往关心所的建设和发展，直至临终。新中国成立以来，祖德明对发展中国农业科学事业，特别是在他担任作物所领导的20余年中，为研究所的方向任务、机构和队伍建设，以及如何出人才、出成果等重大问题付出了巨大辛劳。

2. 兼职中国科学院遗传研究所

1955~1966年，祖德明兼任中国科学院遗传研究室（所）主任和业务副所长，为该所的建设和开拓我国遗传学研究新领域打下了坚实基础，并且促成1956年后我国遗传学界出现团结和争鸣的新局面，为这个生物学的重要领域稳步发展做出了积极贡献。

摩尔根遗传学早在20世纪20年代就传入我国，但长时期内没有设置专门研究机构，只是少数生物学家和作物育种学家分散进行一些有关农作物遗传育种方面的研究。新中国成立之初，还曾一度错误地受到批判，而大力介绍推行米丘林遗传学，压制了摩尔根学派的学术观点和研究工作，既违背学术问题应通过自由讨论和实践检验的方针，也不利于遗传学的健康发展。1956年8月，中国科学院和高等教育部联合在青岛召开遗传学座谈会，贯彻了中央特别强调的"双百"方针，并建议设置一个遗传学专业研究机构。1959年9月，中国科学院正式成立遗传研究所。祖德明正是在这种背景下，开始兼任业务副所长。

建所不到一年，中国科学院实行精简。有人建议将遗传研究所并入生物学部其他所，祖德明强调指出，精简机构不能削弱科学，我们这么大的国家，不能没有遗传学的专业研究机构。他两次起草报告给国家科委和中国科学院党组，要求保留遗传研究所建制，陈述的理由是：遗传学是生物科学中非常重要的学科，研究对象甚广，合并入任何机构都难以完成其担任的任务；遗传学需要一个独立的综合性的研究单位，设在中国科学院生物学部最合适，放在其他各部或院部都有所不便；遗传研究所人事配备和仪器设备以及试验农场都已初具规模，如分散于其他单位，将大大影响遗传学的发展。在他和所领导小组的大力呼吁下，中国科学院领导采纳了保留遗传研究所的建议。

至"文化大革命"前，在祖德明兼职遗传研究所的六年多的时间里，研究所的体制规模和研究工作均有显著进展，研究对象由植物增加了动物和微生物，研究领域扩展到遗传学十多个主要方面。对于遗传研究所的研究方向，他竭力主张既要符合遗传学本身的发展，也要适应国家经济发展的需要。他的主导思想是，遗传研究所应有自己的特点，与产业部门的专业所有所不同，研究对象要广一些，除植物、动物外，还可包括微生物以至人类。研究范围要全面一些，主要领域都应该有。既要在理论上有独特建树，又要正确理解和处理理论联系实际问题。他认为，任务带学科和学科带任务同等重要，如果只重视当前的生产任务，或者只强调基础理论，那都是一种偏向。生产实践是科研工作的重要源泉，科研成果也必须积极用于生产。他主张博采各家之长，容纳不同学派共同工作。他支持开辟微生物研究领域，深入研究遗传的物质基础，并建议将关系到人类健康的辐射遗传也列为重点项目。他提倡新技术新方法的研究与应用，经他提议，细胞学、生物化学、组织培养、同位素等实验室都陆续建立起来。他要求科研人员要树立雄心壮志，一方面组织大家脚踏实地工作，一方面有计划开展创造性的研究，有选择有计划地赶超国际先进水平，他鼓励说，"过去遗传所常有自卑感，这应该打消，不要迷信，要有信心，要相信通过自己的努力是可以攀登科学高峰的"。

3. 学术思想、理念及其研究工作

新中国成立之初，祖德明即被指派担任米丘林遗传学及良种繁育学讲习班副主任。他接触较早、较多，认为米丘林遗传学符合辩证唯物论，并重视对它的传播和应用。但作为党内知识分子，他又言行一致地忠实执行党的"百家争鸣"和团结知识分子的方针政策，在对待和处理学派的问题上，他坚持青岛遗传学座谈会的大方向是正确的，此后不应该单方面批评某一学派，而应该相互交流学习，通过实践检验真理。1972年3月，在海南岛遗传育种学术讨论会上，他就过去两学派之争的论点和做法以及自己的学术思想作了中肯的自我批评，他说自己过去对于李森科的错误论点和做法，也不是没有疑惑，例如，有关物种的论断，对染色体、基因理论的批判等，由于那时派性作怪，从未公开提出过批判，近年来由于认识上有些提高，觉得不应该隐瞒自己的见解。他特别注意要搞好本所内与外单位不同学派之间的团结，在他编写《十年来米丘林遗传学在中国的发展及其成就》时就充分征求了所外不同学派学者的意见。由遗传研究所主编的《遗传学集刊》（遗传学报）和《遗传育种》杂志，他主张两派文章都要刊用。在与外所不同学派学者讨论问题时，他总是平心静气，耐心听取不同意见。早在1957年，中国科学院遗传研究所成立之初，祖德明与所其他领导人商议请北京大学教授李汝祺兼任工作，李先生欣然同意。

中华人民共和国成立以来，祖德明在担任两个研究所的领导的同时，也主持和

亲自参加课题研究。

他的第一项研究是茄子的无性杂交，证明了嫁接确实可以产生无性杂种，即发生遗传变异，而变异又因嫁接方法的不同而有差异。其论文发表于《农业学报》（1955年第4期），并被中国科学院选为去苏联参加米丘林诞生100周年纪念会代表，这篇论文在列宁农业科学院宣读之后，被刊登在苏联《生物丛刊》上。

他十分重视和支持1958年以来一段时间出现的群选群育活动，认为是发展我国农业和遗传育种学的一个广泛而深厚的实践基础。其中，群众中广为进行的远缘杂交，他建议可列为遗传研究的课题，并组织人员深入实际，学习、总结和提高农民杂交育种的经验。他认为，揭发远缘杂交的规律，可以为动植物育种工作开辟广阔的道路，有力地支援农业生产，可以带动细胞学、胚胎学、生物化学以及其他有关学科。

祖德明主持的水稻远缘杂交遗传育种研究，就是始于1958年。当时中国农业科学院听到毛主席巡视参观天津某农场时，对水稻远缘杂交工作给予了鼓励，因而建议作物所亦应一试，祖德明欣然接受了这一新任务。他们先是进行水稻与高粱、玉米的无性杂交，在20世纪60年代初选育出硬秆青等水稻品种，曾在四川西昌、贵州贵阳、安徽、湖南和北京、天津等地推广。为探索育种新途径和研究水稻远缘杂交遗传变异规律，并意在创造水稻新种质和选育新品种，1960年开始主要研究以水稻为母本与高粱等异属植物的有性杂交。他们课题组锲而不舍，多次重复，证实水稻与高粱之间可以杂交，并获得了一批变异性状多样的类型。同时，对杂交后代进行了细胞学、生物化学等多学科的综合分析研究。这项研究的阶段性成果，经组织专家鉴定，认为在作物远缘杂交方面居领先地位，不仅能提供新的种质资源，也是育种的途径之一。他们在进行基础理论研究的同时，还着重利用高粱稻等新种质选育适于缺水地区种植的耐旱水稻品种，1989年有两个品种通过省级审定，并大面积推广。

祖德明对发展我国遗传育种事业有着强烈的责任感，工作兢兢业业，做出了应有的贡献。在学术问题上，他言行一致地忠实贯彻"百家争鸣"的方针。1961年6月，对《光明日报》记者说"双百方针是我国科学事业的重要保证"，"找真理的办法最好是通过实践，学术上的争鸣自然也应该以实践为依据"。他顾全大局，刚正不阿，认真负责，实事求是的处事和工作作风都给人们留下深刻印象。1980年初，他遵照中央关于领导干部要年轻化的指示，主动不当所长，退居二线，而专心从事课题研究工作。他政治责任感强，不顾个人得失，在人民公社成立前后，他深感社会上刮起一股不正常的浮夸风气、不顾实际可能提出的高指标、报喜不报忧等，认为这种风气既破坏生产，又不利于制定合理政策，日久天长，政治经济都将招致不可避免的损失，这是严重问题。他民主作风好，有事总跟大家商量，工作认真负责，实事求是。他所主编的书刊、文章以及其他有关资料，都亲自校阅，遇有不同意见，总要亲自与作者商榷，文中若有不通顺之处，乃至于标点符号，都一一给予改正。在学术研究上不因循守旧，强调技术方法在开拓新的研究领域和深入研究的重要性。他充分信任和依靠中青年，充分发挥他们的积极性，注意培养和提高他们的工作能力，并从政治上关心他们的进步。他所主持的作物远缘杂交研究，除在杂交和培育方法研究提高外，还从受精、细胞学、胚胎学以及生物化学等其他学科进行探讨分析验证。除有性杂交外，为了寻找能比已有载体系统和转化系统较为简易的基因转化方法，他支持课题组中青年研究外源DNA（基因）直接导入水稻技术，并与中国科学院上海生物化学研究所合作，进行外源DNA导入植物的遗传变异和育种的研究，成果获得1989年国家科学技术进步奖二等奖。祖德明为人正派、谦虚谨慎、艰苦朴素，不搞特殊化，总以一个普通党员身份严格要求自己，他这些好的思想作风普遍受到人们的赞扬，并引为表率，退居二线后，在作物所还多次被评选为先进工作者、优秀党员。

四、祖德明主要论著

祖德显（笔名）. 1932~1935. 兄妹配偶之场合杂种自然固定之公式. 日本：遗传学杂志.

祖德明. 1932~1935. 韭菜花粉的发芽和花粉之寿命与外界条件的影响. 日本：遗传学杂志.

祖德明，李天俦. 1940~1942. 粮食地下埋藏研究. 晋察冀边区：农业研究杂志.

祖德明，李天俦. 1940~1942. 茄子杂交一代的利用. 晋察冀边区：农业研究杂志.

祖德铭. 1941~1943. 黑豆苗绿肥试验报告. 晋察冀边区：农业研究杂志.

祖德明. 1941~1943. 甘薯剪蔓长短与产量的相关. 晋察冀边区：农业研究杂志.

祖德明. 1941~1943. 马粪孵鸡试验成功. 晋察冀边区：农业研究杂志.

祖德明，赵玉生. 1955. 几个茄科植物无性杂交的研究. 农业学报，6（4）.

祖德明，梁正兰，戴兰芳，等. 1955. 米丘林生物学通俗讲话. 北京：中华全国科学技术普及协会.

祖德明. 1959. 十年来米丘林遗传学在中国的发展及其成就. 遗传学集刊.

祖德明. 1971. 水稻品种"硬秆青". 作物嫁接育种.

祖德明，戴兰芳，陈善葆，等. 1979. 水稻与高粱杂交种的多样性及特殊表现. 遗传学报，6（4）：414.

祖德明. 1983. 试论兄妹交配繁殖下杂种群体的演变和定向选择. 遗传，5（3）：5.

Zu D M, Chen S B, Duan X L, et al. 1985. Genetic variations in the hybrids of rice (*Oryza sativa*) and sorghum (*Sorghum vulgare*). Theor Appl Genet, 70 (5): 542-547.

主要参考文献

陈善葆，郑万珍. 1985. 祖德明 // 金善宝主编. 中国现代农学家传（第一卷）. 长沙：湖南科学技术出版社：237-

247.

陈善葆. 1993. 祖德明 // 中国科学技术协会编. 中国科学技术专家传略·农学篇·作物卷 1. 北京：中国科学技术出版社：150-162.

陈善葆. 2002. 祖德明 // 谈家桢，赵功民主编. 中国遗传学史. 上海：上海科技教育出版社：968-976.

撰写者

陈善葆（1931～），中国农业科学院作物科学研究所研究员，祖德明先生的助手和同事。

周承钥

周承钥（1905～1996），祖籍江苏宜兴。农业教育学家。1926 年毕业于清华学校（现清华大学）；1932 年获美国康奈尔大学农学院博士学位。同年回国后，任国立中央大学农学院农艺系讲师、教授，1936 年兼任农艺系主任，1940 年兼任中央大学农艺系研究部主任，直接指导作物遗传育种专业的多届研究生。1949 年 5 月先后担任华东农林部棉垦训练班教务主任、农业技术委员会委员、副主任和华东农业干训班副主任、农林干部学校副校长。1953 年任华东农业科学研究所研究员，并先后兼任所食用作物学和作物生理研究室主任。1958 年任浙江省农业科学院研究员，1960 年后任浙江农业大学教授，曾兼任校学术委员会副主任。他基础扎实，知识面宽，精通英语，他和姚钟秀于 1947 年就首译了美国遗传学家辛诺特（Sinnott）和邓恩（Dunn）编著的《遗传学原理》一书。先后主讲遗传学、生物统计学、作物育种学、田间试验设计与统计方法、作物学等课程及主持相关教材的编写。

一、家有才子初长成

周承钥，祖籍江苏省宜兴市。1905 年 4 月 16 日，一个乍暖还寒的日子，位于安徽省安庆府（现安庆市）的一个普通邮局职员周续丹家中，传出一声清脆的啼哭，在周家中排行老四（上已有大哥、大姐、二哥）、周家的第三个男孩——周承钥出生了。大哥周承鼎、大姐周惕（周组民）、二哥周承澍（周全平），轮到他取名就叫"承钥"，寓意周家薪火传承、开启智慧之钥。在他之后，家中又添了五妹周曼儒、六妹周幼丹。一家八口人，依靠其家父周续丹邮局职员的工资支撑，周承钥度过了平静而充实的童年。周承钥天资聪慧、敏捷，从小又勤奋好学，深得爷爷的喜爱，6 岁时即被爷爷带到江苏宜兴，在当地完成小学学业。1916 年，当周承钥 11 岁时，考取了设在常州的江苏省立第五中学。当时的周家人口多，家境并不宽裕，从宜兴到常州住校读书也是一笔不小的费用，在其舅舅用做小商贩的本钱交了学费后，才得以到常州就读，1920 年 6 月以优异的成绩中学毕业。周承钥勤奋好学的秉性和其家庭支持他读书学习的氛围，为他的进一步学习和深造打下了良好的基础。1920 年

9月，周承钥经过短暂的暑假复习，离开了江苏，随即考入北京清华学校。当时的清华学校从学校设施、管理体制到对学生的培养，基本上是美国式的。学生所研习的各门功课，也主要是根据美国中学及大学课程内容而设置，包括全英文讲授的涉及自然科学、社会科学和人文科学的基础课程。学校的行政会议、报告、期刊、校长或中外名人在学校的讲演、学生自己组织的辩论会等也都采用英语。清华学校当初是清政府建立的留美预备学校，清华大学的初期发展，虽然渗透着西方文化的影响，但学校植根于中华民族优秀文化的沃土，形成了自己优良的传统和精神。周承钥这位当时的清华学子在"中西兼容、文理渗透、古今贯通"的办学理念和"自强不息、厚德载物"的校训影响下，顺利完成学业，1926年6月毕业于北京清华学校。

二、渡洋求学觅真知

周承钥在北京清华学校六年的学习生涯，打下了坚实的理论基础，拓宽了自然科学知识面，增厚了英语功底，于1926年9月远渡重洋，10月间来到了美国的高等学府——康奈尔大学，由公费派赴美国留学。康奈尔大学是美国最重要的研究型大学之一，也是八所常春藤盟校之一，于1865年由商人埃兹拉·康奈尔和学者安德鲁·迪克森·怀特创建，该大学作为全世界最有名大学之一，共有29位诺贝尔奖得主曾是这里的学生或教授。周承钥所在的农学院即现今的农业及生命科学学院，该学院是世界农学研究的创始地，现在保留的设施包括在0.5平方千米上的20幢主要建筑物、以及2.8平方千米的实验农地。周承钥在那里受到了康奈尔大学良好学习和研究氛围的熏陶，在同乡也是学长金善宝等的帮助下，1928年获康奈尔大学农学院学士学位。在大学学习期间，周承钥认真学习，广泛涉猎各类农科书籍，农业方面包括遗传学、作物育种学、作物学、植物病害、数理统计和分析等，1928年留校为研究生后，主修作物遗传育种，辅修植物病理学和作物学，1932年获康奈尔大学农学院博士学位。周承钥精力充沛、兴趣广泛，在农场试验地、图书馆、运动场经常可以看到他的身影。周承钥个子不高，但喜爱打网球，他是学院里的佼佼者，他曾经获得过康奈尔大学农学院年度网球赛的冠军，被喻为网坛"黑马"；他也是学院业余乐队的小号手，经常参加学校的文艺演出等公益和社会活动。

1927年，康奈尔大学农科的中国留学生发起组织中华农学会绮色佳支会，李先闻（植物遗传学家，我国植物细胞遗传学的奠基人）任会长，周承钥任书记，童玉民（学界人瑞、上海市文史研究馆馆员）任中文翻译。会务主要是联系同人，组织中国农业问题讨论会，并请美国农学家讲演，增进相互学术交流。通过以上举措，中华农学会建立起了联系南北及国内外的庞大的组织体系和会员网络，周承钥在其中为农科事业发展奠定组织和人事基础做了一些基础的和组织联络的工作。

三、农业领域勤耕耘

1932 年 10 月周承钥从美国康奈尔大学学成毕业，获得了博士学位，怀着一颗献身农业科学事业的赤诚之心乘船回国，途中足足花了一个多月时间。回国后，即被聘为国立中央大学农学院农艺系讲师，1933 年晋升为教授，1936 年兼任农艺系主任，历时两年。1940 年周承钥兼任中央大学农学院农艺系研究部主任，历时 6 年，直接指导作物遗传育种专业的多届研究生和开展作物遗传育种的研究工作。周承钥基础扎实、知识面宽、精通英语，在 20 世纪 30 年代初，是中央大学最年轻、最有才华的教授之一。周承钥和姚钟秀于 1947 年就首译了美国遗传学家辛诺特（Sinnott）和邓恩（Dunn）编著的《遗传学原理》一书，由商务印书馆出版，这是他为传播孟德尔—摩尔根遗传学和扩大其在中国影响的最好见证，对遗传学教学和科研起了重要的推动作用。此外，他还发表了多篇有关小麦育种的论文、农业试验和田间试验统计的论文和著作。

抗战及抗战胜利后的一段时期（1944～1949），周承钥仍在中央大学农学院任教，期间中央大学西迁至重庆，1944～1945 年在重庆大学及四川省立教育学院兼教，1946 年 7 月至 1949 年 5 月，在上海任前农林部农业复垦委员会专门委员。

1949 年 5 月先后担任位于上海的华东农林部棉垦训练班教务主任、农业技术委员会委员、副主任和华东农业干训班副主任、农林干部学校副校长。1953 年任华东农业科学研究所研究员，并先后兼任所食用作物学和作物生理研究室主任。1958 年任浙江省农业科学院研究员，从事水稻育种工作，1960 年后任浙江农业大学教授。

周承钥对农业科研孜孜以求，治学严谨，他的工作作风和为人均为同事所称道。回国后在国立中央大学农学院工作的时间里，与我国著农业教育家、农学家、小麦专家金善宝，兽医学家、农业教育家罗清生等共事十几年。1953 年调到华东农业科学研究所任研究员，担任食用作物系主任，进一步发挥了他的学术专长。当时食用作物系刚刚建立，由原来的麦作系、杂粮特作系和稻作系三系合并而成，受新中国成立前宗派的影响，麦作与杂粮部分仍由梅籍芳领导，水稻工作仍由周泰初领导。周承钥担任系主任后，由于处事公正、学术声望高，起了很好的协调作用，逐步消除了原有派系的影响。在食用作物系工作的一段时间，周承钥事无巨细，除了处理日常事务工作外,还经常亲临田间地头,参与作物的播种收获,进行科学研究和指导科研人员,到1954年系里宣布杂粮工作改由周承钥领导。从此,食用作物系在周成钥的领导下,运转得更为和谐,科研工作进展顺利。

周承钥于1954年和1956年相继安排和指导三位中青年科技人员（费家骅、凌以禄、柳学余）到苏皖两省的淮北地区征集大豆地方品种,并与徐州地区农业试验站、灌南大豆原种场等单位协作,开展了育种和栽培技术研究。同时于1956年请中国农业科学院农业遗产研究室油菜专家胡杨文兼职组建油菜科研队伍,开展油菜育种研究。至此,形成了大豆、油菜的科研工作由华东农业科学研究所牵头,有关部门农业院校（南京农学院、苏北农学院）地区研究所及站场（灌南、仪征大豆原种场等）参加的区域性协作组,共同开展育种和栽培技术研究,呈现了油料作物科研的新局面。此项工作延续至1958年,为华东农业科学研究所创立油料作物系打下了良好的基础。

20世纪70年代末,《浙江农业大学学报》恢复出版,周承钥担任了该刊英文摘要和表图英文的审校工作。由于当时科技工作者的英文基础水平普遍较低,科技论文的英文摘要和表图英文存在的问题较多,周承钥要花很多时间去校核,有时甚至是重写。他经常为了一个专业术语的正确表达,特地上门找原作者,了解其原意,从而提出修改意见。周承钥一丝不苟的作风和追求完美的精神现在仍被广大教师所称道。正式由于他的严格把关和认真审核,使当时《浙江农业大学学报》的质量在同类学报中处于前列。

四、兢兢业业育英才

"教授是大学的灵魂。一个大学学风的优劣,全视教授人选为转移。假使大学里有许多教授,以研究学问为毕生事业,以教育后进为无上职责,自然会养成良好的学风,不断地培植出博学敦行的学者"。"有了博学的教授,不但是学校的佳誉,并且也是国家的光荣;而作为人才以为国用,流泽更是被于无穷"。浙江大学教授论坛上,国立浙江大学校长竺可桢1936年4月25日曾经留下这样一段至理名言。周承钥无论在国立中央大学农学院,还是在浙江农业大学农学系期间,均是学校教书育人的践行者。

中央大学在新中国成立前的研究生教育始于1936年,当时在农学院设立了农科研究所,周承钥兼任农艺系主任。该学院从1940年开始招收研究生,而周承钥兼任农艺系研究部主任,直接指导作物遗传育种专业的多届研究生。中央大学农学院至

1948年先后在三个专业招收15名研究生（授予理学硕士学位），约占当时全国农科研究生（128名）的11.7%。在20世纪三四十年代，周承钥与金善宝、冯泽芳、赵连芳、耿以礼、罗宗洛、段续川等密切配合，协力教育大学本科生及研究生，培养的研究生成为海内外农业教育和科研事业的知名学者。周承钥的成名的学生有蔡旭、徐冠仁、俞履圻、鲍文奎、吴兆苏等。他所教过的学生，包括农林牧及生物学各种专业，经进一步深造而获得博士学位的就有几十名，任国内外教授和研究员的达数百名。1944~1946年曾经为周承钥的研究生、南京农业大学的教授、小麦育种家吴兆苏曾评价周承钥的最主要的"作品"是"桃李满天下"。

周承钥学识渊博，他先后主讲的课程门类之多也很少有教授可以与之媲美。他不但长期主讲遗传学、生物统计学、作物育种学、田间实验设计与统计方法等课程，而且还主讲过植物病理学、作物学等。他讲课严谨而活泼，对学生要求很高而又平易可亲。他主讲的生物统计学这门课，是生物和数学的交叉学科，涉及较多的数学原理和公式，被多数同学认为是一门难学、难懂、难掌握的课程。然而，周承钥每次讲课，他却不用看书稿，就凭自己的记忆，手中的粉笔不停地在黑板上耕耘，他的语速平缓，对数学公式及原理如数家珍，旁征博引，娓娓道来，同学们无不被他的博学知识和惊人的记忆力所折服。

1977年大学恢复高考招生犹如浩荡春风给高校重新带来了生机，也给了周承钥等老一辈学者施展才华的机会。当时周承钥已年近七十，精力依旧旺盛。他积极参编了全国农业院校统编教材《田间试验方法和生物统计》，还担任农学系研究生读书报告的主持教师。这在当时浙江农业大学算得上是研究生教学上的首创，一直延续至今。周承钥对教学工作勤勤恳恳，工作认真负责，他能叫出每个学生的姓名，每个同学作读书报告后他会对学生所写的摘要和内容加以点评，指出其不规范之处。不少当年听过周承钥讲评的研究生至今对他的教育都还印象深刻。改革开放初期学校开始邀请外宾来校作学术报告，当时能用英语交流的教师凤毛麟角。周承钥经常热心为师生们翻译，使大家及时了解国外的研究进展。周承钥十分重视指导中青年教师提高学术水平，在全国"田间试验和统计方法"讲习班和"数量遗传与育种"研讨会等活动中，亲临讲授和指导，他的真知灼见对大家启发教育很大。

周承钥在浙江农业大学的学生、也是后来曾在同一个办公室工作的同事薛庆中回忆说，1987年农业部组团赴日参加中日生物技术研讨会，其论文被选中。为了准备英文发言稿，薛庆中上门求教，周承钥在家里逐字逐句地帮助修改英文，使其受益颇丰。由于这是薛庆中第一次尝试用英语写论文，因而终生难忘。他为能得到德高望重的老师的指点而深感荣幸。

五、淡泊人生励后人

　　周承钥是一位爱国的知识分子，新中国成立前不畏权势、不慕名利、追求真理，生活俭朴。周承钥在常州读中学期间，冬天就和着棉袍睡，一是没有可以添置的棉被，二是为了早上能早点起床，起来快一些。周承钥的女儿曾告诉笔者，周承钥在学成回国、在国立中央大学当上教授后，经常拿出自己薪金的1/3甚至一半，接济二哥周承澍家和曾经资助他读中学的舅舅家等，他经常告诫家里的人，钱够用就行。1956年，周承钥被国家教育部评定为国家二级教授，然而，到了1958年他被扣上"右派"的帽子，学术上靠边站，教授级别从二级降至三级。"文化大革命"期间，周承钥虽然身处逆境，但他仍具有强烈的自尊心和爱国心，他以平静、淡定的心态面对逆境，艰难地渡过这一段难熬的时间，直至粉碎"四人帮"后，周承钥又恢复了勃勃生机，眼里又重新焕发出睿智的光芒。

　　1953年，周承钥在华东农业科学研究所参加了九三学社，周承钥1960年来浙江农业大学工作以后，与同校的朱祖祥等一起当选为九三学社浙江省第一届委员会常务委员。他积极建言献策，参政议政，1980年曾兼任浙江农业大学学术委员会副主任，工作认真，办事严谨。

　　周承钥热心于学术交流，他经常参加各种类型的学术报告会。有一次兰州大学生物系教授细胞生物学家，郑国锠院士（分别于1943年和1947年国立中央大学本科和研究生毕业）来浙江农业大学讲学，学生和教师都慕名而来，大教室里挤满了人。郑教授一上讲台就激动地说："今天我很高兴，我的老师周承钥先生也来听我的报告"。大家对郑国锠的逊谦作风和周承钥的德高望重报以热烈的掌声，这种浓浓的师生之情谊和尊师重教之风范也给大家留下了深刻的印象。

　　改革开放后，浙江农业大学有许多学生和教师有幸到美国访问、进修研究和攻读学位，周承钥都利用曾经留学过的经历及与美国康奈尔大学校友的关系，帮忙联系，提供咨询，并谆谆告诫要学成回国，报效国家。几位赴康奈尔大学进修和学习的年轻教师，为了寻找老师当年求学的足迹，在该校图书馆查阅资料，从珍藏的校友通讯录中查到了周承钥博士名字。回国后，和周承钥交谈康奈尔大学学习的感受和校园环境时，周承钥曾深有感触地给讲述了他早年漂洋过海留学的生活片段，其中特别提到了当年获得博士学位后乘船回国，途中足足花了一个多月时间。

　　周承钥平易近人，乐于助人。当学生们在科研和学习中碰到难题时，总喜欢向他请教。只见他时而眯着眼睛思考，时而戴上老花镜看文稿，非常耐心地帮大家检查在公式运算或数据整理中的错误。一旦找到原因,解决了问题,学生们高兴了,他也乐了。

周承钥平时待人和气,没有一点架子。20世纪80年代,周承钥虽已退休,但身体尚健。他每天都会来系里、教研组里走一走。他有超人的记忆力,凡认得的老师、学生、工人甚至农场里的师傅、助工,几乎都能叫出名字,路上碰到熟人都会聊一会,更喜欢和小孩子逗玩。周爷爷是他们慈祥和善的老人和前辈。突然有一天,周承钥在系里不慎昏倒了,消息立即传遍了整个校园,自此之后,他家里人就不让他每天单独外出。校园里也就很少看到他的身影,然而,每当大家去探望他时,他总是对国内外大事和学校见闻一清二楚。1996年,年高91岁的周承钥平静地离开了我们。周老先生怀着眷恋之情告别了这个世界,但他的聪明才智和慈祥的面容却永远留在人们的记忆中。

六、周承钥主要论著

周承钥. 1934. 小麦育种之标准方法及问题. 农报.
周承钥,蔡旭. 1937. 小麦田间试验技术的研究. 中央大学(单行本).
〔美〕辛诺森·邓恩. 1947. 遗传学原理. 周承钥,姚钟秀译. 上海:商务印书馆.
〔美〕海门·鲁茂. 1950. 马列主义在遗传学上的成就. 周承钥译. 北京:世界知识出版社.
马育华,周承钥,盛承师. 1979. 田间试验和统计方法. 北京:农业出版社.

主要参考文献

金善宝主编. 1985. 中国现代农学家传(第一卷). 长沙:湖南科学技术出版社:234-236.
谢恩光主编. 1994. 浙江教育名人. 杭州:浙江教育出版社:735.
吴兆苏,尹道川. 2006. 学习周承钥教授,热爱科教事业//江苏省农业科学院编. 缅怀农学前辈——怀念江苏省农业科学院老领导与老专家文集. 江苏南京:江苏科学技术出版社:91-94.
皮妍,林娟,侯嵘,等. 2009. 国内高校遗传学教材发展研究. 遗传,31(1):109-112.

撰写者

汪自强(1957~),浙江大学农业与生物技术学院农学系教授,农学系党总支书记,系副主任。

侯光炯

侯光炯（1905~1996），江苏金山（今属上海市）人。土壤学家和教育家。中国土壤科学的奠基人、中国农业土壤学科的开创者之一。1955年当选为中国科学院学部委员（院士）。1928年毕业于北平大学农学院。1935年他在英国召开的第三届国际土壤学会上宣读的《江西省南昌地区潜育性红壤水稻土肥力的初步研究》论文，在世界上首次提出了"水稻土"这一特殊的土类名称，创造性地提出了"水稻土水文层次分类"方法及其形成的三育（即淹育、潴育、潜育）特征，为世界水稻土研究开了先河。1935年7月至1937年2月先后游学欧美诸国考察土壤分布利用以及研究方法。1937~1940年任中央地质调查所土壤室主任，组织开展全国土壤调查。提出"走中国自己的土壤科学发展之路，土壤科学必须为农业生产服务"。他从我国精耕细作的实际出发，开始从土壤地理、土壤调查与制图、土壤分类、土壤生态、土壤物理化学、土壤肥力、土壤利用改良等各学科方向进行深入研究，他提出了土壤肥力生理性观点，进而建立了土壤肥力生物热力学理论，并以该理论为依据，研究成功水田自然免耕技术，获得水稻大面积高产。他长期从事土壤教学科研，为我国培养了一大批土壤学家和农学家。

一、求学经历

侯光炯于1905年5月9日午时诞生在江苏省金山县吕巷，即今上海市金山区吕巷镇，祖籍江苏盱眙。1996年11月4日因病医治无效，在重庆逝世，享年92岁。

侯光炯出生在当地很有名望的中医家庭。4岁时不幸丧父，母亲因此病倒，从此家道中落。11岁时母亲病故。此后他与哥哥、姐姐相依为命，全家人只有靠哥哥侯光远教小学的微薄收入生活。1911年侯光炯进吕巷镇第三小学读书。自幼他体质孱弱，性格温和沉静，勤奋好学，有耐性，更有坚韧的毅力。上课时总是规规矩矩地坐在教室里悉心听老师讲授，遇到问题一定要弄明白，因此每学期成绩都名列前茅。小学毕业后又以优异成绩考取颇负盛名的松江府中学堂，因无力缴纳学费而弃学。1917年恰遇爱国实业家、我国"纺织之父"张謇创办的南通甲种农校招生，言明成绩优秀者可免学杂费。侯光炯以第一名成绩考取该校，免交学杂费。他在校期间刻苦学习成绩优秀，年年获得奖学金，并依靠勤工俭学在学校兼任练习生，负责棉花实验室及棉田试验的工作来维持学业。南通甲种农校的教师几乎都是从国外学成归来的教育家和技术专家或聘请的外国专家，教学设备齐全，他们坚持理论联系实际的教学方法使他受益匪浅。从小深受父训"勤能补拙"影响的侯光炯时刻把"勤苦俭朴"的校训作为学习生活的准则，加上在吕巷小学打下的良好基础，他从入学起，各门功课的成绩都很优秀。他文静而善于思考，谨言慎行，而且乐于助人，遵守校纪校规，深得老师和同学的喜爱。第一学期结束，侯光炯被推选为全校品学兼优的模范生。张校长在全校师生员工大会上表彰侯光炯时说："从侯光炯同学的身上，最充分地体现了我校'勤苦俭朴'的校训，值得大家学习。"此后侯光炯一方面刻苦学习，另一方面又充分利用时间做好兼职工作。侯光炯的刻苦钻研精神和吃苦耐劳、一丝不苟的工作态度深得老师们的赏识。他在棉花专家王善铨的直接领导和悉心指导下从事实验室工作和棉花育种、棉花栽培管理工作。把课堂所学的理论和生产实践紧密结合起来，较全面地掌握了棉花的生物学特性及其育种、栽培技术。他负责管理的棉花品种比较试验和棉花栽培试验，以及棉花大田生产的每一个环节都有详细的记载。各个生育期棉花的长势、长相及收获后的考种结果也同样有记录。侯光炯对自然界的洞察能力和一丝不苟、兢兢业业的工作作风，在他从事土壤和农业科学研究中得到了充分的证实。对繁重的学习和管理工作，侯光炯也常常感到劳累疲乏，想休息了。每当此时，孟子《告子篇》所载"天将降大任于斯人也，必先苦其心志……"的教诲就浮现在脑际。于是又打起精神来继续学习。他以坚强的意志刻苦钻研科学技术。意志和毅力的磨炼，对侯光炯坚强性格的养成起了很大的作用。经过五四运动的洗礼，早已受张謇校长、郭守纯、王善铨等老师的教诲和熏陶的侯光炯更加坚定了走"科学救国"之路的决心。要学习西方科学技术，学好外语非常重要。侯光炯从小学开始一直喜爱学英语，而且成绩很好。在南通甲种农校读书时，又得到美籍教师安娜·玛梯尔·碧莲（Anna Matilda Belle）的悉心指导，英语有了长足的进步。

从南通甲种农校毕业后，侯光炯留校继续负责棉花实验室及试验场的管理工作，后被学校保送升入南通大学农科，继续靠奖学金和半工半读换来的费用支持学业。1924年冬，侯光炯随南通大学农科农艺系同学集体转入国立北平农业大学农业化学系读书。这期间没有了奖学金，只有靠为报纸杂志撰稿、写书及翻译文章的稿费生活。读书期间，侯光炯不仅在课堂上专心听讲、记笔记，认真思考，还通过实验、野外调查访问深化所学知识。课余时候他常常整天待在实验室，按照导师的计划和要求，一丝不苟地进行土壤、肥料样品各种不同项目的定性或定量测定、分析数据，以及撰写实验报告。饿了啃两口馒头，渴了喝几口自来水，有时忙到深夜。寒暑假以及平时的节假日是他撰稿或搞翻译的时间，若还有空就去京郊搞农业生产及土壤、肥料调查。除了以上学习、工作和有限的睡眠时间之外，几乎把所有的时间都花在图书馆里。通常是开馆就进去，关门时才被请出来。他就是这样废寝忘食地沉浸在书海中，拼命吸取知识营养。

在北平大学农学院读书时，侯光炯还养成了一个难能可贵、终生受益的习惯。在他的口袋里时时放着一个小本子，无论走到哪里，无论做什么，他都要拿出来做笔记。看到的、听到的、想到的、做到的、未做到的，以及存在的问题都要仔细记录，后来即使是坐在奔驰的火车、汽车、马车上也坚持记录。时时坚持还不够，每天晚上临睡前还要写日记。这些习惯一直坚持到逝世前。平时的用功读书，广泛搜集、积累资料，更加上善于思考总结，在行将毕业的前一年，他写出了一篇文献综述性的论文《土壤之盐基代换作用》，刊登于《科学》1927年第12卷第9期上。1928年又写出一篇毕业论文《中国农业界施用肥料之实况与磷肥荒之补救》，在1928年的《自然界》第3卷第1号上发表。后来又在野外调查总结的基础上，草拟了《北京地区盐碱土改良增产计划》，为他毕业后从事土壤肥料科学研究，奠定了坚实的基础。

二、为土壤科学披荆斩棘

1928年秋，侯光炯以优异成绩毕业于北平大学农学院。同年7月至1931年3月就职在本校，先任图书管理员，继而任农学系助教。1931年由虞宏正和陈宰均两位教授的联名推荐，经翁文灏所长亲自面试，侯光炯进入我国刚建立的第一个土壤研究机构——国民政府实业部地质调查所土壤调查室，从此开始了毕生的土壤研究工作。

土壤调查室于1930年7月成立，由地质调查所所长翁文灏亲自兼任主任，当时成员只有所里抽调的地质学家谢家荣和常隆庆。侯光炯是地质调查所外招的第一人，随后进所的是陈伟。不几日所里聘请的美国专家潘德顿（R. L. Pendleton）来所任土壤调查室主任技师。不久谢家荣应聘清华大学地学系教授又离开了。这时土壤室只有常隆庆、侯光炯、陈伟和技术负责人潘德顿。他们先是在北京通县（今通州区）附近跟着潘德顿学习美国土壤调查方法。接着1931年6月在潘德顿带领下，常隆庆、侯光炯、陈伟一行四人前往绥远省萨拉齐县（今属内蒙古呼和浩特市）开始了我国有史以来第一次应用美国的土壤调查方法进行县域土壤资源调查，是把美国农业部的土壤分类制图及其土系概念引进中国土壤调查与研究的开始。以土系为基本单元进行大比例尺土壤调查制图，是真切认识调查区土壤最基本、最重要的科学工作。

1931年9月中旬，新婚仅一个月的侯光炯为了土壤调查，不得不告别妻子，冒着战乱危险，又同常隆庆一起去哈尔滨。经过一个月的调查，他们初步探明了哈尔滨的主要土壤类型、分布规律和形成条件，以及成土母质、剖面形态特征，土性与改良利用措施。后由常隆庆、侯光炯撰写出《哈尔滨土壤约测》的论文，在土壤专刊上发表。

1932年冬到1933年春季，侯光炯先后同李连捷、朱莲青完成河北定县土壤野外调查制图工作。由侯光炯执笔撰写出《河北省定县土壤调查报告》，经梭颇（J. Thorp）先生修正（注：1933年夏美国专家潘德顿合同期满，继聘梭颇接任土壤调查室主任技师），后于1935年9月在《土壤专报》第13号上发表。在此报告中第一次提出了"水稻土"这一独创的土壤学名称。

为比较全面地掌握我国北部和西北部的土壤，地质调查所决定集中力量于1934年夏季，在青海海东、甘肃陇东、陇南、陕西渭南及秦岭，山西大同，内蒙古等地开展调查、制图，由侯光炯执笔、梭颇修改，完成《中国北部及西北部之土壤》，发表在1936年7月的《土壤专报》第12号上。

进入地质调查所四年来，侯光炯在翁所长和先后两位美国专家的指导以及同事们的帮助下，以其扎实的专业基础，加上勤奋学习、刻苦钻研，很快掌握了土壤调查、土壤填图和土壤样品分析化验的相关理论和技术，同时在野外调查和室内研究工作中展现出的科研组织、管理能力，深得翁文灏的赏识和同事的称道。翁所长于1934年初秋宣布聘任侯光炯为地质调查所土壤研究室副主任，协助他管理该室工作。

1934年翁文灏把出席国际土壤学会第三届土壤学会的任务交给了侯光炯。接受任务后，侯光炯同马溶之一起来到江西省鄱阳湖平原进行水稻土调查研究。这年冬天和翌年春天，他们又一起到江苏、安徽、湖南、广西、天津等水稻主产区对水稻土进行了调查和比较研究。接着在完成水稻土标本分析后，由侯光炯执笔，用英文写出了《江西省南昌地区潜育性红壤水稻土肥力的初步研究》。翁文灏认为这篇论文很有特色，"中国是世界上水稻的最大生产国，应该对种植水稻的土壤研究有所作为"。经翁先生批准决定侯光炯以此论文和几年来地质调查所土壤室从全国各地采集和经过精心制作的32个土壤整段标本去参加第三届国际土壤学会。

1935年7月14日，第三届国际土壤学会在英国牛津大学城召开。侯光炯在大会上以娴熟纯正的英语向世界各国的土壤学家们宣读了"On the morphological aspects of the podzolic rice paddy soils in Nanchang region, Kiangsi, China"一文，在世界上首次提出了"水稻土"这一独特的土类名称，把各种经过水耕熟化，种植水稻的土壤命名为"水稻土"，并在此论文中提出了水稻土在特定水文条件下形成的淹育、潴育、潜育概念，即著名的水稻土形成中的"三育"。大会期间侯光炯还邀请与会代表参观了他设在牛津大学城的"中国水稻土研究成果暨中国主要土壤标本展"，并向前来参观的各国代表详细介绍了我国丰富的土壤资源。

在翁所长的支持下，侯光炯以"中国土壤和欧美土壤的异同"课题得到中国教育文化基金董事会立项和经费补助。1935年7月至1937年2月他先后到英国、荷兰、德国、瑞典、苏联、匈牙利、意大利、美国等国考察土壤分布特点和利用情况以及土壤研究方法。在这些国家，他一是调查了亚热带、温带、寒带不同气候带，山地、丘陵、平原等不同地貌，以及森林、草原、草甸、沼泽、苔原不同植被下的各种土类的土壤，研究重点是各种土壤区域内的耕作土壤；二是比较全面地了解了土壤科学不同学派的观点；三是掌握了各国对土壤的研究状况以及土壤研究方法和研究手段，包括长处和不足。使他受益良多的是大多数同他接触和为他提供帮助的土壤学家的求真务实，一丝不苟的严谨科学精神；对他影响最大的是道库恰耶夫的土壤发生学理论和土壤地带性学说，威廉斯的土壤肥力学说，他十分认同苏联科学家理论联系实际，为生产服务的行动。同时让侯光炯受益最深的是，在瑞典跟随国际著名的土壤胶体化学家、瑞典大学教授马特森（S. Mattson）学习土壤胶体理论和研究方法。

三、走中国自己的土壤发展之路

1937年春，侯光炯从美国旧金山登上了返回中国的客轮。回国路上侯光炯想得最多的是中国土壤科学之路怎么走？怎样从中国的实际出发，为合理利用改良土壤，提高土壤肥力，提高土地生产力服务？国外的土壤科学适用于农业机械化、化学化和现代化，他们比较重视土壤的区域性，土壤群体的共性，而我国几千年来的传统是精耕细作，不仅重视土壤的区域性，而且也很重视土壤的个性。

外国人的一些先进的东西应该学习和借鉴，更重要的是要走出一条中国自己的土壤科学研究之路。"我们的祖先曾经创造过世界科学史的奇迹，只是近代落伍了。我们应该努力赶上世界科学发展的先进步伐，甚至超过。绝不能老跟在外国人的后面，让人瞧不起。"为了激励自己的民族精神，侯光炯剃成了光头，脱去西装换成蓝布长衫，以此行动表示回国的决心。

回到因抗战已由北平迁到南京的地质调查所，侯光炯向土壤室的同仁详细介绍了在国外看到、学到的东西。最后谈了自己的感想："国外的土壤一般开垦耕作的时间不太长，有的只有几百年的历史，土壤已开始退化。而我国的农业种植，如西北黄土高原、黄河流域，数千年而地力经久不衰，这里面有很多值得研究的东西。我主张在学习外国经验的基础上，开辟一条我们中国自己的土壤研究之路。"

没过两天，翁所长正式宣布任命侯光炯为土壤研究室主任。侯光炯到职后的第一项工作就是拟订年度工作计划。据中国科学院南京土壤研究所的同志在历史档案馆查到：1937年3月和1941年1月侯光炯拟订的两份土壤研究室工作计划，计划十分周详。特别是1941年的工作计划，对近期五年，土壤研究室的工作方向、目标、实施途径、步骤方法、设备条件、人员安排、经费预算、野外室内、从总体到各个方面，每一项具体工作，甚至对每人、每年应当完成哪几项工作，编写调查报告必须具备哪些条件，必须避免哪些陈述，必须详细解释哪些问题等，都计划和提示得十分详细具体。"这是一份土壤工作规划和实施计划，是土壤研究室的工作指南和操作手册，也是组织、管理、指导和培养人才职责的条例。总的来说，这是一份极好的组织管理研究室的历史文献，非常值得今人借鉴。"

1937年春、夏，根据前阶段土壤调查需要查漏补缺。侯光炯同朱莲青、宋达泉、黄秉维、刘海蓬诸同事先后两度赴浙江进行土壤调查。重点研究杭嘉湖平原的水稻土、棉花土及岐山区的茶园土等土壤，还曾渡海至舟山群岛，第一次进行我国海岸带及海涂的土壤调查。接着在完成江、浙、湘、桂的土壤调查和土样分析后由侯光炯执笔，朱莲青、宋达泉、马溶之参加，撰写成《水稻土土层分类及命名概则》，这是第一篇关于水稻土土层分类及其命名的研究论文。

1937年冬，随着侵华日军的逼近，实业部地质调查所奉命撤退，由南京西迁湖南。土壤研究室迁到湖南后，人员分赴湘、赣、云、贵、川、藏等地开展土壤调查。侯光炯主要是从事室务工作和在湖南及赣东地区进行红壤、水稻土与下蜀系红土的调查。同时还写出了《研究中国土壤分类应取之途径》、《测定土壤保水率侵蚀力捷法》与《水稻土土层分类及命名概则》同时发表于1938年《土壤特刊》（乙种）第四号上。此外，侯光炯又同尚仰震、常帏轩一起对土壤养分的全磷、有效磷、缓释性磷以及磷的释放等不同形态磷的测定方法进行研究，完成《土壤中有效态磷酸原藏量及其天然供给率之估计方法》，探索出简便易行的测定方法。这也是第一次出现在我国并见诸报道的土、植并析方法。

在长沙不久又因日军舰逼近武汉，地质调查所再次被迫于 1938 年 7 月西迁重庆，先落脚在市中区，后迁至北碚。在地质调查所西迁重庆前，搬迁准备就绪后，侯光炯匆忙请假奔赴上海老家接妻子儿女去重庆。

地质调查所到北碚后土壤研究室的工作中心是西南地区野外土壤调查及室内分析化验、数据汇总、报告编写、绘制土壤图等。

这一年在侯光炯的主持下，土壤室还在北碚城东鱼塘湾建立了以研究紫色土肥力为主的土壤保肥试验场。紫色土是四川盆地集中分布的一种特殊类型的土壤。在四川盆地的 1 亿多亩耕地中，它的面积竟达 7000 万亩之多，成为全省稻、麦、油、棉、蔗、桑的主要生产基地。

1938 年侯光炯在江西桂溪县进行土壤调查时，注意到一个现象，产量高的肥沃土壤，往往黏而不韧，而瘦瘠的土壤，往往韧而不黏。不仅红壤、红黄壤如此，重庆的各种紫色土也是如此。由此推测土壤的黏性和韧性，可能与土壤的胶体品质有关。他利用匈牙利土壤学家亚拉内用滴管定量测定土壤黏限的方法，并将黏限扩充为低韧点、高韧点、成浆程三点。滴定结果不出所料，这三点间的距离，在不同的土壤中，呈现出明显的差异。随后又根据胶质在酸碱液中所表现的两性行为，试用酸、碱液代替蒸馏水测定土壤黏韧三点的变化。结果又得到一系列特殊形式的黏韧曲线。此种曲线形式的变异与土壤种类的变异是完全符合的。历经上百个土样，数百次试验，积累了数据，绘制了大量的黏韧曲线图。终于创造出"土壤黏韧曲线法"。这种方法简便易行、快速高效，是实现土壤物理性与化学性沟通的一种创新。后来写成《土壤吸附养分状况和土壤黏韧性的关系》，《用黏韧曲线鉴定土壤特性》和《黏韧曲线的测定方法》三篇论文。被收入《第四届国际土壤学会论文集》。

侯光炯因力主"走中国自己的土壤调查研究之路，使土壤科学为农业生产服务"不为人理解。因此，于 1940 年 10 月辞去土壤研究室主任职务，改任主任技师。辞职后被派去江西地质调查所帮助建立土壤研究室。到江西地质调查所后的任务是调查江西的红壤、红黄壤、水稻土，同时还对耕作土的耕性、宜肥、宜种及产量品质等进行比较研究。初步认识了精耕细作条件下土壤肥力的演变情况。后因妻子病危才于 1941 年春末返回北碚中央地质调查所。妻子经抢救脱险后，侯光炯遂留在所里，一面照护妻子儿女，一面进行北碚土壤调查并撰写完成《北碚土壤志》一文，于 1945 年 12 月刊载于《地理》第 5 卷 3、4 期合刊上。1942 年侯光炯除担任本所土壤室的工作外，还兼任四川大学和中央大学（南京大学的前身之一）的土壤学教授。1944 年再上西北黄土高原，完成陇中盆地和陇东盆地的黄土资源调查。回所后主要从事土壤调查内业工作和土壤保肥试验站紫色土肥效与水土保持试验研究。在此期间，侯光炯执笔写出了《甘肃省东南部黄土之分布利用与管理》一文，刊载于1944年《土壤季刊》第4卷1、2合期上。他还同李庆逵等一起完成了《甘肃东部土壤调查报告及土壤约测图》。同时，侯光炯、席连之又根据调查资料和不同土壤的胶体和粘粒的比值、土壤浸水分散速度等试验结果写成了《甘肃东南部各种钙质幼年土特性与其分类》一文，均发表在1945年10月《土壤季刊》第3、4期合刊上。

1945年8月15日抗战胜利后，地质调查所迁回南京，侯光炯离所到成都应聘为四川省农业改进所技正兼土壤农化系主任，并在四川大学和铭贤学院（山西农业大学前身）兼职教授土壤学、肥料学，还奔赴四川各地在不同土壤、作物上开展化学肥料及有机肥料试验。后来专任四川大学教授，继续研究四川土壤。

1951年，侯光炯应中央人民政府政务院邀请，到北京出席全国第一次土壤肥料工作会议，中共中央对土壤肥料工作和农业生产恢复与发展的高度重视，使他看到了土壤科学为农业生产服务，为农民服务的前景，深感培养土壤肥料工作者的责任重大和紧迫，从此更加努力地工作。

1951年他带领学生深入川西平原及高山原始森林区进行土壤资源调查。调查结束后，侯光炯向西康省农业厅提出了山地草甸土及暗紫色土、山地黄壤等的开发利用；汉源乌斯河磷矿开发前景预测等建议。还经常应西南军政委员会农林局、四川省农业厅、四川省水利厅、重庆市农业局邀请为农业生产的恢复、发展出谋划策。主动为这些单位培训土壤、水利和水土保持调查技术人员。常到西南农科所、四川省农科所、四川省水利科学研究所等单位指导试验研究。同时积极参加西南地区第一所综合农业大学——西南农学院的筹备和建设工作。1952年底，院系调整时从四川大学调到重庆北碚西南农学院任教授。

为了冲破帝国主义对我国的经济封锁，独立自主发展橡胶生产，侯光炯接受了云南橡胶宜林地的考察任务。1953年春他带领西南农学院师生奔赴云南车里（今西双版纳州），历尽艰辛，完成橡胶宜林地土壤调查规划任务，为我国实现橡胶种植北移做出了突出贡献，受到国家嘉奖。

在西南农学院土壤农化系建设发展中，侯光炯与土壤农化系主任黄希素一起反复讨论确定土壤学必须走生物路线的发展方向。坚持土壤、农业化学为农业增产，为农民服务的方针。在教学上坚持理论联系实际，学以致用。侯光炯时任学院科研部主任，主管全校科研工作。同时兼土化系土壤教研室主任，负责组织教学，培养青年教师，组织教师集体备课、编写教材。还亲自担任土壤学、土壤地理学、土壤调查制图、农业地理等课程的主讲。每次上课前他都要查阅文献资料，认真备课，对每堂课的核心内容、难点，甚至例证都要认真考虑，写出提纲。讲课内容年年有新意，经常把国内外最新研究成果，包括自己的研究心得体会介绍给大家。凡听过侯老师讲课的人，都感到他的课内容充实，理论联系实际，深入浅出，深刻生动，常常以他敏锐的洞察力和独特的见解启迪学生去探索、去揭示自然规律，找到解决问题的方法，让人获益匪浅。

1955年，提出了测定土壤胶体活动性的新方法——pH八联，撰写发表了《pH八联测定方法》等研究论文，同年被聘为中国科学院学部委员（院士），中国农业科学院学术委员，中国科学院南京土壤研究所学术委员。1956年又被任命为新建立的中国科学院重庆土壤研究室主任。1956年侯光炯带领土化系师生完成长江上游岷、涪、沱江流域水土保持调查规划。1957年侯光炯应中国科学院自然区划委员会的委托，带领重庆土壤研究室的同志奔赴云南、贵州，在研究已有资料基础上，采取"以线控面，重点深入"的调查方法，仅半年时间就完成了云南、贵州的土壤区划野外调查。后于1957年4月写成了《云南土壤区划》（初稿）和《贵州省土壤区划》（初稿）两本专著。1958年初侯光炯安排重庆土壤研究室（以下简称"土研室"）的同志分别在四川的几个区县农村建立定位观测基点，进行棉花深耕、下湿田、白散泥田、黄壤的改造研究。侯光炯亲自带领部分土研室和土化系师生在北碚进行土壤调查，采取在实验田内等距离方格状布点，测定不同点位，不同深度的温度、水分、pH、养分，结果发现同一田块土壤在水平和垂直方向都反映出点位、层次间温度、水分、pH值、养分的差异。由此侯光炯提出了认识田块的新观点——"立体土壤"和确定田块立体土壤图的绘制技术。根据立体土壤图可以很清楚地查明田块内水、热、肥、气的变化情况。再结合作物生长发育情况，认识土壤肥力、生产问题，据此制定耕作管理措施，促进农作物增产。

多年来侯光炯在研究农业土壤中发现很多矿质土，特别是紫色土由于水土流失严重，腐殖质含量很低，团粒结构也很少，但仍具有肥力这个事实。侯光炯根据农民评定土壤生产性能，很重视土壤的冷热性，把土壤分为热性土、温性土、冷性土，而冷、热的变化是由太阳辐射热引起的。通过20世纪60年代初、中期在四川不同地区的多点定位试验，对不同土壤、土层深度进行一天24小时定时连续观测。大量的测定结果表明，土壤胶体活性随土温变化，土温又随气温受太阳辐射强度左右，呈日、月、年周期变化，且肥沃土壤的土温和胶体活性的日变化都比较小，瘦土则变幅大。这说明土壤胶体品质好，土壤自我调节的功能强，反之则差。据此，侯光炯推测土壤具有生理代谢性和自动调节能力两大功能。根据这一设想，他把我国农民看天、看地、看庄稼的"三看"经验上升为土壤肥力的生物热力学观点。大量实验数据证明，土温是产生土壤生理功能的唯一动力，太阳辐射热是土温最丰富的能源。土壤肥力是土壤水、热、肥、气的周期性时变化和植物生理作用周期性时变化谐调的程度。肥沃的土壤谐调性好，瘦瘠的土壤差。所谓谐调性是指土壤能够稳、匀、足、适地供给植物水肥气热的能力。土壤肥力的实质就是土壤生理性。产生这种谐调性的机制是土壤无机—有机—微生物—酶复合胶体体系，这是土壤具有代谢、调节功能的物质基础。基于这一认识，侯光炯认为必须改变土壤的研究内容与方法。即内容上应着重研究胶体活性、活化温度以及稳、匀、足、适的定量指标及谐调方式；在方法上立足原态、原位的研究和土壤肥力的短期鉴定法与田块立体土壤图相结合的方法。此项成果获得了 1978 年全国科学大会重大成果奖。这一观点在侯光炯与高惠明主编的《中国农业土壤概论》第三章土壤肥力对此有详细的论述。

20 世纪 60 年代"文化大革命"中侯光炯被戴上"反动学术权威"的帽子，接着久病的妻子又撒手人寰，双重打击没有影响侯光炯对土壤科学的钻研。1971 年，年近古稀的侯光炯刚得到解脱，就立即奔赴农村蹲点搞科学研究，帮助农村发展生产。

侯光炯首先在四川简阳镇金区开展了以土壤调查、农业区划、规划为中心的普查试点工作。接着开始冬水田改造、坡改梯土壤快速培肥、粮棉高产试验和新技术推广。还多次组织科研人员到川、渝各地进行农田基本建设综合考察，又依据土壤肥力理论研究了水土林之间的有机联系，他从大气—土壤—植物—人类系统的角度，提出了改造环境与改造土体相结合的方法，即以"大、小三化"，促进"大、小三稳"的改良土壤、培肥土壤，提高土壤肥力的新途径。所谓"大三化"，是指大地园林化、农田园田化、土壤管理合理化。"小三化"，是指土壤的腐殖化、细菌化、结构化。侯光炯提出的办法是以区域水热状况的稳定为前提来保证土体内部水热状况的稳定，加上合理的耕作措施，可以实现土壤肥力稳、匀、足、适的要求，以满足植物生长的需要，实现高产、稳产。为此，他向四川省有关领导建议，要特别重视土水林综合治理研究基地建设，有力地推动了农田基本建设的山、水、田、林、路综合治理。

1976 年侯光炯突发疾病，先后经四川省、上海市的权威专家会诊，确诊为晚期胃癌，须立即动手术。为了珍惜宝贵的科研时间，侯光炯拒绝了领导、亲人、朋友的苦劝，经过保守治疗奇迹般地康复，他又回农村基点搞研究。

1979 年，侯光炯带领学校师生及中国科学院成都分院土壤研究室等单位的科研人员来到生产条件更差、土质更劣的四川省长宁县相岭区建立农业综合研究基点。侯光炯在调查总结农民经验的基础上，以土壤肥力生物热力学观点作指导，开展水稻半旱式栽培及增产机理研究，逐步完善了冬水田半旱式自然免耕耕作技术。该技术特别强调连续垄作，连续浸润，连续免耕和连续植被的系统配套，具有省工省水，一田多用，增产增效的优点。此方法到1986年已在全国13个省市推广，增产效果显著。1986年获四川省科技进步奖一等奖；1987年获国家科技进步奖三等奖。此后，侯光炯又提出了实现免耕、免灌溉、免施肥、免农药，高产、优质、高种龄、高产值的"四免"、"四高"的研究目标，开展协作攻关，进行旱地自然免耕试验研究。同时，侯光炯还常常赴川、云、贵各地继续推广半旱式自然免耕和履行第二次土壤普查全国顾问组成员和西南顾问组组长的职责，指导各地进行土壤普查资料汇总及成果报告编写与图件的绘制。

无论是在简阳镇金，还是在宜宾长宁，侯光炯都把在农村建立的科研基点作为西南农业大学资源环境学院（原土壤农化系）校外实习基地。侯光炯从1975年开始，从指导工农兵学员到统招的本科生、硕士生、博士生，每年都是10多人。学生在侯教授和其他老师指导下，边上课边做调查、搞田间试验研究，边撰写边修改毕业论文。这样一届接一届的"精心教书，诚心育人"持续到侯光炯临终前一年的1995年。每年侯光炯还要短期回校为本科生和研究生讲授农业土壤学、土壤生物热力学、土壤肥力学、自然免耕等专题及指导研究生论文选题，拟订研究计划、修改论文等。

侯光炯除了教学和科研工作外，还十分关心国家大事，时刻关注农业科学和农业生产的发展。他是第一、二、三、五、六、七届全国人大代表，中共四川省委第三、四届委员，每次在大会上他都积极提出提案和建议。1991年，86岁的侯光炯还在第四届全国人大四次会议上为"生态治洪，免耕治土，消除长江水患"而急呼。1995年侯光炯提交了《根治长江流域洪灾和建立四川三个生态农业基地的建议》一文。此文由中国科学院学部联合办公室编印的《中国科学院院士建议》1995年第4期全文刊出。

1994年侯光炯收到国际土壤学会第十五届大会邀请函，应邀赴墨西哥参会。90岁高龄的侯光炯带着《自然免耕——一个为消灭洪灾，实现农业的世界性任务》的论文在会上交流。侯光炯以其宏观研究的综合性、系统性和密切联系生产的实用性，以及应用土壤肥力——生物热力学观点独创的中国式自然免耕技术站在农业土壤科学的前沿，引起各国代表的注意。

半个多世纪以来，侯光炯坚持在为生产服务过程中发展土壤科学。他认为脱离农业生产研究土壤，就无法掌握土壤的演变，预告土壤的归宿，就难以窥测土壤的奥秘。他是为农业生产而研究土壤。到1991年，他已在农村进行了18年的研究。农业部、中共四川省委、中国科学院成都分院以及西南农业大学领导考虑到他年迈体弱，劝他回到学校专事培养青年人才。他总是婉言谢绝，还幽默地说"高楼大厦是不会产生土壤科学的"，继续坚持在农村搞科学研究，一直战斗到生命的最后一息。在此期间，他还发表了多篇论文；被评为"全国先进工作者"、"全国高等学校先进科技工作者"和全国"支农、扶贫、为农林生产服务先进个人"、"四川省自然科学界精神文明标兵"；获国务院颁发政府特殊津贴；先后被评为四川省、重庆市、西南农业大学及宜宾地直机关"优秀共产党员"。1992 年，获"四川十大英才"称号；被评为四川省"有重大贡献的科技工作者"，获重奖 10 万元。1994 年，被评为"第二次全国土壤普查先进工作者"。

1996 年 11 月 4 日 6 时 50 分，侯光炯因病医治无效，在西南医院逝世。在重庆市举行的告别仪式上，四川省委副书记、重庆市委副书记、代市长蒲海清介绍侯光炯生平事迹时说："侯光炯同志的一生，是为共产主义事业奋斗的一生，他为党和人民的事业，生命不息，战斗不止，无私奉献了毕生精力。他的不幸逝世，使我们失去一位优秀党员，失去一位著名科学家、教育家。""我们要学习他一生热爱党、热爱人民、热爱祖国、热爱社会主义、热爱科学和教育事业、全心全意为人民服务的崇高思想境界和坚定的革命立场；学习他着重实践，勇于探索，努力攀登世界科学高峰顽强拼搏精神；学习他兢兢业业、孜孜不倦、艰苦奋斗、不断进取的敬业精神；学习他艰苦朴素，不求索取、不图享受，不计名利，扶持后辈，甘为人梯的奉献精神；学习他扎根农村，服务农业，一心一意帮助农民脱贫致富奔小康的实干精神，在中共中央领导下，认真贯彻落实党的十四届六中全会精神，团结一致，开拓进取，艰苦奋斗，扎实工作，为把重庆建设成长江上游经济中心、中国中西部精神文明的首善之区而努力奋斗。"

四、侯光炯主要论著

侯光炯. 1927. 土壤之盐基代换作用. 科学，12（9）.

侯光炯. 1928. 中国农业界施用肥料之实况与磷肥荒之补救. 自然界，3（1）.

侯光炯，马溶之. 1935. 江西省南昌地区灰化红壤性水稻土肥力之初步研究. 土壤特刊，甲种 3 号.

侯光炯，朱莲青，李连捷. 1935. 河北省定县土壤调查报告. 土壤专报，（13）.

侯光炯，朱莲青，宋达泉，等. 1938. 水稻土土层分类及命名概则. 土壤特刊，乙种 4 号.

侯光炯. 1941. 四川重庆区土壤概述. 土壤季刊，1（3）.

侯光炯，席连之. 1945. 甘肃东南部各种钙质幼年土之特性与其分类. 土壤季刊，(3/4).

侯光炯. 1945. 北碚土壤志. 地理，5（3/4）.

侯光炯. 1952. 土壤黏韧率及黏韧曲线. 土壤学报，2（1）.

侯光炯. 1960. 农业土壤生理性. 西南农学院学报，（1）.

侯光炯主编. 1961. 土壤学附地质学基础. 北京：农业出版社.

侯光炯. 1963. 中国农业土壤的分类体系//中国农业科学院土壤肥料研究所中国农业土壤学编著委员会编. 中国农业土壤论文集. 上海：上海科学技术出版社.

侯光炯. 1975. 农民群众的生产斗争经验开辟了发展土壤科学的广阔道路. 中国科学，(5)：511-518.

侯光炯主编. 1980. 土壤学（南方本）. 北京：农业出版社.

侯光炯，高惠民主编. 1982. 中国农业土壤概论. 北京：农业出版社.

侯光炯，黄昭贤. 1986. 半旱式小麦耕作中的一个重要关键——免耕. 中国农业科学，(1)：18-23

侯光炯. 1987. 论中国式的水土保持自然免耕法. 水土保持学报，1（1）：4-14.

侯光炯，赖守悌，谢德体，等. 1987. 水田自然免耕技术综合研究报告. 西南农业大学学报，(S2) 46-65.

侯光炯，刘夜莺，刘陈，等. 1989. 土壤胶体理化性研究法在水土保持和土地利用规划中的应用. 水土保持学报，3（4）：23-28，48.

侯光炯. 1994. 种地养地相结合培肥地力，不断提高农业耕地单位产量和产品质量 // 陈俊生主编. 建设高产优质高效农业. 北京：农业出版社.

主要参考文献

李仲明. 1985. 侯光炯 // 金善宝主编. 中国现代农学家传（第一卷）. 长沙：湖南科学技术出版社：248-260.

刘明钊编. 1990. 侯光炯土壤学论文选集. 成都：四川科学技术出版社.

余光泽，余杰，刘秉臣，编著. 1992. 探索土壤奥秘的人——侯光炯. 北京：科学出版社.

王浩清. 南京土壤研究所历史沿革与发展概况. http//www.issas.ac.cn/sqzt/fvlc/cindex.htm

撰写者

余杰（1938～），西南大学资源环境学院教授，侯光炯院士的学生，从1960年起长期跟随侯先生一起工作。

彭克明

彭克明（1905～1991），河北晋县人。农业化学家，中国农业化学和植物营养施肥科学的开拓者和奠基人。1929年毕业于河北大学农科，1936年获公费在美国伊利诺伊大学攻读土壤化学硕士学位，1946年完成博士论文并获哲学博士学位。1947年2月回国在河北农学院、北京大学农学院任教。1949年后任北京农业大学土壤农业化学系教授、代理系主任、农业化学教研室主任。他主要致力于土壤化学与土壤肥力研究，曾在美国伊利诺伊大学世界著名的莫罗试验地（Morrow Plots）从事土壤中养分循环和轮作施肥特别是施用石灰等研究，长达11年之久。1956～1958年受国家农业部委托组织了苏联季米利亚捷夫农业科学院 X. K. 阿沙洛夫（X. K. Асаров）教授主讲的全国农业化学讲习班和研究生的培养。在研究方法上他提出"实验室—培养室—渗滤水装置—田间试验研究"四结合的近代农业化学研究体系，较早在北京农业大学建成中国近代农业化学研究基地。1980年国家农业部委托主办全国"植物营养科学"讲习班，邀请联邦德国 H. 马斯纳尔（H. Marschner）院士主讲近代植物营养科学进展，为中国建立了一门新的植物营养学课程。以后他主持北京农业大学与联邦德国霍恩海姆（Hohenheim）大学植物营养与施肥科学的双边合作研究，为学科新发展奠定了基础。

一、半工半读的留学之路

彭克明，1905年12月5日生于河北省晋县的农民家庭。晋县是河北省中部的粮食和棉花产区，他从幼年开始就认知和参与家庭的农耕实践，并培养了他热爱农业，勤俭朴实的道德风尚。他幼年在本村小学读书，1919年考入直隶省立第七中学即河北省正定中学，他目睹北洋军阀政府丧权辱国的行径和家乡农民生活的贫苦惨状，立志报考在河北省保定市的河北大学农科，学习农业科学，发展家乡的农业，决心走"科学救国"之路。1923年考入河北大学农科预科，1925年升入农科本科，1929年大学毕业后留校任农科化学助教。由于他学习成绩优秀和热爱农业，勤奋工作，1936年学校推荐他参加河北省公费留学考试，并获公费赴美国伊利诺伊

(Illinois) 大学研究生院攻读硕士、博士学位。美国伊利诺伊大学农学院是美国著名的农业高等学府，由农学院第一任院长莫罗教授在 1876 年建立的长期轮作肥料试验地并命名为 Morrow Plots，是世界上最著名的长期肥料试验地。由于它对美国农业的卓越贡献，1968 年美国国会命名为"美国农业发展里程碑"并建立了奖碑。1939 年彭克明在 Mcrrow Plots 从事硕士、博士论文学习研究，长达 11 年，特别是完成硕士论文后，经过 7 年努力于 1946 年又完成了《植物吸收土壤固定态钾的数量与速度》的博士论文。论文中首次提出土壤胶体中的黏土矿物可固定钾离子（K^+）称之钾晶格固定，研究中还证明植物可吸收利用"晶格固定态的钾"。彭克明的研究工作，由于中国河北省被日本侵略占领而失去公费留学资助。他在美国 11 年一直半工半读，靠自己的劳动所得维持学习、研究。在大学土壤实验室从事实验室的化学分析和管理工作，在实验地从事播种、灌溉、施肥、除草、收获等田间劳动和植株的生物学测定、计产工作。这些田间劳动得益于他出国前在家乡从事的农业劳动，而大学的半工半读又促进了理论和实践的结合，半工半读的留学之路造就了他"坚定、诚信、博学、宽容"的教育人生，在他回国以后从事农业化学 43 年的历程中已得到充分的证实，这是一条留学成功之路。

二、创建中国农业化学"四结合"研究基地

20 世纪 30 年代，我国早期的农业（艺）化学中的研究方法主要是经典的化学实验室方法，以后又从欧美各国引入田间试验方法，把肥料的农业化学研究从实验室走向田间。1949 年新中国成立后，我国的科技教育界全面学习苏联。1957 年彭克明访问苏联时，了解到苏联农业化学的概念、理论和方法。1956～1958 年，苏联季米利亚捷夫农业科学院 X. K. 阿沙洛夫（X. K. Асаров）教授在原北京农业大学举办了"农业化学"讲习班，系统讲授了普里亚尼施尼柯夫教授、院士的农业化学理论和方法。从此对"农业化学"有了明确的概念，即农业化学是研究植物营养和施肥的科学。1954～1956 年期间彭克明一直思考和酝酿在我国创建农业化学"四结合"的研究基地，其内涵如下。

1. 农业化学实验室的建立

1945 年土壤系成立时，在北京大学农学院罗道庄的"工字楼"已开始建立了农业化学的化学实验室。当时的条件简陋只能进行肥料的定性鉴定。1954 年农业化学教研室成立后，按照苏联"农业化学分析实验"课程的要求开始建立了完整的土壤、

肥料和植物三部分组成的农业化学分析实验室和植物生物化学分析实验室。1958年北京农业大学从罗道庄旧址迁到马连洼新址后，新建的土壤农业化学实验楼条件有了新的发展。先后共建立了农业化学分析实验室、消化室、定氮室、植物、土壤样本准备室、蒸馏水及重蒸馏水室、同位素实验室、恒温实验室以及天平室、精密仪器室等。20世纪80年代以后又建立了植物营养和根际实验室。

彭克明早期在美国伊利诺伊大学长期从事土壤黏土矿物对钾固定的研究，有着丰富的化学实验室的经验和操作技能。在20世纪60年代中期他又提出了土壤黏土矿物对铵固定的假说，并在农业化学实验室进行了一些前期的预备试验，他提出的假说被以后的科学实验所证实。半个世纪以来农业化学实验室对培养大学生、研究生的专业技能打下了扎实的基础。

2. 开创国内培养室—渗滤水研究方法的先河

农业化学是植物营养与施肥的科学。为此必须在植物—土壤—肥料之间进行氮、磷、钾等17种必需营养元素循环和调节的研究，因此建立了植物的培养室，即能局部控制植物生长发育所必需的养分、温度、日光、水分等环境因素，应用盆栽模拟试验的方法，尽量让植物生长在接近于田间的环境条件下，因此植物培养室不同于一般的温室。它冬季能供热、夏季能降温，生长植物的盆钵可以放置在活动小车上，白天推出培养室外，在网室中与自然条件相同的环境下生长，下雨或晚上小车推进培养室内，因此，培养室是控制条件下的植物生长实验室。在彭克明的领导和指导下，农化教研室第一座培养室于1962年建成，100米²共三间，每间约30米²，其中两间单独开门，另一间在密闭隔离的条件下专门用于同位素示踪生物试验。培养室为钢架结构，内有日光灯补充光照，可容纳30辆小车，共450盆容量。

20世纪初，欧美一些国家已有渗滤水装置用于田间水分、养分在土壤中运移的研究。特别对氮素在土体中的迁移数量和速率，可以进行定量化的研究，对研究不同作物、气候、土壤条件下氮的去向是一个较好的模拟方法。当时国内没有建造渗滤水池的资料，彭克明参照美国莱翁（T. L. Lyon）和勃克曼（H. O. Buckman）1943年提出的渗滤水装置的结构，根据我国的具体条件，1962年提出1米×1米×2米（池宽×池高×池长）4列式渗滤水装置，即地下通道两侧每侧两排共四排渗滤水池，地下通道长7米，宽2.5米，深1.5米，地下通道出入口长3米。渗滤水池上有网室覆盖，防止农作物成熟期的鸟害。农化教研室1962年建成的渗滤水装置在国内是第一个建立的农业化学模拟研究基地。彭克明提出"培养室—渗滤水装置"联用的模拟研究方法和理论开创了国内同类研究的先河。

3. 在中国率先建立轮作长期肥料定位田间研究

1958年以前，在彭克明的办公室墙上挂了两张照片，一张是李比希（J. V. Liebig），另一张是劳斯（J. B. Lawes），这是彭克明最尊敬的两位农业化学家。1843年Lawes在英国洛桑试验站（Rothamsted）Broad Balk试验地首次建立古典肥料长期定位研究，至今已有160多年的历史。在Lawes的创导下，近百年来世界各国为了确定作物对矿质养分在不同土壤上的反应，矿质养分长期施用对土壤肥力的影响和指导科学施肥系统的建立，继英国之后，世界有50余个国家建立了长达半个世纪以上的肥料长期定位研究。美国伊利诺伊大学农学院也建立了长达140余年莫罗试验地（Morrow Plots），由于它对美国农业发展做出了巨大贡献，美国联邦国会1968年正式通过决议，授予莫罗试验地"美国农业发展里程碑"称号以表彰和纪念肥料长期定位研究所取得的成果，和对美国农业发展所起的历史功勋和特殊的科学价值。它在世界各国肥料长期定位研究上尚属首次获此殊荣。彭克明20世纪30～40年代曾在Morrow Plots工作和研究长达11年之久，1947年回国后一直想在中国建立一项与Morrow Plots相似的肥料轮作长期定位试验地，为中国的农业发展做出贡献。1957年彭克明在苏联访问时又参观了全苏肥料研究所（ВИУА）著名的长池试验站和季米利亚捷夫农业科学院威廉姆斯的草田轮作试验地和普里亚尼施尼柯夫的长期肥料试验地。回国后在Х. К. Асаров教授的支持下，开始在北京农业大学试验站（北京市海淀区马连洼村）进行了轮作肥料长期定位试验地的预备试验和正式试验，前后共四次。

第一次：1957～1958年，以谷子为试验作物在100亩耕地上进行匀地试验和探索播种。由于1958年全校下放农村，试验被迫中止。

第二次：1962～1966年，经过匀地和土壤变异研究，在50亩的土地上正式布置小麦—玉米—棉花轮作有机肥料和化学肥料的N、P、K三因素二水平部分实施的5项试验方案，即化肥区处理有：0（无肥区），0-NP，0-NK，0-PK，0-NPK；有机肥（区）处理有：M（有机肥料），M-NP、M-NK、M-PK、M-NPK共10区3种作物的轮作试验，由于"文化大革命"搬迁，试验再次被迫中止。

第三次：1978年在北京恢复建校后，彭克明提出并亲临现场选址，在北京昌平县马连店村刚建立的北京农业大学昌平实验站中设立16亩小麦—夏玉米—春玉米—冬小麦轮作肥料长期定位试验地。试验地在1981～1984年进行匀地（探索）播种，分区收割和土壤变异系数（X±S, cv%）的研究。试验采用氮、磷肥料二因素三水平+K即3×3+1回归设计，在化肥区和有机肥区的基础上，各设置10个处理，总计 20 个小区，试验区的小区面积 $24m \times 20m = 480m^2$。正式试验从 1985 年开始，本试验是中—德 CIAD 项目 1984～1994 年十年合作研究项目的基础研究，已经取得重要研究成果。

第四次：1997～2007 年，设置在北京海淀区东北旺农场是中—德新的合作研究项目重要田间研究基地，共 200 亩。

彭克明领导和参与培养室的设计、施工和渗滤水装置的田间建设工作。在田间施工期间他几乎每天都到现场。指导和灌水等管理工作，彭克明很关心肥料长期定位研究，特别是第一、二次试验，除上课以外几乎每天都到田间去观察指导工作。彭克明对科学事业认真负责，不怕挫折，坚定信心，从 1957 年起 40 年间从事肥料长期定位研究四起三落，经历了试验—中止—再试验，直到成功。他领导了农业化学教研室四代人辛勤耕耘，终于取得了不少可喜的成果。完成了长达 20 年之久的中—德合作研究项目，得到德方的赞誉，同时培养了一批中青年学科带头人和农业化学（植物营养学）的学术骨干。历史在发展，事业在前进，建设"四结合"研究基地的经验，2007 年后又在河北曲周试验站新的 300 亩基地上一代一代地继续下去，即将取得新的成果。

三、倾心培养青年教师和研究生

彭克明在担任农化教研室主任期间，非常重视师资队伍的培养。他对青年教师的培养不是采用口头上的说教和表面上的严厉，而是通过平易近人，为人师表的潜移默化教育。作为北京农业大学土化系的一位名教授，他本人具有博学、谦虚的美德，他知识渊博，在同行中素有"活字典"的称誉，其品格深为中青年教师敬仰。在日常生活中他关心、体贴中青年教师，每逢见面他都是像慈父般地问寒问暖，而在教学与科研工作中，他对中青年教师的业务发展有设想、有要求。他主张青年教师对本专业的基本理论要牢固掌握，对各个专业方向的知识面要宽，实验室的基本功要熟练，每人每年要带学生进行生产实习，从实践中再学习和再提高。

彭克明在农化教研室内，对每个中青年教师的业务方向都根据教学需要与个人的特长分别作了相应的规划。他提出青年教师要轮流到各个教学小组去经受教学实践的锻炼，并给每个新来的青年教师安排了一个"转圈"的培养计划。当时，农化教研室共设有四个教学小组，即农化总论、农化分析、作物施肥法、农化研究法。此外还有大学生的教学实习和生产实习课。每个青年教师"转圈"的起点和顺序都有区别。如有些人的"转圈"计划是：农化总论（教学实习）—作物施肥法（生产实习，蔬菜或粮食作物）—农化研究法（田间小区实验）—农化分析（实验室实验）；有些人的"转圈"计划为：作物施肥法—农化总论—农化分析—农化研究法。

上述培养计划充分体现了彭克明对青年教师业务培养的基本要求。既要具备扎实的专业理论基础，又要全面掌握专业技能。他要求青年教师在"转圈"的基础上，再根据个人专长与教学任务的需求，稳定在一个教学小组中开展经常的教学和科研工作，形成各自的特点。他提出每位青年教师无论从事哪个方向的教学与研究都必须以扎实的农化总论为基础。

在评价青年教师业务能力与教学水平的时候，他首先是看重他们的专业基本理论和技能。例如1981年春，他在农化教研组主持选拔一名青年教师参加农业部为委派出国人员所设立的外语培训班时，亲自出题进行选拔考试，其考核的主要内容，正是关于施肥的基本原理及其应用的大题目。

彭克明在治学上实事求是，理论联系实际。他出生于农村，关心农业的实际问题，常常向青年教师阐明农业科学的实践性特点，要求青年教师学以致用，经常深入农业生产第一线，在解决实际生产问题中指导和培养大学生。他在1963年曾接受时任国家农垦部王震部长的邀请带领尹崇仁考察了位于我国最北部牡丹江地区的国营农场。在实地考察中，他首次发现了当地白浆土大豆百粒重降低的严重现象是土壤有效磷缺乏所造成的，农民不知道土壤需要施磷肥，而将普钙误作为石灰抹锅台造成磷资源浪费。他领导并指定尹崇仁及几名大学生长期蹲点进行磷肥改良白浆土的研究并取得明显的增产效果。他的这一发现引起了日后土壤农化界对白浆土有效磷缺乏的成因及其对策的持久研究，并取得突破性进展，也使教研室内中青年教师认识到生产实际中存在着大量专业问题。青年教师只有深入生产，才能迅速成长和更好地教书育人。因此，彭克明要求凡是进入教研室的青年教师每年都要下农村指导大学生的生产实习。

当时农化教研室的生产实习基点分布于东北、河南、河北和京郊的山区与平原等处。与此同时，农化教研室一批中青年教师经过生产实践也逐步成长为有专长的业务骨干。直到1980年，年近古稀的彭克明还亲自在实验室指导青年教师如何掌握玻璃加工技术，如何设计测试氨挥发量的试验装置。就这样，在他的言传身教下，农化教研室的一批中青年教师较快地扎扎实实地成长起来，如今这支队伍已经成长壮大。

彭克明很重视研究生的培养。他亲自指导研究生的学位课程和论文工作，并把他亲自领导和建设的"实验室—培养室—渗滤水装置—田间试验研究"四结合农业化学研究基地用于研究生的培养，加强研究生理论联系实际和专业技能的动手能力。

彭克明独特的研究生培养方式，值得我们学习和发扬光大。

1. 农化实验室严格的基本功训练

当研究生完成学位课进入论文开题报告后，彭克明第一件事就是抓研究生的实验室操作。对实验的关键操作步骤，如称量、溶液配置、标定、比色，每一个关键时刻彭克明都在实验室仔细地观察，耐心地指导，不断地纠正一些不规范的实验室操作技术。他经常给我们介绍李比希在办公室工作时使用反光镜观察学生实验室操作的情况，以便及时去实验室指导学生做到办公、指导两不误的故事。他在伊利诺伊大学化学实验室工作时也用过这个方法，效果很好。后来我们执行德国项目时，曾到吉森（Gessen）李比希博物馆的李比希实验室看到了彭克明讲故事的场景，至今仍记忆犹新。

土壤氮的测定是研究工作经常碰到的一个项目，一般全氮测定常规的农化分析方法是凯氏定氮法，即测试的土壤样本经高温下强酸消化，把土壤中全氮分解成铵态氮，再用碱蒸馏出氨，被硼酸溶液吸收，最后用标准硫酸溶液滴定。因为标准硫酸溶液浓度的小数点后 4 位有效数字经过标定后标准溶液在计算中再用氮元素的相对分子质量 14 进行换算计算过程甚为麻烦，彭克明经常手把手的传授一个简易的标定方法，把 0.×××× N [N＝(1 mol/L) ÷ 离子价数] 标准硫酸溶液配成 1/14 N 标准溶液。这样在测定大量样本时，计算结果非常方便。彭克明指导的研究生在实验室大量测试土壤氮样本时都会配制和标定 1/14N 标准硫酸溶液。它是一项实用的农业化学实验室基本功。

2. 研究生必须在"四结合"研究基地中严格培养

1954～1964 年，农业化学教研室创建的"实验室—培养室—渗滤水装置—田间试验研究"四结合研究基地形成前，彭克明也总把研究生的论文工作放在实验室与试验地或实验室与温室的紧密结合中，让研究生独立完成论文研究工作。保证论文研究的生物评价试验数据，有充足实验室农化分析结果数据的支持和解释，做到理论联系实际。1965 年"四结合"研究基地形成后，由于研究条件的完善和改进，研究生的培养都纳入了这个基地，研究生论文的质量有了保证和提高，加强了理论与实际的结合。尽管"四结合"研究基地在"文化大革命"搬迁中受到破坏和中止，但在"文化大革命"后，特别是党的十一届三、四中全会后农业生产的恢复、整顿、提高和拨乱反正工作中得到了加强。20 世纪 80 年代以后新的研究基地又形成了。总之，从农业化学到植物营养学的发展过程中，理论联系实际的学风从彭克明开始已经一代一代地相传下来，成为学科发展和人才培养的必由之路。

3. "面对面"的阅读世界名著

20世纪80代后研究生的培养方案中强调了必修和修选一定学分的学位课，当时的培养方案中也指定了一些专业必修学位课，但彭克明与李连捷、叶和才共同商量对作物营养与施肥（1997年后改称植物营养学）、土壤学、土壤改良学、农田水利科学的硕士研究生必修一门世界名著即Russel教授专著第10版《土壤条件与植物生长》，该书系统介绍了英国洛桑试验站近百年来在土壤科学，植物营养学、土壤改良学、节水灌溉、土壤的生物和微生物、土地资源、土壤生态和环境保护等方面的理论与实践。该书作为本专业的两个二级学科即土壤科学和植物营养学的硕士研究生都是必读的。

3位教授提倡与全系的硕士研究生一起，"面对面"的通读全书，并在各自的学科领域中进行质疑、答疑、解释、点评。这种"面对面"的通读世界名著的学位课方式效果很好。在导师的指导和帮助下，每一位研究生在各自研究的学科领域中准确的理解和掌握学科的概念，理论、方法并打下了扎实的基础。研究生反映这种学习方式学得活，学得深，学得透，终生难忘。为了创造一些阅读名著的条件，在"八五"、"九五"计划期间农业部教学指导委员会和中国农业大学先后出版了德国Hohenheim大学马斯纳尔（H. Marschner）教授的专著《高等植物矿质营养》第一版中译本和第二版中译本。A. Lauchli（美），R. L. Bleleski（新西兰）著《植物的无机营养》等，为高年级大学生和研究生参考用书。介绍名师和阅读名著的做法被继承了下来，从20世纪80年代以后的研究生的Seminar课程中一直延续至今，成为研究生培养的一个重要手段和内容。

4. 不断引导拓宽研究生的视野

彭克明多次强调培养研究生应该做到"厚基础，宽专业"。这里说的宽专业就是导师要不断地从多学科的研究方向，多视角的综合分析能力，多方法的实验技能，多层次的研究手段等方向着手，不断引导拓宽研究生的视野，它不仅对提高论文的质量，明确研究思路，学好研究方法，掌握科学的唯物辩证法，培养提高研究生素质都是有益的。对导师而言，做到这一点也是很不容易的，首先要从导师自己做起，要建立起"厚基础，宽专业"的目标，要有一个不断拓宽研究视野的理念和方法。彭克明在这方面是我们学习的榜样，也是他独特的研究生培养方式的一个亮点。

四、导师的风范

彭克明虽然离去,但导师的风范犹存,值得我们学习。主要概括为"四种精神"。

1. 刚直不阿、光明磊落的精神

彭克明1947年从美国学成回国后决心报效祖国,可是在历次政治运动中他总是充当一名"运动员"的角色,多次受到冲击,但他始终相信共产党,拥护社会主义,在人生和科学道路上坚持真理,正如他自己所说的"宁折不弯"的"玻璃管"精神,有时他又委曲求全、顾全大局,体现了刚直不阿、光明磊落的人生哲学。

2. 开拓创新、百折不挠的精神

彭克明深知肥料长期定位试验对植物营养与肥料学科的发展具有十分重要的意义。但是事与愿违,这项科学工作在40年间曾遭到四起三落的厄运。在"文化大革命"期间遭受不公正的批判,尽管如此也要把肥料长期定位试验建立起来并坚持下去。这充分体现了彭克明百折不挠的科学信念。彭克明一生淡泊名利、远离浮躁的精神,值得我们永远学习。

3. 有问必答、诲人不倦的精神

彭克明主持农化教研室工作期间,对中青年教师的成长倾注了大量心血,中青年教师无论在教学上有什么问题,或在科研上遇到怎样的困难,只要有求于导师的,彭克明总是有问必答、诲人不倦,因此,在与导师的长期相处中,我们深深体会到导师的知识渊博、治学严谨。

4. 宽以待人、严以律己的精神

"宽以待人、严以律己",是彭克明一生的座右铭。对于"文化大革命"期间不公正的批判都能正确对待,也能以宽容的精神处理好具体的人与事。这是他领导的农化教研室团结一致克服困难的关键所在,因而赢得教研室全体同仁们的尊敬和爱戴。

五、彭克明主要论著

彭克明. 1939. 不同种类、形态和数量的石灰物质施入农田 15 年后的去向（The fate of different kinds, forms, and amounts of liming material fifteen years after its application to a field soil）. 美国伊利诺伊大学硕士论文.

彭克明. 1946. 由植物生长所带走的土壤固定态钾的数量与速度（Amount and rate of removal of fixed potassium from soil by growing plants）. 美国伊利诺伊大学博士论文.

彭克明. 1957. 中国的堆肥. 国际肥料会议论文. 莫斯科.

北京农业大学，山东农学院主编. 1961. 农业化学 1. 肥料. 北京：农业出版社.

彭克明，彭家元，等. 1962. 肥料（农业生产技术基本知识）. 北京：农业出版社.

彭克明. 1979. 有关农业化学几个定律的介绍（南京农业大学讲习班资料）.

彭克明，斐保义主编. 1980. 农业化学（总论）. 北京：农业出版社.

彭克明，斐保义主编. 1990. 农业化学（总论）. 第二版. 北京：农业出版社.

Peng K M, Marschner H. 1994. Establishment of a system for efficient fertilizer use (1984~1989) // CIAD-committee ed. Research Reports of the CIAD-program (1990~1994). Beijing: Agricultural University Press: 14-29.

主要参考文献

毛达如. 1996. 彭克明 // 中国农业百科全书·农业化学卷. 北京：农业出版社：242.

毛达如，陈伦寿，曹一平. 2004. 坚定、诚信、博学、宽容——纪念彭克明教授百年诞辰暨从事农业化学教育 43 年.

撰写者

毛达如（1934～），中国农业大学资源与环境学院植物营养系教授，彭克明先生的学生。

陈伦寿（1931～），中国农业大学资源与环境学院植物营养系教授，彭克明先生的学生。

曹一平（1938～），中国农业大学资源与环境学院植物营养系教授，彭克明先生的学生。

陆星垣

陆星垣（1905~1991），江苏江阴人。蚕业教育家，家蚕遗传育种家。1928年毕业于国立中央大学蚕桑系，先后在浙江大学农学院、镇江女子蚕业学校、四川省蚕丝试验场、云南大学农学院等教学科研单位任职。1945年赴美国艾奥瓦州立大学农工学院攻读博士学位。1949年回国任浙江大学农学院、浙江农学院、浙江农业大学蚕桑系教授。中国蚕学会的创始人之一，中国蚕桑学第一位博士研究生导师。20世纪50年代创建中国第一个原蚕饲育区；60年代选育出了夏秋蚕品种浙2、603，后者70年代在江、浙蚕区大面积推广；70年代主持育成了夏秋蚕专用品种浙农1号，成为生产上推广量最大的当家蚕品种，10多年间发种量累计达一千数百万盒，该成果1979年获浙江省科技成果推广一等奖，1981年获国家科委、国家农委重大科技成果推广奖。主编教材有《家蚕良种繁育学》、《家蚕良种繁育与育种学》，编写的教学参考书有《蚕体生理学》、《蚕种学》、《家蚕育种学》、《家蚕遗传育种学》。此外，还担任了《中国农业百科全书》蚕业卷、《中国大百科全书》农业卷蚕业分支的主编。陆星垣十分关心浙江蚕业生产的发展。为解决浙江蚕种缺乏的难题，发起创办了原蚕区；为降低蚕农劳动强度、省工、省叶，积极推广小蚕防干纸育养蚕法；为提高蚕种孵化率和解决白死卵问题，提出了蚕种春繁秋用，秋繁春用，延长人工越夏时间等技术措施。陆星垣在蚕的良种繁育，培养优良蚕品种，遗传和育种理论研究，以及培养蚕业高级科技人才等方面成果累累，为发展我国蚕丝事业做出了重大贡献。

一、立志科学救国

陆星垣1905年12月26日出生于江苏省江阴县一个知识分子的家庭。父亲是一位富有正义感，颇具声望的中学校长，母亲操持家务为人和善慈祥。陆星垣没有兄弟，只有一位文静的姐姐，他自幼聪慧、胆大心细，博得全家人的喜爱，故乳名"巧哥"。1917~1923年就读于南菁中学时，因学习成绩优异，连年获得减免学杂费的奖励。当时受"五四"爱国运动的影响，他率先在南菁中学提出抵制日货，并组织同学到茶馆、街头讲演，揭露帝国主义侵略者的滔天罪行，受到同学们的爱戴，被推选为学生会会长。中学毕业，因成绩出众，学校拟保送他去金陵大学攻读棉作专业，希望他毕业后能回校任教。由于金陵大学是教会学校，陆星垣婉辞了校长的好意，考入国立东南大学（后改为中央大学）农科。其间，帝国主义制造了震惊中外的"五卅惨案"，他又积极投入反帝斗争，曾到南京英商怡和洋行开设的工厂发动工人罢工。同年暑假，东南大学农科主任邹秉文组织包括陆星垣在内的农垦调查团，参加唐启宇教授领导的农业经济组，对黄河河套一带进行调查。陆星垣进行认真考察，并对当时应如何发展中国西北农业经济提出了不少建设性意见。1927年，北伐战争逼近南京，东南大学被迫停课，他先后去中国合众蚕桑改良会南京蚕种场养蚕，学习蚕种繁育技术；去镇江蚕种场进行春蚕种母蛾检查，并养秋蚕，生产一代杂种，实习冷藏浸酸等。通过这一年紧张的工作，基本掌握了养蚕制种整套知识和技能，对他以后从事蚕业教育和科学研究，奠定了良好的基础。1928年7月，他中央大学蚕桑系毕业，受聘担任浙江大学农学院蚕桑系助教，受到蚕桑系主任、蚕业教育家葛敬中的赏识，翌年即推荐他担任中国合众蚕桑改良会镇江女子蚕业学校教务主任，中国合众蚕桑改良会所属蚕种场的技师、总技师、场长等职。抗日战争爆发后，江、浙等地相继沦陷，华东蚕业受到严重摧残。1937年11月他辗转去西南内地，历任四川蚕丝试验场技师、云南大学蚕桑科讲师、副教授、教授等职。可是，旧中国的云南大学，不仅缺少开展蚕业科研工作的基本仪器、设备和参考资料，甚至连一间像样的蚕室也没有。他认为中国落后、贫困长期受帝国主义欺侮的原因，是科学技术落后，决心出国深造，学习西方的先进科学技术，报效祖国、造福人民。1945年中华农学会选拔公费留美学生，他被录取进入美国艾奥瓦州立大学农工学院，在研究生院攻读遗传育种。经过三年半的刻苦学习先后取得了农学硕士和哲学博士学位，因研究出色，受到了导师的青睐，安排他在州立农业试验场继续从事遗传育种研究工作。在美国，虽然实验设备完善，生活待遇优厚，为许多科学工作者所向往，但陆星垣日夜思念的是祖国蚕桑事业的发展。1949年，他从电台广播和国内亲友的书信中得知祖国大部省、区已经解放，便决心回国效力。当他收到浙江大学竺可桢校长的聘书时，真是高兴万分，更加归心如箭。一天他从报纸上看到"戈登将军号"轮船将前往上海撤回美国侨民，去程可搭载旅客，可是美国政府只同意卖给中国留学生到香港的船票，他设法购得了船票。船抵香港时，广州尚未解放，需绕道天津再到杭州。在香港等船时，巧遇中央大学同学尹良莹，时任台湾中国蚕丝公司经理，邀陆星垣去台湾任副经理，他毅然谢绝了尹的邀请。后来经香港一个进步组织的帮助，搞到了一张从香港开往天津的船票。几经周折，终于在1949年11月到达了杭州。后来他每每谈及此事，庆幸自己毅然回归祖国，深有感慨地说："那时我选择了一条光明大道，非常正确，否则，一步走差将成千古遗恨"，热爱祖国之情溢于言表。

二、中国原蚕饲育区的倡导者

陆星垣回国后，即任浙江大学农学院蚕桑系教授。1950～1953年12月兼任浙江省农林厅蚕业改进所蚕桑试验场业务副场长。当时浙江正大力发展蚕桑生产，但因蚕种场少、设备差、蚕种生产远远不能满足蚕农的需要，为此，必须从云南省蚕种场调入，而云南来的蚕种在浙江往往孵化不齐，蚕农不愿购买，严重影响了浙江的蚕业生产。陆星垣经反复研究，终于发现孵化不齐的原因，是当时交通不便，云南到浙江杭州，必须经香港到上海，再到杭州，运输路程长，接触高温时间过久，蚕种解除滞育慢所致。他抓住了问题的本质，及时建议生产部门延长蚕种冷藏日期，保证了蚕种的正常孵化，提高了孵化率，解决了当时生产上的难题。浙江是全国蚕桑重点产区，蚕种需求量很大，但当时蚕种场既少又小、生产能力不足，靠云南供应，劳民伤财，不是解决问题的根本办法，浙江必须自力更生。为此，1950年他和朱新予教授研究，联合提出利用农村的桑园和养蚕设备办原蚕饲育区，由蚕农利用现有设备和桑田饲养原蚕，国家收购种茧生产蚕种的大胆设想。又会同当时浙江省蚕业改进所所长徐恭慧、副所长郭颂铭、省农林厅蚕种科长陈慕林以及蚕种场技术主任徐淡人等，赴德清、湖州、南浔等农村实地考察。经反复论证，选定蚕桑生产基础较好的德清县新市区水北乡作为原蚕饲育区试点，并组织技术力量加强指导，在大家的共同努力下，终于获得了成功。从此，我国第一个原蚕饲育区建立起来了。

全国第一个原蚕饲育区建成以后，获得了明显的经济效果，有了这一成功经验，为进一步解决缺种困难，又与郭颂铭、陈慕林赶赴嵊县、诸暨等地农村考察，在嵊县的东乡和北乡，各办了一个原蚕饲育区。经过陆星垣等多方奔走，献计献策，在短期内就解决了浙江蚕种紧缺的大问题，并为国家节约了大量建设蚕种场的资金。以后，四川、广东、江苏等地参考浙江的做法，也先后办起了原蚕饲育区。对安全繁育优良蚕品种，他还向省蚕种生产管理部门提出"要统一规划、统一质量管理、合理布局、控制蚕病"等建议，对促进浙江乃至全国蚕桑生产的发展发挥了很大作用。

三、浙农1号夏秋蚕专用品种的育成者

陆星垣在学术问题上始终尊重客观事实，坚持实事求是的科学态度，对于违反

科学的事从不盲从和随声附和。20世纪50年代初,在全面学习苏联经验时,农村养蚕也推广苏联的"多回、薄饲、高温感光、快速养蚕法"。陆星垣认为这种费时、费力、费桑叶的技术不应推广,他根据自己在云南永胜蚕业指导所试验的小蚕箱饲育原理,提出改用"高温、多湿、密饲、省力养蚕法",并亲自到杭州市郊的新塘乡农村搞试验,进行技术指导、示范推广,蚕农们很快地掌握了这一方法,它对减少蚕农的劳动强度、节省时间、提高桑叶的利用率、提高蚕茧产量,都起到了积极作用。

1958年"大跃进"运动中,许多地方滥发蚕种;桑树只采不养,树上片叶不留,造成桑树早衰、严重减产、缺叶;连续养蚕,消毒不彻底,导致蚕病大量发生,甚至成批死亡,使蚕农和国家受到严重损失。陆星垣对此非常痛心,向有关方面提出了养蚕夺高产的三点建议:第一,养蚕环境要彻底消毒,杜绝病源;第二,要让蚕吃足桑叶;第三,对桑树要采养结合,保持树势,才能连年保丰收,并尖锐地指出,这种片叶不留的做法是"杀鸡取蛋",危害极大。当时,还有人提出:"蚕吃百样草,无叶保丰收"的错误口号,他逐一进行说理批评。有人批评他"保守"、"右倾",让他到萧山戴村公社几个生产队去总结包心菜养蚕创高产的经验。但他满眼看到的却是桑树衰败无叶,形同枯柴,成批的蚕因极度饥饿,在蚕匾内到处乱爬,根本不吃包心菜叶。他坚持真理、尊重事实,据实向当时浙江省农业厅厅长张敬堂汇报,并积极地提出"桑树要采养结合,要分批养蚕,严格消毒,预防蚕病,争取丰收"的建议,得到了农业厅领导的重视和支持,终于纠正了农村蚕桑生产上的浮夸风。为了解决当时夏秋蚕品种306经常大量发生白死卵的问题,他又立即与助手们一起,对该品种卵的越冬时间长短与白死卵发生的关系等进行分析研究,提出了"春繁秋用,秋繁春用,缩短卵期,延长秋制种人工越夏时间,防止过早解除滞育"等对策。当时,丝绸出口是我国主要的创汇产业,对支援国家社会主义建设非常重要,但由于中国蚕茧主产区,夏秋季高温多湿,蚕易发病,且蚕茧质量差,不能缫高级丝,一年中主要靠养春蚕缫丝织绸。而这时生产上用的夏秋蚕种只有产量不高,且经常发生白死卵的306,为了解决这一难题,陆星垣与助手们一起,对该品种卵的越冬时间长短与白死卵发生的关系进行分析研究,提出了蚕种"春繁秋用"和"秋繁春用",缩短卵期,延长秋制种人工越夏时间,防止蚕种过早解除滞首等对策;同时加紧新品种选育工作,与浙江省蚕桑研究所合作育成了性状比306好的夏秋蚕新品种603,并使与广东的东34配成功了一代杂交种。20世纪70年代初,这些技术在江苏、浙江大面积推广,对提高蚕茧的产量和质量、增加蚕农的收入,发挥过积极作用。

当时国内没有一个理想的、高产、优质能抗高温多湿恶劣气象条件的夏秋蚕专用蚕品种，这始终使陆星垣寝食难安。"文化大革命"中，陆星垣虽受到不公正的对待，但他仍然关心浙江的蚕桑生产，他刚从被"审查"的逆境中走出来，就立即开展工作，收集整理育种原始材料。为了早日培养出能抗高温多湿的夏秋蚕新品种，使广大蚕区大片桑园的夏秋叶都能变成优质蚕茧，他将育种室设置成高温多湿（30℃，相对湿度90%）环境进行定向培育。亲自参加蚕室的饲养工作，观察蚕的生活习性，记载蚕生长发育情况，及时发现问题、分析研究解决办法，经过连续3年共11代的精心选育，终于育成了耐高温多湿、强壮好养、高产优质的夏秋蚕新品种浙农1号，再经配对比较试验，获得了远比当时生产上的当家品种东34×603和东34×苏12优越的浙农1号×苏12杂交组合，1976年获准推广。为了考察该杂交种在农村生产条件下的表现，陆星垣又亲自到余杭、嘉兴、嵊县等地十多个生产队，向蚕农了解该杂交种的饲养表现，并进行实地技术指导。因该杂交种具有孵化齐、眠起齐、上蔟齐、强健好养、蚕茧高产、优质等特点，深受蚕农和丝厂的欢迎，很快在全省大面积推广，成为浙江省20世纪70年代后半期和80年代夏秋蚕期的当家品种。每年发种量达100多万盒，占全省夏秋蚕期总发种量的90%以上。推广浙农1号×苏12后，在同等的饲养条件下，每盒蚕种约可增收20元，100多万盒蚕种，可增收2000余万元。1976年推广至1990年，已累计为国家创收2亿多元。此项成果获得浙江省1979年科技成果奖三等奖；1982年获得农业部科技成果推广奖一等奖；1983年获国家科委、国家农委重大科技成果推广奖。

四、治学严谨的蚕业教育家

陆星垣从事教育工作60余年，他教书育人，言传身教，对教学工作认真负责，经常向学生介绍自己早年参加反帝斗争和从海外回到新中国的经历，进行爱国主义和理想教育，鼓励学生刻苦学习，奋发图强，为祖国"四化"贡献力量。他要求学生学好基础课，强调自学和独立思考，激励学生要有后人超前人的勇气。他重视理论与实践结合，主张加强实验、实习，重视实践操作，让学生切实掌握好栽桑、养蚕、良种繁育与蚕品种选育技术的各个环节，要求学生勤观察、多思考，提高独立地分析问题、解决问题的能力。他还经常带领学生到生产现场讲解，使学生"听、看、练、想"相结合，获得了良好的教学效果。他是新中国第一位蚕桑学硕士研究生和博士研究生导师，20世纪60年代起，他把主要精力放在培养硕士研究生上，为国家输送蚕业方面的高级科技人才。80年代末，他开始招收蚕桑学博士研究生。

他十分重视研究生的基础知识和外语水平，要求他们能熟练地运用两门外语；引导学生在打好基础的同时，逐步熟悉各方面的专题研究材料，要求他们加强专业锻炼，学会收集、查阅、鉴别、整理资料，掌握科学研究的基本功。要求研究生制订出详细的研究计划，通过系统深入的试验研究，然后撰写学位论文。尽管他年事已高，但对研究生的教育和科研工作，仍是一丝不苟，必亲自具体安排，悉心指导。对研究生的学位论文，总是认真审阅，字斟句酌，慎重修改。1985年他在上海住院治病期间，一位研究生的学位论文，他审阅了初稿，二稿由他的助手审阅。这位助手由于当时忙于本科生的教学和生产实习，未仔细推敲就同意打印。陆星垣回校后，发现论文在文献应用与排列上不够规范，个别问题分析欠妥。答辩委员会的评语虽然尚好，但他还是从头至尾地对论文作了认真审阅、修改，并重新打印，寄给论文评阅人和各答辩委员。他对学生的思想品德，同样从严要求，不讲情面。有两个研究生假期回家，向公家报销了不该报销的差旅费，他发觉后，立即找他们谈心，耐心、严肃地进行了批评，使这两位研究生心服口服地向原单位退回了多报的费用。科学发展到近代，学科之间日益互相渗透，对培养研究生，尤其是博士研究生，有较大的难度。首先是师资队伍出现青黄不接的现象，想开的课程无法开出。其次，缺少必要的先进仪器和测试手段，使许多实验无法进行。为此，陆星垣从选拔学生、开设课程、看参考书、选择课题，到开展学位论文研究工作等各个环节，都制订详细计划，并与有关人员慎重研究后，才确定方案。为了给博士生创造必要的科研条件，他到处联系，落实措施，确保博士论文研究工作的顺利完成。截至1990年，他已培养硕士、博士15名。陆星垣在60多年的治学生涯中，积累了丰富的教学、科研和生产方面的经验，先后主编出版了高等农林院校教材和教学参考书《蚕体生理学》、《蚕种学》、《家蚕良种繁育学》、《家蚕育种学》、《家蚕遗传育种学》、《家蚕良种繁育与育种学》、《家蚕良种繁育与育种学》；主编了《中国农业百科全书·蚕业卷》、《中国大百科全书·农业卷·蚕业分支》等。另外，与吴载德、郑蕙合译出版了米哈依洛夫著的《养蚕学》，与蒋猷龙、丘涌懋合译出版了谢尔柏科夫著的《蚕种生产技术》；发表了30多篇科学研究论文。这些著作和论文的出版，大大地丰富了中国蚕业科学技术宝库，繁荣了学术，有力地促进了蚕业生产的发展。

为发展祖国的蚕桑生产，陆星垣总是不辞劳苦，不遗余力。1963年，已年近花甲，仍愉快接受新疆建设兵团司令时任农垦部长王震的邀请，担任赴新疆蚕业考察团团长，千里迢迢前往新疆，马不停蹄地考察了乌鲁木齐、石河子、奎屯、伊宁、阿克苏等地，和其他专家教授一起，为新疆蚕业发展研究规划、提出实施规划的注意事项和建议，为新疆蚕业的开拓和发展打下了基础。

跨入耄耋之年以后，对蚕桑事业和培养国家技术力量的责任感丝毫不减。他除经常到蚕区解决生产疑难问题，出席各种学术会议，到一些科研单位从事指导工作外，还热心于学会工作，长期担任浙江省蚕桑学会理事长，中国蚕学会副理事长、理事长、名誉理事长。在工作上或学术上，与其他同志意见相左时，他总是以大局为重，求同存异，团结与自己意见不同的同志一道工作。他谦虚谨慎、平易近人，对向他求教的人，都热情接待，真诚帮助，给人留下极深刻的印象。因此，深得全国蚕业科技工作者的爱戴。陆星垣曾被推选为第三、四、五、六届全国人大代表。他是民盟中央委员，在晚年又参加了中国共产党，是一位对祖国、对党、对蚕桑事业无限忠诚、忘我工作的科学家。他病重时还对助手们说："我不想图什么，只想争取时间，再多为国家培养一些人才，为祖国的'四化'多做一些贡献"。这充分体现了一位老教授、老科学家热爱祖国，献身科学、教育事业的高尚品德。1991年3月24日，陆星垣教授因病医治无效，逝世于浙江省杭州市，终年86岁。

五、陆星垣主要论著

陆星垣. 1934. 蚕体生理学. 上海：商务印书馆.

陆星垣. 1935. 蚕种学. 上海：商务印书馆.

陆星垣. 1947. 影响乳牛怀胎长短的因素. 美国艾奥瓦州大学（Iowa State College）农工学院硕士论文.

Lu S Y. 1951. Early testing as a means of evaluating F_1 heterosis between inbred lines of drosophila melanogaster. Iowa State College J Sci，(25).

陆星垣. 1956. 蚕蛾一雌交多雄的生殖生理. 蚕丝通报，(2)：27-28.

陆星垣. 1956. 在农村条件下稚蚕防干纸育和薄饲多回育的比较试验. 浙江农学院学报，1(2)：281-288.

陆星垣，郑蘅，吴梦笙，合译. 1957. 养蚕学. 北京：财经出版社.

陆星垣，蒋猷龙，丘懋涌，合译. 1958. 蚕种生产技术. 上海：上海科学技术出版社.

陆星垣主编. 1961. 家蚕良种繁育学. 北京：农业出版社.

陆星垣. 1961. 从家蚕育种讨论定向培养问题. 1961遗传学讨论集. 上海：上海科学技术出版社.

陆星垣，李大楠，杨明观. 1963. 家蚕茧层量、茧长阔率的遗传率估计. 蚕业科学，1(3)：156-158.

陆星垣. 1964. 家蚕育种学. 上海：上海科学技术出版社.

陆星垣. 1977. 夏秋蚕品种浙农1号的育成和鉴定过程. 蚕桑通报，(4)：12-18.

陆星垣，杨明观. 1979. 关于家蚕的斑纹自然突变体黑色斑遗传. 遗传学报，(1)：82.

陆星垣. 1979. 家蚕夏秋蚕品种浙农1号育成的技术分析. 蚕业科学，5(4)：193-197.

中国农业科学院蚕业研究所主编. 1981. 家蚕遗传育种学（共20章，陆星垣执笔6章）. 北京：科学出版社.

陆星垣，杨明观. 1981. 家蚕数量性状遗传规律研究 I. 数量性状的部分性连锁遗传及其理论值估算方法的商讨. 浙江农业大学学报，7(1)：27-39.

浙江农业大学主编. 1982. 家蚕良种繁育与育种学. 北京：农业出版社.

中国农业百科全书总编辑委员会编. 1987. 中国农业百科全书·蚕业卷. 北京：农业出版社.

中国大百科全书总编辑委员会《农业》编辑委员会中国大百科全书出版社编辑部编. 1990. 中国大百科全书·农业卷·蚕业分支. 北京：中国大百科全书出版社.

主要参考文献

徐俊良. 1990. 陆星垣//中国大百科全书总编辑委员会《农业》编辑委员会中国大百科全书出版社编辑部编. 中国大百科全书·农业卷. 北京：中国大百科全书出版社：597.

徐俊良，金承焕. 1993. 陆星垣//中国科学技术协会编. 中国科学技术专家传略·农学编·养殖卷1. 北京：中国科技出版社：233-244.

徐俊良. 1994. 陆星垣//谢恩光. 浙江教育名人. 杭州：浙江教育出版社：735-736.

徐俊良. 2002. 陆星垣// 石元春主编. 20世纪中国学术大典·农业科学. 福州：福建教育出版社：570-571.

蒋猷龙. 2004. 陆星垣//《浙江省蚕桑志》编纂委员会编. 浙江省蚕桑志. 杭州：浙江大学出版社：312-313.

撰写者

徐俊良（1933～），原浙江农业大学蚕学系教授、博士生导师，陆星垣教授的学生。

20 世纪中国农学大事记

中国近代农业科学研究和农业教育始于 19 世纪末的清朝晚期。1895 年孙中山发表《创立农学会征求同志书》,1896 年罗振玉等在上海成立上海农务会;1897 年上海农务会创办了我国第一份农业学术刊物《农学报》;1898 年我国第一家农业科研机构上海育蚕试验场建立;1898 年我国最早的农业学校浙江蚕学馆和湖北农务学堂分别开办;19 世纪末开始从国外引进动植物良种和农业机具,并将西方的农业科技著作译成中文出版。所有这一切,为中国 20 世纪农业科技发展奠定了基础。

1900
- 罗振玉撰写的《农事私议》出版发行,大力提倡引进国外农业科技改良农业。
- 台湾建立台北农会,继而在台湾各地建立了农会分支机构,从事农业推广工作。

1901
- 南京创办江南蚕桑学堂,下设教习部、试验部、事务部。
- 山西在太原创办山西农林学堂,下设农、林两科。
- 湖南巡抚赵尔巽在长沙创办农务试验场。

1902
- 清廷批准在保定创办直隶农事试验场和直隶农务学堂。
- 张林楷在四川合川创办四川蚕桑公社,开展蚕桑研究,指导农家栽桑养蚕。
- 华侨曾汪源父子从马来西亚引进第一批橡胶树苗,在海南岛试栽成功。

1903
- 山东农事试验场创办于济南,从事栽培、作物育种和土壤肥料研究。
- 山西农事试验场创办于太原,从事旱地和园地试验研究。
- 台湾在台北建立中央农业研究所,继而在台湾各地设立分所。
- 安徽芜湖农务局从日本引进水稻品种'女郎'试种。

1904
- 清廷批准在河北保定成立北洋马医学堂,1907 年改为陆军马医学堂,这是中国最早成立的兽医学校。
- 山东在济南创办林业试验场,从事林木培育、防虫等试验研究。
- 陕西高祖宪、郑尚真等创建"牧羊公社",购入美利奴绵羊,以改良本地绵羊。
- 中国开始从国外引入和试用化学肥料。

1905
- 清廷明令废科举，兴办学堂后，京师大学堂兴建农科大学堂，这是中国最早的农科大学，是中国农业大学的前身。
- 清廷专门选派30名学生赴日本进修农业科学技术，这批留日学生日后成为有建树的农学家。
- 清廷陆军部军牧司的察哈尔两翼牧场从欧洲引进优良种马和养马技术，建立了模范马群，为中国近代畜种改良的开端。

1906
- 清廷农工商部在北京西直门外设立中央农事试验场，刘春霖任场长，场内设农林、蚕桑、肥料、动物、博物等科。
- 东北奉天农事试验场成立，初期聘用一位日本人为场师。1908年陈振先（首位农科留美学者）任场长。
- 赵尔巽在天津创办农事试验场，聘日本人为场师。

1907
- 清廷农工商部颁布《农会章程》，要求各地农会调查土宜物产、条陈农务事宜、发行农学刊物、交换发售良种、举办演讲展览等，以促进农业推广。
- 1907~1908年，奉天农事试验场从国外引进麦类、玉米、豆类、牧草等良种，进行试种推广。

1908
- 南京创办江南农业试验场，从事谷物、大豆、麻类、烟草试验研究。
- 东北奉天创办森林学堂，实施林业教育，以兴林政。
- 吉林创办九站农事试验场。

1909
- 清廷农工商部为振兴林业提出要求：调查各省宜林地和天然林情况，搜集各国发展林业的资料，派人赴日本考察造林情况。
- 清廷派孙子文赴日本考察水产讲习所、试验场和制造场等，为筹办水产学校做准备。
- 据清学部总务司统计，宣统元年（1909年）全国有高等农业院校5所，在校学生530人；中等农业学堂31所，在校学生3226人。
- 广东农事试验场创办于广州。

1910
- 直隶水产讲习所创办于天津。1929年改名为河北省水产专科学校。
- 由南洋第一劝业会研究会发起，成立了"全国农务联合会"，其宗旨为：联络全国农业机构，调查农业状况，劝导农业改良。
- 吴宗濂撰写的《桉谱》出版发行，该书论述了桉树产地、栽植历史、生长特征、栽植技术和用途等。

1911
- 清廷在察哈尔创办两翼牧群学堂，并设置实习牧场，饲养优良种马。

- 上海求新机器制造厂研制出农田灌溉离心激水机（水泵）。

1912
- 北洋政府农林部在北京设立林艺试验场，后改为北平模范林场。
- 浙江省设立嘉兴治虫局，为中国最早的专业植保机构。
- 江苏省水产学校创立，张公镠任校长。

1913
- 北洋政府农林部改为农商部，将张家口垦牧场改为农商部第一种畜试验场，进行畜种改良。
- 北洋政府教育部颁布《大学规程》，规定农科大学分农学、农艺化学、林学和兽医等，修业年限3~4年（本科）。

1914
- 北洋政府农商部颁布《森林法》，这是中国第一部森林法。1915年又相继颁布《森林法实施细则》和《造林奖励条例》。
- 金陵大学成立农科。1916年农科与林科合并为农林科，1928年改名为金陵大学农学院。
- 金陵大学农科开始小麦改良研究，后经多年选育，培育出小麦良种金大26号。
- 穆藕初在上海创办植棉试验场。

1915
- 中国第一所高等水利工程学校——南京河海工程专门学校建立，许肇南任校长，李仪祉任教务长。
- 北洋政府农商部在北京西山创办第二种畜试验场，在安徽凤阳创办第三种畜试验场。
- 北洋政府聘任美国专家周伯逊为顾问，指导棉花试验，先后在直隶正定、江苏南通、湖北武昌设第一、二、三棉业试验场。
- 北洋政府农商部在山东长清县创办林业试验场。
- 赵楣在浙江临海创办浙江甲种水产学校，设渔捞、制造两科。

1916
- 北洋政府农商部创办林务研究所，进行树种育苗、造林、林产制造、林业经济等研究。
- 北洋政府农商部在彰德设立中央直属模范棉场，后改为第一植棉场。
- 章祖纯发表《北京附近发生最盛之植物病害调查报告》，为中国实地调查植物病害的开端。

1917
- 由王舜臣、陈嵘、过探先、陆水范等发起的中华农学会在上海成立，推选陈嵘为会长。
- 中华森林会在南京成立，由凌道扬等主持会务。1928年改为中华林学会，推选姚传法为理事长。

- 聂云台等在上海创办中华植棉改良社，郁屏翰任社长。
- 中国合众蚕业改良会在上海成立。该会倡导并推广使用第一代杂交改良蚕种。
- 陈葆刚等在烟台创办中国第一个水产试验场。

1918
- 广州万国蚕丝改良会利用当地蚕种与引进蚕种杂交，选育出一代杂交种碧交种，在生产中推广应用。
- 南洋兄弟烟草公司从美国引进烟种，在山东、安徽、河南等地推广种植。
- 鲁农撰写的《马匹人工授精技术》，首次在中国介绍动物人工授精技术。

1919
- 过探先应华商纱厂之聘，主持棉产改良工作，后育成江阴白籽棉等品种。
- 1919~1924年，南京高等师范农科（后改为东南大学农科）金善宝等选育出南京赤壳和武近无芒等小麦品种。
- 1919~1924年，原颂周在南京高等师范农科主持水稻育种，育成改良江宁洋籼和改良东莞白水稻品种。

1920
- 东南大学在南汇县成立棉虫研究所，由张巨伯主持工作。
- 金陵大学聘请美籍专家郭仁凤组建棉作改良部。经几年研究，培育出百万华棉品种，在长江下游地区推广。

1921
- 东南大学农科创办园艺系，这是中国最早建立的大学园艺系。
- 江苏南通甲种农校经多年研究，培育成南通鸡脚棉棉花良种。
- 江苏女子蚕桑学校培育成一代杂交种蚕，在吴江、无锡等地推广。
- 我国第一份林学刊物《森林》由中华森林会创刊。

1922
- 东南大学成立棉作改良推广委员会，聘请美国棉花专家柯克作指导。后陆续培育成青茎鸡脚棉、小白花棉等棉花良种。
- 江苏通泰棉垦公司、上海银团、东南大学等联合建立江苏昆虫局，聘吴伟士为局长，开展棉虫、螟虫、桑虫等防治研究。
- 东南大学农科和金陵大学农学院研制出中耕器、棉花播种机、新式犁等农机具。

1923
- 东南大学赵连芳主持水稻育种研究，后育成水稻良种帽子头在生产中推广。
- 江苏省育蚕试验所和江苏女子蚕桑学校进行的蚕种浸酸试验人工孵化秋蚕种，获得成功。
- 吴觉农发表《茶叶原产地考》一文，指出中国是茶叶的故乡。
- 钱崇澍、邹秉文、胡先骕等为农科高等院校编写出第一部《高等植物学》

教材。

1924
- 金陵大学王绶等通过纯系选择，培育出金大 332 大豆品种，在长江流域推广种植。
- 北平中央防疫处研制出马鼻疽诊断液和狂犬病疫苗。
- 章守玉编著的《花卉园艺学》出版发行，为中国近代最早的花卉专著。

1925
- 金陵大学农科小麦育种研究获得优良单株。在沈宗瀚主持下，经多年试验后培育出金大 2905 小麦良种。
- 邓植仪在《农村》创刊号上发表《论砂与泥之性状及土壤分类法》一文，为中国应用现代土壤学进行土壤分类的首篇文章。
- 周桢赴德国撒克逊邦林学院学习，为中国留学攻读森林经理学第一人。

1926
- 中山大学农学院丁颖在沼泽地发现野生稻，将之与农家品种竹粘杂交，获得成功。后经多年培育，育成中山一号水稻良种。
- 金陵大学农学院水稻育种取得成效，从水稻农家品种中选出 1945 个优良单穗。后从中选育出金大 1386 号水稻品种。
- 四川省刘载镛开办俊泽兄弟养蜂场，附设养蜂学校，为中国最早的养蜂专业学校。

1927
- 广西实业院成立，主要从事农林、工矿技术研究。
- 中国合众蚕桑改良会所属的镇江蚕种场，开始大量制造和推广人工孵化秋蚕种。

1928
- 张巨伯、吴福祯、柳支英等发起，在南京成立"六足学会"（又称中国昆虫学会），初期有会员 20 多人。
- 王启虞发现土蜂能寄生于金龟子幼虫体上，控制金龟子为害，提出了以虫治虫新方法。
- 《中国养鸡杂志》出版发行，为中国近代第一份畜牧专业杂志。
- 湖北在武昌设立第一棉花试验场，以推动棉花种植业发展。

1929
- 国民政府农矿部、内政部、教育部联合颁布《农业推广规程》。同时，农矿部成立中央农业推广委员会，指导和督促农业推广工作。
- 邹秉文、戴芳澜等发起，在南京成立植物病理学会。
- 金陵大学在全国 22 个省进行土壤利用调查，获得土地利用的统计数据。

1930
- 国民政府实业部青岛商品检验局设立血清制造所，为中国第一个兽医生物药品研制机构。
- 中国园艺学会成立。1934 年出版了《中国园艺学会会报》。

- 南京中央地质调查所成立土壤研究室，为中国建立土壤研究机构开端。
- 李仪祉在陕西主持引泾灌溉工程，使泾阳、三原、高陵、临潼、礼泉等县受益。
- 浙江大学农学院蒋芸生等开展果树资源调查，查明浙江衢州柑橘有4类14种。

1931
- 河北正定棉业试验所建立，其前身为农商部第一棉业试验场。
- 燕京大学开始高粱育种研究，后经多年努力，培育出燕京129号高粱品种。
- 美国作物育种学家洛夫就任国民政府实业部顾问和江浙两省作物改良总技师，将生物统计分析方法与田间试验技术引入中国。
- 四川省设立中心农事试验场，湖南省在长沙设立棉作试验场，广东设立甘蔗试验场。

1932
- 国民政府实业部在南京建立中央农业试验所，在上海设立第一血清制造所。
- 中央大学农学院金善宝引进意大利小麦良种明他那（Mentana）。后经系统选育，培育出中大2419小麦良种，1949年后改名为南大2419。
- 中央农业试验所聘请美国专家洛夫为总技师，在其指导下，进行棉花区域试验。
- 黄文沛主持对福建沿海17个县进行渔业调查，为中国较早的一次渔业调查，积累了宝贵的资料。
- 1932~1936年，中央农业试验所沈骊英等用引进的意大利小麦品种与金大2905杂交，培育出中农28号等小麦品种。

1933
- 国民政府行政院农业复兴委员会邀请邹秉文等19位专家，制定"全国农业计划"。该计划1934年以《中国农业之改进》一书出版发行。
- 国民政府实业部在南京建立中央种畜场。
- 新疆伊犁种羊场聘请苏联专家指导人工授精，为中国家畜人工授精最早的试验示范。
- 丁颖发表《广东野生稻及由野生稻育成的新种》一文，论证了中国是栽培稻种的原产地。
- 张心一撰写的《中国农业概况》出版发行，以翔实数据和图表反映出全国25个省的农业状况。

1934
- 国民政府全国经济委员会在南京建立中央棉产改进所，在甘肃建立西北种畜改良场。1935年又在南京建立全国稻麦改进所。
- 国民政府财政部成立烟草改良委员会，在许昌设立烟种繁殖场。
- 国民政府实业部成立兽医检疫所，程绍迥任主任，对进口畜禽实行检疫。
- 孙云沛、吴振钟用棉油、石碱、肥皂等制成混合药剂，防治棉花蚜虫效果显著。
- 章文才在《中国园艺学会会刊》上发表了中国第一篇有关乙烯处理柑橘的学术论文。
- 据中央农业实验所统计，中国已有农业科研机构691个，其中国立52个，省立356个，县立174个，其他109个。

1935
- 全国稻麦改进所周拾禄制定一套水稻品种鉴定方法，在江苏、安徽、江西、湖南以及西南一些省推广应用。
- 侯光炯、马溶之进行了南昌地区潜育性红土壤水稻土肥力初步研究，提出中国水稻土的初步分类。
- 郑辟疆创办江苏省立制丝专科学校（后改为江苏省立蚕丝专科学校），并兼任校长。
- 上海商品检疫局与中央农业实验所合办上海兽医防治所。当年上海地区发生口蹄疫，由于上海兽医防治所查明病原，及时注射口蹄疫血清，使病情得到控制。
- 沙玉清编著的《农田水利学》、陈植编著的《造园学概论》、唐燿编著的《中国木材学》由商务印书馆出版发行，分别为中国近代第一部农田水利专著、造园学专著、木材学专著。
- 顾青虹在国内首先发表《桑树品种之研究》一文，开创了中国桑树品种资源的征集、整理工作。

1936
- 丁颖利用印度野生稻与广东农家水稻品种银粘杂交，培育出巨型大穗水稻品系千粒穗，轰动了东南亚稻作学界。
- 江西农业院（江西农业科学院的前身）育成水稻品种南昌特别一号。后推广到广东地区，广东农民从中选育出矮脚南特水稻良种。
- 四川农业改进所开始进行玉米杂交育种研究。后经多年努力，培育出玉米双交种452、458、404、411等品种。
- 中山大学彭家元分离出一种能分解纤维质的细菌，命名为"元平菌"，可促进堆肥腐熟。
- 中国畜牧兽医学会在南京成立，蔡无忌当选为理事长。

- 沈其益编著的《中国棉作病害》、吴耕民编著的《蔬菜园艺学》出版发行，分别为中国近代最早出版的棉花病害专著、蔬菜园艺学专著。

1937
- 中央农业试验所建成中国第一个半机械化猪瘟血清制造厂。
- 河南大学王鸣岐开展枣疯病研究，发现枣疯病病原体可以通过嫁接传毒，并研究出砍除病株以保护健康株的措施。
- 四川省家畜保育所试制出猪丹毒疫苗，在温江、南充、成都等地试验示范，取得良好效果。
- 吴耕民在浙江黄岩创办浙江园艺改良场并任场长。
- 1937~1938年，四川大学农学院杨开渠陆续发表《再生稻研究初报》和《再生稻研究续报》，成为再生稻研究的奠基人。

1938
- 国民政府在汉口设立直属行政院的生产促进委员会，统筹后方的农业推广工作。
- 中央农业实验所孙云沛研制成功砒酸钙，用以防治棉花大卷叶虫。
- 钱浩芦利用四川铸铜与竹材研制成竹质喷雾器，降低了成本，定名为"七七喷雾器"。
- 黄昌贤在美国攻读博士学位时，应用植物激素首次培育出无籽西瓜，轰动美国。

1939
- 国民政府行政院批准在兰州建立西北技艺专科学校。后改为西北农业专科学校。
- 中国共产党在延安建立了自然科学研究院。初建时为研究机构，次年改为教学机构，设有农科。
- 陕甘宁边区政府建设厅在延安创建了陕甘宁边区农业试验场和陕甘宁边区农业学校。
- 郑肇经编写的《中国水利史》出版发行，为中国近代有名的水利史专著。

1940
- 乐天宇、李世俊、陈凌风、方悴农等发起，在延安成立了中国农学会，乐天宇任主任委员。
- 中央农业实验所孙本忠经多年的研究，选育出黄皮蚕种中农29。以后又育成第二代黄皮蚕种3011。
- 戴松恩从事小麦抗赤霉病研究取得成效，为抗病育种奠定了基础。
- 马闻天研制成功简易干牛瘟疫苗，方法简便，成本低。

1941
- 国民政府农林部在重庆歌乐山成立中央林业实验所，韩安任所长。同时，在广西桂林成立中央畜牧实验所。

- 福建在崇安成立茶叶研究所，吴觉农任所长。
- 毛宗良从事园艺植物分类研究取得成果，确定了榨菜为茎用芥菜的一个变种。
- 广西农林试验场黄瑞纶发现了毛鱼藤的杀虫作用。
- 1941~1942年，林孔湘在广东、福建、江西三省20多个县进行柑橘病害调查，在福建的几个果园发现柑橘黄枯病（后称黄龙病）。

1942
- 西北农学院赵洪璋开始小麦育种研究。利用系谱法结合早代测产、混系繁殖等，于1948年育成碧蚂1号等小麦良种，50年代在北方冬麦区大面积推广。
- 朱树屏研究成功"朱氏培养液"，是国际上广泛使用的浮游藻类培养液之一。
- 李庆逵等对《中国之土壤》进行修订、补充，编撰成《中国之土壤概述》，论述了中国土壤种类及其分布。
- 1942~1945年，罗登义进行水果和蔬菜营养成分研究，发现刺梨含有丰富的维生素C，引起国内外学者关注，英国学者李约瑟特别将刺梨称为"登义果"。

1943
- 延安自然科学院乐天宇等在西北干旱地区推广甜菜种植技术和制糖技术。
- 广西农业试验场收集到甘蔗品种资源80种。后经多年研究，选育出多个甘蔗良种。

1944
- 国民政府将农产促进委员会与粮食增产委员会合并，组建农业推广委员会，统筹管理农业推广工作。
- 中央农业实验所药剂制造厂实验室进行DDT农药合成研究。1945年合成DDT，1946年投入生产。

1945
- 中国土壤学会在重庆成立，李连捷任理事长。
- 张乃凤、利查逊、叶和才等发表《17省171个试验点肥料田间试验报告》，为这些地区作物需肥情况提供了依据。
- 20世纪40年代初中期干铎、王战等在四川万县谋道溪（又名磨刀溪）发现新树种，后经胡先骕、郑万钧鉴定，定名为水杉。
- 叶培忠在天水水土保持站通过杂交技术培育成叶氏狼尾草。

1946
- 北京大学农学院蔡旭引进美国小麦品种资源3000多份。其中的早洋麦经数年选育，培育出农大1号等小麦良种。以后又培育出农大183、农大36等小麦良种。

- 盛彤笙在兰州创办中国第一所畜牧兽医学院国立西北兽医学院，并任院长。
- 山东大学农学院设立水产系，为中国第一个大学本科水产系。
- 丁振麟撰写的《野生大豆和栽培大豆的遗传研究》刊登于《美国农艺学会杂志》上，引起国内外学者关注。

1947
- 中央水产试验所在上海成立，林绍文任所长。同时，中央农业经济研究所在南京成立。
- 中央农业实验所由实生苗育成中农14号甘薯良种，适于长江流域栽培。
- 邱式邦采用"六六六"毒饵治蝗，在皖北滁县获得成功。后又首创"六六六"粉剂治蝗技术。

1948
- 中国共产党在东北解放区建立首个兽医科研机构——哈尔滨兽医研究所。
- 中国人民解放军军事管制委员会对山东省立农学院实行接管，任命刘春安为代理院长。
- 马闻天、梁英、潘定华等将上海、北平发生的鸡瘟认定为鸡新城疫病，并提出了防治技术。
- 李曙轩在美国与卡洛斯一起发现萘乙酸甲酯和2,4-D可以防止甘蓝、花椰菜在贮藏期间脱叶和黄化。
- 蒋同庆编著的《蚕体遗传学》出版发行，为中国家蚕遗传育种的奠基之作。

1949
- 5月，华北农业科学研究所在北京成立，陈凤桐任所长。
- 9月，北京农业大学成立。它是由北京大学农学院、清华大学农学院、华北大学农学院、辅仁大学农学系合并而成。首任校务委员会主任为乐天宇。
- 原中央水产实验所由上海迁至青岛，改名为食品工业部水产实验所。后改为黄海水产研究所。
- 陈恩凤编著的《水土保持学概论》出版发行。1951年又编著出版了《中国土壤地理》。这两本书成为高等院校教材。

1950
- 2月24日～3月9日，农业部在北京召开华北农业技术工作会议。
- 4月11～24日，农业部召开首届全国土壤肥料工作会议。
- 5月，林垦部组织森林调查队，在甘肃洮河林区进行森林资源调查。这是全国森林资源调查的开端。
- 8月，农业部召开全国种子会议，提出种子工作方针任务以及开展群众性选种运动和建立良种繁育推广制度。
- 朱弘复、张广学发现棉蚜主要寄生在苦买菜的根部过冬，提出拔除苦买菜和水灌棉田的防治棉蚜措施。
- 中山大学沈鹏飞带队，对海南岛进行了首次森林调查。
- 王栋编著的《牧草学通论》（上、下册）出版发行，为新中国第一部牧草方面的专著。
- 西南农学院在重庆成立。它是由四川省立教育学院农艺系、园艺系、农产制造系，华西大学农艺系等合并而成。

1951
- 2月26日，原中华林学会改名为中国林学会，梁希任理事长。
- 6月，中国人民解放军首次在山西、河北、湖北、安徽等地执行飞机喷洒药剂灭蝗任务，治蝗率达90%以上。
- 12月，在镇江成立华东蚕业研究所。1957年改名为中国农业科学院蚕业研究所。
- 马世骏、陈永林主持的"东亚飞蝗生态生理学理论研究及其在根治蝗害中的意义"，探索出东亚飞蝗一些特性，提出了蝗情预测预报方法和根治蝗害方案。
- 许绶泰研究提出"升汞全血反应"诊断骆驼伊氏锥虫病方法。

1952
- 7月，教育部在北京召开全国农学院院长会议，提出合并一批大学森林系，成立北京林学院、南京林学院和东北林学院。
- 10月，由金陵大学农学院、中央大学农学院、浙江大学农学院部分系科合并，成立了南京农学院。
- 11月，由中山大学农学院、岭南大学农学院、广西大学农学院部分系科合并，成立了华南农学院。
- 由上海复旦大学农学院和东北农学院部分系科合并，成立了沈阳农学院。
- 由武汉大学农学院、湖北省农学院及其他一些大学部分系科合并，成立了华中农学院。
- 在江苏水产学校基础上，成立了上海水产学院。
- 在中国人民解放军第二步兵学校基础上，成立了新疆八一农学院，首任院长为涂治。

1953
- 1月1日，林业部在华北农业科学研究所森林系基础上，成立了中央林业科学研究所。
- 2月27日～3月7日，全国植物病理会议和中国植物病理学会全国代表大会在北京召开，推选戴芳澜为理事长。
- 5月3日~7月16日，中国科学院与农业部、林业部、水利部等联合组织西北水土保持考察团，搜集了土壤、气候、水文、地面覆被等宝贵资料。
- 中国科学院、水利部、农业部、林业部等组织科学工作者分别到广西、云南、广东调查植物资源和土壤利用情况，到东北小兴安岭调查哺乳动物和鸟类情况，到江苏、浙江等调查鱼病及其防治情况。

1954
- 1月7日，农业部发出《征集各地主要农作物原始品种材料的通知》，促进了作物种质资源的保存和利用工作。
- 7月9日，农业部召开全国农业技术工作会议，邓子恢副总理到会作报告。
- 7月16~30日，农业部、中国科学院联合在北京召开全国土壤肥料工作会议和中国土壤学会第一届代表大会，推选马溶之为理事长。
- 兽医药品监察所方时杰、周泰冲等开始研制猪瘟兔化弱毒疫苗。1955年研制成功，1956年在生产中试用。
- 吴仲伦主持编制的《中国林业区划草案》出版发行，为我国首部林业区划专著。

1955
- 5月19日，农业部、粮食部、商业部和全国供销合作总社联合发布《关于加强粮食、棉花、油料作物优良品种繁育推广工作的联合指示》。
- 10月10~20日，农业部、林业部、水利部和中国科学院联合举行"第一次全国水土保持会议"，总结了水土保持工作的成绩和经验。
- 11月15日~12月8日，农业部召开全国农业科学研究工作会议，制定了《1956~1967年农业科学研究工作方案》。
- 王万钧等设计并试制成功中国自制的第一台谷物联合收割机。

1956
- 1月5日，国务院发出《关于加强民间兽医工作的指示》，强调民间兽医人员是一支不可忽视的力量。
- 3月4~6日，中国农学会在北京召开新中国成立后的第一次全国代表大会，推选杨显东为理事长。
- 8月10~25日，中国科学院和高等教育部联合在青岛召开全国遗传学座谈会，113位学者参会。这次会议后，我国高等院校和科研机构普遍恢复了摩尔根遗传学的教学和科研。
- 农垦部在广州成立华南热带作物科学研究所。该所1958年迁至海南岛。

- 北京农业大学彭克明首次提出在中国建立肥料长期定位试验，为我国土壤肥力监测网的建立奠定了基础。
- 华中农学院刘后利提出油菜分类体系，分为白菜型、芥菜型和甘蓝型。这个分类系统为我国学者普遍接受。
- 北京农业大学黄瑞纶编著的《农用药剂学》出版发行，为中国学者编著的最早的农药专著。

1957
- 2月14日，农业部召开水稻改制经验交流会议，总结单季改双季、间作改连作、部分地区籼稻改粳稻的经验。
- 3月1日，中国农业科学院在北京成立，丁颖任院长。建院初期有11个专业研究所，6个大区研究所。
- 10月31日～11月初，农垦部部长王震率中国农业技术代表团赴日本考察访问，引进日本水稻良种和茶叶加工机械。
- 农民育种家洪春利、洪群英选育出我国第一个矮秆水稻品种'矮脚南特'，大面积推广应用。
- 浙江农学院庄晚芳编著的《茶树生物学》出版发行，为中国第一部系统论述茶树生物学特性的专著。
- 1957～1958年，西北农学院石声汉校释的《〈齐民要术〉今释》（一、二、三、四）由科学出版社出版发行。

1958
- 8月，黄海水产研究所朱树屏等创造出海带自然光育苗法，为世界海带养殖史上的一项创举。
- 10月27日，在中央林业研究所和森林工业研究所的基础上建成中国林业科学研究院。
- 我国开始组织全国化肥试验网工作，先后在不同地区、不同土壤和不同作物上试验，并陆续取得成果。
- 1958～1960年，我国开展了第一次土壤普查工作，为制定土地利用规划奠定了基础。
- 1958～1961年，沈阳农学院徐天锡在广州、湛江、南宁和海口进行作物南育试验获得成功，开创了我国北方春玉米、高粱等作物北种南育的先例。

1959
- 1月12～22日，水产部召开全国水产工作会议，确定了"以养为主，积极发展捕捞"的方针。
- 11月20日，中国农业科学院在北京召开第一次全国育种工作会议，提出了专业研究机构与群众相结合的育种工作方针。

- 12月，农业部召开全国家畜家禽育种工作会议，确定了"本品种选育和杂交改良并举，全面开展家畜家禽育种工作"的方针。

1960
- 2月，林业部召开全国林业科学技术工作会议，要求迅速壮大林业科技队伍，加强科研成果的鉴定和推广工作，重视改善科研工作条件。
- 3月30日～4月10日，第二届全国人民代表大会第二次会议通过并公布了《1956～1967年全国农业发展纲要》。
- 12月，中国作物学会成立，推选金善宝为理事长。
- 中国农业科学院祖德明开始研究以水稻为母本与高粱等异属植物的远缘杂交试验，获得一批变异性状多样的类型。
- 北海珍珠养殖场在熊大仁指导下，养殖成功中国第一批海水人工珍珠，为海水珍珠养殖业发展奠定了基础。
- 阳含熙在湖南江华县建立了中国最早的人工林生态试验站，开展定位研究工作。
- 叶培忠主编的《树木育种学》出版发行，为中国树木育种方面第一本系统完整的教材。

1961
- 6月，中共中央批准国家科委和中国科学院共同制定的《关于自然科学研究机构当前工作的十四条意见》，要求对科学技术工作进行调整，对科技战线各种"左"的思想表现进行清理，对科技工作中一些政策问题作了规定和澄清。
- 华南农学院赵善欢在中国昆虫学会学术讨论会上首次提出昆虫田间毒理学理论，把昆虫毒理学和生态学紧密结合起来，为农药制造和合理使用提供了依据。
- 台湾学者张德慈首次将台中再来1号水稻良种引入印度试种成功，为印度粮食增产做出了贡献。
- 北京农业大学孙渠主编的《耕作学》出版发行。该书总结了中国耕作技术和耕作制度改良的经验。

1962
- 7月22日～8月1日，中国植物保护学会成立大会在哈尔滨举行，推选俞大绂为理事长，戴芳澜为名誉理事长。
- 10月11日，国家科委和农业部邀请60多位农业科学家在北京举行座谈会，商讨加强农业科学研究和农业科技队伍建设问题。周恩来总理接见了与会科学家。

- 11月22日，中共中央、国务院发布《关于加强种子工作的决定》，强调了农业生产中"种子第一"，要促进良种的培育、繁殖和推广。
- 12月17~27日，中国林学会在北京举行首次学术年会。会议就营造速生林、恢复和发展木本粮油、现有林合理经营和木材综合利用等进行了研讨。
- 中国农业科学院李光博在国内首次提出黏虫季节性南北往返迁飞为害假说与迁飞路线图示。
- 北京农业大学曾士迈发表《小麦条锈病大区流行规律的数理分析》一文，提出了小麦条锈病流行区系的观点和研究方法。
- 杨允奎在国内首先报道了"利用玉米雄性不育特性培育玉米杂交种"研究成果，促进了玉米育种技术的发展及其应用。

1963
- 2月8日~3月31日，中共中央、国务院在北京召开全国农业科学技术工作会议。会议讨论和审议了《1963~1972年农业科学技术发展规划纲要》，周恩来总理在会上作了报告。
- 3月18日，中国蚕学会在江苏镇江成立，推选孙本忠为理事长，郑辟疆为名誉理事长。
- 3月，中国农业机械学会成立，推选刘仙洲为理事长。
- 12月16日，中国水产学会在北京成立，推选杨扶青为理事长。
- 黄海水产研究所赵法箴主持的"中国对虾幼体发育形态和发育生态研究"取得成绩，为对虾全人工育苗奠定了基础。
- 汤逸人在全国农业科学技术工作会议上提出家畜生态学研究创意，后被列为国家科研课题，为中国家畜生态学的创立奠定了基础。
- 北京农业大学裘维蕃编著的中国第一部《植物病毒学》由农业出版社出版。
- 1963~1965年，中国农业科学院庄巧生等培育的冬小麦品种北京8号和北京10号，在生产中推广应用。1978年获全国科学大会奖。

1964
- 湖南黔阳农校教师袁隆平首先提出通过培育"三系法"利用杂种优势培育杂交稻的设想。不久他发现了水稻不育株。1966年他撰写的《水稻的雄性不孕性》在《科学通报》上发表，引起有关部门的关注。
- 中国农业科学院江朝余等完成的"冬干鸭屎泥水稻'坐秋'及低产田改良研究"、王守纯等完成的"豫北地区盐渍土棉麦保苗技术措施研究"分别获国家技术发明奖一等奖。

- 李佩成提出了潜水井群非稳定渗流计算的"割离井法"及相应公式，使其成为满足不同水文地质条件和水井不同运行方式的多种求解模型，解决了灌排井群工程设计中的难题。
- 华南热带作物科学研究所改名为华南热带作物科学研究院，何康任院长。

1965
- 2月，国务院在北京召开全国农业科学实验工作会议，谭震林副总理在会上作了报告。
- 8月6日，农业部发出《关于从国外引种要严格控制病虫害的通知》。并陆续在全国18个主要口岸建立动植物检疫所，防止危险性病虫传入。
- 中国农业科学院曾省等从三化螟幼虫尸体中分离出一种芽孢杆菌，定名为杀螟杆菌。这是中国首次采集分离并工厂化生产和大面积应用的细菌杀虫剂。
- 钟麟等著的《家鱼的生物学和人工繁殖》出版发行。该书详细论述了家鱼的生物学特征、苗种培育和养殖技术。

1966
- 3月，中国农业科学院在北京召开第三次全国作物育种工作会议。会议向全国推荐了72个粮食和经济作物优良品种，并研究了作物育种工作10年规划。
- 中国农业科学院鲍文奎培育出可用于生产的八倍体小黑麦新物种，突破了结实率低、种子饱满度差的问题。
- 北京农业大学俞大绂在水稻恶苗病菌的异核遗传研究中，揭示了该菌在自然界中以三种不同模型组成异核体。

1967
- 9月23日，中共中央、国务院发出《关于加强山林保护管理，制止破坏山林、树木的通知》。
- 中国第一台自走式机动插秧机"东风2S型"通过国家鉴定。

1968
- 台湾学者廖一久研究成功草虾人工繁殖技术，促进了台湾养虾业的发展。
- 台湾学者利用急效性苏云金杆菌和细胞质多角体病毒防治松毛虫获得成功，杀虫效率达90%。

1969
- 北京农业大学被外迁、裁并。北京农业机械化学院、北京林学院和一些省的农林院校也被搬迁或撤销。
- 1969~1973年，天津农业科学研究所侯锋、吕淑珍先后培育出津研1号、津研2号、津研3号黄瓜品种，在全国各地推广。

1970
- 8月，中国农业科学院和中国林业科学研究院分别被撤销建制，合并成立中国农林科学院。

- 10 月 23 日，袁隆平的助手李必湖在海南岛沼泽地里发现一株雄花败育的野生稻（简称"野败"），为水稻杂交育种找到突破口。

1971
- 8 月 16 日～9 月 15 日，国务院召开第二次全国农业机械化会议，讨论通过了《全国农业机械化发展纲要》（1971～1980）。

1972
- 4 月 5～30 日，农林部在北京召开农林科技座谈会，讨论并确定了组织"水稻杂种优势利用"等 22 项重大农林科技协作项目研究。
- 5 月 24 日，山西太谷郭家堡科研队队长高忠丽在小麦"2-2-3 品系"中发现雄花花药退化的不育株。后经中国农业科学院邓景扬鉴定，确认该不育株为无花粉型、受显性雄性单基因控制的核不育小麦，将其命名为"太谷核不育小麦"。
- 10 月 10 日，国务院批转农林部《关于当前种子工作的报告》，提出大力选育推广良种，坚持自繁、自选、自留、自用，辅以调剂的种子工作方针。
- 袁隆平选育出符合标准的水稻不育系，1973 年正式命名为"二九南一号不育系"。同时，江西萍乡农业科学研究所颜龙安等育成"珍汕 97 不育系"、"二九矮不育系及其保持系"。
- 华中农学院傅廷栋等首次发现有实用价值的波里马油菜细胞质雄性不育系。后配组选育出华杂 2 号、华杂 3 号、华杂 4 号三系杂交种。

1973
- 广西农学院张先程和湖南的袁隆平、黎垣庆等先后选育出杂交水稻恢复系。至此，我国实现了水稻"三系"配套，标志着籼型杂交水稻培育成功。
- 湖北沔阳县沙湖农场技术人员石明松在粳稻农垦 58 大田中发现自然不育株。后与有关单位协作研究，1985 年将该不育株命名为"湖北光周期敏感雄性不育水稻"。
- 福建农学院谢联辉等开始系统研究中国水稻病毒的病源、分布、传播、为害、测报与防治等。后首次发现水稻簇矮病毒。

1974
- 浙江农业大学陈子元等承担农业部下达的"农药安全使用标准研究"。后编制出 29 种农药在 19 种作物上的 69 项农药安全使用标准。
- 南京林学院叶培忠、王明麻等进行的黑杨派南方型无性系四个品系的引种试验获得成功。后这四个品系在长江中下游和黄淮海地区广为栽植。

1975
- 5 月 8 日，农林部在河南新乡召开全国植物保护工作会议，确定了"预防为主，综合防治"的植保工作方针。

- 10月，中国农林科学院、湖南农业科学院联合主持召开第四次全国杂交水稻科研协作会议，正式对外宣布籼型杂交水稻研究成功。
- 12月26日，农林部在广州召开推广杂交水稻会议。1976年开始，杂交水稻在全国大面积推广种植，比常规水稻增产20%。
- 中国农业科学院沈荣显等研制成功马传染性贫血病弱毒疫苗，突破了马传染性贫血病免疫技术难关。
- 山东海洋学院管华诗主持完成的"海带提碘联产品——褐藻胶和甘露醇再生利用"研究，研制成农业乳化剂等新产品，并相继投产。

1976
- 中国农林科学院李竞雄等培育的抗病、高产玉米品种中单2号开始示范推广，1978年获全国科学大会奖。
- 陆星垣经过三年11代选育，育成高产优质夏秋蚕新品种浙农1号。以后又育出浙农1号×苏12的一代杂种。
- 萧步阳创造出温室一年三季的小麦增代育种新方法。

1977
- 北京农业大学吴仲贤编著的《统计遗传学》，对中国数量遗传学和动物遗传育种研究具有指导意义。

1978
- 3月18～31日，中共中央在北京召开全国科学大会。邓小平在会上作了重要报告，提出"科学技术是生产力"的观点。会议讨论通过《1978～1985年全国科学技术发展规划纲要》，评选出7657项受奖科技成果，其中农业领域受奖381项。
- 5月4日，国务院批准农林部在北京成立中国水产科学研究设计院。1980年改名为中国水产科学研究院。
- 5月，国务院批准恢复中国农业科学院和中国林业科学研究院建制，任命金善宝为中国农业科学院院长，郑万钧为中国林业科学研究院院长。
- 7月，中国农学会在太原召开全国农业学术讨论会，1400多位专家学者参加会议，提出100多条有关农业和农业科技发展的建议。
- 11月29日，国务院发布《关于华北农业大学搬回马连洼并恢复北京农业大学名称的通知》，确定北京农业大学为全国重点高等学校，面向全国。
- 1978年开始，中国开展第二次全国农作物品种资源补充征集工作，并先后进行了西藏、云南等地作物品种综合考察及全国野生大豆等专项考察，共收集到60多种农作物品种资源11万多份。
- 北京农业大学林传光的"马铃薯退化研究"、江苏省农业科学院朱凤美提出的"水稻白叶枯病综合防治方案"、南京林学院熊文愈主持研究的"毛竹速生生产与南竹北移"等分别获全国科学大会奖。

1979
- 4月3~7日，国家农委等联合在北京召开全国农业自然资源调查和农业区划会议。会议宣布，成立全国农业自然资源调查和农业区划委员会。
- 6月4日，国家农委发出《关于成立全国农业土壤调查办公室的通知》，正式开始全国第二次农业土壤普查工作。
- 9月28日，中国共产党第十一届四中全会通过《中共中央关于加快农业发展若干问题的决定》，要求迅速恢复和加强农业科研机构和高等院校的研究和教学条件，办好中国农业科学院和北京农业大学等重点科研机构和院校。
- 北京农业大学石元春等在河北曲周试验区开展旱涝盐碱综合治理研究取得成果，提出半湿润季风气候区水盐运动理论，建立了区域水盐运动监测预报体系。
- 南京农学院黄瑞采在国内率先开展变性土研究，在中国土壤学会第四次代表大会暨学术年会上发表论文，提出砂浆土是变性土的观点。
- 华南热带作物研究院主编的《橡胶栽培学》出版发行。后黄宗道、何康又主编出版了《热带北缘橡胶树栽培》。这两部著作总结了中国橡胶树栽培北移的研究成果。
- 1979~1980年，安徽农学院陈椽撰写的《中国云南是茶树原产地》和《再论茶树原产地》，提出茶树原产地是云南的"一元论"。

1980
- 7月，中国首次将杂交水稻技术有偿转让给美国西方石油公司。
- 8月18日，国家农委、农业部联合下发《关于加强农业科研工作的意见》，提出调整、整顿和加强农业科研工作以及建立正常科研秩序的意见。
- 12月5日，农业部和国家标准总局在北京召开全国种子标准化学术交流和种子检验标准审定会议。
- 北京农业大学陈延熙首先提出"植物体自然生态系"概念。之后又提出植物生态学工程理论。据此研制出植物体共生菌增产菌。
- 中国水产科学研究院冯顺楼研制成功四片式双拖扩口网，为国内首创，在广东、江苏、浙江等地推广应用。

1981
- 5月9日，国科委发明评选委员会审查批准，袁隆平等育成的"籼型杂交水稻"获国家技术发明奖特等奖，山东省棉花研究所庞居勤等育成的鲁棉一号棉花品种获国家技术发明奖一等奖。

- 12月15日，全国农作物品种审定委员会在北京成立。
- 中国科学院昆明植物研究所冯国眉等在原始森林中发现了中国珍稀树种大树杜鹃。
- 江苏省农业科学院郑庆端等利用血清培养凝集试验诊断急性猪丹毒成功，为防治猪丹毒病提供了良好技术手段。

1982
- 4月3日，国家农委、国家科委在北京召开农业科技推广授奖大会，授予220项农业科技推广项目"农业科技推广奖"，924人获个人奖。
- 5月，农业部在北京成立全国农业技术推广总站、全国畜牧兽医总站、全国植物保护总站。
- 10月15日，全国第一次农业生态经济学术讨论会在银川举行。会议提出，把生态效益和经济效益统一起来，促进我国农业持续健康发展。
- 全国橡胶科研协作组完成的"橡胶树在北纬18°～24°大面积种植技术"、丹东农业科学研究所景奉文等培育的"玉米自交系330"、徐州地区农业科学研究所盛家廉等培育的甘薯品种徐薯18分别获国家技术发明奖一等奖。

1983
- 1月26日至2月2日，国家科委、农牧渔业部、林业部在北京召开全国农村科技工作会议。7月，中央办公厅和国务院办公厅转发了国家科委党组的《关于当前农村科技工作和体制改革的若干意见》。
- 10月11～20日，全国野生稻学术会议在长沙召开。与会专家确认了湖南茶陵和江永两县的野生稻及其性状。这是继江西东乡之后又一次在我国发现的高纬度野生稻。
- 中国兽医药品监察所方时杰、周泰冲等研制的猪瘟兔化弱毒疫苗、浙江省农业科学院王汀华等培育的水稻新品种原丰早、四川省农业科学院戴铭杰等培育的棉花抗病品种52-128和57-681、铁岭地区农业科学研究所王国栋等培育的大豆品种铁丰18分别获国家技术发明奖一等奖。

1984
- 8月13日，我国首座现代化种质资源库在中国农业科学院落成。
- 中国农业科学院李竞雄等培育的多抗性丰产玉米杂交种中单二号、安徽省水产局赵乃刚等完成的"河蟹繁殖的人工半咸水及其工业化育苗工艺"分别获国家技术发明奖一等奖。
- 天津市农业科学院侯锋等培育的黄瓜抗病丰产配套品种津研1～7号获国家技术发明奖二等奖。
- 中国农业科学院刘更另等完成的"红壤稻田持续高产研究"，提出施钾肥调节土壤养分平衡，施锌肥防治水稻僵苗技术措施。
- 旭日干与日本学者共同研究获得世界上第一只体外受精的试管山羊。

1985
- 1月，北京农业大学沈其益主持的"农药种衣剂处理棉种防治棉花苗期病虫研究"，首次研制成功农药种衣剂及其多种配方。
- 3月13日，中共中央发出《关于科学技术体制改革的决定》，指出：改革农业科学技术体制，使之有利于农村经济结构的调整，推动农村经济向专业化、商品化、现代化转变。
- 11月，北京农业大学陈文新与新疆农业科学院合作开展新疆豆科植物根瘤菌资源调查研究，新发现55种能结瘤的豆科植物。
- 中国科学院李振声等培育的远缘杂交小麦新品种小偃6号、中国农业科学院方智远等和北京市农林科学院贾翠莹等培育的甘蓝自交不亲和系及其配制的7个系列甘蓝新品种、绵阳地区农业科学研究所冯达仕等培育的高产优质小麦新品种绵阳11号分别获国家技术发明奖一等奖。
- 中国科学院周立三等完成的"中国综合农业区划"、胡昭玲等完成的"聚乙烯地膜覆盖栽培技术引进与应用研究"、中国农业科学院张方域等完成的"全国棉花品种区域试验及其结果应用"、中国水产科学研究院赵法箴等完成的"对虾工厂化全人工育苗技术"研究、江苏省农业科学院杜正文等完成的"我国褐稻虱迁飞规律的阐明及其在预测预报中的应用"、南京林业大学王明庥等完成的"黑杨派南方型无性系的引进和推广"、赵书润等培育的军马新品种山丹马和伊吾马分别获国家科学技术进步奖一等奖。
- 中国农业科学院张子仪完成的"中国饲料成分及营养价值表"研究、广东省农业科学院黄耀祥等培育的籼稻新品种双桂1号、华中农学院章文才等完成的"甜橙优良品种锦橙的选育、鉴定与推广"分别获国家科学技术进步奖二等奖。

1986
- 1月，全国第二次土壤普查经7年努力，完成了县一级土壤普查任务，基本查清了土地资源概数和各类土壤的数量和质量。
- 中国科学院西北水土保持研究所李玉山主持的"长武高原沟壑区农业高效生态经济系统综合研究"，建立了王东沟国家试验示范区，研究成果在示范区和辐射区推广应用。
- 中国农业科学院成立生物技术研究中心，范云六任主任。该中心为中国农业领域第一个分子生物学研究机构。

1987
- 中国水产科学研究院蒙钊美主持的"大珠母贝人工育苗养殖及插核育珠"

- 研究、南京林业大学陈岳武等完成的"杉木第一代种子园研究成果的推广应用"、新疆巩乃斯协作组傅寅生等培育成的中国美利奴羊新品种分别获国家科学技术进步奖一等奖。
- 中国农业科学院陈善铭主持的"中国小麦条锈病流行体系"研究获国家自然科学奖二等奖。
- 中国农业科学院张乃凤主持的"我国氮磷钾化肥的肥效演变和提高增产效益的主要途径"、山东农业大学余松烈主持的"山东省黄淮海中低产地区夏秋粮均衡增产综合栽培技术研究"、黑龙江省农业科学院萧步阳主持育成的春小麦品种克丰2号、中国农业科学院郑丕留主持的"家畜家禽品种资源调查及《中国畜禽品种志》的编写"分别获国家科学技术进步奖二等奖。
- 湖南农业大学官春云等培育出我国第一个国家审定的双低油菜品种湘油11号,被评为湖南省十大科技成果之一。
- 西南农业大学侯光炯主持的"水田自然免耕技术"研究,提出改传统平作为垄作、垄沟维持浸润、垄埂连续植被的技术措施。
- 东北农学院王金陵等培育出超早熟、耐低温、蛋白质含量高的大豆新品种东农36号。
- 甘肃草原生态研究所任继周研究提出评定草原生产能力的新指标"畜产品单位",被我国学术界认可和政府部门采用。

1988
- 7月27日,国务院表彰参加黄淮海平原农业开发实验做出突出贡献的科技人员,石元春等93人受到表彰。
- 李鸣冈等完成的"包兰线沙坡头地段铁路治沙防护体系的建立"获国家科学技术进步奖特等奖。
- 四川农业大学周开达主持的"籼亚种内品种间杂交培育雄性不育系及冈、D型杂交稻"研究获国家技术发明奖一等奖。
- 国家气象局程纯枢主持的"全国农业气候资源和农业气候区划研究"、中国奶牛协会赵海泉等完成的"中国黑白花奶牛的培育"、三明市农业科学研究所谢华安等培育的杂交水稻新组合汕优63、北京市环境保护研究所卞有生等完成的"留民营生态农业系统建设与研究"分别获国家科学技术进步奖一等奖。
- 北京农业大学戴景瑞主持培育出高产、优质、多抗玉米杂交种'农大60',在全国20多个省(市)推广种植。

- 中国科学院西北水土保持研究所山仑主持的"黄土丘陵区农林牧合理结构与增产技术综合研究",所设计的上黄试验区农林牧生态经济结构方案实施后,取得显著生态经济效益。
- 华南农业大学卢永根提出"特异亲和基因"新概念,并提出应用特异亲和基因以克服籼粳稻杂种不育性的设想。
- 中山大学林浩然主持的"鱼类生殖和生长的神经内分泌调节机理研究"取得成效,为诱导鱼类产卵和促进鱼的生长奠定了基础。

1989
- 7月26日,林业部在北京举行森林资源新闻发布会,公布了我国第三次森林资源清查结果:我国现有森林面积12 465万公顷,森林覆盖率为12.98%。
- 中国林业科学研究院洪菊生主持的"杉木地理变异和种源区划分"研究、丹东市农业科学研究所吴纪昌主持培育的多抗性玉米杂交种丹玉13号分别获国家科学技术进步奖一等奖。山东省农业科学院陆懋曾主持培育的高产稳产小麦品种济南13号获国家科学技术进步奖二等奖。

1990
- 9月1日,农业部全国水产技术推广总站在北京成立。
- 中国农业科学院谭联望、刘正德培育的棉花新品种中棉12、四川农业大学颜济等培育的高产、抗锈小麦种质资源"繁六"及姊妹系分别获国家技术发明奖一等奖。
- 中国科学院海洋研究所张福绥等完成的"海湾扇贝引种、育苗、养殖研究及应用"、中国农业工程研究设计院朱明主持的"棉籽泡沫酸脱绒成套设备与技术"研究、陕西省农业科学院宁锟主持培育的小麦新品种陕农7859、吉林省双阳县第三鹿场韩坤主持完成的"双阳梅花鹿育种"分别获国家科学技术进步奖一等奖。
- 中国科学院南京土壤研究所李庆逵主持的"中国磷矿农业利用研究"、朱兆良主持的"稻田土壤的供氮能力和氮肥施用量的推荐"、北京林业大学陈俊愉主持的"金花茶基因库建立与繁殖技术研究"分别获国家科学技术进步奖二等奖。
- 莱州市农业科学研究所李登海主持培育出中国第一个株型紧凑、大穗型高产玉米杂交种掖单13号,1991年以后在全国大面积推广应用,经济效益显著。
- 费鸿年、张诗全合著的《水产资源学》出版发行,为中国第一部水产资源学专著。

1991
- 江苏里下河地区农业科学研究所程顺和主持培育的小麦新品种杨麦5号、新疆生产建设兵团农业局刘守仁等完成的"中国美利奴羊（新疆军垦型）繁殖体系"研究分别获国家科学技术进步奖一等奖。
- 中国农业科学院方智远主持培育的甘蓝新品种中甘11号和中甘8号、北京农业大学王树安主持的"小麦夏玉米两茬亩产吨粮技术体系研究"等分别获国家科学技术进步奖二等奖。
- 中国科学院石玉林主持的《中国1∶100万土地资源图》编制，建立了中国1∶100万土地资源图的土地资源分类系统与统计体系。

1992
- 8月，中国正式宣布实施"水稻基因组计划"，并在上海成立中国科学院国家基因研究中心。
- 国家气象局周秀骥主持的"灾害性天气监测和短期预报系统"研究、中国水产科学研究院朱德山主持的"鳀鱼资源、渔场调查及鳀鱼变水层拖网捕捞技术"研究、南充地区农业科学研究所谭民化等培育的高产甘薯新品种南薯88分别获国家科学技术进步奖一等奖。
- 山东农业大学余松烈主持的"冬小麦精播高产栽培的理论与实践"研究、北京林业大学朱之悌主持的"毛白杨优良基因资源收集、保存和利用"研究等分别获国家科学技术进步奖二等奖。
- 中国农业科学院许树军、董玉琛等完成的"小麦属间杂种染色体自然加倍种质的发现和利用"研究，发现一个波斯小麦PS5，育成小麦异源双二倍体。

1993
- 北京农业大学石元春主持的"黄淮海平原中低产地区综合治理的研究与开发"获国家科学技术进步奖特等奖。
- 中国科学院西北水土保持研究所李玉山主持的"黄土高原综合治理定位试验研究"、中国水稻研究所叶复初等培育的优质、高产、多抗杂交水稻新组合汕优10号、浙江省淡水水产研究所张念慈主持的"草鱼出血病防治技术"研究、上海市农药研究所秦裕基主持的"粉锈宁新技术开发"研究分别获国家科学技术进步奖一等奖。
- 中国农业科学院卢良恕主持的"我国中长期食物发展战略研究"、戚春章主持的"蔬菜种质资源的搜集、研究和利用"等分别获国家科学技术进步奖二等奖。
- 中国农业科学院俞履圻主持的"粳型稻种起源及耐旱性与耐冷性研究"，证实粳稻起源于云南南部。

- 北京林业大学黄枢、沈国舫主编的《中国造林技术》出版发行。该书被评为国家优秀科技图书。
- 南京农业大学李鸿渐等编著的《中国菊花》出版发行。该书有2300多个菊花品种图谱，全面记录了中国菊花品种。

1994
- 6月3日，中国工程院在北京成立，并举行首届院士大会，朱光亚当选为院长，96人当选首批中国工程院院士。
- 12月5~9日，首届农业技术推广研究员评审会议在北京召开，558名成绩突出的农业技术人员获得技术推广研究员资格。
- 西南农业大学向仲怀编著的《家蚕遗传育种学》出版发行，为全国农业院校蚕学专业教材。

1995
- 6月，经国务院批准，北京农业大学和北京农业工程大学合并成立中国农业大学。
- 中国农业科学院黄祯茂主持培育的棉花新品种中棉所16、河南省农业科学院林作楫主持培育的高产稳产小麦新品种豫麦13号、浙江省农业科学院陈剑平主持的"大麦和性花叶病在禾谷多黏菌介体内的发现和增殖的证明"、福建农业大学陈如凯主持的"甘蔗品种的资源鉴定、利用及新品种选育"、军事医学科学院黄翠芬主持研制的"仔猪大肠菌腹泻基因工程多价疫苗"、新疆生产建设兵团叶良中主持的"棉花铺膜播种机的研制与推广"分别获国家科学技术进步奖一等奖。
- 中国农业科学院蒲富慎主持的"果树资源性状鉴定及优异种质筛选"、南京农业大学盖钧镒主持的"中国南方大豆地方品种群体特点和优异种质的发掘、遗传与选育"等分别获国家科学技术进步奖二等奖。
- 中国科学院水生生物研究所蒋一珪主持的"银鲫天然雄核发育机理研究"、南京土壤研究所李庆逵等编著的《中国水稻土》分别获国家自然科学奖二等奖。
- 中国农业科学院辛志勇主持的"综合应用生物技术创造抗黄矮病普通小麦新种质"、东北农业大学蒋亦元主持研制的"割前脱粒水稻收获机器系统"等分别获国家技术发明奖二等奖。

1996
- 中国林业科学研究院王涛主持的"ABT生根粉系列的推广"获国家科学技术进步奖特等奖。
- 华中农业大学傅廷栋主持的"油菜波里马雄性不育系及其优质杂种的研究、选育与利用"、广西水利电力厅吴锡瑾主持的"广西千万亩水稻节水灌溉技术开发"、中国林业科学研究院许煌灿主持的"棕榈藤的研究"分别获国家科学技术进步奖一等奖。

- 四川农业大学荣廷昭主持育成的高配合力、高产、抗多种病害玉米自交系"48-2"和"S37"获国家技术发明奖二等奖。
- 河北省农林科学院刘洪岭主持培育的"高产、优质冬小麦新品种冀麦5418"、山东农业大学束怀瑞主持的"山东省百万亩苹果幼树优质丰产综合技术研究与应用"等分别获国家科学技术进步奖二等奖。
- 华中农业大学熊远著主持选育出瘦肉猪新品系 DIV 系优良种猪，在生产中推广应用。
- 华南农业大学庞雄飞、尤明生合著的《昆虫群落生态学》出版发行。该书为昆虫群落生态方面的重要专著。
- 《中国农业百科全书》全部出齐，共25卷31册，3600余万字。
- 1996～1998，中国农业科学院郭三堆、倪万潮、范云六等研制成功单价抗虫基因和双价抗虫基因，并培育出单价抗虫棉和双价抗虫棉在生产中推广。

1997
- 2月20日，国务院发布《植物新品种保护条例》，自1997年10月1日起施行。
- 山东农业大学李晴祺、包文翙等完成的"冬小麦矮秆、多抗、高产新种质'矮孟牛'的创造及利用"研究获国家技术发明奖一等奖。
- 广东农业科学院黄耀祥主持的"水稻半矮秆'早长'超高产株型模式和第三代超高产品种'胜优'的育成"研究获国家技术发明奖二等奖。
- 中国科学院遗传研究所胡含主持的"小麦花粉无性系变异机制与配子类型的重组与表达规律"研究获国家自然科学奖二等奖。
- 中国林业科学研究院唐守正主持的"我国南方人工用材林林业局（场）森林资源现代化经营管理技术"研究、北京林业大学朱之悌主持的"毛白杨多圃配套系列育苗技术"研究等分别获国家科学技术进步奖二等奖。
- 中国农业科学院李博主持的"中国北方草地草畜平衡动态监测系统试验研究"，实现了大面积草地遥感估产、草畜平衡估算和草地资源动态监测。
- 中国农业科学院陈宗懋主持的"茶叶中农药残留预测技术"研究，提出了农药在田间降解、加工消解和泡茶浸出中与降解规律有关的理化参数和影响因子，建立了预测茶叶中农药降解速率与实际残留量的预测模型。

- 中国水产科学研究院唐启升主持的"白令海和鄂霍次克海狭鳕渔业信息网络和资源评估调查",首次在白令海阿留申海盆区发现当年生狭鳕幼鱼密集分布区。
- 南京农业大学刘大钧主持的"抗白粉病普通小麦-簇毛麦易位系选育及 *pm21* 基因染色体定位"研究,发现并定位簇毛麦抗白粉病基因,定名为"*pm21*"。

1998
- 中国农业科学院蔡荣芳主持培育的高产、优质、多抗棉花新品种中棉19、中国林业科学研究院黄铨主持的"沙棘遗传改良系统研究"、江苏里下河地区农业科学研究所程顺和主持培育的高产、抗逆、优质小麦新品种扬麦158分别获国家科学技术进步奖一等奖。
- 中国农业科学院邓景扬主持的"太谷核不育小麦的发现、鉴定与初步利用"获国家技术发明奖二等奖。
- 中国林业科学研究院蒋有绪编著的《中国森林群落分类及其群落学特征》出版发行。该书首次论及中国复杂地理条件下建立统一的森林群落分类系统。
- 中国农业科学院郭予元主编的《棉铃虫的研究》出版发行。该书论述了棉铃虫迁飞规律及与寄主植物的关系等。

1999
- 9月,经国务院批准,西北农业大学、陕西农业科学院、中国科学院西北植物研究所、西北林学院、水利部水土保持研究所等七个单位合并成立西北农林科技大学。
- 中国热带农业科学院刘松泉主持的"橡胶树优良无性系的引种、选育与大面积推广应用"获国家科学技术进步奖一等奖。
- 中国科学院邹承鲁主持的"酶活性部位柔性"研究获国家自然科学奖二等奖。
- 中国农业大学吴常信主持的"节粮小型褐壳蛋鸡的选育"获国家科学技术进步奖二等奖。
- 国家海洋局第三海洋研究所徐洵等测定了含30万个碱基对的对虾病毒基因组全部序列,在世界上率先破译对虾白斑杆状病毒遗传基因密码。
- 中国水产科学研究院雷霁霖主持的"大菱鲆引种和苗种生产技术"研究取得成效,促进了大菱鲆养殖业的发展。

2000
- 6月13日,国家林业局公布第五次全国森林资源清查结果:全国森林面积为1.59亿公顷,居世界第5位(次于俄罗斯、巴西、加拿大、美国),

- 森林覆盖率为16.55%。
- 由国家科学技术奖励评审委员会评审，经国务院批准，袁隆平获2000年度国家最高科学技术奖。
- 北京市农林科学院和中国农业科学院联合培育的高配合力、综合性状优良的玉米自交系"黄早四"获国家科学技术进步奖一等奖。
- 四川农业大学颜济主持的"小麦族生物系统学与种质资源研究"获国家自然科学奖二等奖。
- 中国人民解放军军需大学夏咸柱、殷震等研制的"犬五联弱毒苗"获国家科学技术进步奖二等奖。
- 中国农业大学陈文新主持的"中国豆科植物根瘤菌资源多样性、分类及系统发育研究"，新发现结瘤植物300多种，分离、纯化、确认、保藏根瘤菌5000多株。
- 中国农业大学李宁主持的"猪高产仔数$FSH\beta$基因的发现及应用研究"，在国际上率先发现猪促卵泡素β亚基（$FSH\beta$）基因是影响猪产仔数的主效基因。
- 南开大学陈瑞阳主持的"中国主要植物染色体研究"，新发现191种具有重要经济价值和科学意义的多倍体、多倍体复合体和细胞型，出版了世界第一部植物基因组染色体图谱。
- 云南农业大学朱有勇、陈海如在世界上首次提出水稻遗传多样性控制稻瘟病的理论和技术。
- 武汉大学朱英国等培育出"红莲型"、"马协型"新的水稻细胞质雄性不育系，通过了国家自然科学基金委员会的鉴定。
- 华中农业大学陈焕春主持的"伪狂犬病鄂A株分离鉴定及分子生物学与综合防治"研究，研制出诊断试剂与疫苗，在全国推广应用。
- 山东农业大学于振文主持的"小麦衰老生理和超高产栽培理论与技术"研究，揭示了田间条件下叶片和根系的衰老规律及其与籽粒发育的关系，并研究出配套栽培技术。
- 扬州大学刘秀梵主持研制的鸡传染性法氏囊病中等毒力活疫苗，因具有突破母源抗体能力强而使鸡产生坚强免疫。
- 中国科学院朱弘复等编著的《中国经济昆虫志》，论述了昆虫纲9306种昆虫，成为世界上当时唯一的经济昆虫研究专著。

主要参考文献

中国农业年鉴编辑委员会. 1980~2001. 中国农业年鉴（各年度农业大事记）. 北京：农业出版社.
中国农业百科全书编辑部. 1986~1996. 中国农业百科全书. 北京：农业出版社.
郭文韬等. 1988. 中国农业科技发展史略. 北京：中国科学技术出版社：437-469.
郭文韬，曹隆恭主编. 1989. 中国近代农业科技史. 北京：中国农业科技出版社：24-36，130-158.
中国大百科全书出版社编辑部. 1990. 中国大百科全书·农业卷. 北京：中国大百科全书出版社：1804-1808.
靳晋，曾晓光. 1992. 台湾农业发展及其科学技术. 北京：北京农业大学出版社：18-20，107-120.
中国科学技术协会编. 1996. 中国科学技术专家传略·农学编. 北京：中国农业科技出版社：35-500.
信乃诠主编. 2000. 半个世纪的中国农业科技. 北京：中国农业出版社：219-223.
石元春主编. 2002. 20世纪中国学术大典·农业科学. 福州：福建教育出版社：675-700.
牛盾主编. 2004. 国家奖励农业科技成果汇编. 北京：中国农业出版社：143-594.

撰写者

安成福（1938~），研究员，中国农业科学院办公室原副主任。

(S-0535.0101)

ISBN 978-7-03-026164-9

9 787030 261649